Reform – Aufklärung – Erneuerung

Martin Greschat, geb. 29. 9. 1934

Reform – Aufklärung – Erneuerung

Transformationsprozesse im neuzeitlichen und modernen Christentum

Festschrift zum 80. Geburtstag von Martin Greschat

Herausgegeben von
Thomas K. Kuhn und Katharina Kunter

Evangelische Verlagsanstalt
Leipzig

Bibliographische Information der Deutschen Nationalbibliothek
Die Deutsche Nationalbibliothek verzeichnet diese Publikation in der Deutschen Nationalbibliographie; detaillierte bibliographische Daten sind im Internet über http://dnb.dnb.de abrufbar.

Printed in Germany · H 7804

Das Buch wurde auf alterungsbeständigem Papier gedruckt.

Cover: Zacharias Bähring, Leipzig
Satz: Jochen Busch, Leipzig
Druck und Binden: Hubert & Co., Göttingen

ISBN 978-3-374-03899-2
www.eva-leipzig.de

Inhaltsverzeichnis

Vorwort

Der bekannte britisch-amerikanische Neurologe und Bestseller-Autor Oliver Sacks hat in einem Essay zu seinem 80. Geburtstag sehr schön beschrieben, warum er sich in diesem biblisch hohen Alter nach wie vor so lebendig fühlt: Weil man nämlich mit 80 Jahren nicht nur einen langen Blick auf die Geschichte werfen könne, sondern zugleich in den Knochen fühle, was ein Jahrhundert ausmache. Dieses lebendige, gelebte Gespür für die Geschichte zeichnet auch das in diesem Jahr erschienene, jüngste Werk Martin Greschats aus. Es widmet sich der umfassenden Katastrophe des europäischen Christentums im 20. Jahrhundert, indem es seine Verflechtung mit dem Ersten Weltkrieg aus einer globalen Perspektive schildert.[1] Auf den ersten Blick reiht sich dieses Buch damit in die mittlerweile kaum noch überschaubare Zahl der in diesem Gedenkjahr zum 100jährigen Ausbruch des Ersten Weltkrieges erschienenen Veröffentlichungen ein. Doch auf den zweiten Blick ist es gerade dieses Bändchen, das zu einem tieferen Blick in die Entwicklung von Greschats Welt- und Wissenschaftsverständnis einlädt. Denn es ist wohl kein Zufall, dass dieser Band direkt an sein erstes zeitgeschichtliches Werk, die Dokumentation zum deutschen Protestantismus im Revolutionsjahr 1918/19, anknüpft, das genau vor 40 Jahren erschien. Auch damals, 1974, wurde Deutschland Fußball-Weltmeister – und wer Martin Greschat kennt, kann sich gut vorstellen, wie der junge Wissenschaftler hin- und hergerissen wurde zwischen der asketisch-wissenschaftlichen Schreibtischarbeit, dem Einsatz in der Familie und der Versuchung, so viele WM-Spiele wie möglich im Fernsehen zu sehen. Sein hohes wissenschaftliches Ethos hat, blickt man auf die imposante Bibliographie, die am Ende dieses Buches abgedruckt ist, wohl doch häufig gewonnen.

Zwischen dem Erscheinen dieser beiden Bücher, zwischen 1974 und 2014, liegt mehr als das halbe wissenschaftliche Leben von Martin Greschat. Konstanten werden sichtbar: die sorgfältige Quellenerschließung und -interpretation, die Präzision und wissenschaftliche Anschlussfähigkeit der historischen Analyse, die breite und internationale Literaturkenntnis, wie auch das stets zielorientierte, klare Fragen, Erschließen und Beantworten und der kritische Blick auf die eigene Kirche und konfessionelle Tradition. Zugleich aber immer auch ein ausgeprägtes methodisches und theoretisches Bewusst-

[1] Martin Greschat, Der Erste Weltkrieg und die Christenheit. Ein globaler Überblick, Stuttgart 2014.

sein. Dieses zeigt sich besonders in der Annäherung, Auseinandersetzung und Anwendung von innovativen Methoden der Geschichtswissenschaft, wie aktuell etwa mit der Kulturgeschichte, der Globalgeschichte oder auch der Religionsgeschichte. Wissenschaftliche Neugier war und ist ein herausragendes Kennzeichen Martin Greschats. Dazu gesellt sich seit einigen Jahren ein Wesenszug, der in seinem neuesten Buch über den Weltkrieg, aber auch schon in seinen letzten Arbeiten und in seinen immer noch zahlreich gehaltenen Vorträgen erkennbar wurde: Eine sympathische Gelassenheit – etwa wenn er Beispiele aus der Belletristik zitiert oder über deren stärkeren Wahrheitsgehalt im Hinblick auf die großen existentiellen Fragen der Menschheit öffentlich nachdenkt – und wohl auch eine, ja tatsächlich mittlerweile achtzigjährige Altersweisheit.

Mit dem vorliegenden Buch, dessen Titel »Reform – Aufklärung – Erneuerung. Transformationsprozesse im neuzeitlichen und modernen Christentum« das breite kirchengeschichtliche Œuvre Martin Greschats zu umreißen versucht, möchten wir ein kleines Zeichen des Dankes setzen. Wir danken für all das, was wir von dem Wissenschaftler Martin Greschat lernen durften und für das, was er uns als Kollege, Doktorvater und Freund mit seiner wachen, freundlichen, verbindlichen und zugewandten Art in vielen Begegnungen an den unterschiedlichsten Orten geschenkt hat.

Zum Gelingen dieser Festgabe zum 80. Geburtstag von Martin Greschat haben die 19 Autorinnen und Autoren mit ihren Aufsätzen beigetragen. Auch von ihnen hat jeder seine eigene persönliche wie wissenschaftliche Geschichte mit Martin Greschat. Als Herausgeber haben wir uns daher über die verbindlichen Zusagen sehr gefreut und sind allen zu großem Dank verpflichtet. Mit großem Engagement bearbeiteten die Mitarbeiter und Mitarbeiterinnen des Greifswalder kirchengeschichtlichen Lehrstuhls die Manuskripte und bereiteten sie für den Druck vor. Neben der studentischen Hilfskraft Annemarie Pachel ist hier den beiden wissenschaftlichen Assistierenden Marita Gruner und Reinhardt Würkert ganz herzlich zu danken. Für die Aufnahme in das Verlagsprogramm der Evangelischen Verlagsanstalt Leipzig und die gewohnt gute Betreuung durch den Verlag sei Frau Dr. Annette Weidhas und ihren Mitarbeiterinnen und Mitarbeitern gedankt. Die Drucklegung der Festschrift ermöglichten die Evangelische Kirche in Deutschland, die Evangelische Kirche von Westfalen, die Evangelische Kirche von Kurhessen-Waldeck sowie die Evangelische Kirche in Hessen und Nassau. Für die großzügigen Druckkostenzuschüsse gilt ihnen unser Dank.

Greifswald und Frankfurt am Main im August 2014

Thomas K. Kuhn und Katharina Kunter

Ursula Büttner

Von der Reformationsgeschichte zur Kirchlichen Zeitgeschichte

Betrachtungen zum wissenschaftlichen Lebenswerk von Martin Greschat

I. Kirchengeschichte als Brückenschlag zwischen Theologie und Sozialgeschichte*

Es mag überraschen, dass keine Theologin, sondern eine Historikerin sich an die Aufgabe wagt, das wissenschaftliche Werk Martin Greschats aus Anlass seines Abschieds von der akademischen Lehre zu würdigen. Bei näherem Zusehen erweist sich jedoch, dass die Entscheidung, eine Vertreterin der Nachbardisziplin Geschichte um die Laudatio zu bitten, den Bestrebungen und dem Wirken Martin Greschats in besonderer Weise gerecht wird. Das hat nichts mit der Laudatorin, sondern allein mit der spezifischen Qualität von Greschats kirchengeschichtlicher Arbeit zu tun. Ich will versuchen, diese Aussage durch genauere Betrachtung seines bisherigen Werkes zu verdeutlichen.

Das ist freilich kein leichtes Unterfangen. Mit einem Blick ist dieses Werk nicht zu überschauen. Man muss die Blicke schon wandern lassen, um es in seiner Breite und Tiefe zu erfassen. Nur bis 1994 umfasste Greschats Veröffentlichungsliste sieben Bücher und 105 Aufsätze, 132 Rezensionen und 22 Presseartikel und Rundfunkbeiträge. Viele weitere Studien sind in den letzten fünf Jahren hinzugekommen; wie viele habe ich nicht ermittelt. Greschats Forschungen erstrecken sich auf alle Jahrhunderte von der Reformationszeit

* Bei diesem ersten Teil der Würdigung handelt es sich um meine Laudatio auf Martin Greschat aus Anlass seiner letzten Vorlesung an der Universität Gießen am 12. Juli 1999. Sie wurde, bewusst in der Form des Vortrags, in den Mitteilungen zur Kirchlichen Zeitgeschichte 18 (1999), 21–26, veröffentlicht und wird hier unverändert abgedruckt. Nur die Gestaltung der Fußnoten und die neue Rechtschreibung wurden angepasst.

bis zur Gegenwart. Neben den großen Forschungsbeiträgen stehen sorgfältige Quelleneditionen, Sammelbände zu zentralen, auch politisch relevanten Themen, Überblickswerke, durch die Studierende und theologisch ungeschulte Leser/innen von Greschats profunder Kenntnis der neuzeitlichen Kirchengeschichte profitieren, schließlich Studienbücher und Nachschlagewerke. Eine solche Breite wissenschaftlicher Arbeit und besonders die Vielzahl der Forschungsfelder widersprechen dem allgemeinen Trend, durch immer stärkere Arbeitsteilung und Spezialisierung Spitzenleistungen zu erstreben. Sie zeugen von einer ungewöhnlichen Schaffenskraft und Arbeitsdisziplin, wenn nicht Arbeitsaskese; denn trotz der fast universellen Breite seiner Interessen hat Greschat immer wieder wegweisende, innovative Ergebnisse präsentiert.

Martin Greschat begann mit der Reformationsgeschichte, wie es sich für einen ordentlichen evangelischen Theologen gehört. Doch schon bei seiner Dissertation zeigte er genügend Mut, um herrschenden Meinungen entgegenzutreten. Während taktisch kluge Doktoranden ein möglichst wenig beachtetes Feld aufsuchen, um die geforderten neuen Forschungsergebnisse zu erbringen, wagte sich Greschat an die beiden zentralen Gestalten, Luther und Melanchthon, und das Kernthema der Reformation, die Rechtfertigungslehre. Verhalten, aber doch unüberhörbar kritisierte er in seiner Untersuchung von 1965: »Melanchthon neben Luther. Studien zur Gestalt der Rechtfertigungslehre zwischen 1528 und 1537« die herrschende Beschränkung auf die systematische Werkanalyse. Diese Methode habe zweifellos große Erkenntnisgewinne gebracht, aber ihre Verabsolutierung verstelle ein angemessenes Verständnis beider Reformatoren, »weil der Reichtum einer lebendigen Person – wie der Geschichte überhaupt« sich nicht in eine Formel binden lasse.[1] Bei dem Bemühen darum, so weist Greschat in seiner Dissertation nach und fordert damit alle Luther-Verehrer heraus, sei der wesentliche Beitrag Melanchthons zur Ausgestaltung und Verbreitung der Rechtfertigungslehre übersehen worden, die nach einem langen und mühevollen Weg gegenseitiger Annäherung durch seinen systematischen Entwurf ihre »normative Ausprägung erfahren« habe.[2] Gegen wen sich die Methodenkritik richtete, war den Kennern zweifellos schon 1965 klar, auch wenn der junge Universitätstheologe die Großen seines Fachs noch nicht offen benannte. 33 Jahre später[3] sprach der arrivierte Martin Greschat im Melanchthon-Jahr 1998 die Namen

---

1 Martin Greschat, Melanchthon neben Luther. Studien zur Gestalt der Rechtfertigungslehre zwischen 1528 und 1537, Witten 1965, 9.

2 Greschat, Melanchthon neben Luther, 247.

3 Philipp Melanchthon – ein Intellektueller, Pädagoge und Christ, in: Reinhold Friedrich/Klaus A. Vogel (Hg.), 500 Jahre Philipp Melanchthon (1497–1560). Akten des inter-

aus: Albrecht Ritschl, Karl Holl und ihre Schüler, aber auch Ernst Wolf und die Vertreter der dialektischen Theologie: Sie alle hatten seit dem Ende des 19. Jahrhunderts an der Enthistorisierung Luthers, seiner Überhöhung zum reformatorischen Prinzip schlechthin, mitgewirkt und dabei oft die Mitkämpfer herabgestuft. Demgegenüber bestand Greschat von Anfang an darauf, die Zeitumstände in ihrer Bedeutung für die Entwicklung einer Persönlichkeit oder die Entstehung einer geistigen Bewegung zu beachten.

Die Reformationsgeschichte hat Greschat bis heute weiter beschäftigt. Neben Luther und Melanchthon war es vor allem Martin Bucer, der ihn seit einem ersten Aufsatz von 1969 in der Festschrift für seinen »Doktorvater« und Institutsdirektor Robert Stupperich nicht mehr losließ. Nach vielen Aufsätzen über einzelne Aspekte von Bucers Wirkens erschien 1990 das Buch »Martin Bucer. Ein Reformator und seine Zeit«.[4] In ihm nutzte Greschat die Möglichkeiten der exemplarischen Biografie, um die Umbruchszeit zwischen Mittelalter und Neuzeit mit ihren politischen Konflikten, ihrem sozialen Aufruhr und ihren so zentralen theologischen Kontroversen anschaulich werden zu lassen. Bucers Lebensweg, sein Denken, Handeln und Erleiden finden nicht allein um seiner selbst willen Interesse, sondern er wird als Repräsentant seiner Epoche geschildert, als »ein Mensch, in dessen Leben und Wirken wesentliche Fragen und Entscheidungen der Reformationszeit gebündelt zum Ausdruck kommen«.[5]

Greschat verwendete bei dieser Studie eine zentrale Methode der Sozialgeschichtsforschung, die von deren Altmeister Werner Conze schon in den 60er Jahren dringend empfohlen, von Historikern wegen des Siegeszugs der Strukturgeschichte aber lange Zeit kaum genutzt worden war. Dabei kommt – und das ist der Vorteil, wenn sich ein gelernter Theologe der Sozialgeschichte annimmt – auch der Theologe Bucer zu seinem vollen Recht. Er ist für Martin Greschat vor allem aus drei Gründen wichtig, so schließe ich aus seiner Darstellung: 1. Wie bei Melanchthon ging es darum, einen infolge der einseitigen Konzentration auf Luther in den Hintergrund geratenen Reformator für die Kirchengeschichte und das Selbstverständnis evangelischer Christen wiederzuentdecken. 2. Wie Melanchthon war Bucer »ein großer Theologe des Dialogs«, der bei aller Eindeutigkeit der eigenen Position doch offen blieb für die Wahrheit des anderen und sich von dieser Voraussetzung her unablässig um die Einheit der reformatorischen Bewegung und sogar die Verständigung mit

disziplinären Symposiums vom 25.–27. April 1997 im Nürnberger Melanchthon-Gymnasium, Wiesbaden 1998, 11–25.

4 Martin Greschat, Martin Bucer. Ein Reformator und seine Zeit, München 1990.

5 Greschat, Bucer, 10.

den Altgläubigen bemühte. 3. Bucer ließ durch die Betonung des Gedankens, dass sich die Liebe zu Gott und die Dankbarkeit für die unverdiente Rechtfertigung des Sünders in der Liebe zum Mitmenschen, im guten Handeln und im Einsatz für eine bessere gesellschaftliche Ordnung konkretisieren, Raum für die Ethik und sogar für Politik. Ich komme darauf zurück, was das für Martin Greschat bedeutete.

Vorerst kehre ich zur Chronologie seines wissenschaftlichen Werdegangs zurück. Den biografischen Zugriff hatte er auch für seine Münsteraner Habilitationsschrift von 1971 über Valentin Ernst Löscher gewählt, mit der er sich das 17. und 18. Jahrhundert erschloss. Auch in diesem Buch über einen maßgebenden Repräsentanten der altprotestantischen Orthodoxie bezog er die geistigen Strömungen der Zeit so umfassend mit ein, dass er zugleich zu einem Fachmann für die Gegenbewegung des Pietismus wurde. Ein großer Literaturbericht, mehrere Aufsätze, unter anderem über Philipp Jakob Spener, und 1977 die Herausgabe der repräsentativen Sammlung »Zur neueren Pietismusforschung« in der wohlbekannten Reihe der Wissenschaftlichen Buchgesellschaft »Wege der Forschung« zeugen davon.[6] In der Einleitung fiel mir als Zeithistorikerin besonders der vorsichtige Hinweis auf die Bedeutung der NS-Zeit auch für die Theologiegeschichte auf: Die gemeinsame Erfahrung der Bedrohung, so deutete Greschat an, sei wahrscheinlich der entscheidende Grund für die Annäherung der Positionen in der Pietismusforschung nach 1945 gewesen.

Zwei in die Zukunft weisende Interessenschwerpunkte sind damit schon in den 70er Jahren deutlich: Zum einen ist es die hohe Wertschätzung der Biografie. Die Leistungsfähigkeit dieser literarischen Gattung für die Sozial- und Mentalitätsgeschichte hat Martin Greschat immer wieder erprobt und unter Beweis gestellt. Ich erinnere an seine Studien über den kaiserlichen Hofprediger, Begründer der Berliner Stadtmission und Lehrer fast einer ganzen Theologengeneration, Adolf Stoecker,[7] aber auch an die in mühevoller Kleinarbeit recherchierten Lebensbilder weniger bekannter Mitglieder der evangelischen Kirche: Marga Meusel und Friedrich Weißler, die in der NS-Zeit auf je eigene Weise Zeugnis gegen Unrecht und Gewalt ablegten.[8] Zu nen-

---

6 Martin Greschat (Hg.), Zur neueren Pietismusforschung, Darmstadt 1977.

7 Martin Greschat, Adolf Stoecker und der deutsche Protestantismus, in: Günter Brakelmann/Martin Greschat/Werner Jochmann, Protestantismus und Politik. Werk und Wirkung Adolf Stoeckers, Hamburg 1982, 19–83.

8 Martin Greschat, »Gegen den Gott der Deutschen«. Marga Meusels Kampf für die Rettung der Juden, in: Ursula Büttner/Martin Greschat, Die verlassenen Kinder der Kirche. Der Umgang mit Christen jüdischer Herkunft im »Dritten Reich«, Göttingen 1998, 70–85;

nen sind hier insbesondere die großen Sammelwerke: die 1978 erschienenen beiden Bände »Theologen des Protestantismus im 19. und 20. Jahrhundert« und die von 1981 bis 1986 erschienene zwölfbändige Serie »Gestalten der Kirchengeschichte«.[9] Ein solches Werk in nur fünf Jahren zum Abschluss zu bringen, die nötigen Fachleute nicht nur zu gewinnen, sondern auch zur pünktlichen Manuskriptabgabe zu bewegen, ist eine kaum glaubliche wissenschaftsorganisatorische Leistung, zumal Greschat selbst fünf Bände mit einer umfangreichen Einleitung versehen hat.

Zum anderen zeichnete sich in den 70er Jahren die zunehmende Hinwendung zur Kirchengeschichte der neueren Zeit und zur kirchlichen Zeitgeschichte ab. Ein Vorläufer war 1974 die Dokumentation »Der deutsche Protestantismus im Revolutionsjahr 1918/19«.[10] Die Beschäftigung mit diesem Thema war sicher mitveranlasst durch die Herausforderungen der Studentenbewegung. Schon der Titel der mit Günter Brakelmann gegründeten neuen Reihe, in der der Band erschien, deutet darauf hin: »Politik und Kirche. Studienbücher zur kirchlichen Zeitgeschichte«. (Der programmatische Haupttitel fiel auf Verlangen des Verlages bald wieder fort). Die Herausgeber wollten der Erforschung der jüngsten Geschichte ihrer Kirche eine neue Richtung geben. Sie wollten wegkommen von der fast ausschließlichen Konzentration auf die Geschichte des Kirchenkampfes zwischen 1933 und 1945 und vor allem von seiner »Theologisierung«, wie Martin Greschat viel später, 1993, in einem grundsätzlichen Artikel formulierte.[11] Statt dessen sollte die Bedeutung der Kirchen, von Religiosität und Frömmigkeit in allen Epochen auch der modernen Gesellschaft untersucht werden; denn so begründeten Brakelmann und Greschat ihre Forderung mit dem aufklärerischen Optimismus der frühen 70er Jahre: Zwar sei aus der Geschichte nicht unmittelbar zu lernen, »aber ohne die Beachtung ihrer gelungenen und mißlungenen Exempla läßt sich nicht sinnvoll für die bessere Welt von morgen argumentieren«.[12] So ergriff Greschat in der kontroversen Debatte von Zeithistorikern über die

---

ders., Friedrich Weißler. Ein Jurist der Bekennenden Kirche im Widerstand gegen Hitler, in: Ursula Büttner/Martin Greschat, Die verlassenen Kinder der Kirche. Der Umgang mit Christen jüdischer Herkunft im »Dritten Reich«, Göttingen 1998, 86–122.

9 Martin Greschat (Hg.), Gestalten der Kirchengeschichte, Bd. 1–12, Stuttgart 1981–1986.

10 Martin Greschat, Der deutsche Protestantismus im Revolutionsjahr 1918/19, Witten 1974.

11 Martin Greschat, Die Bedeutung der Sozialgeschichte für die Kirchengeschichte. Theoretische und praktische Erwägungen, in: HZ 256 (1993), 67–103.

12 Günter Brakelmann/Martin Greschat, Ein Wort zur Absicht der Reihe, in: Greschat, Protestantismus im Revolutionsjahr, 7.

Behandlung der bürgerlichen Eliten in der Revolution von 1918/19 mit einer sorgfältigen Dokumentation über die evangelische Kirche das Wort. Dabei widerstand er der Versuchung, die eingängige und beifallsträchtige These von der Wiederherstellung konservativer Machtstrukturen einfach zu übernehmen. Auf 200 Seiten präsentierte er stattdessen ein breites Spektrum von protestantischen Äußerungen zur Revolution, zum Verhältnis von Staat und Kirche und zum inneren Aufbau der Kirche. In den knappen einführenden Kapiteln war neben den wenigen kirchenhistorischen Studien zum Thema die umfangreiche politik- und sozialgeschichtliche Literatur verarbeitet.

Die gleiche Akribie zeichnete zwei weitere Dokumentationen von 1982 und 1987 aus. Im Mittelpunkt stand jeweils eine politisch bedeutsame kirchliche Stellungnahme: die Stuttgarter Erklärung vom Oktober 1945 über die Versäumnisse von Kirche und Volk in der NS-Diktatur und die Denkschrift der Bekennenden Kirche von 1936 über das Unrecht des Nationalsozialismus.[13] Durch die Veröffentlichung dieser Texte mit allen auffindbaren Nebentexten über Entstehung und Wirkung traten die internen Differenzen, Leistung und Versagen der evangelischen Kirche beispielhaft hervor. Deutlicher als es in der Wissenschaft im Allgemeinen üblich ist, spricht Greschat aus, wie er als Christ zu den Ereignissen steht. Aber er zwingt seine Meinung nicht auf, sondern befähigt durch die Bereitstellung des Materials zum eigenen Urteil. Auf die kritischen Anfragen an Kirche und Universität antwortete er mit Forschung, die für neue Fragen und neue Methoden offen war.

Das zeigt auf wieder andere Weise auch die 1980 veröffentlichte Monografie »Das Zeitalter der Industriellen Revolution. Das Christentum vor der Moderne«.[14] Erstmals arbeitete Greschat in diesem Buch komparatistisch: Er behandelte die wichtigsten Industrieländer Europas und je nach ihrer konfessionellen Prägung die verschiedenen Glaubensrichtungen. Der länder- und konfessionsübergreifende Vergleich, der deshalb nahelag, ermöglichte für die einzelnen Gesellschaften vertiefte Einsichten. Immer beschrieb Greschat zunächst die dramatischen wirtschaftlichen und sozialen Veränderungen, bevor er die Reaktionen der Kirchen sowie christlicher Gruppen und Organisationen auf diese Erfahrungen schilderte oder Anzeichen einer Entkirchlichung und Entchristlichung verfolgte. »Kirchengeschichte begreife ich [...]

---

13 Martin Greschat, Die Schuld der Kirche. Dokumente und Reflexionen zur Stuttgarter Schulderklärung vom 18./19. Oktober 1945, München 1982; ders., Zwischen Widerspruch und Widerstand. Texte zur Denkschrift der Bekennenden Kirche an Hitler (1936), München 1987.

14 Martin Greschat, Das Zeitalter der Industriellen Revolution. Das Christentum vor der Moderne, Stuttgart 1980.

als das Bemühen um das Verstehen des kirchlichen Lebens, Denkens und Handelns im Kontext der allgemeinen politischen und sozialen, ökonomischen und geistigen und nicht zuletzt der religiös-kulturellen Sehnsüchte und Gegebenheiten, Hoffnungen und Zwänge einer Epoche.«[15] In dieser Weise definierte Greschat in dem schon erwähnten programmatischen Artikel in der Historischen Zeitschrift von 1993 das Ziel seiner Arbeit, und in diesem umfassenden Sinn schrieb er in dem Band über das Christentum in der Industriellen Revolution und an vielen anderen Stellen Kirchengeschichte.

Als das Buch 1980 erschien, war Martin Greschat schon endgültig bei der Zeitgeschichte angelangt, auch wenn er immer wieder mit Beiträgen zur Reformationsgeschichte, zum Pietismus und zur christlichen Erneuerungsbewegung im 19. Jahrhundert hervortrat. Beeindruckt hat mich unter anderem eine Problemskizze über »Rechristianisierung und Säkularisierung« von 1997,[16] weil Greschat in ihr aufgrund seiner weitgespannten Arbeit die »lange Dauer«, die »longue durée«, mentalitätsgeschichtlicher Prozesse seit der Reformationszeit konkret nachzeichnen konnte. Geprägt aber wurde Greschats Forschung in den letzten 20 Jahren durch die Zeitgeschichte im Sinne der Historiker, die sie enger als Theologen auf die Zeit seit 1917 beschränken, allenfalls unter Einschluss der vorbereitenden Entwicklungen im deutschen Kaiserreich. Die Fülle der Arbeiten macht es unmöglich, im Einzelnen auf sie einzugehen. Ich kann nur die Bandbreite der Themen andeuten: Entwicklung des kirchlichen Antisemitismus seit Stoecker, Haltung der deutschen Protestanten zum Krieg vor 1914 und zur atomaren Bewaffnung um 1960, die evangelische Kirche unter der nationalsozialistischen Diktatur, ihre Haltung zur Judenverfolgung, die Bekennende Kirche in sozialgeschichtlicher und ethisch-politischer Perspektive, der deutsche Protestantismus in Polen während der NS-Zeit; dann: Kirche und Gesellschaft in der frühen Bundesrepublik, oder vergleichend: die Erfahrungen der Kirchen mit der Politik in den beiden deutschen Staaten nach 1945, immer wieder: die Schulddiskussion in den deutschen Kirchen, schließlich als Ergebnis neuer Forschungsprojekte zum einen: die Kirchenpolitik der französischen Besatzungsmacht in Deutschland nach dem 2. Weltkrieg, und zum anderen: die Anfänge der Ökumene und der Beitrag der Protestanten in den verschiedenen Ländern zur Versöhnung ihrer Völker und zum Aufbau der Europäischen Gemeinschaft.

---

15 Greschat, Die Bedeutung der Sozialgeschichte, 73.

16 Martin Greschat, Rechristianisierung und Säkularisierung. Anmerkungen aus deutscher protestantischer Sicht, in: Hartmut Lehmann (Hg.), Säkularisierung, Dechristianisierung und Rechristianisierung im neuzeitlichen Europa. Bilanz und Perspektiven der Forschung, Göttingen 1997, 76–85.

Wie die Übersicht zeigt, sind es immer politisch relevante Themen, denen sich Greschat zuwendet. Es geht ihm darum zu zeigen, dass die Kirchen als gesellschaftliche Institutionen auch unter den veränderten Bedingungen der neuesten Zeit, auch nach der Trennung von Thron und Altar und angesichts der Konkurrenz anderer weltanschaulicher Angebote, noch eine öffentliche Rolle spielen, dass christliche Traditionen und konfessionelle Bindungen das politische Verhalten der Menschen weiterhin beeinflussen, sei es unbewusst oder kulturell vermittelt. Die Geschichtswissenschaft hat diese Zusammenhänge, in selbstverschuldeter Verblendung durch die Vorstellung der Säkularisation der Gesellschaft, lange übersehen und beginnt sie im Kontext der Mentalitätsgeschichte erst allmählich wiederzuentdecken.

An dieser Entwicklung hatte Martin Greschat einen beträchtlichen Anteil. Seine Arbeiten zeigen Qualitäten, die auf Historiker/innen bestechend wirken: Alle Untersuchungen und Editionen zeugen von seiner Entdeckerfreude. Während arrivierte Wissenschaftler oft nicht mehr gern in schmutzigen Akten wühlen, ist die Liste der benutzten Archive bei Greschat auch in den jüngsten Veröffentlichungen lang: In dem Aufsatz über die Kirchenpolitik der französischen Besatzungsmacht sind es elf Archive in Paris, Colmar, Vincenne, Genf, Basel, Berlin und mehreren landeskirchlichen Hauptstädten. Immer bezieht Greschat aufgrund breiter Literaturkenntnis die allgemeinen politischen und sozio-ökonomischen Verhältnisse ein. Seine Darstellung beruht stets auf einem dicht gefügten Fundament empirischer Fakten. Er greift, wenn es das Thema nahelegt, die Methoden und Theorien der Sozialgeschichtsforschung auf, und – das ist nicht zu unterschätzen – er verwendet die Sprache der Historiker. Der Erfolg blieb nicht aus: Greschats Arbeiten werden von der allgemeinen Sozialgeschichtsforschung wahrgenommen und integriert und, was wichtiger ist, Religion, Konfession und Kirche finden als gesellschaftliche Kräfte auch für das 19. und 20. Jahrhundert Beachtung. So ist es folgerichtig, dass in dem von Wolfgang Benz herausgegebenen Standardwerk über die Bundesrepublik Deutschland Martin Greschat das Kapitel über die evangelische Kirche verfasste, ebenso in dem Band des Großen Ploetz über das Kaiserreich den Abschnitt: Religion in Staat und Gesellschaft.[17] Als ich 1990 einen Band über die Haltung der Deutschen zur Judenverfolgung konzipierte, erschien es mir selbstverständlich, Martin Greschat um den

---

[17] Martin Greschat, Die Evangelische Kirche, in: Wolfgang Benz (Hg.), Die Bundesrepublik Deutschland. Geschichte in drei Bänden, Bd. 2, Frankfurt am Main 1983, 265–296, in der erweiterten 2. Aufl. Bd. 3, Frankfurt am Main 1989, 87–123; ders., Religion in Staat und Gesellschaft, in: Dieter Langewiesche (Hg.), Ploetz. Das deutsche Kaiserreich, 1866/71 bis 1918. Bilanz einer Epoche, Freiburg/Würzburg 1984, 139–149.

Beitrag über die evangelische Kirche zu bitten.[18] Ihren Höhepunkt erreichte die Zusammenarbeit mit Historikern 1988 mit der Gründung der Reihe: »Konfession und Gesellschaft«, in der seither 19 Bände erschienen.[19] Ihr Programm, einerseits in überkonfessioneller und übernationaler Perspektive die christentumsgeschichtlichen und religiösen Dimensionen der Neueren Geschichte ins Bewusstsein zu heben und andererseits den theologischen Fundus der Kirchengeschichte um die gesellschaftsgeschichtliche Dimension zu bereichern, gilt auch für das Werk von Martin Greschat. Er hat Brücken zwischen der Kirchen- und der allgemeinen Sozialgeschichte geschlagen. Insofern macht es vielleicht doch Sinn, wenn hier eine Historikerin die Laudatio hält.

Die Kirchliche Zeitgeschichte entwickelt sich heute zunehmend zu einem eigenständigen Fach, das die Methoden der verschiedenen relevanten Disziplinen integriert. Das ist noch nicht lange so! Als ich 1989 zum ersten Mal, damals noch als Gast, in der Evangelischen Arbeitsgemeinschaft für Kirchliche Zeitgeschichte sprach, löste mein Vortrag über die Haltung der evangelischen Kirche zu ihren Gliedern jüdischer Herkunft eine heftige Diskussion nicht über die Fakten, aber über deren Bewertung aus. Im Verlauf der Diskussion wurde ich mit der Frage konfrontiert, ob ich überhaupt auf dem Boden des trinitarischen Glaubensbekenntnisses stände. Während ich noch erschrocken überlegte, ob ein schlichtes »Ja« angesichts der versammelten theologischen Fachkompetenz wohl genügen würde, kam mir Martin Greschat zu Hilfe und erklärte eine solche Frage in einer wissenschaftlichen Debatte für unzulässig. Noch bis nach Mitternacht stritten wir abends weiter, ob Bekenntnistreue für die Beschäftigung mit der Kirchengeschichte notwendig sei oder ob mit den richtigen Methoden nicht vielleicht auch Atheisten auf diesem Feld erfolgreich arbeiten könnten. Heute bin ich zusammen mit einer Anzahl weiterer Historiker und Historikerinnen Mitglied der Arbeitsgemeinschaft, und es besteht kein Zweifel mehr, dass die Kirchliche Zeitgeschichte den gleichen methodischen Anforderungen genügen muss wie die allgemeine Geschichte, nicht weniger und nicht mehr. Dass sich die Situation in nur zehn Jahren grundlegend verändert hat, ist bemerkenswert, und daran hat Martin Greschat wesentlich mitgewirkt.

Wie es Menschen geht, die eingefahrene Gleise verlassen und Wandlungen voranzutreiben suchen, musste er manche Angriffe hinnehmen und

---

[18] Martin Greschat, Die Haltung der deutschen evangelischen Kirchen zur Verfolgung der Juden im Dritten Reich, in: Ursula Büttner (Hg.), Die Deutschen und die Judenverfolgung im Dritten Reich, Hamburg 1992, 273–292, Frankfurt am Main ^{2}2003, 320–341.

[19] Konfession und Gesellschaft. Beiträge zur Zeitgeschichte, Stuttgart 1988 ff.

vielleicht auch einmal auf ein eigentlich verdientes Amt verzichten. Er vernachlässige die Theologie und verfehle das Proprium – das Eigene, das Wesentliche – der Kirchengeschichte, so lautete der Vorwurf. Die Angriffe sind noch nicht ganz verstummt, aber ich halte sie für Nachhutgefechte.

Es geht bei diesem Beharren auf dem Primat der Theologie sicher um Hegemonie, möglicherweise auch um hochschulpolitische Interessen (Wo wird die Kirchengeschichte angesiedelt?). Aber es scheint noch mehr im Spiel zu sein, wie die Schärfe der Attacken ahnen lässt. Dahinter, so vermute ich, verbergen sich tiefe Differenzen über das Wesen der Kirche und ihr Verhältnis zur Welt, letztlich über den Auftrag des Christen in der Welt. Nach Greschats Überzeugung muss die Kirche unabdingbar in Staat und Gesellschaft hineinwirken. Eine Kirche, die sich selbst genügt, verliert ihren Sinn. Deshalb muss sich Kirchengeschichte immer auf die politische und soziale Realität beziehen. Nur eine solche integrative Forschung ist bei diesem Kirchenverständnis theologisch verantwortbar. Nur so kann Martin Greschat, der einmal den Satz geschrieben hat: »Theologie ist verantwortlich gelebte Zeitgenossenschaft«,[20] als Theologe Kirchengeschichte schreiben. Martin Greschat wurde aufgrund dieser Voraussetzung, was er bei Melanchthon und Bucer gerühmt hat: ein Theologe des Dialogs, des Dialogs mit der Geschichte und den Sozialwissenschaften.

Das Gesamtwerk ist sicher noch lange nicht abgeschlossen. Aber die entscheidende Leistung ist vollbracht: Der Brückenschlag von der Theologie und der Kirchengeschichte zu den säkularen historischen Wissenschaften ist Martin Greschat gelungen.

2. Fortsetzung, kein Epilog. Laudatio auf den unermüdlichen Forscher zum 80. Geburtstag, 2014

Die Hoffnung, die am Ende der Würdigung zum 65. Geburtstag ausgesprochen wurde, hat sich in überreichem Maß erfüllt: Von den Pflichten der akademischen Lehre befreit, hat Martin Greschat seinem wissenschaftlichen Werk so viele weitere bedeutende Abhandlungen hinzugefügt, dass selbst jemand, der um seine Arbeitsdisziplin und Schaffenskraft weiß, nur erstaunt und ehrfürchtig feststellen kann: Alle Erwartungen wurden weit übertroffen, und

[20] Martin Greschat, Theologen des Protestantismus im 19. und 20. Jahrhundert, Bd. 1–2, Stuttgart 1978, Zitat: Bd. 1, 7.

alles, was über die Intensität und Qualität seiner früheren Forschung gesagt wurde, trifft voll und ganz auch für das »Alterswerk« zu. Wie wir Martin Greschat kennen, ist es ein offenes »Alterswerk«, noch lange nicht vollendet. Gerade als ich glaubte, die Lektüre seiner Bücher und Aufsätze aus den letzten 15 Jahren abschließen zu können, kam eine hochaktuelle Studie hinzu: »Der Erste Weltkrieg und die Christenheit. Ein globaler Überblick«.[21] Hier ist deshalb über die Fortsetzung seiner Arbeit und keinesfalls über einen Epilog zu berichten. Schon die bloßen Zahlen sind kaum zu glauben: Ein Bibliothekskatalog verzeichnet für die Zeit seit 1999 40 Titel, darunter sechs Bücher, die Neuauflagen und die herausgegebenen Bände nicht mitgerechnet. In der Schriftenreihe »Konfession und Gesellschaft« erschien 2007 der 40. Band; 19 Bände waren es zur Zeit des letzten Berichts im Jahr 1999 gewesen. Eine systematische Recherche würde Greschats Veröffentlichungsliste zweifellos um viele weitere Titel verlängern.

Aber Zahlen bedeuten wenig. Die Breite des wissenschaftlichen Interesses, die Martin Greschats Arbeit seit je auszeichnete, zeigte sich unvermindert auch in den letzten 15 Jahren. Er vertiefte und erweiterte frühere Arbeitsschwerpunkte und erschloss sich neue große Felder, indem er die Untersuchung und Darstellung der deutschen Kirchengeschichte bis an die Gegenwart heranführte. Der Ertrag eines Forscherlebens schlug sich in umfassenden Betrachtungen der religiösen Entwicklung in Europa vom Hochmittelalter bis zur neuesten Zeit nieder und in ebenso grundlegenden Beiträgen zur Diskussion der Methoden, Themen und Perspektiven der Kirchlichen Zeitgeschichte.

Wie früher meldete sich der »Zeithistoriker« Martin Greschat auch als Kenner der Reformationsgeschichte zu Wort. Seine Bemühungen um Philipp Melanchthon, auf den er seit der Dissertation von 1965 in großen Zeitabständen immer wieder zurückgekommen war, krönte er 2010 mit einer eleganten Monografie über den Gelehrten.[22] Wie in den früheren Untersuchungen ging es ihm darum, ihn aus dem Schatten Luthers zu holen, in den er durch lange theologische Herabwürdigung geraten war, und seinen bedeutenden eigenständigen Beitrag zur Entwicklung der Reformation herauszustellen. Er

---

21 Martin Greschat, Der Erste Weltkrieg und die Christenheit. Ein globaler Überblick, Stuttgart 2014.

22 Martin Greschat, Philipp Melanchthon. Theologe, Pädagoge und Humanist, Gütersloh 2010. Die älteren Arbeiten waren: Melanchthon neben Luther. Studien zur Gestalt der Rechtfertigungslehre zwischen 1528 und 1537, Witten 1965; Philipp Melanchthon: Intellektueller, Pädagoge, Christ, in: PTh 86 (1997), 310–324; dieser Aufsatz erschien gleichzeitig an weiteren Stellen.

wollte ihm Gerechtigkeit widerfahren lassen; aber vor allem wollte er durch die spannende, auch für Laien eingängige Darstellung seines Lebens, Denkens und Wirkens seine wissenschaftlich-rationale, kritische und ökumenisch ausgerichtete Ausprägung reformatorischer Theologie ins Gedächtnis der Protestanten zurückrufen. Melanchthons Vermächtnis, »das Evangelium in die Mitte des geistigen, kulturellen und gebildeten Lebens zu rücken«,[23] bleibt für Greschat als Forderung an die evangelische Kirche gültig.

Auch wenn er auf alte Themen zurückgriff, begnügte er sich nie mit dem einmal erworbenen Wissen. Das zeigen eindrücklich die Neuauflagen: Als 2009 seine Biografie des Reformators Martin Bucer nach 19 Jahren neu herauskam,[24] stellte Martin Greschat erfreut fest, dass er trotz des Erscheinens einer historisch-kritischen Ausgabe der Schriften Bucers und eines enormen Forschungsfortschritts seine wesentlichen Erkenntnisse nicht revidieren musste. Dennoch war es für ihn selbstverständlich, die Studie nicht nur sprachlich ein wenig zu polieren, sondern sie durch die Einarbeitung der seit 1990 publizierten Quellen und Untersuchungsergebnisse auch inhaltlich auf den neuesten Stand zu bringen.

Die Bereitschaft, neue Fragestellungen und Forschungstrends aufzunehmen, trat in den Neuauflagen der Quelleneditionen besonders deutlich zutage.[25] Ich illustriere das anhand der Neubearbeitung des Bandes über das »Zeitalter der Weltkriege und Revolutionen« von 1999. In allen Abschnitten des chronologisch aufgebauten Werks wurden neue Aspekte bedacht; die Dokumentation wurde bis fast an das Erscheinungsjahr heran verlängert. Sie behandelt schwerpunktmäßig die deutsche evangelische Kirche, beschränkt sich aber nicht darauf. Besonders in den von Martin Greschat verantworteten Teilen über den Ersten Weltkrieg, die Weimarer Republik und die Zeit nach 1945 finden auch die anderen christlichen Konfessionen und die wichtigsten kirchlichen Entwicklungen in der Welt Beachtung. Greschats starkes Interesse an der Entstehung und dem Aufbau der ökumenischen Institutionen hilft, eine ausschließlich eurozentrische Sicht zu vermeiden. Anders als der Mitherausgeber berücksichtigt er neben zentralen kirchlichen Verlautbarungen und wesentlichen theologischen Texten auch philosophische Grundschriften,

---

23 Greschat, Melanchthon, 188.

24 Martin Greschat, Martin Bucer. Ein Reformator und seine Zeit (1492–1551), Münster ²2009.

25 Vom Konfessionalismus zur Moderne, neu bearb. u. hg. von Martin Greschat, Neukirchen-Vluyn 2008; Martin Greschat/Hans-Walter Krumwiede (Hg.), Das Zeitalter der Weltkriege und Revolutionen, Neukirchen-Vluyn 1999. Die zugrunde liegende erste Ausgabe von 1988 erlebte ihrerseits drei Auflagen.

Erklärungen von politischen Akteuren, Quellen zur allgemeinen Politik- und Gesellschaftsgeschichte. Neue Formen religiösen Lebens wie in der Gemeinschaft von Taizé werden ebenso registriert wie die feministische Theologie.

Martin Greschat folgte damit seiner Leitidee für die Kirchliche Zeitgeschichte, wie er sie – zusammen mit anderen – im Programm zur Schriftenreihe »Konfession und Gesellschaft« und in gelegentlichen methodischen Nebenbemerkungen an vielen Stellen knapp skizziert hatte. Jetzt, 2005, fasste er seine Konzeption in einer grundsätzlichen Abhandlung systematisch zusammen und bezog mit ihr zugleich Position im Kampf der verschiedenen Richtungen zeitgeschichtlicher Kirchenforschung.[26] In einem ersten Teil befasst er sich eingehend mit der zeitlichen Eingrenzung der »Zeitgeschichte« und stellt sich dabei eindeutig auf die Seite der weltlichen Historiker. Während kirchengeschichtlich arbeitende Theologen es im allgemeinen für möglich halten, je nach Fragestellung auch in früheren Jahrhunderten »Zeitgeschichte« zu entdecken, folgen Geschichtswissenschaftler (»Allgemeinhistoriker«) meistens dem Vorschlag von Hans Rothfels und beschränken den Begriff auf die Zeit seit 1917. Auch Martin Greschat akzeptiert Rothfels' Argumente; nur plädiert er dafür, nicht ein einziges Jahr als Zäsur zu bestimmen, sondern die »Urkatastrophe« des Ersten Weltkriegs insgesamt als Epochenscheide zu sehen. Dabei nennt er viele wichtige Gründe, warum der Große Krieg nicht nur für die politische und soziale Geschichte, sondern auch für die Geschichte der Kirchen und des Christentums einen tiefen Einschnitt darstellte. Mit den gravierenden mentalen Veränderungen um 1968 beginnt für Greschat dann die »Kirchliche Zeitgeschichte im engeren Sinn«, und mit der »Wende« von 1989/90 möchte er ihrer Erforschung ein vorläufiges Ende setzen, weil sorgfältige wissenschaftliche Arbeit Zeit erfordert. Hier zeigt sich wieder der hohe qualitative Anspruch, den Martin Greschat an sich und andere stellt.

Fast beängstigend ist seine Beschreibung des inhaltlichen Umfangs der Kirchlichen Zeitgeschichte im zweiten Teil des Buches: das Christentum in seiner Verflechtung mit der allgemeinen nationalen und regionalen Geschichte, die Entwicklung der christlichen Weltreligion außerhalb Europas und der Fortschritt der Ökumenischen Bewegung, die lange, bis zu den Kirchenvätern und ins hohe Mittelalter zurückreichende Vorgeschichte religiöser und mentaler Orientierungen, Frömmigkeit, alle Bereiche und Methoden der all-

---

[26] Martin Greschat, Kirchliche Zeitgeschichte. Versuch einer Orientierung, Leipzig 2005. Vgl. auch Martin Greschats grundlegenden Artikel: »Kirchliche Zeitgeschichte«. Überlegungen zu ihrer Verortung, in: ThLZ 139 (2014), 291–310, in dem er die gleiche Argumentation unter Berücksichtigung der neuesten Literatur mit einigen anderen Akzenten versieht.

gemeinen Geschichte von der Politikgeschichte bis zur Kulturgeschichte und Oral History, ferner Philosophie-, Literatur- und Kunstgeschichte, Rechtsgeschichte, Wirtschaftsgeschichte, Psychologie, Soziologie und Sozialstatistik. Selbstverständlich ist eine überkonfessionelle Perspektive nötig. Immer wieder demonstriert Greschat die Berechtigung seiner Forderung an Beispielen und beweist bei diesen historischen Skizzen seine souveräne Kenntnis der gesamten Kirchengeschichte wie der allgemeinen Geschichte, etwa wenn er die Aufklärung, den modernen Individualismus und die Entwicklung des westlichen demokratischen Denkens aus der schwierigen Machtbalance von Kirche und Staat im mittelalterlichen Europa herleitet.

Im dritten Teil kommt Greschat zu der Kernfrage, die ihn am stärksten bewegt: Wie kirchlich soll oder darf Kirchliche Zeitgeschichte sein? Er unterscheidet zwei Richtungen: Bei der überwiegend von Theologen betriebenen, kirchlich-konfessionell verorteten und inhaltlich entsprechend ausgerichteten Forschung geht es in erster Linie um Selbstvergewisserung und Verbindung von Gleichgesinnten, Legitimation der eigenen Ziele und religiöse Identitätsstiftung. »Man sucht nach einem ›Mehr‹ der Kirchengeschichte gegenüber der ›profanen‹ Geschichtswissenschaft.«[27] Es ist deshalb nur begrenzt möglich, mit dieser zu kommunizieren. Greschat lässt keinen Zweifel, dass er sich der anderen Richtung zurechnet, und zwar aus religiöser Überzeugung und theologischer Einsicht. Da er hier das Grundverständnis seiner Arbeit formuliert, soll er selbst etwas ausführlicher zu Wort kommen: »Vertreter der Kirchengeschichte und der Kirchlichen Zeitgeschichte, denen es nicht nur allgemein, sondern direkt und konkret um den Weltbezug der christlichen Verkündigung zu tun ist, wollen keine von der allgemeinen Geschichtswissenschaft losgelöste Kirchengeschichte. Sie drängen vielmehr auf den Dialog mit ihr in gleicher Augenhöhe.« Was Dietrich Bonhoeffer allgemein erkannt hat, gilt auch für die Kirchengeschichte. Ihr theologischer Charakter kann »nicht direkt aus der Historie erhoben werden, sondern lediglich aus der Art und Weise des Umgangs« mit ihr. Weil die »Theologien in die Lebenswelt und speziell die Frömmigkeitsgeschichte« eingebunden sind, dürfen sie nicht als »Proklamation zeitlos wahrer, endgültiger Antworten« begriffen werden, sondern der Zeithistoriker muss den religiösen und theologischen Pluralismus »ausdrücklich bejahen«. Die »Ausweitung des Blicks auf andere Ausprägungen des Christlichen« ist dann »zwingend«. Geradezu beschwörend warnt Greschat vor den Gefahren, wenn sich das kollektive Gedächtnis allein »auf das eigene Erbe konzentriert«: »An die Stelle des Dialogs

---

27 Greschat, Kirchliche Zeitgeschichte, 86.

treten der Monolog oder eine falsche Apologetik.« Schließlich ist »die Identifizierung der Anschauungen und Überzeugungen der eigenen Kreise mit dem Ganzen, Wahren und Wirklichen die Folge«. Schaden nimmt dabei auch die Gesellschaft. »Denn ihr werden durch eine so betriebene Kirchengeschichte bestimmte soziale, kulturelle, humane sowie eben religiöse Einsichten und Erfahrungen entzogen. Diese Art des Vorgehens trägt zum Niedergang der christlichen Traditionen Europas bei.«[28]

Die deutliche Konfrontation der beiden Richtungen zeitgeschichtlicher Kirchenforschung war geeignet, Widerspruch hervorzurufen. Aber nicht gegen dieses Buch richtete sich der Protest in der Zeitschrift der kritisierten Schule, sondern gegen einen grundsätzlichen Artikel Martin Greschats zum weiten Themenkreis: christliche Sperrigkeit gegen den Nationalsozialismus.[29] Auf der Grundlage seiner eigenen jahrzehntelangen Beschäftigung mit dem Problem[30] unternimmt er es in dem Aufsatz, die Erkenntnisse der allgemeinen Geschichtswissenschaft und der kirchenhistorischen Widerstandsforschung zu integrieren. Er beschreibt das breite Spektrum unangepassten Verhaltens von Christen und Christinnen: von der Selbstbehauptung der Kirche als Kirche über die Stabilisierung der konfessionellen Milieus bis zu den öffentlichen Einsprüchen gegen antichristliche offiziöse Schriften und menschenfeindliche Staatsverbrechen, von spontanen Hilfen für Verfolgte über die politikferne Fundamentalopposition aus Glaubensüberzeugung bis zum politischen Widerstand Einzelner. Dabei würdigt er zum einen, welche Mühe schon die partielle Opposition gegen die »Obrigkeit« besonders protestantische Deutsche kostete. Zum anderen betont er, dass solches gelegentliches Widerstreben in Wort und Tat gegen das alltägliche Unrecht das Regime nicht erschüttern konnte. Auch lässt er keinen Zweifel, dass die Kirchen als Institutionen und ihre Repräsentanten ein anderes Verhalten zeigten. Von »Apologetik«, wie Greschat vorgeworfen wurde,[31] kann deshalb keine Rede

---

[28] Greschat, Kirchliche Zeitgeschichte, 90–94.

[29] Martin Greschat, Aus christlicher Motivation dem Nationalsozialismus widerstehen. Versuch eines Überblicks, in: Rolf-Ulrich Kunze (Hg.), Distanz zum Unrecht, 1933–1945. Methoden und Probleme der deutschen Widerstandsforschung, Konstanz 2006, 31–54.

[30] Am Anfang der Berichtsperiode erschien ein wichtiger zusammenfassender Artikel, der noch keinen Widerspruch hervorrief, obwohl Greschat in ihm bereits in gleicher Weise argumentierte: Martin Greschat, Kirche und Widerstand gegen den Nationalsozialismus, in: ZfG 46 (1998), 875–888.

[31] Günther van Norden, Widerstehen aus christlicher Motivation – ein heuristisches Problem, in: KZG 20 (2007), 181–187. In der Rubrik »Vermischtes« konnte sich Greschat im nächsten Band wehren: Martin Greschat, »Apologetische Legendenstabilisierung«? Antwort an Günther van Norden, in: KZG 21 (2008), 128–132.

sein. Es handelt sich um einen differenzierten, kenntnisreichen und ausgewogenen Überblick, der sehr um gerechte Verteilung von Licht und Schatten bemüht ist und mit dem Ausblick auf die besetzten Länder Europas auch Greschats Forderung erfüllt, die enge nationale Perspektive zu überwinden.

Neben solchen systematischen Überblicken, in denen Greschat die Bilanz jahrzehntelanger wissenschaftlicher Arbeit zog, lieferte er auch im angeblichen »Ruhestand« immer wieder wichtige Beiträge zur empirischen Detailforschung. Dabei widmete er sich nicht nur der Kirchengeschichte Westdeutschlands, sondern auch der DDR. Wie früher muss ich mich darauf beschränken, die Themen zu nennen: Um Westdeutschland in den fünfziger Jahren geht es in einem Aufsatz über die tiefgreifenden Spannungen zwischen Katholiken und Protestanten in der Ära Adenauer, ebenso in einem Artikel über Martin Niemöllers Kampf gegen die Westintegration und Wiederbewaffnung der Bundesrepublik Deutschland.[32] Auch eine Untersuchung der innerkirchlichen Konflikte um den Militärseelsorgevertrag von 1957 gehört in diesen Kontext.[33] Auf die zunehmende Beschäftigung mit den nachfolgenden Zeitabschnitten verwies ein Aufsatz über das Tübinger Memorandum von 1961, eine aufsehenerregende Erklärung von »Laien«, Männern, die weder in der Kirche noch in der Politik eine Rolle spielten, sondern sich als Wissenschaftler einen Namen gemacht hatten; in ihrem Mahnruf plädierten sie für eine neue Ostpolitik, mehr Vorsicht in der Rüstungspolitik, eine konsequente Sozialpolitik und eine grundlegende Schulreform.[34]

Zur gleichen Zeit wie die Niemöller-Studie erschien ein fundierter Aufsatz über die Haltung der evangelischen Kirche in der DDR zum Volksaufstand am 17. Juni 1953.[35] Er ist so breit angelegt, wie es Martin Greschat grundsätzlich fordert: Am Anfang steht die genaue Beschreibung der zeitgeschichtlichen Ereignisse in Deutschland und anderen Staaten des »Ostblocks«; es folgt eine sorgfältige Darstellung der Kirchenpolitik der sowjetischen Führung und der

---

32 Martin Greschat, Konfessionelle Spannungen in der Ära Adenauer, in: Thomas Sauer (Hg.), Katholiken und Protestanten in den Aufbaujahren der Bundesrepublik, Stuttgart 2000, 19–34; Martin Greschat, »Er ist ein Feind dieses Staates!« Martin Niemöllers Aktivitäten in den Anfangsjahren der Bundesrepublik Deutschland, in: ZKG 114 (2003), 333–356.

33 Martin Greschat, Der Militärseelsorgevertrag zwischen der Bundesrepublik Deutschland und der Evangelischen Kirche in Deutschland, in: ZKG 119 (2008), 63–79.

34 Martin Greschat, »Mehr Wahrheit in der Politik!« Das Tübinger Memorandum von 1961, in: VZG 48 (2000), 491–513.

35 Martin Greschat, Reaktionen der evangelischen Kirche auf den 17. Juni 1953, in: ders./Jochen-Christoph Kaiser (Hg.), Die Kirchen im Umfeld des 17. Juni 1953, Stuttgart 2003, 85–104.

SED, bevor die Reaktionen der Kirchenleitungen in der DDR und auch einzelner Pastoren näher untersucht werden. Ein anderer Aufsatz erschien zeitgleich mit dem Artikel über den Militärseelsorgevertrag und beleuchtete die harten Auseinandersetzungen zwischen Theologen und kirchenleitendenden Männern in Ost und West um die Situation der Christen und Christinnen unter dem DDR-Regime, um das rechte Verständnis der »Obrigkeit« und das gebotene und erlaubte Maß der Anpassung an den kommunistischen Staat.[36]

Die vielen Untersuchungen von Schlüsselereignissen der deutschen Kirchengeschichte nach dem Zweiten Weltkrieg fanden Eingang in drei Gesamtdarstellungen. Die erste: »Die evangelische Christenheit und die deutsche Geschichte nach 1945«, behandelt die Umbruchs- und Aufbauphase von 1943 bis 1949 in Gesamtdeutschland.[37] Greschats Ziel war es, die von der allgemeinen Geschichtswissenschaft oft übersehene Bedeutung des Christentums für die politische und gesellschaftliche Entwicklung darzulegen: »Von der Einbindung dieses Christentums in die allgemeine Geschichte wie auch von den dadurch ausgelösten Einwirkungen auf das Geschehen in Deutschland ist hier ausführlich die Rede.«[38] Durch einen nüchtern-kritischen Rückblick wollte er Legendenbildung entgegenwirken und dadurch zugleich der Kirche einen Dienst erweisen. Für alle vier Besatzungszonen wird die Notlage der Deutschen einfühlsam beschrieben, häufig aufgrund von pastoralen Berichten. Das unterschiedliche Kirchenverständnis und, daraus resultierend, die unterschiedliche Kirchenpolitik der Besatzungsmächte werden eingehend analysiert. Aber auch ihre generelle Politik und das allgemeine politische Geschehen finden genaue Beachtung. Die detaillierte Kenntnis der Geschichte der evangelischen Landeskirchen im »Dritten Reich« ermöglicht es Greschat, den Wiederaufbau der kirchlichen Institutionen vor diesem Hintergrund differenziert darzustellen. Ein Schwerpunkt liegt auf den politischen Stellungnahmen und dem Wirken der Kirche im Staat. Doch auch innerkirchliche Entwicklungen kommen in knappen Abrissen zur Sprache: Predigt und Bibelverständnis, Struktur und Denken der kirchlichen Eliten, die mit ihrer nationalprotestantischen Einstellung und dem Konzept der Rechristianisierung in dieser Zeit überwiegend an Positionen der Zeit vor 1933 anknüpften. Umso wichtiger waren die korrigierenden Einflüsse aus der Ökumene, die ebenfalls in den Blick kommen.

---

36 Martin Greschat, Römer 13 und die DDR: der Streit um das Verständnis der »Obrigkeit« (1957–1961), in: ZThK 105 (2000), 63–93.

37 Martin Greschat, Die evangelische Christenheit und die deutsche Geschichte nach 1945. Weichenstellungen in der Nachkriegszeit, Stuttgart 2002.

38 Greschat, Christenheit und Geschichte nach 1945, 11.

Das zweite Werk: »Protestantismus im Kalten Krieg«, das hauptsächlich die fünfziger Jahre behandelt, ist noch breiter angelegt.[39] Wieder werden die Politik und die gesellschaftlichen Prozesse in den beiden deutschen Staaten sowie der Kurs der Führungsmächte der beiden Lager sorgfältig dargestellt und die kirchlichen Entscheidungen und Reaktionen exakt nachgezeichnet. Darüber hinaus erhält die Schilderung des »protestantischen Lebens« mehr Raum: Wandlungen der Frömmigkeit und ihrer Ausdrucksformen, theologische Neuansätze, die neue Laienmobilisation durch Evangelische Kirchentage, das Wirken von Kirche und Diakonie in der Gesellschaft, evangelische Bildungsarbeit, das Verhältnis von Protestanten und Katholiken – ein breites Themenspektrum wird entfaltet. Auch der Fortschritt der ökumenischen Bewegung wird in einem Kapitel bedacht.

Bei dem dritten Überblickswerk handelt es sich um eine Darstellung des Protestantismus in der Bundesrepublik Deutschland in der gesamten Zeit von 1945 bis 2005.[40] Allerdings hat das letzte Kapitel über die Jahre seit der deutschen Vereinigung eher den Charakter eines knappen Essays, ganz im Sinne von Greschats Auffassung, dass wirkliche Zeitgeschichts*forschung* wegen der Sperrung wichtiger Quellen und des Mangels an gründlichen wissenschaftlichen Vorarbeiten mit der Zäsur von 1989/90 vorläufig enden muss. Er hat für die sechzig Jahre westdeutscher Kirchengeschichte nur wenig mehr als 200 Seiten zur Verfügung und konzentriert sich deshalb stärker als in den anderen beiden Büchern auf das politische Wirken der Kirche und ihre Stellung im Staat. Trotzdem kommen verfassungsrechtliche Veränderungen und wichtige theologische und geistliche Entwicklungen kurz zur Sprache: der biblizistische, konservative Protest gegen die wissenschaftliche Theologie (»Kein anderes Evangelium«) genauso wie die »Theologie der Hoffnung« und liturgische Reformen. Am Ende verlässt Martin Greschat die Rolle des Historikers und nimmt als engagierter und theologisch gebildeter Christ zu den Zukunftsperspektiven Stellung. Er lässt keinen Zweifel, dass ihm die Schlussfolgerungen Sorge machen, mit denen die EKD 2006 auf das Schrumpfen der Mitgliederzahlen und Steuereinnahmen reagierte. Wie andere sieht er die Gefahr, dass die Rettung zu sehr von Strukturreformen, administrativen Maßnahmen und ökonomischen Verbesserungen statt von geistlicher und geistiger Erneuerung erwartet wird. Ein Grund lag nach seiner Meinung auch darin, dass die Autoren bei ihrem Zukunftsentwurf »Kirche der Freiheit«

---

[39] Martin Greschat, Protestantismus im Kalten Krieg. Kirche, Politik und Gesellschaft im geteilten Deutschland 1945–1963, Paderborn/München/Wien/Zürich 2010.

[40] Martin Greschat, Der Protestantismus in der Bundesrepublik Deutschland (1945–2005), Leipzig 2011.

sowohl die Erfahrungen der außerdeutschen protestantischen Ökumene als auch die deutsche Kirchengeschichte seit 1945 unbeachtet ließen.[41] Hier wird deutlich, worum es Martin Greschat im letzten geht: mit zeitgeschichtlicher Kirchenforschung der Kirche zu helfen.

Geschichte für die Zukunft fruchtbar zu machen, war auch das Ziel einer Studie von 2005, wie schon der programmatische Titel erkennen lässt: »Protestantismus in Europa. Geschichte - Gegenwart - Zukunft«.[42] Noch stärker als in den bisher behandelten Werken erweist sich Martin Greschat hier als ein Meister des gedrängten Überblicks. Auf knapp 170 Seiten behandelt er in einem souveränen Längsschnitt von den Anfängen christlicher Gemeinden bis heute den Beitrag des Christentums und dann besonders seines reformatorischen Zweigs zur Entwicklung eines modernen Europas. Er arbeitet heraus, wie theologischer, kirchlicher und kultureller Pluralismus von Anfang an für das Christentum charakteristisch war, wie seit Augustinus der Individualismus dazugehörte und sich seit diesem Kirchenlehrer getrennte Bereiche geistlicher und weltlicher Gewalt herausbildeten. In einem groß angelegten Überblick über die Geschichte der Reformation und der konfessionellen Entwicklung in den verschiedenen Ländern Europas wird sodann deutlich, wie umfassend Luther und die anderen Neuerer die lateinische Christenheit veränderten. Individualismus und Pluralismus erhielten einen starken Schub, und die weltlichen Herrscher wurden von der Oberhoheit der geistlichen Macht nicht nur befreit, sondern gewannen den Vorrang. Die Aufklärung, die unter anderem als Reaktion auf die dogmatisch-konfessionell aufgeladenen Konflikte im Dreißigjährigen Krieg entstand, war, wie Greschat nach der Beschreibung ihrer Unterschiede in den protestantischen und erst recht in den katholischen Ländern Europas betont, insgesamt keine »Revolte gegen die Religion«, sondern »eine kreative, wenngleich ambivalente Phase in der Geschichte des Christentums«.[43] Im Kapitel über die bedeutende Wirkungsgeschichte des Pietismus in Europa kommt Greschat auf eigene frühe Forschungen zurück. Nach einer Betrachtung über die zunehmende Verschmelzung von Protestantismus und Nationalismus in Deutschland und einem knappen Abriss ihres Verhältnisses in anderen europäischen Ländern wird untersucht, wie sich unter diesen Bedingungen eine internationa-

---

41 Greschat, Protestantismus in der Bundesrepublik, 219–221.

42 Martin Greschat, Protestantismus in Europa. Geschichte - Gegenwart - Zukunft, Darmstadt 2005.

43 Greschat, Protestantismus in Europa, 77. Greschat übernimmt hier eine Formulierung von Sheridan Gilley, Christianity and Enlightenment - A Historical Survey, in: History of European Ideas 1 (1981), 105.

le ökumenische Bewegung entwickeln und über zwei große Kriege hinweg behaupten und schließlich nach der Überwindung des Nationalsozialismus wesentlich zur Verständigung in Europa beitragen konnte. In einem besonderen Aufsatz klärt Greschat für die Jahre nach 1945 den Anteil des Protestantismus an dieser Leistung.[44]

Auch das zuletzt genannte Buch endet mit einem kritischen, besorgten Ausblick und einem eindringlichen Appell. In der säkularen Umwelt Europas in eine Minderheitenposition gedrängt, dürfe der Protestantismus nicht mit Abschwächung oder gar Preisgabe seines besonderen Profils reagieren. Die Suche nach Verbündeten beim zahlenmäßig stärkeren römischen Katholizismus dürfe nicht zu »furchtsamer Anpassung oder sogar Unterwürfigkeit« führen, nicht zum Verzicht auf die Ordination von Frauen wie in der polnischen evangelischen Kirche und schon gar nicht zu »Reduktionen reformatorischer Theologie« wie 1999 bei der gemeinsamen Erklärung des Lutherischen Weltbundes und des Vatikans zur Rechtfertigungslehre. »Eine solche Neigung zur Selbstpreisgabe verschärft die innerprotestantischen Gegensätze und bewirkt gleichzeitig eine Identitätskrise des europäischen Protestantismus.« Notwendig sei statt dessen »eine entschiedene theologische Besinnung, wie das Evangelium in die moderne, säkulare Gesellschaft hinein entfaltet werden kann«, und zwar – hier spricht der Historiker – unter »Einbindung des Reichtums der europäischen Geschichte des Protestantismus«, der Fülle seiner »geistigen und geistlichen Einsichten« wie auch »seiner schuldhaften Verirrungen und Entstellungen der Wahrheit«.[45] Martin Greschat sieht den europäischen Protestantismus in einer geradezu schicksalhaften Entscheidungssituation: »Der Protestantismus kann in Europa nur überleben, wenn er ohne Polemik und ohne Wehklagen über die schlimmen gegenwärtigen Verhältnisse eine klare Position bezieht.«[46] Dann hat er mit dem für ihn wesentlichen kritischen Bezug auf die Bibel und mit der zentralen Lehre der Rechtfertigung allein aus Glauben noch immer viel zu bieten: »Rechtfertigung aus dem Glauben an Gottes frohe Botschaft bindet den Menschen – und versetzt ihn gleichzeitig in eine große Freiheit. [...] Der Protestant muss und darf nicht nur in religiöser Hinsicht eigene Entscheidungen treffen, sondern ebenso in den Bereichen des Sozialen und Kulturellen, des Wirtschaftslebens wie auch der Politik. Das Leitmotiv wird dabei die Liebe zum Nächsten sein, als Widerschein der Liebe, mit der ihn Gott umhüllt und trägt. Aufgrund die-

---

44 Martin Greschat, Der Beitrag des Protestantismus zur Einigung Europas nach 1945, in: PTh 87 (1998), 86–104.

45 Greschat, Protestantismus in Europa, 162–163.

46 Greschat, Protestantismus in Europa, 164.

ses Geschenks der Freiheit wird der Protestant befähigt, beides zu tun: Sich einmal kritisch gegen alle Autoritäten, Hierarchien und Normierungen wenden – und ein anderes Mal sehr schlicht und unspektakulär jene Dinge des Alltags erledigen, die zum Wohlergehen des Nächsten und der Gesellschaft eben getan werden müssen.«[47]

Solche Ausführungen klingen nach einem endgültigen Schlusswort, fast nach einem Vermächtnis. Aber nichts wäre falscher als eine derartige Vermutung. Martin Greschat hat sie gerade eindrucksvoll widerlegt. Noch einmal hat er sein Arbeitsfeld erweitert, von Europa auf die Welt, und rechtzeitig vor dem 100. Jahrestag des Beginns des Ersten Weltkriegs einen »globalen Überblick« über die Situation und Haltung der Christenheit in diesem epochalen Konflikt gegeben.[48] Indem er die Erkenntnisse aus vielen Detailstudien über das Christentum in einzelnen Ländern zusammenführt, entsteht erstmals ein Gesamtbild, was der Krieg für die Kirchen und ihre Mitglieder weltweit bedeutete: wie sie sich überall in den Dienst der Kriegsanstrengungen stellten; wie sich ihre Botschaft unter dem Einfluss der nationalen Emotionen verwandelte; wie kleine Gruppen und Einzelne, die sich weiter an den Auftrag zur Friedensstiftung gebunden fühlten, lange auf verlorenem Posten standen; wie indigene christliche Gemeinschaften in Abwendung von Europa an Selbstbewusstsein gewannen. In allen aktiv an den Kämpfen beteiligten Staaten wurde der Gegner verteufelt, und »aus der Friedensbotschaft des Evangeliums und der universalen göttlichen Liebe wurde die Verkündigung eines brutalen nationalen Götzen«.[49] Im »gerechten«, wenn nicht »Heiligen Krieg« war nur ein »Siegfrieden« denkbar. Greschat beschreibt, weit zurückgreifend, die Gewalt zwischen Christen und Muslimen im Südosten Europas, den Völkermord an den Armeniern (1915–1917) und die weitgehende Auslöschung der christlichen Gemeinschaft in Kleinasien im und nach dem Weltkrieg durch die jungtürkische Bewegung. Er zeigt, wie dagegen das Christentum in Korea als Reaktion auf die japanische Besatzungspolitik stark anwachsen konnte. Alle christlichen Konfessionen finden Beachtung. Besonderes Gewicht liegt auf den Predigten und offiziellen Erklärungen kirchlicher Repräsentanten. Aber genauso interessiert sich Greschat auch für unterschiedliche Formen der Volksfrömmigkeit, für den religiösen Alltag und für christlich verbrämte magische Rituale der Soldaten. Er schildert, wie sich am Rande und teilweise als Folge des europäischen Krieges das Christentum in Übersee

---

47 Greschat, Protestantismus in Europa, 165.

48 Martin Greschat, Der Erste Weltkrieg und die Christenheit. Ein globaler Überblick, Stuttgart 2014.

49 Greschat, Der Erste Weltkrieg, 13.

durch die Verschmelzung mit einheimischen religiösen Traditionen veränderte.

Diese wenigen Schlaglichter müssen genügen. Sie zeigen, dass Martin Greschat sich mit dem Ertrag eines intensiven Forscherlebens nie zufrieden gibt. Er bleibt neugierig, begierig neue Fragen zu stellen und neue Gefilde zu betreten. Es gibt deshalb keinen Zweifel:

Das letzte Wort hat er noch lange nicht geschrieben.

Matthieu Arnold

Die Reformation in Frankreich: ihre Ursprünge und Calvins Beitrag zu ihrer Verbreitung

In ihrer »Histoire ecclésiastique des Églises réformées au royaume de France« schilderten noch meine Straßburger Vorgänger Wilhelm Baum und Eduard Cunitz die Reformation in Frankreich als ein rein geistiges Ereignis: Gott brachte »gleichzeitig zwei wahrhaft heroische Gestalten hervor, um die Mißstände in der römischen Kirche aufzudecken«: Luther und Zwingli. Nach der Verurteilung der Schriften Luthers durch die Pariser Theologen verteidigte Guillaume Briçonnet, ein »gütiger Mensch aus Paris«, Bischof von Meaux, die »wahrhaftige Lehre«: »Trotz der Zensuren der Sorbonne bewegte ihn ein solcher Glaubenseifer, daß er alles in seiner Macht Stehende tat, um die wahrhaftige Lehre in seiner Diözese Meaux zu verbreiten [...].« So »rief er viel untadelige und gelehrte Menschen« nach Meaux, wie Lefèvre d'Étaples – Professor am Collège du Cardinal Lemoine –, Guillaume Farel oder Gérard Roussel.[1]

Die Hervorhebung der »Reformgruppe von Meaux« bei Baum und Cunitz gehört zu der Diskussion nach den Ursprüngen der Reformation[2] in Frankreich: Ist die französische Reformation ein Import aus Deutschland oder gibt es eine genuine französische Reformation (Briçonnet wurde ja 1515, also zwei Jahre vor der Veröffentlichung der 95 Thesen, zum Bischof von Meaux ernannt; er widmete sich aber seiner seelsorgerlichen Aufgabe in Meaux – Haltung von Diözesesynoden, neue Organisation der Predigt – nur nach seiner Rückkehr von Rom 1517)? Diese Debatte war oft von politischen und nationalistischen Motiven bestimmt und abhängig.

---

1 Wilhelm Baum/Eduard Cunitz, Histoire ecclésiastique des Églises réformées au royaume de France, Paris, 1883, 1–12.

2 In Frankreich spricht man eher von »Réforme« als von »Réformation«: so wurde z. B. das Buch von Josef Lortz, Die Reformation in Deutschland unter dem Titel La Réforme de Luther [!] übersetzt.

In einem berühmten Aufsatz der »Revue historique« (1929), schrieb Lucien Febvre über eine »falsch gestellte Frage«.[3] Am Anfang seines Aufsatzes stellte er die Probleme klar: »Y a-t-il, n'y a-t-il pas une Réforme française distincte dès le début, par ses auteurs et par ses caractères, de toutes les autres Réformes ses contemporaines ? – Cette Réforme française, si l'on tient qu'elle existe, faut-il lui assigner une date de départ antérieure à celle de la Réforme luthérienne ? – Est-elle autochtone par ailleurs, née en France d'un effort tout français, ou bien ses germes sont-ils venus du dehors, précisément de l'Allemagne luthérienne ? – Posés dans leurs termes généraux, voilà ces éternels problèmes de la spécificité, de la priorité, de la nationalité française qui, depuis des années, mettent aux prises les historiens.«[4]

Diese Frage hatte die französischen Historiker um 1913 intensiv beschäftigt. Mutig schrieb 1913 der Pariser Lutheraner John Viénot: »La plaisanterie a assez duré, il n'y a pas de Réforme française indépendante de Luther et antérieure à elle; il est temps de débarrasser l'histoire de cette légende.«[5] Ein Jahr später erklärte trotzdem der Germanist Louis Reynaud, in seiner polemischen »Histoire générale de l'influence française en Allemagne«: »Non seulement Lefèvre [d'Étaples] a enseigné le luthéranisme aux Parisiens, mais il l'a peut-être enseigné à Luther lui-même.« Und ein paar Seiten später gab es kein »peut-être (vielleicht)« mehr: »Le luthéranisme a donc eu pour foyer primitif Saint-Germain-des-Prés et non Wittenberg.«[6]

Die französischen Historiker und Literaturwissenschaftler betonten nicht erst nach den Jahren des deutsch-französischen Antagonismus eine spezifische, von Deutschland und Luther unabhängige, französische Reform. So zum Beispiel Brunetière in la »Revue des Deux Mondes«[7] hatte die 1859 von Orentin Douen verteidigte These[8] übernommen, schon mit Lefèvre d'Étaples 1512 – also fünf Jahre vor Luthers Thesenanschlag – habe die Reformation in Frankreich angefangen. Die »rein französische« Reform habe also wenig – oder sogar nichts – mit der deutschen Reformation zu tun, ganz im Gegenteil:

---

3 »Une question mal posée: les origines de la réforme française et le problème des causes de la réforme« (jetzt: Au cœur religieux du XVIe siècle, Paris ^{2}1983 (1957), 7–95.

4 Febvre, Au cœur religieux, 9.

5 John Viénot, Y a-t-il une Réforme française antérieure à Luther?, in: Bulletin de la SHPF 1913, 97–108.

6 Louis Reynaud, Histoire générale de l'influence française en Allemagne, Paris 1914, 157–171.

7 Ferdinand Brunetière, L'œuvre littéraire de Calvin, 15. Oktober 1900, 898–923.

8 Siehe Febvre, Au cœur religieux, 27.

nicht lediglich die französische Reform, sondern die ganze Reformation habe ihren Ursprung in Frankreich.

Lucien Febvre hat also diese These widerlegt: denn einerseits vertraten ihre Anhänger, dass die Reformation wegen der Missbräuche in der Kirche entstanden war, und andererseits, dass sie in Frankreich ihren Ursprung in Lefèvres Schriften hatte. Aber Lefèvre d'Étaples hatte nie gegen die Missbräuche geschrieben oder gepredigt.[9]

Lucien Febvre vertrat auch die These einer Vielfalt der Einflüsse: »En réalité, et tout l'effort d'une pléiade d'érudits a tendu ces années dernières à le démontrer: sur la table spirituelle de chacun, une riche provende de mets venus de partout s'entassait.«[10] Er kennzeichnete es als einen Anachronismus, Lefèvre d'Étaples als Protestanten zu betrachten[11], und kam zum folgenden Schluss: »Spécificité, priorité, nationalité : mots à rayer du vocabulaire historique. Et problèmes sans objet. Vieux haillons de controverse qui traînent encore dans nos lires de science.«[12]

Man wird Lucien Febvre nur bei dem Zweiten zustimmen können: die Frage der Priorität, wie sie damals ausgedrückt wurde, ist sinnlos. Aber das Spezifische? Aber die Nationalität?

I. Die Lage in Frankreich vor dem Calvinismus

I.I. Der »Evangelismus« und die Reformgruppe von Meaux

Inwiefern war die Reformgruppe von Meaux um Guillaume Briçonnet, Bischof von Alençon, evangelisch gesinnt? Man weiß, dass Briçonnet zwischen 1521 und 1524 mit Margarete von Angoulême, Herzogin von Alençon, (Schwester des Königs Franz I. und später Königin von Navarra) einen intensiven geistlichen Briefwechsel unterhielt. Die Religion einer Margarete von Alençon zu charakterisieren, bleibt aber eine schwierige Aufgabe.

In den letzten Jahrzehnten hat man die Leute von Meaux und den Kreis um Margarete als »Bibliens« oder als »évangéliques non schismatiques« genannt. Weder die Gruppe von Meaux, noch der Kreis um Margarete von Navarra konnten als reformatorisch im engen Sinne bezeichnet werden: Zwar betrachteten sie die Heilige Schrift als einzige Glaubensquelle, und teilten

---

9 Febvre, Au cœur religieux, 32–33.

10 Febvre, Au cœur religieux, 83.

11 Febvre, Au cœur religieux, 93–94.

12 Febvre, Au cœur religieux, 95. Trotz der Warnung von Febvre, siehe René-Jacques Lovy, Les origines de la Réforme française. Meaux, 1518–1546, Paris 1959.

mit der Reformation die Ansicht, dass der verdorbene Mensch nur durch die unverdiente Gnade in Jesus Christus das Heil erlangen konnte, aber sie vertraten auch zum Beispiel eine traditionelle Auffassung der Sakramente und der Jungfrau Maria.

Das Programm der Prediger von Meaux finden wir im Vorwort der 1522 von Lefèvre herausgegebenen »Commentarii initiatorii in Quatuor Evangelia« (Einführende Kommentare zu den vier Evangelien): damit alle Menschen gerettet würden »musste man das Evangelium kennen, dem Evangelium nachleben und das Evangelium überall verbreiten«.

Dass die Gruppe von Meaux die Theologische Fakultät Paris zum Gegner hatte[13], bezeichnete sie noch nicht als lutherisch: die Sorbonne bekämpfte auch energisch die Schriften der Humanisten – insbesondere die des Erasmus von Rotterdam. Als die Theologische Fakultät 1523 Lefèvre d'Étaples wegen seiner französischen Übersetzung des Neuen Testaments angriff, verhinderten Franz I. und seine Schwester Margarete weitere Maßnahmen der Sorbonne. Später verfolgte Franz energisch die Anhänger Martin Luthers und die protestantische »Sekte«.

Bemerkenswerter ist, dass Luthers Schriften und Vorstellungen gewissermaßen von der Gruppe von Meaux rezipiert wurden, was Bischof Briçonnet beunruhigte: am 12. April 1523 entzog er allen Predigern ihre Erlaubnis, »da einige [Briçonnet dachte sicher an Farel] von ihnen dem Volk eine falsche Lehre predigen (pour autant que quelques-uns d'entre eulx annonçoient au peuple une faulse doctrine)«. Einige, wie Farel, gingen fort; die Mehrheit der anderen, wie Lefèvre, blieben. Für Briçonnet ging es nicht um dogmatische Änderungen, sondern nur um die Ausbildung der Geistlichen und um die Vertiefung des Glaubens und der Frömmigkeit.[14]

Anlässlich der Diözesansynode vom Oktober 1523 sah sich Briçonnet veranlasst, zwei Mandate zu veröffentlichen: eines polemisierte heftig gegen Luther; das Andere nahm gegen diejenigen Stellung, die zu predigen wagten »dass das Fegefeuer nicht existiere, dass man folglich weder für die Toten beten noch die allerheiligste Jungfrau Maria, noch die Heiligen anrufen solle«.

---

13 Siehe James K. Farge, Orthodoxy and Reform in Early Reformation France. The Faculty of Theology of Paris, 1500–1543, Leiden 1985. Für die Zeit des frühen Calvins: Yves Tatarenko, »Les Sorbonnistes« face à Genève. La perception de Calvin et de la Réforme genevoise par les théologiens catholiques parisiens, in: Olivier Millet (Hg.), Calvin et ses contemporains, Genf 1998, 135–148.

14 Siehe Francis Higman, La diffusion de la réforme en France, 1520–1565, Genf 1992, 20.

Im Dezember verbot er, dass »diese verabscheuungswürdigen Lutheraner und alle anderen, welchen Ranges und welcher Qualität auch immer, die ihre Lehre verbreiteten«, predigten. Im Frühjahr 1524 bewies er in Predigten, die er während einer Pastoralvisitation hielt, dass das Fegefeuer existiere.

Nach der Niederlage von Pavia 1525 war in Meaux nichts mehr vom pastoralen und reformatorischen Experiment übrig. Angegriffen von den Franziskanern von Meaux und von der Pariser Fakultät löste sich der Kreis von Meaux gänzlich auf; Lefèvre und Roussel flüchteten nach Straßburg. Farel hatte schon zwei Jahre vorher Meaux endgültig verlassen.

Man darf sich aber fragen, ob zu diesem Zeitpunkt Meaux nicht zu einer lutherischen Stadt geworden war: Schon im Winter 1524/1525 wurden Anschläge mit der Publikation der Ablässe oder Tafeln mit Gebeten an Maria und an die Heiligen vernichtet. In Dezember 1525 befragte Briçonnet die Geistlichen seiner Stadt: Die Mehrheit der Antworten (über die Häufigkeit der Beichte, die Heiligenverehrung oder den Glauben an das Fegefeuer) zeigte aber, dass alles in Ordnung war. In einigen Gemeinden hatten Gläubige begonnen, ihre Beichte allein vor Gott abzulegen, waren aber nach einer Ermahnung zu den alten Bräuchen zurückgekehrt. Andere lehnten es ab, die Heiligen anzurufen. In den folgenden Jahren stand Meaux weiter im Ruf, eine lutherische Stadt zu sein. 1528 wurde ein früherer Einwohner von Meaux vor dem Offizial von Troyes wegen Ketzerei angeklagt: Nach den Anschuldigungen erklärte dieser Mann, Priester seien geldgierige falsche Propheten; es sei unnötig, für die Toten zu beten, denn das Fegefeuer existiere nicht; die Jungfrau Maria sei eine Frau wie die Anderen; viele von uns studieren die Bibel und andere Bücher des Herrn Martin Luther aus Deutschland. Der Einfluss von Luher war nicht der einzige, denn der Angeklagte behauptete auch über die Eucharistie »Brot ist Brot, Teig ist Teig und Gott ist Gott [...]«, was eher eine zwinglianische Abendmahlsauffassung zum Ausdruck gab. Man darf aber die Wirkung von Luthers Schriften in Frankreich seit Anfang der 20er Jahre nicht unterschätzen.

1.2. Luthers Einfluss

Ziemlich früh wusste man in Frankreich, was in Wittenberg geschehen war. Ein Anonymer aus Paris schrieb 1520 in seinem Tagebuch: »[...] l'an 1520, s'éleva en la duché de Saxonne, en Allemaigne, un docteur théologien hérétique, de l'ordre de sainct Augustin, nommé Martin Luther, qui dit beaucoup de choses contre la puissance du Pape, et fit tout plein de livres, la voulant diminuer; et aussi contre les ordonnances et cérémonies de l'Eglise, disant que, en plusieurs choses, on y défailloit et abbusoit-on; et fit plusieurs livres qui furent imprimez et publiez par toutes les villes d'Allemaigne et par tout le royaume de France.«[15]

Die Konfrontation Frankreichs mit den Gedanken Luthers hatte 1519 mit den Doktoren der Theologie der Sorbonne, die nach der Leipziger Disputation ihr Urteil geben sollten, angefangen. Die Sorbonne antwortete aber mit ihrer Determinatio sehr spät – am 15. April 1521 – und stützte sich weniger auf die Leipziger Disputation als auf Texte des Jahres 1520, wie »De captivitate«.

Zugleich gab es ziemlich früh Leser der Schriften Luthers in Frankreich und nicht nur an der Sorbonne.[16] Ein Brief Frobens vom 14. Februar 1519 an Luther teilte ihm mit, seine Schriften von 1518 seien in der Höhe von 600 Exemplaren nach Spanien und Frankreich geschickt worden.[17] Zwar gab es in Frankreich weniger Druckerzentren als in Deutschland, aber die reformatorische Literatur, die in dem Reich Fuß fassen konnte, wurde nicht nur in Paris und Lyon, sondern auch in Basel, Straßburg und Antwerpen gedruckt.

Welcher Luther aber wurde in Frankreich rezipiert? Zuerst der Übersetzer und der Ausleger der Bibel, dann der Vertreter einer »Frömmigkeitstheologie«[18] – also eher der erbauliche als der polemische Luther.

Früh wurden die Sieben Bußpsalmen auf Französisch übersetzt. Zwischen 1524 und 1528 hat Francis Higman festgestellt, dass man hauptsächlich Auszüge des »Betbüchleins« (1522), »De libertate christiana« (1520) und die Einleitung der Epistel des Paulus an die Römer (1522) auf Französisch übersetzt hat. Auch die »Tessaradecas consolatoria« erschienen zwischen 1530 und 1534.

In den zwanziger Jahren und in der ersten Hälfte der dreißiger Jahre gab es in Frankreich sehr viele Städte, wo die Heterodoxie auftauchte; immer wieder war Luthers Einfluss nachvollziehbar, wie folgende Beispiele, die dem Buch Denis Crouzet entnommen sind, es zeigen werden:

---

15 Zitat nach Denis Crouzet, La genèse de la réforme française 1520–1562, Paris 1996, 12.

16 »Par contre, une école ›française‹ insiste sur l'existence d'un mouvement indigène et antérieur, sur lequel les idées de Luther viennent se greffer.«, Higman, La diffusion de la réforme, 19.

17 WA Br Nr. 146: 1, 332, 4–5; Higman, La diffusion de la réforme, 19: »L'impact de Luther dès les débuts de la réforme est indéniable.«

18 Für diesen Begriff siehe Berndt Hamm, Was ist Frömmigkeitstheologie? Überlegungen zum 14. bis 16. Jahrhundert, in: Hans-Jörg Nieden/Marcel Nieden (Hg.), Praxis Pietatis. Beiträge zu Theologie und Frömmigkeit in der Frühen Neuzeit, Stuttgart 1999, 9–45.

- In Annonay (in der Nähe von Saint-Étienne) predigte 1528 der Franziskanermönch Etienne Machopolis öffentlich gegen den Aberglauben. Er »avait pris la peine d'ouir Martin Luther en personne au pays de Saxe«.[19] Er wurde aus der Stadt verjagt.
- Zwischen 1529 und 1532 gab es in der Umgebung von Toulouse eine Gruppe von Leuten (unter ihnen ein Augustiner aus Lyon), die sich versammelten, um Luther und die Bibel zu lesen; sie verwarfen alle Traditionen sowie die Anbetung der Heiligen und die Obergewalt des Papstes. Der Anwalt des Königs brandmarkte die Mitglieder dieser Gruppe (mehrere wurden 1532 ins Gefängnis gesetzt oder verbrannt) als Anhänger der »superbe et présumptueux, diabolique et Luthérienne«.[20]
- Am Ende der zwanziger Jahre (1528) sah sich das Parlament in Franche-Comté gezwungen, den Kontakt mit denjenigen zu verbieten, die »Neuigkeiten (nouvelletez)« verbreiteten; es verbot auch die Tatsache, dass man über Luther sprach: »tenir propos et parolles du miserable et damné Martin Luther, et de sa destestée et abominable secte lutherienne«.[21]

Der Einfluss Luthers und seiner Schriften ist also unverkennbar, ungeachtet der Meinung der nationalistisch gesinnten französischen Historiker Anfang des 20. Jahrhunderts. Darf man aber alle Leser (oder ehemalige Hörer) Luthers als »Lutheraner« betrachten? Der Einfluss Luthers war oft einer neben anderen – wenn auch der wichtigste; diese »Häretiker« lasen auch Rabelais oder Erasmus, und waren sich nicht immer der Unterschiede zwischen diesen Autoren bewusst; oft vertraten sie eine Frömmigkeit, die man weder als rein lutherisch noch als rein altgläubig bezeichnen kann.

1.3. Die Rolle Farels

Es ist schwierig, den »Evangelismus (évangélisme)« als Wegbereiter des Calvinismus zu sehen; man darf aber Guillaume Farel eine Vermittlerrolle am Übergang vom »Evangelismus« zum Calvinismus zuschreiben.[22]

Nach seiner Vertreibung von Meaux im April 1523 hat Farel die französische Reformation weiter beeinflussen können: er hielt sich in Basel und dann in Mömpelgard (Montbéliard) auf – in letzterer französischsprachigen

---

19 Crouzet, La genèse de la réforme, 211.

20 Crouzet, La genèse de la réforme, 213.

21 Crouzet, La genèse de la réforme, 215.

22 Crouzet, La genèse de la réforme, 206: »Le rôle de Farel peut avoir été déterminant dans ce glissement d'un réformisme à une réforme.«

Grafschaft durfte er predigen. In Basel ließ er ein französisches Gebetbuch drucken: »Le Pater noster et le Credo en Françoys«; in der Tat war die Einführung in das Vater Unser und der Kommentar das Werk von Farel, während die Auslegung vom Credo die Übersetzung eines Luthertextes war.

Im März 1525 musste Farel unter dem Druck des Erzbischofs von Besançon Mömpelgard verlassen. Er kehrte nach Basel zurück und ging dann nach Straßburg. 1526 verließ er Straßburg, um nach Bern zu gehen (über Basel und Zürich). Im Januar 1528 nahm er an der Berner Disputation teil. Ab Juli 1530 war er in Neuenburg (Neuchâtel) tätig. Am 4. November 1530 entschied sich die Mehrheit der Bürger der Stadt für die Einführung der Reformation und die Stadt wurde die erste im französischen Sprachraum, die die Reformation annahm. Vor Genf wurde sie zum Zentrum der Propaganda in Richtung Frankreich.

Zwischen 1521 und 1536 trug also Farel zu fast allen entscheidenden Ereignissen der französischen Reform bei. 1536 überredete er Calvin, sich in Genf niederzulassen.

1.4. Die Rolle Strassburgs[23]

Auch die Rolle Straßburgs[24] in der Genese der französischen Reformation sollte man nicht vergessen.

Straßburg war nicht nur ein Zentrum der Druckerei; die freie Reichsstadt wurde auch zum Zufluchtsort vieler Verfolgter. Ende 1525 begaben sich ehemalige Mitglieder der Gruppe von Meaux nach Straßburg: Lefèvre d'Étaples und Gérard Roussel. Franz Lambert von Avignon, der im Abendmahlsstreit eher auf Luthers Seite stand, ließ sich auch in Straßburg nieder.

1538, nachdem er Genf hatte verlassen müssen, war Johannes Calvin nach Straßburg gegangen, wo er die Leitung der Flüchtlingsgemeinde übernahm. In Straßburg veröffentlichte Calvin 1541 die zweite, französische Ausgabe seiner »Institution de la Religion chrétienne«[25]; dort erschien auch, auf Anlass Calvins, Aulcuns pseaulmes et cantiques mis en chant (1539), der erste reformierte Psalter. In dem begrenzten Rahmen dieser Studie kann

---

23 Siehe: Matthieu Arnold, Straßburg, in: Herman J. Selderhuis (Hg.), Calvin Handbuch, Tübingen 2008, 37–43; ders. (Hg.), Jean Calvin. Les années strasbourgeoises (1538–1541), Strasbourg 2010; ders., Johannes Calvin 1538–1541. Ein fruchtbares Exil in Straßburg, in: Irene Dingel/Herman J. Selderhuis (Hg.), Calvin und Calvinismus. Europäische Perspektiven, Göttingen 2011, 201–214.

24 Siehe Marc Lienhard, Strasbourg. Un temps, une ville, une Réforme, Aldershot 1990.

25 Siehe jetzt die Edition von Olivier Millet, 2 Bde., Genf 2008.

ich lediglich auf den theologischen Einfluss Martin Bucers[26] (1491–1551) auf Calvin verweisen.[27]

In der ersten Hälfte der 40er Jahre wandten sich die Gemeinden Frankreichs in erster Linie nach Straßburg und Bucer und nicht nach Genf und Calvin[28] – eine Feststellung, die uns zur Frage der evangelischen Gemeinden vor Johannes Calvin bringt.

2. Vom »Evangelismus« (oder »Reformismus«[29]) zum Calvinismus

2.1. Evangelische »Gemeinden« vor Calvin

In den 1540er Jahren fanden in mehreren Orten Frankreichs informelle Versammlungen von Frauen und Männern statt, die zusammen – oft unter der Leitung ehemaliger Priester oder Mönche – beteten und die Psalmen lasen. Es mag sein, dass einige dieser Versammlungen auch das Abendmahl gefeiert haben: so 1541 in Bordeaux.

Seltener findet man Gemeinden, die sich als Kirche betrachteten, und die dem Muster von Straßburg folgten. In Meaux gründete 1542 der Prediger Le Clerc eine solche Kirche: die Gottesdienste, die geheim stattfanden, fingen mit einer Schrifterklärung an; es folgten Gebete, der Gesang der Psalter und der geistlichen Lieder; manchmal gab es auch eine Zeremonie der Absage an die päpstlichen Irrtümer, darauf folgte das Abendmahl. Solche Gemeinden gab es zu Beginn der 40er Jahre in Saint-Foy, Tours oder Pau. Oft begnügten sich aber diese Gruppen Gläubiger mit der Lesung der Bibel und mit Gebeten.

Charakteristisch für diese Gemeinden ist die Tatsache, dass sie in Straßburg – und nicht in Genf – nach Predigern fragten.

---

[26] Siehe das Standardwerk von Martin Greschat, Martin Bucer. Ein Reformator und seine Zeit (1491–1551), Münster ²2009 (München 1990).

[27] Außer die in Anm. 23 zitierte Literatur, siehe: Matthieu Arnold, Calvin in Straßburg, in: Herman J. Selderhuis (Hg.), Calvin Handbuch, Tübingen 2008, 74–78; Stephen E. Buckwalter, Les influences possibles de Martin Bucer sur l'*Institutio* de 1539, in: Matthieu Arnold (Hg.), Jean Calvin. Les années strasbourgeoises (1538–1541), Strasbourg 2010, 123–134.

[28] Siehe Higman, La diffusion de la réforme, 170.

[29] Emile G. Léonard, Histoire générale du protestantisme, Bd. 1, Paris 1988 (1961), 204–205, spricht von dem »réformisme« oder von dem »évangélisme« der Gruppe von Meaux.

2.2. Calvins Das Werk[30]

Wie Luthers Schriften in Deutschland, so haben Calvins französische Schriften in den 40er und 50er Jahren zur Verbreitung der Reform in Frankreich beigetragen. Wie Luther war Calvin ein Meister der Volkssprache.[31] Francis Higman hat gezeigt, wie Calvin in die französische Sprache eine Klarheit und eine Linearität eingeführt hat, die sie vorher nicht besaß, und ihr so ihre Überzeugungskraft gegeben hat.[32]

Calvin, der sich auch zuerst als Humanist betrachtet hatte, hatte schon 1536 durch die Veröffentlichung der »Institutio christianae religionis« die konfessionellen Fronten verstärkt. Vor den 40er und sogar den 50er Jahren suchten die »Gemeinden« in Frankreich nicht die Konfrontation mit der etablierten Kirche und mit der Obrigkeit; deswegen gerieten sie selten an die Öffentlichkeit, und daher wissen Historiker so wenig über diese Gruppen. Zwar gab es ab und zu Fälle von Bilderstürmen und Antiklerikalismus (Priester oder Mönche wurden durch Anhänger des neuen Glaubens angegriffen), aber die Täter waren Einzelpersonen.

Der unnachgiebige Calvin versuchte auf kämpferische Weise, die von ihm als richtig erkannte Form des evangelischen Christentums durchzusetzen. Er suchte die Konfrontation mit den Altgläubigen. Es ging ihm darum, die Kirchen der Reformation mit einer unanfechtbaren Lehre und einer vollkommenen Disziplin auszustatten und abzusichern.

Die polemischen Schriften Calvins (aber auch Lieder, Flugschriften, Theaterstücke, die aus Genf kamen) hatten einen sehr großen Einfluss auf Frankreich. So zum Beispiel die »Excuse de J[ean] C[alvin] à Messieurs les Nicodémites sur la complaincte qu'ilz font de sa trop grand' rigueur« (1544). Seine Schriften dienten zuerst der Abgrenzung der »Christen zwischen Rom und Genf« oder den »évangéliques catholiques«[33] und den Protestanten, zwischen den »Nikodemiten«, die einen äußerlichen Konformismus praktizierten, und den »Märtyrern«. Für Calvin musste man entweder jeden Kontakt mit den Altgläubigen (und mit der Opfermesse) vermeiden oder sich für die Emigra-

---

[30] Siehe Robert Kingdom, Geneva and the Coming of the Wars of Religion in France. 1555–1563, Genf 1966; Andrew Buckler, Jean Calvin et la mission de l'Église, Lyon 2008, 134–200; Matthieu Arnold, Jean Calvin, père du protestantisme français?, in: Positions luthériennes 57 (2009), 103–123.

[31] Siehe Olivier Millet, Calvin et la dynamique de la parole. Étude de rhétorique réformée, Paris 1992.

[32] Francis Higman, Lire et découvrir. La circulation des idées au temps de la Réforme, Genf 1998.

[33] Higman, La diffusion de la réforme, 153.

tion – was er nicht als eine bequeme Lösung betrachtete[34] – entscheiden. In diesem Sinne veröffentlichte er unter anderem sein »Petit Traicté monstrant que c'est que doit faire l'homme fidele cognoissant la verite de l'évangile, quand il est entre les papistes« (1543).

Wie es ein oder zwei Jahrzehnte vorher für Luther der Fall gewesen war, war auch für Calvin das gepredigte Wort neben den gedruckten Schriften ein sehr wichtiges Instrument für die Verbreitung der neuen religiösen Gedanken.

Die »Compagnie des pasteurs« in Genf schickte Prediger nach Frankreich, ohne mit dem Genfer Rat darüber zu sprechen. Calvins Plan war die Errichtung eines Konsistoriums und dann die Wahl eines Mannes, der predigen und die Sakramente spenden würde. Oft fungierten die ersten errichteten Kirchen als Mutterkirchen: so schickte zum Beispiel Paris Prediger nach Meaux und nach Angers.

Vor den 50er Jahren darf man in Frankreich noch nicht von einer Institutionalisierung des Protestantismus sprechen. Vor 1554 gab es keine »errichtete Kirche (Église dressée)«; sieben Jahre später waren es um die 1000 und vielleicht mehr als das Doppelte 1562.

Wie erklärt sich diese beeindruckende Expansion? Die Initiative haben Männer ergriffen, die nach Genf oder Lausanne gegangen waren, um dort zu studieren. Schon am 24. Juli 1547 hatte Calvin einen Rundbrief (Lettre circulaire aux fidèles de France [...]) an die Evangelischen in Frankreich geschickt. Darin riet er aber noch, in kleinen, heimlichen Gruppen zu bleiben. Falls die Gläubigen die Sakramente brauchten, sollten sie nach Genf flüchten: Calvin hatte Angst, verfrüht die Kontrolle über die errichteten Kirchen zu verlieren. Praktisch war natürlich sein Rat nicht immer realisierbar und die Evangelischen, die ihre Kinder taufen lassen wollten, ohne den katholischen Ritus anzunehmen – so zum Beispiel wie 1555 der Sieur de La Ferrière in Paris –, mussten einen evangelischen Prediger finden und ihn als Pfarrer ernennen. Ab 1555 begannen also die französischen Calvinisten, überall Kirchen nach Genfer Muster zu errichten.

Als die errichteten Kirchen zahlreicher wurden und sich überall in Frankreich fanden, schien es nicht mehr notwendig, sich zu verstecken. Die Gemeinden kamen an die Öffentlichkeit: Ihre Mitglieder waren überzeugt, dass die Wahrheit bald siegen würde, und dass alle das Evangelium annehmen würden. Im Mai 1559 versammelten sich vier Tage lang 4000 Hugenot-

---

34 Siehe Max Engammare, Une certaine idée de la France chez Calvin l'exilé, in: Bulletin de la SHPF 155 (2009), 15–27.

ten in Paris, geführt von Heinrich von Navarra, und jeden Abend sangen sie Psalmen.

Zu dieser Zeit bekehrten sich immer mehr Mitglieder aus dem Adel: Antoine de Bourbon wurde zwischen 1555 und 1557 evangelisch, und Jeanne d'Albret einige Jahre später. Diese Adligen beschützen die evangelischen Prediger.

Vom 26. zum 29. Mai 1559 tagte die erste Nationalsynode in Paris. 1562 gab es vielleicht schon 2150 Kirchen und 3 Millionen (mindestens 2 Millionen) Evangelische in Frankreich, das damals 20 Millionen Einwohner zählte. Seit 1555 hatte Genf regelmäßig Missionare geschickt (mehr als 30 im Jahre 1559, obwohl nicht wenige verfolgt und hingerichtet wurden).

3. Warum ist Frankreich nicht evangelisch geworden?

Manche Historiker heben besonders hervor, dass es 1560 schon mehrere Millionen Protestanten in Frankreich gab. Andere vergleichen diese Zahl mit der Zahl der Einwohner Frankreichs (20 Millionen) und sind eher geneigt, von einem Misserfolg der Reformation in Frankreich zu sprechen. Wahr ist, dass, im Gegensatz zu Deutschland, die Evangelischen in Frankreich immer nur eine kleine Minderheit gebildet haben. Wie lässt es sich erklären?

3.1. Die »psycho-theologische« Erklärung Autins

In seinem Buch »L'échec de la Réforme en France au XVIe siècle. Contribution à l'histoire du sentiment religieux«[35] hat Albert Autin eine unpolemische[36] Betrachtung des Calvinismus gewagt. Die Verfolgung betrachtet er nicht als einen ausreichenden Grund des Misserfolgs der Reform in Frankreich: »Ni la persécution, en effet, n'a jamais arrêté le développement des idées, il s'en faut au contraire, ni l'hostilité des grands, fussent-ils rois. [...] Il faut chercher ailleurs l'explication.«[37]

---

35 Albert Autin, L'échec de la Réforme en France au XVIe siècle. Contribution à l'histoire du sentiment religieux, Paris 1918.

36 Siehe z. B. Autin, L'échec de la Réforme en France au XVIe siècle, 27: »Superstition, blasphème, idolâtrie, sont autre chose que des mots. Plus aussi. On y trouve la protestation vraiment émouvante d'une multitude d'âmes sincères.«

37 Autin, L'échec de la Réforme en France au XVIe siècle, II, 232–233 zählt aber die Furcht vor der Verfolgung unter die Gründe, die es verhindert haben, dass die »Seelen« die »neue Konfession« doch nicht angenommen haben.

Wo aber muss man dann die Erklärung suchen? Für Autin war das Scheitern der Reformation in Frankreich unvermeidbar, da die calvinistische Theologie dem französischen, lateinischen Geist widerspreche.[38] Die Doktrin Luthers (und nachher Calvins) konnte die Humanisten nicht überzeugen, weil die Letzteren gegen diese neue Orthodoxie waren.[39] Aus seinem Temperament – und aus Furcht vor der Obrigkeit – überlässt der Franzose der Kirche die dogmatischen Fragen: »La spéculation solitaire, avec ses joies et ses risques, ne le séduit pas. Et si d'aventure il en subit la séduction, la houlette du pasteur ou la robe du juge l'ont vite fait rentrer dans l'ordre.«[40] Dazu wussten, so Autin, die Altgläubigen, dass ihre Religion unsterblich war, und dass sie zu ihrer inneren Reformation beitragen konnten.[41] Die strenge calvinistische Disziplin habe den Adel abgeschreckt[42], und auch die Mehrheit des Volkes habe der reformatorischen Predigt widerstanden[43], weil sie an der Realpräsenz und an der Anbetung der Heiligen[44], das heißt an den äußerlichen Zeremonien[45], festhielt. Es habe zwar eine »Réforme française« gegeben, aber sie war, so Autin, weder politisch wie in England, noch sozial wie in Deutschland: Sie bestand hauptsächlich in »einer großen Hoffnung«, und konnte sich als solche nicht institutionalisieren; deswegen habe sie auch nicht siegen können.[46] Darum habe man schon 1590 den Schluss ziehen können, der Calvinismus sei mit dem Sehnen der französischen Seele unvereinbar.

3.2. Die politischen Motive: die Unterdrückung der »Häresie«

Sehr früh haben in Frankreich die Gedanken der Reformation und ihre Anhänger entschiedene Gegner gefunden, in einem Land, wo – im Gegensatz zu Deutschland – die politische Macht schon damals ziemlich zentralisiert war. Das Konkordat von 1516 gewährte Franz I. viele und wichtige Privilegien. So ernannte er zum Beispiel Bischöfe und Äbte, auch wenn es unter Vorbedingungen war: so sollte zum Beispiel der Kandidat für ein Bistum über 27 Jahre alt sein und sollte entweder Lizenziat oder Doktor der Theologie oder

---

38 Autin, L'échec de la Réforme en France au XVIe siècle, V.

39 Autin, L'échec de la Réforme en France au XVIe siècle, 142.

40 Autin, L'échec de la Réforme en France au XVIe siècle, 154.

41 Autin, L'échec de la Réforme en France au XVIe siècle, 167.

42 Autin, L'échec de la Réforme en France au XVIe siècle, 178.

43 Autin, L'échec de la Réforme en France au XVIe siècle, 211.

44 Autin, L'échec de la Réforme en France au XVIe siècle, 215.

45 Autin, L'échec de la Réforme en France au XVIe siècle, 237.

46 Autin, L'échec de la Réforme en France au XVIe siècle, 231.

der Rechte sein. Mitglieder der königlichen Familie waren allerdings von diesen Bedingungen nicht betroffen.

Auch die Parlamente widersetzten sich der neuen Lehre. Ein Arrest des Pariser Parlaments vom 13. Juni 1521 verbot den Druck und den Verkauf von Büchern über die Heilige Schrift und über Religion, falls die Zensoren der Sorbonne sie nicht genehmigt hatten. Im Mai 1522 registrierte das Parlament eine Bitte der Theologischen Fakultät: Man solle die Zensur in ganz Frankreich üben, denn überall verkauften sich die Bücher »composez par ung nommé Luther tespernicieux au grant prejudice du salut des ames, scandalle et injure de nostre mere l'Eglise, et dont peult advenir scisme au peuple crestien et irreparable dommaige«.[47]

In der ersten Hälfte der 20er Jahre gehörte Josse Clichtove, ein Schüler von Lefèvre d'Étaples, zu den erbittertsten Gegnern Luthers: sein »Antilutherus« von 1524, mit einem Vorwort an den Präsidenten des Parlaments, wandte sich gegen Luthers Schriften »De libertate christiana«, »De abroganda missa privata« und »De Votis monasticis«.[48] Clichtove erwies sich aber zugleich als Gegner des Erasmus, der in Paris viele Bewunderer hatte, so zum Beispiel den Hellenisten Guillaume Budé.

Franz I. folgte aber nicht von Anfang an den Urteilen der Sorbonne und des Pariser Parlaments. So unterstützte er 1523, gegen die Angriffe der Pariser Fakultät, Louis Berquin, der Texte Luthers und anderer deutscher Reformatoren ins Französische übersetzt hatte.

Nach der Niederlage von Pavia (24. Februar 1525) und dem Bauernkrieg verschärfte sich die Unterdrückung der neueren religiösen Gedanken in Frankreich: Beide Ereignisse wurden als Strafe Gottes verstanden, weil bisher Häretiker geduldet worden seien. Während Franz I. in Madrid gefangen war, gab es zwischen seiner Mutter Louise de Savoie und der theologischen Fakultät Paris eine intensive Zusammenarbeit. In diesem Kontext wurde der Bilderstürmer Le Clerc in Metz am 29. Juli zum ersten Märtyrer: Er hatte ein Standbild der heiligen Jungfrau zerbrochen, weil das Bild eine »Götze« war, denn Gott habe verboten, Bilder zu machen.[49]

Im Jahre 1529 wurde Louis Berquin in Paris erdrosselt und verbrannt, weil er Werke Luthers ins Französische übersetzt hatte. In Frankreich setzte eine Maschinerie der Verfolgung aller ein. Die Unterdrückung der Häresie fiel zunächst in die Kompetenz der Bischöfe, aber sie konnten ihr Amt (das

---

47 Zitat nach Crouzet, La genèse de la réforme, 81.

48 Siehe Crouzet, La genèse de la réforme, 83.

49 Crouzet, La genèse de la réforme, 189.

heißt, die Schuldigen aufzuspüren) nur mit der Erlaubnis der königlichen Gerichtsbarkeit ausüben. Diese Gerichtsbarkeit spielte eine beherrschende Rolle. Schon 1521 kam ein Erlass gegen Luthers Schriften durch einen Beschluss des Pariser Parlaments zustande.

In der ersten Hälfte der 30er Jahre war die Religionspolitik Franz I. trotzdem schwankend. (Seine Mutter, Louise de Savoie, war 1531 gestorben; 1530–1531 veröffentlichte seine Schwester Margerete von Navarra ihr »Miroir de l'âme pécheresse«; 1533 ließ sie Gérard Roussel, früheres Mitglied der Gruppe von Meaux im Louvre vor mehr als 4000 Zuhörern predigen.) Der »rex christianissimus« betrachtete zwar die Häretiker als potentielle Aufrührer, brauchte aber die deutschen protestantischen Fürsten in seinem Kampf gegen Karl V. Noch im Frühjahr 1534 hatte er durch die Vermittlung der Brüder Du Bellay Kontakte mit mehreren Führern des deutschen Protestantismus aufgenommen. Anfang der 30er Jahre wurden aber Bücher wie »De libertate christiana« (Le livre de la suggestion des Chrestiens) und der Kommentar zum Magnificat (Exposition sur le Magnificat) durch die Sorbonne verurteilt. In Oktober 1533 musste Franz I. in Marseille Papst Clemenz VII. versprechen, energischer gegenüber dem Dissidententum in Frankreich vorzugehen, »pour extirper l'heresie Lutherienne et autres sectes pullulans en ce royaume«.[50]

Der Anschlag von Plakaten, in der Nacht vom 17. zum 18. Oktober 1534, die die Eucharistie heftig angriffen (»Affaire des placards«), gefolgt von einem zweiten Anschlag am 13. Januar 1535, ließen diesen Plan scheitern und brachte eine Welle von Unterdrückung in Gang: Bis April 1535 forderte sie Dutzende von Opfern. In den folgenden Jahren aber setzte Franz I. seine wechselhafte Politik fort, indem er das Parlament manchmal bestärkte und manchmal zurückhielt.

In den 40er Jahren distanzierte sich Margarete von Navarra vom königlichen Hof und zog sich in Nérac zurück, und Franz I. näherte sich dem Pariser Parlament. Ein Edikt vom Juni 1540 verwies alle Verfahren wegen Ketzerei an die königlichen Richter. Am 7. Oktober 1546 wurden 14 Mitglieder einer Gemeinde in Meaux hingerichtet. Am 14. April 1547 wurde Genf zum ersten Mal in einem Edikt als Zentrum der Häresie genannt. Während der Jahre 1540–1550 waren immer mehr Bücher von der Zensur betroffen.

Nach dem Tod Franz I. verbesserte sich die Lage der Evangelischen nicht, ganz im Gegenteil: am 8. Oktober 1547 wurde unter Heinrich II. die »brennende Kammer (Chambre ardente)« gegründet, um Häretiker und Gottesläs-

---

[50] Zitat nach Higman, La diffusion de la réforme, 54.

terer zu verfolgen. Zwischen 1548 und 1550 wurden 60 Personen zum Tode verurteilt.

Für Manche Historiker, wie Denis Crouzet oder Francis Higman, hatte die Verfolgung nicht nur negative Wirkungen:

»La persécution, loin en conséquence de pouvoir briser l'essor des idées nouvelles, conforte les religionnaires dans leurs certitudes, les encourage à persévérer dans une manière de messianisme de l'avènement proche du règne de l'Évangile. Elle est signe de victoire imminente [...].«[51]

»Les exécutions, les bûchers, les souffrances, et la constance avec laquelle les victimes se présentent à la mort, constituent une puissante arme d'évangélisation.«[52]

Dass die Verfolgungen viele – besonders unter den Führenden – von der neuen Religion abgeschreckt haben, bleibt aber meines Erachtens unbestreitbar.

3.3. Die soziologische Erklärung

Die berühmteste soziologische Erklärung geht auf Henri Hauser zurück (»Études sur la Réforme française«, Paris 1909), für den es – aufgrund eines Berichtes aus 1529 – hauptsächlich »arme, einfache Leute (pauvres gens simples)« waren, die die Reform in Frankreich angenommen hatten. Protestantismus war zuerst die demokratische Religion armer Leute (»religion de petites gens«). Nach Hauser sprach auch der berühmte Historiker Pierre Imbart de la Tour[53] sowie Samuel Mours[54] von einer Religion der kleinen Leute.[55]

Mehrere lokale Studien haben aber diese Verbindung zwischen Armut und Wahl des Protestantismus widerlegt und auch bewiesen, dass die wirtschaftlichen Faktoren nicht alles erklären. In der Normandie zum Beispiel war die Reform eher die Konsequenz des Reichtums, weil es dort viele gebildete Leute (und also Leser der evangelischen Schriften) gab. Auch in Montpellier war die materielle sowie die kulturelle Armut der Grund weshalb die Ackerleute altgläubig geblieben sind, während die Handwerker sich zu der evangelischen Frömmigkeit wandten.[56] 70 % der französischen Konvertiten zwischen 1540 und 1560 waren Handwerker. Fast alle Historiker sind sich

---

51 Crouzet, La genèse de la réforme, 433.

52 Higman, La diffusion de la réforme, 226. Siehe schon in diesem Sinne Léonard, Histoire générale du protestantisme, Bd. 1, 271–272.

53 Pierre Imbart de la Tour, Les origines de la réforme, 4 Bde., Paris, 1905–1935.

54 Samuel Mours, Le Protestantisme en France au seizième siècle, Paris 1959.

55 Siehe Higman, La diffusion de la réforme, 194.

56 Crouzet, La genèse de la réforme, 503.

darüber einig, dass es fast keine Bauern unter den Calvinisten gab. So haben in Dijon die Winzer die traditionelle Religion verteidigt, weil sie besser imstande war, sie gegen die Katastrophen der Natur zu beschützen.

Verschiedene regionale Studien haben gegen die Interpretation Hausers bewiesen, dass es nie eine Monokausalität gab, und dass die lokalen Faktoren eine wichtige Rolle spielten: So zum Beispiel in den Cevennes, wo die Leute nicht besonders gebildet waren, allerdings hatten hier, vor der »calvinistischen Reformation«, Margarete von Navarra und ihre religiösen Stellungnahmen einen großen Einfluss.

Es gibt also keine definitive und allgemeingültige Antwort, weder für die Frage der soziologischen Struktur des französischen Protestantismus, noch für die seiner geographischen Verteilung. Eine rein religiöse Antwort (alle sozialen Schichten seien gleichermaßen betroffen gewesen, weil die Reformation primär religiöse Gründe gehabt habe) ist auch unbefriedigend.

4. Schluss

Feststeht, dass die »religion réformée« als eine historische Tatsache erst ab der zweiten Hälfte der 1550er Jahre Gestalt annahm, als es eine authentische Calvinisierung der Heterodoxie gab. Zu dieser Zeit kann man auch, wie Crouzet, von einer »Entkriminalisierung der französischen Reform (décriminalisation de la Réforme française)« sprechen.[57] So wurden zum Beispiel Petrus Martyr Vermigli und Theodor von Beza im August 1561 an den königlichen Hof eingeladen und im September fand das »Colloque de Poissy« statt.

Mit dem Jahr 1562 und den Anfängen des Religionskriegs in Frankreich begann eine neue Epoche: Am 1. März 1562 griffen Guise und seine Männer 1200 evangelische Gläubige, die den Gottesdienst in Vassy feierten, an und töteten 74 von ihnen. Die Hugenotten reagierten mit Waffengewalt, und verloren damit das Ansehen einer verfolgten Kirche. Im September schlossen sie sogar ein Bündnis mit England: Seit dieser Zeit wurden sie nicht mehr als Patrioten betrachtet. Ungeachtet der Ergebnisse des Religionskriegs war der Anlauf der Reformation in Frankreich, zu dem Calvin doch einen wichtigen Beitrag geleistet hatte, gestoppt.

---

57 Crouzet, La genèse de la réforme, 578.

Markus Wriedt

Luther und Demokratie

Zur Inanspruchnahme des reformatorischen Erbes für gegenwärtige protestantische Erinnerungskultur[1]

Der mit diesem Beitrag zu ehrende Vertreter protestantischer Kirchengeschichtsschreibung hat in außergewöhnlicher Weise ein Œuvre vorgelegt, das weite Räume und übergreifende Fragestellungen berücksichtigt. Seit seiner Dissertation, die 1965 noch ganz im Gewande traditioneller, vor allem dann auch dogmengeschichtlicher Forschungsfragen veröffentlicht wurde, hat er den Fokus des Interesses zunehmend auf Probleme des Christentums in der Moderne und den damit verbundenen Herausforderungen in der neuesten Kirchengeschichte ausgerichtet. Dass dabei gleichermaßen der Blick in die Vergangenheit bewahrt blieb, verdankte sich nicht zuletzt der von uns gemeinsam geteilten Überzeugung, dass Zukunft Wurzeln benötigt. Die historische Re-Konstruktion – zuweilen auch De-Konstruktion – wirkungsmächtiger Geschichtsdeutungen spielte dabei stets eine bleibend gewichtige Rolle. Freilich, und das zeichnet Martin Greschat in besonderer Weise aus, nicht allein der konzentrierte Blick auf eine kontinuierlich wahrzunehmende Fragestellung, sondern der weite Blick in verschiedene Bereiche der Kirchengeschichte seit dem 16. Jahrhundert – und nicht selten darüber hinaus – sowie dabei die stete Bezugnahme auf aktuelle Probleme zeitgenössischer Kirche, Frömmigkeit und Theologie haben ein Werk anwachsen lassen, das gleichermaßen stupende Gelehrsamkeit, polyhistorische Weite und tagesaktuelle Stellungnahme verbindet. Ein ehrender Beitrag wird hier kaum etwas hinzuzufügen haben, sondern kann sich nur in gebotener Demut in den Lichtkegel dieser Lebensleistung stellen und versuchen, an einer Stelle ein Thema diachroner Geschichtsschreibung aufzunehmen.

---

[1] Überarbeitete Wiedergabe eines Vortrags im Rahmen der Tagung »Christentum und freiheitlich demokratischer Rechtsstaat – Liebes- oder Machtbeziehung?« vom 6. bis 8. Dezember 2013 in der Evangelischen Akademie Hofgeismar.

Als interdisziplinäres Thema, das in den letzten Jahrzehnten zahlreiche Wissenschaften in Anspruch nahm, haben sich unterschiedlich wahrgenommene Phänomene der Säkularisierung[2] als feste Bestandteile der historischen Beschreibungen jener Entwicklung von der Frühen Neuzeit bis in die Gegenwart, eben der Moderne, herausgestellt. Inhaltlich nur selten präzis bestimmte »Plastikwörter«[3] wurden dabei – häufig disziplinbezogen – mit Meistererzählungen gefüllt und haben so zu einer großen Irritation innerhalb der Gemeinschaft historisch arbeitender Disziplinen des akademischen Spektrums geführt. Angesichts der kaum mehr überschaubaren Veröffentlichungen zu den damit in Verbindung stehenden Themen, ist es müßig, an dieser Stelle darauf einzugehen. Im Sinne des lebenslangen Schaffens von Martin Greschat sei aber die Frage gestattet, welchen Stellenwert diese Diskussionen in der neueren kirchlichen wie konfessionellen Geschichtsschreibung gefunden haben. In der »Reformationsdekade« wurde die Frage nach der Modernitätstauglichkeit Luthers häufig aus dogmatischen und kirchenpolitischen Gründen bejaht, freilich selten in ihrer Tragweite historisch bedacht. Der nachfolgende Beitrag möchte weniger neues Material zu dieser Diskussion beitragen, als vielmehr die bekannten und längst gut zugänglichen historischen Quellen im Horizont der andauernden Debatte um Modernisierung und Säkularisierung der lateinischen Christenheit Europas in Erinnerung rufen.

I. EINLEITUNG: DAS ERBE DER THEOLOGIE MARTIN LUTHERS ZWISCHEN ANACHRONISMUS UND VERFÄLSCHUNG

Als bedürfte es noch einer Legitimation des Nachdenkens über das bleibende Erbe des Reformators in unserer Zeit, wurde vor einigen Monaten die Nachricht verbreitet, etliche durch das Verhalten des Bischofs von Limburg verär-

---

2 Dass dieses Thema auch von Martin Greschat kenntnisreich bearbeitet wurde, dokumentiert nicht zuletzt sein Beitrag »Rechristianisierung« und »Säkularisierung«. Anmerkungen zu einem europäischen interkonfessionellen Interpretationsmodell, in: Jochen-Christoph Kaiser/Anselm Doering-Manteuffel (Hg.), Christentum und politische Verantwortung, Stuttgart 1990, 1–24; nochmals in: ders., Rechristianisierung und Säkularisierung, Anmerkungen aus deutscher protestantischer Sicht, in: Hartmut Lehmann (Hg.), Säkularisierung, Dechristianisierung, Rechristianisierung im neuzeitlichen Europa, Göttingen 1997, 76–85.

3 Wolfgang Pörksen, Plastikwörter. Zur Sprache einer internationalen Diktatur, Stuttgart [7]2011.

gerte Christen hätten an das Portal der bischöflichen Residenz 95 Thesen als Zeichen ihres Protestes angeheftet.[4] Aus dem Text des Anschlages wird rasch erkennbar: Das, was die Menschen von Limburg zu Beginn des 21. Jahrhunderts mit dem Augustinereremiten aus dem 16. Jahrhundert verbindet, ist der Ärger über mangelnde Wahrhaftigkeit im Sinne einer Übereinstimmung von Leben und Lehre, über Prunk und Geldverschwendung in der Kirche, die Wut über das autokratische Verhalten der Entscheidungsträger, und letztlich über die mangelnde Berücksichtigung des Mitbestimmungsrechtes derer, die Kirche sind beziehungsweise sich als diese verstehen.

Die postulierte Ähnlichkeit gründet freilich weniger auf tiefgründigen theologischen Reflexionen als einer oberflächlichen und anachronistischen Identifikation, deren *tertium comparationis* der Protest der mangelhaft berücksichtigten Mehrheit von Menschen gegen autokratische und nicht nachvollziehbar legitimierte Obrigkeiten ist. Kritisch ist die Frage unvermeidlich, ob eine derartige Bezugnahme bis hin zur Identifikation überhaupt im Blick auf die historischen Kontexte und das theologische Grundanliegen aller Beteiligten berechtigt ist.

Immerhin: Kirchenkritik und Luther gehören zusammen. Immer wieder haben sich Menschen darum in den letzten 500 Jahren auf Martin Luther berufen, wenn es galt, ihren Protest gegen die Umstände ihrer Zeit zu autorisieren. Ob es die unter der Knechtschaft gegenüber der adligen Herrschaft leidenden Bauern waren,[5] die bibeltreuen Täufer im Widerspruch gegen die Wittenberger oder Zürcher Bibelauslegung,[6] die Verteidiger evangelischer Tradition gegen die römisch-kaiserlicher Bevormundung unter Zuhilfenahme internationaler Hilfe bis aus dem fernen Schweden seit 1630.[7] Ob es spä-

---

4 Nachricht in Mittelhessen.de vom 13.10.2013 unter www.mittelhessen.de/lokales/region-limburg-weilburg_artikel,-Demo-gegen-den-Bischof-_arid,188445.html (gelesen 20.11.2013); ähnlich in der Frankfurter Neuen Presse vom gleichen Datum unter www.fnp.de/rhein-main/limburgerbischof/Tebartz-van-Elst-Proteste-13-Glockenschlaege-95-Thesen-Martin-Luther;art25268,655401 (gelesen 20.11.2013).

5 Peter Blickle, Der deutsche Bauernkrieg, München [4]2012; ders., Von der Leibeigenschaft zu den Menschenrechten. Eine Geschichte der Freiheit in Deutschland, München [2]2006.

6 Hans-Jürgen Goertz (Hg.), Umstrittenes Täufertum, 1525–1975. Neue Forschungen, Göttingen 1975; ders., Die Täufer. Geschichte und Deutung, München 1980; ders. (Hg.), Radikale Reformatoren. 21 biographische Skizzen von Thomas Müntzer bis Paracelsus, München 1978; Andrea Strübind, Eifriger als Zwingli. Die frühe Täuferbewegung in der Schweiz, Berlin 2003; Urs B. Leu/Christian Scheidegger (Hg.), Die Zürcher Täufer 1525–1700, Zürich 2007.

7 Johannes Arndt, Der Dreißigjährige Krieg 1618–1648, Stuttgart 2009; Günter Ba-

ter Arbeiter und Tagelöhner waren, die eine menschenwürdige Behandlung einklagten,[8] ob es Kritiker des königlichen Unionsedikts von 1817 wie der norddeutsche Claus Harms waren, der mit 95 Thesen gegen die preußische Kirchenpolitik protestierte,[9] ob es nationalistische Studenten im 18. Jahrhundert[10] oder national gesinnte Anti-Demokraten im 20. Jahrhundert waren,[11] die ihre politischen Forderungen mit dem Verweis auf Luthers nationale Emanzipation vom römischen Joch und der Wiederentdeckung deutscher Würde und Kultur legitimiert sahen, oder ob es die Christen im Osten des geteilten Deutschland waren, die in ihrer Friedenssehnsucht und dem Protest gegen das sozialistische Regiment der sogenannten »Einheitspartei« bei Luther Unterstützung fanden,[12] – immer wieder war es der Rekurs auf die Tat vom 31. Oktober 1517, welche die historische Distanz überbrückte und Luther gegenwärtig und modernitätstauglich erscheinen ließ.

---

rudio, Der Teutsche Krieg 1618–1648, Frankfurt am Main 1985; ders., Gustav Adolf der Große. Eine politische Biographie, Frankfurt am Main 1985; Johannes Burkhardt, Der Dreißigjährige Krieg, Frankfurt am Main 1992.

8 Günter Brakelmann, Die soziale Frage des 19. Jahrhunderts, Bielefeld 1991; siehe mit Blick auf die Revolution von 1848/49 auch Martin Greschat, Die Kirchen im Revolutionsjahr 1848/49, in: Studien zur deutschen Landeskirchengeschichte 1 (1993), 17–35.

9 Friedrich Wintzer, Claus Harms Predigt und Theologie (Diss. Göttingen 1963), Flensburg 1965; Lorenz Hein, Die Thesen von Claus Harms in der neueren theologischen Kritik, in: SVSHKG II 26/27 (1970/71), 70–83.

10 Ernst Jung, Wartburgfest 1817. Aufbruch zur deutschen Einheit. Landeszentrale für politische Bildung, Stuttgart 1991; Klaus Malettke (Hg.), 175 Jahre Wartburgfest. 18. Oktober 1817 – 18. Oktober 1992, Heidelberg 1992; Bernhard Sommerlad, Wartburgfest und Corpsstudenten, in: Einst und Jetzt 24 (1979), 16–42.

11 Siehe hierzu vor allem die fatale Instrumentalisierung Luthers in Folge der sogenannte »Lutherrenaissance« dokumentiert bei Heinrich Assel, Der andere Aufbruch, die Lutherrenaissance – Ursprünge, Aporien und Wege , Karl Holl, Emanuel Hirsch, Rudolf Hermann (1910–1935), Göttingen 1994; sowie Thomas Kaufmann/Harry Oelke (Hg.), Kirchenhistoriker im »Dritten Reich«, Gütersloh 2002.

12 Detlef Pollack/Dieter Rink (Hg.), Zwischen Verweigerung und Opposition, Politischer Protest in der DDR 1970–1989, Frankfurt/New York 1997; ders., Politischer Protest, Politisch alternative Gruppen in der DDR, Opladen 2000; Marianne Subklew-Jeutner, Der Pankower Friedenskreis: Geschichte einer Ost-Berliner Gruppe innerhalb der Evangelischen Kirchen in der DDR 1981–1989, Osnabrück 2004; Thomas Klein, »Frieden und Gerechtigkeit«. Die Politisierung der unabhängigen Friedensbewegung in Ost-Berlin während der 80er Jahre, Köln/Weimar/Wien 2007; siehe außerdem Martin Greschat, Der 17. Juni 1953 und die Kirchen, in: Schriftenreihe des Instituts für Vergleichende Staat-Kirche-Forschung 22 (2007), 7–27; ders., Römer 13 und die DDR. Der Streit um das Verständnis der »Obrigkeit« (1957–1961), in: ZThK 105 (2008), 63–93.

Die Aufzählung der verschiedenen Anlässe der Berufung auf Luther macht das Problem überaus deutlich: Höchst unterschiedliche Proteste haben sich mit der Autorität Luthers zu legitimieren versucht. Freilich – schon zu Lebzeiten verhielt sich der Reformator dazu höchst ambivalent.[13]

Damit ist allerdings noch nicht alles gesagt, was zum Thema anzumerken ist. Der bloße Hinweis auf Luthers mittelalterliche Herkunft und die damit gleichsam natürlich gegebene Abneigung gegen plebiszitäre Entscheidungsprozesse sowie Ansätze zur Überwindung der von Gott gestifteten Lebens- und Gesellschaftsordnung reichten nicht aus. Wenn sich Kirchen bis heute nach dem Wittenberger Reformator benennen und die Gliedkirchen der EKD die »Reformationsdekade« von 2007 bis 2017 in zehn thematische Jahre aufteilt, in denen die aktuelle Bedeutung Luthers unter Stichworten wie Toleranz, Respekt, Anerkennung, Pluralität et cetera neu und aktuell erschlossen werden soll, dann ist die Frage nach einer historiographischen Legitimation dieses Verfahrens und damit auch einer Theorie konfessioneller Erinnerungskultur[14] umso dringlicher.

Derartige Reflexionen werden häufig und sehr schnell mit dem »Tot-Schlag-Argument« des Anachronismus verworfen und als unwissenschaftlich beziehungsweise in synonymer Verwendung als populistisch diskreditiert. Umgekehrt wird der wissenschaftliche Protest schnell mit politischen und gesellschaftlichen Argumenten übertönt.

Am Beispiel der Verhältnisbestimmung von Demokratie und freiheitlich-demokratischem Rechtsstaat soll zu den grundlegenden Überzeugungen Martin Luthers als eines entscheidenden Wegbereiters der Moderne dieser Frage im Folgenden nachgegangen werden.

---

13 Martin Luther, Eine treue Vermahnung an alle Christen, sich zu hüten vor Aufruhr und Empörung (1522), WA 8, 686, siehe dazu jetzt auch – anders akzentuiert – Albrecht Beutel, »Wir Lutherischen«. Zur Ausbildung eines konfessionellen Identitätsbewusstseins bei Martin Luther, in: ZThK 110 (2013), 158–186.

14 Zur evangelischen Erinnerungskultur vgl. etwa Joachim Eibach/Marcus Sandl (Hg.), Protestantische Identität und Erinnerung, Göttingen 2003; siehe weiterhin Jens Murken, Review of Erinnerungsorte und Erinnerungskultur im deutschen Protestantismus des 20. Jahrhunderts, in: H-Soz-u-Kult, H-Net Review May, 2003, www.h-net.org/reviews/showrev.php?id=27241 (Zuletzt eingesehen am 13.1.2014).

2. WAS IST DEMOKRATIE? WAS ZEICHNET DEN FREIHEITLICH-DEMOKRATISCHEN RECHTSSTAAT AUS?

Der Begriff Demokratie bezeichnet heute in der Regel ein politisches System, bei dem das Volk eine wesentliche, mitbestimmende Funktion einnimmt.[15] Die Demokratie ist vielen Ländern der westlichen Hemisphäre formell ein tragendes Verfassungsprinzip, und so etwa in Deutschland durch den Artikel 20 des Grundgesetzes fest verankert. Ein Staat gilt als demokratisch, wenn im Großen und Ganzen die folgenden Kriterien zutreffen:

- Es gibt das *Volk*, welches politische Entscheidungen in vereinbarten kollektiven Prozeduren (Wahlen oder Abstimmungen) trifft.
- Das Volk ist der *souveräne Träger der Staatsgewalt*. Es gibt sich selbst – etwa durch eine Verfassung – ein politisches System.
- Es gibt ein *Territorium*, in dem die Entscheidungen innenpolitisch angewendet werden und in dem das Volk angesiedelt ist: das Staatsgebiet.
- Es gibt für politische Normen eine *Entscheidungsfindungsprozedur*, die entweder direkt (als Referendum) oder indirekt (über die Wahl eines vertretenden Parlamentes) funktioniert.
- Schließlich, dass durch wiederkehrende, verbindlich festgelegte Verfahren die *Regierung* ohne Revolution *wechseln* kann.

Obwohl die Staatsform der Demokratie dies per Definition nicht unbedingt miteinschließt, wird sie im äußeren, modernen, vor allem westlich geprägten Bild meist mit einer gewissen Form der Rechtsstaatlichkeit verbunden. Mindestens zu nennen sind dabei folgende Charakteristika:

- Garantie der *Grund-* oder *Menschenrechte* jedes Einzelnen gegenüber dem Staat, gegenüber gesellschaftlichen Gruppen und Einzelpersonen; dazu gehören insbesondere Freizügigkeit, sowie die Meinungs-, Presse- und Rundfunkfreiheit
- *Gewaltenteilung* zwischen den Staatsorganen Regierung (Exekutive), Parlament (Legislative) und Gerichten (Judikative)

---

[15] Anstelle der weit ausufernden Literatur zu diesem Thema sei verwiesen auf Oliver Flügel/Reinhard Heil/Andreas Hetzel, Die Rückkehr des Politischen. Demokratietheorien heute, Darmstadt 2004; Richard Saage, Demokratietheorien. Historischer Prozess – Theoretische Entwicklung – Soziotechnische Bedingungen. Eine Einführung, Wiesbaden 2005; Manfred G. Schmidt, Demokratietheorien. Eine Einführung, Wiesbaden 2008; Pierre Rosanvallon, Demokratische Legitimität. Unparteilichkeit – Reflexivität – Nähe, Hamburg 2010; Susanne Spindler/Iris Tonks (Hg.), Ausnahme-Zustände. Krise und Zukunft der Demokratie, Münster/Duisburg 2007.

Soweit ein gängiges Lexikon der elektronischen Medien.[16] Historische, soziale, kulturelle und ethnische Unterschiede machen es allerdings notwendig, den Demokratiebegriff weit zu formulieren und verschiedene Ausprägungen darunter zu fassen.

Das Grundgerüst demokratischer Ordnung wird durch den Begriff des *freiheitlich demokratischen Rechtsstaates* ergänzt. Darunter versteht man gemeinhin die unabänderliche Kernstruktur des Gemeinwesens, unabhängig von seiner gegenwärtigen Ausprägung. Sie bezeichnet demnach die Kernsubstanz des geltenden Verfassungsrechts sowie die Grundprinzipien der politischen Ordnungs- und Wertvorstellungen, auf denen die liberale und rechtsstaatliche Demokratie in Deutschland beruht. Ihre grundsätzliche Anerkennung ist eine notwendige Bedingung für die Teilnahme am politischen Leben. Zur freiheitlichen demokratischen Grundordnung zählen nachfolgend aufgezählte Elemente:[17]

- das Recht des Volkes, die Staatsgewalt in Wahlen und Abstimmungen und durch besondere Organe der Gesetzgebung, der vollziehenden Gewalt und der Rechtsprechung auszuüben und die Volksvertretung in allgemeiner, unmittelbarer, freier, gleicher und geheimer Wahl zu wählen,
- die Bindung der Gesetzgebung an die verfassungsmäßige Ordnung und die Bindung der vollziehenden Gewalt und der Rechtsprechung an Gesetz und Recht,
- das Recht auf Bildung und Ausübung einer parlamentarischen Opposition,
- die Ablösbarkeit der Regierung und ihre Verantwortlichkeit gegenüber der Volksvertretung,
- die Unabhängigkeit der Gerichte,
- der Ausschluss jeder Gewalt- und Willkürherrschaft und
- die im Grundgesetz konkretisierten Menschenrechte.[18]

Schon dieser kurze Ausflug in den Bereich sozial- und gemeinschaftskundlichen Allgemeinwissens lässt die Schwierigkeiten eines Vergleiches sowie einer Verhältnisbestimmung von Luthers Ansichten mit denen der Moderne erahnen.

---

[16] http://de.wikipedia.org/wiki/Demokratie (gelesen 25.3.2013).

[17] Im Sinne der Legaldefinition des § 4 des Bundesverfassungsschutzgesetzes (BVerfSchG).

[18] Diese Aufzählung ist bis auf die letzte Ziffer identisch mit § 92 Ab2 StGB. Eine Zusammenfassung dieser rechtlichen Bestimmungen findet sich bei Uwe Andersen/Wichard Woyke (Hg.), Handwörterbuch des politischen Systems der Bundesrepublik Deutschland, Opladen [5]2003.

3. Luther und die Moderne

Der Begriff »modern« ist im Deutschen als Fremdwort seit dem 18. Jahrhundert in der Bedeutung von neu als Gegensatz zu alt nachweisbar. Heute wird das Adjektiv umgangssprachlich häufig synonym zu »modisch« im Sinne von »der Mode entsprechend« oder »zeitgenössisch« verwendet. Der Ausdruck Modernität wird häufig auch gleichbedeutend mit bloßer Fortschrittlichkeit oder Aktualität verwendet. Ferdinand Tönnies prägte im 19. Jahrhundert das Begriffsverständnis im Sinne einer historischen Epochenbezeichnung und setzte so die Moderne mit der Neuzeit gleich.[19]

Als wesentliche Elemente der Moderne werden angesehen, wobei die Gewichtung und Zusammenstellung höchst vielfältig variiert:

- Säkularisierung
- Industrialisierung, insbesondere der Übergang von der manuellen, handwerklichen Fertigung zu Massenproduktion durch Maschinen
- Ablösung der absolutistischen Staatsform (Ancien régime) durch Kapitalismus und Demokratie
- Fortschrittsglaube, das heißt die Vorstellung, dass die materiellen Errungenschaften des Menschen unbegrenzt wachsen und sich dabei qualitativ verbessern
- Rationalität
- Autonomie gesellschaftlicher Bereiche
- Individualisierung
- Domestizierung, das heißt Nutzung der Natur
- Pluralisierung und Komplementarität von Meinungen, Ansichten, et cetera

Die Moderne hat einen universalistischen Anspruch, der beispielsweise in der universellen Erklärung der Menschenrechte geäußert wird.[20]

Insofern zahlreiche der genannten Charakteristika für die Gegenwart entweder nicht mehr zutreffen oder aber durch kritische Theorieansätze wirkmächtig dekonstruiert wurden, wird die Gegenwart seit einiger Zeit

---

[19] Vgl. Ferdinand Tönnies, Gemeinschaft und Gesellschaft, Darmstadt 2005; zu Tönnies vgl. Peter-Ulrich Merz-Benz, Tiefsinn und Scharfsinn. Ferdinand Tönnies' begriffliche Konstitution der Sozialwelt, Frankfurt am Main 1995.

[20] Die verschiedenen nationalistischen Tendenzen des 19. und 20. Jahrhunderts werden vielfach als der Moderne entgegengesetzt betrachtet. Dies mag für die Moderne als Kunstbegriff zutreffen. Im epochengeschichtlichen Sinn jedoch ist der Nationalismus ein fester Bestandteil der Moderne, da er erst in dieser Zeit auftritt.

als »Post-Moderne« mit den ihr eigenen Bestimmungsmerkmalen bezeichnet.[21]

Nicht zuletzt unter Berufung auf diese, recht holzschnittartige Charakterisierung hat man Luther insbesondere in den letzten Jahrzehnten der Reformationsgeschichtsforschung eher mit dem Mittelalter als mit der Moderne verbunden interpretiert. Gleichwohl ist nicht zu leugnen, dass seine Reformen und die ihnen zugrundeliegenden Ideen, wiewohl dem Begriffsverständnis nach eher als rückwärtsgewandt intendiert, faktisch jedoch zahlreiche Modernitätsschübe mitgestaltet haben. Diese Interpretation verbindet sich seit circa 30 Jahren mit dem Begriff der Konfessionalisierung, die als Folge der Reformation eine Modernisierung des frühneuzeitlichen Staates und seiner Gesellschaft bewirkte.[22] Die Frage, ob Luther dies nicht gesehen hat oder nur billigend in Kauf genommen hatte, ist müßig zu stellen.[23] Die historische Entwicklung hat diese Effekte zweifelsfrei hervorgebracht. Allein, der mit der Modernisierung verbundene Fortschrittsgedanke mit seinem hohen Anteil an Innovation will nicht recht zu Luthers Bezug auf die Frühe Kirche und die damit verbundene Ablehnung der von Rom initiierten Veränderungen und Fortschritte zusammenpassen.

---

[21] Roger Behrens, Postmoderne, Hamburg 2004; Christopher Butler, Postmodernism. A very short introduction, New York 2002; David Harvey, The Condition of Postmodernity, Cambridge 1995; Wolfgang Welsch, Unsere postmoderne Moderne, Berlin ^{6}2002; Peter V. Zima, Moderne – Postmoderne. Gesellschaft, Philosophie, Literatur, Tübingen ^{2}2001.

[22] Eine knappe Zusammenfassung des mit diesem Begriff verbundenen theoretischen Ansatzes findet sich bei Thomas Kaufmann: Konfessionalisierung, in: EdN 6 (2007), 1053–1070, sowie bei Stefan Ehrenpreis/Ute Lotz-Heumann, Reformation und Konfessionelles Zeitalter, Darmstadt 2002. Kritische Ansätze wurden unter anderem dokumentiert bei Kaspar von Greyerz/Manfred Jakubowski-Tiessen/Thomas Kaufmann/Hartmut Lehmann (Hg.): Interkonfessionalität – Transkonfessionalität – binnenkonfessionelle Pluralität. Neue Forschungen zur Konfessionalisierungsthese, Gütersloh 2003; Thomas Kaufmann/Anselm Schubert/Kaspar von Greyerz (Hg.), Frühneuzeitliche Konfessionskulturen, Gütersloh 2008; siehe weiterhin zur Debatte auch Markus Wriedt, Die Reformation als Ereignis im Wechsel der Epochen, in: Friedrich Schweitzer (Hg.): Kommunikation über Grenzen, Gütersloh 2009, 514–532.

[23] Vgl. Thomas Kaufmann, Reformation, Frankfurt am Main/Leipzig 2009, 21–30. Sie verhält sich in ihrer historiographischen Potenz analog zur Frage, wer und in welchem Maße bestimmte Vertreter der innerkirchlichen Reform als »Vorläufer« Luthers, oder gar dieser selbst als Vorläufer der Reformation zu gewichten sind; vgl. zum letztgenannten Problem Heiko A. Oberman, Martin Luther. Vorläufer der Reformation, in: Eberhard Jüngel/Johannes Wallmann/Wilfrid Werbeck (Hg.), Verifikationen. Festschrift Gerhard Ebeling zum 70. Geburtstag, Tübingen 1982, 91–119.

4. Elemente der modernen demokratischen Staatlichkeit im Werk Martin Luthers

Geht man einmal die gemeinhin als Charakteristika der Moderne und der von ihr hervor gebrachten freiheitlich-demokratischen Gesellschaftsordnung durch und überprüft das Werk Luthers auf entsprechende Strukturen und Motive, ergibt sich ein differenziertes Bild.

4.1 Luther und die Verfassung des modernen Staates

Wiewohl Luther sich zeitlebens keinesfalls scheut, konkrete Änderungswünsche oder Proteste anzumelden und dabei auch die bestehenden Grenzen der spätmittelalterlichen Ständeordnung durchaus übertritt, so ist er zutiefst von der göttlichen Stiftung eben dieser Ordnung überzeugt und empfindet jede Änderung der monarchisch-feudalen Strukturen, die über die Beseitigung konkreter Missstände hinausgeht, als grundstürzenden Akt des Widerstandes gegen Gott. Aus diesem Motiv speist sich seine grundsätzliche Ablehnung jeglichen Widerstandes gegen obrigkeitliche Anordnungen. Programmatisch hat er das in seiner Schrift »von weltlicher Obrigkeit und Wieweit man Ihr Gehorsam« schuldig sei aus dem Jahre 1523 niedergelegt.[24]

Darin unterscheidet Luther unter Aufnahme der entsprechenden Überlegungen von Augustin und der sogenannten Zwei-Schwerter-Lehre nach Papst Gelasius das Reich Gottes vom Reich der Welt. Zu diesen beiden Reichen treten nun die beiden Regimente Gottes, mit denen Gott regiert: das geistliche Regiment, welches »fromm macht«, das heißt den Glauben durch das Predigtamt der Kirche in Wort und Sakrament »durch den heiligen Geist und unter Christus« weckt. Demgegenüber schafft weltliches Regiment durch das Schwertamt der Obrigkeit den Frieden, indem diese dem Bösen und dem Krieg wehrt.[25] Der Mensch findet sich nun im Reich Gottes, insofern er von Gott als Sünder angenommen wird, wieder. Diese Bürgerschaft erfährt er im Vertrauen des Glaubens. Im Reich der Welt lebt der Christ gemeinsam mit allen anderen Menschen. Dort wird er gleichermaßen durch das Predigtamt und das Schwert der Obrigkeit regiert. Christen unterwerfen sich dem weltlichen Regiment, weil dieses zur Aufrechterhaltung der öffentlichen Ordnung von Gott gestiftet ist. Während im Reich Gottes die Bergpredigt und das Liebesgebot gelten und die Menschen im Angesicht Gottes der Notwendigkeit

---

[24] WA 11, 245–281.

[25] Vgl. dazu Volker Manthey, Zwei Schwerter – Zwei Reiche. Martin Luthers Zwei-Reiche-Lehre vor ihrem spätmittelalterlichen Hintergrund, Tübingen 2005.

enthoben sind, einander zu richten, sind die Christen aber gerade im Reich der Welt aufgefordert, das Schwert zu führen um die öffentliche Ordnung, den Frieden und den Schutz aller Menschen zu verteidigen. Das Böse und das Unrecht müssen bestraft werden.

Problematisch ist diese Konstruktion dann, wenn eine Obrigkeit erkennbar gegen den Willen Gottes oder wider die Vernunft handelt. Zunächst einmal gilt für Luther, dass Christen für sich ergeben Unrecht erleiden und dieses als gottgegebene Anfechtung erleiden. Für seinen Nächsten aber ist der Christ aufgefordert, Unrecht zu verhindern. Hier gründet die Auffassung vom gewaltlosen passiven Widerstandsrecht gegen einen ungerechten Fürsten.[26]

Das weltliche Regiment, die Obrigkeit, hat zwar Gewalt und Macht über den Menschen, aber nur äußerlich, das heißt über seinen Leib. Sein Geist und seine Seele beziehungsweise seinen Glauben und die darin gegründete Gottesbeziehung kann die Obrigkeit nicht erreichen.

Diese eigentümliche Unterscheidung hatte bereits Luthers Freiheitsschrift von 1520 geprägt, in der er sein unerschrockenes und widerständiges Verhalten gegenüber dem Papst und dessen Autorität durch seinen Gehorsam gegenüber der größeren Autorität Gottes mit der berühmten Doppelthese erläutert, wonach der Christ ein freier Mann und niemands Untertan, als auch ein dienstbarer Knecht und jedermanns Untertan sei.[27]

Luther wendet also seine Wiederentdeckung der paulinischen Rechtfertigungsbotschaft konsequent auf das Doppelverhältnis des Christen vor Gott und den Menschen an. Der einzelne Christ, gerecht gesprochen und befreit durch Gottes Wort, ist aufgerufen, durch in glaubender, id est vertrauensvoller Unterwerfung unter die von Gott gegebene Obrigkeit zu handeln und so dem Nächsten zu dienen. Nur so kann die öffentliche Ordnung und der Friede in der Welt gewahrt werden.

---

[26] Zum evangelischen Widerstandsrecht siehe Eike Wolgast, Die Religionsfrage als Problem des Widerstandsrechts im 16. Jahrhundert, Heidelberg 1980; Heinz Scheible (Hg.), Das Widerstandsrecht als Problem der deutschen Protestanten 1523–1546, Gütersloh ^{2}1982; Diethelm Böttcher, Ungehorsam oder Widerstand? Zum Fortleben des mittelalterlichen Widerstandsrechtes in der Reformationszeit, Berlin 1991; Thomas Kaufmann, Konfession und Kultur. Lutherischer Protestantismus in der zweiten Hälfte des Reformationsjahrhunderts, Tübingen 2006, 59–65.

[27] Vgl. Reinhold Rieger, Von der Freiheit eines Christenmenschen/De libertate Christiana, Tübingen 2013. Siehe auch Luthers eigentümliche Änderung seines Namens: Seit 1519 zeichnet er seine Briefe unter Verwendung des griechischen Begriffes »eleutherius« mit dem charakteristischen »th« an Stelle des eigentlich nur vorgegebenen d, Luther statt Luder; dazu: Karl Stackmann/Berndt Moeller, Städtische Predigt in der Frühzeit der Reformation. Eine Untersuchung deutscher Flugschriften der Jahre 1522 bis 1529, Göttingen 1996.

4.2 Luther und Mitbestimmung, Wahlen und die Ablösbarkeit der Regierung

Der Souverän eines durch die freiheitlich-demokratische Grundordnung geregelten Gemeinwesens ist das Volk, das die Staatsgewalt in Wahlen und Abstimmungen und durch besondere Organe der Gesetzgebung, der vollziehenden Gewalt und der Rechtsprechung ausübt. Dies und die damit verbundenen Ausführungsbestimmungen können im Werk Luthers nicht nachgewiesen werden. Er geht davon aus, dass sich die Wahrheit in Form einer einzigen und alternativlosen Handlungsoption kraft Gottes unveränderlichen Willen durchsetzen wird. Die Mittel zur Erkundung dieser Wahrheit sind Gebet, Bibellektüre und das gehorsame Hören auf das Wort Gottes.

Es stellt sich die Frage, ob Entscheidungen, die das Reich der Welt und das Regiment Gottes durch das weltliche Schwert betreffen, auch in die Kategorie derartiger Wahrheitsfindung fallen. In Politik, Wirtschaft und Gesellschaft stellen sich ja gerade nicht alternativlose Entscheidungen im Sinne von richtig und falsch, sondern es gilt abzuwägen und im Kompromiss die Kunst des Möglichen zu erproben. Luther nimmt an derartigen Entscheidungsprozessen in Briefen, Gutachten und Stellungnahmen intensiv teil.[28] In der Regel äußert er dabei allerdings nicht seine Privatmeinung, sondern verweist mit seiner Stellungnahme zu konkreten Detailfragen auf deren umfassenderen Horizont. Für diese Haltung wählt er die Unterscheidung »*coram mundo*« – vor der Welt – und »*coram Deo*« – vor Gott. Alltagspraktische Entscheidungen sind in ihren Folgen eben nicht auf die Welt und deren Verwaltung beschränkt, sondern wirken sich unmittelbar auf das Gottesverhältnis der Menschen aus. Diese Perspektive bringt Luther ein und kommt aus dieser Sicht zu manchmal erstaunlich modern anmutenden Einsichten, etwa wenn es um die strafrechtliche Einschätzung von Sexualdelikten geht, den Umgang mit Untergebenen und Schutzbefohlenen, oder Ansätze der Bildung und Erziehung.[29]

Auch wenn sich derartige Anregungen in der Regel an die weltliche Obrigkeit richten, ist diese doch in ihrer Aufgabenbewältigung von Gott beauftragt, hat sich also vor Gott und nicht allein vor der Welt zu verantworten. Die weltliche Macht ist als Arm der alle Wirklichkeit umfassenden und sie be-

---

[28] Matthieu Arnold, La Correspondance de Luther. Étude Historique, Littéraire et Théologique, Mainz 1996; Eike Wolgast, Die Wittenberger Theologie und die Politik der evangelischen Stände. Studien zu Luthers Gutachten in politischen Fragen, Gütersloh 1977.

[29] Markus Wriedt, Säkularisierung wider Willen. Der säkularisierende Modernisierungsschub infolge der reformatorischen Schul-und Universitätsreform, in: Hans-Ulrich Musolff/Juliane Jacobi/Jean-Luc Le Cam (Hg.), Säkularisierung vor der Aufklärung. Bildung, Kirche und Religion 1400–1750, Köln 2008, 57–75.

stimmenden Macht Gottes zu verstehen. Aus diesem Zusammenhang vermag sie sich zu keinem Zeitpunkt herauszulösen, wiewohl eine Abkehr von der ursprünglich lebensbewahrenden Schutzfunktion obrigkeitlichen Handelns in hybrider Selbstüberschätzung durchaus möglich ist. Auch wenn dies der modernen Trennung von Staat und Kirche zu widersprechen scheint, lässt sich Luthers Kritik an der unzulässigen Verquickung kirchlicher und politischer Amtsausübung[30] durchaus im Blick auf entsprechende neuzeitliche Ansätze hin auslegen.

Vor diesem Hintergrund sind auch die Fragen der Ablösbarkeit der Regierung und ihre Verantwortlichkeit gegenüber der Volksvertretung zu beantworten. Es ist eben nicht die menschliche Willkür und der aktuelle politische Willensakt, der Menschen das Amt der von Gott gegebenen Obrigkeit ausführen lassen, sondern Gottes unergründlicher Ratschluss, der sie autorisiert. Das gilt nicht allein für die Legislative, sondern eben auch für die Exekutive. Mithin stellt sich die Frage der Unabhängigkeit der Gerichte und weltlicher Vorbeugung von Gewalt- und Willkürherrschaft nicht. Insbesondere politisches Fehlverhalten und die skrupellose Durchsetzung von Machtoptionen sowie willkürliche Handhabung der Macht fallen für Luther unter den Begriff der Selbstüberschätzung des Menschen, in Luthers Terminologie der Sünde. Diese wird in der einen oder anderen Form von Gott sanktioniert. Gegenüber jenen, die unter einer derartigen Herrschaft leiden, betont Luther die Erfahrung von Not, Gewalt und Unterdrückung als Anfechtung, für die erneut Gott in letzter Instanz Verantwortung trägt. So wird die Gefahr durch »den Türken« etwa als »Rute Gottes«, als Strafe für das ungerechtfertigte Vorgehen der Fürsten, als Anfechtung für die Gläubigen in der Folge ihrer selbstgewissen und gottvergessenen Alltagsgestaltung interpretiert.[31]

Gleichermaßen können auch individuelle Notlagen als Anfechtung interpretiert werden. Ihnen kann der Mensch nicht ausweichen. Vielmehr hat er sich ihnen zu stellen und in demütigem Gehorsam den Wandel der Situation durch Gott zu erwarten.[32]

---

30 Exemplarisch etwa in seiner Vermahnung an die Geistlichen, versammelt auf dem Reichstag zu Augsburg aus dem Jahre 1530; WA 30 II, 268–356.

31 Markus Wriedt, »Die Sicht des Anderen« – Luthers Verständnis des »Türken« als »Zuchtrute Gottes« und »Geißel der Endzeit«, in: LuJ 77 (2010), 107–127. – Erneut stellt sich in diesem Kontext die Frage nach dem gebotenen Widerstand gegen gewaltsame und menschenverachtende Strukturen, wie sie beispielsweise in der Frage des christlichen Widerstands gegen das Nationalsozialistische Gewalt- und Unrechtsregime höchst komplex und theologisch widersprüchlich zu beantworten war.

32 Gerhard Ebeling, Luthers Seelsorge an seinen Briefen dargestellt, Tübingen 1997.

Jeder Versuch, das menschliche Recht unter Umgehung oder im Vergessen der göttlichen Grundlegung aller Wirklichkeit durchzusetzen, erscheint im Lichte der Auslegung der Bibel in den Augen Luthers als Sünde. Vor dem Hintergrund sind Menschenrechte und überhaupt die nach weltlichem Recht durchzusetzenden Maßnahmen mehr oder minder alle zum Scheitern verurteilt. Im umfangreichen Werk Luthers sind positive Stellungnahmen zur Durchsetzung bürgerliche Privilegien, Freiheitsrechte, der Abschaffung von Zwangsmaßnahmen bis hin zur Todesstrafe oder einem Folterverbot nicht zu finden.

Wo Gott nicht das Recht der Menschen durchsetzt, sind sie rechtlos und der Willkürherrschaft anderer Menschen, die darin zum Handlanger des Teufels beziehungsweise des Antichristen werden, ausgeliefert. Entsprechend sind Dämonologie, Satanalogie und Luthers apokalyptische Antichristvorstellung in diesem Kontext zu interpretieren: Überall dort, wo der Mensch ohne Gott handelt, Recht setzt, Normen durchbricht und Entscheidungen trifft, ist er Werkzeug widergöttlicher Mächte und versündigt sich. Diese Einschätzungen sind kaum als modernitätstauglich anzusehen.

Dennoch ist nach Luther der Mensch in Übereinstimmung mit Gottes Willen dazu berufen, als Werkzeug der Durchsetzung göttlicher Entscheidungen aktiv in der Welt zu wirken. Hierbei kann Luther durchaus auch modern anmutende Wahlverfahren vorschlagen. So etwa, wenn es um die Durchsetzung der freien Pfarrerwahl geht. Der Vorfall von Leisnig, wo 1523 das Präsentationsrecht des Klosters durch Luther kritisiert und mit einer an der Bibel orientierten Gemeindeverfassung alternativ beschieden wird, gehört zu den wichtigsten Errungenschaften der Reformation: »Dass die Gemeinde Recht und Urteil habe über die Schrift« heißt der Traktat, den Luther aus diesem Grunde verfasst.[33]

Erneut geht er die Frage nach der konkreten Gemeindereformation grundsätzlich an: Weil die Christen mündig geworden sind und die Schrift nicht nur selbst lesen, sondern verstehen können, weil diese sich selbst auslegt,[34] ist ihnen das Recht auf die Wahl eines berufenen Pfarrers mit den Aufgaben der Predigt, Sakramentsverwaltung und Seelsorge gar nicht zu nehmen. Das kritische Potenzial der Stellungnahme Luthers erwächst freilich nicht aus dem allerorts im 16. Jahrhundert wahrzunehmenden Emanzipationsstreben insbesondere des städtischen Bürgertums, sondern in der Ermächtigung

---

33 WA 11, 408–416.

34 Walter Mostert, Sacra Scriptura suius interpres. Bemerkungen zum Verständnis der Heiligen Schrift durch Luther, in: LuJ 46 (1979), 60–96.

zum Urteil aus der Schrift. Dieses resultiert, wie bereits erwähnt, aus der Selbstauslegung der Schrift und der Leitung des Menschen durch den Geist. Wo der Wille des Menschen nicht von Gott, sondern vom Teufel und dessen Handlungsorientierungen besetzt ist, kann er nicht frei zum Wohle der Gemeinschaft handeln. Ein Wahlrecht stellt Luther hingegen nur bei jenen fest, die als treue Christen in Gehorsam nach Gottes Willen ihre Wahl treffen. Zumindest in der Frühzeit seines reformatorischen Engagements ist Luther von der rechten Leitung durch die Schrift und den Geist fest überzeugt. Die weitere Auseinandersetzung mit spiritualistischen und radikalreformerischen Gruppen führt freilich zunehmend zu einer konservativen Haltung, die ihm von Seiten Karlstadts den Ruf eines »Papstes von Wittenberg« einbringt. Die ordnungspolitischen Vorschläge des späten Luthers orientieren sich an der Notwendigkeit, der Unordnung und dem Aufruhr zu wehren. In seinen letzten Lebensjahren neigt er gar dazu, unter dem dominierenden Einfluss seiner eschatologisch-apokalyptischen Wirklichkeitsinterpretation dem Kampf gegen den Teufel und den Antichristen ein größeres Gewicht beizumessen als der freien Entfaltung der Geistesgaben.[35]

Hierin liegt freilich auch die *crux* seiner Anweisungen in ihrer aktuellen Bedeutung und Adaption: Nur zu leicht übersieht der vom politisch-gesellschaftlichen Alltagsgeschäft bedrängte Mensch die tiefe theologische Begründung von Luthers Ratschlag. Die Ermächtigung zur Pfarrerwahl mutet in der Tat fast schon basisdemokratisch an. Ihre Begründung ist hingegen ganz der mittelalterlichen Ordnungsvorstellung und ihrer Rezeption des augustinischen Erbes verdankt.

Diese Spannung dokumentiert sich ebenfalls in der so gewichtigen Frage nach Luthers Verständnis von Individualität und Freiheit.

4.3 Luther und das Recht auf die Durchsetzung individueller Freiheit

Dass Luthers Freiheitsverständnis gravierend den modernen Freiheitsvorstellungen und dem Ideal menschlicher Autonomie widerspricht, ist kaum zu übersehen. Die berühmte Antithese der Freiheitsschrift zeigt nur zu deutlich, dass es Luther weniger um eine Freiheit *von* bestimmten einengenden Maßnahmen, Regelungen und Herrschaften geht, als vielmehr um eine Freiheit *zum* Handeln am Nächsten. Das bestimmende Motiv seines Freiheits-

---

35 Zu diesem Wandel siehe unter anderem Kurt-Victor Selge, Ekklesiologisch-heilsgeschichtliches Denken beim frühen Luther, in: Kenneth Hagen (Hg.), Augustine, the Harvest, and Theology (1300–1650). Essays Dedicated to Heiko Augustinus Oberman in Honor of his Sixtieth Birthday, Leiden/Boston 1990, 259–285.

verständnisses ist gerade nicht die autonome Selbst(durch)setzung des frei handelnden Subjekts, sondern die im Doppel-Gebot der Gottes- und Nächstenliebe zusammengefasste Bindung des Menschen an Gott und dadurch an den ihm nahestehenden Menschen.

Die immer wieder aufscheinende Deutung von Luthers Auftreten vor Kaiser und Reich 1521 in Worms macht dieses exemplarisch klar: seine vielfach zitierten – und in der Überlieferung erheblich erweiterten – Worte dokumentieren nicht das trotzige Auftreten, sondern vielmehr ein demütiges Schlusswort am Ende der geforderten Klarstellungen. Nicht die Person Luther, das freie, über sich autonom verfügende Subjekt, sondern der von Gott in diese Situation gestellte Prophet und gehorsame Diener des Wortes stehen in der Anklagebank. Luthers Selbstbewusstsein gründet also gerade nicht in einer radikalen autoritativen Setzung seiner selbst, sondern in der völlig passiven und sich unterwerfenden Achtung des Willens Gottes und seines Auftrages an den Mönch aus Wittenberg.

Auch eine genauere Analyse von Luthers Selbstverständnis als Prophet, Prediger, Doktor der Theologie, Angehöriger des Ordens der Augustinereremiten oder Untertan des sächsischen Kurfürsten bestätigt diese Interpretation.[36] Immer betont der Reformator, dass er seine Positionen nicht aus eigenem Recht, in eigener Vollmacht und Legitimation einnimmt, sondern von Gott in diese Situation hineingestellt ist. So heißt es sinnfällig im Rückblick von 1545: »Bin ich doch zufällig, nicht mit Willen und Absicht, in dieses Getümmel geraten.«[37]

Mithin – ein modernes Selbstbewusstsein als autonom handelndes, freies Subjekt, allein seinem Gewissen unterworfen, eignet Luther nicht.[38] Luther ist nicht der Künder der modernen Gewissensfreiheit, sondern der Prophet eines sich in demütigem Gehorsam dem Willen Gottes, von der Sünde angefochtenen und dadurch widerständig unterwerfenden Willens. Dieser Wille ist im modernen Sinne zu keiner Zeit frei: Er ist stets von einer ihn bestimmenden Macht besetzt: Entweder von Gott, welcher die Liebe zu ihm und zu

---

36 Bernhard Lohse, Luthers Selbsteinschätzung (1985), in: ders., Evangelium in der Geschichte. Studien zu Luther und der Reformation zum 60. Geburtstag des Autors, hg. von Leif Grane/Bernd Moeller/Otto Hermann Pesch, Göttingen 1988, 158–175. Luthers Darstellung und Inszenierung als Prophet usw. wird auch bei Marcus Sandl, Medialität und Ereignis. Eine Zeitgeschichte der Reformation, Zürich 2011, dargestellt.

37 WA 54, 180.

38 Ungeachtet aller sonstigen Verdienste um die moderne Lutherforschung geht der Ansatz Karl Holls und der sich auf ihn berufenden Schulbildungen hierin zu weit; siehe Karl Holl, Geschichtliche Aufsätze zur Kirchengeschichte, Bd. I: Luther, Leipzig 1921.

den Nächsten erweckt, oder aber vom Teufel, welcher die Eigenliebe und die Verachtung des Nächsten mit sich bringt. Den Willen als frei galoppierendes Pferd ohne Zaum und Zügel vermag Luther nicht zu imaginieren.

Impliziert diese historisch inzwischen fast zum Konsens avancierte Einschätzung aber zugleich das Urteil über Luther als eines unmodernen, mittelalterlichen, rückwärtsgewandten Menschen? Diese Frage ist so bedeutungslos nicht. Es geht vielmehr darum, in welcher Weise das Erbe des theologischen Aufbruchs, der unter anderem durch Luther initiiert wurde, gewahrt werden mag. Weniger die historische Aneignung, der stets die Gefahr geschichtsvergessener Aktualisierung inhäriert, als vielmehr die Geschichte der Lutherberufung und der zu höchst unterschiedlichen Anlässen gefeierten Erinnerung an den Wittenberger Reformator müssen dazu in den Blick genommen werden.

5. Luther und die sich auf ihn berufende Tradition (Luthertum): modernitätstaugliche Ansätze im Werk des Reformators

Die Geschichte der autoritativen Berufung auf Luther und der Rezeption seines umfangreichen Œuvres ist bisher erst in Ansätzen in den Blick genommen worden. Einige wenige Arbeiten beschäftigen sich mit der Lutherbiographik, hier vor allem in unmittelbarer Nähe zum Ursprungsgeschehen des 16. Jahrhunderts.[39] Spätere Lutherbiographien sind bisher kaum zusammengestellt und ausgewertet worden.

Einen weiteren Akzent der Lutherrezeption nimmt, unter anderem in Vorbereitung auf das Lutherjubiläum 2017, die Geschichte der Reformationsfeierlichkeiten der vergangenen 400 Jahre in den Blick.[40] Das Ergebnis dieser Untersuchungen ist zunächst wenig überraschend: Luther und seine

---

39 Vgl. etwa Hans-Peter Hasse, Die Lutherbiographie von Nikolaus Selnecker. Selneckers Berufung auf die Autorität Luthers im Normenstreit der Konfessionalisierung in Kursachsen, in: ARG 86 (1995), 91–123.

40 Vgl. die Zusammenstellung der unterschiedlichen politischen Bezugnahmen auf Luther bei Hartmut Lehmann, Luther-Gedächtnis 1817–2017, Göttingen 2012; Thomas Kaufmann, Reformationsgedenken in der Frühen Neuzeit, in: ZThK 107 (2010) 285–324; ders., »... die erste und vorzüglichste unter allen in Deutschland ...«. Göttingens »große Zeit« im Spiegel des Jubiläums von 1787, in: Gerd Lüer/Horst Kern (Hg.), Tradition – Autonomie – Innovation. Göttinger Debatten zu universitären Standortbestimmungen, Göttingen 2013, 63–101; Dorothea Wendebourg, Die Reformationsjubiläen des 19. Jahr-

theologische Neuorientierung wird unter teilweiser Verkennung, in jedem Falle aber massiver Transformation seiner originären theologischen Intention vor allem politisch und gesellschaftlich instrumentalisiert. Luther und sein Erbe werden zu legitimierenden und teilweise nur noch illustrierenden Ornamenten der Durchsetzung aktueller politischer Forderungen. Dazu trägt bei, dass bis ins 19. Jahrhundert etliche Jahrhundertfeiern von staatlichen Autoritäten befohlen und umgesetzt werden. Die Spannung zwischen wissenschaftlich verantworteter Lutherforschung und populärer Identitätsstiftung hat sich seitdem noch verstärkt. Während die Forschung in diffizilen Kleinfragen zur Würdigung von Luthers Werk im Verhältnis zu Spätmittelalter und Neuzeit beziehungsweise systematischen Quisquilien festgefahren erscheint, ist die kirchliche Memorialkultur von Vorgaben geprägt, die Luthers Vorläuferschaft und prophetische Vision der Moderne akzentuieren. Nicht zuletzt das vergangene Jahr 2013 unter dem Motto der Toleranz machte die Widersinnigkeit des Vorhabens schlaglichtartig deutlich: Luther kann als Vertreter moderner Toleranz, Meinungsfreiheit, als Prophet des interreligiösen Dialogs und der religions-pluralen Gesellschaft des 21. Jahrhunderts nur unter großen transformativen Anstrengungen herangezogen werden.

Gleichwohl oder vielmehr: umso mehr ist darum die zeitgenössische Lutherberufung kritisch zu evaluieren und die Frage berechtigt, worin denn nun Luthers modernitätstaugliche Initiativen bestanden. Ist es überhaupt legitim und historisch zu begründen, dass wir uns in unserem heutigen Christsein auf Luther berufen?[41]

---

hunderts, in: ZThK 108 (2011), 270–335; dies., Das Reformationsjubiläum von 1921, in: ZThK 110 (2013), 316–361.

41 Dass diese Fragestellung so neu nicht ist, beweist ein Blick in die Publikationen im Umfeld des Lutherjubiläums 1983. Gottfried Seebaß hatte in einem summarischen Über- und Ausblick über die letzten Dezennien der Lutherforschung für einen »Luther ohne Goldgrund« plädiert: Gottfried Seebaß, Ein Luther ohne Goldgrund – Stand und Aufgaben der Lutherforschung am Ende eines Jubiläumsjahres, in: Otto Hermann Pesch (Hg.), Lehren aus dem Lutherjahr. Sein Ertrag für die Ökumene, Zürich 1984, 49–85. Ein Überblick über die seitdem erfolgte Forschung zeigt, dass zwar an die Stelle einer bewundernd-vereinnahmenden Lutherverehrung eine höchst differenzierte Detailforschung getreten ist, das Problem der Inanspruchnahme Luthers und seines reformatorischen Erbes allerdings bis heute noch einer theoretischen Reflexion bedarf; vgl. dazu den Forschungsüberblick bei Volker Leppin, Luther-Literatur seit 1983, in: ThR 65 (2000), 350–377. 431–454; 68 (2003), 313–340; ders., Von der Renaissance zur neuen Nüchternheit? Lutherforschung im 20. Jahrhundert, in: Luther 75 (2004), 69–80; ders., Luther Research in Germany – The Presence and Absence of Theology, in: Dialog 47 (2008), 105–113. Die seitdem erschienene Literatur ändert an diesem Bild wenig.

6. Luther heute: Gesetz und Evangelium und die Krise der Moderne

Der klassischen Engführung der erst seit den dreißiger Jahren des letzten Jahrhunderts so genannten »Zwei-Reiche-Lehre« Luthers folgend, könnte man ihn unter Aufnahme der aufgeklärten Scheidung zwischen privater und öffentlicher Religion in den Bereich der privaten Religion und mithin des allein den inneren Menschen betreffenden Reiches Gottes verlagern. Zum politisch-gesellschaftlichen Diskurs der Moderne hätte er dann nichts mehr beizutragen.

Luthers Erbe bliebe in der Folge dieser Überlegung einer individuellen, privaten, um nicht zu sagen biedermeierlich-romantischen Vergegenwärtigung vorbehalten und könnte nicht mehr normativ in die Debatten um die Zukunft der evangelischen Kirche eingebracht werden. Der Verkauf von Luthersocken, persönlichen Memorabilia und das öffentliche Gedenken Luthers allein in den dafür vorgesehenen Räumen scheinen in diese Richtung zu weisen. Dann allerdings wäre das Bemühen um eine folgenreiche, wirkmächtige Luthervergegenwärtigung, wie im Kontext der Feierlichkeiten 2017 geplant, allemal zum Scheitern verurteilt und die dafür aufgebrachten Gelder im zwei- bis dreistelligen Millionenbereich sollten besser anderen Zwecken zugeführt werden.

Allerdings kann Luthers evangelisches Wirken selbst zum Maßstab der Berufung auf ihn geltend gemacht werden. Das ist im Folgenden abschließend zu umreißen:

Zunächst ist festzuhalten, dass er selbst hinter die von ihm vertretene Botschaft zurücktrat. Sinnfälliger Ausdruck dafür ist die Verweigerung, seinen Namen zum Etikett und Programm der Wittenberger Reformation machen zu lassen. Luther sieht sich als gehorsames Instrument Gottes, dem er seinen Willen und das durch ihn gesteuerte Handeln ganz unterwirft.

Luther vollzieht die zeitgemäße Zusage des Wortes Gottes in der Spannung von Gesetz und Evangelium. Danach deckt das Gesetz die Sünde der Selbstverfehlung des Menschen und sein hybrides Geltungsbedürfnis auf und spricht ihn dafür schuldig. Das Evangelium hingegen tröstet das so angefochtene Gewissen des Menschen mit der Verheißung auf die Nichtanrechnung eben dieser Schuld durch Christus im jüngsten Gericht. Die außergewöhnliche Besonderheit der lutherischen Rechtfertigungsbotschaft besteht gerade nicht in dogmatisch korrekten materialen Aussagen, sondern in der Zusage einer Verheißung, welche das Gottesverhältnis des Menschen, seine existentielle Grundverhaftung elementar verändert. Der von Gott als Sünder entlarvte Mensch darf auf die Erlösung durch Jesus Christus gut begründet hoffen. Diese grundstürzende Einsicht Luthers verbindet sich je konkret mit materialen Aussagen, die allerdings kontextabhängig aufgrund einer über der jeweiligen Herausforderung stehenden unwandelbaren Methode beruhen: Das unerschütterliche Vertrauen des Menschen in Gott gründet eben nicht in persönlicher Erfahrung, logischer Deduktion oder dogmatischer Norm, sondern in der je neuen Zusage des barmherzigen Erlösungswillens Gottes.

Das Erbe Luthers für die Gegenwart besteht in einer Bibelhermeneutik, die es ermöglicht, aus der Bibel für jeden Menschen und für jeden Kontext individuell das Gesetzesurteil und die Erlösungsbotschaft des lebendigen Wortes Gottes zuzusprechen. Luthers Erbe sind keine Aussagen, sondern Methoden der Erschließung von Gottes Wort und barmherziger Nähe. Es ist der evangelisch, id est der biblisch begründete *modus loquendi theologicus*, der Luther zum Propheten, Apostel, Prediger und Seelsorger seiner Zeit hat werden lassen. Ihn gilt es für die Gegenwart in existenzieller Tiefe und kontextbezogener theologischer Arbeit wiederzugewinnen.

Die Ausgangsfrage muss also nicht lauten: wo finden sich materiale, modernitätstaugliche Aussagen Luthers zu Demokratie und freiheitlicher Grundordnung unter Berücksichtigung von Individuum und autonomer Selbstbestimmung, sondern: was sagt die Bibel in der Auslegung durch Gesetz und Evangelium zu diesen Fragen? – Luthers Erbe führt die Gegenwart in die Krise. Es zwingt zur Auseinandersetzung mit aktuellen Fragen der Zeit im Licht der bleibenden, biblischen Botschaft vom Versöhnungswillen Gottes. Die so begründete evangeliumsgemäße Predigt hat als Gesetz die Selbstdurchsetzungsmaßnahmen des Menschen ohne Rücksicht auf seine schöpfungsmäßige Bestimmung zu verurteilen, aber das Urteil nicht zu vollstrecken. Sie hat sich als Evangelium tröstend, aufbauend und Geborgenheit vermittelnd jenen Menschen zuzuwenden, die unter den Folgen der brutalen Selbstdurchsetzung anderer Menschen zu leiden haben.

In diesem Horizont theologischer Selbstvergewisserung ist ein Lutherjubiläum dringend geboten. Freilich geht es nicht darum, aus den knapp 120 Bänden der Werke Luthers materiale Aussagen zum Umgang mit den Krisen der Gegenwart zu sammeln, sondern vielmehr sich von ihm anleiten zu lassen, die evangelische Evangeliumsauslegung, seine biblisch gegründete Hermeneutik von Gesetz und Evangelium in den Fragen der Gegenwart zu bewähren. So verstanden kann man mit Luther durchaus Stellung nehmen zu Umweltverschmutzung, Klima- und Bevölkerungswandel, Präimplantationsdiagnostik und Abtreibung, Medizin an den Grenzen des Lebens und den schier unendlichen Möglichkeiten moderner Technik. Wenn das Wort Gottes als unverbrüchliche, ewige Vergegenwärtigung seiner Offenbarung auch für unsere Gegenwart eine Bedeutung hat, gibt es keine Grenzen seiner Anwendung.

Freilich – und das irritiert Lutherexegeten wie Theologen der Gegenwart immer wieder: Die im *modus loquendi theologicus* getroffenen Aussagen sind nicht anwendungspraktisch im Sinne einer konkreten Handlungsanweisung, sie sind nicht kohärent im Sinne einer positionellen Aussage, und sind nicht immer voll kompatibel, weil ohne Rücksicht auf die innerweltlichen Bezüge formuliert. Luthers Erbe wird hier mithin zur »kritischen Theorie« christlicher Ethik, mehr denn als zur evangelischen Handlungsorientierung.

Luther war kein Lutheraner und Lutheraner haben wenig Recht, sich materialiter auf Luther zu berufen. Durch Luther ist noch niemand lutherisch geworden. Das Gegenteil ist der Fall: Durch Luther sind immer wieder Menschen an ihren Überzeugungen, Prinzipien und apriorischen Normsetzungen irregeworden, wurden enttäuscht und haben zu einer Neubestimmung ihrer Wirklichkeitsinterpretation finden müssen. Durch Luther sind aber in den vergangenen 500 Jahren viele Menschen zu Gottes Wort zurückgeführt oder auch erstmalig herangeführt worden. Mithin: Wer durch Luther nicht zum Christen wird und das Wort der Erlösung von Gott empfängt, hat von Luther nichts. Er wird auch mit dem vielberufenen Erbe des Reformators nichts anfangen können.

Luthers Verhältnis zu Demokratie und Freiheit lautete das Thema der voranstehenden Überlegungen im Zusammenhang mit der aktuellen Erinnerungskultur der Protestanten im Vorfeld der 500. Wiederkehr der Veröffentlichung der 95 Thesen durch Martin Luther. In der Spannung von Gesetz und Evangelium kann eben dieses Verhältnis beschrieben werden: Als Gesetz, das die fatalen Folgen einer hybriden menschlichen Selbstdurchsetzung offenlegt und den individuellen wie kollektiven Tod von Menschen, Gesellschaft und Kultur anzeigt. Als Evangelium, das in eben dieser Krise der Demokratie und der durch sie garantierten Freiheitsrechte den Menschen den Trost der Gegenwart Gottes und die Vergebung ihres Beitrages zur Fehlentwicklung in Gesellschaft, Politik, Wirtschaft und Kultur – nicht zuletzt in der Kirche – zuspricht.

Thomas K. Kuhn

Wahre und falsche Aufklärung

Zur Diskussion über das Wesen der Aufklärung im späten 18. Jahrhundert

Im universitären kirchengeschichtlichen Unterricht und oft auch noch in theologischen Examina werden bei Fragen nach den praktischen wie sozialen Formen der Aufklärung, nach ihren zentralen theoretischen Inhalten sowie nach ihren gesellschaftlichen und religiösen Konsequenzen häufig entweder mangelnde Sachkenntnisse ersichtlich oder unreflektierte Vorurteile präsentiert. Die in christlichen Kreisen immer noch weitverbreitete Meinung, das primäre Ziel der Aufklärung sei die gesellschaftliche Marginalisierung oder Eliminierung des Christentums und der Kirchen gewesen, ist auch unter Theologiestudierenden weitverbreitet. Diese auch an prominentem Ort lexikalisch dokumentierte problematische Sicht auf die Aufklärung als Phänomen, das nicht aus der »eigenen Dynamik der christlichen Botschaft hervorgegangen, sondern von außen an sie herangekommen«[1] sei und auf die Destruktion eines wie auch immer bestimmten »wahren Christentums« ziele, scheint kirchlich geprägten Geschichtsbildern häufig eher zu entsprechen als eine differenzierte Bewertung der Aufklärung, die auch ihre produktiven religiösen wie kirchlichen Intentionen in den Blick nimmt. Zu diesem Bemühen, der Aufklärungsbewegung des 18. Jahrhunderts in ihren vielfältigen religionsproduktiven Nuancen auch in der Kirchengeschichtsschreibung gerecht zu werden, hat Martin Greschat schon recht früh einen anregenden Beitrag geliefert. Es ist zweifelsohne ein Markenzeichen und Charakteristikum der kirchengeschichtlichen Arbeit Martin Greschats, dass er es immer wieder verstand, innovative Forschungsperspektiven aufzuzeigen und anzudenken.[2] Vor nunmehr 38 Jahren fragte der damals 42jährige Martin Greschat in der Zeitschrift »Kerygma und Dogma« danach, ob die Aufklärung ein Prozess

---

1 Martin Schmidt, Art. Aufklärung II: Theologisch, in: TRE 4 (1979), 594–608, hier 606.

2 So zum Beispiel Martin Greschat, Die Bedeutung der Sozialgeschichte für die Kirchengeschichte. Theoretische und praktische Erwägungen, in: HZ 256 (1993), 67–103.

gegen das Christentum sei.[3] In seinem Beitrag, der zunächst betont, dass die Aufklärung »in breiten Kreisen evangelischer Theologie und Kirche keine besonders gute Presse habe«,[4] kommt er zu dem Ergebnis, dass neben den christentumskritischen Perspektiven der Aufklärung festzuhalten sei, »daß dieser Prozeß der Aufklärung nämlich nicht einfach als Negation und als pure Destruktion *des wahren* Christentums zu begreifen ist«.[5] Diese Sicht auf die Aufklärung explizierte Greschat sieben Jahre später in der nach wie vor lesenswerten Einleitung für den Band über das Zeitalter der Aufklärung, in der von ihm herausgegebenen überaus bekannten biographischen Sammlung »Gestalten der Kirchengeschichte«.[6] Die dort von Greschat vorgenommene Wesensbestimmung der Aufklärung als einer Erscheinung, die nicht allein als eine »geistige Bewegung zu fassen« sei, sondern als eine, die »gezielt und bewußt in die Wirklichkeit eingriff und dabei gleichzeitig Reflex und Repräsentation ihrer Veränderung war«,[7] ist in den vergangenen Jahrzehnten in der kirchengeschichtlichen Aufklärungsforschung zumindest ansatzweise aufgegriffen worden. Dennoch sind immer noch weite Felder relativ unbestellt und es bleibt weiterhin eine zentrale kirchenhistorische Forschungsaufgabe, jenseits der theologiegeschichtlichen Rekonstruktionen in sozialgeschichtlicher Perspektive die praktische Funktion und den tatsächlichen Einfluss der Aufklärung und insbesondere der pastoralen Volksaufklärung im ländlichen Raum zu vermessen.

Durch einen erweiterten methodischen Zugang in der neueren historischen Aufklärungsforschung erhielt der Begriff der Aufklärung eine deutlich breitere semantische Füllung.[8] Seit dem anregenden Beitrag des Tübinger Kirchenhistorikers Klaus Scholder aus der Mitte der 1960er Jahre wird als Spezifikum der deutschsprachigen Aufklärung ihre Ausprägung als praktische Reformbewegung, vergleichbar mit dem Pietismus wahrgenommen.[9]

---

3 Martin Greschat, Die Aufklärung – ein Prozeß gegen das Christentum?, in: KuD 22 (1976), 299–316.

4 Greschat, Aufklärung, 299.

5 Greschat, Aufklärung, 315.

6 Martin Greschat, Die Aufklärung. Einleitung, in: ders. (Hg.), Gestalten der Kirchengeschichte, Bd. 8: Die Aufklärung, Stuttgart/Berlin/Köln 1983, 7–41. Die zwischen 1981 und 1986 von Martin Greschat herausgegebenen blauen Bände avancierten alsbald zu einem vielgebrauchten und vielzitierten kirchengeschichtlichen Standardwerk.

7 Greschat, Aufklärung. Einleitung, 39–40.

8 Horst Stuke, Art. Aufklärung, in: GGB 1 (2004), 243–342; Schmidt, Art. Aufklärung II, 594–608; Albrecht Beutel, Art. Aufklärung I.–II., in: RGG[4] 1 (1998), 929–948; Gerrit Walther u. a., Art. Aufklärung, in: Enzyklopädie der Neuzeit 1 (2005), 791–830.

9 Klaus Scholder, Grundzüge der theologischen Aufklärung in Deutschland, in: Heinz

Sehr knapp zusammenfassend kann der Begriff »Aufklärung« deshalb als ein in »vielfältigen Nuancen variierender Aktions- und Epochenbegriff« bezeichnet werden.[10] In den letzten Jahren rückte schließlich die sogenannte »Volksaufklärung« als eine lange Zeit vernachlässigte und unterschätzte Form einer in die gesellschaftliche Breite zu wirken trachtenden Reformbewegung, die beispielsweise weitreichende lebenspraktische Verbesserungen intendierte, in den Blick der Aufklärungsforschung und findet inzwischen auch Eingang in Lexika und Handbücher.

I.

In den zeitgenössischen Debatten des späten 18. Jahrhunderts über Begriff und Wesen der Aufklärung, die in beiden Konfessionen[11] – und zwar in unterschiedlicher Intensität – geführt wurden, spielten zweifelsohne neben den Vertretern einer Popularphilosophie auch die Volksaufklärer mit ihren pub-

---

Liebing/Klaus Scholder (Hg.), Geist und Geschichte der Reformation. Festgabe Hanns Rückert zum 65. Geburtstag, Berlin 1966, 460–486. Zur Kritik an Scholder siehe Kurt Nowak, Vernünftiges Christentum? Über die Erforschung der Aufklärung in der evangelischen Theologie Deutschlands seit 1945, Leipzig 1999, 39; 58–65.

10 Werner Schneiders, Hoffnung auf Vernunft. Aufklärungsphilosophie in Deutschland, Hamburg 1990, 162. Zum Begriff der Aufklärung siehe weiter Albrecht Beutel, Kirchengeschichte im Zeitalter der Aufklärung. Ein Kompendium, Göttingen 2009, 15–33.

11 Der Begriff der »wahren Aufklärung« konnte in unterschiedlichen Kontexten verwendet werden. Der Görlitzer Superintendent Johann Christian Jancke (1757–1834) betonte in einer gedruckten Weihnachtspredigt unverkennbar eine jesulogische Ausrichtung der Aufklärung: Johann Christian Jancke, Über die wahre Aufklärung durch Jesum. Eine Predigt am dritten Weihnachtsfeiertage 1800. Gehalten zu Görlitz nebst dem Schluß der Sonntagspredigt nach Weihnachten, mit einigen historischen Anmerkungen, Görlitz 1800. Auch im Bereich der katholischen Predigten fand die Frage nach der »wahren Aufklärung« Aufmerksamkeit; siehe beispielsweise die anonym erschienene Predigtsammlung »Wahre Aufklärung nach dem Geiste Jesu Christi, oder ächtkatholische Auslegung der an jedem hohen Festtage des Herrn vorkommenden lehrreichen Evangelien und Episteln, nebst daraus gezogenen Glaubens- und Sittenlehren, zur nützlichen Beschäftigung für Hausväter und ihre Untergebene«, Krems 1799. Dort heißt es in der unpaginierten Vorrede: »Es ist doch unstreitig für einen jeden Christen strenge Pflicht, Denjenigen, und dessen Lehren, Thaten und Schicksale näher kennen zu lernen, der uns von Gott zum Heiland, Retter und Lehrer der wahren Gotteserkenntniß auf diese Welt ist gesandt worden. Aber woher können wir wohl diese Erkenntniß am sichersten holen, als aus dem Evangelium Jesu Christo.« Noch Mitte des 19. Jahrhunderts konnte in vergleichbarer Weise von katholischen Autoren wohl eher aufklärungskritisch von einer »wahren Auf-

lizistischen Medien eine wichtige Rolle. Die seinerzeit überaus kontroversen Diskussionen führten im letzten Drittel des 18. Jahrhunderts, verstärkt seit 1780, zu polyphonen Auseinandersetzungen über die sogenannte »wahre Aufklärung« und unter den Aufklärern zu intensiven selbstreflexiven Diskursen.[12] Es galt nämlich, Möglichkeiten, Grenzen, Multiplikatoren, Objekte und Inhalte aufklärerischen Handelns präziser zu umreißen. Hier sei beispielsweise der Göttinger Philosoph Christoph Meiners (1747–1810) genannt, dessen Begriffsbestimmungen durchaus als repräsentativ für eine proaufklärerische Position zu nennen sind. Der Vertreter einer Popularphilosophie unterstrich deutlich den Nutzen der Aufklärung und definierte: »Aufklärung bedeutet in dem allgemeinsten Sinn dieses Worts eine jede Masse von schönen und nützlichen Kenntnissen, wodurch der menschliche Geist gebildet, oder das Herz des Menschen veredelt wird.«[13] Für Meiners besteht in einem engeren Sinne verstanden »wahre Aufklärung« in einer »solchen Kenntniß der Natur und ihres Urhebers, in einer solchen Kenntniß des Menschen und seiner Verhältnisse, wodurch diejenigen, welche sie besitzen, gegen Aberglauben und Schwärmerey eben so wohl, als gegen Unglauben: gegen Despotismus, wie gegen Anarchie und Zügellosigkeit bewahrt, oder davon befreyt, und über ihre wahre Bestimmung und Glückseligkeit, über ihre Pflichten und Rechte unterrichtet werden. [...] Wahre Aufklärung ist am allermeisten dem Aberglauben, und der Schwärmerey entgegengesetzt; und Mangel von Aufklärung verräth sich am meisten durch Aberglauben und Schwärmerey [...] Die wahre Aufklärung nimmt nicht bloß in gleichem Verhältnisse mit dem Umfange, und der Richtigkeit der Kenntniß, sondern vorzüglich der durch eigene Erfahrung, oder eigenes Nachdenken erworbenen Kenntniß von Gott und der Natur, von dem Menschen, seiner Bestimmung, seinen Rechten und Pflichten zu.«[14] Meiners sieht zudem in der von ihm positiv besetzten Aufklärung im Sinne der Vermittlung nützlicher Kenntnisse niemals einen schädlichen Prozess, denn »wahre Aufklärung ist die glücklichste Bildung der edelsten Kräfte des Menschen, wodurch wir der Gottheit verwandt sind, und

---

klärung« gesprochen werden: Anton Westermayer, Predigten für wahre Aufklärung und Bildung. Gehalten in der St. Michaelshofkirche zu München, Schaffhausen 1857–1858.

12 Siehe dazu Werner Schneiders, Die wahre Aufklärung. Zum Selbstverständnis der deutschen Aufklärung, Freiburg und München 1974. Zur Volksaufklärung siehe Thomas K. Kuhn, Religion und neuzeitliche Gesellschaft. Studien zum sozialen und diakonischen Handeln in Pietismus, Aufklärung und Erweckungsbewegung, Tübingen 2003, 79–223.

13 Christoph Meiners, Ueber wahre, unzeitige und falsche Aufklärung und deren Wirkungen, Hannover 1794, 2.

14 Meiners, Aufklärung 5–8.

uns allein zur Gottheit erheben; und so wenig nun das, was den Menschen vervollkommt, ihn wahrhaftig unglücklich machen kann; so wenig kann die Vervollkommnung des Menschen durch die Aufklärung zu weit gehen, oder zu allgemein unter den Menschen werden. Daß wahre Aufklärung zu sehr anwachsen, oder sich zu sehr ausbreiten könne; ist ein eben so grosser Widerspruch, als daß Menschen und Völker zu vollkommen und glücklich, oder zu viele Menschen und Völker vollkommen und glücklich werden können.«[15]

Diese begrifflichen Bestimmungen und Selbstbesinnungen, in denen eine christlich-religiöse Grundierung unübersehbar und durchaus elementar ist, sind einerseits Ausdruck einer Krise der Spätaufklärung.[16] Andererseits diente sie der Abwehr pauschaler Angriffe gegen die vielfältigen aufklärerischen Bemühungen[17] durch die so genannten »Obscuranten« und als Distanzierung von Gegen- und Pseudoaufklärung.[18] Bei der Rekonstruktion dieser Kontroversen ist zwischen einer konstruktiven Kritik an der Aufklärung und einer destruktiven sowie negierenden Gegenaufklärung oder Gegnerschaft zu differenzieren. Unter Gegenaufklärung verstehe ich eine heterogene Bewegung, die sich in Opposition zu den Vertretern, Institutionen, Idealen, Positionen, Medien und Errungenschaften der Aufklärung positioniert[19], um diese aufzuhalten, zu unterbinden und schließlich zu beseitigen.

---

15 Meiners, Aufklärung, 11–12. So auch Johann Martin Kutter, Beyträge zur religiösen Aufklärung für gebildete Religionsverehrer, Augsburg 1802, 5; er erklärte, »daß wahre Aufklärung dem Menschen nie schädlich werden könne«. Er verwahrt sich auch gegen den Vorwurf, dass sie »den Menschen von Gott entferne, und zum Unglauben führe« (6).

16 Zur Spätaufklärung siehe u. a. Martin Mulsow u. a. (Hg.) Aufklärung. Interdisziplinäres Jahrbuch zur Erforschung des 18. Jahrhunderts und seiner Wirkungsgeschichte, Bd. 24: Radikale Spätaufklärung in Deutschland, Hamburg 2012; Volker Mehnert, Protestantismus und radikale Spätaufklärung. Die Beurteilung Luthers und der Reformation durch aufgeklärte deutsche Schriftsteller zur Zeit der Französischen Revolution, München 1982.

17 Nach Meiners beispielsweise, der sehr anschaulich die Auseinandersetzungen um die Aufklärung skizziert, »hatte die wahre Aufklärung von jeher, wie die wahre Tugend, ihre Feinde, und wird sie auch beständig haben. Diese Feinde der Aufklärung sind von sehr verschiedener Art, und hassen auch die Aufklärung aus sehr verschiedenen Ursachen. Einige verwechseln die wahre Aufklärung mit der falschen und unzeitigen, und glauben in allem Ernste, daß die Bildung und der Gebrauch der natürlichen Kräfte des Menschen entweder dem, was sie Religion nennen, oder den guten Sitten, oder der Ruhe der Staaten schade.« Vgl. Meiners, Aufklärung, 16–17.

18 Zum Begriff siehe Wolfgang Albrecht/Christoph Weiß, Einleitende Bemerkungen zur Beantwortung der Frage: Was heißt Gegenaufklärung?, in: dies. (Hg.), Von »Obscuranten« und »Eudämonisten«. Gegenaufklärerische, konservative und antirevolutionäre Publizisten im späten 18. Jahrhundert, St. Ingbert, 1997, 7–34.

19 Albrecht/Weiß, Bemerkungen, 14.

In weiten Teilen ist diese Bewegung bloße Reaktion und »alternativlose Negation«, wodurch sie sich von einem reformorientierten und rationalistischen Frühkonservatismus unterscheidet, der in »alternativen Gesellschaftskonzepten Aufklärerisches verarbeitet, um es für den Erhalt und die graduelle Erneuerung des Ständestaates zu nutzen.«[20]

In diesem Streit über die Aufklärung[21], der noch nicht ausreichend erforscht ist, standen neben Inhalten und Formen zunehmend die politischen, sozialen und kulturellen Folgen der Aufklärung zur Diskussion. Diese Fragen hatten nicht nur durch die Französische Revolution, die eine Katastrophe für weite Teile der Aufklärungsbewegung und ein »verstärkender Faktor für divergente politisch-programmatische Auffassungen«[22] war, sondern auch durch veränderte politische Voraussetzungen an Brisanz gewonnen.[23] Denn nach dem Tod von Friedrich II. änderte sich bekanntlich das politische Klima in Preußen zu Ungunsten der Aufklärer ebenso wie im Habsburgerreich nach dem Tod der beiden Reformkaiser Joseph II. (1790) und Leopold II. (1792). Diese Ereignisse verwandelten nicht nur das politische und intellektuelle Klima, sondern beeinflussten auch das Christentum, und zwar hinsichtlich seiner wissenschaftlich theologischen Ausgestaltung wie auch in seiner religiösen Praxis. Reflektierte Zeitgenossen wie der Göttinger Repetent und Privatdozent Christian Wilhelm Flügge (1772–1828)[24] beispielsweise interpretierten das ausgehende 18. Jahrhundert als eine »Erschütterung aller bisher bekannten Systeme, Theorien und Vorstellungsarten«[25] und als eine vom »Geist der Selbständigkeit« geprägte Zeit.[26] Die Dynamik dieses Umbruchs

---

20 Albrecht/Weiß, Bemerkungen, 15.

21 In diesem Streit konnten auch die Reformation und der Humanismus (Erasmus) als Vertreter einer »wahren Aufklärung« präsentiert werden. So beispielsweise bei Meiners, Aufklärung, 23, der sich auch bemüht, die Aufklärer des 18. Jahrhunderts als »die wärmsten Gottesverehrer« zu präsentieren (24).

22 Vgl. Albrecht/Weiß, Bemerkungen, 9.

23 Gegen die Sicht, die Aufklärung für die politischen Verhältnisse in Frankreich verantwortlich zu machen, erhob beispielsweise der Ravensburger Pfarrer Johann Martin Kutter Einspruch. Siehe Kutter, Beyträge, 6–7.

24 Zur Person siehe Julius August Wagenmann, Christian Wilhelm Flügge, in: ADB 7 (1878), 139–140; Heinrich Doering, Die gelehrten Theologen Deutschlands im achtzehnten und neunzehnten Jahrhundert. Nach ihrem Leben und Wirken dargestellt, Bd. 1: A–H, Neustadt an der Orla 1831, 416–417.

25 Christian Wilhelm Flügge, Versuch einer historisch-kritischen Darstellung des bisherigen Einflusses der Kantischen Philosophie auf alle Zweige der wissenschaftlichen und praktischen Theologie, Teil 1, Hannover 1796, 6.

26 Flügge, Versuch, Teil 1, 9.

führte Flügge auf die prinzipielle und umstrittene Frage nach dem Einfluss der Vernunft auf Religion und Theologie zurück. Flügge selbst, der mit einem dreibändigen Werk über die »Geschichte des Glaubens an Unsterblichkeit, Auferstehung, Gericht und Vergeltung«[27] bekannt werden sollte, wertete die vernünftige Autonomie sowie die Rationalität in Wissenschaft, Kirche, Theologie und vor allem in der Religion positiv, weil durch Entdogmatisierung und Entemotionalisierung der Religion die religiösen Handlungsbedingungen erleichtert würden und die Religion eine transkonfessionell integrative Funktion erhielte.[28]

Doch blieb die Meinung Flügges nicht unwidersprochen. Seit den späten 1770er Jahren formierte sich eine neuartige Gegnerschaft zur Aufklärung und die Literatur über Inhalte, Zielgruppen und Grenzen der Aufklärung sowie über die Frage nach den Kriterien wahrer und falscher Aufklärung wuchs rasant an. Die sogenannte Gegenaufklärung sowie ein davon zu unterscheidender Frühkonservatismus formierten und präsentierten sich in zahlreichen Zeitschriften, von denen einige Beispiele genannt seien. In Gießen erschien in der Zeit von 1778 bis 1797 die Zeitschrift »Die neuesten Religionsbegebenheiten mit unpartheyischen Anmerkungen«, die von dem orthodoxen Lutheraner Heinrich Martin Gottfried Köster (1734–1802)[29], der eine Zeit lang in Kontakt mit Karl Friedrich Bahrdt (1741–1792)[30] gestanden hatte, herausgegeben wurde. Diese antiaufklärerischen »Religionsbegebenheiten« lassen eine starke Präsenz der lutherischen Orthodoxie erkennen, die nach Bahrdts Abgang aus Gießen eine lautstarke Renaissance erlebte. Kösters reaktionär-konservative Haltung mündete folgerichtig 1795 in die Mitarbeit an der Zeitschrift »Eudämonia«.

Als ein weiteres Beispiel eines ebenfalls dezidiert antiaufklärerischen und gegenrevolutionären Periodikums ist die katholische »Wiener Zeitschrift«[31]

---

27 Christian Wilhelm Flügge, Geschichte des Glaubens an Unsterblichkeit, Auferstehung, Gericht und Vergeltung, Leipzig 1794–1800.

28 Flügge erklärt, »die religiösen Gedanken der Menschen sind nun freier, ihre religiösen Gefühle leichter, ihre religiösen Gesinnungen gleichgültiger geworden«; Flügge, Versuch, Teil 1, 12.

29 Siehe hierzu Rolf Haaser, Spätaufklärung und Gegenaufklärung. Bedingungen und Auswirkungen der religiösen politischen und ästhetischen Streitkultur in Gießen zwischen 1770 und 1830, Darmstadt 1997.

30 Zu Bahrdt siehe Thomas K. Kuhn, Carl Friedrich Bahrdt. Provokativer Aufklärer und philanthropischer Pädagoge, in: Peter Walter/Martin H. Jung (Hg.), Theologen des 17. und 18. Jahrhunderts. Konfessionelles Zeitalter – Pietismus – Aufklärung, Darmstadt 2003, 204–225; dort weitere Literatur.

31 Reinhart Siegert/Holger Böning, Volksaufklärung. Biobibliographisches Handbuch

zu nennen, die allerdings mit diesem Titel nur in zwei Jahrgängen 1792 und 1793 erschien, danach ab 1793 als »Magazin der Kunst und Litteratur« erschien. Sie stellt vermutlich die erste enge Kooperation von österreichischen und deutschen Gegenaufklärern dar und erklärte in ihrem Prolog: »Sie erschrickt nicht vor der Tollwuth der herrschenden Aufklärungsbarberei und ihrer falschen Apostel. Sie hat den Muth, die geheimschleichende Bosheit verrätherischer Volksverführer überall, wo sie ihr begegnen wird, ohne Schonung zu entlarven.«[32] Ihr Herausgeber, der ehemalige und »zwielichtige« Aufklärer und spätere »blindwütige Reaktionär« Leopold Alois Hoffmann (1748–1806), der als Lehrer für deutsche Sprache und Literatur unter anderem in Wien wirkte,[33] erklärte im Prolog der Zeitschrift programmatisch: »Der jetzige allgemeine Freiheitstaumel in Europa, die Empörungen und Aufwiegelungen gutmüthiger Nationen wider ihre Souveräne, alle politische Gährungen, und der heutige Unglaube aller Arten sind die Früchte einer zügellosen Aufklärung, einer fanatischen Philosophie, und überhaupt einer Horde kosmopolitischer und philanthropischer Schriftsteller von Mirabeaus[34] Geschlecht und Zwek. [...] Es ist höchste Zeit, dieser öffentlichen Meinung eine andere Richtung zu geben, und diese Tonführer der Nationen verstummen zu machen; oder alle Thronen stehen in Gefahr, endlich unter ihren Trümmern begraben zu werden, und alle Regierungen in Europa fallen durch demokratische Zügellosigkeit in die schrecklichste Anarchie der philosophischen Aufklärung.«[35]

---

zur Popularisierung aufklärerischen Denkens im deutschen Sprachraum von den Anfängen bis 1850, Bd. 2.2, Stuttgart-Bad Cannstatt 2001, Nr. 3621, 1582–1583. Siehe dazu Gerda Lettner, Das Rückzugsgefecht der Aufklärung in Wien, 1790–1792, Frankfurt am Main/New York 1988. Jochen Krenz, Konturen einer oberdeutschen kirchlichen Kommunikationslandschaft des ausgehenden 18. Jahrhunderts, Bremen 2012.

32 Zitiert bei Helmut Reinalter, Französische Revolution und Öffentlichkeit, in: Holger Böning (Hg.), Französische Revolution und deutsche Öffentlichkeit. Wandlungen in Presse und Alltagskultur am Ende des 18. Jahrhunderts, München/New York/London/Paris 1992, 17–25, hier 19.

33 So Kurt Vansca, Leopold Alois Hoffman, in: NDB 9 (1972), 433–434. Siehe auch Helmut Reinalter, Gegen die »Tollwuth der Aufklärungsbarbarei«. Leopold Alois Hoffmann und der frühe Konservativismus in Österreich, in: Christoph Weiß/Wolfgang Albrecht (Hg.), Von »Obscuranten« und »Eudämonisten«. Gegenaufklärerische, konservative und antirevolutionäre Publizisten im späten 18. Jahrhundert, St. Ingbert 1997, 221–244.

34 Gemeint ist hier der französische Schriftsteller und Staatsmann Honoré-Gabriel Riquetti, Comte de Mirabeau (1749–1791).

35 Zitiert in Reinalter, Hoffmann, 229.

Die eben schon erwähnte »Eudämonia«[36] ist wohl die wichtigste deutsche antiaufklärerische Zeitschrift, die mit wechselnden Untertiteln[37] in sechs Jahrgängen seit 1795 erschien. Als Hauptredaktor agierte der Gießener Regierungs- und Konsistorialdirektor Ludwig Adolf Christian von Grolman (1741–1809).[38] Diese von zahlreichen Obrigkeiten geförderte Zeitschrift ist deshalb von Bedeutung, weil sie sich mit der Frage nach der postrevolutionären (Volks-) Aufklärung, ihren Adressaten und Inhalten auseinandersetzte. Wesentliche Motivation für ihre Entstehung war nicht nur die Absicht, in einem reaktionär und konservativen Sinn die öffentliche Meinung zu beeinflussen, sondern auch das Bestreben, der Obrigkeit solches Material zuzutragen, das ihr bei der Verabschiedung von restriktiven Gesetzen dienen konnte.[39] Ihre Intention wird in einem Brief deutlich, den Grolman an den Grafen Wilhelm von Solms-Braunfels schrieb, wenn es dort heißt: »Eine Gesellschaft ehrlicher deutscher Männer, deren Nahmen jetzt noch nicht gesagt werden können, die aber aus Theologen, Staatsmännern, Philosophen, mehrentheils schon bekannten Schriftstellern besteht, hat schon lange, nicht förmlich, sondern durch gemeinsame Gesinnungen, einen Bund geschlossen, alles anzuwenden, und sollte es mit Aufopferung Guts und Bluts seyn, die Religion, die Fürsten und unsere Staatsverfassung bis auf den lezten Mann zu vertheidigen, und da leider! die Fürsten auf ganz unbegreifliche Weise für so etwas so wenig empfänglich sind, ohnerachtet Sie es sind, denen das Messer an die Kehle gesezt ist, gleichwol so lange zu schreyen und zu rufen, bis sie endlich gehört werden, bis die Fürsten es endlich gnädigst erlauben sie

---

36 Vgl. Siegert/Böning, Volksaufklärung, Nr. 4210, 1941–1942; Max Braubach, Die »Eudämonia« (1795–1798). Ein Beitrag zur deutschen Publizistik im Zeitalter der Aufklärung und der Revolution, in: Historisches Jahrbuch 47 (1927), 309–339.

37 Der Titel des zweiten Stücks lautete »Eudämonia, ein Journal für Freunde von Wahrheit und Recht«, ab dem 3. Stück »Eudämonia, oder deutsches Volksglük«; siehe Siegert/Böning, Volksaufklärung, Nr. 4210, 1941.

38 Rolf Haaser, »... als wenn ich ein Erzaufklärer wäre ...«. Der Gießener Regierungsdirektor und reaktionär-konservative Publizist Ludwig Adolf Christian von Grolman, in: Christoph Weiß/Wolfgang Albrecht (Hg.), Von »Obscuranten« und »Eudämonisten«. Gegenaufklärerische, konservative und antirevolutionäre Publizisten im späten 18. Jahrhundert, St. Ingbert 1997, 305–365; Siegfried Orgler, Ludwig Adolf Christian von Grolman. Versuch einer Biographie, Diss. Innsbruck 2004; Erich Donnert, Antirevolutionär-konservative Publizistik in Deutschland am Ausgang des Alten Reiches. Johann August Starck (1741–1816), Ludwig Adolf Christian von Grolman (1741–1809), Friedrich Nicolai (1733–1811), Frankfurt am Main 2010; zu Grolmann siehe dort 64–68.

39 Vgl. Haaser, Spätaufklärung und Gegenaufklärung, 119–137.

zu retten, wenn's nicht alsdann zu spät ist.«[40] Ihrem Selbstverständnis nach gab sich die Redaktion als »Gesellschaft ächt aufgeklärter wahrer Vaterlandsfreunde« aus. Hier wird nun deutlich, dass das Adjektiv »aufgeklärt« in der Selbstwahrnehmung ein Spektrum vom reaktionären Konservatismus bis hin zum Jakobinismus umfassen kann. Diese Polyvalenz des Begriffs macht ihn so schwer fassbar und wird meines Erachtens in der kirchenhistorischen Forschung nicht immer hinreichend berücksichtigt.

Betrachtet man die Entwicklung des diskursiven Stils sowie der Inhalte und Argumente der gegenaufklärerischen Zeitschriften, zu denen auch noch das katholische und von Felix Franz Hofstätter edierte »Magazin der Kunst und Litteratur« (1793–97)[41] zu zählen ist, dann kann mit Erich Donnert von einem »rapiden Niedergang im Bereich der publizistisch-literarischen Gegenaufklärung«[42] gesprochen werden, deren Tiefpunkt die protestantisch-norddeutsche »Eudämonia« darstellt, die sich zunehmend auf Verschwörungsthesen, Komplottlegenden, Hetztiraden, persönliche Beleidigungen und bloße Negation beschränkte, ohne eigenständige Konzepte und konstruktive Ideen vorzulegen.

Neben den exemplarisch genannten antiaufklärerischen Zeitschriften finden wir aber auch solche, die einen offeneren Diskurs über die Aufklärung dokumentieren wie beispielsweise das von Johann August Eberhard (1739–1809) in den Jahren 1788–1792 herausgegebene und in Halle an der Saale erschienene »Philosophische Magazin« oder eben jene Zeitschriften, die unter der Pfarrerschaft verbreitet waren. Das sind vor allem zwei pastoraltheologische Periodika: das »Journal für Prediger«[43] sowie das »Allgemeine Magazin für Prediger nach den Bedürfnissen unserer Zeit«.[44]

---

[40] Zitiert bei Haaser, Gießener Regierungsdirektor, 349.

[41] Wynfried Kriegleder, Ein »Hoffmann elevatus ad secundam potentiam«. Felix Franz Hofstätter und das »Magazin für Kunst und Litteratur«, in: Christoph Weiß/Wolfgang Albrecht (Hg.), Von »Obscuranten« und »Eudämonisten«. Gegenaufklärerische, konservative und antirevolutionäre Publizisten im späten 18. Jahrhundert, St. Ingbert, 1997, 245–268.

[42] Donnert, Antirevolutionär-konservative Publizistik, 26.

[43] Das zunächst von Christoph Christian Sturm herausgegebene »Journal« erschien von 1770 bis 1842 und kann als einflussreichste aufklärerisch geprägte pastorale Zeitschrift bezeichnet werden. Seit 1789 trug es den Titel »Neues Journal für Prediger«. Siehe dazu Reinhart Siegert/Holger Böning, Volksaufklärung. Biobibliographisches Handbuch zur Popularisierung aufklärerischen Denkens im deutschen Sprachraum von den Anfängen bis 1850, Bd. 2.1, Stuttgart-Bad Cannstatt 2001, Nr. 1526, 21–23.

[44] Erschien in 12 Bänden von 1789 bis 1796 in Leipzig, zunächst herausgegeben von Johann Rudolf Gottlieb Beyer, danach als »Museum für Prediger« in 4 Bänden 1797–1800. Es ist nicht zu verwechseln mit dem »Magazin für Prediger zur Beförderung des prakti-

2.

Hatte sich im Verlauf des 18. Jahrhunderts die periodische Presse geradezu explosionsartig ausgebreitet, so erhielt sie in den bewegten Zeiten der 1780er und 1790er Jahre nochmals deutlichen Aufschwung. Die Ereignisse der Französischen Revolution und ihre Folgen hatten sich lesemotivierend ausgewirkt, so dass auch auf dem Land zahlreiche Lesegesellschaften gegründet wurden. Für das ländlich geprägte Schleswig-Holstein beispielsweise lassen sich um 1800 vierzig solcher Lesegesellschaften ausmachen, in denen eine breitere Öffentlichkeit am publizistischen Diskurs teilnehmen konnte.[45] In den Zeitschriften, den Moralischen Wochenschriften[46] und den so genannten Intelligenzblättern[47] wurde so intensiv über die kulturellen und sozialen, philosophischen, aber auch religiösen Fragen der Zeit diskutiert wie sonst nirgends. Das definitorische Bemühen um den Begriff der sogenannten »wahren Aufklärung« war ein zentrales Thema des späten 18. Jahrhunderts.

Diese häufig auf einer rein begriffsimmanenten, definitorischen Ebene behandelte Problematik wurde 1788 kirchenpolitisch und ekklesiologisch durch einen Beitrag des Hallenser Theologen und Philosophieprofessors Johann August Eberhard erweitert. Der ehemalige Charlottenburger Pfarrer und Schüler Christian Wolffs (1679–1754), der im ausgehenden 18. Jahrhundert als »der führende Kopf der Leibniz-Wolffschen Schulphilosophie in Deutschland«[48] galt, war nicht nur Lehrer und Mentor Schleiermachers, son-

---

schen Christenthumes und der populären Aufklärung«, das seit 1790 von dem Jesuiten Johann Bonaventura Andres (1743–1822) in Würzburg herausgegeben wurde und 1803 als »Neues Magazin für Prediger und Seelsorger« erschien.

[45] Franklin Kopitzsch, Lesegesellschaft und Aufklärung in Schleswig-Holstein, in: Zeitschrift der Gesellschaft für Schleswig-Holsteinische Geschichte 108 (1983), 141–170; Thomas Riis, Wirtschafts- und Sozialgeschichte Schleswig-Holsteins. Leben und Arbeiten in Schleswig-Holstein vor 1800, Kiel 2009, 302.

[46] Wolfgang Martens, Die Botschaft der Tugend. Die Aufklärung im Spiegel der deutschen Moralischen Wochenschriften, Stuttgart 1971; Helga Brandes, Moralische Wochenschriften, in: Ernst Fischer/Wilhelm Haefs/York-Gothart Mix (Hg.), Von Almanach bis Zeitung. Ein Handbuch der Medien in Deutschland 1700-1800, München 1999, 225–232; Bettina Volz-Tobler, Rebellion im Namen der Tugend. »Der Erinnerer« – eine moralische Wochenschrift, Zürich 1765–1767, Zürich 1997.

[47] Holger Böning, Das Intelligenzblatt, in: Ernst Fischer/Wilhelm Haefs/York-Gothart Mix (Hg.), Von Almanach bis Zeitung. Ein Handbuch der Medien in Deutschland 1700–1800, München 1999, 89–104.

[48] Clemens Schwaiger, Denken des »Übersinnlichen« bei Kant. Zu Herkunft und Ver-

dern auch der Verfasser einer der beliebtesten popularphilosophischen und populartheologischen Schriften der 1770er Jahre. In seiner »Neuen Apologie des Sokrates oder Untersuchung von der Seligkeit der Heiden« (1772–1778) hatte er sich kritisch mit den theologischen Fragen der stellvertretenden Genugtuung und der Erbsünde auseinandergesetzt und damit den Geschmack des Publikums getroffen.[49] Schließlich ist Eberhard philosophiegeschichtlich als Gegner Immanuel Kants (1724–1804) bekannt und interessant. Dessen Philosophie diskutierte er in dem von ihm selbst herausgegebenen »Philosophischen Magazin«[50]. Dort erschien 1788 auch eine für unsere Thematik besonders relevante Abhandlung: »Ueber die wahre und falsche Aufklärung, wie auch über die Rechte der Kirche und des Staats in Ansehung der selben«[51].

Eberhard zielte darauf, den Nutzen der Aufklärung durch deren Wesensbestimmung zu erweisen und ging dabei begriffsanalytisch vor. »Wahre Aufklärung« ist für ihn durch eine Reduktion des Unwissens durch Vermehrung des Wissens und der Kenntnisse qualifiziert.[52] Dabei ist entscheidend, dass der nach Aufklärung strebende Mensch sich von allen Irrtümern losmacht »und seinen Verstand mit der deutlichsten und richtigsten Erkenntniß der Wahrheit durch Vernunft, Erfahrung und den vernunftmäßigsten Glauben bereichert«.[53] Diese Erkenntnis ist allerdings als eine jeweils situative wie kontextualisierte und damit auch begrenzte zu verstehen, so dass Aufklärung wie auch Religion stets nur in spezifisch ausgeprägten Formen realisiert werden sollen. So unterscheidet Eberhard im Sinne einer religiösen Ausdifferenzierung zwischen einer Religion der Gebildeteren und einer der Ungebildeteren.[54] Durch diese Differenzierung kann er weiterhin eine Existenzberechtigung der positiven Religion für die ungebildeten Menschen als autoritative Lebensorientierung postulieren. Eine Eliminierung dieser Religionsform, ohne einen gleichwertigen Ersatz zu schaffen, verwirft Eberhard als »falsche Aufklärung«.[55] Die Begrenzung der Aufklärung ist aber nicht durch

---

wendung einer Schlüsselkategorie seiner praktischen Metaphysik, in: Norbert Fischer (Hg.), Kants Metaphysik und Religionsphilosophie, Hamburg 2004, 331–345; 335.

[49] Siehe dazu Wolfgang Gericke, Theologie und Kirche im Zeitalter der Aufklärung, Berlin 1989, 102–103.

[50] Das Magazin erschien in Halle 1788–1792 (Microfiche-Ausgabe, Hildesheim 1995).

[51] Johann August Eberhard, Ueber die wahre und falsche Aufklärung, wie auch über die Rechte der Kirche und des Staats in Ansehung derselben, in: Philosophisches Magazin 1 (1788), 1. Stück, 30–77.

[52] Eberhard, Aufklärung, 39.

[53] Eberhard, Aufklärung, 39.

[54] Eberhard, Aufklärung, 48.

[55] Falsche Aufklärung in der Religion ist diejenige, »welche die ehrwürdige Authorität

Institutionen wie Staat oder Kirche vorzunehmen, sondern sie basiert auf menschlicher Weisheit und Menschenliebe.[56] Um die wahre Aufklärung zu befördern und die falsche zu vermeiden, hat die Obrigkeit allerdings zweckmäßige pädagogische und theologische Ausbildungsstätten einzurichten, da allein Bildung und freier Diskurs eine schädliche Aufklärung verhindern könnten, nicht aber Gesetze und polizeiliche Gewalt. Die hier markierte Begrenzung der kirchlichen und staatlichen Autoritäten, die an Kant anknüpfte und seit 1792 von Wilhelm von Humboldt aufgenommen wurde, fand schließlich im politischen und theologischen Liberalismus in der Frage nach dem Verhältnis von Religion und Gesellschaft programmatischen Ausdruck.

3.

Auch unter der Pfarrerschaft löste die Französische Revolution im deutschsprachigen Raum Diskussionen über das Verhältnis von Revolution und Aufklärung aus.[57] Dieser Diskurs ist in seiner verschriftlichten Form in den neu erscheinenden pastoraltheologischen Zeitschriften und in anderen periodisch erscheinenden Blättern dokumentiert. Viele Artikel bemühten sich in apologetischer Absicht um eine Differenzierung von Revolution und Aufklärung, indem sie letztere – vor allem in ihrer christlich begründeten Form – als Voraussetzung für stabile soziale und politische Verhältnisse anpriesen. So wird in diesen pastoralen Zeitschriften in den achtziger und neunziger Jahren des 18. Jahrhunderts ein nicht unumstrittenes, wachsendes Interesse und Engagement der Geistlichen für die Aufklärung und Volksaufklärung erkennbar, das in der älteren Forschung häufig nicht wahrgenommen wurde. Hier ist zum einen das zunächst von dem Magdeburger und späteren Hamburger Hauptpfarrer Christoph Christian Sturm (1740–1786) seit 1770 in Halle herausgegebene »Journal für Prediger«[58] zu nennen, das bis 1842 erschien,

---

einer wohlthätigen positiven Religion bey denen wankend macht, die noch auf keine andere Art von den Wahrheiten, die zu ihrer Tugend und Ruhe unentbehrlich sind, können überzeugt werden; die das belebende Feuer des Gefühls durch Spott oder kalte Zweifel in dem Herzen auslöscht, ohne gewiß zu seyn, es durch ein sichrer leitendes Licht in dem Verstande ersetzen zu können«; Eberhard, Aufklärung, 52.

56 Eberhard, Aufklärung, 54.

57 Siehe dazu Kuhn, Religion und neuzeitliche Gesellschaft, 162–165.

58 Es wurde zunächst von Christoph Christian Sturm herausgegeben. Zum Programm der Zeitschrift siehe die Vorrede im 1. Bd. vom 7. Februar 1770, o. P. Zu Sturm siehe Paul Tschackert, Christoph Christian Sturm, in: ADB 37 (1894), 4–5.

zum anderen das »Allgemeine Magazin für Prediger nach den Bedürfnissen unserer Zeit«. Diese Zeitschrift gab seit 1789 in Leipzig der im thüringischen Sömmerda wirkende Pfarrer Johann Rudolph Gottlieb Beyer (1756–1813) heraus.[59] Die beiden genannten Periodika boten der Diskussion über das umstrittene Verhältnis von Pfarrer und Aufklärung immer wieder Raum. Im »Allgemeinen Magazin« erschienen 1790 und 1794 zwei Artikel, die sich der Frage stellten, ob, wie und durch wen die Aufklärung nach den Ereignissen in Frankreich in Deutschland befördert werden könne. Unmittelbar nach der Französischen Revolution hatte zunächst der Aufklärer und Pfarrer im westfälischen Jöllenbeck, Johann Moritz Schwager (1738–1804),[60] die Frage »Soll man aufklären? und wie soll man es thun?«[61] zu beantworten versucht. Dabei differenziert Schwager den Begriff »Aufklärung« und wendet sich gegen einen schwärmerisch unvernünftigen Gebrauch der Erleuchtung im Sinne von Inspiration. Er definiert Aufklärung als einen Rationalisierungsprozess, der auf eine weitgehende Verbannung von Irrtum und Vorurteil ziele.[62] Historisch lässt er diesen Prozess mit dem als Aufklärer verstandenen Jesus von Nazareth beginnen und sich in der Christentumsgeschichte kontinuierlich realisieren; ontologisch gründet er für Schwager in der schöpfungsgemäßen Vernünftigkeit des Menschen. Aus diesen beiden Gründen ergibt sich für Schwager – verbunden schließlich mit einer kritischen Diagnose der zeitgenössischen geistigen Bewegungen – die Verpflichtung aufzuklären. Dieser Aufgabe habe vornehmlich der Protestantismus nachzukommen, da Aufklärung Ausdruck des freiheitlichen protestantischen Prinzips sei. Aufklärung

---

[59] Allgemeines Magazin für Prediger nach den Bedürfnissen unsrer Zeit, hg. von Johann Rudolf Gottlieb Beyer, 12 Bde., Leipzig 1789–1796. Das Magazin ist von besonderem biographischen Interesse, weil es zahlreiche biographisch-bibliographische Artikel respektive Autobiographien und Kupferstiche von Theologen des 18. Jahrhunderts bietet. Zur Biographie von Beyer siehe: Allgemeines Magazin für Prediger 8 (1793), 5. Stück, 105–111; vgl. Doering, Theologen Deutschlands, 104–105; Art. Beyer, Johann Rudolph Gottlieb, in: DBE 1 (1995), 506.

[60] Frank Stückemann, Johann Moritz Schwager (1738–1804). Ein westfälischer Landpfarrer und Aufklärer ohne Misere, Bielefeld 2009; Walter Gödden/Peter Heßelmann/Frank Stückemann (Hg.), »Er war ein Licht in Westphalen«. Johann Moritz Schwager (1738–1804). Ein westfälischer Aufklärer, Bielefeld 2013; Johann Moritz Schwager, Homiletische Volksaufklärung für den Landmann. Einzelpredigten und Predigtskizzen, hg. von Frank Stückemann, Bielefeld 2014.

[61] Johann Moritz Schwager, Soll man aufklären? und wie soll man es thun?, in: Allgemeines Magazin für Prediger 3 (1790), 3. Stück, 284–304.

[62] Schwager, Aufklären, 287.

bleibt deshalb bei Schwager ein christlich begründetes Unternehmen.[63] Mit Blick auf seine Ausgangsfrage erklärt Schwager Aufklärung zu einer zentralen christlichen Pflicht, sie kann gewissermaßen als Konkretisierung des christlichen Glaubens verstanden werden. Für diese Aufgabe kommen vornehmlich diejenigen Pfarrer und Lehrer in Betracht, die sich auch naturkundlich ausgebildet haben[64] und eine moderate, ihre Adressaten nicht überfordernde Aufklärung vermitteln können.[65]

Der vier Jahre später erschienene Aufsatz mit dem Titel »Ein Beytrag zur Beantwortung der Frage: Soll der Prediger am Volk aufklären, und wie?«[66] argumentiert theologisch gegen eine Beschränkung der Aufklärung, indem er sie als Folge des göttlichen Willens begreift, der die Welt als weise Erziehungsanstalt eingerichtet habe. Ausgehend von der Inkarnation Christi und dem apostolischen Wirken wird die Verwirklichung des Reiches Gottes auf Erden insofern als ein aufklärerischer Prozess interpretiert, als die Heilsgeschichte schließlich zu einem Sieg von Wahrheit und Tugend führen werde. Die Verwirklichung des Reiches Jesu wird als eine vornehmlich weltimmanente Ausbreitung des Christentums verstanden. Damit sich das Christentum aber weiterentwickeln kann, muss es sich den mit dem fortgesetzten Wachstum der Aufklärung verbundenen Herausforderungen stellen und deshalb sei zum einen die Theologie – im Sinne Kants – weiterzuentwickeln, zum andern die pastorale Ausbildung zu modifizieren.[67] Für ihn ist in expliziter Abgrenzung zur französischen Aufklärung die Bedeutung der Religion und ihrer Lehrer bei der Erziehung der Landbevölkerung zu vernünftigen, christlichen und pflichtbewussten gehorsamen Untertanen zentral.[68] Als Ziel der von ihm protegierten Volksaufklärung werden eine lebenspraktische Disziplinierung und funktionale Optimierung des Bauernstandes durch Rationalisierung erkennbar.[69] Die hier vorliegende Profilierung einer sich als Reform-

---

63 Schwager, Aufklären, 292.

64 Darüber hinaus schlug Schwager die Aufklärung der Hebammen durch die Pfarrer vor, da diese häufig für die Verbreitung von »Aberglauben« verantwortlich gemacht wurden; Schwager, Aufklären, 298–300.

65 »Und doch wollte ich diesen Männern nicht rathen, mit der Aufklärung zu sehr zu eilen: denn die meisten Gemeinden bedürfen, nach der größern Anzahl ihrer Mitglieder, noch immer Milch und nicht starke Speise«; Schwager, Aufklären, 304.

66 [Anonym], Ein Beytrag zur Beantwortung der Frage: Soll der Prediger am Volk aufklären, und wie?, in: Allgemeines Magazin für Prediger 9 (1794), 3. Stück, 81–99, 5. Stück, 69–92.

67 [Anonym], Beytrag, 3. Stück, 98–99.

68 [Anonym], Beytrag, 5. Stück, 82.

69 [Anonym], Beytrag, 5. Stück, 81.

prozess defensiv vollziehenden Aufklärung steht in scharfem Widerspruch zu radikalen Versuchen pastoraler Aufklärung und ruft ebenso wie Schwager zur aufklärerischen Besonnenheit auf. So erklärt der unbekannte Autor beispielsweise: »Man glaube mir nur, daß das izzige Betragen der Prediger bey sehr vielen Menschen die Aufklärung verhaßt gemacht hat. [...] Eben die Zeiten, in welche uns die Vorsehung gesezt hat, die Aufmerksamkeit, mit der uns die Feinde der Aufklärung beobachten, die Fallstrikke, die man uns im Verborgenen legt, der freyere Ton, die herrschenden Ideen, die Beförderung der guten Sache, die Vernunft, das Christenthum, unser Amt fordern uns zur Thätigkeit, aber auch zur Vorsicht und Behutsamkeit auf«.[70]

Im Angesicht der im öffentlichen Bewusstsein präsenten Französischen Revolution und ihrer Konsequenzen galt es, sollte das Projekt der Aufklärung nicht gänzlich scheitern, den verbreiteten antiaufklärerischen Vorwürfen eine differenzierte Gegenüberstellung von französischen und deutschen Verhältnissen sowie von »wahrer« und »falscher« Aufklärung entgegenzuhalten. Die »wahre« Aufklärung wurde in diesem Zusammenhang zunehmend als eine die politischen Verhältnisse stabilisierende, kontinuierlich voranschreitende religiöse Aufklärung verstanden, die aus dem Willen Gottes hervorgehe.[71]

Zusammenfassend kann diese Konzeption als Konstituierung einer vernünftigen »Zivilreligion« verstanden werden. Weil die Religion, verstanden als sozialpolitisches Ferment, in diesem aufklärerischen Konzept eine entscheidende Rolle spielt, können die Pfarrer als Volkslehrer in einer sich verwissenschaftlichenden und funktional ausdifferenzierenden Gesellschaft gegenüber der Obrigkeit ihre Ansprüche als loyale Vermittler und Reformer geltend machen. Sie legitimieren damit ihren in Teilen der Bevölkerung in Frage gestellten Stand durch die Zurückführung der sozialen Ordnung auf die Basis einer vernünftigen und ethischen Religion. In diesem religiösen Konzept wird die Eschatologie säkularisiert[72], ohne aber völlig in der Diesseitigkeit aufzugehen, wie es das folgende Beispiel zeigen wird.

Der einflussreiche Göttinger Prediger Johann Gottlob Marezoll (1761–1828) veröffentlichte 1797 »Predigten über Religiosität und einige andere Gegenstände, welche auf die sittliche Denkart der Menschen Einfluß haben«.[73] Das Vorwort der Predigtsammlung erschien ein Jahr später separat unter dem Titel »Ueber Zeitgeist, Unglauben, Cultur und Aufklärung in Beziehung

---

70 [Anonym], Beytrag, 5. Stück, 82–83; 86–88; Zitat 90–91.

71 [Anonym], Beytrag, 5. Stück, 87.

72 [Anonym], Beytrag, 5. Stück, 80.

73 Johann Gottlob Marezoll, Predigten über Religiosität und einige andere Gegenstände, welche auf die sittliche Denkart der Menschen Einfluß haben, Lübeck/Leipzig 1797.

auf Religion, Prediger und Predigerbenehmen« im »Journal für Prediger«.[74] In diesem knappen Aufsatz geht Marezoll von vier Prämissen aus: Erstens gehört für ihn ein vernunftmäßiger Glauben und eine vernunftmäßige Religion zur Bestimmung des Menschen. Zweitens führt nur die wahre Aufklärung in der Religion zur wahren Religiosität. Die Aufklärung bezieht sich drittens primär auf Religion und Moral und ist von der Kultur zu unterscheiden. Schließlich unterstreicht er viertens die Unumkehrbarkeit des aufklärerischen Prozesses mit den Worten: »Die ehemalige allgemeine Finsterniß, das Reich der Unwissenheit und des Aberglaubens in seiner Größe wieder herzustellen, ist nun einmal schlechterdings unmöglich; und wenn es geschehen könnte, welches Elend müßte daraus entstehen!«[75]

Aufgrund dieser vier Thesen forderte Marezoll eine Konzentration der Pfarrer auf die »wahre Aufklärung«, die er im Anschluss an Kant und wahrscheinlich auch an Johann Joachim Spalding (1714–1804)[76] als reine, moralische Religion verstand. Das sei insofern von größter pastoraler Dringlichkeit,

---

[74] Johann Gottlob Marezoll, Ueber Zeitgeist, Unglauben, Cultur und Aufklärung in Beziehung auf Religion, Prediger und Predigerbenehmen, in: Journal für Prediger 34 (1798), 241–249. Siehe zu Marezoll: Konrad Hammann, Universitätsgottesdienst und Aufklärungspredigt. Die Göttinger Universitätskirche im 18. Jahrhundert und ihr Ort in der Geschichte des Universitätsgottesdienstes im deutschen Protestantismus, Tübingen 2000, 307–330.

[75] Marezoll, Zeitgeist, 248.

[76] Siehe dazu die Ausführungen zur »wahren Aufklärung« in Johann Joachim Spalding, Vertraute Briefe die Religion betreffend, Bd. 1, Breslau ^{2}1785, 62–64. Dort heißt es: »Was in jenen Zeiten Religion hieß, das war von würklicher Moralität und Tugend so getrennt und entfernt, bestand so wenig in Grundsäzen und Ueberzeugungen, die eigentlich auf das Herz und dessen Besserung wirken, diente vielmehr so lediglich dazu, die Menschen von der wahren, persönlichen und gesellschaftlichen Tugend zu dispensiren, und ihnen, zum Ersaz dafür, einen kürzern und bequemern Weg zur Seligkeit durch Ceremonien und Wörterschall anzuweisen, daß es gar keines Verwunderns bedarf, wenn man eine solche Religion mit der unbesorgtesten Sittenlosigkeit neben einander fortlaufen sieht. So bald aber Erkenntniß und Verehrung Gottes in dem Lichte dargestellet wird, daß sich darin die mächtigen Antriebe der Rechtschaffenheit nicht mehr verkennen lassen; daß Religion und Tugend wesentlich vereinigt erscheinen, – und das hat die erneuerte wahre Aufklärung des Christenthums gewirkt – so verlieret unausbleiblich die Moralität verhältnißmäßig so viel, als die Religion an Glauben unter den Menschen verliert. Der theoretische Ungläubige ist weniger gut, als er sein könnte, weil er in seinen Grundsäzen weniger Motiven dazu hat; und der ohnehin zum Laster geneigte wird ungläubig, weil er damit freier zu werden glaubt. Das ist, dünkt mich, die natürliche Erklärung von dem Zunehmen der Unsittlichkeit bei dem Abnehmen der Religion«. Neu abgedruckt in: Johann Joachim Spalding, Vertraute Briefe die Religion betreffend, hg. von Alberecht Beutel und

weil man noch in einem defizitär aufgeklärten Zeitalter lebe, in dem es viel bürgerliche, gesellige und sinnliche Kultur gebe, aber zu wenig Aufklärung. Der Prediger müsse auf die Defizite der wahren Aufklärung verweisen, für diese Aufklärung wirken und gegen Formen halber, unreifer und unvollendeter Aufklärung, eben gegen die Formen falscher Aufklärung agieren. Denn wo diese herrsche, da bestehe die Gefahr des Aufruhrs oder unkontrollierter Neuerungssucht. Deshalb unterstützt Marezoll die Obrigkeit bei ihren Bemühungen, Auswüchse halber oder falscher Aufklärung zu unterbinden, ermahnt diese aber, die Wahl der Mittel zu überprüfen. Denn wahre Aufklärung ist für ihn der sich kontinuierlich und sukzessiv vollziehende Prozess des Erkennens und des eigenen Nachdenkens, des Prüfens und Forschens. In diesem Prozess soll der »Lehrer des Christentums« auch diejenigen, die sich nicht mehr mit dem »Katechismusglauben« befriedigen können, für die moralische Religion gewinnen. Aufklärung wird hier folglich als Transformationsprozess des Christentums verstanden. Diese Aufgabenbestimmung ist zweifelsohne eine Antwort auf die Frage nach der pastoralen Autorität und Akzeptanz innerhalb der Gesellschaft, die bekanntlich im Verlauf des 18. Jahrhunderts und vor allem seit den 1770er Jahren zunehmend in Frage gestellt worden war, obwohl der Einfluss der Kirchen auf den Großteil der Bevölkerung ungebrochen blieb und auch die Mehrheit der Intellektuellen den Nutzen der Religion für das Gemeinwohl und das Gedeihen der Staaten bestätigten. Die konkreten Vorstellungen über Inhalt und Praxis einer vernünftigen, moralischen und nützlichen Religion unterschieden sich dagegen erheblich.

4.

Innerhalb der Pfarrerschaft des späten 18. Jahrhunderts finden sich – ohne dass hier eine präzise Quantifizierung erfolgen kann – engagierte Vertreter und Apologeten einer religiös begründeten und auf Religion hinzielenden Aufklärung. Der einander bedingende Zusammenhang von Religion und Aufklärung steht bei der Frage nach der »wahren« Religion für diese Vertreter außer Frage, wahre Aufklärung ist ein christlich-religiös fundierter, moderat und adressatenspezifisch vorgehender Reformprozess in Gesellschaft und Kirche, der mit dem Begriff der »Volksaufklärung« zusammengefasst wird.

Dennis Prause (Johann Joachim Spalding, Kritische Ausgabe I/4, hg. von Albrecht Beutel), Tübingen 2004; Zitat 49.

Um diesen vielschichtigen Prozess präziser beschreiben zu können, sind neben der Erschließung neuer Quellenbestände weitere Forschungen unabdingbar. Denn zum einen ist noch nicht quantifizierbar, in welchem Verhältnis auf Seiten der Theologen und Pfarrer Aufklärungsbefürworter und Gegner standen. Da vornehmlich in den gegenaufklärerischen Zeitschriften zahlreiche Verfasser anonym bleiben, sind hier präzise Erhebungen wohl auch kaum möglich. Auf Seiten der Befürworter finden wir hingegen eine Vielzahl von Veröffentlichungen, die allerdings in weiten Teilen der historischen Aufklärungsforschung bislang vernachlässigt werden. Deshalb scheint es mir historisch unzutreffend zu sein, wenn es in der neueren Forschung ohne Berücksichtigung territorialer und konfessioneller Differenzen immer noch pauschal heißt, die Gegenaufklärung wäre vor allem durch Pfarrer geprägt und religiös begründet gewesen.[77] Dieses Urteil ist zu revidieren und zu präzisieren. Zum anderen ist die Geschichte des Verhältnisses von Aufklärung und Gegenaufklärung im späten 18. und frühen 19. Jahrhundert noch nicht geschrieben und ihre kirchengeschichtlichen Perspektiven bislang nur unzureichend erhellt. Deutlich wird indes folgendes: Auf Seiten der Gegenaufklärung zeigen sich neben scharfer Polemik Argumentationsschwächen und defizitäre konzeptionelle Entwürfe. Auf Seiten der Aufklärungsbefürworter wandelte sich im Streit um die wahre und die falsche Aufklärung der Aufklärungsbegriff. Theologen und Pfarrer nahmen zunehmend Abstand von einem revolutionsverdächtigen Aufklärungsbegriff, entradikalisierten ihn vielmehr und betonten die religiöse Fundierung der Aufklärung.

Ein treffendes Beispiel für diese Neufassung des Aufklärungsbegriffs und seine religiöse Grundierung ist das 1790 erschienene Buch »Über Volksaufklärung; Ihre Gränzen Und Vortheile« von Johann Ludwig Ewald (1748–1822).[78] Aufklärung wird hier offensiv entpolitisiert und als Erkenntnis ermöglichende Kompetenz qualifiziert. Sie ist dabei allerdings nicht das Vermögen der Erkenntnis an sich, sondern bloß der vorgängige Prozess, der die Hindernisse der Erkenntnis beseitigt und so ermöglicht, sinnlich wahrnehmbare Dinge richtig zu erkennen. Für Ewald bildet die religiöse Aufklärung die Basis aller weiteren aufklärerischen Bemühungen im sozialen und politischen Leben,[79] die letztlich auf leistungsfähigere Menschen und produktive

---

77 So Albrecht/Weiß, Bemerkungen, 17.

78 Johann Ludwig Ewald, Über Volksaufklärung; Ihre Gränzen und Vortheile, Berlin 1790.

79 Ewald, Volksaufklärung, 54–56: »Am meisten kommts wol bei dem Volk auf religiöse Aufklärung an; sie muss wenigstens der Grund aller andern seyn. Ohne sie halten die

Untertanen hinzielt.[80] Neben eine grundlegende religiöse Aufklärung tritt also eine stände- und berufsspezifische Aufklärung zur Förderung des gesellschaftlichen und ökonomischen Fortschritts und zur Begründung einer Sozialethik. Diese Spannung zwischen einer religiösen und theologischen Positivität einerseits sowie eines in politisch-sozialer und pädagogischer Perspektive durchaus modernen aufklärerischen Engagements andererseits ist charakteristisch für Ewald und stellt einen wichtigen Typus religiös geprägter Spätaufklärung dar, der auch die frühen Erweckungsbewegungen des 19. Jahrhunderts beeinflusste.

Religion, vor allem die protestantische, wird bei Ewald und anderen Spätaufklärern zu einem kultur- und sozialschaffenden Ferment: Sie ist es, die den Menschen zum Menschen macht. Das Ringen um die Aufklärung ist bei den Theologen deshalb häufig auch ein Werben für die christliche Religion: Indem man der Obrigkeit den Nutzen aufgeklärter christlicher Religion zu vermitteln suchte, strebte man eine feste Verankerung und Legitimierung christlichen Denkens und Handelns in der Gesellschaft des ausgehenden 18. Jahrhunderts an. Die von Ewald dezidiert vertretene Verzahnung von Religion und Gesellschaft in einer Synthese von theologischer Positivität und aufklärerischem Modernisierungsstreben ist allein ein Paradigma neben anderen, das allerdings Zukunftsperspektiven implizierte. Das dabei im Vordergrund stehende funktionale Verständnis von Religion stellt aber nur einen, wenn auch wesentlichen Aspekt im religionstheoretischen Konzept der Spätaufklärung dar.[81] Insofern kann der Diskurs über wahre und falsche Aufklärung immer auch als ein Prozess der ideellen Einpassung in reale Gegebenheiten verstanden werden, denn über die Qualität einzelner Aufklärungskonzepte entschieden nicht mehr primär deren konzeptionelle Voraussetzungen, sondern ihre politische, kulturelle und soziale Verträglichkeit und Anpassungsfähigkeit.

Bande des Staats nicht zusammen, und die weiseste Gesezgebung ist nicht im Stande, sie zusammen zu halten.«

80 »Das Volk soll das lernen, was Jeden zu einem besseren Menschen, Unterthan, Hausvater, Landmann, Handwerker machen kann«; Ewald, Volksaufklärung, 39.

81 Ewald aktualisierte seinen Entwurf 1800 und schließlich nochmals 1811. Dieser erschien zunächst unter dem Titel: »Ist es jetzt rathsam, die niederen Volksklassen aufzuklären?«, Leipzig/Gera 1800, die überarbeitete Fassung mit dem modifizierten Titel: »Ist es rathsam, die niederen Volksklassen aufzuklären? Und: Wie muss diese Aufklärung seyn? Vermehrte Auflage«, Leipzig 1811.

Rudolf von Thadden

Erneuerung in Preussen: durch den Staat oder die Kirchen?

Vor 100 Jahren wäre die Frage nach den Kräften der Erneuerung in Preußen ohne Umschweife zugunsten der weltlichen Faktoren beantwortet worden. In Preußen kam immer zuerst der Staat und dann die Kirche. Besonders eindringlich brachte dies Bismarck in einer politisch bedeutsamen Rede vor dem preußischen Abgeordnetenhaus zum Ausdruck: »Die evangelische Kirche ist im Preußischen Staat ursprünglich im Gastrecht gewesen, und daraus ist allmählich ein Mitbesitzer des Hauses geworden, aber der ursprüngliche Besitzer ist immer der Preußische Staat gewesen.«[1] Und die katholische Kirche kam als weniger verbreitete Konfession ohnehin erst an zweiter Stelle.

Die ältere Geschichtsschreibung hätte diesem Standpunkt nicht widersprochen. So betonte vor allem der bedeutende Preußenhistoriker Otto Hintze, dass der durch ausgedehnten Gebietserwerb vergrößerte Zuschnitt des Staates die in alten Strukturen befangene lutherische Kirche provinziell erscheinen ließ. Dem modernitätsorientierten, großräumigen Staatswesen stand demnach ein von provinzieller Enge geprägtes Kirchenwesen gegenüber.[2]

Freilich gab bei Hintze nicht nur die Größe des Staates diesem einen Vorsprung vor den territorial kleineren Kirchen, auch seine moderneren Machtstrukturen erhöhten seine Reformfähigkeit im Vergleich zu den stärker ständisch gebundenen Landeskirchen. Der preußische Staat verfügte über ein größeres Erneuerungspotential als die Kirchen.

Zunächst aber hielten sich die Diskrepanzen zwischen der politischen und der kirchlichen Entwicklung des Hohenzollernstaates in Grenzen. Es gehört nämlich zu den Eigentümlichkeiten der brandenburgisch-preußischen

---

1 Rede Bismarcks vom 21.4.1887, in: Otto von Bismarck Gesammelte Werke, hg. von Wilhem Schüßler, Bd. 13, Berlin 1930, 302.

2 Otto Hintze, Geist und Epochen der preußischen Geschichte, in: Gerhard Oestreich (Hg.), Gesammelte Abhandlungen, Bd. 3, Göttingen 1967, 10.

Geschichte in der frühen Neuzeit, dass sie in besonderem Maße Korrektivkräften aus der Substanz des reformatorischen Erbes Raum gab, sich zu entfalten und Gegengewichte gegen die verschiedenen Verengungserscheinungen des kirchlichen Lebens zu bilden. Der Staat öffnete den reformwilligen Kräften des Protestantismus die Türen.[3]

Dies geschah durch den Übertritt des Herrscherhauses zum westeuropäisch geprägten Calvinismus. Mit der Annahme des reformierten Bekenntnisses für seine Familie und nicht für das Land durchbrach der Kurfürst das Prinzip des cujus regio ejus religio und ebnete damit ansatzweise dem Gedanken der Toleranz den Weg.[4]

Ferner trug der Calvinismus dazu bei, dass das protestantische Kirchenwesen nicht nur als Anhängsel des Ständewesens in Erscheinung trat. Mit seinem ausgeprägten Sinn für weit ausgreifende Solidaritäten, seiner politischen Dynamik und seiner Praxis presbyterialer Leitungsformen weitete er den kirchlichen Horizont, schuf vorwärtstreibende Konkurrenz und durchbrach stückweise den Rahmen einer primär streitbaren Theologenkirche. Es kamen mehr weltliche Wirklichkeiten in das Blickfeld der Kirchen.[5]

Insbesondere durch die Aufnahme größerer reformierter Bevölkerungsgruppen in den brandenburgisch-preußischen Staatsverband gewannen Kräfte der Erneuerung Gewicht. Seit dem Dreißigjährigen Krieg trugen protestantische Glaubensflüchtlinge zunächst aus Böhmen und dann aus Frankreich dazu bei, dass sich die herkömmliche Verbindung von Ständestaat und Konfessionskirchentum auflockerte. Vor allem die französischen Hugenotten, die seit dem Potsdamer Edikt von 1685 ins Land kamen, brachten neue Impulse in das gesellschaftliche und kulturelle Leben des Hohenzollernstaates.[6]

Aber der Calvinismus sollte nicht die einzige Korrektivkraft zum rückständigen Konfessionskirchentum der Lutheraner bleiben. Das Luthertum selbst trieb aus seiner eigenen Mitte Kräfte hervor, die dem kirchlichen

---

3 Rudolf von Thadden, Fragen an Preußen. Zur Geschichte eines aufgehobenen Staates, München 1981, 113.

4 Rudolf von Thadden, Die Fortsetzung des »Reformationswerks« in Brandenburg-Preußen, in: Heinz Schilling (Hg.), Die reformierte Konfessionalisierung in Deutschland – Das Problem der »Zweiten Reformation«, Gütersloh 1986, 233–250; ferner in: ders., Weltliche Kirchengeschichte. Ausgewählte Aufsätze, Göttingen 1989, 90–106.

5 Rudolf von Thadden, Die brandenburgisch-preußischen Hofprediger im 17. und 18. Jahrhundert. Ein Beitrag zur Geschichte der absolutistischen Staatsgesellschaft in Brandenburg-Preußen, Berlin 1959, 97–99.

6 Rudolf von Thadden, Vom Glaubensflüchtling zum preußischen Patrioten, in: ders./ Michelle Magdelaine, Die Hugenotten. 1685–1985, München 1985, 186–197.

Leben in den Augen von Staat und Gesellschaft gesteigerte Bedeutung zukommen ließen: die Erneuerungsbewegung des Pietismus.[7] Diese anfangs durchaus ständekritische Bewegung, die in August Hermann Franckes Werk des praktischen Christentums einen geschichtsmächtigen Ausdruck fand, stellte sowohl der Konzeption als auch der Wirkung nach das herrschende Konfessionskirchentum in Frage. In den Vorstellungen von aktiver Glaubensbewährung waren manche Ansätze zu sozialer und wirtschaftlicher Reform enthalten, die von politischem Nutzen sein konnten.

Von erheblicher Bedeutung war es, dass es in Brandenburg-Preußen gelang, den Pietismus mit seinen auch schwärmerischen Elementen ins Staatsinteresse zu ziehen. Während in anderen protestantischen Territorien Deutschlands die unbequeme Erneuerungsbewegung ins kirchliche und politische Abseits gedrängt wurde, versuchte der Hohenzollernstaat mit Erfolg, sie für die eigenen Zwecke zu gewinnen. Er benützte sie auch als Gegengewicht gegen das ständisch geprägte Konfessionskirchentum, das für den sich entwickelnden monarchischen Einheitsstaat kein gleichrangiger Partner mehr war.

Ein Gegengewicht gegen die sich steigernde Macht des absolutistischen Staats wurde der Pietismus deswegen freilich noch lange nicht. Im Gegenteil, genauso wie der Calvinismus kam er in Brandenburg-Preußen immer mehr in den Sog staatlicher Machtausübung; er war ständekritisch, aber niemals staatskritisch. Dissenterimpulse wie in England gingen von ihm nicht aus.[8]

Erneuerungsantriebe kamen in der folgenden Zeit weniger von den Kirchen als von der säkularen Welt. Vor allem in der Regierungszeit Friedrichs des Großen bestimmte nun der Geist der Aufklärung die kulturellen Debatten im Staat und in der Gesellschaft, der sich in den Kirchen nur in den größeren Städten Geltung verschaffte. Im Bereich des Protestantismus förderte er einen Prozess der Entkonfessionalisierung, der zugleich eine theologische Entleerung des Kirchenbegriffs mit sich brachte. Der Kirche fiel die Aufgabe einer Beförderung von Gesittung und Wohlfahrt zu; sie galt als Faktor der sozialen Ordnung.[9]

---

[7] Vgl. Carl Hinrichs, Preußentum und Pietismus. Der Pietismus in Brandenburg-Preußen als religiös-soziale Reformbewegung, Göttingen 1971, 301–351.

[8] Vgl. von Thadden, Fragen an Preußen, 115–116.

[9] So vor allem der Hofprediger August Friedrich Wilhelm Sack, Gedanken über den Zustand der protestantischen Kirche (1798), in: Lebensbeschreibung nebst einigen von ihm hinterlassenen Briefen und Schriften, hg. von dessen Sohn Friedrich Samuel Gottfried Sack, Bd. 1, Berlin 1789, 349.

Einen juristischen Ausdruck fand dieses in die moderne Welt führende Denken im Allgemeinen Landrecht für die preußischen Staaten von 1794, das als Kodifikation der von der Aufklärung geprägten Rechtsgrundsätze den Gedanken der Toleranz und Religionsfreiheit Bahn brach.[10] In der nun auch katholische Gebiete umfassenden preußischen Monarchie sicherte es allen christlichen Konfessionen eine rechtliche Parität zu, ordnete aber die »Kirchengesellschaften« genannten Kirchen als Staatsanstalten der Staatsgewalt unter. Diese wurden verpflichtet, »ihren Mitgliedern Ehrfurcht gegen die Gottheit, Gehorsam gegen die Gesetze, Treue gegen den Staat und sittlich gute Gesinnungen gegen ihre Mitbürger einzuflößen«.[11]

In diesem Zustand hatten es die Kirchen schwer, vor den Herausforderungen der Französischen Revolution zu bestehen. Als bloße Träger staatsbürgerlicher Moral hatten sie wenig Aussicht, eigenständige Beiträge zur geistigen und politischen Erneuerung der Gesellschaft leisten zu können. Sie mussten sich zuerst der Frage nach ihrem eigenen Auftrag stellen.

Dies geschah im Kontext der Stein-Hardenbergschen Reformen, die auch die Kirchen veranlassten, neu über ihre Verfassung und ihren Ort im Prozess des Übergangs von der ständischen zur bürgerlichen Gesellschaft nachzudenken. Im protestantischen Bereich war es hier vor allem der Berliner Theologe Friedrich Schleiermacher, der die Kirche zu einer stärkeren Wahrnehmung eigener Verantwortung ermahnte und vor einer zu engen Bindung an den Staat warnte. Kirchenreform war für ihn auch ein Stück Gesellschaftsreform.[12]

In den folgenden Jahrzehnten korrespondierten kirchliche und politische Entwicklungen in mancher Hinsicht. So speisten sich die Bewegungen zur Ausbildung von Synoden und Parlamenten einerseits aus ähnlichen Antrieben, andererseits unterschieden sie sich in ihren Strukturen und Begründungen. Auch war die Stellung der Laien in der Kirche eine andere als die der Bürger im Staat.[13]

Im Vorfeld der 1848er Revolution zeigten sich die Unterschiede zwischen kirchlichen und politischen Vertretungskörperschaften ziemlich deutlich. Während die vom König einberufene evangelische Generalsynode mit den Forderungen der Liberalen nach Ausweitung der Synodalkompetenzen ge-

---

10 Allgemeines Landrecht für die Preußischen Staaten von 1794. Mit einer Einführung von Hans Hattenhauer, Neuwied/Berlin ²1994.

11 Allgemeines Landrecht für die Preußischen Staaten von 1794, 549.

12 Friedrich Schleiermacher, Entwurf einer neuen Kirchenordnung der Preußischen Monarchie, in: ZKR 1 (1861), 326–341.

13 Vgl. Rudolf von Thadden, Eine preußische Kirchengeschichte, Göttingen 2013, 47–48.

genüber den Konsistorien erfolglos blieb, setzte der ein Jahr später einberufene Vereinigte Landtag Akzente auf dem Weg zu einer parlamentarischen Monarchie. In ihm fanden Debatten statt, die bereits revolutionäre Farben hatten.[14]

So überrascht es nicht, dass die Kirchengeschichte der 48er Revolution weit weniger ertragreich ausfiel als die parallele politische Geschichte. Es kam im Bereich des Protestantismus zu keiner Einberufung einer revolutionsfreundlichen Generalsynode und zu keiner Vollendung der am Vorabend von 1848 geforderten Reformen. Und auch in den preußischen Provinzen entfaltete sich keine der parlamentarischen Bewegung im Staat vergleichbare Aktivität zur Durchsetzung frei gewählter Synoden. Am Ende der Revolution stand lediglich die Bildung eines zentralstaatlichen Evangelischen Oberkirchenrats, der nach obrigkeitsstaatlichen Prinzipien aufgebaut war.[15]

Der Vernachlässigung vorwärtsweisender institutioneller Reformen in der preußischen Staatskirche entsprach ein Prozess der Entkirchlichung, der die theologische Relevanz der Kirchengestalt aus dem Blickfeld geraten ließ. Für weite Kreise des liberalen Protestantismus war die Kirche schließlich nur noch eine »Instanz öffentlicher Sinnreflektion« und folglich keiner ernsthaften Reformbemühungen wert.[16] Die Institutionen und Strukturen des Staates blieben dagegen auf der Tagesordnung der öffentlichen Debatten; sie verloren nicht an Interesse, obwohl das Scheitern der 48er Revolution deren politischen Hauptforderungen für längere Zeit keine Chancen ließ.

Zu einer neuen, folgenreichen Gewichtung der gesellschaftlichen Kräfte kam es erst durch die Bismarcksche Reichsgründung. Diese vergrößerte den Vorsprung des Staates gegenüber den Kirchen in solchem Ausmaß, dass man bei fast allen Erneuerungshoffnungen nur noch auf staatliche Initiativen setzte. Selbst der Kulturkampf, der vornehmlich die katholische Kirche betraf, stärkte im Endeffekt mehr die Positionen des Staates als die der Kirchen, obwohl die kirchlichen Widerstandskräfte sich als nachhaltiger erwiesen als zunächst angenommen.[17]

Auch die evangelische Kirche blieb von diesen Auseinandersetzungen nicht unberührt. Sie erfuhr Veränderungen, die noch eine Generation zuvor undenkbar gewesen waren, nun aber von staatlicher Seite auf den Weg ge-

---

14 Von Thadden, preußische Kirchengeschichte, 53.

15 Der Erlass vom 29.6.1850 ist abgedruckt bei Ernst Rudolf/Wolfgang Huber (Hg.), Staat und Kirche im 19. und 20. Jahrhundert, Bd. 2, Berlin 1973, 315–318.

16 Thomas Nipperdey, Deutsche Geschichte (1800–1866), Bürgerwelt und starker Staat, München 1983, 428.

17 Vgl. von Thadden, preußische Kirchengeschichte, 71–76.

bracht wurden: die Einrichtung von Synoden unter Beteiligung von Laien. Bismarck selbst setzte sich dafür ein, dass nun sogar eine Generalsynode für alle Provinzen der altpreußischen Staatskirche gebildet wurde. Er versprach sich davon eine Verminderung der Gleichgültigkeit der Bevölkerung gegenüber der Kirche und dachte wohl auch an das Missverhältnis zwischen parlamentarischen Institutionen auf der politischen Ebene und bloß behördlichen Einrichtungen auf der kirchlichen.[18]

Dessen ungeachtet erfolgten die großen Debatten des Kulturkampfs in den Parlamenten des preußischen Landtags und des Reichstags und nicht in den Synoden. Dies war auch deshalb angebracht, weil die katholische Kirche anders strukturiert war als die evangelische und Verhandlungen mit Bismarck ohnehin über Rom und den Vatikan führten. Im Umgang mit den beiden Konfessionen gab es als Entscheidungsort nur den Staat.

Freilich bestand seit 1871 die Frage, welcher Staat als Verhandlungspartner der Kirchen zuständig war: das alte Preußen oder das neue Reich. Bismarck hatte noch beide Ebenen in seiner Hand. Aber langfristig schuf die Doppelstruktur doch Probleme, insofern als die evangelische Kirche über keine Synoden auf Reichsebene verfügte und die katholische Kirche in Preußen keinen Nuntius hatte. Wer besaß die Kraft zu Reformen?

In der wilhelminischen Zeit setzten die für gesellschaftliche Erneuerung eintretenden Kräfte zunehmend auf die Institutionen des Reichs. Dies hatte für die Kirchen zur Folge, dass sie ihrerseits nach Instrumenten der Artikulation ihrer Anliegen auf Reichsebene suchten. Für die Protestanten bedeutete dies, dass sie in Ergänzung zu ihren landeskirchlichen Synoden reichsdeutsch orientierte Institutionen gründeten, die den neuen Wirklichkeiten besser gerecht wurden: sozial und national engagierte Vereine sowie einen Evangelisch-Sozialen Kongress, der sich als Sammlungsbewegung für alle »Freunde sozialer Reformbestrebungen« in Deutschland verstand.[19]

Hier drängten vor allem die Angehörigen der jungen Generation über den Rahmen des preußischen Staates hinaus und setzten ihre Hoffnungen auf das Reich mit seinen Kolonien und weltpolitischen Ambitionen.[20] Demgegenüber zogen die landeskirchlichen Synoden und Leitungsorgane der Hohenzollernmonarchie kaum noch die zukunftsträchtigen Kräfte der über die Territorialstaaten hinausgewachsenen modernen Industriegesellschaft an; sie entwi-

---

18 Immediatbericht Bismarcks vom 4.6.1877, in: Otto von Bismarck Die Gesammelten Werke, Politische Schriften 1871–1890, Bd. 6c, bearb. von W. Frauendienst, Berlin 1935, 82

19 Vgl. von Thadden, preußische Kirchengeschichte, 87–88.

20 So vor allem Friedrich Naumann. Dazu Theodor Heuss, Friedrich Naumann. Der Mann, das Werk, die Zeit, Stuttgart/Berlin 1937.

ckelten sich vielmehr zu Rückzugsgebieten der alten Herrschaftseliten mit ihren vornehmlich konservativen Gesellschaftsvorstellungen.[21]

Auch die katholische Kirche baute mehr und mehr auf die Entfaltungsmöglichkeiten im Reich. Sie gewann politischen Einfluss mit ihren zahlreichen Vereinen und nicht zuletzt mit ihrer konfessionell geprägten Partei des Zentrums, die im Reichstag für die meisten Entscheidungen gebraucht wurde. Dabei war sie stets um die Wahrung ihrer Identität bemüht, während die Protestanten eher Angst hatten, in kirchlichen Bindungen befangen zu bleiben und die Welt nicht genügend im Auge zu haben.[22]

Im Ersten Weltkrieg waren die Positionen eindeutig: Der Deutsche Kaiser hatte die Befehlsgewalt über alle deutschen Armeen; Preußen wirkte sich politisch fast nur vermittelt durch die Rückständigkeit seines Dreiklassenwahlrechts in seinem Abgeordnetenhaus aus. Die Kirchen wetteiferten miteinander in der Bekundung ihrer nationalen Gesinnung; konfessionelle Rivalitäten gab es kaum.[23]

Erst am Ende des Weltkriegs kam es zu Ansätzen einer neuen Kräfteverteilung. Jetzt zeichnete sich ab, dass mehr Katholiken als Protestanten für einen Verständigungsfrieden eintraten. Vor allem aber hingen sie weniger an der Erhaltung der Hohenzollernmonarchie, mit der die evangelische Kirche besonders durch den Summepiskopat des preußischen Königs verbunden war. Bei den Jubiläumsfeiern zum 400. Jahrestag der Reformation am 31. Oktober 1917 zeigte sich dies deutlich.[24]

Für die Erneuerung der politischen Ordnung in Preußen und Deutschland nach der militärischen Niederlage im November 1918 und für die Gründung der Weimarer Republik brachte die katholische Kirche bessere Voraussetzungen mit als die evangelische. Sie verfügte über eine eigene Partei, die in Regierungen mit Sozialdemokraten und Linksliberalen koalitionsfähig war, und sie zählte unter ihren Gläubigen viele, die offener für die Demokratie waren. Außerdem bewegte sie sich sicherer auf den beiden politischen Ebenen des preußischen Staats und des Deutschen Reichs, da sie institutionell weniger an den Einzelstaat Preußen gebunden war als die nur über eine landeskirchliche Synode und einen zentralstaatlichen Oberkirchenrat (EOK) verfügende evangelische Kirche.[25]

---

21 Vgl. von Thadden, preußische Kirchengeschichte, 91.

22 Vgl. von Thadden, preußische Kirchengeschichte, 87.

23 Vgl. von Thadden, Fragen an Preußen, 138–139.

24 Vgl. Karl Holl, Was verstand Luther unter Religion?, in: ders., Gesammelte Aufsätze zur Kirchengeschichte, Bd. 1, Tübingen 1927, 110.

25 Vgl. Heinz Hürten, Deutsche Katholiken 1918–1945, Paderborn 1992, 86–99.

In den letzten Jahren der Weimarer Republik zeigte sich der Positionsunterschied zwischen den beiden großen Konfessionskirchen auf markante Weise. Die katholische Kirche erreichte es, ein politisch eigenständiges Konkordat mit dem preußischen Staat durchzusetzen, während die evangelischen Landeskirchen es nur nachhinkend zu Kirchenverträgen mit einem politisch gesicherten Mitspracherecht des Staates an der Besetzung leitender Kirchenämter brachten. Auch waren die Unterschiede bei den Abstimmungen im Landtag bedeutsam: Das katholische Konkordat wurde mit allen Stimmen der drei Regierungsparteien (SPD, DDP, Zentrum) verabschiedet, während die evangelischen Kirchenverträge nur die Zustimmung der in der Opposition befindlichen Parteien der konservativen DNVP und der rechtsliberalen DVP sowie der meisten Abgeordneten der linksliberalen DDP und des katholischen Zentrums, nicht jedoch der SPD erhielten.[26]

Die beiden großen Kirchen traten also nicht unter den gleichen Bedingungen in das diktatorische System der nationalsozialistischen Herrschaft ein. Die katholische Kirche setzte konsequent auf eine Ergänzung des Preußenkonkordats durch ein Reichskonkordat unter gleichzeitiger widerwilliger Preisgabe der Zentrumspartei im verhängnisvollen Ermächtigungsgesetz vom 24. März 1933; die evangelische Kirche hingegen litt unter den Folgen ihrer doppelten Bindung an preußische landeskirchliche Institutionen und an reichsdeutsche nationalprotestantische Frömmigkeitswelten. Da der Nationalsozialismus als erneuernde Kraft des gesamten politischen Lebens im Reich auftrat, blieb für Preußen nur der Platz eines reaktionären Gemeinwesens, in dem sich die rückständigen Kräfte des Zeitalters sammeln konnten.

Dies hatte mehr Wirkungen in der Lebenswelt der Protestanten als in der der Katholiken. Diese waren durch Hitlers Reichsideologie weniger verführbar als jene, denen mit dem nationalsozialistischen Angebot einer Reichskirche eine Überwindung der landeskirchlichen Zersplitterung winkte. Hier lag ein starker Antrieb nicht nur für die braunen »Deutschen Christen«.[27]

Angesichts dieser Lage überrascht es nicht, dass die in Opposition zur NS-Kirchenpolitik geratenen Teile der evangelischen Kirche an bestimmten preußischen Traditionen festhielten. Nicht zuletzt die Bekennende Kirche, der viele Mitglieder aus altpreußischen konservativen Kreisen angehörten,

---

26 Vgl. Kurt Nowak, Evangelische Kirche und Weimarer Republik. Zum politischen Weg des deutschen Protestantismus zwischen 1918 und 1932, Göttingen 1981, 182–183.

27 Vgl. Klaus Scholder, Die Kirchen und das Dritte Reich, Bd. 1: Vorgeschichte und Zeit der Illusionen 1918–1934, Berlin 1977, 560–626, u. Bd. 2: Das Jahr der Ernüchterung 1934. Barmen und Rom, Berlin 1985, 269–307.

baute ihre Positionen in preußischen Gebieten aus. Ihre Synoden traten bis in die letzten Jahre des Zweiten Weltkriegs hinein zusammen, während die entsprechende Reichssynode bereits 1936 ihre letzte Sitzung hatte. Das altmodische Preußen erwies sich als widerständiger als viele Neuerer des Jahres 1933 geglaubt hatten.[28]

Nach dem Zusammenbruch des Deutschen Reichs im Mai 1945 gab es keine staatliche Ordnung mehr, die einen Anspruch auf Autorität hätte erheben können. Davon profitierten auf seltsame Weise die Kirchen, die von den alliierten Siegermächten als vergleichsweise weniger belastete Institutionen behandelt wurden. Sie konnten nun eine Rolle in der Öffentlichkeit spielen, die ihnen seit Generationen nicht mehr zugefallen war. Darüber hinaus wurden sie zu Trägern einer Hoffnung auf Hilfe bei der notwendigen Erneuerung des gesellschaftlichen Lebens, die sie freilich nicht immer erfüllen konnten. Es war keine Rede mehr davon, dass sie nur ein »Gastrecht« im Staate hätten, wie Bismarck es in seiner Reichstagsrede 1887 formuliert hatte.[29]

Völlig verschwunden war nach dem Kriegsende der preußische Staat. Ihn hatte der alliierte Kontrollrat im Februar 1947 förmlich aufgelöst; und da fast die Hälfte seiner Gebiete an Polen und die Sowjetunion abgetreten worden war, schwand auch allmählich seine Macht im historischen Gedächtnis der Deutschen. Nur in der kirchlichen Welt behielt Preußen noch einen kleinen Platz; es überlebte in der Unierten Kirche der Altpreußischen Union. Diese spielte zwar im Nachkriegsdeutschland keine große Rolle mehr – sie war nur noch am Rande auf den Neuordnungskonferenzen von Treysa 1945 und Eisenach 1948 vertreten –, aber sie hielt sich selbst noch in der DDR, nach 1953 allerdings unter Preisgabe des Namens »altpreußisch«.[30]

Es gehört zu den Eigentümlichkeiten dieser Nachkriegsgeschichte, dass die aus den verlorenen Gebieten Preußens Vertriebenen einen erheblichen Anteil an der kirchlichen Erneuerung in der Zusammenbruchsgesellschaft Restdeutschlands hatten.[31] Sie trugen dazu bei, dass die konfessionelle Landkarte in den vier Besatzungszonen beträchtlich verändert wurde. Sie stärkten

---

28 Vgl. Wilhelm Niesel, Kirche unter dem Wort. Der Kampf der Bekennenden Kirche der altpreußischen Union 1933–1945, Göttingen 1978, 159–167 und 270–277.

29 Siehe die Rede Bismarcks vom 21.4.1887, in: Otto von Bismarck Gesammelte Werke, hg. von Wilhem Schüßler, Bd. 13, Berlin 1930, 302.

30 Vgl. Jürgen Kampmann, Neuorientierung nach dem Ende des Zweiten Weltkriegs, in: J. F. Gerhard Goeters u. a., Die Geschichte der Evangelischen Kirche der Union, Bd. 3, Leipzig 1999, 648.

31 Vgl. Martin Greschat, Die evangelische Christenheit und die deutsche Geschichte nach 1945. Weichenstellungen in der Nachkriegszeit, Stuttgart 2002, 53–63.

aber auch das kirchliche Leben in den hier oft ausgedünnten Gemeinden. Darüber hinaus verdankten die erhaltenen Landeskirchen manchen Vertriebenen neue Institutionen wie den Deutschen Evangelischen Kirchentag, der als Laienbewegung neue Formen der Artikulation des christlichen Glaubens in der Gesellschaft entwickelte.[32] Es ist kein Zufall, dass der Kirchentag damit auch einen wesentlichen Beitrag zum Zusammenhalt der Deutschen in den beiden deutschen Nachkriegsstaaten geleistet hat, die politisch verschiedene Wege gingen. Außerstaatliche Verbindungen minderten manche Defizite der staatlichen.

32 Hier ist vor allem sein aus Pommern stammender Gründer Reinold von Thadden-Trieglaff zu nennen. Vgl. Werner Hühne, Thadden-Trieglaff. Ein Leben unter uns, Stuttgart 1959, 203–225.

Frank-Michael Kuhlemann

Erweckungsfrömmigkeit

Lebenswelt und Religion im ostwestfälischen Protestantismus im 19. Jahrhundert[1]

Die Kirchen und die Konfessionen wurden seit dem ausgehenden 18. Jahrhundert in einen umfassenden gesellschaftlichen und kulturellen Strukturwandel verstrickt, über dessen Ausgang bis heute kaum eine definitive Auskunft möglich ist. Die gegenwärtige Situation zeichnet sich durch die prinzipielle Offenheit eines seit der Aufklärung grundlegenden religiösen Transformationsprozesses aus, der durch ganz unterschiedliche Faktoren (Entkonfessionalisierung und Liberalisierung, Pluralität und Kirchenferne, Konfessionalisierung und Traditionalismus, neue Fundamentalismen und religiöse Aufbrüche) geprägt ist. Die Ambivalenz oder gar Polyvalenz dieser Entwicklung stellt das charakteristische religiöse Strukturmerkmal unter den Bedingungen moderner gesellschaftlicher und kultureller Differenzierung dar. Sie ist auch geradezu typisch für die religiösen Kulturen des Protestantismus, der – in sich vielfältig fraktioniert – auf die kulturellen und gesellschaftlichen Herausforderungen der modernen Welt in unterschiedlicher Weise, wenn auch mit vielfältigen Bezügen der einzelnen Teilkulturen untereinander, reagierte. Gleichzeitig bestimmten die Religionen den sozialkulturellen Wandel aber auch maßgeblich mit, so dass sich die religiöse

---

[1] Der Beitrag akzentuiert und aktualisiert Aspekte meiner Aufsätze: Gesellschaft, Frömmigkeit und Theologie. Milieubildung und Mentalität im Protestantismus Ostwestfalens um die Jahrhundertwende, in: WF 47 (1997), 293–322; Die christliche Schule. Volksbildung und Erweckungsbewegung im östlichen Westfalen 1800–1854, in: Josef Mooser/Bernd Hey/Regine Krull/Roland Gießelmann (Hg.), Frommes Volk und Patrioten. Erweckungsbewegung und soziale Frage im östlichen Westfalen 1800 bis 1900, Bielefeld 1989, 232–257; Zwischen Tradition und Modernität. Volksschule und Volksschullehrer im wilhelminischen Ostwestfalen, in: Joachim Meynert/Josef Mooser/Volker Rodekamp (Hg.), Unter Pickelhaube und Zylinder. Das östliche Westfalen im Zeitalter des Wilhelminismus 1888 bis 1914, Bielefeld 1991, 327–347.

Transformation als eine komplizierte dialektische Beziehung zwischen internen und externen Herausforderungen, religiös-kulturellen Dispositionen und gesellschaftlichen Strukturbedingungen beschreiben lässt.

Im vorliegenden Beitrag soll versucht werden, ein spezifisches Aktions- und Reaktionsmuster des Protestantismus hinsichtlich seiner Mentalitäten und Lebenswelten näher zu untersuchen. Gemeint ist eine Deutungs- und Sozialkultur des Protestantismus, die sich als Erweckungsfrömmigkeit bezeichnen lässt. Erweckte Formen der Frömmigkeit traten im 19. Jahrhundert in unterschiedlichen Regionen Europas und Nordamerikas in jeweils differierenden politischen und sozialkulturellen Kontexten auf. Sie sind insofern keineswegs als ein einheitliches Phänomen aufzufassen und mit Blick auf ihre gesellschaftlichen Bedingungen und politischen Kulturen vielfach zu differenzieren. Gleichwohl eigneten der Erweckungsfrömmigkeit spezifische Elemente eines religiösen Selbstverständnisses (etwa die persönliche Glaubenserfahrung und auch Glaubensbewährung, innere und äußere Lebensstrenge sowie Konventikelbildung und Missionseifer), die es erlauben, auch in einer national und regional übergreifenden Perspektive von Erweckungsfrömmigkeit zu sprechen. In Deutschland entstanden einflussreiche Erweckungsbewegungen vor allem im bayerisch-fränkischen und märkisch-pommerschen Raum, in Württemberg, in Baden, am Niederrhein, im Siegerland sowie schließlich im östlichen Westfalen.[2]

Ich verfolge das erkenntnisleitende Interesse, die Erweckung im östlichen Westfalen vor allem im Kontext des gravierenden ökonomischen und sozialen Wandels der ersten Hälfte des 19. Jahrhunderts zu analysieren. Außer der Herausforderung durch den theologischen Rationalismus waren es die sozioökonomische Krisenlage des hausindustriellen, ländlichen Textilgewerbes und die damit verbundene große soziale Not breiterer Bevölkerungsgruppen, auf die die vielfach kleinbürgerlich und bäuerlich strukturierten Gemeinden zu reagieren hatten. Die religiösen Werthaltungen wurden dadurch in nicht

---

2 Vgl. schon den umfangreichen Forschungsbericht von Martin Greschat, Die Erweckungsbewegung. Versuch einer Übersicht anhand neuerer Veröffentlichungen, in: JVWKG 66 (1973), 97–148; sowie ders., Das Zeitalter der Industriellen Revolution. Das Christentum vor der Moderne, Stuttgart/Berlin/Köln/Mainz 1980, 80–82. Aus der neueren Literatur: Gustav Adolf Benrath, Die Erweckung innerhalb der deutschen Landeskirchen 1815–1888. Ein Überblick, in: Ulrich Gäbler (Hg.), Geschichte des Pietismus, Bd. 3, Göttingen 2000, 150–271; Thomas K. Kuhn, Religion und neuzeitliche Gesellschaft. Studien zum sozialen und diakonischen Handeln in Pietismus, Aufklärung und Erweckungsbewegung, Tübingen 2003; ders., Erweckungsbewegungen, in: Enzyklopädie der Neuzeit, Bd. 3, 2006, 509–516.

unbeträchtlicher Weise disponiert, wie auch umgekehrt religiöse Überzeugungen auf die Ausprägung des sozialen Handelns Einfluss nahmen. Für die Gliederung des vorliegenden Beitrags ergibt sich daraus, dass ich zunächst einige Grundlinien religiöser Dispositionen und lebensweltlicher Strukturen der Erweckungsfrömmigkeit im Kontext des gesellschaftlichen Wandels im östlichen Westfalen knapp skizzieren werde. In einem zweiten und dritten Schritt wende ich mich ausführlicher und vertiefend zwei spezifischen Aktions- und Reaktionsmustern auf dem Feld von Diakonie und Pädagogik zu.[3] Am Ende steht ein knappes Resümee.

1. Lebensweltliche Strukturen und religiöse Dispositionen im ostwestfälischen Protestantismus seit den 1830er Jahren[4]

Kennzeichnend für die Erweckungsbewegung war eine neue Form der Frömmigkeit, die sich – im Gegensatz zum theologischen Rationalismus und seinem optimistischen Glauben an die Verbesserbarkeit des Menschen – durch ein pessimistisches Menschenbild und den Glauben an die tiefe Sündhaftigkeit der menschlichen Existenz auszeichnete.[5] Es gehörte zum theologischen Selbstverständnis dieser Frömmigkeit, dass der Mensch nur durch Buße und Umkehr sowie das unbedingte Vertrauen auf das Handeln Gottes »errettet« werden könne. Dabei kam der persönlichen »Bekehrung« oder auch der geistlichen »Wiedergeburt« und »Erweckung« eine zentrale Bedeutung zu. In der

---

3 Mit Blick auf Periodisierung, einige herausragende Persönlichkeiten sowie regionale Schwerpunkte der Erweckungsbewegung in Westfalen jetzt auch: Hertha Sagebiel, Die Erweckungsbewegung in Westfalen und ihr Einfluss auf die Diakonie, in: WF 56 (2006), 143–163.

4 Der Begriff der Lebenswelt wird hier in Anlehnung an Jürgen Habermas als eine soziokulturelle Formation oder auch Einheit gefasst, in die Menschen sozial und kulturell integriert sind und in der sich »mentale« Selbstverständlichkeiten aufgrund gemeinsamer Erfahrungen und Deutungen manifestieren; vgl. Jürgen Habermas, Theorie des kommunikativen Handelns, Bd. II: Zur Kritik der funktionalistischen Vernunft, Frankfurt am Main 1988, 188–203.

5 Das Folgende, sofern nicht anders vermerkt, nach Mooser/Hey/Krull/Gießelmann (Hg.), Frommes Volk; darin besonders die Einführung Moosers, Erweckung und Gesellschaft. Eine Einführung, 10–14; sowie ders., Konventikel, Unterschichten und Pastoren. Entstehung, Träger und Leistungen der Erweckungsbewegung in Minden-Ravensberg, ca. 1820–1850, 15–52.

erweckten Religiosität spielte darüber hinaus »die buchstäbliche Autorität der Bibel, das sola fide und de(r) Primat des religiösen Gebotes gegenüber der ›weltlichen‹ Moral« eine konstitutive Rolle. Die »Welt« und die Menschen konnten nach Auffassung der Erweckten durch Erziehung oder Bildung nicht grundsätzlich besser gemacht oder auf eine höhere Stufe des geschichtlichen Fortschritts gehoben, sondern nur aus Schuld und Sünde erlöst beziehungsweise »errettet« werden.[6]

Der pessimistische Grundzug im Welt- und Menschenbild der Erweckungsbewegung bedeutete aber keineswegs den Rückzug aus der »Welt« oder eine tiefgreifende religiöse Verunsicherung. Der Glaube beziehungsweise die im Bekehrungserlebnis begründete Erfahrung eines dem Individuum unmittelbar zugewandten persönlichen Gottes schuf gerade umgekehrt ein starkes Selbstwertgefühl, das sich im selbstbewussten, autonomen Gebrauch der Bibel, der Lektüre von Erbauungsschriften sowie im »freien Gebet« innerhalb der Familien und der »Konventikel« manifestierte. In den frommen Zirkeln wurde auch ein starkes Gemeinschaftsgefühl erlebt, das die sich hier versammelnden Gruppen angesichts der schwerwiegenden sozialen und ökonomischen Krisenlage der Region nicht nur mental, sondern auch sozial zusammenband.

Die gesellschaftliche Erfahrung von Massenarmut und ökonomischer Krise einerseits, das fromme Vergemeinschaftungserlebnis sowie die unmittelbare Deutung des Lebens aus dem Wort der »Heiligen Schrift« andererseits vermittelten den Erweckten auch ein soziales Bewusstsein, das vom Glauben an die Veränderbarkeit der Welt, nicht im Sinne moralischer Verbesserung, wohl aber im Sinne von »Errettung« aus sozialer Not geprägt war. Die Erweckungsbewegung vertrat und entwickelte ein theologisch-pädagogisch inspiriertes Konzept der sozialen und kulturellen Reform, dessen Ziel in der Durchdringung der Gesellschaft mit christlichen Wertidealen bestand und dessen sozialkulturelle und politische Homogenisierungsleistung im Sinne des von M. Rainer Lepsius eingeführten Milieubegriffs oder auch des vorn skizzierten Lebensweltkonzepts charakterisiert werden kann.[7]

Die konstituierenden sozialen Faktoren der erweckten Lebenswelt waren in der ersten Hälfte des 19. Jahrhunderts zunächst die bereits erwähnten

---

6 Zum Geschichtsdenken der Erweckungsbewegung ausführlich: Jan Carsten Schnurr, Weltreiche und Wahrheitszeugen. Geschichtsbilder der protestantischen Erweckungsbewegung in Deutschland 1815–1848, Göttingen 2011.

7 Vgl. M. Rainer Lepsius, Parteiensystem und Sozialstruktur: Zum Problem der Demokratisierung der deutschen Gesellschaft (1966), in: ders., Demokratie in Deutschland. Soziologisch-historische Konstellationsanalysen, Göttingen 1993, 25–50.

Konventikel, in denen sich vor allem Laien zusammenfanden. Sie verliehen der Bewegung den Charakter einer Mobilisierung »von unten« – gegen den in der Kirche herrschenden theologischen Rationalismus, aber auch im Sinne politisch unzuverlässiger religiöser Kräfte jenseits der etablierten Kirchenreligion. Außer den Laien spielten in der Bewegung seit den 1830er/1840er Jahren auch erweckte Pfarrer eine wichtige Rolle, die in die ehemals von rationalistischen Geistlichen besetzten Pfarrstellen einrückten. Sie kamen in der Regel aus der Region, hatten an theologisch eher konservativ ausgerichteten Universitäten studiert, pflegten in und außerhalb der Kirche einen intensiven Kontakt und stellten einen wichtigen Faktor für den theologischen Zusammenhalt des Milieus dar.

Zu den weiteren, hier zunächst nur anzudeutenden Faktoren, die für den Milieubildungsprozess in der zweiten Jahrhunderthälfte bedeutend wurden, gehörte die Entstehung eines weitverzweigten Vereinswesens, das von Kinderschulen und Kinderbewahranstalten über Missionsvereine und Lehrerkonferenzen, Traktatgesellschaften und Lesevereine, Frauen- und Jünglingsvereine, Enthaltsamkeits- und Krankenpflegevereine bis hin zu theologischen und »sozialpolitischen« Vereinigungen reichte. Hinzu kamen die für die Region typischen diakonischen Einrichtungen wie die sogenannten »Rettungshäuser« oder die diversen Einrichtungen und Arbeitsbereiche der von Bodelschwinghschen Anstalten in Bielefeld (Bethel), die allesamt »erweckliche« Initiativen darstellten.

Besonders hervorzuheben ist, dass sich die Erweckungsbewegung im 19. Jahrhundert im Rahmen ihres theologisch-pädagogischen Konzepts, Staat und Gesellschaft mit dem Geist des Evangeliums zu durchdringen, auch »bildungspolitisch« betätigte. In diesem Zusammenhang sind außer dem durch die geistliche Schulaufsicht ermöglichten Einfluss in der Volksschule die diversen Schulgründungen zu nennen. Unmittelbar nach der Revolution von 1848/49 hatte sich auch bereits die christliche Lehrerschaft der Region im Evangelischen Lehrerverein von Minden-Ravensberg zusammengeschlossen.

Zusammengehalten wurde das Milieu darüber hinaus durch eine breit angelegte publizistische Tätigkeit und den gleichzeitigen Vertrieb der Erbauungsliteratur durch Traktatgesellschaften sowie die Verlage Carl Bertelsmann in Gütersloh und Velhagen & Clasing in Bielefeld. Hervorzuheben ist das »Evangelische Monatsblatt für Westfalen«, das von 1845 bis 1939 in einer Auflage zwischen 10.000 und 20.000 Exemplaren erschien. Das Monatsblatt fungierte als das zentrale Mitteilungsblatt der Minden-Ravensberger Erweckungsbewegung. Eine breitenwirksame Fest- und Musikkultur, in Form von Missionsfesten und Posaunenchören, entfaltete sich. Schließlich erfolgte durch die Unterstützung vor allem der »Christlich-Konservativen Partei Minden-Ravensberg« und zum Teil auch der »Christlich-Sozialen« eine Bündelung und parteipolitische Umsetzung der theologischen und politischen Interessen.

Fasst man alle gesellschaftlichen Aktivitäten zusammen und fragt darüber hinaus nach der sozialen Struktur des Milieus, lässt sich sagen, dass die Erweckungsbewegung breite Gesellschaftsschichten erfasste. Während in der ersten Hälfte des 19. Jahrhunderts das Konventikelwesen stark von den ländlichen Unterschichten bestimmt gewesen zu sein scheint und städtische Gruppierungen noch kaum eine Rolle spielten, vermochte die Erweckung seit ihrem Durchbruch in den 1840er Jahren ihre sozialen Trägerschichten offensichtlich deutlich zu erweitern. Außer den bereits erwähnten Pfarrern, die vielfach als »Milieumanager«[8] wirkten, indem sie einflussreiche Leitungsfunktionen in den Vorständen der Vereine und der örtlichen Schulaufsicht, als Herausgeber und Verfasser von Erbauungsliteratur und Artikeln in erweckten Zeitungsprojekten, als Redner auf Festveranstaltungen usw. übernahmen, kam bei der Organisation der vielfältigen Aktivitäten den bürgerlichen, in der Regel eher klein- und mittelbürgerlichen, Schichten eine wichtige Funktion zu. Wie die Pfarrer befanden auch sie sich in den Vorständen vieler Vereine und fungierten als Geldgeber bei der Umsetzung der erwecklichen Bildungsprojekte. In den Schulen wirkten vielfach Lehrer, die den Geist der Erweckungsbewegung im Unterricht pädagogisch fruchtbar machen wollten. Die Kolportage von Traktaten und Erbauungsschriften erfolgte vielfach durch im Winter unbeschäftigte Handwerker, aber auch Kleinbauern. Mit den Verlegern Carl Bertelsmann, August Klasing und August Velhagen sowie einigen anderen mittelständischen Unternehmern waren auch wenige Vertreter des Wirtschaftsbürgertums in das Milieu integriert. Adelige waren in den Vorständen der Traktatgesellschaften zum Teil vertreten.[9]

Schließlich spielten Frauen in der erwecklichen Frömmigkeitskultur keine unerhebliche Rolle. Sie wirkten als Pfarrersfrauen, zusammen mit ihren Ehemännern auch als Hauseltern in den Rettungshäusern oder als Vorsteherinnen in den Mädchenhäusern, in den Jungfrauenvereinen und Traktatgesellschaften, in der Frauenhilfe und den Kleinkinderschulen mit.[10] Für die

---

8 Zum Begriff des »Milieumanagers« im evangelischen Kontext: Frank-Michael Kuhlemann, Glaube, Beruf und Politik. Die evangelischen Pfarrer und ihre Mentalität in Baden 1860–1914, in: JGNKG 93 (1995), 83–115, 115.

9 Vgl. die versammelten Aufsätze in Mooser/Hey/Krull/Gießelmann (Hg.), Frommes Volk.

10 Zu den Frauen jetzt die exzellente Studie von Veronika Jüttemann, Im Glauben ver-

Entwicklung des Milieus in der zweiten Hälfte des 19. Jahrhunderts kann dabei als eine Grundtendenz gelten, dass die sozialen und kulturellen Aktivitäten vornehmlich von den bürgerlichen und staatstragenden Schichten ausgingen, während die Adressaten des sozialkulturellen Engagements, vor allem die Unterschichten, in die organisatorischen Strukturen kaum eingebunden waren. Aufgrund der Etablierung des konservativ geprägten Protestantismus (nach dem Abtritt der rationalistisch geprägten Pfarrergeneration) verlor die Erweckungsbewegung in der zweiten Hälfte des 19. Jahrhunderts dann auch den Anschein mangelnder Loyalität gegenüber der »Obrigkeit«.

2. Erweckung, Diakonie und Soziale Frage

Wie bereits angedeutet, befand sich die Region Ostwestfalens seit dem ausgehenden 18. Jahrhundert in einem grundlegenden sozioökonomischen Transformationsprozess. Das Hauptproblem bestand im Niedergang des ländlichen Leinengewerbes. Die Leinenverarbeitung, die bis dahin in ländlicher Heimarbeit verrichtet wurde, wich zunehmend dem Konkurrenzdruck der maschinellen Leinenproduktion. Hinzu kam, dass das Leinen zunehmend durch Baumwolle ersetzt wurde. Das führte zu einer massiven Absatzkrise und damit zu einer zunehmenden Pauperisierung vor allem der unterbäuerlichen Bevölkerung, die als Heuerlinge nur über ein kleines Landstück verfügten, als Tagelöhner für die Bauern arbeiteten und außerdem vom Verkauf des selbstgesponnenen Garns lebten. Die mit der Absatzkrise verbundene Pauperisierung breiterer Bevölkerungsschichten wurde noch durch den demographischen Wandel gravierend verschärft. Zwischen 1802 und 1846 vermehrte sich die Bevölkerung in Minden-Ravensberg um 61%. Die Situation der unterbäuerlichen Landbevölkerung drohte aufgrund der Missernte und der einsetzenden Hungersnot in den Jahren 1846/47 sogar existenzbedrohend zu werden. Soziale Unruhen drohten. Auch die städtischen Handwerke gerieten, nicht zuletzt durch das sich ausbreitende Landhandwerk, zunehmend in eine Krise. Absatzprobleme, Unterbeschäftigung und offene Arbeitslosigkeit waren die entscheidenden Probleme, die erst in der zweiten Jahrhunderthälfte durch neue Erwerbszweige wie die Tabak- und Möbelindustrie sukzessive überwunden werden konnten.

---

eint. Männer und Frauen im protestantischen Milieu Ostwestfalens 1845–1918, Köln/Weimar/Wien 2008.

Inwieweit diese schwere sozioökonomische Krise zum Aufstieg der Erweckungsbewegung als der dominierenden religiösen Strömung der Region beigetragen hat, ist schwer zu entscheiden. Es ist jedenfalls auffällig, dass sich die erweckte Frömmigkeit in einer steten Wechselwirkung von gesellschaftlichen Herausforderungen und religiösem Selbstverständnis artikulierte. So gehörten die aus den Folgen der weitreichenden Strukturkrise erwachsenden Formen der Diakonie und auch die zum Teil erkennbaren »sozialreformerischen« Initiativen zu einem zentralen Punkt des erwecklichen Selbstverständnisses. Dabei ist besonders herauszustellen, dass viele der erweckten Pfarrer bereits zu diesem frühen Zeitpunkt durchaus zu differenzierten Analysen über die Entstehung der sozialen Not in der Lage waren. Pastor Hermann Ameler in Herford etwa, der in den 50er Jahren zu einem der wichtigsten Initiatoren einer Reihe von sozialen Vereinen wurde, unterschied sehr präzise zwischen einer von außen an die Menschen herangetragenen und einer selbstverschuldeten Armut. Zu ersterer zählte er nicht nur die Auflösung der Wald- und Weidegemeinheiten, sondern den radikal gesunkenen Preis des Leinengarns und den Ausfall der Spinnerei als Erwerbsquelle für die unterbäuerlichen Familien. Er verwies darüber hinaus auf die deutlich angestiegenen Mieten sowie die gestiegenen Pachtpreise für geeignetes Ackerland.[11]

Auf der anderen Seite blieben Geistliche wie Ameler aber auch in traditionellen Argumentationsmustern befangen. In solchen Erklärungsversuchen wurde die Armut auf individuelle Faktoren wie eine »schlechte Wirtschaftsführung« oder einen verschwenderischen Lebensstil, wenn nicht gar auf den »Mangel an christlich-religiösem und sittlichem Gefühl« zurückgeführt. Es finden sich im Kontext solcher Argumentationsmuster auch traditionelle Vorstellungen einer christlichen Mildtätigkeit, der es vor allem um die mit der Hilfeleistung verbundene Liebesbezeugung des Gebers und die daraus resultierende Dankbarkeit des Empfangenden geht.[12]

Solche traditionellen Auffassungen hinderte die Erweckungsbewegung nicht daran, auf vielen gesellschaftlichen Problemfeldern sozialreformerisch aktiv zu werden. In Herford etwa entstanden noch vor der Revolution eine »Kinderschule« und im Jahre 1848 ein »Verein zur Abhilfe des Nothstandes unter den arbeitenden Classen«. Aufgabe des Vereins war es, mit Hilfe ehren-

---

[11] Vgl. Anke Hackethal, Pauperismus und Diakonie. Pastor Ameler und die sozialen Vereine in Herford um 1850, in: Josef Mooser/Bernd Hey/Regine Krull/Roland Gießelmann (Hg.), Frommes Volk und Patrioten. Erweckungsbewegung und soziale Frage im östlichen Westfalen 1800 bis 1900, Bielefeld 1989, 133–157.

[12] Hackethal, Pauperismus, 147.

amtlicher Armenpfleger in den einzelnen Stadtteilen die Ausmaße und die Art der sozialen Not näher zu untersuchen, nach Möglichkeit Arbeit zu vermitteln und über weitere Hilfsmaßnahmen zu beraten. Darüber hinaus vermittelte der Verein Ackerland zur eigenständigen Bebauung an die verarmten Bevölkerungsgruppen. Auch die noch in der Revolutionszeit gegründete »Unterstützungskasse für hülfsbedürftige Handwerker und Handarbeiter« widmete sich der wirtschaftlichen Unterstützung der »arbeitenden Classen«. Sie finanzierte sich durch Spenden, aber auch durch Kredite, wobei die Geldgeber auf die Verzinsung ihres Kapitals verzichteten.

Im Kontext der wirtschaftlichen Maßnahmen ist auch auf den »Herforder Verein für Leinen aus reinem Handgespinst« zu verweisen. Dieser Verein reichte weit über die Stadt Herford hinaus. Im Jahre 1860 waren in ihm mehr als 2000 Spinner und Weber, mithin etwa jeder 35. Einwohner des Kreises Herford, organisiert. Seine Aufgabe bestand in der Akkumulation von Kapital zum günstigeren Aufkauf der Leinenstoffe und zur gewinnbringenden Vermarktung, in der Unterstützung arbeitsteiliger Produktionen und damit der Steigerung der Arbeitsproduktivität. In den folgenden Jahrzehnten wurden auch verwandte Arbeitszweige integriert und moderne Webstühle eingesetzt. Dem Verein gelang es damit auf bemerkenswerte Weise, die unmittelbare Not der Krisenjahre zu lindern, auch wenn er es dabei offensichtlich verpasste, stärker in zukunftsträchtige Arbeitsbereiche zu investieren.[13]

Armenpflegerische und wirtschaftsorganisatorische Maßnahmen, wie sie in Herford praktiziert wurden, stellten jedoch wohl eher die Ausnahme dar. In der Regel richtete sich das Engagement auf andere Felder der sozialen Arbeit. Hierbei kam insbesondere der Sorge um die sich ausbreitende Trunksucht pauperisierter Bevölkerungsschichten eine große Bedeutung zu. Der Mennighüffener Pfarrer Ludwig Tiesmeyer, der Schildescher Pfarrer und Bielefelder Superintendent Clamor Ludwig Huchzermeyer, auch die Pastoren Braun aus Löhne, Kunsemüller aus Preußisch Oldendorf und Hartmann aus Gohfeld warben in Predigten und Vorträgen für die Eintragung der Anwesenden in sogenannte »Enthaltsamkeitslisten«. An manchen Orten sollen sich, wie es hieß, »Hunderte, ja Tausende zur Enthaltsamkeit« verpflichtet haben. Das Engagement in dieser Frage ging aber noch weiter, denn in den meisten Gemeinden des erwecklichen Milieus entstanden sogenannte »Mäßigkeits-« oder »Enthaltsamkeitsvereine«. Seit den 1840er Jahren sollen sich diese Vereine immer stärker ausgebreitet haben. Ihre Geschichte, die für die Region noch weitgehend unerforscht ist, reicht bis in die 60er Jahre hinein. Später

13 Hackethal, Pauperismus, 153.

konnte die aus der Schweiz kommende sogenannte Blaukreuzarbeit daran anknüpfen.[14]

Ein weiteres Arbeitsfeld erwecklicher Diakonie richtete sich auf die besonderen Probleme von Jugendlichen und Kindern. In diesem Rahmen entstanden in den ländlichen und städtischen Gemeinden Jünglings- und Jungfrauenvereine sowie auch Kinderschulen und sogenannte »Rettungshäuser«. Zum Teil dienten solche Vereine und Einrichtungen der Fort- und Weiterbildung, zum Teil aber auch der Vermittlung christlicher Gesinnung und eines entsprechenden Lebenswandels. Jünglingsvereine waren oftmals aus privaten Erbauungsstunden in den Pfarrhäusern, aber auch aus Fortbildungsveranstaltungen junger Handwerker etc. hervorgegangen. Die Leitung der Vereine lag entweder in den Händen des Pfarrers oder aber anderer angesehener Bürger des jeweiligen Ortes. Jungfrauenvereine rekrutierten sich vielfach aus bürgerlichen Töchtern. Diese fanden, nicht selten unter Leitung der Pfarrersfrauen, in den Vereinen die Möglichkeit, sich außer dem Kontakt zu Gleichaltrigen sozial zu betätigen, etwa durch die Umarbeitung von Kleidungsstücken für arme und verwahrloste Kinder.

Der Betreuung und Erziehung verwahrloster Kinder widmeten sich die erwähnten »Rettungshäuser«. Solche Rettungshäuser entstanden in Preußisch Oldendorf 1851 (Rettungshaus Pollertshof), in Bielefeld 1852 (Rettungshaus Schildesche) sowie in der Nähe von Kleinenbremen 1853 (Rettungshaus »Gotteshütte«). Darüber hinaus gab es jenseits der Provinzgrenzen im Fürstentum Lippe, aber auch im Königreich Hannover sowie im Fürstbistum Osnabrück weitere Rettungshäuser. Anfänglich wurden sie aus Mitteln der Gemeinden, später dann in nicht unbeträchtlichem Maße mit staatlichen Geldern finanziert.[15]

---

[14] Vgl. Ulrich Rottschäfer, Erweckungsdiakonie. Versuch einer Annäherung an Wesen und Ausdrucksform einer Epoche evangelischer Nächstenliebe in Ostwestfalen, in: Josef Mooser/Bernd Hey/Regine Krull/Roland Gießelmann (Hg.), Frommes Volk und Patrioten. Erweckungsbewegung und soziale Frage im östlichen Westfalen 1800 bis 1900, Bielefeld 1989, 113–133, Zitate: 117, 118.

[15] Vgl. Ulrich Rottschäfer, Die Gotteshütte bei Kleinenbremen. Ein »Rettungswerk« der Erweckungszeit, in: Josef Mooser/Bernd Hey/Regine Krull/Roland Gießelmann (Hg.), Frommes Volk und Patrioten. Erweckungsbewegung und soziale Frage im östlichen Westfalen 1800 bis 1900, Bielefeld 1989, 183–200; ders., Erweckung und Diakonie in Minden-Ravensberg. Das Rettungshaus Pollertshof 1851–1930, Minden 1987; Bärbel Thau, Das Rettungshaus in Schildesche von 1852 bis in die 1870er Jahre. Christliche Anfänge der Jugendfürsorge, in: Josef Mooser/Bernd Hey/Regine Krull/Roland Gießelmann (Hg.), Frommes Volk und Patrioten. Erweckungsbewegung und soziale Frage im östlichen Westfalen 1800 bis 1900, Bielefeld 1989, 159–182.

Wie der Name bereits verdeutlicht, verstanden sich die »Rettungshäuser« als Einrichtungen, denen es neben der praktischen Arbeit vor allem um die »Seelenrettung« der ihnen anvertrauten Kinder ging. Die »Einpflanzung des Glaubens« und die Überwindung der »geistlichen Armut« standen hinter allen organisatorischen Bemühungen. Dementsprechend gestaltete sich in den Rettungshäusern der Alltag und das Leben der Kinder, das am Modell der »Familie« orientiert war. Neben den »Hauseltern« fungierten mehrere »Brüder« als Erziehungsgehilfen. Das waren zumeist Handwerker, die aus innerer Überzeugung im Rettungshaus arbeiteten, aber auch Diakonen. Der Tagesablauf war streng reglementiert. Im Rettungshaus Schildesche gliederte er sich in ca. vier Stunden Unterricht und vier Stunden Arbeit (im Sommer zumeist Feld- und Gartenarbeit, im Winter Spinnen, Weben, Waschen, Flicken, Schneidern etc.). Hinzu kamen zwei Lernstunden sowie drei Stunden Freizeit. Andacht und Gebet am Morgen und am Abend gaben dem Tag einen religiösen Rahmen.[16]

In wie starkem Maße die ostwestfälische Erweckung auf eine umfassende Durchdringung von Staat und Gesellschaft disponiert war, zeigt sich u. a. daran, dass dem Schildescher Rettungshaus im Jahre 1861 eine Präparandie angegliedert wurde. Hier wurden junge Männer für die Ausbildung zum Volksschullehrer auf einem Lehrerseminar vorbereitet. Die Präparanden lebten und arbeiteten mit den Zöglingen des Rettungshauses zusammen, konnten praktische Erfahrungen in der Erziehungsarbeit sammeln und wechselten nach einer dreijährigen Vorbereitungszeit zumeist auf das ebenfalls in der Region beheimatete Petershäger Lehrerseminar. Die große Bedeutung allein des Schildescher Rettungshauses und der ihm angegliederten Präparandenanstalt zeigt sich darin, dass bis zu ihrer Auflösung am Ende der Weimarer Republik 4500 Kinder und weit über 1000 Präparanden darin aufgenommen worden waren.[17]

Ein letztes Aufgabengebiet erwecklicher Diakonie lag seit der Mitte der 1850er Jahre im Bereich der Alten- und Krankenpflege. Ebenso wie in der Jugendarbeit, entstanden in der Region eine Reihe von Pflegehäusern, etwa in Jöllenbeck, Enger, Mennighüffen, Spenge, Bielefeld und anderswo. Diese Pflegehäuser fungierten entweder als Armenhäuser, als Asyle für Kranke oder als Altenheime. Sie wurden zunächst ebenfalls aus Spenden und Kollekten, zum Teil auch aus der Arbeit der Hausbewohner und nur im Ausnahmefall

---

16 Rottschäfer, Erweckungsdiakonie, 118–125; Thau, Rettungshaus, 167–177; Zitate: Rottschäfer, Erweckungsdiakonie, 121, Thau, Rettungshaus, 168, 173, 175.

17 Thau, Rettungshaus, 177–178, 181.

mit staatlichen Geldern finanziert. Die Pflegehäuser blieben auch weitaus länger als die Rettungshäuser relativ frei von staatlichen Eingriffen.

Ausgehend von den Aufgaben dieses Arbeitsfeldes entwickelte die Erweckungsdiakonie dann seit den 60er Jahren ihre stärkste Dynamik. Das fand seinen Ausdruck vor allem in der Gründung der Anstalt Bethel 1867. Mit der Gründung Bethels sowie im übrigen auch der Anstalt Wittekindshof (Bad Oeynhausen) brach »eine neue Epoche (ost)westfälischer Diakoniegeschichte an«. Diese Zäsur verdankte sich zum einen einer »neuen« Zielgruppe, der Epilepsiekranken, die auf der Grundlage »medizinischer Indikation« in Bethel aufgenommen wurden. Zum anderen wurde die diakonische Arbeit nun auch auf der Basis einer »flächendeckenden, systematischen statistischen Bedarfserhebung« geplant und koordiniert.[18] Die damit verbundenen langfristigen Professionalisierungsschübe sowie auch die in den folgenden Jahrzehnten erfolgende Ausdifferenzierung der unterschiedlichen Arbeitsfelder bis hin zur Entwicklung der von Bodelschwinghschen Anstalten zu einem modernen Träger sozialer Wohlfahrt in der Weimarer Republik und darüber hinaus können hier nicht geschildert werden.[19]

Die Verwurzelung der von Bodelschwinghschen Anstalten in den Traditionen der Erweckungsbewegung zeigte sich etwa an der Zusammensetzung des Kreises, der in den 60er Jahren die ersten Initiativen zur Gründung Bethels entfaltete. Hier waren nicht nur die Erweckungspfarrer Volkening, Huchzermeyer, Siebold, Müller und Kuhlo, sondern auch die der Erweckungsbewegung nahestehenden Bielefelder Unternehmer August Delius und Gottfried Bansi maßgeblich beteiligt. Sie zeigte sich aber auch an einer typischen Form der Frömmigkeit und der Herausbildung eines lebensweltlich verbundenen Mikromilieus. Dazu gehörte etwa die genossenschaftlich organisierte Form des Zusammenlebens in Sarepta und Nazareth oder auch die Entstehung von anstaltseigenen Bau- und Handwerksbetrieben zur Versorgung der Anstalten. Die Strukturen des Bethel-Milieus lassen sich darüber hinaus bis hin in die Baugeschichte des Anstaltskomplexes nachweisen.

In Bethel wurde zudem an sozialreformerische Traditionen der Erweckungsdiakonie angeknüpft, die bereits um die Jahrhundertmitte in den

---

18 Zur zäsurhaften Bedeutung der 1860er Jahre: Rottschäfer, Erweckungsdiakonie, 125–131, Zitate: 131.

19 Vgl. Matthias Benad/Kerstin Winkler (Hg.), Bethels Mission (2). Bethel im Spannungsfeld von Erweckungsfrömmigkeit und öffentlicher Fürsorge, Bielefeld 2001; zum Wittekindshof: Hans-Walter Schmuhl/Ulrike Winkler, »Der das Schreien der jungen Raben nicht überhört«. Der Wittekindshof – eine Einrichtung für Menschen mit geistiger Behinderung, 1887 bis 2012, Bielefeld 2012.

sozialen Vereinen des Pastors Ameler eine Rolle gespielt haben. Das lässt sich an den ländlichen Arbeiterkolonien verdeutlichen. Ausgehend von der Überzeugung »Eigentum gegen Sozialismus« wollte Bodelschwingh seit den 1880er Jahren die in Bethel tätige Arbeiterschaft durch Wohneigentum und ein kleines Stück Land zur häuslichen Bewirtschaftung gegen die Ideologie der Sozialdemokratie immunisieren und an das Bethel-Milieu binden.[20]

Langfristige Traditionen frommer Sozialgestaltung ziehen sich in Bielefeld bis weit in das 20. Jahrhundert hin. Außer den von Bodelschwinghschen Anstalten ist auf den zumeist vergessenen zweiten diakonischen Trägerverband Bielefelds, das Evangelische Johanneswerk in Schildesche, hinzuweisen. Das Johanneswerk widmet sich neben vielen anderen Aufgaben vor allem der Altenarbeit und gehört mit heute ca. 6.000 Mitarbeitern nach Bethel (etwa 16.000 Mitarbeiter) zum zweitgrößten »diakonischen Konzern« der Bundesrepublik Deutschland. Seine Gebäude befinden sich auf dem Gelände des ehemaligen Schildescher Rettungshauses, das bereits zu Beginn der 1930er Jahre zu einem Alten- und Pflegeheim umfunktioniert worden ist.[21]

3. Erweckung, Schule und Pädagogik[22]

Die wenigen Bemerkungen über die Schildescher Präparandenanstalt und das Petershäger Lehrerseminar konnten bereits andeuten, dass auch die Fragen der schulischen Bildung für die Erweckungsbewegung von außerordentlicher Relevanz waren. Die damit verbundenen Probleme wurden nicht nur

---

20 Vgl. Matthias Benad, Frömmigkeit und Familie in Bethel, Sarepta und Nazareth, in: Hans Christoph Stoodt/Edmund Weber (Hg.), Inter Legem et Evangelium, Frankfurt 1994, 9–28; Harald Propach, Unter den Dächern von Diakonie und Mission. Der Geist der Erweckungsbewegung im Spiegel ihrer Gebäude, in: Josef Mooser/Bernd Hey/Regine Krull/Roland Gießelmann (Hg.), Frommes Volk und Patrioten. Erweckungsbewegung und soziale Frage im östlichen Westfalen 1800 bis 1900, Bielefeld 1989, 201–229, Zitat: 218; Ulrich Althöfer, Der Architekt Karl Siebold (1854–1937). Zur Geschichte des evangelischen Kirchenbaus in Westfalen, Bielefeld 1997.

21 Vgl. Gerald Schwalbach, Größer und moderner als Bethel! – Das Johanneswerk in Bielefeld und die Leitvorstellungen seines Gründers Karl Pawlowski (1898–1964), in: Matthias Benad (Hg.), Friedrich v. Bodelschwingh d. J. und die Betheler Anstalten. Frömmigkeit und Weltgestaltung, Stuttgart 1997, 207–213; Thau, Rettungshaus, 181; jetzt auch: Gerald Schwalbach, »Der Kirche den Blick weiten!« Karl Pawlowski (1898–1964) – Diakonischer Unternehmer an den Grenzen von Kirche und Innerer Mission, Bielefeld 2013.

22 Das Folgende, sofern nicht anders vermerkt, nach Kuhlemann, Die christliche Schule; ders., Tradition.

auf mehreren Ebenen intensiv diskutiert, sondern die erweckten Pfarrer und andere entwickelten mehrere, für die Geschichte der Region nicht unbedeutende Schulprojekte. Auf zwei dieser Projekte möchte ich am Schluss dieses Kapitels knapp eingehen, werde mich aber zunächst mit den grundlegenden erziehungspolitischen Vorstellungen der Erweckungspädagogik sowie auch der christlichen Lehrerbewegung in Minden-Ravensberg etwas näher beschäftigen.

Ein wesentliches Interesse der erweckten Pfarrer galt zunächst einmal den Problemen der »niederen Bildung«. Typisch dafür waren die Vorstellungen des aus Westfalen stammenden Pfarrers und Generalsuperintendenten von Anhalt-Bernburg Friedrich Adolph Krummacher (1767–1845). Er legte in seiner 1823 erschienenen Schrift »Die christliche Volksschule im Bunde mit der Kirche« ein Erziehungs- und Schulkonzept vor, das in der öffentlichen Diskussion über die Neugestaltung des Volksschulwesens eine nicht unbeträchtliche Resonanz fand – in Preußen sogar auf höchster politischer Ebene.[23] Erweckte Positionen stießen auch darüber hinaus besonders in der ersten Hälfte des 19. Jahrhunderts im Berliner Kultusministerium auf nicht unbeträchtliche Resonanz.

Die Kernthese des Krummacherschen Buches war, dass die Schule als ein »Kindertempel« wesentlich der Kirche angehöre, die »vermöge ihres mütterlichen Anrechtes« über die in der Schule praktizierte Erziehung zu bestimmen habe. Grundsätzlich unterschied Krummacher drei Bildungsanstalten: das Haus, die Kirche und den Staat, die allesamt als »Gottes Ordnungen und Stiftung« aufgefasst wurden. Diese Grundauffassung, die die Schule nicht als eigenständige Bildungsanstalt ansehen wollte, sondern ihr nur in eindeutiger Verbindung mit der Kirche eine Erziehungsfunktion zuwies, ging von einer klar festgelegten Rangfolge der drei für die Erziehung zuständigen »Anstalten« aus. Während dem »Haus« die Aufgabe zukomme, in die Herzen der Kinder den »Keim« für die Entwicklung des christlichen Glaubens zu legen, breite danach die Kirche ihr »morgenröthliches Himmelslicht« über Haus und Schule aus, durch das der einmal gesetzte »Keim« zur weiteren Entfaltung gebracht werde. Dem Staat bleibe mithin nur die Aufgabe übrig, den Kindern »als der bereitete und umgrenzte Acker« die äußeren Bedingungen zum Wachstum und zur Entfaltung der Erziehung bereitzustellen und zu sichern. Aus dieser nur sekundären oder gar tertiären Aufgabe des Staates

---

23 So wurde Krummachers Buch von dem zuständigen Referenten im preußischen Kultusministerium, Ludolph von Beckedorff, in den »Jahrbüchern für das Preußische Volksschulwesen« 8 (1827), 81–112; 9 (1828), 3–36, 77–112, eingehend rezensiert.

folgt konsequenterweise, dass die Schule »keine Anstalt des Staates«, sondern einzig und allein »die Kirche christlicher Jugend« sei. Auch das Schulamt wurde demzufolge nur als ein »kirchliches« und der Schullehrer als ein »Kirchendiener«, ein »Missionar« der Kirche definiert.

Auffällig ist zunächst, wie wenig »Verständnis« diese Konzeption »für staatliche und nationale Belange« zeigte. Sie stand damit in einem eindeutigen Gegensatz zum theologischen Rationalismus, zum Neuhumanismus und ebenso zum volksschulpolitischen Konservativismus, der in Preußen immer mehr an Bedeutung gewann. Hatten diese pädagogischen Strömungen – trotz wesentlicher bildungspolitischer und ideologischer Differenzen – die staatliche Bildungszuständigkeit im Anschluss an den im Allgemeinen Landrecht 1794 grundsätzlich formulierten Staatsanspruch als selbstverständliche Voraussetzung für eine Reform der Volksschule angesehen, zielte die Krummachersche Position zunächst eindeutig auf dessen Relativierung. Diese grundsätzlichen Vorbehalte hatten ihren Grund u. a. in der religiösen Vorstellung, dass die christliche Erziehung nur als eine im Geiste Jesu praktizierte Mitwirkung am »Heil des Kindes«, ja als »erlösende Thätigkeit« erfolgen könne. Während die weltliche Erziehung sich im wesentlichen auf die Vermittlung der »Sittenvorschriften« und allerlei »Ermahnungen« der Kinder beschränke, dürfe sich die christliche Erziehung nicht nur auf die Bildung des »äußeren« Menschen beschränken, sondern müsse dem Kind die gnädige Zuwendung Gottes als die entscheidende Botschaft vermitteln. Das Kind habe durch ein »Wasserbad im Wort« zur Erkenntnis der Wahrheit zu kommen. Das setze voraus, dass auch der Erzieher selber »die Freiheit der Kinder Gottes« erfahren haben und sich in »Liebe, Mitleiden und Erbarmung« – im Bewusstsein seiner eigenen Sündhaftigkeit – den Kindern zuwenden müsse.

Von welch weitreichenden Konsequenzen die religiös-erweckliche Pädagogik in den praktischen Erziehungsfragen war, kann etwa an der Frage des Züchtigungsrechts aufgezeigt werden. Während die konservative Volksschulpädagogik, wie im übrigen auch die liberalen Positionen – etwa die des Pädagogen und Berliner Seminardirektors Friedrich Adolph Wilhelm Diesterweg – das körperliche Züchtigungsrecht des Lehrers als Mittel der Erziehung wie selbstverständlich bejahten, lehnte die erweckliche Pädagogik dies konsequenterweise ab. Eine Erziehung, die als ihr höchstes Ziel »Leben in den Kindern« erwecken wolle, dürfe »kein anderes Zuchtmittel als das Wort« haben, heißt es bei Krummacher programmatisch.[24]

---

24 Damit sind die oftmals psychisch bedrängenden und zum Teil auch gewalttätigen Aspekte pietistischer und erweckter Erziehung freilich keineswegs hinreichend thema-

Ein weiterer wichtiger Aspekt, auf dem die Erweckungspädagogik fußte, war das Prinzip der Anschauung, ein in der bildungstheoretischen Debatte des 19. Jahrhunderts viel diskutiertes Thema, das freilich nicht nur in der erwecklichen, sondern auch in der liberalen Pädagogik eine große Rolle spielte. Zu diesem Zweck wurden nicht zuletzt von Erweckungspfarrern und Lehrern in den Schulen Schulwandbilder eingesetzt, mit deren Hilfe das Zeugnis der Bibel den Kindern anschaulich gemacht werden sollte.

Kann mit solchen Perspektiven auf der einen Seite auf eine explizit theologische und pädagogische Begründung der Erziehung mit zum Teil fortschrittlichen didaktischen Prinzipien und Erziehungsstilen verwiesen werden, ist auf der anderen Seite selbstverständlich zu betonen, dass die Erweckungspädagogik im Verlauf des 19. Jahrhunderts in immer stärkerem Maße in die Bahnen eines schulpolitischen Konservativismus geriet, der in nicht unwesentlichem Maße die Religion zu Zwecken politisch-sozialer Disziplinierung instrumentalisierte. Dieses ideologische Konzept, das keinerlei Interesse an der Weckung der geistigen Kräfte im Kinde, sondern nur an deren Disziplinierung zeigte, war keineswegs mit demjenigen der erwecklichen Pädagogik deckungsgleich, so dass die weitgehende Anlehnung der Erweckungspädagogik an die konservative Bildungsideologie zunächst nicht selbstverständlich erscheint, selbst wenn es, wie gerade angemerkt, auch in der pietistisch-erwecklichen Tradition nicht unbedeutende Aspekte psychischer und sozialer Disziplinierung von Heranwachsenden gab. Dass sie im Verlauf des 19. Jahrhunderts erfolgte, resultierte vor allem wohl aus dem entschiedenen Gegensatz der Erweckung zu der primär auf Vernunft und Moral setzenden Aufklärungspädagogik, die in den preußischen Schulen aufgrund des Einflusses der dem theologischen Rationalismus anhängenden Geistlichen in voller Blüte stand. Hinzu kam die gemeinsame Gegnerschaft von Erweckungspädagogik und konservativer Bildungsideologie zum schulpolitischen Liberalismus im Sinne Diesterwegs, der entschieden gegen die kirchliche Schulaufsicht und das »Pfaffentum« in der Schule polemisierte.[25]

---

tisiert. Vgl. hierzu Andreas Gestrich, Ehe, Familie, Kinder im Pietismus. Der »gezähmte Teufel«, in: Hartmut Lehmann (Hg.), Geschichte des Pietismus, Bd. 4: Glaubenswelten und Lebenswelten, Göttingen 2003, 556–583.

[25] Zu den schulpolitischen Auseinandersetzungen der ersten Jahrhunderthälfte vgl. Franzjörg Baumgart, Zwischen Reform und Reaktion. Preußische Schulpolitik 1806–1859, Darmstadt 1990. Diesterweg fühlte sich einer »natürlichen«, institutionell und dogmatisch nicht gebundenen Religiosität verpflichtet. Vgl. Horst F. Rupp, Zur religiösen Position Fr. A. W. Diesterwegs. Pädagogik, Politik und Religion im 19. Jahrhundert, in: ZRGG 43 (1991), 150–182.

Die Erweckungspädagogik wirkte nicht nur auf die kultusministerialen und regierungsamtlichen Entscheidungsprozesse ein. Ihre eigentliche Wirkung entfaltete sie »vor Ort«, in den Schulen und in den Schulgemeinden. So achteten die seit den 1830er und 40er Jahren in der Schulaufsicht tätigen erweckten Pfarrer auf den frommen Sinn und den »geistlichen Wandel« der Lehrerschaft. Gegen die Bibelkritik des theologischen Rationalismus traten jetzt wieder der biblische Standpunkt stärker in das Interesse der Schulgeistlichen, wie überhaupt »die religiöse Gesinnung des Lehrers im neupietistischen Sinne zur didaktischen Größe« avancierte.[26]

Welcher Einfluss der Erweckungspädagogik auf die konkrete Ausgestaltung des Stundenplans und des Fächerkanons in den Schulen zukam, ist eine nur schwer zu beantwortende Frage. Sie hing ab von vielfältigen Bedingungen und Interessenlagen der jeweiligen »Schulinteressenten« in den Schulgemeinden und Schulkommissionen. Konnte in einer Studie über die Schulwirklichkeit des östlichen Westfalens nachgewiesen werden, dass besonders in den Landschulen der Realienanteil seit den 40er Jahren zum Teil drastisch zurückging,[27] lässt sich dieses Bild für die Volks- und die niederen »Bürgerschulen« in den Städten kaum bestätigen. In den Städten mussten vielfach erwecklich-christliche und »bürgerliche« Schulinteressen miteinander zum Ausgleich gebracht werden. Das fand seinen Ausdruck in der Konzeptualisierung und Einrichtung von Schulen, deren Zweck außer der Grundierung einer »echt christlichen Frömmigkeit« vor allem in der Vermittlung von Kenntnissen angesehen wurde, die »zur Betreibung städtischer Gewerbe erforderlich sind« und die »mit Recht unsere Zeit von dem Mittelstande in Städten verlangen kann«.

Der latente Gegensatz zwischen »bürgerlichen« Interessen und erwecklich-christlicher Gesinnung spiegelte sich nicht zuletzt in der christlichen Lehrerbewegung Minden-Ravensbergs wider. Die christlichen Lehrer der Region standen nämlich keineswegs in einem unaufhebbaren Gegensatz zur liberalen Lehrerbewegung der Vormärz- und der Revolutionszeit. Sie vertraten standespolitische Forderungen, wie etwa die Durchsetzung eines Minimalgehaltes, eine an Leistungskriterien orientierte Laufbahnregelung, eine angemessene Witwen- und Waisenversorgung, das Reifezeugnis als Voraus-

---

26 Vgl. Hans Eckhard Lubrich, Geistliche Schulaufsicht und Religionsunterricht in Minden Ravensberg 1754–1894, Bielefeld 1977, 44–52, 61–70, 122–127, Zitat: 63.

27 Vgl. Heiner Koop, Das niedere Schulwesen im Altkreis Lübbecke von der Reformation bis zum Kaiserreich, Bielefeld 1988, 155–156, 293; auch Lubrich, Schulaufsicht, 97, 103–104.

setzung für die Seminarausbildung sowie die, von Staat und Kirche den Lehrern verweigerte, Mitgliedschaft in Schulvorstand, -kommission und Presbyterium.

Auf der anderen Seite blieben die Argumente und Forderungen der christlichen Lehrerbewegung in der Revolutionszeit durchaus konservativen Wertvorstellungen verhaftet, indem sie für eine »christliche« Schule optierten. Die christlichen Lehrer lehnten jedoch, anders als viele Konservative, eine »Subordination« der Schule unter die Kirche kategorisch ab und betonten, dass das Verhältnis von Kirche und Schule eher auf der Basis einer »gegenseitige[n] freiwilligen[n] Assoziation des Geistes« zu beruhen habe. Sie plädierten für die Einrichtung von »Schulsynoden«, die sich aus Vertretern der Schule, der Gemeinde, der Kirche und des Staates zusammensetzen sollten. Auch nach der Revolution, als viele dieser Lehrer sich im 1849 gegründeten Evangelischen Lehrerverein von Minden-Ravensberg zusammenfanden, blieben die Verbindungen zur Erweckungsbewegung erhalten. Der Verein stand in enger Beziehung zur »Lutherischen Konferenz«, einer Gruppierung von Pfarrern und bürgerlichen Laien, die das konfessionelle Luthertum gegen die religiösen Auflösungserscheinungen der Moderne hochhielt und die, wie Klaus-Jürgen Laube es formuliert hat, als der »theologische Ausschuss« der Minden-Ravensberger Erweckungsbewegung gelten konnte.[28]

Die Erweckungsbewegung engagierte sich auch im Bereich der »höheren« und der »mittleren Bildung«. Dieses Engagement richtete sich zum einen auf die höheren Mädchenschulen und die Lehrerinnenbildung, zum anderen auf das höhere Knabenschulwesen. Das fand seinen Ausdruck in eigenen bildungspolitischen Vorstellungen sowie in konkreten Schulprojekten, die zunächst in Gütersloh und wenig später in Bielefeld entstanden.

Gütersloh erschien den Minden-Ravensberger Erweckungskreisen aufgrund seiner ländlichen Umgebung, fern aller großstädtischen Unruhe, als besonders geeignet. Hinzu kamen der »kirchliche Geist« der dortigen Gemeinde sowie die großen Missionsfeste. Die Stadt galt gewissermaßen als der »christliche Vorort Ravensbergs«,[29] so dass hier unter dem Einfluss der Erweckungsbewegung nicht nur ein Evangelisches Gymnasium, sondern auch eine höhere Töchterschule entstanden. Auch in Bielefeld kam es zur Gründung einer höheren Mädchenschule, die sich gegen den im rationalistischen und liberalen Geist erteilten Unterricht auf einer bereits bestehenden

---

[28] Vgl. Klaus-Jürgen Laube, Die Geschichte der Lutherischen Konferenz in Minden-Ravensberg, in: JVWKG 77 (1984), 125–146.

[29] Propach, Unter den Dächern, 204.

höheren Mädchenschule richtete. Sie rekrutierte ihre Schülerinnen aus den pietistischen, frommen Familien der Stadt, nicht zuletzt den Unternehmerfamilien Klasing und Delius. Die Bedeutung der Schule zeigt sich darin, dass sie im Jahre 1899 auch zu einem regulären Lehrerinnenseminar avancierte. Das Lehrerinnenseminar an der Bielefelder Mädchenschule bestand bis zum Jahre 1928; und seine Nachfolge trat die 1928 in Bielefeld gegründete Pädagogische Akademie an.[30]

Von nicht geringerer Bedeutung war auch das bereits im Jahre 1851 als Privatanstalt gegründete Evangelische Gymnasium in Gütersloh. Finanziert wurde das Gymnasium aus Mitteln der Stadt Gütersloh sowie aus großzügigen, zum Teil auf 25 Jahre vorgestreckten Beiträgen Gütersloher Bürger, aber auch der Minden-Ravensberger Landgemeinden. Ziel und Zweck der neugegründeten Schule sollte die Vermittlung einer wissenschaftlichen Bildung »auf entschieden christlicher Grundlage« und »unter Fernhaltung aller destruktiver Elemente vom Worte Gottes«[31] sein. Gegen die Tradition des humanistischen Gymnasiums, die »alles Glaubens baar« sei, wurde die neue Schule, wie Pastor Ameler aus Herford in seiner Festrede anlässlich der Eröffnung betonte, bewusst als »christliches Gymnasium« gestiftet. Für die Anstellung der Lehrer forderten die christlichen »Schulinteressenten« außer der wissenschaftlichen Qualifikation gleichzeitig die Verpflichtung auf den »Glaube[n] unserer Kirche«. Nach Johann Heinrich Volkening, der zwölf Jahre lang in Gütersloh Pfarrer gewesen war, sollte dem Gymnasium eine wichtige Funktion im Rahmen der »innere[n] Mission«, also der Evangelisation des gesamten Volkes einschließlich der Gebildeten zukommen.

1854 erhielt die als Privatschule gegründete und unterhaltene Anstalt alle Rechte eines öffentlichen Gymnasiums in Preußen, wurde aber weiterhin durch private Zuwendungen der christlich-erweckten »Schulinteressenten« nicht unmaßgeblich unterstützt. Bis zum Jahre 1876 besuchten insgesamt 1455 Schüler die Anstalt. Von den 342 zur Universität entlassenen Absolventen entschieden sich 207 für ein Studium der Theologie. Die Absolventen des Gütersloher Gymnasiums, die in beträchtlichem Maße zum Studium der Theologie fanden, kehrten nach absolviertem Studium oftmals als Pfarrer in die Region zurück.[32] Traditionen erweckter Frömmigkeit spielten im Kontext

---

30 Vgl. Barbara Stolze, Lehrerinnenausbildung an der Bielefelder Cecilienschule, in: Ravensberger Blätter, Heft 1, 1987, 8–16; dies., Die Entwicklung des Bielefelder höheren Mädchenschulwesens im 19. Jahrhundert, in: JVWKG 81 (1988), 9–51.

31 Propach, Unter den Dächern, 205.

32 Vgl. Evangelisches Monatsblatt für Westfalen 7 (1851), 277–282, Zitate: 279, 281; 8 (1852), 154–156, 311–312; 11 (1855), 126–134. Zum Gütersloher Gymnasium auch Oliver

bildungspolitischer und schließlich sogar hochschulpolitischer Initiativen noch zu Beginn der 20. Jahrhunderts eine Rolle. Das ließe sich hier anhand der Gründung einer »theologischen Schule«, der späteren »Kirchlichen Hochschule Bethel« anschaulich zeigen, die Friedrich von Bodelschwingh d. Ä. gegen die Traditionen der liberalen Theologie im Jahre 1905 gründete.[33] Darauf kann aus Platzgründen leider nicht mehr eingegangen werden. Ich komme zu einem knappen Resümee.

4. Mentalitätsstrukturen im Erweckungsprotestantismus Ostwestfalens

Die Protestanten im östlichen Westfalen waren seit dem ausgehenden 18. Jahrhundert in einen tiefgreifenden sozialen und kulturellen Wandel verstrickt. Diese Verstrickung führte zu deutlichen Abwehrmechanismen, aber auch zu bemerkenswerten Aufbrüchen im Rahmen eines grundlegenden religiösen Transformationsprozesses. Dabei ermöglichte das seit den 1830er Jahren sich formierende Milieu des Erweckungsprotestantismus seinen Angehörigen nicht nur lebensweltliche Orientierung, sondern auch einen sozialkulturellen »Erfahrungsraum«, der in der Krise des gesellschaftlichen Wandels zur Festigung einer konfessionellen Identität beitrug.

Die sich im Verhalten und im Denken der erweckten Protestanten ausdrückende Mentalität war zunächst geprägt von der Furcht, dass sich die christlichen Traditionsbestände langfristig auflösen würden. Pluralität und Mündigkeit, Rationalität und Liberalismus, Demokratie und Partizipation, Neuhumanismus und staatlicher Erziehungsanspruch wurden im Erweckungsprotestantismus Ostwestfalens als die grundlegende Infragestellung einer auf christlichen Deutungsmustern basierten Welt- und Lebensordnung interpretiert. Man betrachtete mit Argwohn die die Lebenswelt zerstörenden wirtschaftlichen Innovationen und wollte an den überkommenen Arbeits- und Wirtschaftsstrukturen festhalten. Dahinter stand das Ideal einer vorindustriellen Ordnung. Die erweckten Protestanten glaubten zum Teil auch – befangen in einem vormodernen Politik- und Gesellschaftsverständnis –, dass sich die anstehenden sozialen und kulturellen Probleme mit Hilfe des

---

Janz, Bürger besonderer Art. Evangelische Pfarrer in Preußen 1850–1914, Berlin 1994, 132–142.

[33] Vgl. Gerhard Ruhbach (Hg.), Kirchliche Hochschule Bethel 1905–1980, Bielefeld 1980; Frank-Michael Kuhlemann, Die Kirchliche Hochschule Bethel. Grundzüge ihrer Entwicklung 1905–2005, Bielefeld 2005.

Evangeliums, durch Buße und Umkehr, geistliche Wiedergeburt und »Erweckung« angemessen lösen ließen. Das führte, obwohl nicht in jedem Fall intendiert, zu einer Anlehnung an konservative Politikmuster und obrigkeitliche Machtstrukturen innerhalb und außerhalb der Kirche.

Die tendenziell auf Abwehr disponierte Mentalität bedeutete aber keineswegs, dass die »Erweckten« nur rückwärtsgewandt agierten. Die Abwehrhaltung gegenüber der Moderne hatte auch keinen weltflüchtigen Rückzug in eine pietistische, quietistische Innerlichkeit zur Folge.[34] Ganz im Gegenteil führte die Bedrohung der eigenen ideellen und materiellen Interessen zu bemerkenswerten Mobilisierungsprozessen »von unten«. Sowohl im Bereich des diakonischen als auch des bildungspolitischen Handelns erwies sich die Erweckungsbewegung als bemerkenswert »politikfähig« – mit zum Teil sozialreformerischen Initiativen und kulturpolitisch eigenständigen Positionen. Das politische, soziale und kulturelle Handeln der Erweckungsbewegung macht deutlich, dass man bereit war, im sozial- und kulturpolitischen Feld für die Durchsetzung der eigenen Ideale »Partei« zu werden, nicht zuletzt gegen den lange Zeit dominierenden theologischen Rationalismus in der Kirche und später auch gegen den theologischen Liberalismus auf den Universitäten. Das Handeln der Erweckungsbewegung nur als fortschrittsfeindlich oder rückschrittlich zu interpretieren, wie das aus einer einseitig am Säkularisierungsmodell orientierten modernisierungstheoretischen Perspektive vielleicht möglich wäre, träfe kaum die in Mentalität und Verhalten angelegten innovativen Potenziale. Eine solche Perspektive verkennt, dass die Erweckungsbewegung durch die von ihr initiierten diakonischen und sozialreformerischen, bildungs- und (hoch)schulpolitischen Aktivitäten maßgebliche Mobilisierungs- und Modernisierungsprozesse unterstützt hat. In dieser Lesart erscheinen die erweckten Protestanten nicht mehr nur einer traditionalen Ordnung verpflichtet, sondern als durchaus modern.

---

[34] Zum Vorwurf quietistischer Innerlichkeit, die insbesondere das Luthertum zu einem modernitätshemmenden Faktor gemacht habe, vgl. Ernst Troeltsch, Die Soziallehren der christlichen Kirchen und Gruppen (1912), Neudruck Aalen 1977.

Andreas Kossert

Von Ostpreussen nach Westfalen

Frömmigkeitstransfers am Beispiel der evangelischen Masuren im Ruhrgebiet

»Kopf an Kopf stand die Menge in allen Gängen und Portalen, auf den Kanzel- und Altarstufen bis obenhin saßen die Andächtigen. [...] Und dann der Gesang aus dieser Gemeinde! Wie brauste es durch das Gotteshaus, daß schon allein hiervon die Herzen erfaßt und bewegt wurden!«[1]

Die tiefe Frömmigkeit der Masuren war 1912 für einen westfälischen Pfarrer augenfällig, als er über einen polnischsprachigen Gottesdienst in Schalke berichtete. Hunderttausende Masuren kamen im Kaiserreich nach Westfalen, im Gepäck hatten sie ihre Sprache und religiösen Traditionen. Anhand dieser Einwanderung lassen sich Transfers bestimmter Frömmigkeitstraditionen aus den östlichen Provinzen des Deutschen Reiches nach Westfalen ableiten, die eine fundamentale Andersartigkeit gegenüber dem landläufigen Stereotyp des »Ruhrpolen« erkennen lassen. Ob in Gelsenkirchen, Herne oder Gladbeck – polnische Namen prägen das Herz des Ruhrgebiets. Aber bis heute wird vergessen, dass ein Großteil der polnischsprachigen Einwanderer evangelische Masuren waren. Einer von ihnen, Ernst Kuzorra, Fußballikone des Ruhrgebiets beim FC Schalke 04, stammte aus einer masurischen Familie. Er wuchs in einem streng evangelischen Elternhaus auf, in dem, so wird überliefert, seine Mutter kaum ein Wort Deutsch sprach.

Seit den 1870er Jahren entwickelte sich das Industriegebiet zwischen Ruhr, Rhein und Emscher zu einer zweiten Säule der masurischen Gemeinschaft. Kurz vor dem Ausbruch des Ersten Weltkriegs verfügte fast jede masurische Familie über Verwandtschaft im westlichen Reichsgebiet. Bis heute ist das masurische Erbe im Ruhrgebiet sichtbar, aber in der Forschungsliteratur wird diese Migration erst allmählich von den katholischen

---

1 25 Jahre masurischer Seelsorge im Industriebezirk, in: Heimatsgrüße 9 (September 1912).

Polen aus den Teilungsgebieten beziehungsweise Oberschlesien unterschieden.[2]

Masuren – das Land der tausend Seen – war lange Zeit als Grenzregion im südlichen Ostpreußen sehr isoliert. Mit der Gründung des Deutschen Reiches stieg jedoch das Interesse an Masuren.[3] Im mittelalterlichen und frühneuzeitlichen Landesausbau warb man polnische Siedler aus Masowien an. Mit der Säkularisierung des Deutschordensstaates und der Gründung des Her-

---

[2] Hans-Ulrich Wehler, Die Polen im Ruhrgebiet bis 1918, in: ders., Krisenherde im Kaiserreich 1871–1918, Göttingen 1979; Christoph Kleßmann, Polnische Bergarbeiter im Ruhrgebiet 1870–1945, Göttingen 1978; Valentina-Maria Stefanski, Zum Prozeß der Emanzipation und Integration von Außenseitern. Polnische Arbeitsmigranten im Ruhrgebiet, Dortmund [2]1991; Katarzyna Murzynowska, Polskie wychódzstwo zarobkowe w Zagłębiu Ruhry w latach 1880-1914, Wrocław/Warszawa/Kraków 1972 (deutsche Ausgabe: Die polnischen Erwerbsauswanderer im Ruhrgebiet während der Jahre 1880–1914, Dortmund 1979; Klaus Tenfelde, Sozialgeschichte der Arbeiterschaft an der Ruhr im 19. Jahrhundert, Bonn 1977; Ralf Karl Oenning, »Du da mitti polnischen Farben ...«. Sozialisationserfahrungen von Polen im Ruhrgebiet 1918 bis 1939, Münster/New York 1991; Dittmar Dahlmann/Albert S. Kotowski/Zbigniew Karpus (Hg.), Schimanski, Kuzorra und andere. Polnische Einwanderer im Ruhrgebiet zwischen der Reichsgründung und dem zweiten Weltkrieg, Essen 2005; Andreas Kossert, »Echte Söhne Preußens«. Die polnischsprachigen Masuren im Ruhrgebiet und ihre Frömmigkeit, in: WestfZs 155 (2005), 331–350.

Vgl. unter anderem Eberhard Franke, Das Ruhrgebiet und Ostpreußen, Essen 1936; Siegfried Konopatzki. Die innerdeutsche Westwanderung der ostpreußischen Bevölkerung und die Erforschung ihrer Ursachen, Pegau/Leipzig 1936.

Einige Informationen spezifischen Inhalts zu den Masuren finden sich unter anderem in: Ernst Brinkmann, Die evangelische Kirche im Dortmunder Raum in der Zeit von 1815 bis 1945, Kapitel II, 3: Die Betreuung und Integration der Masuren, in: Hans Georg Kirchhoff (Hg.), Geschichte Dortmunds im 19. und 20. Jahrhundert, Band 2, Dortmund 1979, 60–69; Christoph Ribbat, Religiöse Erregung. Protestantische Schwärmer im Kaiserreich. Frankfurt am Main/New York 1996, darin: Ostpreußische Religionsgemeinschaften im Ruhrgebiet, 82–98; Susanne Peters-Schildgen, »Schmelztiegel« Ruhrgebiet. Die Geschichte der Zuwanderung am Beispiel Herne bis 1945, Essen 1997; Andreas Kossert, Preußen, Deutsche oder Polen? Die Masuren im Spannungsfeld des ethnischen Nationalismus 1870–1956, Wiesbaden 2001, 94–104. Polnische Aufsätze unter anderem Wojciech Chojnacki, Wydawnictwa w języku polskim dla Mazurów w Westfalii i Nadrenii w latach 1889–1914, in: Komunikaty Mazursko-Warmińskie 128 (1975), 175–208; Grzegorz Jasiński, Wsród swoich czy obcych? Wychódzstwo Mazurów do Zachodnich Niemiec w XIX wieku, in: Masovia 4 (1991), 51–61; ders., Wizytacja radcy królewieckiego konsystorza Hermanna Pelki w Westfalii i Nadrenii w 1898 roku. Część 1, in: Zapiski Historyczne 67 (2002), 163–175.

[3] Allgemein zur Geschichte Masurens vgl. Andreas Kossert, Masuren. Ostpreußens vergessener Süden, Berlin 2001; ders., Die Masuren im Spannungsfeld.

zogtums Preußen 1525 wurden sämtliche Untertanen evangelisch, auch die Masuren, die ihren archaischen polnischen Dialekt trotz vieler Germanismen bis in das 20. Jahrhundert bewahren konnten. Ökonomisch war Masuren von einer permanenten Strukturschwäche gekennzeichnet, da Land- und Forstwirtschaft überwogen.

Angesichts der fehlenden Aufstiegsmöglichkeiten für Kleinbauern und Landarbeiter folgten viele Masuren den Werbeagenten der westfälischen Industrie. Für masurische Verhältnisse herrschten im Ruhrgebiet bessere Konditionen – höhere Bezahlung, bessere Wohnung und ein Kohledeputat –, die vor allem junge Männer vor der Verheiratung, später auch junge Familien, abwandern ließen. Sie erwarteten bessere Wohnverhältnisse, eine weniger anstrengende Arbeit sowie die Chance eines sozialen Aufstiegs. Ihre Anspruchslosigkeit und Disziplin war bei den Arbeitgebern geschätzt, erregte jedoch das Missfallen ihrer deutschen Kollegen. Masuren arbeiteten oft unter dem Durchschnittstarif, weshalb sie der Lohndrückerei bezichtigt wurden. Der polnischsprachige Arbeiter aus den preußischen Ostgebieten erfüllte nach einer zeitgenössischen Charakterisierung folgende Attribute: »Gewöhntsein an strenge Arbeit, Gewöhntsein an das Beherrschtwerden, Bildungsmangel, Religiosität, Bedürfnislosigkeit«.[4] 1908 lebten schätzungsweise 120.000 bis 130.000 Masuren im Ruhrgebiet, die noch polnisch sprachen.[5] Gelsenkirchen war ihr Zentrum, die Stadt sah zwischen 1884 und 1904 allein eine Zuwanderung von 18.275 Masuren, vor allem aus dem Kreis Ortelsburg. Neben Gelsenkirchen für die Ortelsburger bildeten die masurischen Auswanderer jeweils besondere regionale Ansiedlungsschwerpunkte. Die Neidenburger und Soldauer zogen vornehmlich nach Wattenscheid, die Osteroder nach Bochum und die Lötzener nach Wanne. Ganze Stadtteile im mittleren Ruhrgebiet waren masurisch geprägt. So arbeiteten auf der Schachtanlage 1900 Graf Bismarck I-IV in Gelsenkirchen neben 121 Oberschlesiern, 215 Posenern, 223 Westpreußen und sechs Litauern 2174 Masuren.[6]

Hans-Ulrich Wehler wies auf die Problematik der offiziellen Sprachenstatistiken hin, in denen eine Unterscheidung zwischen »Masuren« und »Polen« nicht vorgenommen wurde. Hier lag eine nationalistische Sichtweise zugrunde, die gerade bei den Masuren eine Reduzierung des polnischen Sprachge-

[4] Jozef Kaczmarek, Die polnischen Arbeiter im Rheinisch-Westfälischen Industriegebiet, Köln 1922, 27–28.

[5] Oskar Mückeley, Die Masuren im rheinisch-westfäl. Industriebezirk im Hinblick auf die ihnen gegenwärtig drohenden Gefahren und die Bekämpfung derselben, Gelsenkirchen 1910, 4.

[6] Mückeley, Die Masuren im rheinisch-westfäl. Industriebezirk, 4.

brauchs als Fernziel in den Statistiken vorwegnahm.[7] Nach der offiziellen Statistik hatte es 1910 im Ruhrgebiet insgesamt 21.673 Masuren mit »masurischer« Muttersprache gegeben. Allerdings ging man bis 1907 von einer Zahl von knapp 200.000 Masuren aus, die nach Westen zogen, von denen nach Oskar Mückeleys bereits oben erwähnten realistischen Schätzungen bis zu 130.000 noch polnischsprachig gewesen sein dürften. Innerhalb von drei Jahren (1907–1910) hätte also laut dieser Statistik eine sprachliche Assimilierung von neun Zehnteln stattgefunden. Sowohl deutsche offizielle Statistiken als auch polnische Untersuchungen wiesen eine entweder zu deutsch- oder polnischlastige Tendenz auf und sind daher wenig hilfreich.[8]

Nach der Ankunft in Westfalen sahen sich die Masuren einer unbekannten Situation ausgesetzt. Mit einer neuen sprachlichen, kulturellen und sozialen Realität konfrontiert, vollzog sich ein »typischer Akkulturationsprozeß« (Hans-Ulrich Wehler). Dabei ging es um den Wechsel aus einer polnischsprachigen Agrargesellschaft in eine deutschsprachige und dynamische Industriegesellschaft. Dieser Akkulturationsprozess forderte gewaltige Anstrengungen. Deshalb lag die Suche nach Gemeinschaft mit Landsleuten nahe. Mit dem Entstehen kirchlicher Seelsorge – von Amtskirche und Gebetsvereinen – gelang es den Zuwanderern erstmals, der Selbstisolierung zu entrinnen und den neuen Lebensbereich zu stabilisieren. Daher erfüllten die kirchlichen Masurengruppen eine wesentliche »sozialpsychologische Funktion« für die Anfangsphase der Akkulturation.[9]

Das gravierendste Problem stellte die Sprache dar. Daher stieg ihr Wunsch nach muttersprachlicher Seelsorge. In den evangelischen Kirchen Westfalens wurde jedoch nur deutsch gepredigt. Die Migrantenströme überraschten die Kirchenbehörden und hinterließen ein seelsorgerisches Vakuum. Anfänglich übernahmen Pfarrer aus Masuren wochenweise eine provisorische Seelsorge.[10] Erst zwanzig Jahre nach Beginn der masurischen Einwanderung setzte

---

[7] Susanne Peters-Schildgen erwähnt zu Recht die tendenziöse Unterteilung der wilhelminischen Statistiken. Dass sie politische Intentionen verfolgten, ist unbestritten, dennoch ist eine klare Differenzierung zwischen Masuren und nationalen Polen unerlässlich. Siehe dazu Susanne Peters-Schildgen, Polish Pits and Community Formation in the Northern Ruhr Area until 1939, in: John Belchem/Klaus Tenfelde (Hg.), Irish and Polish Migration in Comparative Perspective, Essen 2003, 157–167, hier 158.

[8] Wehler, Die Polen im Ruhrgebiet, 225, wies sehr anschaulich die irreführende Interpretation der Statistiken nach.

[9] Wehler, Die Polen im Ruhrgebiet, 227.

[10] Mückeley erwähnte erstmals für 1885 drei Pfarrer aus dem Kreis Ortelsburg, und zwar die Pfarrer Gazuda und Koralus aus Willenberg sowie Kludius aus Klein Jerutten.

1897 eine koordinierte Masurenseelsorge ein, als das Konsistorium der Kirchenprovinz Westfalen von etwa 36.000 evangelischen Masuren ausging.[11] Das Hauptproblem für das Konsistorium war ebenfalls die Sprachenfrage, wodurch die Masuren »der deutschen Predigt und Seelsorge wenig zugänglich sind, nicht blos weil sie die deutsche Sprache und namentlich die religiöse Sprache nur sehr wenig verstehen, sondern noch mehr, weil sie aus ihrer Heimath an kultische Formen gewöhnt sind, z. B. an Knieen, respondierendes Singen, Kreuzschlagen«.[12]

Eindringlich baten viele Masuren die Konsistorien von Westfalen und der Rheinprovinz um polnischsprachige Seelsorge.[13] Besonders aufschlussreich für das masurische Leben im Ruhrgebiet ist eine 1898 vom ostpreußischen Konsistorialrat Hermann Pelka durchgeführte Visitation. In diesem Jahr schätzte er die Zahl der erwachsenen Masuren auf etwa 25.600. Die Masuren verteilten sich demnach auf zwölf Kirchengemeinden, in denen sechs Synodalvikare die polnische Masurenseelsorge wahrnahmen. Anders als die übrige Arbeiterschaft des Ruhrgebiets, die sich in sozialdemokratischen Arbeitervereinen organisierte, zeigte sich Pelka über die »patriotische königstreue Gesinnung« der masurischen Arbeiterschaft erfreut. Ihre konservative Grundgesinnung ließe sie bisher den »Verlockungen der Sozialdemokratie« widerstehen.[14]

Pfarrer Oskar Mückeley galt als bester Kenner der masurischen Verhältnisse im Industrierevier. Er war bereits 1898 Synodalvikar in Gelsenkirchen, wo er insgesamt 8800 Seelen zu betreuen hatte. Mückeley sah seine kirchliche Arbeit darin, die Masuren vor den negativen Einflüssen in einer fremden Umgebung zu bewahren. Neben den Gefahren der »Trunksucht, der Verwahrlosung, der Gottentfremdung« nannte er an exponierter Stelle die »Lockungen des Polentums, der Sozialdemokratie und der Sekten«.[15] Immer

---

11 Seit 1887 entsandte der Berliner Evangelische Oberkirchenrat masurische Pfarrer. 1891 folgte ein zweiter Pfarrer in Bochum, 1893 einer in Lütgendortmund, 1894 in Braubauerschaft (jetzt Gelsenkirchen-Bismarck), 1896 in Bicken (jetzt Wanne) und 1897 der erste Pfarrer im Rheinland, in Caternberg.

12 Evangelisches Zentralarchiv Berlin (fortan EZA) 7/3930. Konsistorium Westfalen an EOKR. Münster, 9.4.1897. Betr. Lehrvikariat.

13 EZA 7/3930. Konsistorium der Rheinprovinz an EOKR. Coblenz, 8.6.1896. Betr. Gesuch der in Caternberg und Umgebung wohnenden evangelischen Masuren um Anstellung eines der polnischen Sprache mächtigen jungen Geistlichen in Caternberg.

14 EZA 7/3930. Konsistorialrat Pelka. Königsberg, 30.11.1898. Bericht über die von dem Unterzeichneten nach Westfalen behufs einer Visitation der dortigen Masuren und der an denselben arbeitenden Vikaren ausgeführten Dienstreise.

15 Mückeley, Die Masuren im rheinisch-westfäl. Industriebezirk, 11.

wieder appellierte er an Staat und Amtskirche, den Masuren wohlwollend entgegenzukommen, um diese dauerhaft gewinnen zu können. Dazu sei es erforderlich, »daß man endlich allgemein damit aufhört, die Masuren so etwa als Bürger und Gemeindeglieder II. Klasse zu behandeln«.[16]

Amtskirchliche Arbeit der Wilhelminischen Zeit verstand sich immer als Instrument für staatliche Zwecke. Mit der zunehmenden Akkulturation im Arbeitermilieu stießen auch bei den Masuren solidarische Forderungen der Arbeiterbewegung auf positive Resonanz. Die sprachliche Akkulturation beschleunigte die Rezeption der Ideen der Arbeiterbewegung. Behörden und Amtskirche befanden sich daher in einem Dilemma. Offiziell wünschten sie sich die rasche sprachliche Angleichung der Masuren als Teil der wilhelminischen Staatsdoktrin. Im Ruhrgebiet bedeutete jedoch der Sprachwechsel die »Gefahr«, die masurischen Arbeiter in die Arme der Arbeiterbewegung zu treiben.[17] Wer deutsch sprach, konnte sich politisch in der Sozialdemokratie engagieren. Die Sprache spielte eine entscheidende Rolle in der Bestimmung des politischen Bewusstseins. Deshalb riefen die Pfarrer zu einer behutsamen Politik in der Sprachenfrage auf, um Spannungen zu vermeiden.

Um nationale polnische Einflüsse auf die Masuren im Vorfeld präventiv abzuwehren, bemühte sich die Amtskirche um die Verbreitung polnischer religiöser Periodika. Auch wurden Herausgabe und Vertrieb unter anderem der polnisch-masurischen Schriften »Pruski Przyjaciel Ludu« (Preußischer Volksfreund) sowie »Kalendarz Królewsko-Pruski Ewangielicki« (Königlich-Preußischer Evangelischer Kalender) aus kirchlichen Fondsmitteln bestritten. Mit diesen Publikationen, deren Redaktion masurischen Pfarrern oblag, sollten die Masuren in der Muttersprache »an das Deutschtum« herangeführt werden. Zugleich waren sie »eine brauchbare Waffe gegen die Sozialdemokratie und die nationalpolnische Agitation«.[18] Kirchlich-konservative Arbeitervereine suchten in Anknüpfung an altpreußisch-evangelische Traditionen die Masuren an sich zu binden. 1885 entstanden deshalb der »Altpreußische Verein« und wenig später der »Verein der polnisch-evangelischen altpreußischen Arbeiter«.[19]

---

16 Mückeley, Die Masuren im rheinisch-westfäl. Industriebezirk, 19.

17 Mückeley, Die Masuren im rheinisch-westfäl. Industriebezirk, 13–14.

18 Geheimes Staatsarchiv Preußischer Kulturbesitz Berlin (fortan GStA PK) XX.HA. Rep.2 (II). Nr.3496. Zentralstelle zur Bekämpfung der Sozialdemokratie in der Provinz Ostpreußen an Oberpräsident v. Windheim. Königsberg, 1.3.1909. Diese operierte unter einem Decknamen mit einer Privatadresse: Herr Ewald Wichmann, Schönstr. 5, Königsberg i. Pr.

19 Wojciech Chojnacki, Wydawnictwa w języku polskim, 177–208.

Trotz einiger Anstrengungen seitens der Amtskirche blieb die seelsorgerische Versorgung verheerend, was sicher ein Grund für das Erstarken der pietistischen Gebetsvereine war. Doch wäre das ein zu vordergründiges Motiv. Vielmehr liegen die Gründe in einer religiösen Strömung, die viele Teile des protestantischen Europa erfasste. Im Unterschied zum Pietismus des 17. und 18. Jahrhunderts, lag in der Erweckungsbewegung des frühen 19. Jahrhunderts eine Strömung, die Martin Greschat als eine »spezifische Frömmigkeitsstruktur« definiert, »die weit über jene historische Eingrenzung hinauswirkte und für die vor allem ein biblizistisch, auch fundamentalistisch geprägtes Offenbarungsverständnis kennzeichnend ist, eine emotionale Erfahrung der individuell bewußt gewordenen Sündenschuld«.[20] Daraus resultierten der Wunsch nach Vergebung in der Bekehrung sowie ein Leben der Heiligung als klare Abgrenzung zu den Lastern der säkularen Welt. Anders als in der ultramontanen Bewegung auf katholischer Seite spielten in der evangelischen Erweckungsbewegung kirchliche Laien eine viel selbständigere Rolle. Aus der Erweckungsbewegung ging auch der soziale Protestantismus hervor, der etwa in der Kaiserswerther Diakonie und der Inneren Mission gipfelte. Nur ein geringer Teil der religiösen Erweckungsenergien drängte aus der verfassten Kirche heraus und fand sich außerhalb dieser in den Freikirchen wieder.[21]

Auch in Ostpreußen blühte seit Anfang des 19. Jahrhundert die Erweckungsbewegung, die in Masuren auf besonders fruchtbaren Boden fiel. So entstand die sogenannte »Gromadki«-Bewegung, ein Sammelbegriff für alle evangelischen Gruppierungen, denen die Lehre der Amtskirche nicht genügte. *Gromadki* bedeutet auf deutsch »Häuflein«, mit dem man lose Gruppen, Gebetskreise und Andachtszirkel der ostpreußischen Gemeinschaftsbewegung in Masuren bezeichnete. Der einflussreichste Vertreter der Gemeinschaftsbewegung war der, vom charismatischen Wanderprediger Christoph Kukat 1885 gegründete, »Ostpreußisch-Evangelische Gebet-Verein«. Nach seiner Satzung verschrieb sich der Gebetsverein der Verkündigung des Evangeliums innerhalb der evangelischen Landeskirche. Zum Laienpredigtdienst waren seiner Auffassung nach auch diejenigen berufen, die kraft ihrer moralischen Integrität das Evangelium verkünden konnten, wofür sie keiner

---

20 Martin Greschat, Industrialisierung, Bergarbeiterschaft und »Pietismus«. Anmerkungen zur Wirkungsgeschichte eines Frömmigkeitstyps in der Moderne, in: Pietismus und Neuzeit 11 (1985), 173–192.

21 Wolfgang Schieder, Sozialgeschichte der Religion im 19. Jahrhundert. Bemerkungen zur Forschungslage, in: ders. (Hg.), Religion und Gesellschaft im 19. Jahrhundert, Stuttgart 1993, 25–26.

amtskirchlichen Bestätigung bedurften. Der Gründer des »Ostpreußischen Evangelischen Gebet-Vereins« Christoph Kukat erklärte 1885: »Wir kämpfen mit Luthers Lehre und der Heiligen Schrift gegen die Gottlosigkeit und falsche Lehre innerhalb der Landeskirche, verwerfen die falsche Lehre der Wiedertäufer [...], wie auch sämtliche Glaubensrichtungen, Parteien und Sekten, welche die Bibel wider Katechismus und wider die Augsburgische Konfession auslegen. [...] Wir meiden jede Ungerechtigkeit, alle Laster und unnütze Hantierung; enthalten uns von starken Getränken und Genuß des Tabaks, folgen auch nicht der Welt in ihren eitlen Moden und Spielereien, so den Christen nicht geziemen«.[22]

Die Laienbewegung brachte ein selbstbewusstes und nicht mehr bedingungslos obrigkeitshöriges Kirchenvolk hervor. Ihnen galt die Amtskirche als säkularisierte Institution, weshalb sie ihre alleinige Autorität kritisch hinterfragten. Die Amtskirche sah sich in ihren Grundfesten erschüttert, ihr drohte die religiöse Vormachtposition zu entgleiten. In Scharen liefen die Gläubigen zu den *Gromadki*. Mit dieser Bewegung manifestierte sich erstmals in der masurischen Bevölkerung ein Protestpotenzial, das eine emanzipatorische Eigendynamik entwickelte. Noch im ostpreußischen Masuren entstanden, boten die *Gromadki* den Menschen auch in der unbekannten neuen Heimat Westfalen ein Gefühl der Geborgenheit. Innerhalb der Gemeinschaftsbewegung kannte man sich, pflegte die gleiche Sprache und Mentalität. Bei den *Gromadki* fand sich eine religiöse Organisations-, ja Lebensform, in die die Alltagserfahrung dieser Bergleute voll und ganz integriert werden konnte.[23]

Im Ruhrgebiet setzte sich die Kontroverse zwischen der Amtskirche – diesmal in Gestalt des westfälischen Konsistoriums in Münster – und den masurischen Laienbewegungen fort. Die *Gromadki*, vor allem der erwähnte Gebetsverein von Christoph Kukat, verzeichneten auch hier starke Zugewinne. Für die Abwanderung zu den *Gromadki* zeichnete im Ruhrgebiet in erster Linie die Amtskirche verantwortlich, die die seelsorgerische Unterversorgung der masurischen Arbeiter zu spät erkannte. Die *Gromadki* arbeiteten bereits lange bevor die Amtskirche überhaupt die neue Situation erfasste. Der bereits in Masuren aktive August Chilla sammelte einen Anhängerkreis in Westfalen um sich. Selbst die Amtskirche erkannte an, dass Chilla in den 1880er Jahren »die erste geordnete, regelmäßige Versorgung der polnisch

22 Otto Jastremski für den Hauptverein der Ev. Gebetsvereine (Hg.), Christoph Kukat und der Evangelische Gebetsverein, Gelsenkirchen 1972, 13.

23 Greschat, Industrialisierung, Bergarbeiterschaft und »Pietismus«, 173–192.

sprechenden Masuren mit dem Worte Gottes in ihrer Muttersprache« initiiert habe.[24]

Hauptakteur neben der offiziellen Masurenseelsorge war jedoch der Gebetsverein von Kukat, dessen Gebetsversammlungen bereits 1882 begannen. Als sich 1885 der Gebetsverein in Ostpreußen offiziell konstituierte, war Westfalen also bereits Teil des Predigtgebiets. Da die Raumfrage zunehmend zu einem Problem wurde, schritten viele Zweigvereine zum Bau eigener Versammlungshäuser. 1892 entstand der erste Gemeinschaftssaal mit Wohnhaus in Gelsenkirchen, 1899 folgten Wattenscheid und Bochum. Bis zum Ersten Weltkrieg existierten in allen Teilen des zentralen Ruhrgebiets Zweigvereine des Gebetsvereins mit festen Versammlungsorten, in denen in polnischer, deutscher und sogar teilweise in litauischer Sprache gepredigt wurde.[25]

Auch im Ruhrgebiet entstanden Konflikte zwischen Amtskirche und Gebetsvereinen. Der Gelsenkirchener Pfarrer Oskar Mückeley, obwohl behutsam im Ton, warf den Gebetsvereinen mangelnde Kooperationsbereitschaft und theologische »Eigentümlichkeiten« vor. Dabei ging es vor allem um liturgische Spezifika und etwa ihre Ablehnung des Buß- und Bettages.[26] In einer theologischen Darstellung entgegnete ihm der Gebetsvereinsprediger Adam Papajewski: »Wir vom Ostpr. Gebetsverein erkennen unsere evangelische Kirche, bildlich gesprochen, wohl als unsere Mutter an, aber wir sehen leider doch vielfach, wie es darin viele treiben und machen. Von sehr vielen in der Kirche wird nur Moral gepredigt; die Predigt der Buße und Bekehrung im wahren Sinne des Evangeliums, wie es der liebe Heiland selbst gelehrt und geboten hat [...] hört man wenig«.[27]

Die religiösen Laienbewegungen vermochten, allein aufgrund ihrer zahlenmäßigen Stärke, selbstbewusst und emanzipiert gegen die Amtskirche aufzubegehren. Damit forderten sie die Kirche zu einer verstärkten Masurenseelsorge heraus. Die Amtskirche begann ihrerseits Maßnahmen zu ergrei-

---

24 Oskar Mückeley, Die ostpreußischen Sekten, Gemeinschaften und kirchlichen Versammlungen im rhein.-westf. Industrie-Bezirk, Gelsenkirchen 1913, 1.

25 Jastremski, Christoph Kukat, 34–35.

26 Mückeley, Die Masuren im rheinisch-westfäl. Industriebezirk, 25–27.

27 Adam Papajewski (für den Ostpreußischen Gebetsverein), Zur Verantwortung gegen die Broschüre des Herrn Pfarrer Mückeley, Masuren im rheinisch-westfäl. Industrie-Bezirk, o. O., o. J., 10. Immer wieder richtete der Gebetsverein seine Kritik gegen die Verweltlichung der Amtskirche. Mückeley reagierte auf diese Gegenschrift mit einem offenen Brief, in dem er die Hand zum Dialog reichte. Er unterzeichnete den gedruckten Brief »In herzlicher Liebe grüßt euch euer Mitpilger und Miterlöster«. Vgl. ders., Offener Brief an die Mitglieder der ostpreußischen Gebetsvereine in Westfalen, Gelsenkirchen 1910.

fen, um die Abwanderung zu den *Gromadki* zu verhindern. Mit Hilfe eigener masurischer Gemeindehelfer (polnisch-masurisch: kościelnik) sollten auch von landeskirchlicher Seite außergottesdienstliche Andachten in polnischer Sprache veranstaltet werden. Aufgabe dieser polnischsprachigen Gemeindehelfer war es, die zerstreut lebenden Masuren zu betreuen und die zweisprachigen Gemeindepfarrer zu entlasten. Außerdem waren sie präsent, wo neue Zechen entstanden und die kirchliche Infrastruktur noch fehlte.

Der Gelsenkirchener Pfarrer Oskar Mückeley brachte gegenüber der polnischen Sprache und den *Gromadki* mehr Verständnis auf als seine Amtskollegen in Masuren. Vehement verteidigte er den kirchlichen Auftrag zur muttersprachlichen Seelsorge, solange dieser erforderlich sei. Er sagte: »Mit vollen Segeln geht auf der ganzen Linie die Ueberleitung zum Deutschtum vonstatten. Wir dürfen aber auch nicht in nervöser Ungeduld vor der Zeit mit der kirchlichen Fürsorge abbrechen«.[28] Vor allem Mückeley ist es zu verdanken, dass sich die masurische Seelsorge im Ruhrgebiet seit der Jahrhundertwende spürbar verbesserte. 1913 befanden sich zweisprachige Gemeindepfarrer in den Gemeinden Gelsenkirchen, Gelsenkirchen-Schalke, Gelsenkirchen-Blumke, Gelsenkirchen-Bismarck, Wanne, Bochum, Erle-Middelich und in der rheinischen Kirche in Rotthausen. Neben 14 Gemeinden, die zweisprachige Pfarrer und Kirchendiener für die masurische Seelsorge unterhielten, wurden in 16 weiteren Gemeinden polnische Gottesdienste gehalten.[29]

Durch ihre vielfältigen Aktivitäten innerhalb und außerhalb der Kirchengemeinden haben die *Gromadki* die Amtskirche herausgefordert. Ihre Frömmigkeit stellte eine Provokation dar, wenn sie von einer in ihren Augen weitgehend säkularisierten Amtskirche eine moralische »Heiligung des Lebens« forderten. Sie strebten durch ihre Religiosität nach einer grundlegenden Hinwendung zu einem geheiligten Lebenswandel, um auch an Rhein, Ruhr und Emscher am »Neuen Jerusalem« mitzubauen. Oskar Mückeley fasste dieses Phänomen treffend zusammen: »Das religiöse Gebiet ist das Feld, auf welchem die Masuren des Industriebezirks ihren landsmännischen Zusammenschluß vollzogen haben«.[30] Dadurch unterschieden sie sich grundlegend von anderen Migrantengruppen und bewahrten ein masurisches Spezifikum: Religion und kirchliche Gemeinschaft als Rückzugsgebiet in einer zunehmend säkularen Industriegesellschaft.

---

28 Mückeley, Die ostpreußischen Sekten, 5.

29 Mückeley, Die ostpreußischen Sekten, 8–15.

30 Oskar Mückeley, Die Ost- und Westpreußen-Bewegung im rhein.-westfäl. Industrie-Bezirk, Gelsenkirchen 1926, 9.

Traugott Jähnichen

Zwischen nationaler Euphorie und theologischer Kritik

Neuorientierungen des Protestantismus in Deutschland nach dem Ausbruch des Ersten Weltkrieges

1. Einleitung

Der Erste Weltkrieg ist auch in theologiegeschichtlicher Perspektive als eine tiefe Zäsur zu interpretieren, die insbesondere für den liberalen Protestantismus eine tiefe Krise bedeutete. So hat beispielsweise Karl Barth wesentliche Gründe der radikalen Infragestellung des theologischen Liberalismus und entscheidende Impulse für seine theologische Neuausrichtung – wie er es wiederholt und prägnant zum Ausdruck gebracht hat – im Versagen seiner theologischen Lehrer gegenüber der »Kriegsideologie«[1] gesehen. Nach Barth kam insbesondere dadurch, dass seine Lehrer den deutschen Aufruf »An die Kulturwelt« vom 4. Oktober 1914 unterstützten, »eine ganze Welt von theologischer Exegese, Ethik, Dogmatik und Predigt, die ich für grundsätzlich glaubwürdig gehalten hatte, [...] bis auf die Grundlagen ins Schwanken.«[2] Weitaus schärfer urteilte Barth im unmittelbaren Kontext der Zeit in einem Brief vom Januar 1915: »Ich habe eine Götterdämmerung erlebt, als ich studierte, wie Harnack, Herrmann, Rade, Eucken etc. sich zu der neuen Lage stellten« und wie Wissenschaft und Religion »restlos sich in geistige 42 cm Kanonen«[3] verwandelten. In kritischer Auseinandersetzung mit diesen An-

---

1 Karl Barth, Autobiographische Skizze Münster 1927, in: Karl Barth – Rudolf Bultmann, Briefwechsel 1922–1966, hg. von Bernd Jaspert, Karl Barth GA V/1, Zürich 1971, 306.

2 Vgl. Karl Barth, Nachwort, in: Schleiermacher-Auswahl, hg. von Heinz Bolli, Gütersloh 1968, 293.

3 Brief K. Barths an W. Spoendlin vom 4.1.1915, zitiert nach: Eberhard Busch, Karl Barths Lebenslauf, München 1978, 93.

fragen Barths an seine Lehrer sollen in dem folgenden Beitrag die deutlich differenzierteren Sichtweisen bedeutender Repräsentanten des theologischen Liberalismus aufgezeigt und durch Vergleiche mit der theologisch-politischen Haltung Barths bei Kriegsausbruch wie auch mit Positionen der theologisch Konservativen historisch eingeordnet werden.[4]

2. Karl Barths Suche nach einer theologisch-ethischen Position »›Jenseits‹ von Krieg und Kapitalismus«[5] und der Schock über den professoralen »Aufruf an die Kulturwelt«

Dass Karl Barth den Kriegsausbruch als ein massives Versagen des liberalen Protestantismus interpretiert hat, gewinnt vor dem Hintergrund seiner kritischen Lektüre des Jahrgangs 1913 der von Friedrich Naumann herausgegebenen und stark geprägten Zeitschrift »Die Hilfe« an Tiefenschärfe.[6] Barth konstatierte in diesem vor Kriegsausbruch verfassten Beitrag, dass weniger die Religion, die Philosophie oder die Kultur, sondern ganz zentral die Politik im Zentrum der Debatten stand. Insofern beurteilte er die »Hilfe« letztlich als ein »Parteiblatt«, immerhin ein »im Ganzen vornehmes Parteiblatt.«[7] In der »Hilfe« dominierte nach Ansicht Barths die »Sphäre des Relativen, der Konzessionen und Kompromisse, der Opportunitätsrücksichten«, während das Hören auf die Stimme des »Evangeliums des absoluten und lebendigen Gottes«[8] kaum spürbar war. Konkret müsste, so Barths weitere Argumentation, das Hören auf das Evangelium deutlich werden in einer Haltung, »anhaltend unruhig und sehnsüchtig [zu] sein, grundsätzlich revolutionär gegenüber dem Bestehenden, sehnsüchtig nach dem Bessern, das kommen soll, nach den absoluten Zielen eines menschlichen Gemeinschaftslebens jenseits aller zeitlichen Notwendigkeiten.«[9] Zwar gestand Barth der »Hilfe« durchaus zu, im Vergleich zu den liberalen und konservativen Parteien ei-

---

4 Nach Abschluss der Arbeit an diesem Text erschien der umfangreiche Beitrag von Jan Rohls, Die deutsche protestantische Theologie und der Erste Weltkrieg, in: Mitteilungen zur Kirchlichen Zeitgeschichte 8 (2014), 11–58, der einige andere Akzente setzt, auf die hier leider nicht eingegangen werden kann.

5 Karl Barth, »Die Hilfe« 1913, in: Die Christliche Welt, Nr. 33, 15.8.1914, 777.

6 »Die Hilfe ist Naumann«, so das prägnante Urteil Barths, »Die Hilfe« 1913, 776.

7 Barth, »Die Hilfe« 1913, 775.

8 Barth, »Die Hilfe« 1913, 776.

9 Barth, »Die Hilfe« 1913, 776.

nen »am Absoluten orientiert[en] [...] Idealismus«[10] zu vertreten, allerdings blieb sie letztlich bei der Position einer Reform des status quo stehen, ohne nach einem »›Jenseits‹ von Krieg und Kapitalismus«[11] zu fragen. Demgegenüber sah Barth im Frühsommer 1914 die Sozialdemokratie als die Partei an, die sich zwar ebenfalls an den alltäglichen Reformprojekten beteiligte, allerdings das »Ziel einer völligen Menschengemeinschaft der Klassen und Völker« vertrat und gerade aufgrund dieser Haltung »mit dem Absoluten, mit Gott politisch Ernst«[12] machte. Barths Position ist offenkundig stark von Hermann Kutters Interpretation der Sozialdemokratie als eines kritischen Werkzeuges Gottes gegenüber der verbürgerlichten Welt und Kirche[13] bestimmt, indem er den Unterschied der Sozialdemokratie zur Politik der Linksliberalen um Naumann als einen letztlich »religiösen Unterschied«[14] verstand, da die Sozialdemokratie nicht mit dem »gegenwärtigen Äon, mit Kapitalismus, Nationalismus und Militarismus den innern Frieden«[15] schließen würde. Sollte die Sozialdemokratie dies dennoch tun, so schließt der Artikel Barths, wäre dies »höchstens eine neue Enttäuschung, wie uns die Politik der Hilfe schließlich eine Enttäuschung ist [...]. Wir möchten von Gott mehr erwarten.«[16]

Als wenig später die deutsche Sozialdemokratie der Bewilligung der Kriegskredite mit großer Mehrheit im Reichstag zustimmte und auch die internationale Sozialdemokratie gegen den Ausbruch des Krieges keinen nennenswerten Widerstand zu organisieren vermochte, trat diese »neue Enttäuschung« ein und Barth sprach in der Rückschau von einem »doppelten Irrewerden«, nicht nur einem Irrewerden an seinen theologischen Lehrern, sondern auch »am Sozialismus«.[17] Damit geriet Barths in jener Zeit noch kulturprotestantisch begründete, religiös-soziale Haltung in eine Krise und er begann, dezidiert theologisch danach zu fragen, was es bedeuten könnte, »von Gott mehr [zu] erwarten« mit dem Ziel, eine gegenüber den kulturprotestantischen Vermittlungen von Christentum und Kultur unabhängige Perspektive zu erarbeiten.

---

10 Barth, »Die Hilfe« 1913, 776.

11 Barth, »Die Hilfe« 1913, 777.

12 Barth, »Die Hilfe« 1913, 777.

13 Vgl. Hermann Kutter, Sie müssen. Ein offenes Wort an die christliche Gesellschaft, Berlin 1906.

14 Barth, »Die Hilfe« 1913, 778.

15 Barth, »Die Hilfe« 1913, 778.

16 Barth, »Die Hilfe« 1913, 778.

17 Barth, Autobiographische Skizze Münster 1927, 306.

Stärker als auf die Suche nach einem theologischen Neuanfang konzentrierte sich Barth zunächst auf die radikale Kritik speziell der in Deutschland geläufigen theologischen Deutungen nach Kriegsausbruch. Er konstatierte in Deutschland wie in Europa allgemein eine Gott-mit-uns-Theologie, wobei in jedem Land die eigenen Ideale theologisch überhöht würden. Er empfand es als »unanständig und respektlos [...], wenn Gott in den Wirrnissen des [...] Krieges unter nationalen Gesichtspunkten die Schlachtfelder segnen«[18] sollte und gleichsam als Nationalgott für die eigenen Zwecke und Ziele in Anspruch genommen wurde. Vor diesem Hintergrund betonte Barth die Notwendigkeit, sich einer religiösen Deutung der Erfahrungen des Weltkrieges zu verweigern, da er die Versuche, eine durch die Politik verursachte Katastrophe religiös zu deuten, letztlich als blasphemisch ansah.[19] Demgegenüber forderte er zur theologischen Selbstkritik auf, wobei er den Widerspruch Gottes gegenüber allem menschlichen Wollen betonte und insbesondere das bürgerlich-nationale Gottesbild radikal in Frage stellte, wie er es für Kirche und Theologie jener Zeit als typisch ansah.

Den klarsten Ausdruck des von ihm kritisierten theologischen wie politischen Versagens identifizierte er in dem Aufruf deutscher Gelehrter vom 4. Oktober 1914 »An die Kulturwelt!«, den einige – jedoch nicht alle[20] – der theologischen Lehrer Barths mit unterzeichnet hatten. Der in zehn Sprachen übersetzte und weitverbreitete Aufruf ist deutlich von einer einseitigen, stark nationalistisch geprägten Sichtweise gegenüber den »Feinden Deutschlands«[21] bestimmt und wies jede Schuld oder auch nur Mitschuld Deutschlands am Ausbruch des Krieges zurück, wobei insbesondere die Verletzung der Neutralität Belgiens als reine Notwehr dargestellt wurde. Das militärische Handeln der deutschen Truppen in Belgien interpretierte man als Präventivmaßnahme und betonte nachdrücklich, dass sich die Truppen strikt an völkerrechtliche Regelungen halten und nur zum Selbstschutz militärisch handeln würden. Demgegenüber kritisierte der Aufruf das militärische Vorgehen der Entente mit einer stark moralischen Empörung: Während

---

18 Michael Weinrich, Die bescheidene Kompromisslosigkeit der Theologie Karl Barths. Bleibende Impulse zur Erneuerung der Theologie, Göttingen 2013, 342.

19 So Barth in seinem Briefwechsel mit Martin Rade in der religiös-sozialen Schweizer Zeitschrift »Neue Wege« 8 (1914), 429–438, insbesondere 429–430.

20 Während Barth in dem Brief vom Januar 1915 auch Rade scharf kritisierte, stellte er in dem obengenannten Nachwort zur Schleiermacher-Auswahl betont die »ehrenvolle Ausnahme Martin Rades« (Barth, Nachwort, 293) heraus.

21 An die Kulturwelt: Klaus Böhme (Hg.), Aufrufe und Reden deutscher Professoren im Ersten Weltkrieg, Stuttgart 1975, 47.

die russische Kriegsführung im Osten als »zuchtlose Grausamkeit« gegeißelt wurde, indem »russische Horden« Frauen und Kinder ermordeten, würden im Westen »Dumdum-Geschosse unseren Kriegern die Brust«[22] zerreißen, was als Widerspruch zur traditionellen Kriegsführung der europäischen Zivilisation bewertet wurde. Schließlich verurteilte man den Einsatz von Kolonialtruppen auf Seiten der Entente in demagogischer Weise, indem festgestellt wurde, dass »Mongolen und Neger auf die weiße Rasse«[23] gehetzt würden. Insbesondere in solchen Passagen ist der Aufruf von einem deutlichen Einschlag rassistischen Denkens und einem klaren Überlegenheitsgefühl und kulturellen Machtanspruch der Europäer, vor allem aber des deutschen Volkes, bestimmt. In einer letzten Zuspitzung versuchte der Aufruf an die internationale Kulturwelt schließlich den deutschen Militarismus zu verteidigen, der als notwendiger Schutz Deutschlands und damit als Voraussetzung auch der deutschen Kulturentfaltung interpretiert wurde. Der Text endet mit der Bitte um Vertrauen in die deutsche Kulturnation, die im Sinn der Traditionen deutscher Kultur und verbürgt durch die Namen der unterzeichneten Professoren, die deutsche Sicht auf den Kriegsbeginn zu plausibilisieren versuchte.[24]

In dem Text finden sich keine abwägenden oder differenzierenden Formulierungen, sondern im Sinn eines schlichten Freund-Feind-Denkens wurde die deutsche Position verteidigt und diejenige der Kriegsgegner scharf angegriffen. Insofern ist dieser Aufruf ein deutlicher Ausdruck der Indienststellung deutscher Wissenschaftler für den Propagandakrieg des Deutschen Reiches und die harte Kritik von Karl Barth, dass sich die Intellektuellen, darunter ein Teil seiner theologischen Lehrer, dazu hergegeben haben, ihre Reputation in geistige Munition zu verwandeln, nicht unberechtigt. Allerdings ist, anders als es Barth in den ersten Kriegsmonaten getan hat, deutlich zu differenzieren zwischen denjenigen liberalen Theologen, wie Adolf von Harnack, Adolf Deißmann, Wilhelm Herrmann und Friedrich Naumann, die diesen Aufruf verantwortet, und anderen Vertretern, die bewusst nicht zu den Unterzeichnern zählen und eine deutlich differenziertere Position unter dem unmittelbaren Eindruck des Kriegsausbruchs entwickelt haben.

---

22 Böhme, Aufrufe und Reden, 48.

23 Böhme, Aufrufe und Reden, 48.

24 Böhme, Aufrufe und Reden, 49. Vgl. auch Martin Greschat, Der Erste Weltkrieg und die Christenheit. Ein globaler Überblick, Stuttgart 2014, 18.

3. Die Stellungnahmen von Ernst Troeltsch und Martin Rade in den ersten Monaten des Ersten Weltkriegs

Exemplarisch sollen im Folgenden Reden und Stellungnahmen von Ernst Troeltsch und Martin Rade analysiert werden.[25] Diese beiden Theologen, die den Aufruf »An die Kulturwelt« nicht unterzeichneten, haben in jeweils unterschiedlicher Weise den Versuch unternommen, Grundanliegen des theologischen Liberalismus angesichts der durch den Kriegsausbruch völlig veränderten zeitgeschichtlichen und kulturellen Situation zu artikulieren. Während Troeltschs Position derjenigen des Aufrufs zumindest in den ersten Wochen des Krieges in einigen Aussagen ähnelt, findet sich bei Rade eine im Vergleich zum theologischen Mainstream abweichende und profilierte Haltung.

Ernst Troeltsch, der sich während der Julikrise gegenüber einem Freund noch mit großer Sorge angesichts der Kriegsgefahr und eines zu erwartenden »Weltenbrand[es]«[26] äußerte, stellte sich unmittelbar nach Kriegsbeginn als Redner für sogenannte vaterländische Versammlungen in Heidelberg, Mannheim und Karlsruhe zur Verfügung und schlug dabei einen deutlich nationalistischen Ton an. Nach der Erklärung der Mobilmachung finden sich in seinen Reden stark von der Propaganda geprägte Stereotype über die russischen und französischen Kriegsgegner[27] sowie ein klarer Aufruf zu einem entschiedenen militärischen Engagement. Dabei interpretierte er religiöse Überzeugungen als wesentliche Motivation für eine siegreiche Kriegsführung und schloss seine erste Rede in Heidelberg zivilreligiös mit der Bitte um Gottes Schutz für das deutsche Vaterland.[28] In weiteren Reden versuchte er sowohl die besondere militärische Situation Deutschlands und den sich aus seiner Sicht daraus ergebenden Willen zu einer starken Militärmacht wie auch die religiöse Dimension der Verpflichtung für die nationale Sache herauszustellen. Angesichts der gegen Deutschland gerichteten Propaganda seitens der westeuropäischen Nationen nahm Troeltsch den Topos des Weltkrieges als eines »Kulturkrieges« auf und versuchte, die Grundlage deutscher

---

25 Ähnliche Positionen, vor allem zu Troeltsch, finden sich auch bei Otto Baumgarten, vgl. hierzu: Günter Brakelmann, Krieg und Gewissen. Otto Baumgarten als Politiker und Theologe im Ersten Weltkrieg, Göttingen 1991.

26 Brief von Ernst Troeltsch an Wilhelm Bousset vom 27.7.1914, zitiert nach: Hans-Georg Drescher, Ernst Troeltsch. Leben und Werk, Göttingen 1991, 413.

27 Vgl. Drescher, Ernst Troeltsch, 413.

28 Vgl. Drescher, Ernst Troeltsch, 414–415.

Kultur im »Wesen der Deutschen«[29] zu erfassen. In diesem Zusammenhang stellte er insbesondere die deutsche Idee der Freiheit heraus, die er gemäß seiner eigenen kulturphilosophischen Haltung als Synthese von Individualität und Gemeinschaftsbindung verstand, und grenzte dieses Freiheitsverständnis von dem westlichen, eher individualistisch geprägten Verständnis ab. Troeltsch betonte sehr deutlich die Besonderheit der deutschen Kultur und ihre Weltgeltung, wenngleich dies nicht nur in abgrenzender Weise gegenüber der westeuropäischen Tradition erfolgte und er bereits im Herbst 1914 die Notwendigkeit wechselseitiger Beeinflussung andeutete. Insofern ist bei ihm in einigen Passagen durchaus eine bedeutsame Nuancierung im Vergleich zum einseitig nationalistisch geprägten Grundton in Deutschland zu erkennen.

Eine Perspektive der Überwindung der von rein nationalem Pathos getragenen Haltung angesichts der Kriegsereignisse findet sich bei Troeltsch schließlich im April 1915 in seinem Artikel »Der Völkerkrieg und das Christentum«.[30] Erneut betonte Troeltsch die Bedeutung des Krieges für eine »religiöse Erneuerung und Vertiefung«[31] und zeigte, wie die Sicherheiten des Lebens der Vorkriegszeit verschwinden, so dass die Menschen nach einer höheren Verankerung ihres Lebens Ausschau halten und sich in neuer Weise religiösen Fragen zuwenden würden. Eine solche religiöse Erhebung meinte Troeltsch nicht allein in Deutschland, sondern auch in den anderen kriegführenden Nationen, speziell in England und Frankreich, wahrzunehmen.[32] Demgegenüber bedeutete der Krieg nach Troeltsch jedoch »[f]ür das internationale Christentum [...] geradezu eine Katastrophe«[33], da durch diesen Krieg deutlich wurde, wie wenig sich das Christentum in Europa als völkerverbindend und friedenssichernd erwiesen hatte. Speziell die Indienststellung der Kirchen und vieler Theologen für die jeweilige Kriegspropaganda – wobei Troeltsch diesen Vorwurf allerdings insbesondere an die englische Seite richtete und nur in Andeutungen selbstkritisch wendete – desavouierte das Christentum insbesondere unter den nicht-europäischen Völkern. Vor diesem Hintergrund charakterisierte Troeltsch die Spannung zwischen der

---

[29] So der Titel einer Rede vom 6. Dezember 1914 im Rahmen einer »Vaterländischen Versammlung« in der Karlsruher Stadthalle, zitiert nach Drescher, Ernst Troeltsch, 416.

[30] Vgl. Ernst Troeltsch, Der Völkerkrieg und das Christentum, in: Die Christliche Welt, Nr. 15, 15.4.1915, 294–303.

[31] Troeltsch, Der Völkerkrieg, 294.

[32] Vgl. Troeltsch, Der Völkerkrieg, 296. Vielfältige Belege für diese Einschätzung Troeltschs finden sich bei Greschat, Der Erste Weltkrieg und die Christenheit, 23–41.

[33] Troeltsch, Der Völkerkrieg, 295.

christlichen Verkündigung des Reiches der Liebe und des Friedens einerseits und der Einstellung auf die »realistischen Unterlagen einer in staatlicher und gesellschaftlicher Ordnung und damit im Heldentum des Krieges zu erprobenden Kulturethik.«[34] Troeltsch hielt grundsätzlich die Trennung dieser beiden Aspekte – im Hintergrund steht hier eine deutliche Bezugnahme auf die sogenannte Zwei-Reiche-Lehre Luthers – für richtig, warf jedoch auch die Frage auf, wie beide Aspekte aufeinander zu beziehen wären. Als eine entsprechende Perspektive skizzierte er die Vorstellung, dass das Evangelium »etwas ganz Persönliches und Individuelles«[35] wäre, das nur sehr indirekt und vermittelt auf die innerweltlichen Ordnungen und Werte einwirken könnte. Troeltsch spitzte diese Überlegung zu, indem er dem Evangelium eine durchaus »aufwärtstreibende Kraft und ein Ziel der Sehnsucht«[36] über den status quo hinaus zuschrieb, jedoch in den weltlichen Ordnungen die Christlichkeit nur »in den Grenzen des Möglichen« zu verwirklichen und daher »auf eine radikale und absolute Christlichkeit [zu] verzichten«[37] ist.

In diesem Sinn versuchte Troeltsch aufzuzeigen, dass weder eine radikale ethische Forderung gegenüber dem Staat, wie von einigen Pazifisten gefordert, noch ein prinzipielles Abweisen sittlicher Verantwortung des Staates zutreffend wären und betonte den Wert der persönlichen christlichen Überzeugung, aus der heraus und durch sie vermittelt schließlich auch neue Gestaltungen des europäischen Christentums erwachsen könnten. Troeltsch reflektierte in diesem Beitrag somit die Bedeutung des Krieges nicht allein für die deutsche Kirche und Theologie, sondern nahm den Zusammenhang der christlich geprägten Nationen Europas in den Blick, wobei er selbstkritisch die Infragestellung eines christlichen Europas durch den Krieg hervorhob. Allerdings entwickelte er daraus nicht die Position einer grundsätzlichen Infragestellung des Krieges, wie sie bei christlich-pazifistischen Vertretern dieser Zeit, insbesondere bei Otto Umfrid[38], aufweisbar ist, sondern sah die nüchterne Akzeptanz der Realpolitik und damit auch das militärische Handeln als notwendig an, wobei er allerdings für eine zukünftige Friedensordnung in Europa einen entsprechenden christlichen Beitrag erhoffte.

Am detailliertesten lässt sich die Haltung eines liberalen Theologen während der ersten Kriegsmonate anhand der wöchentlich erscheinenden

---

34 Troeltsch, Der Völkerkrieg, 298.

35 Troeltsch, Der Völkerkrieg, 300.

36 Troeltsch, Der Völkerkrieg, 301.

37 Troeltsch, Der Völkerkrieg, 301.

38 Vgl. Christof Mauch/Tobias Brenner, Für eine Welt ohne Krieg. Otto Umfrid und die Anfänge der Friedensbewegung, Schönaich 1987.

Andachten und Glossen beziehungsweise Kommentare zum Kriegsgeschehen von Martin Rade in der »Christlichen Welt« (CW) rekonstruieren. Der Kriegsausbruch wurde von ihm in der CW vom 6.8.1914 mit einer gewissen Zurückhaltung kommentiert, indem er zugestand, dass die Kriegsnotwendigkeiten stets »auch auf Kosten der Nächstenliebe«[39] gingen. Angesichts der Gefahr einer Relativierung ethischer Grundsätze stellte er mit Nachdruck die Frage nach einem »guten Gewissen«[40] während des Kriegsgeschehens in den Mittelpunkt und nahm damit implizit die Tradition der Lehre des »gerechten Krieges« mit der Unterscheidung von gerechtfertigten und problematischen Mitteln der Kriegsführung (ius in bello) auf. In seinen Glossen zum Balkankrieg – datiert auf den 28.7.1914 – in derselben Nummer der CW wurde der Mord von Sarajevo einerseits mit deutlich antislawischen Stereotypen kommentiert, wobei Rade andererseits zugestand, dass die Annexion Bosniens und der Herzegowina durch Österreich-Ungarn eine Schädigung der Interessen Serbiens bedeutete. In den auf den 2.8.1914 datierten Glossen nach der Mobilmachung räumte Rade sogar ein, dass eine gewisse Mitschuld Deutschlands an dem Ausbruch des Krieges kaum zurückzuweisen wäre und insofern Deutschland »von keinem reinen Verteidigungskrieg«[41] sprechen könnte. Mit dieser Äußerung stellte Rade deutlich den nationalen Konsens seiner Zeit in Frage[42] und verweigerte sich somit in eindrücklicher Weise der Indienstnahme durch die weithin die öffentlichen Stellungnahmen dominierende Kriegspropaganda. Die für den liberalen Protestantismus eigentümliche Perspektive einer sachlichen und abgewogenen Grundhaltung hat Rade somit gerade auch angesichts der Zuspitzung der Lage durch den Kriegsausbruch beibehalten.

Dies gilt weithin auch für die folgenden Wochen und Monate. So ist die Andacht unter dem Titel »Gottes Wille im Krieg« vom 15.8.1914 von Formeln einer Kriegsverherrlichung weit entfernt, indem Rade in Aufnahme des Motivs der apokalyptischen Reiter von Beginn an die mit allen Kriegen einhergehenden Übel der Vernichtung und des Leides deutlich betonte. Ferner stellte er den Unterschied der Haltung der Urchristenheit zu seiner Gegenwartssituation heraus und legte dar, dass der Krieg nunmehr als Volkssache

---

39 Martin Rade, Krieg, in: CW, Nr. 32, 6.8.1914, 746. Zur Entwicklung der Position Rades während des Weltkrieges vgl. Anne Christine Nagel, Martin Rade – Theologe und Politiker des Sozialen Liberalismus, Gütersloh 1996, 134–156.

40 Rade, Krieg, 746.

41 Martin Rade, Glossen, in: CW, Nr. 32, 6.8.1914, 767.

42 Dass die Vorstellung, einen Verteidigungskrieg zu führen, in allen Nationen vorherrschte, zeigt Greschat, Der Erste Weltkrieg und die Christenheit, 15–16, 23, 30–31.

zu interpretieren wäre, wodurch nicht zuletzt nationale Interessen und auch Leidenschaften das unmittelbare Erleben bestimmen würden. Ausgehend von diesen Überlegungen fragte er nach dem Willen Gottes im Krieg und sah es als Aufgabe der Theologen an, »Gottes Willen aus dem Wirklichen [zu] erkennen.«[43] Mit diesen Formulierungen reagierte er auf die Herausforderungen des Krieges und betonte angesichts einer weit verbreiteten Unsicherheit in der Bevölkerung, die er speziell bei Frauen, älteren Menschen und Kindern wahrnahm[44], dass nunmehr das »Herz fest werde[n]«[45] müsste, um angemessen handeln zu können, ohne dabei jedoch das Gebot der Nächstenliebe aufzugeben. Somit stellte sich Rade in dieser Andacht deutlich auf die Kriegswirklichkeit ein, ohne diese zu verklären, sondern versuchte stattdessen mit Nachdruck, die Beachtung ethischer Grundsätze ungeachtet der Kriegserfordernisse einzuschärfen.

Dies zeigt sich auch in den Glossen zum Krieg in der Ausgabe vom 15.8.1914, in denen er die Ruhe und Ordnung im Prozess der Mobilmachung in Deutschland hervorhob, die er als »Seelenstärke«[46] interpretierte. Auch in diesen Glossen finden sich erneut gegenüber der Stimmung in Deutschland kritische Äußerungen, indem Rade die demagogische Art und Weise scharf verurteilte, wie in Deutschland nach Kriegsausbruch ausländische Mitbürger verleumdet wurden und es auch zu Ausschreitungen kam. Angesichts solcher Exzesse rief er Pfarrer und Lehrer eindringlich dazu auf, beruhigend und aufklärend zu wirken.[47] Die nächste Ausgabe der CW vom 20.8. wird von einem Kommentar Rades »Von der Lage unserer Zeitung« eröffnet, wo er den Ausbruch des Krieges als »Katastrophe, die über uns hereingebrochen ist«[48], bezeichnete. In einem weiteren Text unter dem Titel »Vaterlandsliebe und Christentum« stellte Rade eine gewisse Berechtigung der Vaterlandsliebe als Eintreten für die Seinen sowie »Liebe zum heimischen Herd«[49] als durchgängiges Motiv aller Religionen und somit auch des Christentums heraus, wobei er gegenüber einem übertriebenen Patriotismus jedoch erneut an die Friedensbotschaft des Christentums erinnerte. Bemerkenswert ist ferner, dass

---

43 Martin Rade, Gottes Wille im Krieg, in: CW, Nr. 33, 15.8.1914, 770.

44 Vgl. hierzu auch Ute Gause, »In Arbeit und Gebet ein Heer hinter der Front!« Krieg, Kirche und protestantische Christinnen zwischen 1914 und 1918, in: Friedhelm Boll (Hg.), Volksreligiosität und Kriegserleben, Münster 1997, 90–115.

45 Rade, Gottes Wille im Krieg, 770.

46 Martin Rade, Zum Kriege, in: CW, Nr. 33, 15.8.1914, 781.

47 Vgl. Rade, Zum Kriege, 782.

48 Martin Rade, Von der Lage unserer Zeitung, in: CW, Nr. 34, 20.8.1914, 785.

49 Martin Rade, Vaterlandsliebe und Christentum, in: CW, Nr. 34, 20.8.1914, 787.

mit der Ausgabe vom 20.8.1914 ein über mehrere Ausgaben verteilter Abdruck von Luthers klassischer Schrift »Ob Kriegsleute auch in seligem Stande sein können« begann. Offensichtlich wollte Rade mit dieser Erinnerung angesichts einer gerade auch in theologischen Kreisen nahezu unkontrollierten nationalen Euphorie an reformatorische Grundsätze erinnern, um auf diese Weise eine am Gewissen der Einzelnen orientierte ethische Urteilsbildung zu ermöglichen.

Die Andacht vom 27.8.1914 zum Thema »Unsere junge Mannschaft« ist vielleicht der am stärksten von Anklängen an die Kriegsrhetorik bestimmte Text Rades. Hier finden sich Formeln von der Kraft und Stärke der eigenen Jugend sowie vom dankbaren »Schwärmen« über den Sieg[50], die zum Schluss in unmittelbar religiöse Rede mit nationalem Pathos übergingen: »Ja, wir sind ein begnadetes Volk. Wir werden nicht zu Schanden werden. Gott behüte unsere junge Mannschaft, draußen und daheim.«[51] Immerhin stellte Rade in dieser Andacht auch die mit zweifelndem Unterton vorgetragene Frage, wie die Soldaten heimkehren und was die Kriegserlebnisse im geistigen und geistlichen Leben des Volkes verändern würden. Ferner äußerte er sich in dieser Ausgabe in einem Kommentar explizit zur Verletzung der belgischen Neutralität, wobei er die gegenüber Frankreich freundliche Haltung Belgiens als möglichen Grund eines Präventivhandelns herausstellte, aber auch die offiziellen Erklärungen der deutschen Seite, soweit sie ethische Grundsätze oder gar das Völkerrecht prinzipiell in Frage stellten, scharf verurteilte. Ferner berichtete er von dem durch den Kriegsausbruch gescheiterten Kongress für Freundschaftsarbeit der Kirchen in Konstanz und betonte dessen hohe Relevanz für die Zeit nach dem Krieg.[52]

Nach einer kurzen Phase Ende August und Anfang September von Andachten und Stellungnahmen mit einem deutlich nationalen Pathos – so auch in der Andacht »Deutsche Nation« vom 3.9.1914[53] – veränderte sich der Ton nach und nach und skeptischere Aussagen beginnen Rades Kommentierung zu bestimmen. Hellsichtig stellte er bereits am 10.9.1914 die Frage, ob der begonnene Krieg vermutlich länger andauern und gar »als Weltkrieg eben erst angefangen«[54] haben könnte. Diese Aussicht verband er mit Bemerkungen angesichts der hohen Opferzahlen und versuchte, die Frage nach dem »Wofür?« der Opfer sowohl in nationaler wie in übernationaler Perspektive so zu

---

[50] Martin Rade, Unsere junge Mannschaft, in: CW, Nr. 35, 27.8.1914, 801.

[51] Rade, junge Mannschaft, 802.

[52] Vgl. Rade, junge Mannschaft, 814.

[53] Vgl. Martin Rade, Deutsche Nation, in: CW, Nr. 36, 3.9.1914, 817–818.

[54] Martin Rade, Opfer, in: CW, Nr. 37, 10.9.1914, 834.

beantworten: »Für ein neues wiedergebornes herrliches Vaterland. Für eine bessere Menschheit.«[55] Beide Aussagen stehen nebeneinander und in einer gewissen Spannung zueinander. Rade versuchte zumindest nicht, wie andere damalige Kommentatoren, eine gute deutsche Zukunft als Voraussetzung einer positiven Menschheitsentwicklung zu postulieren.

Eine Woche später konstatierte er nunmehr sehr deutlich und mit einem ernüchterten Unterton den »Bankerott der Christenheit«.[56] Ohne an seinem Glauben irre zu werden, erklärte er den Krieg, früher und deutlicher als Troeltsch, als »offenkundigen Bankerott« der »Christenheit der europäisch-amerikanischen Kulturwelt«[57], speziell im Gegenüber zu den nicht-christlichen Völkern. Diese Tatsache galt es nach Rade nicht zu beschönigen, sondern vielmehr im Sinn eines »ehrlichen Bankerott[s]« anzunehmen und nach dem Krieg das »Geschäft neu wieder aufzurichten.«[58] Hier wird deutlich, wie nüchtern Rade die Ereignisse des Krieges in den Blick nahm und dass er sehr früh die Konsequenz zog, die dominierende kulturprotestantische Perspektive einer fortschreitenden Versittlichung der Kultur durch das Christentum in Frage zu stellen. Aufgenommen und vertieft hat Rade diese Perspektive in der Andacht »Der Gott der Völker«, in der er die Tendenz, Gott im Krieg jeweils zu einem Nationalgott zu erniedrigen, problematisierte. So hielt er es für billig, angesichts dieser Situation spöttisch zu reagieren, betonte stattdessen umso mehr die durch das Gebet sowie die ähnlichen existenziellen Grundhaltungen konstituierte Gemeinsamkeit der europäischen Völker, die auch der Krieg nicht aufheben könnte, und beendete diese Andacht mit der Frage, ob es nicht möglich sein müsste, »für unsere Feinde zu beten?«[59] In Fortführung dieser Überlegungen verwahrte er sich in der folgenden Andacht entschieden gegen eine Verteufelung der Gegner und gegen eine »unchristliche Überhebung«[60] des eigenen Volkes.

Rades Andachten und Kommentare sind von einer insgesamt zurückhaltenden Bewertung der ersten Kriegsmonate geprägt. Ihm ging es einerseits darum, seine Gegenwart, das heißt konkret das »Erleben dieses Krieges«[61],

---

55 Rade, Opfer, 834.

56 Martin Rade, Der Bankerott der Christenheit, in: CW, Nr. 38, 17.9.1914, 849–850.

57 Rade, Bankerott, 849.

58 Rade, Bankerott, 850.

59 Martin Rade, Der Gott der Völker, in: CW, Nr. 39, 24.9.1914, 871.

60 Vgl. Martin Rade, Vom gerechten Selbstbewusstsein, in: CW, Nr. 40, 1.10.1914, 887.

61 So Rade in seinem Briefwechsel mit Barth in der religiös-sozialen Schweizer Zeitschrift »Neue Wege« 8 (1914), 429–438, wo er betonte: »Und Sie verlangen, wir sollten bei dem Erleben dieses Krieges Gott außer Spiel lassen. Das ist unmöglich.« (436)

theologisch zu deuten sowie die Ängste und Hoffnungen seiner Zeitgenossen aufzunehmen, und andererseits um eine Betonung der Bewährung der ethischen Herausforderungen unter diesen Bedingungen. Dabei stellte er klar heraus, dass auch im Krieg eine Außerkraftsetzung ethischer Maximen undenkbar sei und sprach sich vor allem für die nach wie vor geltende Zielsetzung einer europäischen Verständigung aus. In diesem Sinn hat er wohl am deutlichsten die Grundhaltung und die Intentionen des theologischen Liberalismus bewahrt, was ihn allerdings in eine deutliche Minderheitenposition, auch im Lager der Liberalen, geraten ließ.[62]

4. Die völkische Neuausrichtung des konservativen Protestantismus unter dem Eindruck des Ersten Weltkrieges

Martin Rade und Ernst Troeltsch, ganz zu schweigen von Karl Barth, sind mit ihren Deutungen und Stellungnahmen innerhalb des deutschsprachigen Protestantismus mehr oder weniger als Außenseiter zu betrachten, wie es nicht zuletzt durch den Vergleich mit dem Aufruf »An die Kulturwelt!« deutlich geworden ist. Dass sich darüber hinaus herausragende Repräsentanten des konservativen Protestantismus, der die damalige Mehrheitsmeinung repräsentiert haben dürfte, in den ersten Kriegsmonaten deutlich radikalisiert haben, soll abschließend kurz skizziert werden, da erst die Betrachtung der inhaltlich großen Spannweite der theologischen Äußerungen in den ersten Kriegsmonaten eine angemessene Einordnung der dargestellten Positionen erlaubt.

Eine für die Zukunft von Kirche und Theologie sehr einschneidende Neuprofilierung erfolgte im Spektrum des konservativen Protestantismus durch einen der Wortführer der sogenannten modern-positiven Richtung, Reinhold Seeberg[63], ebenfalls Mitunterzeichner des Aufrufs »An die Kulturwelt«. Seeberg stellte als die in seiner Sicht positiven, auf das innere Leben

---

[62] So finden sich in der CW in verschiedenen, von anderen Autoren namentlich gekennzeichneten Beiträgen deutlich nationalere und auch offen militaristische Töne in den ersten Kriegswochen. Vgl. CW 36, 823–824; Nr. 37, 839–841; Nr. 40, 888–891. Allerdings erhielten in der CW auch pazifistische Stimmen die Möglichkeit, ihre Sicht vorzutragen, vgl. Walter Schücking, Der Weltkrieg und der Pazifismus, in: Die Christliche Welt, Nr. 39, 24.9.1914, 875–877.

[63] Vgl. Friedrich Wilhelm Graf, Reinhold Seeberg, in: Wolf-Dieter Hauschild (Hg.), Profile des Luthertums. Biografien zum 20. Jahrhundert, Gütersloh 1998, 617–676; Günter

des Volkes bezogenen Erträge der ersten Kriegsmonate vor allem den Aspekt der nationalen Einheit heraus. Im Gegensatz zu dem von »schroffen Gegensätzen durchzogenen«[64] öffentlichen Leben vor dem Krieg wäre Deutschland nunmehr »ein einheitliches Reich geworden.«[65] Diese Einheit drückte sich nach Seeberg vor allem in der »gewaltigen Steigerung des nationalen Empfindens«[66] aus, wobei er den Begriff des »Völkischen« positiv aufnahm und diesen im Unterschied zum nationalen Denken dahingehend definierte, dass mit diesem Begriff eine »intime« Seite angesprochen würde, er »bezeichnet das Bekenntnis der Seele zu ihrem Volk.«[67] Des Weiteren konstatierte er das Ende des Individualismus und die Unterordnung des Einzelnen unter die Ansprüche des Volkes. In polemischer Abgrenzung gerade auch zu kulturprotestantischen Positionen deklamierte er, das »persönlichkeitstrunkene Geschlecht« habe durch den Krieg erfahren müssen, dass »in dem wirklichen Leben der einzelne Mensch nichts ist, er sei denn Glied der geschichtlichen Gemeinschaft seines Volkes.«[68] Damit ist – angesichts der realen Erfahrungen in den Schützengräben des Ersten Weltkriegs durchaus realistisch, von Seeberg jedoch geradezu zynisch begrüßt – dem liberalen Gedanken der Würdigung der Persönlichkeit der Boden entzogen. Seeberg entwickelte wirkmächtige Deutungen für die sich im Weltkrieg mehr und mehr konstituierende und am Ende der Weimarer Zeit triumphierende völkische Bewegung.

Völkisches Empfinden und die Ein- beziehungsweise Unterordnung des Einzelnen unter die Erfordernisse des Volkes waren in dieser Perspektive die wesentlichen Ergebnisse der ersten Kriegsmonate. Hinzu kam nach Seebergs Auffassung eine neue Erkenntnis der Macht des Bösen. Als Beweis der Macht des Bösen sah er den »furchtbare[n] Haß unserer Gegner«[69] an. Er identifizierte die Gegner – insbesondere England – wegen ihres Egoismus und ihrer »hinterlistigen Lüge« als »gottwidrige Mächte«, in letzter Konsequenz stand Deutschland – so die Deutung Seebergs – dem »Unnatürlichen

---

Brakelmann, Protestantische Kriegstheologie im Ersten Weltkrieg. Reinhold Seeberg als Theologe des deutschen Imperialismus, Bielefeld 1974.

64 Reinhold Seeberg, Was sollen wir denn tun? Erwägungen und Hoffnungen, Leipzig 1915, 2.

65 Seeberg, Was sollen wir denn tun, 4. Die Bedeutung dieser »Stimmung« speziell in Deutschland betont mit vielen weiteren Belegen Greschat, Der Erste Weltkrieg und die Christenheit, 15–16.

66 Seeberg, Was sollen wir denn tun, 13.

67 Seeberg, Was sollen wir denn tun, 14.

68 Seeberg, Was sollen wir denn tun, 17.

69 Seeberg, Was sollen wir denn tun, 14.

und Widerwärtigen«[70] gegenüber. Der letzte Schritt, der über eine militärisch entschiedene Bekämpfung dieses »Unnatürlichen und Widerwärtigen« hinaus dessen Ausrottung fordert, wurde von Seeberg nicht explizit vollzogen, legt sich aber gedanklich konsequent nahe. Angesichts dieser dramatischen Erfahrungen erhoffte er durch den Krieg eine – nicht zuletzt religiöse und kirchliche – »Wiedergeburt unseres Volkes«[71], wie er sie vor allem durch das neuartige »völkische« Empfinden in breiten Kreisen heraufziehen sah.

Diese Position ist als eine Indienststellung des Denkens und auch der Theologie für eine im Vergleich zur alteuropäischen Tradition des Krieges neuartige Haltung anzusehen, die auf die Konzeption eines »totalen Krieges« zielte.[72] Nach Auffassung Seebergs und anderer konnte der Krieg nicht allein auf den Schlachtfeldern entschieden werden, sondern musste sich auch im »inneren« Leben der Bevölkerung vollziehen, weshalb die propagandistische Arbeit im Sinn einer Deutungshoheit der Kriegsereignisse sowie die kulturelle Berechtigung des eigenen Handelns betont wurden. Dabei verschärfte sich das Freund-Feind-Denken etwa des Aufrufs an die Kulturwelt letztlich zu einer Dämonisierung der Kriegsgegner. Solche »Verteufelungen« des Gegners sind allerdings nicht nur auf deutscher Seite, sondern ähnlich auch in den anderen kriegführenden Nationen aufweisbar.[73] Die Möglichkeiten einer späteren Verständigung oder gar die für Liberale wie Troeltsch und Rade wesentliche Perspektive des Wiederaufbaus eines gemeineuropäischen christlichen Denkens und einer entsprechenden Kultur sind hier vollständig negiert, nur ein »Siegfrieden«, wie ihn in Deutschland Seeberg als akademischer Sprecher der Alldeutschen immer radikaler forderte, liegt in der Konsequenz dieser Haltung.

---

70 Seeberg, Was sollen wir denn tun, 16.

71 Seeberg, Was sollen wir denn tun, 60.

72 Dass bereits der Erste Weltkrieg in nahezu allen Ländern als »totaler Krieg« begriffen und geführt wurde, stellt Greschat, Der Erste Weltkrieg und die Christenheit, 26, 31, 95, eindrücklich heraus. Diese Deutung findet sich auch in Dietrich Bonhoeffers »Ethik«, der als Kennzeichen des totalen Krieges die Degradierung des Feindes – sowohl des bewaffneten wie des wehrlosen – »zum Verbrecher« (Dietrich Bonhoeffer, Ethik, DBW 6, München 1992, 100) ansah, wodurch der »totale Krieg« die Einheit einer christlich verstandenen Zivilisation in Europa faktisch beseitigt hat.

73 Vgl. Greschat, Der Erste Weltkrieg und die Christenheit, 24, 33–34, 40, 95.

5. Ausblick

Die radikale Zäsur des Ersten Weltkrieges hat der britische Außenminister Lord Edward Grey of Fallodon sehr klar noch vor der offiziellen Kriegserklärung Großbritanniens an Deutschland am Abend des 3.8.1914 prägnant zum Ausdruck gebracht: »Die Lampen gehen in ganz Europa aus, wir werden sie in unserem Leben nie wieder leuchten sehen.«[74] Dieser Eindruck einer Epochenwende lässt sich bei nahezu allen Theologen jener Zeit aufweisen und prägte bereits im Jahr 1914 die Debatten. Dies gilt für die große Mehrzahl der konservativen deutschen Theologen, die dem Krieg in traditioneller Weise positive Seiten abzugewinnen versuchten, deren Denken sich während des Krieges allerdings sehr rasch und deutlich radikalisierte, wofür exemplarisch die völkische Zuspitzung der Theologie Reinhold Seebergs steht. Demgegenüber lässt sich bei vielen liberalen Theologen ein entgegengesetzter Entwicklungsprozess rekonstruieren, indem sie sich nach und nach einer positiven religiösen Deutung der Kriegsereignisse verweigerten und stattdessen in den Erfahrungen des Krieges eine radikale Infragestellung einer traditionellen Christlichkeit sahen. Dabei machte nicht zuletzt die nahezu nahtlose Anpassung der kirchenleitenden Geistlichen und vieler theologischer Lehrer an die Propagandabedürfnisse der Nation deren Reden unglaubwürdig, so dass vielfach von einem »Bankrott des Christentums«[75] gesprochen wurde. Nicht zuletzt der liberale Protestantismus geriet in eine tiefe Krise, da die versittlichende Kraft des Persönlichkeitsideals sowie die Vermittlungen von europäischer Kultur und Christenheit kaum mehr plausibel erschienen.

Das insbesondere von den Liberalen konstatierte Versagen von Kirche und Theologie führte auf der Grundlage einer theologischen Selbstkritik zu verschiedenen Neuansätzen evangelischer Theologie, speziell in Deutschland. Während die Perspektiven einer theologischen Neuorientierung des liberalen Protestantismus in der Kriegs- und Zwischenkriegszeit auf wenig Resonanz stießen, fand die wesentlich von Karl Barth inaugurierte Dialektische Theologie als Krisentheologie speziell bei der theologischen Jugend große Zustimmung. Den durch den Ersten Weltkrieg ausgelösten Säkulari-

---

74 Edward Grey, Fünfundzwanzig Jahre Politik. Memoiren 1892–1916, Bd. II, München 1926, 18.

75 Nicht nur bei Rade (Rade, Bankerott, 849–850) findet sich diese Formulierung, sondern auch bei dem französischen protestantischen Pfarrer Henri Barbier, vgl. Greschat, Der Erste Weltkrieg und die Christenheit, 29.

sierungsschub sowie die Infragestellung der christlichen Identität Europas konnte sie allerdings kaum konstruktiv bearbeiten. Die in der Tradition des liberalen Protestantismus zu thematisierende Frage, wie Europa nach den Katastrophenerfahrungen des Ersten Weltkriegs und des 20. Jahrhunderts insgesamt sein christliches Erbe neu verstehen kann, bleibt weithin unbearbeitet und ist bis in die Gegenwart umstritten.

Jochen-Christoph Kaiser

1914 BIS 1918 – EIN KIRCHENGESCHICHTLICHER EINSCHNITT?[1]

Der Erste Weltkrieg gehört zweifellos zu den Phänomenen einer neubestimmten Moderne, die in den 1890er Jahren einsetzte und in der Weimarer Republik ihren »klassischen« Höhepunkt erreichte.[2] Diese war geprägt von einem Stilwandel der politischen Kultur in der Wilhelminischen Ära, in der das »von oben« gegründete Reich nach Überwindung einer schwierigen Anfangsphase in den Kreis der europäischen Großmächte eintrat und nach neuen kulturellen und (welt-) politischen Aufgaben suchte. Die Dynamik eines noch ungebrochenen Fortschrittsoptimismus bemächtigte sich der *neuen* bürgerlichen Eliten in Naturwissenschaft, Technik und Wirtschaft, verbunden mit der unerschütterlichen Überzeugung von der Beherrschbarkeit aller Probleme unter Einschluss der noch ungelösten gesellschaftlichen Herausforderungen. Die alten Führungsschichten in Politik, Militär und Bildungsbürgertum erschienen demgegenüber in der Perspektive des seinem Selbstgefühl nach zukunftsorientierten und progressiven Teils der Gesellschaft als statische Kräfte und weitgehend unfähig, die Herausforderungen von Gegenwart und Zukunft zu bewältigen.

Das wird an der Kritik der überkommenen wertsetzenden und sinnstiftenden Instanzen deutlich, zu denen auch die Kirchen gehörten. Die Katholi-

---

1 Der Jubilar Martin Greschat hat selbst zahlreiche Beiträge zur Wirkung des Ersten Weltkriegs auf die Kirchen in Deutschland und Europa publiziert, denen auch der folgende Beitrag viel verdankt. Dazu gehören unter anderem: Martin Greschat, Krieg und Kriegsbereitschaft im deutschen Protestantismus, in: Jost Dülffer/Karl Holl (Hg.), Bereit zum Krieg. Kriegsmentalität im wilhelminischen Deutschland 1890–1914, Göttingen 1986, 33–55; ders., Begleitung und Deutung der beiden Weltkriege durch evangelische Theologen, in: Bruno Thoß/Hans-Erich Volkmann (Hg.), Erster Weltkrieg – Zweiter Weltkrieg. Ein Vergleich, Paderborn 2002, 497–518; soeben erschien sein Taschenbuch: ders., Der Erste Weltkrieg und die Christenheit. Ein globaler Überblick, Stuttgart 2014. Vgl. dazu die Rezension von Rolf Hosfeld, in: Zeitzeichen 7 (2014), 61–62.

2 Detlev Peuckert, Die Weimarer Republik: Krisenjahre der Klassischen Moderne, Frankfurt am Main 1987.

ken galten ohnehin als Gegner der Moderne, die erst durch den Kulturkampf gewaltsam an die neue Zeit herangeführt werden mussten; aber auch die Protestanten, die sich im Prokrustesbett des Staatskirchentums bewegten, hielt man aus diesem Blickwinkel nur für bedingt fähig, das neue Zeitalter mitzuprägen. Der »Kampf um die Leitkultur« der Wilhelminischen Gesellschaft, um einen Terminus von Kurt Nowak aufzugreifen,[3] bestimmte die Jahre zwischen 1890 und 1914; und am Vorabend des großen Krieges war es noch ungewiss, wer sich hier durchsetzen würde.

Das Bewusstsein einer gewissen kulturellen Inferiorität teilte sich den Kirchen und ihren Vertretern in Leitungsgremien, Universitätstheologie und kirchlicher Öffentlichkeit durchaus mit. Wie man diesen Zustand verändern sollte, war umstritten, – die Konzepte reichten von einer defensiv orientierten Lagerbildung innerhalb der Gemeindefrömmigkeit bis zu offensiven Strategien unterschiedlichen Inhalts: auf der einen Seite die Minderheit der Liberalen mit ihrem kulturtheologischen Ansatz, auf der anderen die sogenannten Modern-Positiven, die den alten Glauben behutsam an die neuen gesellschaftlichen Gegebenheiten anpassen wollten. Letztere dominierten zusammen mit der Mehrheit der Pfarrer und Gemeinden das kirchliche Selbstverständnis und richteten ihre Abgrenzungsenergien häufig stärker gegen den innerkirchlichen liberalen Gegner als gegen die zeitbeherrschende Tendenz einer Loslösung weiter Teile der Gesellschaft von Christentum und Kirchen. Gangolf Hübinger hat in diesem Zusammenhang von einer »Versäulung« der protestantisch bestimmten Milieus des Kaiserreichs gesprochen, die geradezu durch »Ekelschranken« voneinander geschieden gewesen seien.[4] Diese These scheint allerdings überzogen, einmal weil der liberale Einfluss trotz der vielfach herausgehobenen sozialen Stellung seiner Repräsentanten letztlich gering blieb, und dann, weil es sich beim religiösen Liberalismus nicht um einen geschlossenen Block, sondern um eine differenzierungsbedürftige Größe handelte, die in vielen Bereichen durchaus Verbindungen zu anderen protestantischen Gruppen pflegte. Die These Hübingers ist dennoch nicht ohne Reiz und wirkt anregend; gerade angesichts des derzeitigen Booms von Forschungen und Editionen zum theologischen Liberalismus sollte man verstärkt auf ihre empirische Verifizierbarkeit achten.

---

3 Kurt Nowak, Geschichte des Christentums in Deutschland, München 1995, 149–204.

4 Gangolf Hübinger, Kulturprotestantismus und Politik. Zum Verhältnis von Liberalismus und Protestantismus im wilhelminischen Deutschland, Tübingen 1994; vgl. dazu meine Rezension: Jochen-Christoph Kaiser, Protestantismus und bürgerliche Gesellschaft im 19. Jahrhundert. Zwei neuere Studien und ihre Thesen, in: ASozG XXXVI (1996), 459–470.

Die neuere Geschichtswissenschaft hat mittlerweile von einem *normativ* bestimmten Modernisierungsmodell in Anlehnung an die Formierung der anglo-amerikanischen Gesellschaften Abstand genommen. Sie weiß um die Ambivalenz der Moderne, um ihr Janusgesicht, zu dem gerade auch die Verwerfungen des Geschichtsprozesses gehören. Diese entstanden in der anhaltenden Spannung zwischen einer rasant voranschreitenden, von naturwissenschaftlich-technischen Innovationen geprägten Gesellschaftsentwicklung und bleibenden inneren »Krisenherden«, von denen die Realität des Kaiserreichs geprägt war: an erster Stelle die intransigente Verweigerung von politischer Partizipation für die Unterschichten und ihre größte Partei, die Sozialdemokratie, weiterhin die fehlende Durchlässigkeit von den Parlamenten in die Regierungsverantwortung in Reich und Ländern sowie das nur unzureichend politisch kontrollierte Eigenleben des militärisch-industriellen Komplexes, – um nur einige von ihnen zu nennen. Außenpolitische Krisen kamen hinzu: Der politische Emanzipationswille der »verspäteten Nation« innerhalb der europäischen Staatenwelt basierte auf dem 1871 noch nicht abzusehenden ungeahnten wirtschaftlichen Aufschwung, der im Begriff stand, Großbritannien von der Weltspitze der Industrieproduktion zu verdrängen. Nun, in Zeiten des Hochimperialismus, traten die Deutschen im Zeichen der grenzenlosen ökonomischen Expansion auf zahlreichen Märkten mit anderen Industriestaaten in eine ruinöse Konkurrenz ein, die in den Augen sozialistischer Theoretiker wie Rudolf Hilferding, Rosa Luxemburg oder Lenin binnen kurzem zu einer globalen militärischen Auseinandersetzung führen würde. Ein europaweiter Rüstungswettlauf, vor allem auf dem Marinesektor, schien diese Befürchtungen zu bestätigen.

Jedoch ist die Frage strittig, ob es angesichts der innen- und außenpolitischen Konstellationen 1914 zum Krieg kommen *musste*. Da politische Entwicklungen aller historischen Erfahrung nach aber nur selten in eindimensionaler Determiniertheit verlaufen, hat die Forschung von einer »stabilen Krise« in einem »System gegenseitiger Blockaden« gesprochen, was für die Lage des Reichs am Vorabend des Krieges kennzeichnend gewesen sei. – 1961 präsentierte der Hamburger Historiker Fritz Fischer in seinem Buch *Griff nach der Weltmacht* erstmals seine These einer breiteren Öffentlichkeit,[5] wonach die Verantwortung der deutschen Politik für den Ausbruch des Weltkriegs weit größer gewesen sei, als von der Geschichtswissenschaft bisher angenommen; damit war die Frage nach der Kriegsschuld erneut aufgewor-

---

5 Zunächst in: Fritz Fischer, Deutsche Kriegsziele. Revolutionierung und Separatfrieden im Osten, in: HZ 188 (1959), 249–310.

fen, mit der sie sich in den 1920er Jahren intensiv und ablehnend beschäftigt hatte. Die Forschung ist Fischer und den Zuspitzungen seiner Position in späteren Arbeiten nur teilweise gefolgt. Aus der großen Kontroverse, die sich mit seinem Namen verbindet, lässt sich heute zweierlei resümieren, nämlich 1., dass kein europäischer Staat 1914 in seinen lebenswichtigen Interessen so gefährdet war, dass er in die militärische Auseinandersetzung als letztes Mittel hätte eintreten müssen, und 2., dass niemand in Europa die Erhaltung des Friedens für so vordringlich hielt, dass er dafür machtpolitische, territoriale und Prestigeverluste in Kauf genommen hätte. Dies gilt auch für die deutschen Führungseliten und die Reichsleitung, und damit tragen sie ihr gerütteltes Maß an Mitverantwortung für die Nichtverhinderung des Krieges. – In der Wahrnehmung der meisten deutschen Zeitgenossen bis in die Fundamentalopposition der Sozialdemokratie hinein handelte es sich freilich um einen *Verteidigungskrieg*; das Reich schien »eingekreist« von einem Ring von Feinden, die ihm den berühmten »Platz an der Sonne« der europäischen Staatenwelt streitig machen wollten und nun zum letzten Mittel griffen, um den unerwünschten politischen und ökonomischen Newcomer in die Schranken zu weisen.

Man hat den Ersten Weltkrieg als »die große Urkatastrophe« dieses nun zu Ende gehenden 20. Jahrhunderts gekennzeichnet (Kennan). Das darf nicht vordergründig so verstanden werden, als seien die ungleich schwerer erscheinenden Einbrüche des nachfolgenden Zweiten Weltkriegs mit seinen Massenverbrechen, Grenzverschiebungen und großen Fluchtbewegungen als Folge der Teilung der Welt nach 1945 demgegenüber geringer einzuschätzen. Vielmehr zielt diese Bezeichnung auf die *Grundstimmung* der Menschen von 1914, die den ersten großen europäischen Krieg mit weltweiten Auswirkungen durchlebten und erlitten. Die meisten von ihnen erfuhren diesen Krieg als *das* Trauma ihrer Generation, von dem sie sich auch in den furchtbaren Jahren von 1939 bis 1945 nicht zu lösen vermochten.

Das Katastrophenbewusstsein galt aber nicht in erster Linie dem Krieg selbst als dem Vernichter menschlichen Lebens und materieller Werte, sondern seinem für viele überraschenden, fatalen Ende. Allerdings wird hier zu differenzieren sein: nämlich in der Hauptsache zwischen der Wahrnehmung der kämpfenden Truppe und der Menschen an der »Heimatfront«. Urteilten erstere unterschiedlich je nach Generationszugehörigkeit, so schieden sich letztere in offiziöse oder selbsternannte Interpreten des kriegerischen Tuns und solche, die von den Folgen des Geschehens als Invaliden, Witwen und Waisen von der nach 1916 immer schlechter werdenden Versorgungslage betroffen waren. Auch eine Scheidung nach sozialen Schichten lässt sich bei den Reaktionen auf die Ereignisse beobachten: Während die bürgerliche

Klasse die Entbehrungen in allen Phasen des Kriegsverlaufs besser durchstand, schon weil sie über materielle Ressourcen verfügte und sich fast ohne Einschränkungen mit den Politik- und Gesellschaftsstrukturen des Reichs identifizierte, erlitten die einfachen Leute die bald nach Kriegsausbruch einsetzende Verwaltung des Mangels in viel härterer Weise. Als sich dazu die Hoffnungen auf ein glückliches, rasches Ende nicht erfüllten und die Regierungen sich trotz einiger Zugeständnisse zu längst überfälligen Reformen des Wahlrechts und der Sozialverfassung nicht durchrangen, bröckelte in diesem Lager die staatsloyale Gesinnung langsam ab. Die Friedenssehnsucht wurde stärker als der Glaube an die Durchsetzbarkeit eines Siegfriedens mit weitreichenden Annexionen, den in Sonderheit die Propagandisten des rechten Lagers in Politik und Publizistik, darunter viele Vertreter aus Theologie und Kirchen, bis zuletzt beschworen.

Die evangelische Kirche bestand ja auch 1914 nicht nur aus Konsistorialräten, Generalsuperintendenten und Theologieprofessoren, sondern in ihrer übergroßen Mehrheit aus den Gliedern der Gemeinden und ihren Pastoren, »Normalprotestanten« eben, die den Krieg nicht in erster Linie vom Schreibtisch aus erlebten, sondern als einen zentralen Bereich ihrer täglichen Praxis. Diese Erfahrung konnte ganz unterschiedlich aussehen, je nachdem, ob man in vom Krieg unberührt bleibenden ländlichen Regionen oder in den großen Ballungsräumen des Reiches wohnte ohne Möglichkeit zur Selbstversorgung. Außerdem war es von hoher Bedeutung für die Zeitgenossen, ob sie in Familie und Freundschaft Gefallene zu betrauern und mit Verwundeten mitzuleiden hatten oder von diesem Schicksal verschont blieben. Dies gilt auch für die Pfarrer, deren Wahrnehmung des Krieges in Dortmund oder Berlin anders aussah als im nördlichen Münsterland oder in den Agrarregionen Hessens. Dies wird man berücksichtigen müssen, wenn man von der Wirkung des Krieges auf die evangelische Bevölkerung spricht. Damit will ich nicht auf ein einfaches dichotomisches Schema von »denen da oben« und »jenen da unten« hinaus. Denn es erscheint mir als modischer Irrtum, die vermeintlich besondere Authentizität und kritische Kraft der kirchlichen Basis in Korrelation zum sogenannten Überbau herauszustellen, wie es manche unserer »progressiven« Studierenden gerne tun. Es geht doch eher darum, die vielfältigen Ebenen zu benennen, auf denen sich kirchliche Wirklichkeit vollzieht, nicht nur von 1914 bis 1918. Denn zwischen Leitungen, Gemeinden, Publizistik und der akademischen Theologie gab es vielfältige Verknüpfungen, die hier unter das Stichwort »Verbandsprotestantismus« subsumiert werden sollen. Die vielgestaltige Landschaft der evangelischen Gruppierungen war Teil der bürgerlichen Vereinsbewegung und transzendierte häufig den begrenzten Raum nebenkirchlicher Sonderaufgaben, in dem sie mit parallelen

Bestrebungen nicht konfessionsgebundener Verbände korrelierte. Das wird besonders deutlich im Hinblick auf den sozialen Protestantismus, aber nicht nur dort. Auch die »Naturstände«, um den katholischen Terminus hier zu verwenden, hatten vielfältige Kontakte zu anderen Frauen-, Jungfrauen- und Jünglingsvereinen. Unter dem Eindruck des Krieges, der nach dem Wort des Kaisers keine Parteien mehr zu kennen schien, rückte man noch enger zusammen und übernahm neue Aufgabengebiete, die aus den Herausforderungen der Zeit erwuchsen.

Im Folgenden soll der Blick nicht auf die »Ideen von 1914« mitsamt den Statements führender evangelischer Christen in Kirche und Gesellschaft gerichtet werden. Auch die bekannte protestantische Kriegspredigt in all ihren hochproblematischen Facetten steht nicht im Mittelpunkt dieser Ausführungen, ohne gänzlich wegzufallen. Vielmehr soll versucht werden, in Form eines sozialgeschichtlich orientierten Diskurses Erscheinungsformen und Hintergründe des allgemeinen wie des volkskirchlichen Einstellungsverhaltens zu Kriegsausbruch und -geschehnissen nachzuzeichnen und daran Überlegungen anzuknüpfen, ob und inwiefern dieser Erste Weltkrieg einen tiefgreifenden kirchengeschichtlichen Einschnitt markierte. Quellenkritisch ist dabei anzumerken, dass auch die Überlieferung *unterhalb* eines religiösen Virtuosentums damals wie heute in aller Regel von kirchlichen Multiplikatoren einer vergleichsweise elaborierten volkskirchlichen Ebene stammte, die nicht nur ihrer eigenen Überzeugung Ausdruck gaben, sondern damit stets das Anliegen verbanden, für diese innerhalb einer kirchlich konditionierten Öffentlichkeit zu werben und jene Mehrheit der Christen, die sich selbst schriftlich nicht äußerte, für ihre Position zu gewinnen.

I. Die Ambivalenz von Kriegsbegeisterung und Kriegsfurcht

Über die Kriegsbegeisterung der Augusttage von 1914 ist viel geschrieben worden. Dabei wird oft vergessen, dass ihr in den letzten Juliwochen eine skeptische und von Sorge um die Zukunft geprägte Grundstimmung voranging. Erst mit der Verkündung der Mobilmachung durch kaiserlichen Befehl vom 1. August schlug diese Stimmung um und machte einer heute nur schwer nachvollziehbaren Begeisterung Platz. Als ein Beispiel für viele darf ich aus dem Bericht des Stadtarchivars in Münster zitieren, der diesen Tag als Zeitzeuge erlebte:[6] »Da brach mit urgewaltiger Kraft die beispielloseste Be-

---

[6] Stimmungsbericht vom 1. August 1914 in Münster nach Verlesung des Mobilma-

geisterung unaufhaltsam und übermächtig hervor. Unvergeßlich für immer prägte sich den Menschen, die in jener denkwürdigen Stunde auf dem Markte standen, der endlose Jubelruf, der feierliche Gesang, das donnernde Hurra in das weit geöffnete Herz ein. Stundenlang dauerten die Kundgebungen auf dem Markte, vor den Kasernen und in den Straßen, nicht so überschäumend, nicht so unbekümmert um nichts, nicht so leichten Herzens wie vor einer Woche, als es sich nur um Serbiens Bestrafung für Sarajewo handelte. Vom Gefühle für die Verantwortung ernster gestimmt, mit Mannesmut furchtlos durchsetzt, von edelster Opferwilligkeit erfüllt, von lauterster Vaterlandsliebe getragen, so zogen, als die Sommernacht mit blinkenden Sternen am blauleuchtenden Firmamente aufgegangen war, Zehntausende [...] zum Königlichen Schloß, geführt von studentischen Wichschargierten mit flatternden Fahnen und blitzenden Schlägern. Am Kaiser-Wilhelm-Denkmal wurden die schönsten Vaterlandslieder gesungen und zündende Ansprachen gehalten, wurde auf den vielgeliebten Kaiser ein donnerndes Hoch ausgebracht und vor dem Kommandierenden General von Einem und dem Oberpräsidenten Prinz Ratibor der Schwur der Treue für Kaiser und Reich wiederholt.«

Wir wissen heute, dass diese Emphase nicht frei von sorgenvollen Untertönen war und von einer nur leichtsinnigen, siegestrunkenen Vorfreude auf den Waffengang nicht allgemein gesprochen werden kann. Schon die zitierte Quelle deutet das vorsichtig an. Tatsächlich gab es Unterschiede zwischen der veröffentlichten Meinung und dem tatsächlichen Erleben der Menschen, deren optimistische Hoffnung auf ein rasches, siegreiches Ende der Auseinandersetzung ambivalente Züge trug, die bis zu apokalyptischen Visionen reichen konnten. Um noch einmal auf das westfälische Münster Bezug zu nehmen: Zu den charakteristischen Kennzeichen der fehlenden geistigen und politischen Orientierung in diesen Augusttagen gehörten neben der unreflektierten und naiven Augenblicksbegeisterung in weiten Teilen der Bevölkerung und bei den Soldaten auch Symptome einer Endzeitstimmung, die in den Tiefenschichten katholischer Volksfrömmigkeit wurzelte. Dafür ein Beispiel: Das aus Anlass des dann nicht mehr zustande kommenden Katholikentages 1914 errichtete Begrüßungsmonument auf dem Platz vor dem Hauptbahnhof bestand aus sechs halbkreisartig angeordneten viereckigen Säulen, in deren Mitte ein großes Kreuz hing. Vielen der Zehntausende von Bürgern und Durchreisenden, die täglich den Bahnhofsvorplatz überquerten, erschien dieses Ensemble als Symbol für drohendes Unheil; man erinnerte sich an

---

chungsbefehls des Kaisers; abgedruckt bei Jochen-Christoph Kaiser, Münster im Kaiserreich. Vom Ende des Kulturkampfs bis zum Zusammenbruch 1918, in: Franz-Josef Jakobi (Hg.), Geschichte der Stadt Münster, Bd. 2, Münster 1993 (^{2}1993), 167–217, Zitat 200.

die Weissagungen der stigmatisierten Nonne Anna Katharina Emmerick († 1824) aus Dülmen, die nach den Aufzeichnungen von Clemens Brentano am 11. September 1822 in einer Vision beschrieben hatte, wie ein Engel aus einer Schwertscheide Blut auf den Domplatz zu Münster goss. Dieses – so wurde kolportiert – sei ein Zeichen für den bevorstehenden Krieg und die furchtbarsten Zerstörungen in seinem Gefolge; Münster werde von den kommenden Auseinandersetzungen so in Mitleidenschaft gezogen, dass man bald vom Schloss aus durch die ganze zerstörte Altstadt blicken könne.

Auch die Forschungsergebnisse Werner Blessings über die Kriegserfahrungen bayerischer Pfarrer haben deutlich gemacht, dass Emphase und kritiklose Übernahme der offiziellen Kriegsausbruch-Lesarten nur die eine Seite beschreiben, denn es gab auch die andere:[7] Der Krieg als Heimsuchung, als Bußappell, als Ruf zur Umkehr und geistlichen Erneuerung wurde durch den gleichzeitigen Bellizismus nicht einfach in den Hintergrund gedrängt. Bei aller scheinbaren Berechtigung dieses Krieges: Er blieb hinsichtlich der gottgewollten Ordnung ein Störfaktor, denn er entfesselte das Böse. Auf diesem Hintergrund sind die Hoffnungen auf eine religiöse Läuterung durch das Kriegsgeschehen zu sehen. Das positive Ziel lautete: »Erneuerung des Glaubens durch die Erschütterungen einer bedrängten Zeit«.

In diesem Sinne geriet der Krieg für viele Zeitgenossen zur Katharsis nach einem halben Jahrhundert Frieden mit seinen Folgeproblemen, die letztlich aus der Perspektive einer Kritik an Pluralisierung und Säkularisierung der Gesellschaft betrachtet wurden. Eine religiöse »Wiedergeburt« schien dringend nötig und konnte nun, wie man hoffte, durch das Kriegserlebnis und seine Erschütterungen ausgelöst werden. Das neue religiöse Erleben sollte den Krieg und seine Führung »veredeln«, Völkerhass und Brutalitäten im Zeichen des kommenden Friedens endgültig verbannen. Blessing weist darauf hin, dass der Blick auf 1914 oder die Tiraden jener Geistlichen im Schlepptau der Siegfriedensanhänger nicht die offenkundige Tatsache überlagern darf, dass viele Menschen – auch Pfarrer – durch die Gewalt des Geschehens tief verunsichert waren und keineswegs die Zuversicht der Bellizisten oder die Vorstellungen der wenigen Pazifisten teilten. Die ambivalente Haltung gegenüber dem Geschehen und dem gegenseitigen »Vernichtungswillen« der Kriegsgegner war vermutlich stärker ausgeprägt, als uns heute bewusst ist, –

---

[7] Werner K. Blessing, Kirchenwirkung zwischen pastoralem Auftrag und nationalem Einsatz. Die Bayerischen Pfarrer im Ersten Weltkrieg, in: JGNKG 93 (1995), 117–136. Siehe auch ders., Gottesdienst als Säkularisierung? Zu Krieg, Nation und Politik im bayerischen Protestantismus des 19. Jahrhunderts, in: Wolfgang Schieder (Hg.), Religion und Gesellschaft im 19. Jahrhundert, Stuttgart 1993, 216–253.

vielleicht auch, weil sich diese Stimmen selten in aller Deutlichkeit öffentlich artikulierten oder dies auch nur tun konnten, denn Zensur und political correctness jener Jahre ließen dies kaum zu. Deshalb sollte die »Spannung zwischen bürgerlichem Nationalismus und christlicher Tradition«, die es zweifellos gab, nicht geringgeschätzt werden. Freilich gibt es dafür wenig Belege, und meist ist es »nur« die stärkere spirituelle Akzentuierung des Ernstes der Lage, kaum die alternative politische Option, die einen solchen Trend deutlich machen. Wenn man die Predigten einzelner Theologen von 1914 bis 1918 verfolgt, kommt diese Tendenz zum Ausdruck: Von der politischen Apotheose am Anfang zum Rückzug auf genuin theologische Fragestellungen nach der Kriegswende, was auch der schwindenden Siegeszuversicht zuzuschreiben ist.

Nach mehr als 50 Jahren Frieden sprengte das Ereignis vom 1. August 1914 »den Erfahrungsrahmen der meisten, erschütterte das gewöhnte Sinngefüge«. Das »große Moratorium des Krieges«[8] verlangte nach »psychischer wie geistiger Vergewisserung« und löste eine zuvor kaum vorstellbare kirchlich-religiöse Konjunktur aus, und zwar nicht nur im Reich, sondern ebenso in Frankreich und England. Von den Geistlichen wurde staatlicherseits zudem erwartet, dass sie sich der inneren Mobilisierung zur Verfügung stellten: »So rückten gesellschaftliche Bedürfnisse und staatliches Interesse den Pfarrer nun neben dem Offizier und dem vaterländischen Protagonisten in die öffentliche Aufmerksamkeit.« Er erhielt damit eine kriegswichtige Funktion, die ihm Wirkungsfelder eröffneten, die weit über seinen »normalen« Einflussbereich hinausgingen.[9]

Von jeher war der Beginn eines Krieges auch die Stunde der Kirche. Jetzt wurden die Pfarrer in mannigfaltiger Weise gefordert: Die Bedeutung des Gottesdienstes stieg, Sonderformen für Zivilbevölkerung und Soldaten durch die Militärpfarrer erfreuten sich regen Zuspruchs. In der Seelsorge in der Heimat kreiste alles um den Krieg, desgleichen in den Predigten, konsistorialen Verlautbarungen et cetera. Auch die Kirchenpresse folgte diesem Trend, der bald noch durch die Gedächtnisgottesdienste für die Gefallenen verstärkt wurde. Die Deutung des Kriegsleides erfüllte eine Hauptfunktion kirchlicher Wirkung im Kriege: die Kontingenzbewältigung.

Außerhalb ihres Arbeitsfeldes traten viele Pastoren als »Zeitinterpreten« auf, darunter zahlreiche Landpfarrer, die mit populären Vorträgen die Men-

---

8 Odo Marquardt, Kleine Philosophie des Festes, in: Uwe Schultz (Hg.), Das Fest. Eine Kulturgeschichte von der Antike bis zur Gegenwart, München 1988, 413–420.

9 Blessing, Kirchenwirkung, 118.

schen anzogen. Im Bürgertum fanden solche Vorträge stärkste Resonanz, was den liberal gesonnenen Pfarrern entgegenkam, »denen in ihrer Weltfrömmigkeit generell an der geistigen und politischen Zeitdiagnose lag«, ohne liturgische und Predigtformen. Die Militärbehörden sahen dieses Engagement gern und nahmen es vielfach in Anspruch, besonders nach der allgemeinen Ernüchterung gegen Mitte des Krieges. Schließlich leisteten die Pfarrer einen wichtigen Beitrag zur Stärkung der materiellen Grundlagen des Kriegs: Sie unterstützten die Sammlung von Edelmetallen (Glocken, Orgelpfeifen) sowie die Zeichnung von Kriegsanleihen und bekämpften aufkommenden Defaitismus. Zur Stabilisierung der Heimatfront waren vor allem Vorträge von Feldgeistlichen begehrt, die neben der geistlichen Autorität noch mit dem »Glamour der Uniform« und der Erfahrung an der Front aufwarten konnten. Dazu übernahmen Pastoren zahlreiche Ehrenämter, vor allem auf dem Land, was ihnen Schlüsselpositionen – etwa in der Hilfsgüterverteilung – sicherte. Schließlich war die Kirche durch Lazarett- und Militärpfarrer bei der Truppe präsent, wo sich völlig neue und ungewohnte Herausforderungen angesichts der Männerbundgesellschaft und der Grenzerfahrungen im Schützengraben ergaben. Ihre Wirksamkeit unterlag ganz den Gesetzen des Krieges, und auch der Militärapparat förderte die Tätigkeit der Geistlichen, deren Mitwirkung die Kommandeure bei der Stabilisierung von Disziplin und Moral zu schätzen wussten.[10]

Nicht von ungefähr war das Interesse der älteren Forschung an den *Kriegspredigten* als Hauptquelle zur Untersuchung des Verhältnisses von Protestantismus und Krieg auf diese Gattung ausgerichtet. Hoffte man doch, aus solchen Zeugnissen das religiös-politische Einstellungsverhalten der Theologen im Pfarramt, in kirchenleitenden Funktionen und an den Universitäten erschließen zu können. Kam man dann zu der Feststellung, dass sich bestimmte Aussagen mit theologischen Positionen und denen der Bibel und des Glaubens nicht mehr vereinbaren ließen, folgte oft die an sich »richtige«, aber noch nicht historisch-analytisch durchdrungene Feststellung, es handele sich um eine Abkehr von christlich-theologischen Standards zugunsten des jeweiligen politischen Engagements, was dann als krasses Fehlverhalten verurteilt wurde. Diese Sicht blendete allerdings häufig aus, dass auch erklärte Christen und mit ihnen die Theologen in bestimmte gesellschaftliche Kontexte und deren säkularen Normen und Werthaltungen eingebunden waren und dass die öffentlichen Aussagen der Geistlichen zur politischen Lage auf diesem Hintergrund mitbetrachtet werden müssen. Erst wenn dies geschieht,

---

10 Blessing, Kirchenwirkung, 123–125.

kann die moralisierende Perspektive ex post zugunsten einer differenzierenden Analyse abgelöst werden, die historisch etwas *erklärt* und sich nicht mit dem von heutigen Überzeugungen getragenen moralischen Verdikt begnügt.

2. Zur sozialen Situation

Auch wenn apokalyptische Endzeiterwartungen in der Minderheit blieben, – die unmittelbar von den Ereignissen Betroffenen hatten gute Gründe, neben aller Begeisterung das Schlimmste für sich und ihre Angehörigen zu befürchten. Das galt nicht nur für massenhaft drohenden Soldatentod, für Verwundung und Invalidität, sondern *vor* dem Eintreten dieser persönlichen Katastrophen bereits für die Alimentierung der Kriegerfamilien in der Heimat. Immerhin standen von den zwischen 16 und 50 Jahren alten Männern rund 50 % im Felde. Das Reich hatte für diese Fälle kaum Vorsorge getroffen und berechnete die Zuwendungen an die Familien der eingezogenen Mannschaften noch nach jenen unzureichenden Sätzen, die im Unterstützungsgesetz vom 28. Februar 1888 festgelegt und selbst nach der Anhebung vom 04. August den Erfordernissen nicht genügten. Nur diejenigen Familien litten zunächst keine Not, deren Ehemänner als Beamte im öffentlichen Dienst arbeiteten und nun genauso in den Genuss von Lohnfortzahlungen kamen wie die Angehörigen der Berufssoldaten. Deshalb fielen zahlreiche Familien sogleich durch das dünne soziale Netz, als der Konflikt begann. Außer dem Wehrsold in Höhe von 53 Pfennig pro Tag gab es – völlig unzureichende – Leistungen des Reiches und bald auch die sogenannte Reichswochenhilfe für Schwangere und Wöchnerinnen. Wie niedrig die Sätze der Familienunterstützung waren, ergibt sich aus folgenden Zahlen: Im Sommer erhielten die Ehefrauen 9 Mark, für jedes Kind unter 15 Jahren 6 Mark monatlich; im Winter gab es für die Ehefrauen 12 Mark, Sätze, die im Laufe des Krieges einige Mal erhöht wurden. Gleichwohl war das nicht einmal »zum Sterben zu viel«, vom »Leben« gar nicht zu reden. Dabei ist zu vergegenwärtigen, dass die Löhne und Gehälter seit 1895 kontinuierlich angestiegen waren und auch in der Arbeiterschaft Einkünfte von durchschnittlich 130–150 Mark bei Facharbeitern und circa 80 Mark bei Ungelernten erreichten. Mit anderen Worten: Selbst bei letzteren betrug das monatlich zur Verfügung stehende Arbeitsentgelt also noch mehr als das Zwei- bis Sechsfache der Kriegsunterstützung in ihrem ursprünglichen Umfang.[11]

---

11 Errechnet nach Sozialstatistisches Arbeitsbuch III, München 1978, 98–99.

Ohnehin konnte man für Geld nicht mehr alles kaufen. Die bald wirksam werdende »Hungerblockade« schnitt das Reich von seinen traditionellen Außenmärkten ab, und die Nahrungsmittelproduktion ging zurück beziehungsweise ließ sich nicht in wünschenswertem Maße steigern, weil in der Landwirtschaft und verwandten Berufen Arbeitskräfte sowie notwendige Düngemittel fehlten. Surrogate hatten bald Hochkonjunktur: Ersatzkaffee, Fleischersatz, Zuckerersatz, Kunsthonig et cetera beherrschten den Markt, konnten aber wegen ihres geringeren Brennwerts die herkömmlichen Nahrungsmittel nicht ersetzen. Die Folge waren trotz Rationierungsmaßnahmen ein Absinken der Volksgesundheit und verstärkte Anfälligkeit für Krankheiten. Betroffen waren in erster Linie ältere Leute, Kleinkinder und Patienten in den großen Anstalten für Behinderte, deren Mortalität seit 1917 stark anstieg. Die Ärzte befanden sich ebenfalls zu großen Teilen an der Front, was zusätzlich die notwendige medizinische Versorgung beeinträchtigte. Das Ansteigen der Kinder- und Säuglingssterblichkeit, Hungerödeme und Anfälligkeit für Seuchen gehörten zu den schlimmen Folgen für die Zivilbevölkerung in der Heimat und beeinträchtigten den Durchhaltewillen. Diese bisher nicht gekannten Massennotstände egalisierten die Bevölkerung nach unten und betrafen jetzt erstmals nicht allein die Unterschichten, sondern auch die traditionell wesentlich besser ausgestatteten Mittelschichten der Selbstständigen, Beamten und Angestellten. Eine *neue Armut* griff um sich und betraf nun auch die bürgerlichen Schichten, deren Vermögenswerte zur Alterssicherung durch Kriegsanleihen und Inflationsverluste vernichtet worden waren. Die Betroffenen fielen nun ebenfalls der Armenpflege oder – moderner formuliert – der Fürsorge anheim. Deren bisheriger diskriminierender Charakter konnte für diesen neuen Personenkreis nicht mehr gelten, – das erkannten die Behörden rasch und versuchten, das gesamte Feld der Wohlfahrtspflege neu zu organisieren. Man durfte die »neuen Armen« nicht mehr ohne weiteres den Maßnahmen der alten Armenpflege aussetzen, denn sie waren an ihrem Schicksal unschuldig, während doch die traditionelle Fürsorgedoktrin davon ausging, dass niemand ohne individuelles Fehlverhalten, mithin also durch eigenes Verschulden zum Objekt sozialer Fürsorge wurde.

Für die Kirchen und ihre Vorfeldorganisationen bedeutete die neue Not eine Herausforderung in bisher nicht gekanntem Ausmaß. Allein konnten sie dagegen wenig tun, weil ihre finanziellen wie personellen Ressourcen dazu nicht ausreichten; jedoch gehört es zu den Besonderheiten der Kriegszeit, dass Caritas und Innere Mission, darüber hinaus aber auch zahlreiche weitere Gruppierungen mit religiösen Zielsetzungen damit begannen, Hilfswerke und lokale Initiativen einzurichten, mit denen sie in engem Verbund und unter Aufsicht der Militärverwaltungen und Kommunen die skizzierten

Notlagen bekämpften. Endlich rang sich die öffentliche Hand dazu durch, in Gestalt der Kriegswohlfahrtspflege eine tiefgreifende sozialpolitische Reform in Angriff zu nehmen, mit der sie im Kern die Grundlagen für den Wohlfahrtsstaat von Weimar schuf.

In diesem Zusammenhang ist vor allem das *Engagement der Frauen* zu nennen. Sie sprangen überall in die Bresche und ersetzten die an der Front stehenden Männer. Das gilt nicht nur für das Proletariat, dessen weibliche Angehörige schon immer auch Fabrikarbeit geleistet hatten, sondern jetzt in verstärktem Maße ebenso für die Frauen aus bürgerlichen Schichten. Sie gingen, soweit sie unverheiratet waren, nun vermehrt in pflegerische Berufe oder arbeiteten als Ehefrauen ehrenamtlich in sozialen Organisationen mit. Das kollidierte auch nicht mit dem gängigen Frauenbild der beiden Konfessionen und kam zudem den Vorstellungen der bürgerlichen Frauenbewegung entgegen, die »Mütterlichkeit als Beruf« schon seit den 1890er Jahren propagiert hatte.[12] Der Nationale Frauendienst, 1914 auf Initiative von Gertrud Bäumer – neben Helene Lange eine der beiden Vorsitzenden des Bundes Deutscher Frauenvereine – ins Leben gerufen, übernahm die Koordination des vielfältigen weiblichen Sozialengagements; ferner wirkten die starken evangelischen Frauenverbände wie die preußische Frauenhilfe oder der Deutsch-Evangelische Frauenbund hier mit. Die verantwortlichen Offiziere in den Generalkommandos, die nach geltendem Kriegsrecht die vollziehende Gewalt und damit den obersten Landes- und Provinzialbehörden vorgeordnet waren, nahmen die Dienste der Frauen gern in Anspruch, – selbst leitende Positionen wurden ihnen zugewiesen. Dass auf diese Weise die alte Forderung der Frauenbewegung auf Gleichberechtigung und Gleichbehandlung vor dem Gesetz (Wahlrecht) sowie innerhalb der gesellschaftlichen Praxis ein Stück weitergebracht wurde, ignorierte man oder nahm es in Kauf. Das galt ebenfalls für die vielen Pfarrer, die in den Gemeinden oder als Funktionäre der Frauenhilfe für den Kriegseinsatz der weiblichen Mitglieder warben und ihre Arbeit mitorganisierten. Wie sehr das traditionelle Verständnis der auf Familie, Krankenpflege, Sozialarbeit oder Erziehungswesen hin orientierten Frauenrolle auch politische Entscheidungen beeinflusste, selbst wenn diese für die Zielsetzung einer höchstmöglichen Mobilisierung aller Kräfte zugunsten des Kriegseinsatzes kontraproduktiv waren, erhellt die Weigerung der Reichsleitung, im Vaterländischen Hilfsdienstgesetz von 1916 eine obligatorische Dienstpflicht für Frauen zu fixieren. Das nun errichtete Kriegsamt

12 Dazu Christoph Sachße, Mütterlichkeit als Beruf. Sozialarbeit, Sozialreform und Frauenbewegung 1871–1929, Weinheim ^{3}2003.

unter Generalleutnant Groener koordinierte die gesamte Kriegswirtschaft; eine seiner Abteilungen, das Kriegsarbeitsamt, erhielt ein Frauenreferat, deren Leitung Marie Elisabeth Lüders, 40 Jahre später noch Mitglied des Bundestages (FDP), übernahm. Der gestiegene Anteil von leitenden Frauen im sozialen Bereich – sie kamen freilich fast ausnahmslos aus dem Bildungs- und Wirtschaftsbürgertum – bildete eine wichtige Voraussetzung für den späteren hohen Frauenanteil in der Berufsfürsorge respektive Wohlfahrtspflege der Weimarer Republik. Indirekt, fast als List der Vernunft in der Geschichte, trug der hohe Organisationsgrad von Frauenarbeit, angesichts der Erfordernisse der Kriegswirtschaft, zur Verberuflichung bisher nur ehrenamtlich wahrgenommener Tätigkeiten von Frauen aus den sogenannten gehobenen Ständen maßgeblich bei.

3. Bilanz

Auf die Frage, ob und inwiefern der Erste Weltkrieg einen kirchengeschichtlichen Einschnitt handelt, soll abschließend eine Antwort in Form mehrerer Thesen versucht werden:

1. Der Erste Weltkrieg bildete für die Geschichte Europas und der Welt in der Tat eine gravierende Zäsur. Diese ist einmal daran festzumachen, dass 1917 zwei neue Weltmächte die politische Bühne betraten: Die Vereinigten Staaten und Russland unter Führung der Bolschewiki. Fortan prägte bis zum Ende des 20. Jahrhunderts ein politischer wie systemtheoretischer Dualismus die Staatengemeinschaft, der erst in unseren Tagen überwunden scheint. – Mit dem Jahr 1918 stürzten auch in Kontinentaleuropa – von Ausnahmen abgesehen – die Monarchien; an ihre Stelle traten keineswegs immer funktionierende demokratische Strukturen, und wenn doch, wandelten sie sich in den 30er Jahren vielfach zu Diktaturen. Diese zeichneten sich nicht allein durch den Willen zur Macht einzelner Usurpatoren aus, sondern waren von einer Hegemonialpartei mit weltanschaulichem Anspruch getragen: Es begann das Zeitalter der Ideologien.
2. Für das Deutsche Reich bedeutete der Weltkrieg den zwangsweisen Abschied von einer politischen Kultur, mit der sich mit Ausnahme der sogenannte Reichsfeinde (Sozialdemokratie, politischer Katholizismus, Judentum) die Mehrheit der Nation identifizieren konnte, was man im Hinblick auf die republikanische Staatsform nicht sagen kann. – Andererseits wirkte der Krieg auf vielen gesellschaftlichen Feldern als Katalysator und formte in Sonderheit die zaghaften Anfänge sozialpolitischer

Sicherungssysteme zum Wohlfahrtsstaat von Weimar aus, der die Grundlagen der Sozialverfassung der Bundesrepublik Deutschland schuf.

3. Die Kirchengeschichte vollzieht sich unbeschadet ihres besonderen Gegenstandes inmitten des jeweiligen gesellschaftlichen und politischen Umfelds, in dem die christliche Gemeinde lebt. Sie bleibt von Umbrüchen der skizzierten Art nicht unbeeinflusst, nimmt aktiv an ihnen teil, gestaltet sie mit und erleidet sie. Keinesfalls sind Christen in der Lage, ganz gleich, was sie im Mitleben und in der Erinnerung darüber aussagen, aus dieser allgemeinen Geschichte »auszusteigen« und das Geschehen gleichsam von außen zu beobachten und zu kommentieren. Von daher relativiert sich die grundsätzlich berechtigte Kritik an den bekannten Kriegspredigten mit ihren teils hasserfüllten Tiraden gegen den Feind und einer unangemessenen Hochschätzung des eigenen Volkes. Die überwiegende Mehrheit des deutschen Protestantismus begriff diesen Krieg als *bellum iustum*, fühlte sich als Teil einer 1914 neu erfahrenen »Volksgemeinschaft«; seine führenden Vertreter suchten daran anzuknüpfen und das Kriegserlebnis zugunsten der Wiederherstellung einer christlichen Gesellschaft zu nutzen. – Dieses Ziel ist nicht erreicht worden; es war angesichts der vielfältig segregierten kulturellen und konfessionellen Milieus des Kaiserreichs auch unrealistisch: Der Pluralismus der Weltanschauungen, wenngleich häufig bestritten und mit Ausnahme der Liberalen von allen Richtungen heftig bekämpft, hatte sich de facto längst durchgesetzt, selbst wenn es zu seiner generellen Akzeptanz noch Jahrzehnte dauern sollte.

4. Dass der Erste Weltkrieg für die Kirchengeschichte ein tiefer Einschnitt gewesen ist, erschloss sich den Zeitgenossen erst nach dem ihnen schrecklich und unverdient erscheinenden *Ende*. Die Debatten um die Kriegsschuldfrage nach 1918, die auch die Themen und das Klima der Debatten innerhalb der jungen ökumenischen Bewegung der 20er und 30er Jahre bestimmten, zeugen von dem fast verzweifelt zu nennenden Bemühen, die Zäsur von 1914/18 ungeschehen zu machen und eine von »Thron und Altar« geprägte politische Theologie und ihre Zeit wieder zu restaurieren, die mit der Abdankung der Monarchen und der Gründung der paritätisch-religionsneutralen Republik unwiderruflich dahin war. Die kleine Schar der liberalen Verteidiger dieser Republik, die eine Trennung von Staat und Kirche akzeptierten, vermochte sich nicht durchzusetzen: Im Zeichen der antihistoristischen Revolution, die Teile der Evangelischen Theologie, freilich kaum die Kirchengeschichte als Fach ergriff, schienen der Liberalismus und seine Synthese von Christentum und Kultur nicht mehr aktuell, ja irreversibel diskreditiert. Dass die antihistoristische

Strömung damit die menschenrechtlichen und demokratischen Bezüge der liberalen Kulturtheorie verwarf, muss andererseits auch konstatiert werden. Der »Ausstieg der Dialektischen Theologie aus der Geschichte« erschwerte wohl aufs Ganze gesehen die Identifizierung der Protestanten dieser Richtung mit der Republik und prägte ihren Weg im Dritten Reich, wo sie vor ganz andere Bewährungsproben gestellt wurden.

5. Ein Letztes, was den Einschnitt des Ersten Weltkriegs für die Kirchengeschichte markiert: Nach 1918 erfuhr der deutsche Protestantismus, was es hieß, mitsamt den eigenen Werten und Politikzielen an den Rand des Geschehens gedrängt zu werden, – ganz unabhängig davon, ob dieses Gefühl der gesellschaftspolitischen Marginalisierung oder Inferiorität als *Tatsache* nachprüfbaren Kriterien standhielt oder nur als Ressentiment auf Anpassungsschwierigkeiten an die gewandelte politisch-soziale und kulturell-geistige Situation der Zeit reagierte.[13] Jetzt erlitt man selbst die Ambivalenzen einer Moderne, deren positiven Höhepunkt in der Rückschau nach wie vor das Kaiserreich der Friedensjahre markierte. Seit 1918 ging es dieser Auffassung nach stetig »bergab«; erst der evangelische »Ersatzkaiser« Hindenburg und sein vermeintlicher Gefolgsmann Adolf Hitler knüpften in den Augen zahlloser Protestanten an den glorifizierten Obrigkeitsstaat des zweiten Reiches an und stellten die Restitution der alten evangelischen Identität damit implizit in Aussicht. Die charakteristische Reaktion auf dieses Gefühl des Zurückgedrängtwerdens bestand in jener *Politisierung*, die einst Stoecker vorausgesehen und seit Ende der 1870er Jahre permanent gefordert hatte. Er erkannte früher als andere, dass sich der Protestantismus schon des Kaiserreichs auf Dauer nur würde durchsetzen können, wenn er der Fiktion einer verchristlichten Gesellschaft und der unpolitischen Überparteilichkeit ihrer kirchlichen Institutionen den Abschied gab und sich offensiv auf dem »Markt« religiöser und weltanschaulicher Sinnstiftung exponierte.[14] Was die »politischen Pastoren« Weimars und ihre Anhänger mit Stoecker verband, war

---

[13] Vgl. Jochen-Christoph Kaiser, Die Formierung des protestantischen Milieus. Konfessionelle Vergesellschaftung im 19. Jahrhundert, in: ders., Politischer Protestantismus im 19. und 20. Jahrhundert. Ausgewählte Arbeiten zur Kirchlichen Zeitgeschichte, hg. von Rolf-Ulrich Kunze und Roland Löffler, Konstanz 2008, 257–289.

[14] Näheres bei Jochen-Christoph Kaiser, Zur Politisierung des Verbandsprotestantismus. Die Wirkung Adolf Stoeckers auf die Herausbildung einer evangelischen Frauenbewegung um die Jahrhundertwende, in: ders., Politischer Protestantismus im 19. und 20. Jahrhundert. Ausgewählte Arbeiten zur Kirchlichen Zeitgeschichte, hg. von Rolf-Ulrich Kunze und Roland Löffler, Konstanz 2008, 212–229.

die Überzeugung, ihre Sicht des Politischen wie der Funktion von Kirche auch jenen gesellschaftlichen Gruppen *aufzwingen* zu können, die sich längst von religiös geprägten Lebensformen abgewandt hatten. Das gelang nicht und führte zu einer Verhärtung der gesellschaftlichen Fronten, über die hinweg kein Dialog möglich war, was die jeweilige Lagerbildung förderte. Denn gerechterweise wird man hinzufügen müssen, dass auch die von der Kirche nicht mehr erreichbaren Milieus keinerlei Anstalten machten, sich eine solche Dialogfähigkeit zu bewahren. So sollte es lange, das heißt bis nach 1945 dauern, bis sich das Ja zum Pluralismus der Weltanschauungen in der deutschen Gesellschaft und ihren Kirchen durchsetzte.

Günter Brakelmann

Protestantismus im Epochenjahr 1917 und im Revolutionsjahr 1918

Eine persönliche Vorbemerkung: Martin Greschat und ich haben vor 40 Jahren zwei »Studienbücher zur kirchlichen Zeitgeschichte« herausgebracht: er über »Der deutsche Protestantismus im Revolutionsjahr 1918/19«[1] und ich über »Der deutsche Protestantismus im Epochenjahr 1917«.[2] Bis heute dauert unser gemeinsames Interesse an der Zeitgeschichte an. Wenn ich nun den Versuch mache, einige Hauptergebnisse wiederzugeben, so soll das ein Zeichen der persönlichen Freundschaft und des Dankes für die historisch-kritischen Leistungen des Jubilars sein.

Das Jahr 1917 sollte für den deutschen Protestantismus das große Reformationsjubiläumsjahr sein. Mit Rücksicht auf die Kriegslage und aus Sorge um die emotionale Einheit des kämpfenden Volkes, das aus über einem Drittel aus Katholiken bestand und parteipolitisch weithin durch das im Reichstag wichtige Zentrum vertreten wurde, hat man auf große öffentliche Jubelfeiern verzichtet. Aber es erscheinen Hunderte von Broschüren, Theaterstücken und Gedichten, die den Reformator als Mann der deutschen Geschichte und als Symbolfigur für die deutsche Gegenwart und Zukunft feiern. Diese Kriegsliteratur enthielt natürlich eine polemische Auseinandersetzung mit anderen Konfessionen: mit dem angelsächsischen Calvinismus und mit dem römischen Katholizismus. Eingeblendet in diese populär geschriebene Kampfliteratur sind die seit Jahrzehnten üblichen Polemiken gegen den deutschen und internationalen liberalen Demokratismus, gegen den deutschen und internationalen Sozialismus wie gegen das deutsche und internationale Judentum. Der traditionelle protestantische Kampf gegen die »Schwarzen«, die »Roten« und die »Goldenen« erreichte 1917 seinen letzten großen Höhepunkt. Die Ver-

---

1 Martin Greschat, Der deutsche Protestantismus im Revolutionsjahr 1918/19, Witten 1974.

2 Günter Brakelmann, Der deutsche Protestantismus im Epochenjahr 1917, Witten 1974.

gegenwärtigung Luthers für aktuelle Zwecke war der letzte Versuch, dessen abnehmende Bedeutung gegenüber dem politischen Katholizismus und dem deutschen Sozialismus aufzuhalten und eine Renaissance des Protestantismus vorzubereiten. Aber gerade die Jahre 1916/1917 hatten politische Ereignisse gesehen, die den Weltkriegsprotestantismus in tiefe Bewusstseins- und Bestandskrisen brachten. Erwähnt seien: der Eintritt der USA in den Krieg, die Osterbotschaft des Kaisers, die Friedensresolution des Reichstags, die Diskussion um Siegfrieden oder Verständigungsfrieden, die Ernennung eines Katholiken zum Reichskanzler, die Aufhebung der Jesuitengesetze, die Friedensinitiative des Papstes und der Ausbruch der Februar- und Novemberrevolutionen in Russland.

In der Auseinandersetzung mit diesen politischen Herausforderungen zeigte sich sehr bald überdeutlich, dass es einen in sich geschlossenen protestantischen Block nicht mehr gab. Illustrieren wir das in gebotener Kürze:

Es gab einen sich immer mehr radikalisierenden protestantischen Kriegsnationalismus, der eine konsequente deutschnationale Linie in allen innen- und außenpolitischen Entscheidungsfragen entwickelte. Die professorale Führungsfigur in diesem nationalkonservativen Lager war der Berliner Theologieprofessor Reinhold Seeberg.[3] Er stand als Vorsitzender des Unabhängigen Ausschusses für einen Deutschen Frieden für das Ziel eines deutschen Siegfriedens, für West- und Ostannexionen, für den uneingeschränkten U-Boot-Krieg, für die Führung des Krieges als eines totalen Krieges und für die Militärdiktatur von Hindenburg und Ludendorff. Er steht gegen die sogenannte diagonale Politik des Reichskanzlers Bethmann-Hollweg, gegen die Osterbotschaft, gegen Demokratisierung und Parlamentarisierung des Reiches und der Länder sowie gegen die Aufhebung des Jesuitengesetzes und gegen die Juden.

Seeberg wird einer der Mitbegründer der Vaterlandspartei und ist führend in anderen nationalkonservativen Gruppen und Verbänden tätig. So hält Seeberg im Mai 1917 einen Vortrag in Dresden, der zu einer Resolution der Versammlung verdichtet wird. Sie lautet: »Mehrere tausend deutscher Männer und Frauen Dresdens, in öffentlicher Versammlung vereinigt, erheben schärfsten Einspruch gegen die Forderung eines Friedens ohne Landerwerb und ohne Kriegsentschädigung, eines Friedens, der den Untergang Deutschlands als Weltmacht mit sich bringen würde. In Übereinstimmung mit der großen Mehrheit des deutschen Volkes wollen sie nach dem uns freventlich

---

3 Siehe dazu Günter Brakelmann, Protestantische Kriegstheologie im 1. Weltkrieg. Reinhold Seeberg als Theologe des deutschen Imperialismus, Bielefeld 1974.

aufgedrungenen Kriege, nach den unsagbaren Opfern an Blut und Gut einen Frieden, der unsere Macht in Ost und West und Übersee stärkt und der die Lasten dieses Krieges auf die Schultern unserer Feinde legt. Die Sicherung der sofortigen Zufuhr von Rohstoffen muß unserer Industrie und unserem Handel rasches Wiederaufleben gewährleisten; die Mehrung unseres Getreidelandes muß jeden Gedanken an unsere Aushungerung für alle Zukunft ausschließen; die Gewinnung fester Stützpunkte in Übersee, vor allem aber an der flandrischen Küste, muß unserem Erzfeinde England die Wiederaufnahme seines alten Ränkespiels gegen uns unmöglich machen. Und weiter wird die Rückgewinnung des alten deutschen Baltenlandes (Kurland, Livland, Estland) ebenso sehr durch Sicherung unserer Herrschaft über die Ostsee gegen England der Realpolitik entsprechen als auch eine alte nationale Ehrenpflicht erfüllen. Die unvergleichlichen Leistungen unserer Helden zu Lande, in der Luft und zur See unter ihren zielbewußten, genialen Führern, die alle Erwartungen übertreffenden, von Monat zu Monat steigenden Erfolge unseres Unterseebootkrieges und die Gewißheit, daß es für diese unsere schärfste Waffe kein Zurück und keinerlei Einschränkung vor Niederringung Englands gibt, verbürgen uns den Sieg, der den starken deutschen Frieden erzwingen wird.«[4]

Dass Gott für Annexionen und Entschädigungen ist, ist den Predigern des Kriegsnationalismus und des Siegfriedens ausgemachte Sache. So druckt ein Hamburger Kirchenblatt: »Wenn es also am Ende des Krieges so steht, daß wir die Oberhand haben, so haben wir damit auch die Strafpflicht von Gott in die Hand bekommen. Schon von diesem Gesichtspunkt aus bedarf es der Annexionen und Entschädigungen, damit die Feinde spüren: man begeht nicht ungestraft so himmelschreiendes Unrecht, das Ströme von Blut und Tränen über die Menschheit gebracht hat.«[5]

In einem Kirchengebet heißt es zudem: »›Jede redliche Arbeit laß ihren Lohn finden unverkürzt!‹ Ist der Kampf unserer Brüder und Söhne nicht die redlichste Arbeit, die es gibt, dazu die schwerste, die sich denken läßt? Wenn wir daran zweifeln, dann müßte jedes Gebet für den Sieg unserer Waffen verstummen, ja, es wäre Lästerung des heiligen Gottes. Wir aber sind davon aufs tiefste durchdrungen, daß es redliche Arbeit ist. So wollen und sollen wir denn hoffen, daß diese Arbeit ihren Lohn finde unverkürzt, d. h. daß neues Land den Kindern der Heimkehrenden neue und gute Grenzen biete und gutes Korn, sich zu nähren, und daß sie nicht zu all ihrer sauren Kriegs-

---

4 Brakelmann, Epochenjahr, 104.

5 Brakelmann, Epochenjahr, 121.

arbeit noch lebenslang unter dem Druck größter staatlicher Auflagen stehen müssen.

Nein, gibt Gott weiter Sieg und Endsieg, so sollen wir Annexionen und Entschädigungen fordern.«[6]

Dass Deutschland dieses Recht auf einen Diktatfrieden hat, hat zum Grund, dass Deutschland nur so eine beherrschende Stellung in der Welt einnehmen und zu einem »Weltvolk« werden kann. So fragt Friedrich Niebergall in seinem Buch »Weltvölkische Erziehung«[7]: »Soll das Deutsche Reich wieder zum Deutschen Bund oder soll es zu einer Macht werden, die in der Welt vorankommt an Gewicht und Einfluß, die der Weltgeschichte ihren Stempel aufdrückt, so daß die Welt Deutsch sprechen lernt, wie sie jetzt Englisch spricht, daß die beste deutsche Kultur eine beherrschende Stellung einnimmt, daß Hamburg für den Handel und den Geldaustausch der Welt werde, was jetzt London ist? Daran denken wir, wenn wir jetzt sagen: Deutschland soll zu einer Weltmacht werden.«[8]

Diesem Siegfrieden-Lager gegenüber steht eine nationalliberal und sozialliberal denkende Gruppe von bekannten Protestanten wie Adolf von Harnack, Ernst Troeltsch, Otto Baumgarten, Martin Rade, Hans Delbrück und anderen. Es sind Männer, die sich schon lange vor 1914 im Rahmen des »Evangelisch-sozialen Kongresses« für soziale und politische Reformen eingesetzt haben. Harnack schreibt zwei große Denkschriften zur Lage 1916 und 1917 an den Kaiser. Er plädiert für den Vorrang »innerer Reformen freiheitlicher Art«, die wichtiger seien als der U-Boot-Krieg und die Diskussionen über Annexionen. Er plädiert für sozialen Fortschritt für die unteren Klassen und für Mitverantwortung in allen politischen Fragen. Er fordert ein Vierfaches: Ein neues Wahlrecht, die volle religiöse Freiheit, die volle politische Freiheit und die Anerkennung des Koalitionsrechts der Gewerkschaften und ihre Anerkennung als Tarifpartner.

Und die sozialliberale Fraktion im deutschen Protestantismus fordert diese Reformen nicht erst für die Nachkriegszeit, sondern sofort. Demgegenüber verlangen die nationalkonservativen Kräfte zunächst die Konzentration auf einen militärischen Sieg. Vor allem das gleiche Wahlrecht lehnen sie ab: »Das gleiche Wahlrecht entspricht nicht der Eigenart und der historischen Vergangenheit des preußischen Staates [...]. Es ist vielmehr geeignet, das feste

---

6 Brakelmann, Epochenjahr, 122.

7 Friedrich Niebergall, Weltvölkische Erziehung, Berlin 1916.

8 Günter Brakelmann, Konfessionalismus und Nationalismus, in: Bernd Faulenbach/Karsten Rudolf/Manfred Schlösser (Hg.), Bochumer Beiträge zur Nationalismusdebatte, Bochum 1997, 49.

Gefüge Preußens zu erschüttern und auch diesen Staat der völligen Demokratisierung auszuliefern.«[9]

Diese nationalkonservative, monarchistisch und militärisch auf Hindenburg und Ludendorff hin orientierte Gruppe lehnt natürlich leidenschaftlich die Friedensresolution des Reichstags mit ihrem zentralen Punkt ab: »Der Reichstag erstrebt einen Frieden der Verständigung und der dauernden Versöhnung der Völker. Mit einem solchen Frieden sind erzwungene Gebietserwerbungen und politische, wirtschaftliche oder finanzielle Vergewaltigungen unvereinbar.«[10]

Zusammen mit den sogenannten nationalen Verbänden fordern die Theologen um Seeberg und Wilhelm Philipps unter anderem den sogenannten Hindenburg-Frieden, das heißt Gebietserweiterungen, Kriegsentschädigungen, Stärkung der Seegeltung, Ausbau eines Kolonialreichs, feste Stützpunkte in Übersee, Erweiterung der Rohstoffgewinnung, neues Siedlungsland im Osten. Kurzum: Deutschland kann in der Zukunft nur als neue Weltmacht existieren und das setzt den totalen militärischen Sieg voraus, um die Friedensbedingungen zu diktieren. Dazu nur ein Zitat aus einer Kirchenzeitung: »Zuvor steht dieses fest. Gott ist es, der, wie in den Tiefen des Werdens, so in dem blutigen Ringen der Schlachten wirkt. Wie er die Dinge gestaltet hat, wenn das Kriegsende da ist, darauf kommt es an. Es wird bei all diesen Verhandlungen der Fall gesetzt, daß Gott der Herr das unendlich große, schwere Ringen, die Blutsaat ohnegleichen dahin geraten läßt, daß wir den Feind übermögen. Und in dieser Voraussetzung, zu der Gott sein Ja geben wolle, sagen wir zu der Scheidemann-Parole ›ohne Annexionen und Kriegsentschädigung‹:

Gott will, daß Verbrecher gezüchtigt werden. Die Bibel sagt uns, daß die Obrigkeit das Schwert nicht umsonst trägt. Ein Gericht, das einen Einbrecher und Räuber, der mit Dolch, Pistole und Schlagring bewaffnet war und von ihnen Gebrauch gemacht hat, nicht ernstlich strafte, sondern sagte: die Großmut des Gerichts wird ihn so zerknicken, daß er hinfürder ein vollkommener Biedermann wird, würde weder bürgerlich noch christlich das Richtige tun.

Wenn es also am Ende des Krieges so steht, daß wir die Oberhand haben, so haben wir damit auch die Strafpflicht von Gott in die Hand bekommen. Schon von diesem Gesichtspunkt aus bedarf es der Annexionen und Entschädigungen, damit die Feinde spüren: man begeht nicht ungestraft so himmelschreiendes Unrecht, das Ströme von Blut und Tränen über die Menschheit

---

9 Brakelmann, Epochenjahr, 58.

10 Brakelmann, Epochenjahr, 59.

gebracht hat.«[11] Und am Schluss noch einmal: »Nein, gibt Gott weiter Sieg und Endsieg, so sollen wir Annexionen und Entschädigungen fordern.«[12]

Gegen diese nationalreligiöse Argumentation, die den göttlichen Weltwillen zu kennen meint, schreibt der liberale Theologe Otto Baumgarten in seiner Zeitschrift »Evangelische Freiheit« pausenlos an.[13] Er argumentiert in erster Linie im Sinne rational-kritischer Argumente gegen eine »unbegrenzte Eroberungs- und Annexionspolitik«, gegen ein Denken in den Kategorien des Militarismus und Imperialismus, die auf die Dauer keinen Weltfrieden sichern können. Entscheidend ist für ihn ein Maßhalten in der Logik einer »maßvollen und friedfertigen Selbsterhaltungspolitik«. Er schreibt gegen das alldeutsche Christentum, das Gott zu einem Kombattanten der Deutschen macht. Es mehren sich im Jahre 1917 vor allem im liberalen Lager des Protestantismus die Stimmen, die einen anderen Geist als den herrschenden einfordern. Ein Beispiel ist die Erklärung Berliner Pfarrer: »Wir deutschen Protestanten reichen im Bewußtsein der gemeinsamen christlichen Güter und Ziele allen Glaubensgenossen, auch denen in den feindlichen Staaten, von Herzen die Bruderhand.

Wir erkennen die tiefsten Ursachen dieses Krieges in den widerchristlichen Mächten, die das Völkerleben beherrschen, in Mißtrauen, Gewaltvergötterung und Begehrlichkeit, und erblicken in einem Frieden der Verständigung und Versöhnung den erstrebenswerten Frieden.

Wir sehen den Hinderungsgrund einer ehrlichen Völkerannäherung vor allem in der unheilvollen Herrschaft von Lüge und Phrase, durch die die Wahrheit verschwiegen oder entstellt und Wahn verbreitet wird, und rufen alle, die den Frieden wünschen, in allen Ländern zum entschlossenen Kampf gegen dies Hindernis auf.

Wir fühlen angesichts dieses fürchterlichen Krieges die Gewissenspflicht, im Namen des Christentums fortan mit aller Entschiedenheit dahin zu streben, daß der Krieg als Mittel der Auseinandersetzung unter den Völkern aus der Welt verschwindet.«[14]

Diesen Stimmen steht die eindeutige Mehrheit der nationalkonservativen Kriegstheologen entgegen, wie sie im Deutschen Pfarrerblatt zu finden sind: »Es gibt jetzt nur zweierlei für das deutsche Volk: Sieg oder Untergang! Wenn wir erst den Sieg errungen haben, wird es an der Zeit sein, den Engländern

---

[11] Brakelmann, Epochenjahr, 121.

[12] Brakelmann, Epochenjahr, 122.

[13] Siehe dazu Günter Brakelmann, Krieg und Gewissen. Otto Baumgarten als Politiker und Theologe im Ersten Weltkrieg, Göttingen 1991.

[14] Brakelmann, Epochenjahr, 174.

und Franzosen unsere Bereitschaft zur Versöhnung kundzutun, wie schwer es uns auch fallen mag, all das Furchtbare zu vergessen, was sie uns in Haß und Lüge angetan haben. Wir könnten dann auch in erneute Erwägungen eintreten, auf welche Weise die Sünde der Selbstsucht und des Hasses aus der Welt geschafft und ein ewiger Friede angebahnt werden kann. Einstweilen haben wir noch ein Recht zum heiligen Zorn. Dieses Recht haben uns die Feinde vor Gott und den Menschen in vollem Maße gegeben. Wir wollen es wahren und mit den Versöhnungsangeboten warten, bis wir durch Kampf und Not den Feind besiegt und uns und unseren Kindern die Freiheit und den Frieden gesichert haben.«[15]

Auch die offiziellen Kirchenorgane liegen auf dieser Linie. Sie fordern die Gemeinden auf, verstärkt in den Heimatkriegsdienst einzutreten. Die Pfarrer werden aufgefordert, die reichsoffizielle »Deutsche Kriegswochenschau« in ihren Gemeinden und vor allem bei der Jugend zu interpretieren und für den Geist des Durchhaltens einzutreten. In den Kirchen werden nach den Gottesdiensten Stellen für die Zeichnung der Kriegsanleihen eingerichtet. Die Mehrheit der Pfarrer und Gemeinden versteht sich als der religiöse und diakonische Arm der deutschen Heeresleitung. Seinen Ausdruck findet das in der Verehrung des Kaisers und seines Feldmarschalls Hindenburg. Wilhelm II. wird in Predigten und Gedichten als von Gottes Gnaden eingesetzter und gesegneter König und Kaiser der Deutschen gefeiert. Der protestantische Byzantinismus kennt keine Grenzen. Übertroffen wird die Kaiserverehrung nur noch von den Lobgesängen auf Hindenburg. Ein damals nicht unbekannter Theologe (Martin Schian) spricht es aus: »Wenn wir im alten Rom wären: Hindenburg würde nach des Volkes Willen unser Diktator sein.«[16]

Es überrascht nicht, dass der deutsche Führungsprotestantismus mehrheitlich die am 2. September 1917 (am Sedanstage) gegründete Deutsche Vaterlandspartei unterstützt.[17] Sie will die Sammlungsbewegung aller vaterländischen Kräfte sein und verkündigt: »Jetzt gilt es nur zu siegen!«

Gegen diese Vaterlandspartei gründet sich am 4. Dezember 1917 ein »Volksbund für Freiheit und Vaterland«[18], der in sich die sozialdemokratischen, die Hirsch-Dunckerschen, die freien und christlichen Gewerkschaften und Gruppen von sozial engagierten bürgerlichen Intellektuellen vereinigt. Baumgarten kommentiert: »So begrüßen wir denn aufs wärmste den *Volksbund für Freiheit und Vaterland*, der vor allem die durch die Vaterlandspartei

---

15 Brakelmann, Epochenjahr, 220.

16 Brakelmann, Epochenjahr, 274.

17 Zu ihrem Programm: Brakelmann, Epochenjahr, 283–284.

18 Sein Aufruf: Brakelmann, Epochenjahr, 292–293.

wieder vertiefte Kluft zwischen der bürgerlichen Gesellschaft und der Arbeiterschaft schließen will und eine gleichzeitige Verständigung nach außen und nach innen, also die Herstellung einer einmütigen Volksfront gegen den äußeren Feind durch Stärkung der inneren Einigkeit, ehrliche Verständigung mit den Feinden auf Grund entschlossener Durchführung demokratischer und sozialpolitischer Reformen im Innern erstrebt.« Und am Ende seines Leitartikels spitzt er noch einmal zu: »Wir erhoffen dagegen von einer kräftigen Entwicklung dieses Zusammenschlusses der organisierten Arbeiterschaft mit den ihrer sozialen Pflichten bewußten bürgerlichen Kreisen eine allmähliche Überwindung des gegenseitigen Mißtrauens und der tumultuarischen Durchbrechung der geordneten demokratischen Selbstregierung der Nation.«[19]

Eines der aufregendsten Dokumente aus dem Seeberg-Nachlass ist ein Protokoll von »Verhandlungen zwischen Vertretern des Unabhängigen Ausschusses für einen Deutschen Frieden, der Vaterlandspartei und des Volksbundes für Freiheit und Vaterland«.[20] Adolf von Harnack hatte in die Kgl. Bibliothek eingeladen. Es war ein Versuch, wenigstens einen Minimalkonsens zwischen den politischen Großgruppen zu finden. Das ausführliche Wortprotokoll zeigt, dass die innen- und außenpolitischen Positionen, repräsentiert vor allem durch den Vorsitzenden der Freien Gewerkschaften Carl Legien, durch den Vorsitzenden der Christlichen Gewerkschaften Adam Stegerwald und den liberalen Theologen Ernst Troeltsch auf der einen Seite und durch den Historiker Dietrich Schäfer, den Theologen Reinhold Seeberg und Admiral von Tirpitz auf der anderen Seite, nicht mehr vermittelbar waren. Die nationalkonservative Seite will den Krieg nicht in einen Verständigungsfrieden und nicht in eine Verfassungsreform und nicht in eine Sozialreform enden lassen. Ihr Kurs ist konsequent antidemokratisch und antisozialistisch. Vor allem mit der sozialdemokratischen Arbeiterbewegung gibt es für die nationalkonservativen Kräfte keine Verständigungsmöglichkeiten. Die sozialliberale Seite will durch geordnete Reformprozesse die Monarchie und die Klassengesellschaft in einen modernen Rechts- und Sozialstaat umgestalten. Sie drängt auf ein politisches Reformbündnis zwischen den Arbeiterorganisationen und den bürgerlichen Schichten, die gerade im Krieg die innere Notwendigkeit eines anderen Deutschland erkannt haben. Reformprozesse sollen die Gefahren einer revolutionären Explosion nach dem bolschewistischen Muster verhindern. Es gehörte zu ihrer Befürchtung, dass militaristi-

---

19 Brakelmann, Epochenjahr, 293–294.

20 Brakelmann, Epochenjahr, 297–308.

sches Siegdenken in der Außenpolitik und herrschaftliches Klassendenken in der Innenpolitik unter den Bedingungen militärischer Ermattung und der Zunahme von Hunger und Armut nur in einer radikalen Revolution enden könnten. Deshalb immer wieder ihr Appell: arbeitet an der Überwindung der zahlreichen Spaltungen, die das deutsche Volk durchziehen: die Spaltung zwischen Regierung und Reichstag, die Spaltung zwischen der Regierung und der außerparlamentarischen nationalen Opposition, die Spaltung der Arbeiterbewegung in Mehrheitssozialdemokraten und Spartakisten, die Spaltung der Bevölkerung in Stadt und Land und die Spaltung in immer mehr in proletarische Existenz absinkende Schichten und neureiche Kriegsgewinnler.

Diese reformorientierte Gruppe setzte auf die Strategie der Annäherungen der vielfach gespaltenen Kriegsgesellschaft und auf politisch-strukturelle und sozioökonomische Ausgleichsstrategien.

Der Weltkriegsprotestantismus suchte seinen Ort in dem Gegeneinander seiner politischen Blöcke. Die Publizistik der kirchlichen Rechten sprach bis wenige Wochen vor dem militärischen Zusammenbruch und den revolutionären Novemberereignissen eine eindeutige nationalreligiöse Sprache. Wilhelm Philipps fragte noch im Januar 1918: »Was will Gott?« Er berichtet, dass er seit 1914 an einen Sonderauftrag Gottes für das deutsche Volk geglaubt habe, »daß Deutschland berufen sei, das Strafgericht Gottes an den Völkern zu vollziehen, die uns in diesen Krieg verwickelt haben, daß der Krieg zugleich aber auch ein Gericht über unser Volk sei, jedoch ein Gnadengericht.

Diese Glaubensüberzeugung gründete sich darauf, daß jene Völker reif seien für ein Strafgericht: Belgien [...] wegen seiner sprichwörtlichen Liederlichkeit (Brüssel die erste Bordellstadt der Welt) und seiner Kongogreuel; Frankreich wegen seiner Gottlosigkeit und Sittenlosigkeit; Serbien als Räuber- und Banditenstaat; Rußland wegen seiner Korruption ohnegleichen; England, weil es unter dem heuchlerischen Deckmantel des Christentums Weltpolitik getrieben hat im Dienste des Mammons und seine Welt- und Seeherrschaft zur Knechtung und Ausbeutung aller Völker der Erde mißbraucht [...]

Der Krieg muß so lange dauern, bis Englands Welt- und Seemachtstellung gebrochen und das deutsche Volk willens ist, dies Strafgericht an England zu vollziehen.«[21]

Aber das deutsche Volk wollte oder konnte nicht so, wie seine geschichtstheologischen Interpreten es verkündigten. Lange vor dem 9. November 1918

---

21 Brakelmann, Epochenjahr, 318, 320.

hieß es bei ihnen: »Die Heimat hat nicht durchgehalten«. Die protestantischen Kriegstheologen gaben die später wirkungsmächtigen Parolen aus: der Verrat durch die Demokraten und der Dolchstoß durch die Heimat haben den Krieg verlorengehen lassen. Sie formulierten die Hypothek, mit der die Weimarer Republik bis zu ihrem Ende zu kämpfen hatte. Der Hof- und Domprediger in Berlin, Bruno Doehring, brachte es auf die Kurzformel: »Nicht Gott hat unser Volk verlassen, sondern unser Volk hat ihn verlassen.« Er bezeichnete die sozialistischen und demokratischen Politiker als »Judasnaturen«. Die Deutschen seien von den »Ideen von 1914« abgefallen und hätten nicht mehr an den geschichtswaltenden Gott, der Deutschland den Auftrag zum »Weltvolk« gegeben habe, geglaubt.[22]

Diese religiös-nationale Überzeugung machte jede kritische Rückfrage an die eigene Kriegspredigt und die mit ihr verbundenen politischen Positionen überflüssig. Wenn einer Buße tun müsse – so die Konsequenz –, dann das Volk, nicht seine Prediger, nicht seine politische Führung, nicht seine Feldherren, nicht seine Annexionisten, nicht seine Reformgegner.

Die sogenannte Dolchstoßlegende ist zuerst in Kirchenzeitungen und auf Kanzeln verbreitet worden. »Organisierter Vaterlandsverrat« sei es gewesen, der Deutschland militärisch zum Zusammenbruch gebracht habe. Die Dolchstoßlegende gab den Predigern und den nationalistischen Politikern nachträglich für alle Zeit das gute Gewissen, ihrerseits im Einklang mit göttlichem Geschichtswillen gestanden zu haben, aber an dem glaubens- und ideallosen Volk gescheitert zu sein, das sich in tiefster Verblendung undeutscher Demokratie und internationalem Sozialismus verschrieben habe.

Es hat deshalb in der Tat nach dem Krieg kein wirkliches Bußwort aus dem Raum des kirchlich-konservativen Protestantismus im Blick auf die eigene Mitverantwortung für den Ausgang des Weltkriegs gegeben wie es auch keine Kritik an der politischen und militärischen Führung gegeben hat. Die Novemberrevolution war in der Interpretation der großen Mehrheit der Kirchenoberen das Ergebnis antichristlicher, materialistisch-atheistisch und demokratisch-internationalistisch denkender Köpfe und Kräfte von Teilen des bürgerlich-demokratischen Liberalismus und des proletarischen Sozialismus, die beide als Erben der Aufklärung die Auflösung des christlichen Glaubens und christlicher Werte und Ordnungskriterien seit langem betrieben haben. Die alten Feinde einer christlichen Glaubens- und Lebensordnung hatten nun die Herrschaft in Deutschland übernommen. Tiefe Zukunftsängste mit apokalyptischen Dimensionen überfielen evangelische Prediger, Publizisten und

22 Siehe dazu Bruno Doehring, Ihr habt nicht gewollt, Berlin 1919.

Laien. In dem pietistischen Führungsblatt »Licht und Leben« hieß es: »Sehr bedeutsam ist, daß jetzt in unserem Vaterland ›Rot‹ und ›Schwarz‹ *regieren.* Das stimmt ja auffallend mit der Weissagung, daß zuletzt alle weltliche und geistliche Gewalt in den Händen des Tieres und des falschen Propheten liegen wird, die sich miteinander verbinden und miteinander die Welt beherrschen werden, ›Rot‹ deutet auf das Tier hin, ›Schwarz‹ auf den falschen Propheten. Alle anderen Parteien werden sich diesen unterwerfen müssen, und die es nicht tun wollen, werden ihren bitteren Haß zu erfahren bekommen.«[23]

Vergräbt man sich in das zeitgenössische Schrifttum des kirchlichen Mehrheitsprotestantismus, so kann man eine Ahnung davon bekommen, welche Schockwirkung die Niederlage im Krieg und das Ende der Monarchie ausgelöst haben. Hier sind religiöse und emotionale Bindungen zerschlagen worden. Für viele war der Sinn ihres Lebens und der Sinn der preußisch-deutschen Geschichte zerstört worden. Auf dem Untergrund dieser Verwundungen und Verletzungen ist nach einer kurzen Phase tiefster Irritation der dann anhebende mehrheitsprotestantische Kampf gegen Revolution und Republik zu verstehen.

Die ersten Revolutionswochen waren für die protestantischen Nationalkonservativen seelisch-geistig und politisch eine Leidenszeit: Da ruft ein Sozialdemokrat die deutsche demokratische Republik und ein Kommunist die sozialistische Republik aus. Und Sozialdemokraten werden Reichskanzler und Reichspräsident. Da übernehmen Soldaten- und Arbeiterräte die Macht im Lande, da werden am 11. November für das Reich und für Preußen Regierungen aus MSPD und USPD als »Rat der Volksbeauftragten« gebildet. Da geht der Kaiser ins Exil und ein Zentrumsmann unterschreibt einen schmählichen Waffenstillstand.

Dieser Untergang hatte nach gemeinprotestantischer Auffassung begonnen mit der Parlamentarisierung am 28. Oktober 1918. Im Hamburger Kirchenblatt war zu lesen: »Die *Parlamentarisierung* ist da. Es ist formal so, wie der kaiserliche Akt kundgibt, daß ein Entschluß der Krone die Umarbeitung des Ganzen vornimmt. In Wahrheit ist es ein Sieg der Demokratie, ja, der Entente, die Deutschland unter das Joch der französischen Revolution von 1792 beugt. Die Linien der deutschen Entwicklung liefen anders. [...] das alte Preußen trauert. Deutschland hat nun nicht mehr eine politisch eigenständige Art, sondern ist Volk unter Völkern. – Wir glauben an Gott. Will er uns unter die gesamten Folgen des nahezu ungerechtesten aller Wahlsysteme, des sinnlosen allgemeinen, gleichen und direkten Wahlrechts beugen: wir

---

23 Greschat, Revolutionsjahr, 30–31.

nehmen es nicht bloß hin, weil wir müssen, wir glauben vielmehr, daß er auch damit unser Volk zur Höhe führen kann«.[24]

Die schlimmsten politischen Befürchtungen waren harte Wirklichkeit geworden. Wie würden nun die Kirchen- und Kulturpolitik der neuen linksdemokratischen Machthaber aussehen? In Punkt 5 des Regierungsprogramms des Rates der Volksbeauftragten hieß es: »Die Freiheit der Religionsausübung wird gewährleistet. Niemand darf zu einer religiösen Handlung gezwungen werden.«

Damit war die sogenannte positive wie negative Religionsfreiheit anerkannt. Mehr hat die Reichsregierung zunächst nicht gesagt. Zuständig für Kultur- und Kirchenpolitik waren traditionell die Länder. Diese nahmen überwiegend die alte bürgerlich-liberale und sozialistische Forderung nach »Trennung von Staat und Kirche« auf.

Im Aufruf der Preußischen Regierung vom 13. November hieß es: »Ausbau aller Bildungsinstitute, insbesondere der Volksschule. Schaffung der Einheitsschule. Befreiung der Schule von jeglicher kirchlichen Bevormundung. Trennung von Staat und Kirche.«[25] Im Klartext: Aufhebung der Konfessionsschulen, klare Trennung von Schule und Kirche, von Kirche und Staat.

Das paritätisch von MSPD (durch Konrad Haenisch) und USPD (durch Adolph Hoffmann) besetzte preußische Kultusministerium formulierte am 15. November in einem Erlass über den Schulunterricht unter V: »Bis zum Erlaß über Trennung von Schule und Kirche sind Kinder von Dissidenten und solchen Andersgläubigen, für die ein Religionsunterricht im jetzigen Schulplan nicht vorgesehen ist, auf Antrag der Erziehungsberechtigten ohne jeden *weiteren* Nachweis vom Religionsunterricht zu befreien.«[26]

Am 29. November gab es den Erlass über die »Aufhebung des Religionszwangs in der Schule« heraus. Darin heißt es unter anderem: »Die Stellung der Religion in der Schule hat zu einer Reihe fast allgemein anerkannter Mißstände geführt, deren Beseitigung längst fällig und eine Ehrenpflicht eines freien und sozialistischen Staatswesens ist. Wir bemerken aber ausdrücklich, daß wir, indem wir die gröbsten Übel nunmehr ausrotten, dies nicht im Namen der Trennung von Kirche und Staat tun, deren Durchführung vielmehr noch zu treffender Entscheidung vorbehalten bleibt. Was wir heute bestimmen, ist noch kein Akt jener Trennung, sondern der einfachen Pflicht zu Redlichkeit

---

24 Greschat, Revolutionsjahr, 20.

25 Ernst Rudolf Huber/Wolfgang Huber, Staat und Kirche im 19. und 20. Jahrhundert. Dokumente zur Geschichte des deutschen Staatskirchenrechts, Bd. IV, Berlin 1988, 7.

26 Huber/Huber, Staat und Kirche, 63.

und Sauberkeit und des selbstverständlichen Rechtes jedes Menschen auf die Freiheit seiner Überzeugung und seines religiösen Bekenntnisses. Um jede Glaubens- und Gewissensvergewaltigung aus der Schule zu entfernen, ist es nötig, jeden Zwang zu religiösen Übungen und Äußerungen, auch zur stillschweigenden Beteiligung an ihnen, zu beseitigen. [...]
In diesem Sinne verordnen wir [...]:

1. Das Schulgebet vor und nach dem Unterricht wird, wo es bisher noch üblich war, aufgehoben.
2. Eine Verpflichtung der Schüler seitens der Schule zum Besuch von Gottesdiensten oder anderen religiösen Veranstaltungen ist unzulässig. Auch hat die Schule keine gemeinsamen religiösen Feiern (z. B. Abendmahlsbesuche) zu veranstalten. Schulfeiern dürfen keinen religiösen Charakter tragen.
3. Religionslehre ist kein Prüfungsfach.
4. Kein Lehrer ist zur Erteilung von Religionsunterricht oder zu irgendwelchen kirchlichen Verrichtungen verpflichtet, auch nicht zur Beaufsichtigung der Kinder beim Gottesdienst.
5. Kein Schüler ist zum Besuch des Religionsunterrichtes gezwungen. Für Schüler unter 14 Jahren entscheiden die Erziehungsberechtigten, ob sie einen Religionsunterricht besuchen sollen, für Schüler über 14 Jahre gelten die allgemeinen Bestimmungen über Religionsmündigkeit.
6. Es ist unzulässig, im Religionsunterricht der Schule häusliche Schularbeiten, insbesondere das Auswendiglernen von Katechismusstücken, Bibelsprüchen, Geschichten und Kirchenliedern aufzugeben.«[27]

Diese Erlasse über die Trennung von Staat und Kirche und Kirche und Schule provozierten bei beiden großen Kirchen den stärksten Widerstand. Eine neue »Kulturkampfstimmung« schien heraufzukommen. In den protestantischen Widerstand werden nun von Anfang an die Gemeinden und evangelischen Verbände miteinbezogen. Typisch für diesen gemeinprotestantischen Widerstand ist eine Ansprache des EOK vom 30. November 1918 »Gegen willkürliche Übergriffe der Staatsgewalt in das Recht der Kirche«: »In diesen stürmischen Zeiten sammeln wir uns mit zuversichtlichem Willen um die Gewißheit: Unsere evangelische Kirche lebt und wird leben. Sie ist nicht gebunden an eine bestimmte staatliche Verfassungsform, sie verkündet vielmehr das Evangelium zu jeder Zeit. Aber sie verlangt von den Inhabern der Regierungsgewalt, daß sie die Ordnung für jedermann im Staate verbürgen, sie pflegt den Geist

[27] Huber/Huber, Staat und Kirche, 63–65.

der Achtung vor der Geschichte auch im wohlverstandenen Interesse des Staates, und vergißt weder ihre eigene Geschichte noch die des Vaterlandes.

Unsere evangelische Kirche fürchtet in dem Bewußtsein ihrer inneren Selbständigkeit die Trennung von Kirche und Staat nicht. Die Zeit des Leidens und der Opfer soll zur Prüfung der echten Überzeugung dienen. Aber heute wie immer verwahren wir uns gegen willkürliche Übergriffe der Staatsgewalt in das Recht der Kirche. Wir besitzen augenblicklich in Preußen keine gesetzmäßige Regierung. Die Rechte unserer Kirche ruhen auf verfassungsmäßig gültigen Gesetzen und können deshalb nur auf dem geordneten Wege der Gesetzgebung ausgeschlossen werden. Wir handeln darum im Interesse von Recht und Gesetz, deren Achtung unserer Kirche stets am Herzen liegt, wenn wir entschlossenen Einspruch dagegen erheben, daß etwa auf dem Wege der Gewalt und Willkür über das Schicksal der evangelischen Kirche entschieden werde. Die Abschaffung des Religionsunterrichts in der Schule würde an die Wurzeln der evangelischen Volkskraft greifen. Es widerspricht auch dem Interesse des Staates, einen Kampf um diese religiösen Güter dem Volk gerade im jetzigen Augenblick aufzunötigen. [...]

[Deshalb] verwahren wir uns dagegen, daß auf Gesetzen beruhende Zustände durch andere als gesetzliche Anordnungen, insbesondere Verfügungen einer vorläufigen Regierung, abgeändert werden.

Wir verlangen, daß in jedem Falle Eingriffe des Staates in das innere Leben der Kirche vermieden werden. Wir erwarten, daß eine Änderung des bisherigen Verhältnisses zwischen dem Staat und der Evangelischen Kirche angesichts der einschneidenden Bedeutung für beide Teile nicht ohne den Versuch einer vorgängigen Verständigung zwischen den Organen des Staates und denen der Kirche unternommen werde.«[28]

Diese kirchliche Ansprache war nun nicht mehr nur die Verlautbarung einer Kirchenleitung, sondern war mit Hilfe eines am 18. November gegründeten sogenannten »Vertrauensrates« formuliert worden. Dieser bestand aus rund 30 Vertrauensmännern, die aus dem weiten kirchlichen Spektrum ausgewählt worden waren, um eine gemeinsame Abwehrfront gegen die revolutionäre Kirchen- und Kulturpolitik aufzubauen. Geschäftsführer dieses Denk- und Aktionsrates wurde der Berliner Pfarrer Lic. Dr. Otto Dibelius. Durch Dutzende von Aufrufen, Broschüren und öffentlichen Versammlungen gelang eine bisher im deutschen Protestantismus nie gekannte Mobilisierung des Kirchenvolks. In der ersten Etappe dieses Großkampfes gegen die Verordnungspolitik im November/Dezember 1918 ging es in Sonderheit gegen den

---

28 Huber/Huber, Staat und Kirche, 22–23.

Radikalismus des Kultusministers Adolph Hoffmann, der am 27. November seine Position im Parteiorgan der USPD »Die Freiheit« unter anderem klar formuliert hatte:

»1. Die Trennung von Staat und Kirche ist grundsätzlich ausgesprochen. [...]
2. Religion ist nicht mehr Prüfungsfach, die Einführung des konfessionslosen Moralunterrichts wird vorbereitet.
3. Die geistliche Ortsschulaufsicht ist aufgehoben«.[29]

Die evangelisch-kirchlichen Proteste wie die mit ihnen übereinstimmenden katholischen Proteste blieben nicht ohne Wirkung. Das Kultusministerium teilte am 5. Dezember dem EOK mit, dass es den Berliner Pfarrer Dr. Wessel als »Regierungsvertreter für die evangelischen kirchlichen Behörden« bestellt habe und dieser alle Konsistorialbeschlüsse gegenzeichnen müsse. Am 13. Dezember erfolgte ein geharnischter Protest des EOK: diese Maßnahmen enthalten einen »schweren gesetzwidrigen Eingriff in die verfassungsmäßig gewährleistete Selbständigkeit der evangelischen Landeskirche«. Wessel hatte keine kirchliche Legitimation und hat auch das Gebäude des EOK nie betreten. Er bleibt eine Episode in der Kirchengeschichte.

Ebenso bleibt auch Adolph Hoffmann eine Episode, aber mit einer langen Nachwirkung. Er bleibt für lange Jahre der Repräsentant der kirchenfeindlichen radikalen Linken, auch als ganz andere Entwicklungen sich abgezeichnet und durchgesetzt hatten. Die Differenzen zwischen den beiden Ministern Hoffmann und Haenisch wurden schon deutlich, als Haenisch sich am 7. Dezember gegen die »umfangreiche Liste der Reformpläne« seines Kollegen wandte und sie als Privatmeinung bezeichnete. Wenige Tage später fanden sogar Verhandlungen zwischen Vertretern der acht preußischen Landeskirchen auf der einen und Haenisch auf der anderen Seite statt. Die Wochen radikaler Gesprächsverweigerung waren zu Ende. Schon am 18. Dezember erließ Haenisch »Nähere Anweisungen zur Durchführung des Erlasses vom 29. November 1918«, in denen es unter anderem hieß: »[...] wird hiermit ausdrücklich darauf hingewiesen, daß der Zeck dieses Erlasses die Befreiung von jedem Gewissenszwang ist. Diese Absicht würde in ihr gerades Gegenteil verkehrt, wenn nunmehr etwa ein anti-religiöser Gewissensdruck ausgeübt werden sollte. Ihn unter allen Umständen zu vermeiden, ist die ernste Pflicht aller für die Ausführung des Erlasses zuständigen Behörden. Bei seiner Durchführung soll mit jeder gebotenen Schonung der religiösen Empfindungen von Kindern und Eltern vorgegangen werden. [...]

[29] Huber/Huber, Staat und Kirche, 14–15.

[So kann] von einem Verbot der Schul-Weihnachtsfeiern keine Rede sein [...].«[30]

Und schließlich am 28. Dezember verfügte ein »Abmilderungserlass«: »[...] wird hiermit angeordnet, daß seine Durchführung überall dort, wo sie auf ernste Schwierigkeiten stößt, bis zur Entscheidung durch die preußische Nationalversammlung zu unterbleiben hat.«[31]

Hier ist Ende Dezember ein Wendepunkt erreicht: Die Fragen zwischen Kirche und Staat und Kirche und Schule sollen nicht mehr auf dem Verordnungswege gelöst werden, sondern müssen Gegenstand zukünftiger verfassungsmäßiger Regelungen sein.

Am 29. Dezember tritt die USPD aus dem Rat der Volksbeauftragten aus und alleiniger Kultusminister ist nun Konrad Haenisch. Und es ist Otto Dibelius, der den »Abmilderungserlass« von Haenisch triumphierend kommentiert: »Das ist der erste Sieg der kirchlichen Bewegung unserer Tage über die kirchenfeindliche Politik der neuen Regierung! Die Bedeutung dieses Sieges kann nicht hoch genug veranschlagt werden. Ist auch die endgültige Entscheidung nur vertagt – es hat sich gezeigt, daß die Kirche noch eine Macht im Leben des Volkes ist, daß die Bedrohung der Heiligtümer unseres Volkes einen Widerstand auf den Plan ruft, dem die neuen Machthaber sich nicht gewachsen fühlen. [...] Freilich wollen wir nicht nur Altes verteidigen. Wir wollen die Reformen des schulplanmäßigen Religionsunterrichts, die in mehr als einer Beziehung dringend nötig ist. [...] Heute freuen wir uns des Sieges! Freuen uns um unserer Schule und um unseres Volkes willen!«[32]

Aber dieser »Sieg« war nicht nur eine Leistung der antirevolutionär mobilisierten Kirchenmitglieder. Ohne die Mitwirkung einiger Parteien, die sich im November und Dezember 1918 neu gegründet hatten, wäre der Druck auf die Revolutionsmächte geringer gewesen. Die DNVP und die DVP stellten sich rückhaltlos hinter die kirchliche Position, während die anderen Parteien differenzierter plädierten, aber in gleicher Weise die radikalen Parolen und die revolutionäre Praxis ablehnten. Der Konsens aller Gruppen wurde schließlich: Die endgültige Regelung der Trennungsprobleme wird zur Arbeit der verfassungsgebenden Nationalversammlung gehören. Hier trafen sich alle kirchlichen Kreise und bürgerlichen Parteien mit der Tendenz, die sich auch bei der MSPD in der Folgezeit eindeutig durchsetzen sollte. So ist zu erklären, dass die Kirchenvertreter immer mehr ihre Hoffnung auf die mittlere Linie der MSPD setzten.

---

30 Huber/Huber, Staat und Kirche, 69–70.

31 Huber/Huber, Staat und Kirche, 70.

32 Greschat, Revolutionsjahr, 65.

Wie tief die Erregung im Kirchenvolk über die Kirchen- und Kulturpolitik der beiden Minister war – wobei die Unterschiede zwischen beiden in der kirchlichen Publizistik und Polemik nicht immer deutlich gemacht wurden – zeigt die von beiden Kirchen mitgetragene Massenkundgebung am Neujahrstag 1919 gegen die sozialistische Kirchen- und Kulturpolitik. Nach einer Kundgebung im Zirkus Busch zogen 60.000 Menschen in einem Protestmarsch vor das Preußische Kultusministerium. Und zum ersten Mal in der deutschen Geschichte erklangen gemeinsam das katholische Tedeum »Großer Gott, wir loben Dich« und das Lutherlied »Ein feste Burg ist unser Gott.« Und im Wahlkampf für die Nationalversammlung spielte das Kirchenthema eine große Rolle. Und es gelang der kirchlichen Agitation, besonders durch das Ansprechen der zum ersten Mal wahlberechtigten Frauen, eine absolute sozialistische Mehrheit zu verhindern.

Nach dem Rücktritt von Hoffmann am 3. Januar, zu dem ihm auch sein Kollege Haenisch in einem Brief vom 31. Dezember aufgefordert hatte,[33] schreibt der preußische Ministerpräsident Hirsch unter dem 9. Januar 1919 an den EOK, »daß die diesseits für notwendig erachtete Neuregelung des Verhältnisses von Kirche und Staat nach der Auffassung der Preußischen Regierung der preußischen Nationalversammlung oder einer später zu berufenden gesetzgebenden Körperschaft vorbehalten bleiben und daß ihr ein Benehmen mit den kirchlichen Organen vorhergehen muß. Dabei ist das Ziel im Auge zu behalten, daß die berechtigten Interessen der kirchlichen Schichten im preußischen Volke zu schonen sind und jede Verletzung religiöser Gefühle, jeder Gewissensdruck vermieden werden muß.«[34]

Damit war der Weg endgültig frei für Konsultationen und Verhandlungen auf gleichberechtigter Basis. Eine genauere Nachzeichnung des Konsultations- und Diskussionsprozesses, der dann zu den Artikeln 135–141 im Abschnitt »Religion und Religionsgesellschaften« und zu den Artikeln 142–150 im Abschnitt »Bildung und Schule« in der Weimarer Reichsverfassung vom 11. August 1919 geführt hat, würde zeigen, dass die Kirchen eine Regelung sich erarbeitet und bekommen haben, mit der sie hochzufrieden sein konnten. Grundsätzlich wurde die Staatskirche zwar aufgehoben – was der evangelischen Kirche eine bisher nicht gekannte Freiheit und Selbständigkeit gegeben hat –, aber sie bekam nicht den privatrechtlichen Status eines Vereins, sondern wurde Körperschaft des öffentlichen Rechts. Zwischen Kirche und Staat konnte sich angesichts dieser »hinkenden Trennung« in der Folgezeit so

---

33 Huber/Huber, Staat und Kirche, 70–72.

34 Huber/Huber, Staat und Kirche, 33.

etwas wie eine konstruktiv-kritische Partnerschaft entwickeln. Die Kirchen behielten eine Reihe bedeutender Privilegien. Der neue Staat als Republik übernahm die vielerlei Verpflichtungen, nicht zuletzt die monetären, seines Vorgängers. Dass die Artikel 135–141 in die bundesrepublikanische Verfassung übernommen werden konnten, dürfte zeigen, dass hier eine Regelung gefunden worden war, die Staat Staat und Kirche Kirche sein lassen konnten.

Fazit: Für die beiden Jahre 1917 und 1918 ergibt sich ein doppelter Befund: der mehrheitliche Weltkriegsprotestantismus trägt mit religiös-nationalistischer Inbrunst die Kriegspolitik der kaiserlichen Regierung und des kaiserlichen Heeres mit. Er wendet sich mit religiösem Sendungsbewusstsein gegen die Parlamentarisierung des monarchischen Systems und gegen innere gesellschaftliche und soziale Reformen. Nach der militärischen Niederlage und nach dem Ausbruch der Revolution sieht er keinen Anlass, sich selbstkritisch mit seiner Rolle in der Vergangenheit, seiner kirchlichen wie politischen, zu befassen. Nach kurzer schmerzhafter Irritation findet der kirchliche Protestantismus sein neues Feld im Kampf gegen die Kultur- und Kirchenpolitik der revolutionären Mächte. Die Ergebnisse dieses Kampfes, festgehalten in den entsprechenden Paragraphen der Weimarer Reichsverfassung, geben ihm kirchliches Selbstbewusstsein und politische Bedeutsamkeit zurück. Die Kirche hat sich unter den Bedingungen der Weimarer Republik von einer Staatskirche zu einer freien Volkskirche entwickeln können.

Michael Beintker

Theologische Existenz und Reformationsfeier

Einblicke in Karl Barths Arbeiten im Sommer und Herbst 1933[1]

Weitaus die meisten Arbeiten, die in Band 49 der Karl Barth Gesamtausgabe dokumentiert werden, sind im Frühsommer, Sommer und Herbst des Jahres 1933 entstanden. Es waren dies die Monate, in denen die Nationalsozialisten in Deutschland alle Bereiche des öffentlichen und privaten Lebens ihrer totalitären Herrschaft zu unterwerfen suchten, nachdem sie in einem ersten Schritt im März und April 1933 alle maßgeblichen politischen Positionen in Staat und Gesellschaft besetzt hatten. Die Rede war von einer Revolution; mit allen Mitteln hatte man die deutsche Gesellschaft in eine hektische Umbruchstimmung versetzt und orchestrierte diese lautstark und mit einer bis dahin unbekannten gewaltigen Propagandamaschinerie.

Die Stimmung hatte auch große Teile der evangelischen Kirchen erfasst. In einem Aufruf des sogenannten »Dreimännerkollegiums« (das waren die Beauftragten, die sogleich eine neue Verfassung der Deutschen Evangelischen Kirche zu erarbeiten hatten) hieß es am 28. April 1933: »Eine mächtige nationale Bewegung hat unser deutsches Volk ergriffen und emporgehoben. Eine umfassende Neugestaltung des Reiches in der erwachten deutschen Nation schafft sich Raum. Zu dieser Wende der Geschichte sprechen wir ein dankbares Ja. Gott hat sie uns geschenkt, ihm sei die Ehre. In Gottes Wort gebunden erkennen wir in dem großen Geschehen unserer Tage einen neuen Auftrag unseres Herrn an seine Kirche«.[2]

In diese »mächtige nationale Bewegung« sollten alle gesellschaftlichen Kräfte und damit auch die Kirchen eingebunden oder – wie man mit einem

---

[1] Vortrag, gehalten am 15. November 2013 in der Theologischen Fakultät der Universität Basel anlässlich der Buchvernissage von Karl Barth, Vorträge und kleinere Arbeiten 1930–1933, hg. von Michael Beintker/Michael Hüttenhoff/Peter Zocher, Zürich 2013.

[2] Zitiert nach Barth, Vorträge 1930–1933, 294.

der Elektrotechnik entlehnten Begriff sagte – »gleichgeschaltet« werden. Die Rede von der »Gleichschaltung«, die vermutlich im März 1933 im Reichsjustizministerium aufgekommen war, als das »Gesetz der Gleichschaltung der Länder mit dem Reich« (31.3./7.4.1933) und damit die Zerschlagung des Föderalstaatsprinzips auf den Weg gebracht wurde[3], fand auch unter den Protestanten begeisterte Befürworter. So verkündete ein Redner auf der ersten Reichstagung der Deutschen Christen Anfang April 1933: »Wir fordern die sinngemäße Gleichschaltung der empirischen Kirche mit dem Volksstaat der nationalen Revolution und damit eine Reform der Ev[angelischen] Kirche an Haupt und an Gliedern«.[4]

Die Deutschen Christen waren nicht irgendwer. Sie hatten sich 1932 als »Glaubensbewegung« formiert und sahen sich nun in der Rolle der nationalsozialistischen Sturmspitzen in der evangelischen Kirche. Kraft der ihnen eigenen Vermischung christlich-religiösen Gedankenguts mit deutschnationalem Aufbruchspathos, rechtsradikalen Parolen, Antisemitismus und betont antidemokratischen Prinzipien waren sie ein ernstzunehmender kirchenpolitischer und politischer Faktor in den im Frühsommer 1933 vehement einsetzenden kirchlichen Auseinandersetzungen, in denen es um den Weg, die Gestalt und den Auftrag der evangelischen Kirche unter der Herrschaft des Nationalsozialismus ging. Sie konnten sich der Unterstützung durch Hitler und seine Partei sicher sein. Besonders augenfällig war das bei den für das ganze Deutsche Reich angesetzten Kirchenwahlen im Juli 1933, bei denen Presse, Rundfunk und der Apparat der NSDAP für die Wahl der Deutschen Christen in die Presbyterien, Kirchenvorstände und Synoden warb. Sogar Hitler ergriff am Vorabend der Wahlen nach der Aufführung des Parzival auf dem Bayreuther Festhügel im Rundfunk für die Liste der Deutschen Christen Partei. Die Wahl bescherte ihnen in den meisten Landeskirchen eine klare Zweidrittelmehrheit. Damit war der Notstand der evangelischen Kirchen in Deutschland offensichtlich.

Wenn man einmal hypothetisch von politischer Gleichschaltung und nationalsozialistischer Ideologie absieht, mussten die Forderungen der Deutschen Christen in vieler Hinsicht als plausibel erscheinen. Es ging ihnen um eine umfassende Reform der evangelischen Kirche. Wer wollte, ja wer konnte ernsthaft bestreiten, dass die evangelische Kirche eminent reformbedürftig war (und geblieben ist)? Außerdem befand man sich 1933 im Jahr eines gro-

---

3 Vgl. Barth, Vorträge 1930–1933, 296, Anm. 73.

4 Siegfried Nobiling, Kirchliches Führertum, in: »Volk und Kirche«. Die amtlichen Berichte der ersten Reichstagung der Glaubensbewegung »Deutsche Christen«, Berlin 1933, 43–49, hier 43; (vgl. Barth, Vorträge 1930–1933, 296, Anm. 73).

ßen Reformationsjubiläums: Am 10. November stand der 450. Geburtstag des Reformators Martin Luther im Kalender. Reformationsjubiläen sind – das weiß man – gut geeignet, das Bewusstsein für anstehende Reformvorhaben zu beflügeln. Die Revitalisierung der Volkskirche, eine forcierte Wiedereintrittsbewegung, die Überwindung der Kluft zwischen Arbeiterschaft und Kirche, die Straffung der Organisation des deutschen Protestantismus und der Abbau von Bürokratie, die Überwindung seiner Zerklüftung in damals 28 Landeskirchen, eine moderne Kirchenverfassung mit starken Befugnissen für die zentralen Entscheidungsinstanzen, die Einführung von Bischofsämtern, die Etablierung des zentralen Amtes eines Repräsentanten der deutschen evangelischen Christenheit in Form eines Reichsbischofs, eine kraftvolle Predigt, die das Evangelium auf die zentralen Fragen und Herausforderungen der Gegenwart zu beziehen versteht: All diese Vorhaben einer angestrebten Erneuerung muss man beachten, wenn man verstehen will, weshalb die Deutschen Christen im Sommer 1933 so schnell auf den Höhepunkt ihres Einflusses gelangen konnten.

Und man wird dann auch besser verstehen, weshalb es in den evangelischen Kirchen in Deutschland eine profilierte Strömung gegeben hat, die zwar die braune Politisierung der Kirchenreform ablehnte, wohl aber nicht wenige dieser Reformvorhaben befürwortete. Das war die »Jungreformatorische Bewegung«, die sich im Mai 1933 als Alternativbewegung zu den Deutschen Christen formierte und auf einer Pressekonferenz im berühmten Berliner »Adlon« an die Öffentlichkeit trat. Sie wollte durch eine geschickte, am Geist der Reformation orientierte Kirchenpolitik den Deutschen Christen den Wind aus den Segeln nehmen und sie kirchenpolitisch matt setzen. Sie musste aber dann in den Wirren des Jahres 1933 schmerzhaft erfahren, dass ihrem Ansinnen kein Erfolg beschieden war. Karl Barth hat das von Anfang an gesehen und die Jungreformatoren im Sommer, aber auch noch im Herbst 1933 nicht weniger heftig kritisiert als die Deutschen Christen. Er war der Meinung, dass ihre Vertreter als namhafte Theologen es besser wissen müssten, was das Evangelium uns schenkt und wovon die Kirche gerade in ihrer Krise lebt, als die Deutschen Christen mit ihrem schwer zu übersehenden theologischen Stammtischniveau. Wenn man bedenkt, dass neben Walter Künneth und Hanns Lilje kein Geringerer als Martin Niemöller zu ihren Sprechern gehörte und dass der im September 1933 gegründete Pfarrernotbund, der sich gegen die Diskriminierung judenchristlicher Pastoren wendete, aus dieser Bewegung hervorging, dann wird man die Jungreformatorische Bewegung für lernfähig halten dürfen. Viele ihrer Anhänger wurden später zu Mitgliedern der Bekennenden Kirche. Aber es war doch so, dass Barth sie im Jahr 1933 nicht als eine »legitime und verheißungsvolle«

Opposition[5] zu den Deutschen Christen betrachten konnte. Sie stehen – so schrieb er – »nicht in einem klaren und radikalen, nicht in einem ernstzunehmenden kirchlich-theologischen Gegensatz. Auch sie anerkennen, dass die ›Deutschen Christen‹ den ›stärksten Impuls zu einer gründlichen Neugestaltung der deutschen evangelischen Kirchen‹ gegeben hätten«.[6]

I.

Barths Engagement gegen die nationalsozialistische Gleichschaltung und Umgestaltung der Kirche setzte eher unauffällig ein. Den Auftakt bietet ein nun erstmals in dieser Form veröffentlichter Entwurf zu der Frage »Was heißt evangelisch sein?«[7] – eine Paraphrase für Hermann Albert Hesse, den reformierten Vertreter bei den Verhandlungen um die geplante neue Kirchenverfassung. Es folgten mit den Düsseldorfer[8] und Elberfelder Thesen[9] zwei Thesenreihen zur Gestalt der evangelischen Kirche. Darin werden die theologischen Grundsätze für die Gestalt der christlichen Kirche in der Welt von heute umrissen. Dem vergleichenden Blick zeichnen sich erste Konturen jener Erklärung ab, die dann im Mai 1934 als Barmer Theologische Erklärung verabschiedet werden wird. Für die sich anschließenden Klärungsprozesse des Sommers 1933 gilt der markante Satz: »Die Kirche lebt allein davon, dass sie täglich neu von ihrem Herrn berufen und getragen, getröstet und regiert wird.«[10] Das heißt: Von anderen Herren und erst recht von anderen Führern kann sie sich nicht berufen, trösten und regieren lassen – ihr geistlicher Führer »ist allein Jesus Christus«.[11] Das damit intonierte reformatorische *solus*

---

5 Karl Barth, Theologische Existenz heute!, in: ders., Vorträge und kleinere Arbeiten 1930–1933, hg. von Michael Beintker/Michael Hüttenhoff/Peter Zocher, Zürich 2013, 271–363, hier 341.

6 Barth, Theologische Existenz heute!, 341.

7 Karl Barth, Was heißt evangelisch sein?, in: ders., Vorträge und kleinere Arbeiten 1930–1933, hg. von Michael Beintker/Michael Hüttenhoff/Peter Zocher, Zürich 2013, 242–248.

8 Karl Barth, Eine theologische Erklärung zur Gestalt der Kirche, in: ders., Vorträge und kleinere Arbeiten 1930–1933, hg. von Michael Beintker/Michael Hüttenhoff/Peter Zocher, Zürich 2013, 249–259.

9 Karl Barth, Forderungen zur Gestalt der Kirche, in: ders., Vorträge und kleinere Arbeiten 1930–1933, hg. von Michael Beintker/Michael Hüttenhoff/Peter Zocher, Zürich 2013, 265–270.

10 Barth, Eine theologische Erklärung, 256.

11 Barth, Eine theologische Erklärung, 257.

Christus wird das theologische Rückgrat aller Äußerungen Barths zur Lage der Kirche bilden.

Im Vergleich zu der Wirkung, die Barth mit seiner im Juni 1933 verfassten Schrift »Theologische Existenz heute!«[12] erreichte, waren das aber noch Vorspiele, die nur den Kennern und Eingeweihten nicht verborgen bleiben konnten. Es war daher mehr als verständlich, dass die Frage, was eigentlich Barth zu der kirchenpolitischen Lage des Frühjahrs 1933 zu sagen habe, immer stärker an ihn herangetragen wurde. Die Lage hatte sich dermaßen zugespitzt, dass er sich nun regelrecht gedrängt sah, seine bis dahin geübte Zurückhaltung gegenüber einer öffentlichen Stellungnahme zu den Ereignissen in Deutschland aufzugeben. Auf diese Weise entstand mitten im Sommersemester in der atemberaubenden Zeit von nur zehn Tagen eine Streitschrift, die unbeschadet ihres zeitgeschichtlichen Kolorits zu den wichtigsten theologischen Abhandlungen des 20. Jahrhunderts gehören dürfte. Obwohl Barth theologisch und nicht politisch argumentierte, wurde sein Text auf jeden Fall als oppositionelle Äußerung gelesen. Der Schriftsteller Thomas Mann, damals im Schweizer Exil, vermerkte Ende August in seinem Tagebuch: »Las abends mit außerordentlicher Sympathie die Schrift von Karl Barth, ›Theologische Existenz heute‹. Was für ein unerschrockener, braver und frommer Mann! Und wie symbolisch, wie nicht-nur-theologisch ist alles, was er sagt!«[13] Und einige Tage später: »Der einzige Trost im Anblick all dieses Auf dem Bauch liegens [Thomas Mann spielt auf die bereitwillige Anpassung vieler Deutscher an den Nationalsozialismus an, – M. B.] ist die Schrift des Theologen Barth [...]«.[14] Man hat oft gefragt, wie politisch diese Schrift eigentlich gewesen sei. Man wird sagen dürfen, dass Barth überzeugend gezeigt hat, dass die konzentrierte theologische Argumentation unter bestimmten Bedingungen eine eminente politische Reichweite erreichen kann, obwohl sie unter der Maxime steht, gerade jetzt, »Theologie und nur Theologie zu treiben«.[15]

Der Titel der Schrift »Theologische Existenz heute!« ist Programm. Darauf deutet schon das für eine Titelgebung ungewöhnliche Ausrufezeichen hinter »heute«. Auf die Rede von unserer theologischen Existenz und der Gefahr ihres Verlustes stoßen wir schon vorher, in einer am 30. Mai zu Beginn einer homiletischen Übung gehaltenen Ansprache, in der Barth vor seinen Bonner

---

[12] Barth, Theologische Existenz heute!, 271–363.

[13] Thomas Mann, Tagebücher 1933–1934, hg. von Peter de Mendelssohn, Frankfurt am Main 1977, 163 (Eintrag vom 29.8.1933); vgl. Barth, Vorträge 1930–1933, 279.

[14] Mann, Tagebücher 1933–1934, 167 (Eintrag vom 29.8.1933); vgl. Barth, Vorträge 1930–1933, 279.

[15] Barth, Theologische Existenz heute!, 280.

Studenten seine Auffassung darlegte, wie man sich als Theologe den kirchenpolitischen Umwälzungen der letzten Wochen gegenüber zu verhalten habe.[16] Offenbar hatten die Studenten von ihm wissen wollen, wie er die aktuelle Situation einschätze. In den »gegenwärtigen erregten, belebten Zeiten, die unser aller Teilnahme so oder so erfordern«[17], erklärte ihnen Barth, bestehe die aktuelle Gefahr für den christlichen Menschen im allgemeinen und den theologischen Menschen im besonderen, »dass er seine eigene Existenz vergisst und vielleicht darüber verliert«.[18] Und dann verdeutlichte er: »Es darf nicht geschehen, dass wir unsere Existenz als *Theologen* jetzt irgendwie verlieren! Welches auch der Sinn dieser merkwürdigen Zeit sein mag – wir sind im Besonderen aufgerufen, Kirche zu sein.«[19] Gerade wenn man mit ganzer Sorge an dem beteiligt sei, was Volk und Vaterland jetzt bewege, komme es darauf an, »dass [in] Deutschland Kirche Christi bleibt«.[20] Und dann: »Wir tun der Kirche den besten Dienst, wenn wir auch jetzt still, gesammelt und redlich arbeiten! Jetzt gilt es sachlich [zu] sein, seine Bibel zu lesen, seine Dogmengeschichte, – seine Dogmatik zu treiben, was erst späterhin für Volk und Kirche wirksam wird, aber dann das Beste ist.«[21]

Das war das entschiedene Eintreten für eine Theologie und Kirche, die sich nicht durch sachfremde Erwartungen gängeln und fremdbestimmen lassen, die sich die ihnen geschenkte Freiheit bewahren, indem sie die Themen ihrer Verkündigung ausschließlich von der Sache bestimmen lassen, der sie als Theologie und als Kirche verpflichtet sind. Echte theologische Arbeit kann nie anders als mit konzentrierter Sachbezogenheit erfolgen. Nur so kann sie auch für die Gegenwart relevant werden, ihre inspirierende Kraft entfalten und, wenn es sein muss, den Mut zur Widerständigkeit stärken. Vier Wochen später las man es dann in Barths programmatischer Schrift so: »Das, was jetzt unter keinen Umständen geschehen darf, ist dies, dass wir im Eifer für irgend etwas, was wir für eine gute Sache halten, unsere theologische Existenz verlieren. Unsere theologische Existenz ist unsere Existenz in der Kirche, und zwar als berufene Prediger und Lehrer der Kirche.«[22]

---

16 Vgl. Karl Barth, Ansprache [in der Homiletischen Übung], in: ders., Vorträge und kleinere Arbeiten 1930–1933, hg. von Michael Beintker/Michael Hüttenhoff/Peter Zocher, Zürich 2013, 250–264.

17 Barth, Ansprache, 262.

18 Barth, Ansprache, 262.

19 Barth, Ansprache, 262.

20 Barth, Ansprache, 262.

21 Barth, Ansprache, 263.

22 Barth, Theologische Existenz heute!, 283.

Unsere theologische Existenz lebt von unserer Bindung an das Wort Gottes[23], genauer: von unserer Bindung an Jesus Christus als Inbegriff dieses Wortes. Worin aber besteht der Inhalt dieses Wortes konkret? Diese Frage beantwortet Barth ganz elementar mit dem Verweis auf das Finale des Credo: »Vergebung der Sünden, Auferstehung des Fleisches und ein ewiges Leben«.[24] Die theologische Existenz besteht also darin, dass man diese drei Punkte sich selbst und den Menschen verständlich machen kann, dass man recht vom Heil zu reden versteht. Wenn man weiß, wie oft damals »Heil«, nämlich »Heil Hitler!« gerufen worden ist, dann wird man auch heute die Provokation hören, die hinter diesem Bezug auf das Finale des Credos verborgen ist: Kirche und Theologie seien die *Grenze* des Staates. Sie seien es »zum Heil des Volkes, zu *dem* Heil, das weder der Staat noch auch die Kirche schaffen können, das zu verkündigen aber die Kirche berufen ist«.[25]

Anlässlich der Kirchenwahlen im Juli 1933, zu denen Barth mit einigen Getreuen mit einer eigenen Liste »Für die Freiheit des Evangeliums!«[26] angetreten war und damit immerhin mehr als 10 Prozent der Sitze in der Bonner Gemeindevertretung erreichte, hielt er am Vorabend der Wahlen – fast zeitgleich mit Hitlers Bayreuther Rundfunkansprache – einen öffentlichen Vortrag in Bonn.[27] Wer Barths Orientierung am Wort Gottes, an Jesus Christus, am Evangelium für ungewohnt anspruchsvoll und vielleicht für zu theologisch hält, sollte sich seine Wahlrede näher ansehen. Hier entfaltete Barth in mustergültiger Klarheit, um was es geht, wenn man die Freiheit des Evangeliums in den Blick rückt. Ich darf ganz einfach aus seiner Rede zitieren:

»Was heißt Evangelium? Muss ich das noch besonders sagen? Ja – und es ist keine Schande, dass man gerade das immer wieder besonders sagen muss. Denn dass es das gibt, das Evangelium, das ist immer wieder etwas so unerhört Großes und Neues, dass es nicht anders sein kann: wir alle müssen es uns immer wieder von Neuem sagen lassen. – Ich darf es zu sagen versuchen, wie ich es verstehe: Evangelium ist eine Botschaft, die an uns ergangen

---

[23] Vgl. Barth, Theologische Existenz heute!, 284.

[24] Barth, Theologische Existenz heute!, 262.

[25] Barth, Theologische Existenz heute!, 262.

[26] Vgl. Karl Barth, Für die Freiheit des Evangeliums [Flugblatt], in: ders., Vorträge und kleinere Arbeiten 1930–1933, hg. von Michael Beintker/Michael Hüttenhoff/Peter Zocher, Zürich 2013, 383–389.

[27] Vgl. Karl Barth, Für die Freiheit des Evangeliums [Rede], in: ders., Vorträge und kleinere Arbeiten 1930–1933, hg. von Michael Beintker/Michael Hüttenhoff/Peter Zocher, Zürich 2013, 390–412.

ist und ergeht und wieder ergehen will. Sie lautet: Wir Menschen sind nicht allein. Wir sind nicht unserem Schicksal überlassen. Wir sind nicht unseren guten und bösen Mitmenschen überlassen. Wir sind auch nicht dem Tod überlassen, der auf uns alle wartet. Und wir sind vor allem nicht uns selbst überlassen, weder unseren guten noch unseren schlechten Eigenschaften, weder unseren Tugenden noch unseren Fehlern, weder unserer eigenen Klugheit noch unserer eigenen Dummheit. Sondern wir haben einen Herrn und dieser Herr steht gut für uns, weil wir zu ihm gehören. Wie ein reicher Mann gut steht für einen armen Mann, weil dieser sein Bruder ist. Und wir gehören darum zu diesem Herrn, weil er für uns gut steht, weil unsere Sache für Zeit und Ewigkeit bei ihm wohl aufgehoben ist. Dieser unser Herr hat alles, was uns angeht und angehen kann, in Ordnung gebracht für uns. Da ist keine Sorge, die er uns nicht im Voraus abgenommen hätte, da ist keine Sünde, für die bei ihm nicht Vergebung bereit wäre. Da ist keine Eigenwilligkeit und Eitelkeit, die vor ihm nicht zum Vornherein in ihrer Torheit gerichtet wäre. Da ist keine Last, die er nicht längst getragen und hinweggetragen hätte. Das ist unser Trost, dass wir diesen Herrn haben: unser Trost, unsere Freude, unsere Hilfe, unsere Leitung für unser Leben in guten und bösen Tagen. Wer ist dieser Herr? Ich antworte mit dem heute viel (wahrscheinlich viel zu viel!) gesungenen Liede: ›Fragst du, wer der ist? Er heißt Jesus Christ, der Herr Zebaoth, und ist kein anderer Gott, das Feld muss er behalten‹. Also der Herr heißt: Jesus Christus. Jesus Christus aber heißt: Gott für uns Menschen und mit uns Menschen. Und das heißt an das Evangelium glauben: diese Botschaft annehmen, die Botschaft, dass Gott für uns und mit uns ist, diesen Herrn für unseren Herrn halten.«[28]

Die Schrift »Theologische Existenz heute!« hatte ursprünglich den Titel »Von der Kirchenpolitik zur Kirche« tragen sollen.[29] Denn die reale Gefährdung der Kirche bestand nicht nur in den Eingriffen von außen. Der Gefährdung von außen entsprach spiegelbildlich eine Gefährdung von innen; und Barth ließ keinen Zweifel daran, dass die Gefährdung von innen für die Kirche noch bedrohlicher werden kann als die Gefährdung von außen. Diese Gefährdung bestand (und besteht) sehr häufig darin, dass die Kirchenpolitik die theologische Orientierung verdrängt und an die Stelle der Theologie tritt. Am sinnfälligsten trat das im Jahr 1933 durch den Umstand in Erscheinung, dass man sich nicht nur die überstürzte Arbeit an einer Kirchenverfassung hatte aufdrängen lassen, sondern sein ganzes Denken auf die Schaffung des

---

28 Barth, Freiheit des Evangeliums [Rede], 395–397.

29 Vgl. Barth, Theologische Existenz heute!, 275.

Amtes eines Reichsbischofs konzentrierte, der gleichsam als evangelischer Kirchenführer dem Führer auf politischer Ebene korrespondieren sollte.

So gab es im Mai und Juni 1933 kein wichtigeres kirchliches Thema als die Frage, welcher Mann dieses Amt bekleiden sollte. Für die Nationalsozialisten kam nur ein Kandidat in Frage, der das Vertrauen Hitlers genoss. Das war der bis zu diesem Zeitpunkt so gut wie unbekannte Königsberger Wehrkreispfarrer Ludwig Müller, der auf den Schild der Deutschen Christen gehoben wurde und dann dieses Amt ab September 1933 auch in unrühmlichster Weise bekleidete. Die Jungreformatorische Bewegung setzte auf den Rektor der diakonischen Anstalten in Bethel bei Bielefeld, den angesehenen Pfarrer Friedrich von Bodelschwingh, und wählte ihn, um Tatsachen zu schaffen, am 27. Mai zum Reichsbischof. Das war in rechtlicher Hinsicht anfechtbar, weil man ihn wählte, ohne dass die Reichskirchenverfassung, die dieses Amt vorsah, schon verabschiedet war. Die daraufhin einsetzende großangelegte Kampagne gegen von Bodelschwingh und die ihn tragenden Kräfte, bei der sich die Deutschen Christen der Unterstützung des Apparats der NSDAP erfreuen konnten, sorgte für massive Unruhe bis in den letzten kirchlichen Winkel und beherrschte die Diskussionen in der evangelischen Kirche. Überall dominierte die Frage »Müller oder Bodelschwingh«.[30] Veränderungen in der personellen Zusammensetzung des verfassungsgebenden Ausschusses waren dann für den Staat der willkommene Anlass zum Eingreifen. Der preußische Kultusminister Bernhard Rust unterstellte einen staatskirchenrechtlichen Notstand und sah sich ermächtigt, am 24. Juni einen Staatskommissar für die evangelischen Kirchen in Preußen einzusetzen. Die Kirche wurde also unter politische Kuratel gestellt und nunmehr mit SA-Methoden dirigiert. Das war so etwas wie ein Waterloo für die Jungreformatorische Bewegung. Noch am Abend dieses Tages erklärte von Bodelschwingh auf der Sitzung des Kirchenausschusses des Deutschen Evangelischen Kirchenbundes seinen Rücktritt von dem ihm übertragenen Amt des Reichsbischofs, das er faktisch vier Wochen lang wahrgenommen hatte.

Auch Barth, der von Bodelschwingh durchaus schätzte, empfand diese Entwicklung als hochdramatisch. Aber sie kam für ihn nicht überraschend. Wer sich auf das Feld der Politik begibt, muss damit rechnen, mit politischen Mitteln aus dem Feld geschlagen zu werden. Und solche Mittel konnten im Staat Adolf Hitlers brachiale Formen annehmen. Wäre man auf das Bischofsthema theologisch zugegangen, hätte man zunächst darüber nachdenken müssen, welche Aufgabe und welche Vollmachten einem solchen Amt in der evangeli-

---

30 Vgl. Barth, Theologische Existenz heute!, 271, 305.

schen Kirche überhaupt zukommen können. Man hätte dann eine Theologie des bischöflichen Amtes entwickeln müssen, wobei sich die Reformierten an diesem Punkte eher spröde gezeigt hätten, weil bei ihnen die bischöflichen Funktionen von vornherein durch Synoden wahrgenommen werden. Barths Argumentation zeigt, dass eine solche theologische Diskussion gar nicht erst geführt worden war, ja dass die Frage nach der zweckmäßigen Führung der Kirche durch ein am politischen Führerbegriff ausgerichtetes Verständnis des Bischofsamtes ohne großes Nachdenken schon entschieden worden war. Man versicherte zwar, staatliche Formen nicht nachahmen zu wollen. »Doch«, erwiderte Barth mit messerscharfer Klarsicht, »es hat sich im Bischofsgedanken von 1933 eindeutig um die Nachahmung einer bestimmten ›staatlichen Form‹ gehandelt. Man hatte in der politischen Zeitbewegung vor sich die eindrucksvolle Gestalt eines Führers, der sich als solcher, d. h. durch die Fähigkeit, die politische Macht zu erobern und zu gebrauchen, faktisch als solcher erwiesen hat. Die Kirche muss auch einen solchen Führer haben, sagte man sich, wobei die einen diesen Satz sehr schlicht mit der Staatsräson begründeten: dass ein geführter Staat nur eine ebenfalls geführte Kirche neben sich oder in sich haben könne, während die zweiten umgekehrt die Kirche damit, dass sie auch ihr eine solche Führung geben wollten, dem geführten Staat gegenüber stark zu machen gedachten, während wieder andere nun auf einmal entdeckten, dass das Führerprinzip aus dem eigensten Wesen der Kirche heraus auch für die Kirche selbst anerkannt und in der Kirche selbst realisiert werden müsse. Wohlverstanden: das Führerprinzip, wie man es konkret in der Gestalt Adolf Hitlers und seiner Unterführer vor Augen hatte.«[31]

Und erst recht ließ er bei seiner Einschätzung der Deutschen Christen nicht die geringste Zurückhaltung walten: Die Glaubensartikel der Deutschen Christen, nämlich »1. [d]ie Lehre von der wesentlichen Bedingtheit des zu verkündigenden Glaubens durch die Rasse-[,] Volks- und Staatszugehörigkeit des Glaubenden, 2. die Lehre von dem Dienst, den die Berufung zum ewigen Leben dem geschichtlichen Beruf eines Volkes zu leisten habe[,] 3. die Lehre von der notwendigen inneren Beziehung der kirchlichen Verkündigung zu einer bestimmten Weltanschauung und Gesellschaftsform«[32] und das in diesen Lehren vorausgesetzte Verständnis der Begriffe Gott, Schöpfung, Sünde, Gesetz, Evangelium, Gnade und ihres Verhältnisses untereinander samt allen daraus folgenden religiösen und moralischen Anschauungen und Grundsät-

---

31 Barth, Theologische Existenz heute!, 306–308.

32 Karl Barth, Theologische Existenz heute II (Entwurf), in: ders., Vorträge und kleinere Arbeiten 1930–1933, hg. von Michael Beintker/Michael Hüttenhoff/Peter Zocher, Zürich 2013, 377–378.

zen seien der heiligen Schrift und den evangelischen Bekenntnissen nicht nur fremd, sondern zuwider; sie »sind innerhalb der Kirche theologisch zu bekämpfen, als offiziell herrschende Lehren dagegen schlechterdings untragbar, weil kirchenzerstörend«[33], so in einem jetzt erstmals veröffentlichten Entwurf zu »Theologische Existenz heute II« von Anfang Juli 1933.[34]

Barths Schrift fand reißenden Absatz. Das bedeutet, dass es viele Menschen gab, die ein solches klärendes Wort geradezu ersehnt hatten. Innerhalb der ersten 14 Tage wurden vier Auflagen mit insgesamt 12.000 Exemplaren verkauft. Bis zu ihrer Beschlagnahme durch die Bayerische Politische Polizei im Juli 1934 waren 37.000 Exemplare gedruckt worden. Es gehört zu den Kuriosa, dass der Christian Kaiser Verlag von den damit erzielten Einnahmen ein Auto anschaffen konnte, das dann den Namen »Theologische Existenz« trug.

Ein Exemplar dieser Schrift sandte Barth an Adolf Hitler. Im beiliegenden Brief hatte er geschrieben: »Evangelische Theologie muss auch im neuen Deutschland unerbittlich und unbekümmert ihren eigenen Weg gehen. Ich bitte Sie um Verständnis für diese Notwendigkeit.«[35] Es ist kaum anzunehmen, dass Hitler Barths Schrift und die ihm dann in Folge zugesandten Schriften der neuen Reihe »Theologische Existenz heute« gelesen hat. Immerhin findet sich im Barth-Archiv eine förmliche Eingangsbestätigung der Reichskanzlei.

2.

Inzwischen war der 10. November 1933 und damit der runde Geburtstag des deutschen Reformators näher gerückt. Dass Luther ein *Deutscher* sei und in seiner Person geradezu den Inbegriff des *Deutschtums* verkörperte, war jetzt überall zu lesen und zu hören. Markige Sprüche waren angesagt; gelegentlich unterlegten sogar Trommelwirbel den Gesang des bekannten Lutherlieds »Ein feste Burg ist unser Gott«.[36] Friedrich Wienecke, Reichsreferent für Theologie und Hochschule bei den Deutschen Christen, forderte, an den Reformationstagen müsse Luther »in entscheidender Weise als das Urbild und Vorbild deutschen Glaubens und deutscher Männlichkeit in den Mittelpunkt unsres Zeitgeschehens hineingestellt werden«.[37] Und Emanuel Hirsch, prominenter

---

[33] Barth, Theologische Existenz heute II (Entwurf), 377–378.

[34] Vgl. Barth, Theologische Existenz heute II (Entwurf), 364–382.

[35] Karl Barth Archiv (KBA) 9233.159, zitiert in: Barth, Vorträge 1930–1933, 277.

[36] Vgl. Barth, Vorträge 1930–1933, 329.

[37] Friedrich Wienecke, Deutsche Theologie im Umriß, Soldin 1933, 158–159; vgl. Barth, Vorträge 1930–1933, 516, Anm. 2.

Fakultätskollege aus Barths Göttinger Zeit und nunmehr überzeugter Deutscher Christ, ließ sich dahingehend vernehmen, dass sich niemand »dieser Notwendigkeit, das uns aufgetragne Wort noch einmal neu auf deutsch zu gebären, es in deutscher Art und deutschem Leben konkret werden zu lassen, so bewusst gewesen [sei], wie Martin Luther«.[38]

Wer Belege dafür sucht, wie man mit einem historischen Jubiläum Politik machen und medienwirksam Kampagnen zur Instrumentalisierung historischer Vorgänge entfalten kann, findet hier reiches Material. Die Deutschen Christen wollten den 450. Geburtstag Martin Luthers am 10. November 1933 pompös und mit Getöse als »Deutschen Luthertag« feiern, an dem Luther und seine Sendung an die deutsche Nation in den Vordergrund gestellt werden sollten. Ja, sie sahen sich sogar als berufene Vollender der Reformation Luthers. Im Mai hatte man ein entsprechendes Szenario ausgearbeitet: So sollte an Luthers Geburtstag »durch ganz Deutschland eine starke Welle des Protestantismus gehen«, der Tag sollte »mit der Durchgabe von Merksprüchen durch die deutschen Sender schon in den frühen Morgenstunden« beginnen, am Nachmittag war die »Durchführung von Kundgebungen in allen deutschen Städten unter Vorantragung von Kirchen- und Hakenkreuzfahnen geplant« und am Abend sollten »festliche Veranstaltungen kirchenmusikalischer oder rhetorischer Art« stattfinden. Weiter hieß es: »In ›Historischen Stunden‹ soll Luthers und seiner Mitarbeiter gedacht werden. Dabei wolle die Glaubensbewegung ›Deutsche Christen‹ aber bewusst einen dieser Mitarbeiter ausschalten, nämlich Philipp Melanchthon, der den Protestantismus schon in seinen Anfängen verwässert und ihm seine Stoßkraft genommen habe. Die ›Deutschen Christen‹ wollten diese Stoßkraft erneut schaffen, um dem Luthertum zum Siege zu verhelfen.«[39] Das Urteil über Melanchthon zeigt, was die Deutschen Christen von Bildung, Nachdenklichkeit und besonnener Weisheit hielten.

Aber es gehört zur Ironie der Geschichte, dass sich in Hitlers Reich auch ganz regimetreue Pläne über Nacht als Makulatur erweisen konnten. Der geplante »Deutsche Luthertag« fiel mehr oder weniger den einige Wochen zuvor für den 12. November angesetzten Reichstagswahlen und der Abstim-

---

38 Emanuel Hirsch, Das kirchliche Wollen der Deutschen Christen. Zur Beurteilung des Angriffs von Karl Barth (Theologische Existenz heute, München 1933), in: ders., Das kirchliche Wollen der Deutschen Christen, Berlin-Charlottenburg ^{2}1933, 5–17, hier 13; vgl. Barth, Vorträge 1930–1933, 516–517, Anm. 2.

39 Alfred Bierschwale, Protestantentag am 10. November, in: Rheinisch-Westfälische Zeitung, Nr. 248, 17.05.1933, vgl. Barth, Vorträge 1930–1933, 516, Anm. 1. Bierschwale fungierte als »Reichskulturwart« der Deutschen Christen.

mung über den Austritt Deutschlands aus dem Völkerbund zum Opfer. Das Wochenende vom 10. bis zum 12. November stand nun ganz im Zeichen einer alles andere übertönenden Wahlpropaganda. Erst am 13. November – also unmittelbar danach – kam es dann zu jener Versammlung der »Glaubensbewegung« im Berliner Sportpalast, auf der ihr Berliner Gauobmann Reinhold Krause mit einer an entlarvenden Gemeinheiten kaum zu überbietenden Rede über »Luthers völkische Sendung« einen Skandal auslöste[40], mit dem die Erosion der deutschchristlichen Bewegung beginnen sollte.

Barths Äußerungen zum Reformator und seiner Theologie gehören unbestritten zu den besten Texten, die anlässlich des 1933er Lutherjubiläums gedruckt wurden. Seine beiden Essays »Luther«[41] und »Luthers Wissenschaft«[42], auf Ersuchen des kritisch urteilenden Publizisten Franz Alfons Gayda verfasst, erschienen in zahlreichen prominenten Blättern, darunter auch in der Neuen Zürcher Zeitung. Barths Sicht auf den Reformator ist derjenigen der nationalistischen Jubiläumsmacher diametral entgegengesetzt. Man dürfe Luther nicht mit der symbolischen Gestalt verwechseln, »die jetzt in den Kirchen und auf dem Markt festlich sichtbar werden wird«; ein »ernstes Luthergedächtnis würde sich wohl vor allem an dem Luther der meisten Lutherfeiern vorbei freie Bahn brechen müssen«[43], schrieb Barth. Luther habe das Eine, um das er gesammelt war, »Christus« oder »das Evangelium« oder »das Wort Gottes« genannt.[44] Man müsse die Geschlossenheit seines Bildes schon von daher sehen oder man sehe sie gar nicht.[45] Man rede an Luther vorbei, wenn man die einfache Tatsache nicht respektiere, »dass Luther selbst sich ebenso schlicht wie selbstbewusst als Lehrer der christlichen Kirche verstanden hat, dass er auch von seinen Zeitgenossen in Liebe und Hass von da aus verstanden worden ist und dass eben dies auch für uns, die Nachfahren, wie wir auch zu ihm stehen mögen, die einzige wirklich ernsthafte Frage ist, die Luther uns zu stellen hat und die man anlässlich einer Lutherfeier zu beantworten versuchen mag: Luthers Wissenschaft als Lehre der christlichen Kirche – kennen wir sie? verstehen wir sie? geht sie uns an? in welchem Sinn

---

40 Vgl. dazu Barth, Vorträge 1930–1933, 581, Anm. 1.

41 Karl Barth, Luther, in: ders., Vorträge und kleinere Arbeiten 1930–1933, hg. von Michael Beintker/Michael Hüttenhoff/Peter Zocher, Zürich 2013, 478–487.

42 Karl Barth, Luthers Wissenschaft, in: ders., Vorträge und kleinere Arbeiten 1930–1933, hg. von Michael Beintker/Michael Hüttenhoff/Peter Zocher, Zürich 2013, 567–572.

43 Barth, Luther, 480.

44 Vgl. Barth, Luther, 481.

45 Vgl. Barth, Luther, 481.

und Maß mag sie unsere eigene Wissenschaft sein oder werden?«.[46] Damit widerspricht Barth der nationalen oder dann auch kulturellen Verwertung der Reformation. Gegen den mit den Farben des Persönlichkeitskults des späten 19. Jahrhunderts gezeichneten Luther, der als übermenschlicher Heros oder nun als kerniger deutscher Mann von sich reden machen soll, stellt Barth den angefochtenen, den von der Frage nach Gott umgetriebenen und durch das Evangelium getrösteten Lehrer der Kirche. Gerade ein Reformationsjubiläum verlangt nach theologischer Besinnung, nach theologischer Existenz heute.

Am 30. Oktober 1933 hielt Barth vor etwa 1000 Zuhörern in der Berliner Singakademie den Reformationsvortrag »Reformation als Entscheidung«.[47] Eingeladen hatte ihn Pfarrer Gerhard Jacobi im Namen der sich in Berlin formierenden kirchlichen Opposition. Obwohl man aus Furcht vor einem Verbot die Veranstaltung nicht groß beworben hatte, gab es schon mehrere Tage vorher keine Eintrittskarten mehr. Jacobi hatte Barth gebeten, angesichts des »Luther-Rummel[s]« und der »haarsträubenden Verfälschung der Reformation, die heute in Deutschland getrieben wird«, einmal klar und deutlich die Frage zu beantworten »Was ist Reformation?«.[48]

Barth stellte nicht in Frage, dass man den Gehalt der Reformation unterschiedlich bestimmen könne und dass es durchaus möglich sei, ihre kulturellen, politischen und nationalen Aspekte zu beleuchten und hervorzuheben.[49] Es gebe auch so etwas wie »ein religionsgeschichtliches Gesetz der Unvergesslichkeit, der beharrlichen Symbolkraft aller kirchlichen Begründergestalten und Begründungsereignisse«[50], sagte er. Aber dem eigentlichen theologischen Impetus der Reformation komme man damit nicht auf die Spur. Man sei der Sache gewiss viel näher gekommen, »wenn man in früheren Jahrhunderten das Verdienst und die Größe der Reformatoren schlicht darin sah, dass sie gewisse in der Kirche vergessene oder halb vergessene *christliche Wahrheiten* wieder ausgesprochen und damit die Kirche wieder hergestellt haben«.[51] Barth nennt die Autorität der Bibel, die Herrenwürde Gottes des Schöpfers, die Geltung Jesu Christi als des Versöhners des sündigen Men-

---

46 Barth, Luthers Wissenschaft, 569.

47 Karl Barth, Reformation als Entscheidung, in: ders., Vorträge und kleinere Arbeiten 1930–1933, hg. von Michael Beintker/Michael Hüttenhoff/Peter Zocher, Zürich 2013, 516–552.

48 Brief Gerhard Jacobis an Barth vom 21.10.1933 (KBA 9333.791), zitiert in: Barth, Vorträge 1930–1933, 517.

49 Vgl. Barth, Reformation als Entscheidung, 525–528.

50 Barth, Reformation als Entscheidung, 524.

51 Barth, Reformation als Entscheidung, 528.

schen, die Freiheit des Christen in der Welt und die notwendige Demut und den notwendigen Mut der wahren Kirche[52] und kommt dann auf die reine Lehre des Evangeliums, die *pura doctrina Evangelii* nach Confessio Augustana VII zu sprechen. Und das verbindet er mit dem diesem Vortrag den Titel gebenden Begriff der Entscheidung. Die Reformatoren haben sich *entschieden*: für die Bindung an die Anrede des Evangeliums, für den Erlöser von Sünde und Schuld, für den Glauben, für die Freiheit eines Christenmenschen. Sie haben sich in Freiheit an Christus gebunden und in dieser Bindung wiederum ihre Freiheit erfahren. Das aber heißt: »Reformation ist Entscheidung und da und nur da ist die Kirche der Reformation, wo Entscheidung ist.«[53] Es ist die Entscheidung für Gott als den Herrn, in der sich der Mensch unwiderruflich bindet[54] – eine Bindung eingeht, in der er nur noch glauben, nicht aber länger hinter fremden Göttern herlaufen kann. Wessen Zeit nicht mehr in seinen eigenen, sondern in Gottes Händen steht, der ist unumkehrbar Kind dieses Herrn. »So ist ihm der Weg zu künftigen anderen Entscheidungen verrannt, so hat er sich seiner Freiheit, nicht zu glauben, wirklich und endgültig begeben. ›Ihr könnt nicht Gott dienen *und* dem Mammon‹ [Mt. 6,24]. Man bemerke, dass es nicht heißt: Ihr sollt nicht! sondern: Ihr *könnt* nicht!«[55]

Die Reformation wird auf diese Weise ganz präsent, wo Menschen in der Entscheidung ihres Glaubens mit der Entscheidung der Generation der Reformatoren auf eine Ebene rücken. Das Moment der Entscheidung für das Evangelium ist das uns mit ihnen und mit den Christenmenschen aller Zeiten Verbindende. Barth unterlässt nicht den Hinweis auf die Erwählungslehre[56], an der uns deutlich wird, dass jede Entscheidung, die wir im Glauben treffen, aus einer Entscheidung erwachsen ist, die Gott in seiner Barmherzigkeit bereits für uns getroffen hat. Aber ohne Entscheidung für die Wahrheit des Evangeliums hätte es die Reformation nicht gegeben, und wer diese Entscheidung umgehen möchte oder sie gar durch die Verfälschung der Wahrheit zu verhindern sucht wie die Deutschen Christen, kann sich nicht auf die Reformation berufen und sie also auch nicht feiern. »Die Reformation als *Entscheidung* wird dann die evangelische Kirche von heute nach *ihrer* Entscheidung fragen. Und wenn wir ihrer Frage standhalten, dann wird es ja wohl an den Tag kommen, ob es unter uns auch noch so etwas wie eine gefallene Ent-

---

52 Vgl. Barth, Reformation als Entscheidung, 528.

53 Barth, Reformation als Entscheidung, 533.

54 Vgl. Barth, Reformation als Entscheidung, 534–535.

55 Barth, Reformation als Entscheidung, 535.

56 Vgl. Barth, Reformation als Entscheidung, 538–539.

scheidung gibt und darum dann auch legitimes reformatorisches Bekenntnis, reine reformatorische Lehre [...]«.[57]

Die Frage lautet: Was haben diejenigen zu tun, die das inmitten der desorientierenden Luther- und Reformationskampagnen des Jahres 1933 erkannt haben? Barth antwortet: »Sie haben, gestärkt durch das, was uns die Reformation gerade heute zu sagen hat, *Widerstand* zu leisten. Im Namen der wahren gegen die in Gestalt dieser Bewegung herrschende falsche evangelische Kirche. Und darin wird dieser Widerstand bestehen, dass sie sich im Unterschied zu der herrschenden Bewegung wieder rücksichtslos und fröhlich, wie es vor vierhundert Jahren geschehen ist, hinter die gefallene Entscheidung stellen.«[58] Als Barth dies gesagt hatte, fand das Wort »Widerstand« einen spontanen und lange anhaltenden Beifall; er musste seine Rede einige Minuten unterbrechen.[59]

Selten ist so existenziell deutlich geworden, was für die Reformatoren auf dem Spiel gestanden hat und was es in einer Situation der Bedrängnis und Anfechtung durch den politischen und kirchenpolitischen Totalitarismus bedeutet, sich als evangelische Kirche dem Anliegen der Reformation zu stellen. Barths Gedanken zum Lutherjubiläum 1933 fordern uns dazu heraus, bei der Feier ähnlicher Jubiläen immer mitzubedenken, was damals auf dem Spiel gestanden hat und was heute auf dem Spiel steht.

57 Barth, Reformation als Entscheidung, 548.

58 Barth, Reformation als Entscheidung, 548.

59 Vgl. Barth, Reformation als Entscheidung, 518–519.

Achim Detmers

Vom »Praeceptor Germaniae secundus« zum »Daniel in der Löwengrube«

Karl Barth als sozialer Akteur im »Feld des Kirchenkampfes« 1933

Vor fast einem Vierteljahrhundert hat Martin Greschat in einem vielbeachteten Vortrag seine methodischen Überlegungen zur Kirchengeschichtsschreibung präsentiert.[1] Er kritisierte darin das theologische beziehungsweise konfessionelle Deutungsmonopol für das Verständnis kirchengeschichtlicher Ereignisse. Greschat plädierte stattdessen für die Einbeziehung sozial- und mentalitätsgeschichtlicher Fragestellungen und zeigte am Beispiel der Barmer Synode (1934) den methodischen Nutzen dieses Vorgehens. Er untersuchte die Herkunft, die gesellschaftliche Stellung und die politischen Einstellungen der Synodalen. Dadurch konnte Greschat zeigen, dass die Barmer Synodalen erheblich jünger waren als die etablierten Kräfte in den klassischen Parteien, den Verbänden und in der evangelischen Kirche. Aufgrund ihrer mehrheitlich national-konservativen Mentalitätsprägung, so Greschat, »war die überwältigende Mehrheit der Barmer Synodalen bewusstseinsmäßig weit davon entfernt, grundsätzlich gegen den nationalsozialistischen Terror Stellung zu beziehen oder gar für die Juden einzutreten«.[2]

Diese methodenkritischen Darlegungen Greschats haben wenig daran geändert, dass die Untersuchung des »Kirchenkampfes« weiterhin von Deutungsmustern bestimmt bleibt, in denen theologische, konfessionelle und kirchenpolitische Gesichtspunkte dominieren. Sozialgeschichtliche oder soziologische Aspekte bleiben weitgehend unterbelichtet. Dies betrifft vor allem die Einschätzung der Haltung Karl Barths im »Kirchenkampf« 1933, wie der nachfolgende Forschungsüberblick zeigt.

---

[1] Martin Greschat, Die Bedeutung der Sozialgeschichte für die Kirchengeschichte. Theoretische und praktische Erwägungen, in: HZ 256 (1993), 67–103.

[2] Greschat, Sozialgeschichte, 88.

I. Karl Barth in den neueren Darstellungen zum »Kirchenkampf«

Im Zusammenhang der Edition von Barths »Theologische Existenz heute!« (1933) veröffentlichte Hinrich Stoevesandt 1984 einen Artikel, in dem er sich mit den politischen Implikationen dieser Schrift auseinandersetzte.[3] Er kommt zu dem Ergebnis, dass Barth den Nationalsozialismus als *homo politicus* von Anfang an zweifelsfrei radikal abgelehnt habe.[4] Als Theologe habe er aber die politische Dimension in seinen Schriften 1933/34 »absichtlich nicht zum Thema« gemacht und die »für richtig gehaltene ›Neutralität‹ gegenüber dem Nationalsozialismus als solchem« erst 1938 aufgegeben.[5] Dabei müht sich Stoevesandt, das gegenteilige Votum Barths von 1933, seine Schrift sei »indirekt sogar eine politische Stellungnahme«, zu relativieren. Und auch in dem »politisierenden« Barth ab Mitte 1935 kann er nur den »uneigentlichen« Barth am Werke sehen. Das sei nicht »Barths Lehre [...] in Reinkultur«. Denn »*jede* Theologisierung eines politischen Urteils« habe Barth allgemein abgelehnt und darin den »drohenden Verlust der theologischen Existenz« gesehen.[6] Und etwas hilflos schließt er, dass man hier auf ein »eminent *kritisches Selbstgespräch innerhalb von Barths eigener theologischer Existenz*« stoße, deren Spannung überhaupt nicht auflösbar sei.[7]

In seiner 1987 veröffentlichten Dissertation hat dann Wolfgang Gerlach[8] das Verhältnis der Bekennenden Kirche zu den Juden in den Blick genommen. Dabei greift er die klassischen Urteile Klaus Scholders über Barth auf.[9]

---

3 Hinrich Stoevesandt, Was heißt »Theologische Existenz«? Über Absicht und Bedeutung von Karl Barths Schrift »Theologische Existenz heute!«, in: EvTh 44 (1984), 147–177. Vgl. Karl Barth, Theologische Existenz heute! (1933), neu hg. und eingeleitet von Hinrich Stoevesandt, München 1984 (abgekürzt: Th. Ex. h. 1933). Stoevesandt wendet sich explizit gegen den Aufsatz von Friedrich-Wilhelm Marquardt, Theologische und politische Motivationen Karl Barths im Kirchenkampf, in: ders., Verwegenheiten. Theologische Stücke aus Berlin, München 1981, 439–469.

4 Stoevesandt, Theologische Existenz, 160–166.

5 Stoevesandt, Theologische Existenz, 150. Vgl. 160, 166.

6 Stoevesandt, Theologische Existenz, 153–166, Zitate: 156, 166, 157.

7 Stoevesandt, Theologische Existenz, 153, 166–171, Zitat: 169.

8 Wolfgang Gerlach, Als die Zeugen schwiegen. Bekennende Kirche und die Juden, Berlin 1987.

9 Klaus Scholder, Die Kirchen und das Dritte Reich. Bd. 1. Vorgeschichte und Zeit der Illusion 1918–1934, Frankfurt am Main/Berlin 1986: »Es ging also nicht um die Frage, ob die politische Entscheidung der deutschen Theologie für den Nationalsozialismus richtig war, und auch nicht um die Frage, ob die Theologie denn überhaupt politisch urteilen

Gerlach kritisiert: Im Unterschied zu Dietrich Bonhoeffer, der die Einführung des (staatlichen) Arierparagraphen als zentrale Herausforderung für die Kirche begriff, habe Barth in der »Judenfrage« kein zentrales Anliegen der (Bekennenden) Kirche erkennen können. Stattdessen habe Barth die Auseinandersetzung vor allem in der *innerkirchlichen* Auseinandersetzung um theologische Fragen lokalisiert.[10] Zudem sei seine christozentrische Theologie wenig geeignet gewesen, in der betreffenden Frage zur nötigen Klarheit zu kommen.[11]

Hans-Walter Krumwiede ging im selben Jahr noch einen Schritt weiter. Er unterstellt Barth, er habe 1933 wesentliche »Ziele einer nationalen deutschen Politik« bejaht und sei »darum zur Anerkennung des Hitler-Staates bereit« gewesen.[12] Als Schweizer habe sich Barth zu Beginn der Auseinandersetzungen zwischen Kirche und NS-Staat zurückgehalten und »als Theologe jede direkte politische Einflussnahme« abgelehnt.[13] Vor allem die »Judenfrage« sei »für ihn 1933 nicht vordringlich« gewesen.[14] Erst ab 1935 habe Barth angefangen, den NS-Staat wegen seiner Übergriffe in der Kirchenpolitik kritisch zu beurteilen. Und ab 1938 habe er (in Abkehr von der Barmer Theologischen Erklärung) die Unterscheidung von Kirche und Staat aufgegeben und die Kirche zur militärischen Verteidigung der Demokratie aufgefordert.[15]

Im Rahmen ihrer Dissertation hat Sigrid Lekebusch 1994 Barth im Kontext der Reformierten untersucht.[16] Dabei stellt sie die große Bedeutung

---

könne, sondern ganz allein darum, ob dieses politische Urteil auf eine theologisch richtige Weise zustande gekommen war. [...] Die entscheidende Schwäche dieses Ansatzes lag darin, dass die Konzentration der Kirche auf die theologische Existenz die unmittelbare Einsicht in die Bedeutung der Judenfrage verschloss. Dies war kein zufälliges Übersehen, sondern eine bewusste Konsequenz.« (547, 558).

[10] Gerlach, Als die Zeugen schwiegen, 62–63, 84, 98–99 Anm. 29, 128–129, 249–250, 403–414, 422–423. Gerlach kommt zu dieser Auffassung, obwohl er an mehreren Stellen seiner Untersuchung auf Quellen hinweist, die seiner These widersprechen. Vgl. 125, 127, 132–133, 152–153, 184 Anm. 87, 407.

[11] Gerlach, Als die Zeugen schwiegen, 407–414, 420–423.

[12] Hans-Walter Krumwiede, Göttinger Theologie im Hitler-Staat, in: JGNKG 85 (1987), 145–178, hier 158.

[13] Krumwiede, Göttinger Theologie, 155.

[14] Krumwiede, Göttinger Theologie, 160.

[15] Krumwiede, Göttinger Theologie, 160–161. Ähnlich Kurt Meier, Kreuz und Hakenkreuz. Die Evangelische Kirche im Dritten Reich, München 1992, 66, der Barths »Wende« ab 1935 darin sieht, dass er dem Nationalismus den Doppelcharakter »als politisches Experiment und als religiöse Heilsanstalt« zuschrieb.

[16] Sigrid Lekebusch, Die Reformierten im Kirchenkampf. Das Ringen des Reformierten

Barths für die Positionierung der Reformierten heraus und zeichnet die Konflikte im reformierten Bereich nach. Sie zeigt, dass Barths Forderung zur strikten Abgrenzung von Personen und Positionen der »Deutschen Christen« (DC) nicht einhellig geteilt wurde und bei den »Kompromissbereiten« auf Widerspruch stieß. Zudem habe Barth von einer konfessionellen Positionierung der Reformierten abgeraten; er drängte auf die Unterstützung der Barmer Bekenntnisgemeinschaft und auf die Distanzierung von der Reichskirchenregierung. Diese konsequenten Forderungen Barths hätten im reformierten Bereich zu latenten Spannungen und Konflikten geführt, ja letztlich sogar die Reformierten gespalten. Zusammen mit dem Druck durch das Reichskirchenministerium und die Gestapo habe dies zu einer Schwächung der Reformierten im Kirchenkampf beigetragen.[17]

Gegen Gerlach und Krumwiede belegte Eberhard Busch 1996 in seiner umfangreichen Studie »Karl Barth und die Juden 1933–1945«, dass sich Barth – ähnlich wie Bonhoeffer – schon sehr früh vom NS-Staat und dessen Antisemitismus distanziert habe.[18] Barth habe jedoch seine »Antipathie« gegen das neue Regime zunächst zurückgehalten, da er aufgrund der breiten völkisch-ideologischen Infizierung der Evangelischen Kirche irritiert war und hier zentraleren Handlungsbedarf sah. Zudem rechnete Barth schon sehr früh damit, suspendiert zu werden. Bei einer öffentlichen politischen Stellungnahme fürchtete er deshalb seine sofortige Absetzung. Außerdem glaubte er, dass er als Schweizer, der »das deutsche Schicksal und den deutschen Willen nicht verstehen könnte« ohnehin nicht gehört würde. Deshalb habe Barth aus theologischen und taktischen Erwägungen die Kritik am neuen Staat zurückgestellt hinter die Kritik der kirchlichen Anpassung an diesen Staat. Ihm ging es um die *theologische* Beurteilung der »politisierenden« Kirchenrichtungen. Zudem gab Barth dem gemeinsamen kirchlichen Vorgehen den Vorrang gegenüber einem individuellen Protest.[19] Des Weiteren habe Barth in der »Judenfrage« früh und unmissverständlich zu erkennen gegeben, dass die Einführung eines kirchlichen Arierparagraphen bedeute, dass die deut-

---

Bundes, des Coetus Reformierter Prediger und der Reformierten Landeskirche Hannover um den reformierten Weg in der Reichskirche, Köln 1994.

17 Lekebusch, Reformierten im Kirchenkampf, 46, 65, 73, 81, 89, 99–100, 104–109, 117, 127–128, 135–137, 143, 152–154, 163–165, 193–195, 216–220, 316–323.

18 Eberhard Busch, Unter dem Bogen des Bundes. Karl Barth und die Juden 1933–1945, Neukirchen-Vluyn 1996, 46–65. Eine Vorstudie legte Busch bereits 1991 vor: ders., Karl Barth und die Juden 1933–1945, in: Günther van Norden/Volkmar Wittmütz (Hg.), Evangelische Kirche im Zweiten Weltkrieg, Köln 1991, 23–55.

19 Busch, Unter dem Bogen, 42–46, Zitat: 45.

sche evangelische Kirche aufgehört habe, christliche Kirche zu sein. Und die Judenpolitik des Nationalsozialismus lehnte Barth von Anfang an gänzlich ab.[20] Den Grund, weswegen Barth sich aber nicht nur von den »Deutschen Christen«, sondern anfangs auch von der gemäßigten Opposition (Jungreformatorische Bewegung, Pfarrernotbund) distanzierte, sieht Busch darin, dass die Vertreter der »mittleren Linie« für Barth denselben Kardinalfehler begingen wie die »Deutschen Christen« – nämlich das freudige Bekenntnis zum »neuen Staat«. Unter diesen Voraussetzungen könnten sie den »Deutschen Christen« wenig entgegensetzen. Im Gegenteil, auf diese Weise bereiteten sie solchen Positionen geradezu einen Platz in der Evangelischen Kirche.[21] Mit dem Übergriff des Staates auf kirchliche Angelegenheiten seit Juni 1933 sah Barth die Zeit gekommen, seinen Protest nun auch direkt auf den Staat zu beziehen. In diesem Sinne sei Barths Schrift »Theologische Existenz heute!« zu verstehen. Die darin enthaltene legendäre Formel: »Theologie zu treiben als wäre nichts geschehen« hätten schon Zeitgenossen als deutliche Kritik am Nationalsozialismus empfunden, zumal Barth darin die »allein vom Wort Gottes her bestimmte Kirche« als »naturgemäße Grenze jedes, auch des totalen Staates« bezeichnete.[22] Außerdem habe Barth ab Oktober 1933 das kirchliche Schweigen zum staatlichen Antisemitismus angeprangert, was bei der Absetzung Barths 1934/35 eine entscheidende Rolle gespielt habe.[23] Denn ab Mai 1934 hätten die staatlichen Stellen Barth und seine theologische Richtung zunehmend als Gefahr für den NS-Staat eingestuft. Man versuchte, Barth einzuschüchtern und »zu einem freiwilligen Rückzug in seine Schweizer Heimat zu drängen«. Barth glaubte, dass sein Telefon abgehört wurde; seine Bücher wurden beschlagnahmt und verboten, weitere Veröffentlichungen unter Zensur gestellt und er selbst wegen Verweigerung des Führereides des Amtes enthoben. 1935 wurde dann auch ein allgemeines Rede- und Predigtverbot gegen Barth verhängt. Busch unterstreicht, dass dies »um so ungenierter« möglich war, als sich die Leitung der Bekennenden Kirche zunehmend von dem als politisch belasteten Barth distanzierte.[24]

---

20 Busch, Unter dem Bogen, 47–49.

21 Busch, Unter dem Bogen, 67–82, 104–124, 145–147. Vgl. Reformationstag 1933. Dokumente der Begegnung Karl Barths mit dem Pfarrernotbund in Berlin, hg. und eingeleitet von Eberhard Busch, Zürich 1998, 8–12.

22 Busch, Unter dem Bogen, 84–95, Zitate: 88, 91.

23 Busch, Unter dem Bogen, 125–143, 147–154.

24 Busch, Unter dem Bogen, 244–257, Zitat: 244, 249 Anm. 57. Vgl. Busch, Reformationstag 1933, 19–22, 25–26.

In Anknüpfung an Busch legte Frank Jehle 1999 seine Barth-Deutung vor.[25] Er geht davon aus, dass Barth nach der »Machtergreifung« Hitlers dessen Möglichkeiten zunächst unterschätzt habe, die schwerfällige deutsche Politik zu bewegen. Zu keinem Zeitpunkt aber habe Barth für Hitler Sympathien gehabt. Schon in den 20er Jahren habe sich Barth gegen »faschistisch-völkischen Nationalismus« und gegen Antisemitismus ausgesprochen. In seiner Schrift »Theologische Existenz heute!« kommentierte Barth die »Machtergreifung« mit »beißender Ironie«. Und in Privatbriefen kritisierte Barth die nationalsozialistischen Brutalitäten, vor allem die Verfolgung der Juden, Kommunisten und Sozialdemokraten.[26] Als in Deutschland lebender Schweizer, so Jehle, habe sich Barth zunächst nicht zu politischen Stellungnahmen berufen gefühlt, sondern seine Lebensaufgabe im »kirchlich-theologischen Bereich« gesehen. Und hier habe er alle Versuche (auch die seiner Mitstreiter) zurückgewiesen, die »deutsche Erhebung« in irgendeiner Weise zum Referenzpunkt von Kirche und Theologie zu machen.[27] In aller Deutlichkeit habe Barth dann im Oktober 1933 vor Mitgliedern des Pfarrernotbundes die Parteienverbote, die Konzentrationslager und die Judenverfolgung thematisiert sowie nach der Verantwortung der dazu schweigenden Kirche gefragt. Diese Äußerungen hätten im Amtsenthebungsverfahren gegen Barth eine wichtige Rolle gespielt und zu seiner Vertreibung aus Deutschland geführt. Selbst Vertreter der Bekennenden Kirche hätten sich von Barths politischen Äußerungen distanziert. Von seinen Mitstreitern alleingelassen, vom Staat mit einem Redeverbot versehen und in den Ruhestand versetzt sei Barth nichts anderes übrig geblieben, als Deutschland 1935 zu verlassen.[28]

Caren Algner dagegen hat 2004 in ihrer Dissertation vor allem auf die theologischen Aspekte in Barths Haltung abgestellt. Ihrer Untersuchung zu Barths Briefwechsel mit Thurneysen stellt sie den programmatischen Satz voran: »Barths Verhalten im Kirchenkampf [...] ist nur auf dem Hintergrund seines theologischen Ansatzes verständlich«.[29] Sie versucht diese These zu belegen, indem sie zeigt, dass Barths Einschätzung der »Deutschen Christen« mit seinem kritischen Urteil über die Theologie des 18. und 19. Jahrhunderts

---

25 Frank Jehle, Lieber unangenehm laut als angenehm leise. Der Theologe Karl Barth und die Politik 1906–1968, Zürich 1999, besonders 61–74.

26 Jehle, Barth, 61–62.

27 Jehle, Barth, 63–68.

28 Jehle, Barth, 69–74.

29 Caren Algner, Kirchliche Dogmatik im Vollzug. Karl Barths Kampf um die Kirche im Spiegel seiner und Charlotte von Kirschbaums Korrespondenz mit Eduard Thurneysen 1930–1935, Neukirchen-Vluyn 2004, 3, vgl. auch 105–106.

korrespondiert.[30] Barths Ziel sei es gewesen, »die Kirche so neu aufzubauen, dass das Wort Gottes die *allein* bestimmende Größe des kirchlichen Redens und Handelns ist«.[31] Gleichwohl verweist Algner darauf, dass Barths Mitgliedschaft in der SPD ihn »schon vor 1933 in eine selbstverständliche Distanz zum Nationalsozialismus (jedoch ohne dass er die von diesem ausgehende Gefahr in ihrer Größe erfasst)« gebracht habe.[32] Allerdings habe sich Barth nicht »nur aus persönlichem Interesse – Barth rechnet seit 1933 mit seiner Entlassung –, sondern vor allem um Missverständnisse hinsichtlich des Wesens des Kirchenkampfes zu vermeiden«, dagegen verwahrt, »die kirchlichen Auseinandersetzungen als politische Streitigkeiten zu deuten«.[33]

2009 hat sich dann Hermann E. J. Kalinna mit Barths »politischer Urteilskraft« zu Beginn des Kirchenkampfes beschäftigt.[34] In seiner polemischen Schrift attestiert er Barth eine »Unfähigkeit[.], das Phänomen Hitler einzuschätzen«.[35] Ja, er sieht bei Barth sogar eine »unerträgliche Beschönigung der Ereignisse«.[36] Barth habe dieses »Versagen« später mit seiner »Konzentration auf die kirchlich-theologische Aufgabe« entschuldigt. Auch Barths Mitgliedschaft in der SPD konnte ihm nicht die Augen öffnen, »da diese Partei mittlerweile im Schlepptau der Kommunisten segelte«.[37] Zudem habe sich Barth in seiner Schrift »Theologische Existenz heute!« (1933) öffentlich von Leuten distanziert, die zum Bekenntnis gegen die »Deutschen Christen« entschlossen waren. Zum NS-Staat habe Barth darin aber geschwiegen »als wäre nichts geschehen«.[38] Ja, Barth habe sich sogar der Wortwahl der Nazis angepasst und »dem ›totalen Staat‹ seine theologische Anerkennung« erteilt.[39] Erst als seine Mitgliedschaft in der SPD drohte, seine Professur in Bonn zu gefährden,

---

30 Algner, Dogmatik, 50, 54–57.

31 Algner, Dogmatik, 58.

32 Algner, Dogmatik, 72.

33 Algner, Dogmatik, 73.

34 Hermann E. J. Kalinna, War Karl Barth »politisch einzigartig wach«? Über Versagen politischer Urteilskraft, Münster 2009. Aus seiner (kirchen-)politischen Abneigung gegen »Barth und seine Anhänger« (3) macht Kalinna keinen Hehl.

35 Kalinna, Urteilskraft, 19. Abgeleitet wird dies aus »Beruhigungsschreiben«, die Barth wenige Wochen nach der »Machtergreifung« an Freunde, Familienangehörige und Kollegen im Ausland schickte.

36 Kalinna, Urteilskraft, 23, vgl. auch 32.

37 Kalinna, Urteilskraft, 24–25.

38 Kalinna, Urteilskraft, 27–32.

39 Kalinna, Urteilskraft, 38–40, 48–49.

und der Staat in kirchliche Strukturen eingriff, habe Barth die grundsätzliche Bedrohung des Nationalsozialismus erfasst.[40] Seine Weigerung, als Staatsbeamter den Eid auf Adolf Hitler abzulegen, wertet Kalinna indes als »politische Aktion«, die er mit dem Reichsbruderrat der Bekennenden Kirche nicht abgestimmt habe. Zudem sei Barth mit seiner Eidesverweigerung »kein Risiko eingegangen« aufgrund seiner Schweizer Staatsbürgerschaft, seines internationalen Rufes und seiner beruflichen Möglichkeiten in der Schweiz.[41] Als Barth dann nach Basel in die neutrale Schweiz emigrierte, sei es ihm ein Leichtes gewesen, das Schweigen der Bekennenden Kirche zu kritisieren, über das er selbst in Deutschland nicht hinausgekommen sei.[42] Und auch die fehlende Thematisierung der »Judenfrage« in der Barmer Theologischen Erklärung legt Kalinna Barth zur Last. Denn Barth habe seine Professur in Bonn nicht verlieren wollen, und seine Theologie sei »nicht davor gefeit, antisemitische Einstellungen zu transportieren«.[43]

Ganz anders beurteilte Klaus Wengst 2012 die Situation Barths zu Beginn des Kirchenkampfes.[44] Er stellt Barth neben seinen Bonner Kollegen Karl Ludwig Schmidt, der im September 1933 wegen seiner aktiven Mitgliedschaft in der SPD aus der Professur für Neues Testament entfernt wurde. Beide Kollegen seien schon im März 1933 in einer Denkschrift über die Universität Bonn als »Sozialisten« gebrandmarkt worden, die nicht vorbehaltlos für den »neuen Staat« einstünden.[45] Barth und Schmidt seien sich einig gewesen in der kritischen Beurteilung etwa des Pfarrernotbundes, der nicht genügend Distanz zur NSDAP und den »Deutschen Christen« wahrte. Allerdings habe Schmidt seinen Parteigenossen Barth aufgefordert, nicht nur der beim Nationalsozialismus Zuflucht suchenden Theologie zu widerstehen, sondern auch dem NS-Staat selbst, der sich letztlich an die Stelle von Theologie und Kirche setze.[46] Als beide wegen ihrer SPD-Mitgliedschaft im März/April 1933 mit

40 Kalinna, Urteilskraft, 53–54.

41 Kalinna, Urteilskraft, 57–59, Zitat: 58.

42 Kalinna, Urteilskraft, 63–65. Kalinna beruft sich bei dieser Feststellung eines »›Hiatus‹ zwischen dem Barth 1933/34 und dem der Jahre nach 1938« auf Stoevesandt, Theologische Existenz, 150–170.

43 Kalinna, Urteilskraft, 98–108, Zitat: 101.

44 Klaus Wengst, Theologie und Politik im Jahr 1933 – Karl Barth (1886–1968) und Karl Ludwig Schmidt (1891–1956), in: Bastian Hein/Manfred Kittel/Horst Möller (Hg.), Gesichter der Demokratie: Porträts zur deutschen Zeitgeschichte. Eine Veröffentlichung des Instituts für Zeitgeschichte München-Berlin, München 2012, 37–51.

45 Wengst, Theologie und Politik, 37.

46 Wengst, Theologie und Politik, 40–42, 49.

ihrer Entlassung rechnen mussten, habe Schmidt versucht, mit Barth ein gemeinsames Vorgehen der SPD-Professoren zu verabreden. Aber Barth hatte zur Enttäuschung von Schmidt bereits in einem »genialen Alleingang« an NS-Kultusminister Rust geschrieben. Schmidt selbst gelang es trotz eines Beurlaubungsgesuches und der Distanzierung von der SPD nicht, aus der Schusslinie zu kommen, sodass er in die Schweiz emigrieren musste.[47] Barth dagegen lehnte in seinem Brief an den Reichskultusminister einen Austritt aus der SPD als Bedingung für die Fortsetzung seiner Lehrtätigkeit ab. Er beharrte darauf, dass er als Theologieprofessor an das Bekenntnis der evangelischen Kirche gebunden sei und nicht an das »Bekenntnis zur Idee und Weltanschauung des Sozialismus«. Zudem gab Barth eine »hintergründig-ironische Loyalitätsbekundung« ab, dass er dem neuen Staat genauso loyal begegnen werde, wie seine rechtsstehenden Kollegen der bisherigen Staatsform begegnet seien. Barth erhielt daraufhin vom Reichsminister die Zusage, dass seine Lehrtätigkeit in keiner Weise beschränkt werde.[48] Damit war Barths Verbleib in Bonn vorerst gesichert, wenngleich er sich keine Illusionen über die Gefahren machte. Als der Staat jedoch direkt in kirchliche Belange eingriff und für die »Deutschen Christen« Partei ergriff, warnte Barth am 1. Juli 1933 in einem erneuten Brief an den Minister, dass seine Kritik an den »Deutschen Christen« fortan in der Gefahr stehe, als Widerspruch gegen die Staatsregierung verstanden zu werden. Zwar habe sich Barth, so Wengst, in dieser Zeit öffentlicher politischer Äußerungen enthalten und sich als »Mann der Kirche« verstanden, aber die Verweigerung jedweder Gleichschaltung von Theologie und Kirche habe sich »im Kontext des Jahres 1933 ganz von selbst auf indirekte Weise politisch« ausgewirkt. Und wenn Barth in seiner Schrift »Theologische Existenz heute!« (Juli 1933) schreibe, er wolle Theologie treiben, »als wäre nichts geschehen«, so sei das nicht als politische Enthaltsamkeit zu verstehen, sondern als Widerspruch zu der Fülle kirchlicher Erklärungen, die den NS-Staat freudig begrüßten. Zudem habe sich Barth geweigert, zum 1. Mai sein Haus mit dem Hakenkreuz zu beflaggen sowie der NS-Volkswohlfahrt beizutreten. Und auch den »deutschen Gruß« als symbolische Anerkennung des NS-Totalitätsanspruches lehnte er gegenüber dem Reichsminister ab mit Hinweis auf den überlegenen Totalitätsanspruch Gottes.[49]

---

[47] Wengst, Theologie und Politik, 43–45, Zitat: 43.

[48] Wengst, Theologie und Politik, 46–47.

[49] Wengst, Theologie und Politik, 47–50, Zitat: 48.

2. Auswertung und methodisches Vorgehen

Die genannten Untersuchungen machen deutlich, dass es offenbar ein zentrales Problem darstellt, Barths Haltung im »Kirchenkampf« 1933/34 zu beurteilen und sein Handeln zu deuten. Die Kategorien könnten kaum unterschiedlicher sein: kritisches Selbstgespräch innerhalb von Barth, theologisches Versagen in der Judenfrage, Beschränkung auf innerkirchliche Fragen, implizite Anerkennung des Hitler-Staates, Spaltung und Schwächung der Reformierten, theologische und taktische Erwägungen, zentraler innerkirchlicher Handlungsbedarf, Isolierung wegen politischer Äußerungen, anfängliche Unterschätzung Hitlers, ausschließlich theologischer Ansatzpunkt, apolitisches Wesen des Kirchenkampfes, Versagen im politischen Urteil, risikoloser politischer Aktionismus, indirekte politische Auswirkungen und so weiter.

Diese Divergenz in den Urteilen erstaunt, weil die relevanten Quellen weitgehend bekannt sind und auch der »Kirchenkampf« seit Jahrzehnten Gegenstand der Untersuchungen ist. Offenbar haben die theologischen, konfessionellen und kirchenpolitischen Deutungsmuster hier ihre Grenzen. Und auch das jeweilige Vorverständnis Barths und des »Kirchenkampfes« prägen die Ergebnisse der Forschung entscheidend. Deshalb soll im Folgenden ein soziologischer Ansatz vorgestellt werden, der einen anderen und ergänzenden Blick auf die Zusammenhänge ermöglicht. Gemeint ist die Feldtheorie des französischen Kultursoziologen Pierre Bourdieu.[50] Im Anschluss daran wird vor allem der Briefwechsel Barths aus den betreffenden Jahren[51] mit Hilfe dieses Ansatzes ausgewertet. Allerdings sollen die bekannten Aspekte und Ereignisse von Barths »Kirchenkampf« nicht noch einmal komplett neu erzählt, sondern im Zusammenhang bisher wenig beachteter Nachrichten

---

50 Eine gute Zusammenfassung der Theorien und Begriffe Bourdieus findet sich in: Gerhard Fröhlich/Boike Rehbein (Hg.), Bourdieu-Handbuch. Leben – Werk – Wirkung, Stuttgart/Weimar 2009.

51 Das heißt folgende Bände inklusive der vorzüglichen Kommentierung: Karl Barth Gesamtausgabe Bd. 34, V. Briefe, Karl Barth – Eduard Thurneysen Briefwechsel, Bd. 3, 1930–1935 einschließlich des Briefwechsels zwischen Charlotte von Kirschbaum und Eduard Thurneysen, hg. von Caren Algner, Zürich 2000 (abgekürzt: Bw. Th. III); Karl Barth Gesamtausgabe Bd. 35, V. Briefe, Offene Briefe 1909–1935, hg. von Diether Koch, Zürich 2001 (abgekürzt: Offene Briefe 1909–1935); Karl Barth. Briefe des Jahres 1933, hg. von Eberhard Busch unter Mitarbeit von Bartold Haase und Barbara Schenck, Zürich 2004 (abgekürzt: Br. 1933); Karl Barth Gesamtausgabe Bd. 45, V. Briefe, Karl Barth – Charlotte von Kirschbaum Briefwechsel Bd. 1, 1925–1935, hg. von Rolf Joachim Erler, Zürich 2008 (abgekürzt: Bw. K. I).

neu interpretiert und gewichtet werden. Dabei wird deutlich, dass Barth in dem »Feld des Kirchenkampfes« eine »Position« eingenommen hat, die sich innerhalb des Jahres 1933 merklich veränderte und sein Handeln beeinflusste.

3. Die Feldtheorie Pierre Bourdieus

Der französische Soziologe Pierre Bourdieu (1930–2002) beschreibt in seinem Ansatz die Gesetzmäßigkeiten in einem sozialen »Feld«[52]: Das heißt, welche »Spielregeln« in einem »Feld« ausgebildet werden, wie einzelne Akteure sich finden, wie sie untereinander Netzwerke und Abhängigkeiten schaffen und welche Ziele sie mit bestimmten Mitteln verfolgen. Bourdieu setzt dabei voraus, dass jedes »Feld« aus Institutionen und sozialen Akteuren besteht. Die einzelnen Akteure schließen sich zu Netzwerken zusammen[53] und kämpfen um Positionen. Ziel ist es, mit bestimmten »Strategien«[54] die jeweilige Position im »Feld« zu behaupten oder zu verbessern.[55] Dies geschieht durch die

---

[52] »Ein Feld ist ein strukturierter gesellschaftlicher Raum, ein Kräftefeld – es gibt Herrscher und Beherrschte, es gibt konstante, ständige Ungleichheitsbeziehungen in diesem Raum –, und es ist auch eine Arena, in der um Veränderung oder Erhaltung dieses Kräftefeldes gekämpft wird. In diesem Universum bringt jeder die (relative) Kraft, über die er verfügt und die seine Position im Feld und folglich seine Strategien bestimmt, in die Konkurrenz mit den anderen ein.« (Pierre Bourdieu, Über das Fernsehen, Frankfurt am Main 1998, 57). Vgl. ders., Praktische Vernunft. Zur Theorie des Handelns, Frankfurt am Main 1998, 48–52. Mehrere Felder können sich durchdringen und Elemente anderer Felder beinhalten. Die Grenzen eines Feldes verlaufen da, wo das Interesse an den feldspezifischen Zielen nachlässt. Vgl. Fröhlich/Rehbein, Bourdieu-Handbuch, 99–103.

[53] Vgl. Stefan Bernhard, Netzwerkanalyse und Feldtheorie – Grundriss einer Integration im Rahmen von Bourdieus Sozialtheorie, in: Christian Stegbauer (Hg.), Netzwerkanalyse und Netzwerktheorie. Ein neues Paradigma in den Sozialwissenschaften, Wiesbaden 2008, 121–130.

[54] Unter »Strategien« versteht Bourdieu nicht unbedingt ein bewusstes Streben nach Maximierung des spezifischen Profits, »sondern ein unbewusstes Verhältnis zwischen einem Habitus und einem Feld. Die Strategien, die ich meine, sind Handlungen, die sich objektiv auf Ziele richten, die nicht unbedingt auch die subjektiv angestrebten Ziele sein müssen.« (Pierre Bourdieu, Soziologische Fragen, Frankfurt am Main 1993, 113). Vgl. Fröhlich/Rehbein, Bourdieu-Handbuch, 225–227.

[55] »In der Tat muss an beides zugleich erinnern: daß das wissenschaftliche Feld eine soziale Welt *wie die anderen* ist, in der es wie anderswo um Macht, Kapital, Kräfteverhältnisse, Kämpfe um Erhalt oder Veränderung dieser Kräfteverhältnisse, Erhaltungs- oder Subversionsstrategien, Interessen usw. geht, und daß es *eine Welt für sich* ist, mit eigenen Gesetzen für ihr Funktionieren« (Bourdieu, Praktische Vernunft, 88).

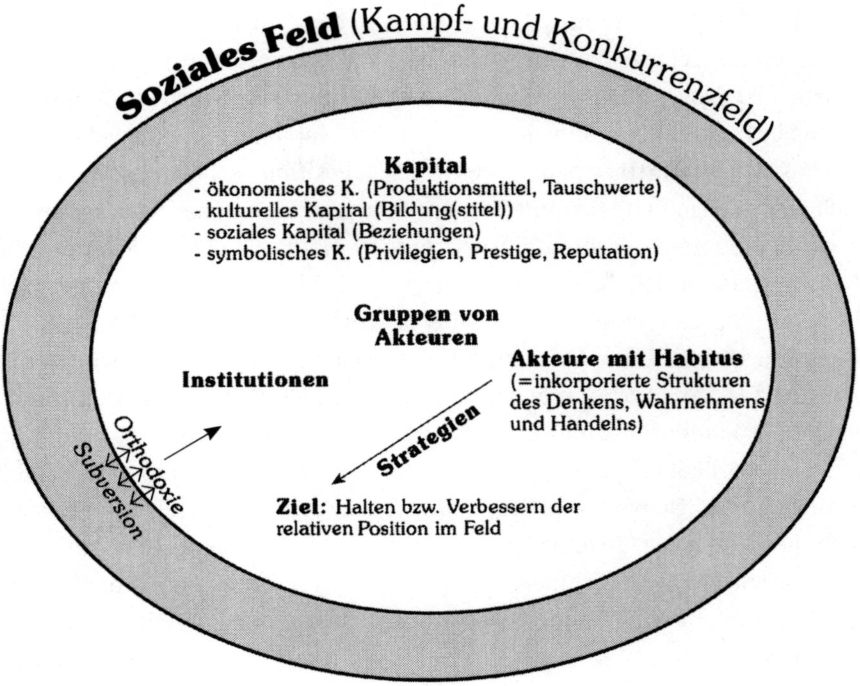

Anhäufung von spezifischen Formen an »Kapital«.[56] Bourdieu nennt vier Kapitalarten: das ökonomische, kulturelle, soziale und symbolische Kapital. Das ökonomische Kapital besteht aus Produktionsmitteln und Tauschwerten. Das kulturelle Kapital besteht aus Bildung und Bildungstiteln.[57] Das soziale Kapital ergibt sich aus dem Netzwerk an Beziehungen des gegenseitigen Kennens und Anerkennens.[58] Und das symbolische Kapital besteht aus Privilegien,

---

56 Pierre Bourdieu, Ökonomisches Kapital – Kulturelles Kapital – Soziales Kapital, in: ders., Die verborgenen Mechanismen der Macht. Schriften zu Politik und Kultur 1, hg. v. Margareta Steinrücke, Hamburg 1997, 49–79.

57 Bourdieu unterscheidet zwischen *einverleibtem* kulturellem Kapital (Wissen, praktische Fähigkeiten), *vergegenständlichtem* kulturellem Kapital (Bücher, Musikinstrumente, technische Geräte etc.) sowie *institutionalisiertem* Kulturkapital (Bildungstitel). Vgl. Fröhlich/Rehbein, Bourdieu-Handbuch, 137–139.

58 »Das Sozialkapital ist die Gesamtheit der aktuellen und potentiellen Ressourcen, die mit dem Besitz eines dauerhaften Netzes von mehr oder weniger institutionalisierten *Beziehungen* gegenseitigen Kennens oder Anerkennens verbunden sind [...]. Der Umfang des Sozialkapitals, das der einzelne besitzt, hängt demnach sowohl von der Ausdehnung des Netzes von Beziehungen ab, die er tatsächlich mobilisieren kann, als auch von dem Umfang des (ökonomischen, kulturellen oder symbolischen) Kapitals, das diejenigen besitzen, mit denen er in Beziehung steht.« (Bourdieu, Ökonomisches Kapital, 63–64).

Prestige und Reputation. Dabei ist wichtig, dass nicht jede Kapitalform in jedem »Feld« gleichermaßen relevant ist.[59] Im »wissenschaftlichen Feld« zum Beispiel ist das symbolische Kapital von besonderer Bedeutung.[60] Manchmal ist auch die Kombination von verschiedenen Kapitalarten entscheidend für die Position eines Akteurs im »Feld«.[61] Diese Position, so Bourdieu, verändert sich jedoch regelmäßig: zum einen durch hinzugewonnenes oder verlorenes Kapital, zum anderen durch Entwicklungen innerhalb des Feldes. Denn für Bourdieu lassen sich die Positionen in einem »Feld« nicht absolut, sondern nur in Relation zu anderen Akteuren des Feldes bestimmen.[62] Zudem verweist Bourdieu auf die Kämpfe innerhalb des »Feldes« zwischen den etablierten Akteuren (»Orthodoxie«) und den »häretischen« Kräften, die die Definitionsmacht der Etablierten zu unterlaufen suchen (»Subversion«).[63]

Und schließlich betont Bourdieu, dass der einzelne Akteur in seinem Wahrnehmen, Denken und Handeln keineswegs völlig frei ist. Vielmehr verinnerliche jeder einzelne Akteur im Laufe seiner Sozialisation kollektive Dispositionen. Diese verinnerlichten Strukturen würden das Wahrnehmen, Denken und Handeln unbewusst prägen. Bourdieu nennt diese Prägung »Habitus«.[64]

---

[59] Aktivitäten der Akteure in einem Feld sind »spezifische, auf Wahrung oder Mehrung spezifischer Formen von Kapital ausgerichtete Formen von Arbeit« (Pierre Bourdieu, Rede und Antwort, Frankfurt am Main 1992, 112 vgl. auch 158).

[60] Gerhard Fröhlich, Kontrolle durch Konkurrenz und Kritik? Das »wissenschaftliche Feld« bei Pierre Bourdieu, in: Boike Rehbein/Gernot Saalmann/Hermann Schwengel (Hg.), Pierre Bourdieus Theorie des Sozialen. Probleme und Perspektiven, Konstanz 2003, 117–129, hier: 118. Bourdieu unterscheidet zwischen »rein wissenschaftlichem Kapital« und »institutionalisiertem Wissenschaftskapital«. Vgl. Fröhlich/Rehbein, Bourdieu-Handbuch, 329.

[61] Bourdieu, Ökonomisches Kapital, 70–75, weist darauf hin, dass die Kapitalarten unter Umständen gegeneinander ausgetauscht werden können.

[62] Bourdieu, Praktische Vernunft, 72–73.

[63] Für Bourdieu, Praktische Vernunft, 64, ist der »Gegensatz von *Orthodoxie* und *Heterodoxie* [.] für alle Felder der kulturellen Produktion bestimmend [...]. Der Prozeß, der die Werke im Gefolge hat, ist das Produkt des Kampfs zwischen den Akteuren, deren Interessen sich je nach ihrer Position im Feld, die von ihrem spezifischen Kapital abhängig ist, auf den Erhalt, das heißt Routine und Routinisierung, oder auf die Subversion richten, welche häufig im Gewand der Rückkehr zu den Ursprüngen, zur ursprünglichen Reinheit, und der häretischen Kritik auftritt.« Vgl. Fröhlich/Rehbein, Bourdieu-Handbuch, 101, 329–330.

[64] »Habitus« beschreibt Bourdieu, Sozialer Sinn. Kritik der theoretischen Vernunft (1980), Frankfurt am Main ^{2}1997, 105, folgendermaßen: »Als einverleibte, zur Natur gewordene und damit als solche vergessene Geschichte ist der Habitus wirkende Präsenz

4. Karl Barth als sozialer Akteur im »Feld des Kirchenkampfes« 1933

Damit stellt sich nun die Frage, wie sich diese komplexe Theorie auf Karl Barth und sein Engagement im »Kirchenkampf« 1933 anwenden lässt. Bourdieu selbst hat die Felder Wirtschaft, Wissenschaft, Kunst, Religion, Journalismus und Politik untersucht. Aber er hat seine Theorie nie selbst auf einen historischen Gegenstand angewendet. Gleichwohl beruht sein Ansatz auf empirische Studien im 20. Jahrhundert, deshalb liegt es nahe, dass sich die von Bourdieu herausgearbeiteten soziologischen Strukturen auch auf den »Kirchenkampf« anwenden lassen.[65]

Betrachten wir also Karl Barth als sozialen Akteur im »Feld des Kirchenkampfes«: Dieses »Feld« umfasst die Deutsche Evangelische Kirche[66], in der es ab 1933 zu massiven Konflikten um den weiteren kirchenpolitischen und theologischen Weg kommt. Dieses »Feld« hat seine althergebrachten Themen, »Spielregeln«, Netzwerke und Institutionen, die sich aber 1933 neuen Herausforderungen stellen müssen. Maßgebende Gruppen sind dabei die »Glaubensbewegung Deutschen Christen«, die »Jungreformatorische Bewegung«, der »Pfarrernotbund«, die »Bekennende Kirche« sowie die Landeskirchenleitungen und die neuen reichskirchlichen Institutionen.[67] Herausgebildet hat sich das »Feld des Kirchenkampfes« im Zuge der nationalsozialistischen Machtübernahme durch die »subversive« Tätigkeit der »Deutschen Christen«, die eine evangelische »Reichskirche« propagierten und eine Angleichung an die rassistische, nationalistische und antisemitische Ideologie der Nazis forder-

---

der gesamten Vergangenheit, die ihn erzeugt hat. Deswegen macht gerade er die Praktiken relativ unabhängig von den äußeren Determiniertheiten der unmittelbaren Gegenwart.« Vgl. Bourdieu, Sozialer Sinn, 97–121.

65 Es gibt bisher nur wenige Versuche in der Kirchengeschichte, mit dem Ansatz Bourdieus zu arbeiten. Vgl. unter anderem Achim Detmers, »Ränge im Theater Gottes«. Calvin und Melanchthon als Akteure im reformatorischen Feld, in: Die europäische Bedeutung Philipp Melanchthons. Beiträge einer Tagung des Theologischen Arbeitskreises für Reformationsgeschichtliche Forschung (TARF) vom 17. bis 19. September 2009 in Bretten, epd-Dokumentation 4/2010, Frankfurt am Main 2010, 7–16.

66 Bis Juli 1933: Deutscher evangelischer Kirchenbund.

67 Auch die theologischen Fakultäten beteiligen sich an den Auseinandersetzungen (z. B. bei den Gutachten zum kirchlichen Arierparagraphen im September 1933). Zu den Konflikten an der Bonner Fakultät vgl. Wolfram Kinzig, Wort Gottes in Trümmern. Karl Barth und die Evangelisch-Theologische Fakultät vor und nach dem Krieg, in: Thomas Becker (Hg.), Zwischen Diktatur und Neubeginn. Die Universität Bonn im »Dritten Reich« und in der Nachkriegszeit, Göttingen 2008, 23–57.

ten. Das Vorpreschen der »Deutschen Christen« führte zu Kämpfen mit den etablierten Akteuren in den Landeskirchen (»Orthodoxie«). Zugleich bildete sich mit der »Jungreformatorischen Bewegung« eine Opposition der »Jungen Kirche«, die zwar auf der Freiheit der Verkündigung von politischem Einfluss bestand, aber gleichwohl eine Angleichung der Kirche an die »nationale Erhebung« forderte.[68] Aus dieser »Jungreformatorischen Bewegung« bildete sich im September 1933 der »Pfarrernotbund«, und 1934 entstand – unter maßgeblicher Beteiligung Karl Barths – die »Bekennende Kirche«. Das heißt, es kam 1933/34 im »Feld« der Deutschen Evangelischen Kirche zu einem Dreikampf zwischen den etablierten Akteuren (Landeskirchenleitungen), den »häretischen« Kräften (»Deutsche Christen«) und der Opposition. Den »Deutschen Christen« gelang es 1933, fast alle Landeskirchen zu unterwandern (»Subversion«). Dagegen erhob die sich formierende »Bekennende Kirche« den Anspruch »rechtmäßige evangelische Kirche Deutschlands« zu sein.[69] Es kam zu zahlreichen Konflikten zwischen einzelnen Gruppierungen, aber auch zu Konflikten innerhalb der »Bekennenden Kirche«.[70]

Im Zuge der Auseinandersetzungen nahmen die einzelnen Gruppenakteure unterschiedliche »Positionen« im »Feld« ein. Diese »Positionen« hingen von dem »Kapital« ab, das sie jeweils ansammeln konnten, aber auch von den politischen Rahmenbedingungen, die das »feldspezifische Kapital« relativieren, das heißt auf- oder abwerten konnten. Im Folgenden soll dies nun für Karl Barth in chronologischer Folge gezeigt werden.

---

[68] Sie forderten z. B. eine evangelische Kirche deutscher Nation, einen Reichsbischof, ein Bekenntnis zum Führer sowie ausschließlich deutsche Kirchenführer. Vgl. das »Kampfprogramm der Jungreformatorischen Bewegung« vom 9. Mai 1933, abgedruckt in: Kurt Dietrich Schmidt (Hg.), Die Bekenntnisse und grundsätzlichen Äußerungen zur Kirchenfrage des Jahres 1933, Göttingen 1934, 145–146; Th. Ex. h. 1933, 158. Zu Barths Verhältnis zu den »Jungreformatoren« vgl. Michael Hüttenhoff, Theologische Opposition 1933. Karl Barth und die Jungreformatorische Bewegung, in: Michael Beintker/Christian Link/Michael Trowitzsch (Hg.), Karl Barth in Deutschland (1921–1935). Aufbruch – Klärung – Widerstand, Zürich 2005, 425–444; Busch, Unter dem Bogen, 67–84.

[69] Ulmer Erklärung vom 22. April 1934, in: JK 2 (1934), 371.

[70] Nur nebenbei sei festgehalten, dass es auch in den Reihen der »Deutschen Christen« zu erheblichen Konflikten mit »subversiven« Kräften kam. Christoph Weiling, Die »Christlich-deutsche Bewegung«. Eine Studie zum konservativen Protestantismus in der Weimarer Republik, Göttingen 1998, 277–322, nennt sie »rassegläubige Kircheneroberer« (312).

4.1 Die Zeit bis zur Berufung nach Bonn (1930)

Von 1911 bis 1921 arbeitete Barth auf einer eher bescheiden besoldeten Pfarrstelle im schweizerischen Safenwil. Seine erste große Publikation, der »Römerbrief« von 1918/19, konnte mit finanzieller Unterstützung seines Freundes und Gönners, des Zürcher Eisenhändlers Rudolf Pestalozzi, gedruckt werden. Während er als Professorensohn und studierter Pfarrer über ein gewisses »kulturelles Kapital« verfügte, fiel das »ökonomische Kapital« Barths in diesen Jahren also eher gering aus. Und das »symbolische Kapital«, das sich Barth durch seinen »Römerbrief« aneignen konnte, beschränkte sich zunächst fast ausschließlich auf den Schweizer Raum. Dies sollte sich 1919 ändern, als er im thüringischen Tambach einen vielbeachteten und umstrittenen Vortrag hielt. Barth wurde dadurch in Deutschland bekannt und erlangte Zugang zu einem größeren Kreis Gleichgesinnter (»soziales Kapital«). Zugleich fand der »Römerbrief« in Georg Merz einen begeisterten Leser. Merz war Chef-Lektor des Christian-Kaiser-Verlages und sorgte dafür, dass das Werk von dem Münchner Verlag übernommen und damit in Deutschland bekannt wurde. Dies hatte zur Folge, dass Barth 1921 an der Göttinger Universität mit dem Lehrauftrag »Einführung in das reformierte Bekenntnis, die reformierte Glaubenslehre und das reformierte Gemeindeleben« berufen wurde. Dadurch konnte sich Barth im »Feld« der deutschen akademischen Theologie weiteres »symbolisches Kapital« aneignen. Dies wurde noch vermehrt durch die völlig neu überarbeitete zweite Auflage des »Römerbriefes« (1922), die seinen akademischen Ruf als Kopf der »Dialektischen« beziehungsweise »Wort-Gottes-Theologie« begründete. 1923 erhielt diese theologische Richtung um Barth mit der Zeitschrift »Zwischen den Zeiten« ein eigenes, vielbeachtetes Publikationsorgan.[71] Auf diese Weise wurde Barth in seiner Göttinger Zeit (1921–25) zu einem vielgefragten Gesprächspartner und Redner, wodurch er sein »symbolisches und soziales Kapital« steigern konnte. Allerdings war seine Stellung als Professor für reformierte Theologie an der Fakultät beschränkt; er wurde von seinen lutherischen Kollegen teilweise reglementiert und angefeindet. Zwar konnte sich die in Göttingen auf fünf Kinder angewachsene Familie ein eigenes Haus kaufen, aber die Anstellung in Göttingen war eine schlecht bezahlte Honorarprofessur, sodass das »öko-

---

71 Zu den biografischen Details vgl. Eberhard Busch, Karl Barths Lebenslauf. Nach seinen Briefen und autobiografischen Texten, München [4]1986, 87, 118–119, 122–126, 130, 158–160. Vgl. ders., Meine Zeit mit Karl Barth. Tagebuch 1965–1968, Göttingen 2011, 364. Zitat: Karl Barth Gesamtausgabe Bd. 1, V. Briefe, Karl Barth – Rudolf Bultmann Briefwechsel 1922–1966, hg. von Bernd Jaspert, Zürich 1971 (abgekürzt: Bw. B.), 215.

nomische Kapital« Barths begrenzt blieb.[72] Dies sollte sich 1925 ändern, als Barth von der theologischen Fakultät Münster als ordentlicher Professor für »Dogmatik und neutestamentliche Exegese« berufen wurde. Die Münsteraner Fakultät hatte Barth schon 1921 den theologischen Ehrendoktor und damit wichtiges »symbolisches Kapital« verliehen. Da Barth – obwohl Professor – nicht promoviert war, konnte er auf diese Weise das akademische Manko ausgleichen und im »theologisch-wissenschaftlichen Feld« seine »Position« verbessern.[73]

In der Münsteraner Zeit (1925–1930) hat Barth dann seine Kontakte (»soziales Kapital«) weiter ausgebaut und auch auf die holländischen Reformierten ausgedehnt. Damit begann Barth, sich im nichtdeutschsprachigen Ausland einen enormen Ruf (»symbolisches Kapital«) zu erwerben. Erste Schriften wurden ins Englische und Dänische übersetzt. Neben den Vortragsreisen in Deutschland und der Schweiz wurde er später auch nach England, Schottland und Dänemark eingeladen. In Glasgow erhielt er 1930 sogar seinen zweiten Ehrendoktortitel verliehen.[74] Es erschienen nun zahlreiche Schriften über Karl Barth.[75] 1927 erhielt Barth einen Ruf an die Uni Bern, den er jedoch ablehnte und dafür ein Freisemester in Münster heraushandeln konnte. Und 1931 wurde ihm von der Reformierten Hochschule Sarospatak in Ungarn eine Ehrenprofessur verliehen.[76] Innerhalb von zwölf Jahren war also aus dem wenig bekannten Schweizer Dorfpfarrer der »Europe's Most Discussed Theologian« geworden, wie es im »Scots Observer« anlässlich der Ehrenpromotion in Glasgow hieß.[77]

---

72 Busch, Barths Lebenslauf, 139–147, 175, 181. Vgl. Bw. B., 210–215.

73 Busch, Barths Lebenslauf, 141, 176, Zitat: 176; Wilhelm H. Neuser, Karl Barth in Münster 1925–1930, ThSt (B) 130, Zürich 1985, 7–9.

74 Busch, Barths Lebenslauf, 184, 188–190, 205, 217; Neuser, Barth in Münster, 56–62.

75 Busch, Barths Lebenslauf, 205, schreibt von einer »Bibliothek von Schriften ›über Karl Barth‹ […]: von Rezensionen und Gegenartikeln, von kommentierenden, gutheißenden und auch ablehnenden, von wissenschaftlichen und populären Aufsätzen, Broschüren und ganzen Büchern, deren Verfasser den verschiedensten Richtungen und Schulen, Altersgruppen und auch Konfessionen angehörten«. Aus der Perspektive Bourdieus hat Barth somit in seinem »wissenschaftlichen Feld« enormes »soziales und symbolisches Kapital« errungen. Vgl. Fröhlich/Rehbein, Bourdieu-Handbuch, 333–334; Vgl. Bourdieu, Homo academicus, 315–318.

76 Busch, Barths Lebenslauf, 188, 197, 231.

77 Bw. Th. III, 10 Anm. 6.

4.2 Die Zeit bis zum Beginn des Sommersemesters 1933

Den vorläufigen Höhepunkt seiner Reputation stellte dann 1930 die Berufung Barths an die Bonner theologische Fakultät dar. Innerhalb kürzester Zeit stiegen die Hörerzahlen dort um das Doppelte; vor allem ausländische Studierende zog es nun nach Bonn. Zudem konnte Barth mit zwei gewichtigen Publikationen aufwarten: seinem Buch über Anselm von Canterburys Gottesbeweis (1931) und dem ersten Band seiner »Kirchlichen Dogmatik« (1932).[78] Was die vier Bourdieu'schen Kapitalarten anbelangt, hatte Barth also hohe Werte erreicht, die ihm eine bedeutende »Position« im »theologisch-wissenschaftlichen Feld« sicherten. Und ebenso im »kirchlichen Feld« war Barth als Lehrer der Theologie gefragt, aber auch gefürchtet.[79] Allerdings zeichneten sich schon bald Veränderungen ab, die Barths »Position« in beiden »Feldern« neu justieren sollten.

Zunächst sah Barth die Notwendigkeit, Grenzziehungen im Blick auf seine Weggefährten der »Dialektischen Theologie« vorzunehmen. Im Januar 1933 begann er, Friedrich Gogarten und Emil Brunner aufgrund theologischer Differenzen die Zusammenarbeit bei »Zwischen den Zeiten« aufzukündigen.[80] Und auch gegenüber Georg Merz, dem Schriftleiter der Zeitschrift, kam es im April 1933 zur Entfremdung. Denn Merz stand im Begriff, sich der »Jungreformatorischen Bewegung« anzuschließen und hatte Barth aufgefordert, »sich zum deutschen Schicksal zu bekennen«.[81] Diese Grenzziehungen hatten den Verlust an »sozialem Kapital« zur Folge und führten dazu, dass sich bei Barth zunehmend das Gefühl der Isolierung und Einsamkeit einstellte.[82] In der sich zuspitzenden Situation des »Kirchenkampfes« verblieben ihm immer weniger Vertraute: Seine Familie, die Schweizer Freunde: Eduard Thurneysen, Rudolf Pestalozzi und Wilhelm Vischer, die Reformierten: Wilhelm Niesel, Hermann Albert Hesse und Karl Immer, die Bonner Kollegen:

---

78 Busch, Barths Lebenslauf, 201, 213–227; J. F. Gerhard Goeters, Karl Barth in Bonn 1930–1935, in: EvTh 47 (1987), 137–150, 140–141; Kinzig, Wort Gottes in Trümmern, 27.

79 Vgl. Barths zahlreiche Predigten und Vorträge sowie seinen Briefwechsel mit Pfarrern und Gemeindegliedern. Goeters, Barth in Bonn, 143, unterstreicht, dass Barth als Verfasser von »Quousque tandem« (1930) als »akademischer Kritiker der Kirche, keineswegs als Kirchenmann« galt.

80 Bw. Th. III, 337–338; Br. 1933, 25–26, 31–32, 39–46; Busch, Barths Lebenslauf, 206–210, 220, 236–237; Neuser, Barth in Münster, 46–56.

81 Br. 1933, 155–159, 171–180, 206, Zitat: Bw. K. I, 292. Vgl. Bw. Th. III, 266, 273; Th. Ex. h. 1933, 12–18. Ende Mai 1933 mutmaßte Barth sogar, dass Merz seinen Schriften gegenüber Zensur übe. Vgl. Br. 1933, 237–238.

82 Br. 1933, 33, 51, 177, 252, 349; Bw. Th. III, 337.

Gustav Hölscher, Fritz Lieb und Ernst Wolf sowie der Bonner Nachbar Hellmut Traub und natürlich Charlotte von Kirschbaum, die in diesen Jahren den wichtigsten Rückhalt für Barth darstellte. Zugleich war Charlotte von Kirschbaum aber auch ein »Risiko nach außen«. Denn seit Ende 1932 hatte sich das »Dreiecksverhältnis« zwischen Barth, seiner Frau Nelly und von Kirschbaum zugespitzt; eine Scheidung stand im Raum. Dies band über Monate hinweg nicht nur Zeit und Energie, sondern brachte auch die Gefahr mit sich, dass die anrüchige Beziehung publik würde und dem Renommee Barths als Kirchenlehrer massiv geschadet hätte. Barth selbst fürchtete die »ganze grausige Lawine eines Scheidungsprozesses«. Gleichzeitig schrieb er: »Ich würde gerade in den schwierig gewordenen äußeren Umständen und Entscheidungen, mit denen ich in Bezug auf meine berufliche Stellung rechnen muß, leichter und besser dran sein, wenn mir hinsichtlich unserer gemeinsamen Not durch Scheidung und Wiederverheiratung wenigstens etwas Luft gemacht werden könnte«. Barth drängte also im Frühjahr 1933 auf Scheidung von seiner Frau und Wiederverheiratung mit Charlotte von Kirschbaum, was dann aber unter anderem aufgrund der sich zuspitzenden Herausforderungen im NS-Staat nicht zustande kam.[83]

Eine weitere Bedrohung für Barths »Position« lag in dem, was er 1931/32 im »Fall Günter Dehn« beobachten musste: Nationalsozialistische Studierende hatten massiv gegen Dehns Berufung auf den Hallenser Lehrstuhl für Praktische Theologie protestiert und durch handgreifliche Aktionen dessen Lehrtätigkeit unmöglich gemacht. Der Hintergrund war, dass Dehn in einem Vortrag – ganz im Sinne Barths – gegen die Heroisierung des Kriegsdienstes Stellung bezogen hatte. Barth solidarisierte sich daraufhin in aller Öffentlichkeit »persönlich und sachlich« mit Dehn und kritisierte die im Sinne Hitlers erfolgte gewaltsame Form der Auseinandersetzung. Außerdem machte Barth deutlich, dass sich der Angriff gegen Dehn zugleich gegen die gesamte »Dialektische Theologie« richtete. Infolgedessen bekam Barth üble Beschimpfungen und Drohungen zu lesen. Obendrein wurde Dehn trotz der Unterstützung zunächst beurlaubt und schließlich im November 1933 abgesetzt.[84]

---

[83] Bw. K. I, 229, 238–249, 252–253, 265–267, 274–290, Zitat: 275; Br. 1933, 95–102, 111, 114–120, 152–153, 163–168, 192, 194–196; Bw. Th. III, 371–385, 389–392, 394–397, 401, 406–410, 418, 828–830, Zitate: Bw. K. I, 276, 275; Br. 1933, 118. Vgl. Suzanne Selinger, Charlotte von Kirschbaum und Karl Barth. Eine biografisch-theologiegeschichtliche Studie, Zürich 2004, besonders 4–27, 60–74.

[84] Karl Kupisch, Karl Barth in Selbstzeugnissen und Bilddokumenten, Stuttgart 1977, 72–75; Offene Briefe 1909–1935, 158–164, 170–182; Br. 1933, 26–27; Bw. Th. III, 218; Zitat: Offene Briefe 1909–1935, 174. Der »Fall Dehn« führte zu einer heftigen Kontroverse zwi-

Aufgrund dieser Erfahrung fürchtete Barth 1933 zu Beginn des Sommersemesters, nun selbst auf ähnliche Weise aus dem Amt befördert zu werden.[85] Hinzu kam, dass Barth seit 1931 Mitglied der SPD war und sein Bonner Kollege Karl Ludwig Schmidt bereits im März 1933 von Studierenden deswegen scharf angegangen worden war. Zeitgleich wurden in Thüringen erste Professoren wegen ihrer SPD-Mitgliedschaft aus dem Amt gedrängt. Und mit dem »Gesetz zur Wiederherstellung des Berufsbeamtentums« vom 7. April 1933 sollte hierzu auch eine gesetzliche Handhabe vorliegen. Barth musste also zu Recht fürchten, dass sein »*institutionalisiertes* Wissenschaftskapital« in dem nationalsozialistischen Staat durch seine SPD-Mitgliedschaft entwertet würde. Sogar Kollegen und seine Mutter drängten ihn deswegen besorgt zum Parteiaustritt. Barth weigerte sich jedoch entschieden und setzte auf seine hohe Position im »theologisch-wissenschaftlichen Feld«, die er unlängst bei einer Vortragsreise in Kopenhagen eindrucksvoll bestätigt gefunden hatte. Demgegenüber schätzte er die Möglichkeiten der neuen deutschen Regierung zunächst als begrenzt ein. Am 2. April wünschte er, dass »der heutige Staat vor den Augen des In- und Auslandes an einem freien Mann, der einen gewissen Namen hat, eben diese Erfahrung machen müßte, daß er zwar viel, aber nicht Alles kann.«[86] Eventuell rechnete Barth wie Charlotte von Kirschbaum anfangs damit, dass Hitler wegen nicht gehaltener Wahlversprechen bald wieder abtreten müsste – so wie vor ihm schon etliche Reichskanzler. Nach dem »Ermächtigungsgesetz« vom 24. März und dem »Berufsbeamtengesetz« vom 7. April sah Barth jedoch eine ernste Gefahr für seinen Verbleib

---

schen Barth und Emanuel Hirsch (vgl. Offene Briefe 1909–1935, 184–207). In der Folge wurde Hirsch zu einem entschiedenen Gegner Barths und wirkte an dessen Absetzung in Bonn mit. Vgl. Heinrich Assel, »Barth ist entlassen ...«. Neue Fragen im Fall Barth, in: ders./Karl Eberlein/Friedrich Heckmann/Hartmut Hövelmann (Hg.), Zeitworte. Der Auftrag der Kirche im Gespräch mit der Schrift. Festschrift zum 65. Geburtstag von Friedrich Mildenberger, Nürnberg 1994, 77–99.

[85] Br. 1933, 104, 134, 149, 160–161, 575; Bw. T. III, 404.

[86] Bw. Th. III, 404; Bw. K. I, 254–258, 265; Br. 1933, 87, 107–110, 127, 221–224, Zitat: 110. Vgl. Busch, Barths Lebenslauf, 229–230; Hartmut Ruddies, Paul Tillich, Karl Barth und der religiöse Sozialismus, in: Christian Danz/Werner Schüßler/Erdmann Sturm (Hg.), Religion und Politik, Wien/Berlin 2009, 53–65. Die betreffende Passage im Gesetz vom 7.4.1933 lautete: »§4 Beamte, die nach ihrer bisherigen politischen Betätigung nicht die Gewähr dafür bieten, daß sie jederzeit rückhaltlos für den nationalen Staat eintreten, können aus dem Dienst entlassen werden. Auf die Dauer von drei Monaten nach der Entlassung werden ihnen ihre bisherigen Bezüge belassen. Von dieser Zeit an erhalten sie drei Viertel des Ruhegeldes [allerdings erst nach 10jähriger Dienstzeit]«.

in Deutschland.[87] Er begann, sich Gedanken zu machen über eine mögliche Tätigkeit in Schottland, Ungarn, Holland, Dänemark oder der Schweiz.[88] Und Charlotte von Kirschbaum beauftragte er, die Bonner Wohnung für den Fall einer Hausdurchsuchung vorzubereiten. Zudem kündigte er seinem Vermieter vorsorglich zum 1. Oktober 1933.[89]

Barth erkannte also, dass sein Verbleib in Bonn bedroht war und zwar durch die Eskalation seiner Ehekrise, durch studentischen Boykott seiner Lehrveranstaltungen und durch staatliche Maßnahmen. Vor allem seinem »wissenschaftlichen Kapital« drohte in Deutschland die Entwertung. Deshalb mussten die Beziehungskonflikte in dieser Situation zurückstehen und alles Bemühen darauf gerichtet werden, die studentischen oder institutionellen Absetzungsversuche zu parieren. In dieser Absicht schrieb Barth am 4. April 1933 an den kommissarischen preußischen Kultusminister (und späteren Reichskultusminister) Bernhard Rust. Barth weigerte sich darin, aus der SPD auszutreten, da die »praktisch-politischen Gründe« seiner SPD-Mitgliedschaft nichts mit seiner theologischen Lehrtätigkeit zu tun hätten. Er würde der »neuen Staatsform« gegenüber eine reservierte »Loyalität bewähren«, und seine akademische Tätigkeit wie bisher nicht zu politischen Kämpfen nutzen, »sondern allein durch das Gebot theologischer Sachlichkeit« bestimmen.[90] Der Minister ließ daraufhin durch seinen Ministerialrat mitteilen, dass er nicht beabsichtige, in die innerprotestantischen Auseinandersetzungen durch Beschränkungen von Lehrtätigkeiten einzugreifen. Er setze aber voraus, dass die Bildung oppositioneller studentischer Gruppen unter theologischer Führung vermieden werde und die theologische Arbeit im Vordergrund stehe. Dies müsse sich im Rahmen von Barths »Loyalität« erfüllen lassen.[91]

Dadurch konnte Barth »mit ›allerhöchster‹ Genehmigung bleiben«, wie Charlotte von Kirschbaum Barths Anliegen an Rust zusammenfasste.[92] Al-

---

[87] Bw. K. I, 278, 282; Br. 1933, 49, 60, 73, 87, 103, 125, 127.

[88] Br. 1933, 74, 87, 104, 146. Mit großer Sorge betrachtete Barth in diesem Zusammenhang das Erstarken der Faschisten in seiner Schweizer Heimat. Vgl. Br. 1933, 129, 223, 264–265; Bw. T. III, 432.

[89] Bw. K. I, 260, 263, 273; Br. 1933, 93–94. Im Dezember kündigte Barth erneut vorsorglich zum 31. März 1934. Vgl. Br. 1933, 596.

[90] Br. 1933, 112–114, Zitate: 113.

[91] Br. 1933, 114; Karl Barth Gesamtausgabe Bd. 49, III. Vorträge und kleinere Arbeiten 1930–1933, hg. von Michael Beintker, Michael Hüttenhoff und Peter Zocher, Zürich 2013 (abgekürzt: V. u. kl. A. 1930–1933), 281 Anm. 47. Als Grund für Rusts »Wohlwollen« vermutete Barth selbst dessen Lektüre seines Römerbriefes. Vgl. Bw. K. I, 303.

[92] Br. 1933, 111. Im Juli 1933 schrieb sie, Barth stehe »in einem merkwürdigen guten Schutz seitens des Ministers anscheinend« (Bw. K. I, 456). Seinem Kollegen Wilhelm

lerdings war nun auch der schmale Korridor vorgezeichnet, in dem Barth als kirchlich-theologischer Lehrer agieren konnte, ohne seine »Position« im »institutionalisierten Wissenschaftsfeld« zu gefährden und eine Absetzung zu riskieren. Barths »Strategie« musste fortan darauf gerichtet sein, diese »Spielregeln« einzuhalten.[93] Allerdings ergänzte Barth die »Spielregeln« an einem entscheidenden Punkt: Nicht nur oppositionellen Gruppen und Äußerungen gegenüber galt die Zurückhaltung des Theologen[94], sondern auch und vor allem gegenüber pronationalsozialistischen Äußerungen, wie sie in kirchlichen und theologischen Stellungnahmen seit Beginn des Jahres an der Tagesordnung waren. Und seine Beachtung der »Spielregeln« sah Barth daran gebunden, dass sich der Staat – wie von Rust zugesagt – aus innerprotestantischen Auseinandersetzungen heraushielt.

4.3 Die Zeit bis zur Veröffentlichung von »Theologische Existenz heute!«

Mit dieser ministeriellen »Rückversicherung« startete Barth Ende April 1933 ins Semester, nachdem er die Entwicklungen sechs Wochen lang von der Schweiz aus wahrgenommen hatte. Zunächst musste er erleben, wie die Bonner Fakultät »gleichgeschaltet« und DC-Mitglied Emil Pfennigsdorf zum »Fakultätsführer« gewählt wurde. Barth selbst verlor bei dieser Gelegenheit sein Amt als Wahlsenator und damit als künftiger Dekan der Fakultät.[95] Trotz dieses deutlichen Verlustes an »institutionalisiertem Wissenschaftskapital« konnte Barth an anderer Stelle im Bereich des »symbolischen und sozialen Kapitals« punkten. Entscheidend war für Barth nämlich, ob es ihm gelänge, »den bisherigen guten Kontakt mit den Studenten aufrecht zu halten«. Erleichtert stellte Barth schließlich fest, dass sein Name auf keiner studentischen Boykottliste zu finden war und die Studierenden so zahlreich wie zuvor in

---

Goeters, der Barths SPD-Mitgliedschaft als »Grundbuchbelastung« seines Amtes und seiner Zukunft wertete und ihn zum Austritt aufforderte, konnte Barth Ende Mai die Antwort aus dem Ministerium entgegenhalten. Vgl. Br. 1933, 222, Zitat: 221.

93 Vgl. Fröhlich/Rehbein, Bourdieu-Handbuch, 226: »Die Strategien der Akteure sind aber nicht nur eng verknüpft mit den Spielregeln, auf die die Strategien ausgerichtet werden müssen, sondern auch mit den jeweiligen sozialen Positionen der Akteure. Soziale Positionen definieren sich durch den Umfang und die Struktur des Kapitals; Strategien sind deshalb eng verknüpft mit der jeweiligen Kapitalausstattung und der jeweiligen Wahrnehmung des Feldes und seiner Eigenschaften.«

94 Vgl. zum Beispiel Barths Brief an einen Vikar, der Hitler in einer Predigt als »Antichrist« bezeichnet hatte (Br. 1933, 454–458).

95 Br. 1933, 178; Bw. Th. III, 401, 405. Vgl. Goeters, Barth in Bonn, 143; Andreas Mühling, Karl Ludwig Schmidt, »Und Wissenschaft ist Leben«, Berlin/New York 1994, 144–145.

seine Lehrveranstaltungen strömten.[96] Der Grund für den ausgebliebenen Boykott dürfte darin gelegen haben, dass die Studierenden zum großen Teil seinetwegen nach Bonn gekommen waren und Barth trotz seiner SPD-Mitgliedschaft seit dem Tambacher Vortrag (1919) und seiner Absage an den Religiösen Sozialismus als »Antiliberaler« und »Neuorthodoxer« galt. Unter diesem Aspekt unterstützten konservative Kreise sogar angebliche nationalsozialistische Bemühungen, Barth nach Berlin zu berufen.[97]

Der Grund, dass solche Gerüchte entstehen konnten, lag auch darin, dass sich Barth seit der nationalsozialistischen Machtübernahme zu den anstehenden Fragen nicht öffentlich geäußert hatte.[98] Durch die innerfamiliären Konflikte, den langen Ferienaufenthalt in der Schweiz und den unklaren Verbleib in Bonn waren etliche Monate ins Land gestrichen, in denen Barths Anhänger vergeblich auf ein Wort zum Kirchenstreit mit den »Deutschen Christen« warteten. Von der Berliner Studienrätin Elisabeth Schmitz wurde er sogar aufgefordert, das Schweigen der Kirche zur Judenverfolgung zu thematisieren. In seiner Antwort vom 2. Mai skizzierte Barth die Probleme, die ein solches Unterfangen mit sich brächten: 1. Ein politischer Aufruf (»Pronunciamento«) wäre nur in »Zwischen den Zeiten« möglich, hätte aber das umgehende Verbot und die Beschlagnahme der Zeitschrift zur Folge. 2. Dies würde Barth die Bonner Stellung kosten. 3. Barth wäre damit ausgeschaltet. Und 4. sei es unsicher, ob er als Schweizer überhaupt gehört würde.[99] Barth rekapitulierte hier gewissermaßen seine »Position« im »politischen Feld« und konstatierte Folgendes: mangelndes »publizistisches Kapital«, durch staatliche Sanktionsmacht bedrohtes »ökonomisches und symbolisches Kapital« sowie

---

[96] Br. 1933, 193, 196–197, 214, 222, Zitat: 185. Auf der Boykottliste stand unter anderem Fritz Lieb (Barths Kollege und ehemaliger Vikar). Vgl. Br. 1933, 197; Bw. T. III, 404 Anm. 9.

[97] Vgl. Hans Prolingheuer, Der Fall Karl Barth 1934–1935. Chronologie einer Vertreibung, Neukirchen-Vluyn 1977, 3–4, 8–9; Br. 1933, 179, 182, 257. Allerdings gab es 1933 zugleich immer wieder Gerüchte von Barths (baldiger) Absetzung. Vgl. Br. 1933, 148, 339–340, 382, 394–395, 414, 469; Bw. Th. III, 567, 581.

[98] Br. 1933, 257. Gleichwohl zeigte sich Barth in seinen privaten Äußerungen als unmissverständlicher Gegner des Nationalsozialismus: Br. 1933, 85–86 (»Terrors der letzten Wochen«, »Gewaltherrschaft und Unterdrückung«, »heute mundtot Gemachten«); 157 (»Diktaturstaat«, »was den deutschen Juden jetzt widerfährt«); 176 (»Brutalitäten«); 179 (»nun erst recht an Apoc. 13 zu denken«); 222 (»mich als entschlossenem Nicht-Faschisten«); 263 (»Der braune *Tod*«); Bw. K. I, 293 (»eine Clique von offenkundig Wahnsinnigen am Regimente ist«).

[99] Br. 1933, 186–188.

mangelnde Mobilisierungskraft als Schweizer.[100] Aufgrund dieser Analyse setzte Barth auf seine vorerst gesicherte »Position« im »Feld« der Deutschen Evangelischen Kirche. Dort wollte er seinen Beitrag leisten. Erst wenn diese »Position« nicht mehr zu halten sei, hielt sich Barth für die Notwendigkeit offen, dass »das Schiff auf den Sand gesetzt werden muß«.[101]

Zwei Monate später hatte Barth sein erstes öffentliches Wort zur Sache fertiggestellt. Am 1. Juli 1933 erschien »Theologische Existenz heute!«. Die Schrift war eine Reaktion auf die sich zuspitzenden kirchenpolitischen Fragen.[102] Auf Anraten Charlotte von Kirschbaums und Hellmut Traubs hatte Barth die ursprüngliche Schärfe des Tones abgemildert und sich der politischen Polemik enthalten. Im Zuge dessen gelangt es ihm, in mustergültiger Weise seine Spielräume im (kirchen-)politischen »Feld« auszuloten und auszureizen[103] – allerdings im Wissen darum, dass es nur eine Frage der Zeit war, wann er abgesetzt würde.[104] Mit deutlichen Worten kritisierte Barth in seiner Schrift die »Deutschen Christen« und die sich davon zu wenig abgrenzende »Jungreformatorische Bewegung«. Und mit feiner Ironie, aber für

---

[100] Zum »politischen Feld« vgl. Fröhlich/Rehbein, Bourdieu-Handbuch, 342–351.

[101] Br. 1933, 188. Gemeint ist hier meines Erachtens ein öffentliches politisches Votum zum NS-Staat. Wenig später schrieb Barth von zu erwerbendem »Kapital« in einem späteren, das heißt, nicht faschistischen »politischen Feld«: »Wogegen ich meine, daß es auch und gerade der Kirche wohl anstehen – und vielleicht noch einmal zu Gute kommen möchte, wenn jetzt da und dort einer ihrer Vertreter auch auf dem profanen Gebiet der politischen Entscheidungen, wo es sich ›nur‹ um Civilcourage handeln kann, wie sie auch irgend einem Heiden möglich ist, den *konkreten* Beweis erbringt, daß die Gleichschalterei ihre Grenzen hat.« (Br. 1933, 224).

[102] Zum Hintergrund und zur Entstehung der Schrift vgl. Th. Ex. h. 1933, 7–25; V. u. kl. A. 1930–1933, 271–280.

[103] Barth formulierte: »Ich halte dafür, das sei auch eine Stellungnahme, jedenfalls eine kirchenpolitische und indirekt sogar eine politische Stellungnahme. [...] Ich habe Gründe, mir an diesem Reden und Gehörtwerden innerhalb der Schranken meiner Berufung genügen zu lassen.« (V. u. kl. A. 1930–1933, 281); »Ihr werdet in der Schweiz in Rechnung stellen müssen, daß ich noch sehr viel mehr hätte sagen können, aber teilweise ›ufs Mul hogge‹ mußte, um nur wenigstens *das* sagen zu können.« (Bw. T. III, 427); »ich habe mir in der Schrift Mühe gegeben, streng als Kirchenmann und Theologe zu reden und also meine politische Abneigung gegen den Hitlerismus nicht mitreden zu lassen« (Br. 1933, 401). Vgl. V. u. kl. A. 1930–1933, 276; Br. 1933, 257.

[104] »Eben kommt die Zeitung mit der Nachricht, daß [...] nun auch Dibelius abgesetzt ist. Wer hätte sich träumen lassen, daß er, der Prediger von Potsdam, mein alter Feind und nun beinahe Freund, noch vor mir fliegen müsste! Vanitas vanitatum, die Reihe wird schon auch noch an mich kommen.« (Bw. T. III, 432–434). Vgl. Br. 1933, 258, 263, 274.

seine Zeitgenossen durchaus verständlich, ging er auch den NS-Staat an.[105] Er sandte sogar ein Exemplar an Hitler als Beleg für seine abweichende und unerbittliche, aber eben *kirchen*politische Überzeugung. Und gegenüber Minister Rust machte er deutlich, dass seine Schrift für eine Staatsregierung, die sich entgegen der Zusicherung des Ministers (siehe oben) in innerkirchliche Angelegenheiten einmische, in der Gefahr stehe, »als Widerspruch gegen die Staatsregierung verstanden zu werden«.[106]

»Theologische Existenz heute!« erlebte bis zum Verbot im Juli 1934 eine Auflage von 37.000 Exemplaren und wurde begeistert aufgenommen. Sie erhöhte das »soziale und symbolische Kapital« Barths im »Feld des Kirchenkampfes« enorm.[107]

4.4. Die Zeit bis Beginn des Wintersemesters

Während Barth an »Theologische Existenz heute!« schrieb, wurde August Jäger am 24. Juni von Minister Rust zum Staatskommissar für die Evangelische Kirche der altpreußischen Union eingesetzt. Dies und die sofortige Ersetzung unliebsamer Kirchenfunktionäre bedeuteten einen direkten Eingriff des Staates in die evangelische Kirche.[108] Barth beabsichtigte daraufhin, unter demselben Titel ein weiteres Wort an die Öffentlichkeit zu richten. In dem Entwurf dazu analysierte er die Situation folgendermaßen: Die theologische Existenz der Prediger und Lehrer sei jetzt bedroht. Die Kirche werde nun »gleichgeschaltet« wie die Gewerkschaften, Arbeitervereine und Jugendorganisationen. Für ein Lamento sei es jetzt zu spät, für Widerstand gegen den Staat noch zu früh. Aber mit der Auslieferung des kirchlichen Apparates an die »Deutschen Christen« würde die evangelische Kirche aufhören, christliche Kirche zu sein. Und dies sei bei einem Sieg der DC bei den Kirchenwahlen zu befürchten, wenn die DC »die von der Staatsregierung für notwendig ge-

---

[105] Vgl. V. u. kl. A. 1930–1933, 279, 320–359, 362. Wie geschickt Barth vorging, zeigt sich darin, dass seine Schrift – von weniger Ironieverständigen – auch als Bekenntnis zu Hitler missverstanden wurde. Vgl. V. u. kl. A. 1930–1933, 306–312; Stoevesandt, Theologische Existenz, 156.

[106] Br. 1933, 267–269, Zitat: 269.

[107] Vgl. V. u. kl. A. 1930–1933, 278–279; Br. 1933, 273, 278, 290, 294, 297; Bw. K. I, 376 Anm. 4. Elisabeth Schmitz reagierte auf Barths Schrift mit großer Dankbarkeit vgl. Br. 1933, 188.

[108] V. u. kl. A. 1930–1933, 368–370; Bw. K. I, 297–298 Anm. 3. Vgl. Scholder, Kirchen und das Dritte Reich I, 453–454. Nach der von Hitler unterzeichneten Kirchenverfassung wurde Jäger am 19. Juli von Rust zurückgezogen.

haltene Exekution an der Kirche [...] vollziehen«.[109] Barth sah also die Gefahr einer »Gleichschaltung« des »kirchlichen Feldes« mit dem »politischen Feld«. Das heißt, die »Spielregeln« des »kirchlichen Feldes« würden aufgehoben, die Netzwerke verlagert, es folge eine Ent- bzw. Umwertung des erworbenen »Kapitals« und die bisherigen Akteure im »kirchlichen Feld« erhielten völlig neue »Positionen«.[110]

Barth brach die Fertigstellung der Schrift jedoch ab. Denn im Zuge der Ereignisse kam er Anfang Juli zu einer veränderten Einschätzung. Durch die zahlreichen positiven Reaktionen auf »Theologische Existenz heute!« und erste Zeichen des Widerstandes gegen die staatlichen Maßnahmen war er etwas zuversichtlicher geworden.[111] Doch zugleich nahm er auch die Unfähigkeit der etablierten kirchlichen Verantwortungsträger wahr, mit der Herausforderung umzugehen. Anfang Juli war er nämlich für drei Tage in Berlin, um Hermann Albert Hesse zu beraten, der als Reformierter in das sogenannte »Dreimännerkollegium« berufen worden war, um eine neue Verfassung der Deutschen Evangelischen Kirche auszuarbeiten. Barth durfte bei den Verhandlungen selbst nicht dabei sein, sondern konnte nur hinter den Kulissen wirken. Er verfügte also über kein »institutionalisiertes Kirchenkapital«, sondern war ganz auf Hesses Geschick angewiesen, die Empfehlungen umzusetzen. Neben Hesse, dem Elberfelder Predigerseminarsdirektor, gehörten noch Hermann Kapler, der Präsident des Evangelischen Oberkirchenrates in Berlin, sowie Landesbischof August Marahrens zum »Dreimännerkollegium«. Hesse hatte jedoch im Vergleich zu den beiden Kirchenfunktionären eine deutlich nachgeordnete »Position«. Er wurde von wichtigen Beratungen ausgeschlossen und auf Betreiben Ludwig Müllers, dem designiertem »Reichsbischof«, letztlich durch den reformierten DC-Mann Otto Weber, den Direktor der Theologischen Schule Elberfeld, ersetzt. Dies hatte zur Folge, dass die Reformierten gespalten wurden und kaum Einfluss nehmen konnten auf die stark von »deutsch-christlichen« Interessen durchzogene Verfassung.[112]

---

109 V. u. kl. A. 1930–1933, 370–382, Zitat: 382.

110 Barth selbst analysierte dies anhand von Ludwig Müller folgendermaßen: »Wehrkreispfarrer Müller, ein theologischer Ignorant, der aber höchste politische Beziehungen hat und darum auf einmal das allergrößte Wort mitreden durfte« (Br. 1933, 232).

111 Br. 1933, 259, 273–280, 290, 295–297; Bw. T. III, 444.

112 Br. 1933, 204–206, 211, 264, 272–281; Bw. K. I, 294–296; Bw. T. III, 453–454; V.u.kl.A. 1930–1933, 242–259, 265–269. Barth selbst urteilte: »Meine machtlose Stellung hinter den Kulissen (oder vielmehr hinter diesem lieben, aber kraftlosen Onkel) ließ mich erst zu Wort kommen, als es zu spät war. [...] Im Übrigen kann ich an meine Mission nur mit schwerstem Kopfschütteln zurückdenken und bin entschlossen, einen *solchen* Auftrag

Dass aber auch Barth selbst sowohl in dem »reichskirchlichen Feld« als auch in dem gespaltenen »reformierten Feld« keine hinreichende »Position« hatte, zeigt sich an seiner gescheiterten Berufung in das vorläufige »Geistliche Ministerium«. Barth war nämlich am 19. Juli als reformierter Vertreter vorgeschlagen worden, was aber in dem mit Vertretern der Kirchenregierungen bestückten Ausschuss mit Bestürzung wahrgenommen und gezielt hintertrieben wurde. Anstelle Barths wurde Otto Koopmann, Präsident der Evangelisch-reformierten Landeskirche der Provinz Hannover, in das Gremium berufen.[113]

Nach einem Bericht Hesses wurde im Ausschuss gegen Barth ins Feld geführt, dass er 1. Schweizer sei, 2. gegen die DC geschrieben habe und 3. nur als Theoretiker hervorgetreten sei. Es wurde also Barths Schweizer »Habitus«, sein mangelndes »soziales Kapital« in den Reihen der »Deutschen Christen« sowie fehlendes »symbolisches Kapital« hervorgehoben. Der Hinweis, dass Barth auch preußischer Staatsbeamter, »Theologe von Weltruf« und aktuell an der Lösung kirchlicher Fragen beteiligt war, konnte Barths »Position« im »reichskirchlichen Feld« nicht aufwerten.[114]

Hatte Barth anfangs noch sehr auf seine »Position« im »reformierten Feld« gesetzt, so musste er zunehmend feststellen, dass auch dort die Meinungen auseinandergingen und sich nicht wenige ebenfalls den DC angenähert hatten. Vor allem die Kirchenleitung in Aurich erwies sich langfristig als unzuverlässiger Bündnispartner.[115] Gleichwohl hatte Barth im Reformierten Bund und im »Coetus reformierter Prediger« mit Hesse, Immer und Niesel wichtige Verbündete (»soziales Kapital«) und konnte infolgedessen zeitweise bei reichskirchlichen Übergangsgremien mitwirken.[116]

Gleichzeitig musste Barth im »universitären Feld« erleben, dass wichtige Kollegen ausgeschaltet und sogar Opportunisten abgesetzt wur-

---

so bald nicht wieder anzunehmen. Es war mir wichtig und interessant, einmal in dieses ganze verstopfte Klosett hineinzuschauen.« (Br. 1933, 280). Zur schwierigen Position Otto Webers vgl. Vicco von Bülow, Otto Weber (1902–1966). Reformierter Theologe und Kirchenpolitiker, Göttingen 1999, 105–111. Zu den Reformierten vgl. Lekebusch, Reformierten im Kirchenkampf, 31–57.

113 Bw. T. III, 474–477; V. u. kl. A. 1930–1933, 387; von Bülow, Otto Weber, 112–113.

114 Vgl. Bw. T. III, 476 Anm. 1, Zitat: 476 Anm. 1. Zur Wahrnehmung des Schweizer »Habitus« Barths vgl. auch Bw. T. III, 492; V. u. kl. A. 1930–1933, 512–514. Zur doppelten Staatsbürgerschaft Barths vgl. Bw. T. III, 225 Anm. 3, 824–825 Anm. 26.

115 Br. 1933, 185 Anm. 6, 210–211, 233, 240–242, 257, 260–261, 264, 279; Bw. T. III, 444–445, 484 Anm. 6, 513; V. u. kl. A. 1930–1933, 313–316, 321, 331, 510.

116 V. u. kl. A. 1930–1933, 249–259, 265–269, 282; Br. 1933, 132–133, 288, 463–465; Bw. T. III, 517–519, 584–585, 587–588, 592, 719–720.

den.[117] Er selbst bemerkte, dass seine Briefe geöffnet und seine Telefonate eventuell abgehört wurden. Barth fühlte sich somit in seiner Kommunikation und seinem Netzwerk behindert. Auch eine Zensur seiner Schriften sah er voraus.[118] Deshalb machte er sich keine Illusion über seine bedrohte und isolierte Stellung in Deutschland. Gleichwohl stellte er 1933 während der achtwöchigen Sommerferien in der Schweiz fest, dass er seitens seiner Leser und Leserinnen großen Zuspruch erfuhr und dass die Studierenden zu ihm hielten (»symbolisches und soziales Kapital«). Außerdem habe ihm der Briefwechsel mit Minister Rust (siehe oben) eine gewisse »Rechtsposition« eingebracht, »deren Verteidigung nicht nur möglich, sondern auch geboten und lohnend erscheint«. Und bezüglich seiner Gegner wertete er es als »ein gutes Zeichen, daß die Feinde so lange brauchten, um aus ihren Löchern hervorzukommen«.[119] Deshalb beschloss er, seinen Kampf fortzusetzen, und machte die Kündigung seiner Bonner Wohnung am 3. August rückgängig. Allerdings wurde bei diesem Vorgang auch deutlich, dass Barth inzwischen erhebliche Einbußen an »ökonomischem Kapital« erlitten hatte. Bis zu den Notverordnungen hatte er in Bonn »rund 20.000 Mark« verdient, danach »*erheblich* weniger«. Er bat deshalb seinen Vermieter, angesichts der Preiserhöhungen, seiner unsicheren Besoldung sowie der Ausbildungskosten für die Kinder, die monatliche Miete von 360 Mark auf 260 Mark zu kürzen.[120]

Was das »institutionalisierte kirchliche Kapital« anbelangte, so konnte Barth im Sommer 1933 mit seiner erfolgreichen Kandidatur bei den Kirchenwahlen immerhin einen Sitz als Presbyter erringen. Eine Wahl in die Kreissynode wurde jedoch durch die DC-Mehrheit verhindert. Und auch sein Mandat in der Provinzialsynode wurde von »Fakultätsführer« Pfennigsdorf in Barths Ferienabwesenheit aufgehoben durch eine kurzfristig anberaumte Neuwahl des entsprechenden Fakultätsvertreters.[121]

---

117 Zu W. Vischer vgl. Br. 1933, 212, 253; zu K. L. Schmidt vgl. Br. 1933, 179, 408; Bw. K. I, 326; zu Lieb vgl. Br. 1933, 554, 558–559, 562–563; zu Fuchs vgl. Bw. K. I, 340–341. E. Wolf und G. Hölscher wurden 1935 strafversetzt vgl. Bw. K. I, 499, 520–521. Vgl. Kinzig, Wort Gottes in Trümmern, 28–29.

118 Br. 1933, 180, 231, 426, 452, 575; Bw. T. III, 431. Vgl. Busch, Zeit mit Karl Barth, 304. Die Folge war, dass Barth seine Briefe einer gewissen »Selbstzensur« unterwarf.

119 Br. 1933, 325, 328–329, 348–349, 394, 400, 408, Zitate: 327, 328; Bw. T. III, 512, 579.

120 Br. 1933, 306, 307, 311, 417, 427, 436, Zitat: 427; Bw. K. I, 110–111 Anm. 5, 210, 530. Der Vermieter senkte die Miete schließlich um 60 Mark. Vgl. die in §4 des »Berufsbeamtengesetzes« vom 7. April drohende Besoldungskürzung (siehe oben).

121 Bw. T. III, 472–473; Br. 1933, 301–302, 305, 307–309, 317, 322–323, 433; V. u. kl. A. 1930–1933, 383–412.

4.5 Die Zeit bis zum Ende des Jahres 1933

Mit diesen Voraussetzungen kehrte Barth Ende September aus den Schweizer Ferien nach Bonn zurück. Vorsorglich hatte er eine große Schweizer Flagge besorgt, um (im Sinne von Ex 12,13!) in Bonn anstelle der vorgeschriebenen Hakenkreuzflagge das Schweizer Banner hissen zu können.[122] Außerdem erkundigte er sich im Berner Auswärtigen Amt nach seinem diplomatischen Schutz in Deutschland. Dabei erfuhr er, dass Doppelstaatsbürger wie er nicht unter diplomatischem Schutz stünden, »sondern daß sich Konsulat und Gesandtschaft gegebenen Falles nur ›erkundigen‹ könnten«.[123] Dies beunruhigte ihn ein wenig, denn nach dem staatlich unterstützen Sieg der DC bei den Kirchenwahlen hatte er sich entschlossen, sein Pulver nicht mehr trocken zu halten[124], sondern sich auf seinen »zu diesem Augenblick noch nicht angefochtenen Posten zu stellen und auf meine Weise Feuer zu geben bis zur letzten Patrone«.[125] Zusammen mit Karl Ludwig Schmidt kam Barth nun immer deutlicher zu der Auffassung, dass es sich bei dem Nationalsozialismus um eine weltanschauliche Religion handelte, die mit dem ersten Gebot unvereinbar sei.[126] Und auch im Blick auf die neugebildete Reichskirche unter »Reichsbischof« Müller war Barth jetzt der festen Überzeugung, dass hier ein »häretisches« Kirchenregiment vorliege, mit dem man in keiner Weise kooperieren dürfe[127] – auch nicht im »Feld« der Ökumene.[128]

Diese Überlegungen waren auch der Grund, warum Barth von Anfang an vor einer zu schnellen Bildung einer »Freikirche« warnte. Mit einem solchen Schritt würde sich die Opposition selbst unnötig in die Defensive bringen. Bei dem aus den DC hervorgegangenen und durch deren Wahlerfolg erstarkten

---

122 Br. 1933, 178, 183, 409, 412.

123 Br. 1933, 419.

124 So noch bis Mitte September 1933. Vgl. Br. 1933, 294, 344, 385.

125 Br. 1933, 543, 487, Zitat: 408.

126 Br. 1933, 362. Vgl. Wengst, Theologie und Politik, 42, der allerdings außer Acht lässt, dass Schmidts Kritik an Barths *offiziellen* Äußerungen eigentlich überholt war. Die entsprechende Passage Barths vom 11. Dezember, er »widerstehe einer heute beim Nationalsozialismus ihre Zuflucht suchenden Theologie, nicht der nationalsozialistischen Staats- und Gesellschaftsordnung« (V. u. kl. A. 1930–1933, 615) ist meines Erachtens eine Konzession an die enger werdenden »Spielräume«. Am 7. Oktober schrieb Barth zum Beispiel: »weil uns Zeitgenossen augenblicklich in der Hauptsache nur das Schweigen übrig bleibt« (Br. 1933, 435).

127 Br. 1933, 380; V. u. kl. A. 1930–1933, 556–557. Barth selbst sagte eine weitere Beteiligung an den Prüfungen im Rheinland und eine Mitarbeit in der theologischen Kammer der Reichskirche ab. Vgl. Br. 1933, 283–284, 482, 490–491; V. u. kl. A. 1930–1933, 555.

128 Br. 1933, 406–407, 474, 508, 517. Vgl. Busch, Reformationstag 1933, 61–63.

Reichs- und Landeskirchenregimenten handelte es sich für Barth um eine »häretische Subversion«, die erst durch das ins »kirchliche Feld« hineinragende »politische Feld« triumphieren konnte. Dieser »häretische« Angriff sei am besten dadurch abzuwehren, dass er aus der »Kirche« herausgedrängt oder zum Vollzug des »Schismas« gezwungen werde.[129] Dazu war es für Barth unbedingt notwendig, dass sich die Opposition nicht schwächte, indem sie sich etwa konfessionell spaltete.[130]

Als dann die »Deutschen Christen« Mitte November 1933 mit dem Skandal bei der Sportpalastveranstaltung in eine schwere Krise gerieten und das ganze »häretische« Ausmaß der »Glaubensbewegung« offensichtlich wurde, warnte Barth unmittelbar vor kurzsichtigen kirchenpolitischen Aktionen. Die von Martin Niemöller und dem Bruderrat des Pfarrernotbundes aufgestellte Forderung an Reichsbischof Müller, sich von den DC zu distanzieren und Maßnahmen gegen DC-Pfarrer zu ergreifen, sah Barth kritisch. Damit gab man den Verantwortlichen Raum, sich von den Auswüchsen der DC zu distanzieren und »plötzlich in der Toga der Orthodoxie aufzutreten«. Zudem bedeutete eine Forderung an das Reichskirchenregiment, dieses indirekt anzuerkennen und damit weiter zu stärken.[131]

Andererseits war Barth aber auch im Zweifel darüber, was nach dem Sturz des Reichskirchenregiments an dessen Stelle treten sollte. Die Opposition der »mittleren Linie« beging für Barth den Kardinalfehler, das Ja zum NS-Staat voranzustellen und sich damit den Gleichschaltungsbestrebungen hoffnungslos auszuliefern: »es wird da immer wieder geschielt nach dem Wohlwollen der Nazis; man will ›kirchlich handeln‹ – aber man will sich dabei doch immer wieder ein Feigenblatt mit einem Hakenkreuz darauf verschaffen, statt mitten hindurchzugehen und sich um Kompromittierung und Empfehlung in den Augen von Staat und Partei einen Deubel zu kümmern!«[132]

Als Barth dies so formulierte, hatte er längst die aus dem Briefwechsel mit Rust hergeleitete »Rechtsposition« bis an die Grenzen ausgereizt. Bei zwei Veranstaltungen am Reformationstag in Berlin begann er, sich zu politischen Dingen zu äußern. Er stellte zunächst gegenüber 20 leitenden Personen des

---

129 Br. 1933, 335–336, 378–380, 526, 540–541; V. u. kl. A. 1930–1933, 556–557. Vgl. Busch, Unter dem Bogen, 62–63.

130 Br. 1933, 173, 218–219, 229–230, 345; Bw. T. III, 573; V. u. kl. A. 1930–1933, 427–428.

131 Br. 1933, 514–516, 525, 539, 545–547, 584; V. u. kl. A. 1930–1933, 581–589, 592–594; Bw. T. III, 540–543, Zitat: 542. Vgl. Busch, Bogen des Bundes, 146.

132 Br. 1933, 499, 515–516, 521, 523, 525–527, 547, 556, 574–576, 584–586, Zitat: 585; V. u. kl. A. 1930–1933, 590–599.

Pfarrernotbundes und später gegenüber 150 Pfarrern des Notbundes folgende Fragen:

»Was ist geschehen diesen Sommer in Deutschland? Ist das mit Recht oder Unrecht geschehen? Diese Art Machtergreifung? Diese Beseitigung aller anderen Parteien? Diese Beschlagnahme von Vermögen? Was ist denn geschehen in den Konzentrationslagern? Was ist geschehen an den Juden? [...] Ist die Kirche nicht mitschuldig daran, weil sie geschwiegen hat? Ich stelle nur *Fragen*. Wer das Wort Gottes zu verkündigen hat, der muß zu solchen Vorgängen sagen, was das Wort Gottes sagt. Mir liegt wahrhaftig nicht an einem politischen Widerstand, aber mir liegt an der Freiheit des Evangeliums.«[133]

Viele Amtsbrüder waren betroffen und entsetzt angesichts dieser klaren Positionierung Barths und fürchteten, der Notbund könne dadurch politisch in Verruf geraten. Prompt wurde Barth für das geplante Treffen der kirchlichen Opposition mit Hindenburg beziehungsweise Hitler von der Teilnahmeliste gestrichen. Er galt fortan als politisch belastet.[134] Sogar die Gestapo ermittelte daraufhin mit Nachdruck gegen Barth. (Im Disziplinarverfahren, das 1934/35 zur Absetzung Barths führte, sollten seine Berliner Äußerungen eine entscheidende Rolle spielen.[135]) Und Barth selbst sah sich nun auch konkreten Drohungen, Gerüchten und Denunziationen ausgesetzt.[136] Hinzu kam, dass er sich im November weigerte, seine Vorlesungen mit dem vorgeschriebenen »Hitler-Gruß« zu eröffnen und zu beenden. Barth wurde daraufhin von »Fakultätsführer« Pfennigsdorf beim Rektor angezeigt.[137] Und auch in der für ihn nachrangigen »Judenfrage« sollte sich Barth nun offensiver positionieren. In einem Brief an eine antisemitische Studentin schrieb er: »Aber gerade in der Judenfrage könnte ich mit gutem Gewissen nicht den kleinsten Schritt mittun mit dem Nationalsozialismus. Wenn irgendwo, so meine ich, müßte man hier das Halt! hören und die Grenze sehen, über die hinaus man eigentlich nur unter ›Verrat‹ am Evangelium [...] weitergehen kann.«[138]

---

[133] Busch, Reformationstag 1933, 14–16, 69–70, Zitat: 106. Vgl. V. u. kl. A. 1930–1933, 470, 473, 477.

[134] Bw. T. III, 542; V. u. kl. A. 1930–1933, 521 Anm. 32; Br. 1933, 508, 510–512, 523. Vgl. Busch, Reformationstag 1933, 14, 19–20, 130–131.

[135] Bw. T. III, 555 Anm. 8. Vgl. Busch, Reformationstag 1933, 20–21; Prolingheuer, Fall Karl Barth, 244, 256, 259.

[136] V. u. kl. A. 1930–1933, 612–615; Bw. T. III, 567, 575, 580–581; Br. 1933, 366, 414, 442.

[137] Br. 1933, 488, 492–493, 512, 514, 548, 570, 576–579; Bw. T. III, 536–537. Vgl. Prolingheuer, Fall Karl Barth, 10–12.

[138] Br. 1933, 347, 364–365, 396–397, 502, 530, Zitat: 365; V. u. kl. A. 1930–1933, 464, 473–474; Karl Barth Gesamtausgabe Bd. 31, I. Predigten 1921–1935, hg. von Holger Finze, Zürich 1998, besonders 299–302.

Am letzten Tag des Jahres 1933 kündigte Barth erneut vorsorglich seine Bonner Wohnung. Es war der Tag, an dem er von Otto Weber erfuhr, dass seine Entlassung in Berlin aufgrund der Hitlergrußaffäre beschlossene Sache sei.[139] Barths »Positionen« im universitären und kirchlichen »Feld« waren zu diesem Zeitpunkt bereits deutlich abgeschwächt und gefährdet. Und mit den politischen Äußerungen provozierte er staatliche Sanktionen und einen Verlust an »sozialem Kapital« im »Feld des Kirchenkampfes«.

In den Basler Nachrichten wurde Barth Anfang Januar 1934 wegen seines Kampfes gegen die »Deutschen Christen« als »Praeceptor Germaniae secundus« vorgestellt – als zweiter Lehrer Deutschlands nach Melanchthon. Dies mag seinem Renommee im Ausland durchaus entsprochen haben. Im nationalsozialistischen Deutschland aber war er seiner eigenen Einschätzung nach längst zum »Daniel in der Löwengrube« geworden.[140] Dies war Barths Ausgangsposition, mit der er ins Jahr 1934 startete – in das Jahr, in dem die Barmer Theologische Erklärung entstand und die Bekennende Kirche ihren weiteren Weg ging unter maßgeblicher Beteiligung Karl Barths.

5. SCHLUSSBETRACHTUNG

Die Entwicklungen und Verläufe sowie die Konflikte in den »Feldern« ließen sich noch sehr viel detaillierter und in Relation zu anderen Personen des »Kirchenkampfes« (zum Beispiel Otto Dibelius, Emanuel Hirsch, Otto Weber, Martin Niemöller) untersuchen und bis zum Weggang Barths aus Bonn ausdehnen. Ebenso könnten die Netzwerke, »Spielregeln« und »Strategien« in den unterschiedlichen, aber ineinandergreifenden »Feldern« analysiert werden. Und auch der hier aufgrund der verwendeten Quellen vorherrschende »subjektive« und teilweise von Selbstzensur geprägte Blickwinkel Barths und seiner Vertrauten wäre durch weitere Quellen zu ergänzen. Doch mag das Dargestellte genügen, um zu zeigen, dass der hier vorgestellte soziologische Ansatz geeignet ist, die bekannten Quellen neu zu interpretieren und zu gewichten. Es wurde deutlich, dass sich Barths »Positionen« im Laufe des Jahres 1933 in den »Feldern« veränderten und die Möglichkeiten seines Handelns bestimmten. Die bisherigen Kategorien in der Forschung hingegen (kritisches Selbstgespräch innerhalb von Barth, implizite Anerkennung des Hitler-Staates, theologische und taktische Erwägungen, ausschließlich theo-

---

139 Br. 1933, 595–596; Bw. T. III, 567, 577.

140 Vgl. Br. 1933, 296, 337, Zitate: Bw. T. III, 579; V. u. kl. A. 1930–1933, 615.

logischer Ansatzpunkt, risikoloser politischer Aktionismus und so weiter) waren meines Erachtens wenig geeignet, Barths Haltung im »Kirchenkampf« zu erfassen und sein Handeln schlüssig zu deuten. Die hier vorgestellten Überlegungen mögen als Anregung dienen, einen ergänzenden methodischen Blick auf die Zusammenhänge zu werfen.

Wilfried Loth

Katholische Kirche und Widerstand im Dritten Reich

Eine Bilanz

Das Verhältnis der Katholischen Kirche zum Widerstand im Dritten Reich wird in der Regel äußerst kontrovers diskutiert. Für die einen steht die Katholische Kirche schon per definitionem im Zentrum des Widerstands; sie verstehen den nationalsozialistischen Totalitarismus als übersteigerte Konsequenz von Materialismus und Entsittlichung und sehen die Kirche darum als seinen ersten Gegner an, der insgesamt auch mehr als jeder andere für seine Überwindung getan hat. Die anderen verweisen auf das Mitwirken der Kirche bei der Etablierung des nationalsozialistischen Regimes, auf ihr Schweigen angesichts der Verbrechen an den Juden, auf die Treuebekenntnisse der Bischöfe zum Führer noch während des Krieges.

Ein zutreffendes Bild des Verhältnisses der katholischen Kirche zum Widerstand ergibt sich nur, wenn man differenziert. Eine Bilanz der kontroversen Diskussion und der unterdessen vielschichtigen Forschung, wie sie im Folgenden versucht werden soll, muss Fakten und Zusammenhänge daher so nüchtern wie möglich präsentieren und dabei auch, weil es auf das genaue Hinsehen ankommt, relativ viele Texte zitieren. Die Bewertung, die hier zur Diskussion angeboten wird, folgt auf der Grundlage des ausgebreiteten Materials überwiegend erst zum Schluss.[1]

---

1 Mein Versuch stützt sich auf eine eigenständige Durchsicht des veröffentlichten Aktenmaterials und der Literatur. An Darstellungen vgl. zuletzt die Sammelbände von Karl-Joseph Hummel/Michael Kißener (Hg.), Die Katholiken und das Dritte Reich. Kontroversen und Debatten, Paderborn 2009; und Christoph Kösters/Mark Edward Ruff (Hg.), Die katholische Kirche im Dritten Reich. Eine Einführung, Freiburg im Breisgau 2011.

I.

Zunächst: Widerstand gegen die Etablierung des nationalsozialistischen Regimes hat die Katholische Kirche nicht geleistet. Sie hat vielmehr in einer Mischung von Unerfahrenheit und Konzentration auf die kirchlichen Particularia selbst dazu beigetragen, das Regime zu festigen. Dies geschah zum einen mit der Erklärung, die der Breslauer Kardinal Adolf Bertram am 28. März 1933 im Namen der Bischöfe abgab: »Es ist nunmehr anzuerkennen, dass von dem höchsten Vertreter der Reichsregierung, der zugleich autoritärer Führer jener Bewegung ist, öffentlich und feierlich Erklärungen gegeben worden sind [gemeint war Hitlers Regierungserklärung vom 23. März], durch die der Unverletzlichkeit der katholischen Glaubenslehre und den unveränderlichen Aufgaben und Rechten der Kirche Rechnung getragen, sowie die vollinhaltliche Geltung der von den einzelnen deutschen Ländern mit der Kirche abgeschlossenen Staatsverträge durch die Reichsregierung ausdrücklich zugesichert wird. Ohne die in unseren früheren Maßnahmen [Verbot der Mitgliedschaft in der NSDAP 1931] liegende Verurteilung bestimmter religiös-sittlicher Irrtümer aufzuheben, glaubt daher der Episkopat das Vertrauen hegen zu können, dass die vorbezeichneten allgemeinen Verbote und Warnungen nicht mehr als notwendig betrachtet zu werden brauchen«.[2] Das war der Versuch, die Hand, die Hitler mit seiner Regierungserklärung ausgestreckt hatte, zu ergreifen, um ihn auf einen staatsmännischen Weg zu bringen und vor allem die Rechte der Kirche zu sichern. Er bedeutete freilich gleichzeitig ein hohes Maß an Legitimierung der Machtergreifung, eine weitere Schwächung des Katholizismus als politischer Kraft, und für manche Katholiken, politische Praktiker wie Intellektuelle, auch eine Ermunterung, sich der nationalsozialistischen Bewegung anzuschließen.

Die Verhandlungen über ein Reichskonkordat, das Hitler der katholischen Kirche vermutlich schon vor dem Ermächtigungsgesetz vom 23. März, auf jeden Fall aber danach in Aussicht stellte, haben den Widerstand gegen die Machtergreifung noch weiter geschwächt. Dass der Zentrumsvorsitzende Prälat Kaas seit Anfang April in Rom für die Kurie Konkordatsverhandlungen mit den Vertretern der Reichsregierung führte, machte den politischen Katholizismus in Deutschland führungs- und orientierungslos; die Aussicht auf ein Konkordat, das hinsichtlich der Sicherung der Bekenntnisschule Garantien zu versprechen schien, die unter den parlamentarischen Bedingungen der

---

[2] Akten deutscher Bischöfe über die Lage der Kirche 1933–1945, Bd. I: 1933–1934, Mainz 1968, 30–32.

Weimarer Republik nie zu erreichen waren, schwächte seine Widerstandskraft gegen das Drängen des Regimes auf Auflösung und »Gleichschaltung«; und das Konkordat selbst, das am 20. Juli unterzeichnet wurde, festigte die Autorität des Regimes einmal mehr.[3]

Gleichwohl gilt, dass das Konkordat auch einen Schutz für die Kirche darstellte: eine Bestandsgarantie für ihre öffentliche Stellung, für die Verkündigung, für die kirchliche Presse und für die katholischen Verbände, soweit sie sich aus dem politischen Raum heraushielten. Angesichts des Terrors, der vielfachen Drangsalierungen und der Gleichschaltungstendenzen, die Mitte 1933 erkennbar waren, war es nicht zuletzt diese Schutzfunktion, die die Kurie bewog, der Konkordatsunterzeichnung zuzustimmen. Man darf die Einleitung der Konkordatsverhandlungen deswegen nicht gleich zu einem vorausschauenden Akt strategischer Widerstandsleistung stilisieren. Gleichwohl signalisiert das Konkordat, dass die Kirche – natürlich – nicht bereit war, sich von nationalsozialistischer Ideologie durchdringen zu lassen oder in einem totalitären System aufzugehen. Sie sicherte sich damit die Möglichkeit von Widerstand – und lud sich gleichzeitig eine entsprechende Verpflichtung auf.

Ist sie dieser Verpflichtung gerecht geworden? Die Jahre nach 1933 zeigen ein gemischtes Bild: Einerseits gab es weiterhin klare Stellungnahmen gegen die nationalsozialistische Ideologie. Alfred Rosenbergs »Mythus des 20. Jahrhunderts« wurde Anfang 1934 auf den Index der verbotenen Bücher gesetzt; als das »Gesetz zur Verhütung erbkranken Nachwuchses« vom 14. Juli 1933 die Sterilisierung bestimmter Personengruppen vorschrieb, erklärten die Bischöfe in mehr oder weniger deutlichen Kanzelworten, dass es den Katholiken nicht erlaubt sei, sich sterilisieren zu lassen oder andere dafür vorzuschlagen. Gegen die zahlreichen Verletzungen des Konkordats, insbesondere gegen die Bedrängung der Verbände, wurden die Bischöfe immer wieder bei der Reichsregierung vorstellig.

Andererseits erhoben sie deswegen keinen öffentlichen Protest. Sie protestierten auch nicht gegen die Verhaftung aktiver Katholiken, schon gar nicht gegen die Verfolgung von Kommunisten oder von Juden; sie sagten nichts zu den Zuständen in den Konzentrationslagern, und sie verloren auch kein Wort zu dem als Niederschlagung des Röhm-Putsches maskierten Massaker vom 30. Juni 1934. Zum Teil fehlte es ihnen an Gespür für das, was da

---

3 Vgl. auch Hubert Wolf, Reichskonkordat für Ermächtigungsgesetz? Zur Historisierung der Scholder-Repgen-Kontroverse über das Verhältnis des Vatikans zum Nationalsozialismus, in: VfZ 60 (2012), 169–200.

tatsächlich geschah; und zum Teil fürchteten sie auch einfach, es sich mit den neuen Machthabern zu verderben und damit die Selbstbehauptungslinie zu gefährden, die mit dem Konkordat aufgebaut worden war. »Uns Bischöfen wird zur Zeit die Frage vorgelegt«, schrieb etwa der Münchner Kardinal Michael Faulhaber am 10. April 1933 an Kardinalstaatssekretär Pacelli, »warum die katholische Kirche nicht, wie so oft in der Kirchengeschichte, für die Juden eintrete. Das ist zur Zeit nicht möglich, weil der Kampf gegen die Juden zugleich ein Kampf gegen die Katholiken werden würde und weil die Juden sich selbst helfen können, wie der schnelle Abbruch des Boykotts zeigt.«[4]

Eine öffentliche Stellungnahme, die die Wahrung sittlicher und rechtsstaatlicher Grundsätze einforderte, kam erst Anfang 1937 zustande; und dies auch nur deswegen, weil sich Pacelli der Auffassung des Kölner Kardinals Schulte anschloss, dass das Regime »grundsätzlich und definitiv [auf] die Vernichtung des Christentums und insbesondere der katholischen Religion« ziele und dagegen nur die Befestigung im Glauben helfe – »nämlich so, dass möglichst breite Schichten glaubensfreudiger und opferwilliger Katholiken einheitlich die Mitwirkung bei glaubensfeindlichen Maßnahmen ablehnen und die Rechte ihres katholischen Gewissens mutig reklamieren.«[5]

Das Ergebnis dieser Konstellation war die Enzyklika »In brennender Sorge«, von Pacelli unter Radikalisierung eines Entwurfs von Faulhaber redigiert und am 21. März 1937 nach geradezu konspirativer Vorbereitung von allen Kanzeln des Reiches verlesen. Einleitend enthielt sie eine deutliche Brandmarkung der vielen Verletzungen des Konkordats: Vertragsverletzung wurde als offensichtlich »ungeschriebenes Gesetz des Handelns« des nationalsozialistischen Regimes bezeichnet und der »Vernichtungskampf« als sein Ziel. Dann folgten Mahnungen an die Adresse der Gläubigen, die eine offene Absage an die Prinzipien des Regimes implizierten:

»Wer die Rasse, oder das Volk, oder den Staat, oder die Staatsform, die Träger der Staatsgewalt oder andere Grundwerte menschlicher Gemeinschaftsgestaltung - die innerhalb der irdischen Ordnung einen wesentlichen und ehrengebietenden Platz behaupten - aus dieser irdischen Wertskala herauslöst, sie zur höchsten Norm aller, auch der religiösen Werte macht und sie mit Götzenkult vergöttert, der verkehrt und fälscht die gottgeschaffene und gottbefohlene Ordnung.«

»Wer in sakrilegischer Verkennung der zwischen Gott und Geschöpf,

---

4 Zitiert nach Ludwig Volk, Der Bayerische Episkopat und der Nationalsozialismus 1930–1934, Mainz 1965, 78.

5 Stellungnahme vom 16. Januar 1937, Akten deutscher Bischöfe, Bd. IV: 1936–1939, Mainz 1981, 150–153.

zwischen dem Gottmenschen und den Menschenkindern klaffenden Wesensunterschiede irgendeinen Sterblichen, und wäre er der Größte aller Zeiten, neben Christus zu stellen wagt, oder gar über Ihn und gegen Ihn, der muss sich sagen lassen, dass er ein Wahnprophet ist.«

Zum Schluss gab es Dank und Anerkennung für diejenigen, die »um der Treue zu Glaube und Kirche willen« Nachteile und Verfolgung erleiden mussten, »für manche bis in die Kerkerzelle und das Konzentrationslager hinein«, sowie ein Appell an »Bekennerwille und Leidensbereitschaft«.[6]

Von den amtlichen Stellen ist dieses Lehrschreiben als eine »Kampfansage«[7] der Kirche an das Regime aufgefasst worden; und tatsächlich beinhaltete es neben der Ankündigung von Widerstand auch die Mobilisierung der Gläubigen zur Verteidigung der Prinzipien ihres Glaubens in der öffentlichen Ordnung. Es trug damit zweifelsohne dazu bei, dass die glaubenstreuen Katholiken gegenüber der nationalsozialistischen Ideologie weitgehend immun blieben, dass ein aktiver Kern gegen die Beschränkungen des verbandlichen und kirchlichen Lebens auftrat und auch sonst Zivilcourage zeigte, und dass das katholische Milieu unter dem Eindruck der Bedrohung und Verfolgung noch einmal enger zusammenrückte. Viele Zeugnisse, zumal aus den Jahren des Krieges, sprechen für eine Intensivierung der Frömmigkeit und des religiösen Erlebens.

Indessen darf nicht übersehen werden, dass bezüglich der öffentlichen Ordnung in der Enzyklika nur allgemeine Prinzipien genannt wurden und dass ihre Konkretisierung auch im Folgenden allzu häufig unterblieb. Die Juden wurden als vorrangiges Opfer der Rassenideologie in der Enzyklika nicht explizit genannt. Der Entwurf einer weiteren Enzyklika, in der dies geschah, blieb nach dem Tode Pius XI. im Februar 1938 unveröffentlicht.[8] Auch nach der Pogromnacht vom 9. November 1938 gab es kein bischöfliches Wort. Aktionen wie diejenige des Berliner Dompropstes Bernhard Lichtenberg blieben die absolute Ausnahme. Dieser lud am Tag nach der Verfolgungsnacht zu einem Gebetsgottesdienst »für die verfolgten nicht-arischen Christen und

---

[6] Amtlicher Text in: AAS 29 (1937), 145–167; ein Abdruck mit Gegenüberstellung des zugrundeliegenden Textentwurfs Kardinal Faulhabers in: Der Notenwechsel zwischen dem Heiligen Stuhl und der Deutschen Reichsregierung, Bd. I, Mainz 1965, 402–443.

[7] So Botschafter Diego von Bergen in einer Note vom 12. April 1937, in: Der Notenwechsel zwischen dem Heiligen Stuhl und der Deutschen Reichsregierung, Bd. II, Mainz 1969, 1–5, Zitat 3.

[8] Vgl. Georges Passelecq/Bernard Suchecky, L'Encyclique enterrée de Pie XI. L'occasion manquée de l'Eglise face à l'antisémitisme, Paris 1995.

für die Juden« ein[9] und gedachte auch im Folgenden immer wieder in Gottesdiensten in der Berliner St.-Hedwigs-Kirche der verfolgten Juden. Nach öffentlichen Protesten gegen die Euthanasie-Morde wurde er im August 1941 verhaftet; zwei Jahre später starb er auf dem Transport in das KZ Dachau. Von der Gemeinschaft der Bischöfe gab es auch dazu kein Wort.

Gewiss forderte insbesondere Lichtenbergs Vorgesetzter, der Berliner Bischof Konrad Graf von Preysing, sich von der Illusion einer Verständigung mit dem Regime, wie sie dem Konkordat zugrunde lag, zu verabschieden und den Nationalsozialismus stattdessen öffentlich, deutlich und kontinuierlich als Kirchenfeind Nummer 1 zu brandmarken. Das schien ihm wohl mit der Gefahr größerer Verfolgung verbunden, vermutlich sogar der völligen Unterdrückung des kirchlichen Lebens; auf der anderen Seite empfand er es aber als immer unerträglichere Farce, so zu tun, als hätten Hitler und die Reichsregierung nichts mit dem Kirchenkampf der Partei zu tun, und damit »der Partei ihre Arbeit auch noch zu erleichtern«; und er sah in der Mobilisierung der katholischen Öffentlichkeit auch die einzige Chance, dem Treiben der Partei Einhalt zu gebieten: »Öffentlichkeit und Massenreaktion«, schrieb er in einer Denkschrift für die Bischofskonferenz am 17. Oktober 1937, seien »die von der Partei gefürchtetsten Faktoren.«[10]

Demgegenüber beharrte jedoch Kardinal Bertram, der Vorsitzende der Fuldaer Bischofskonferenz darauf, die Verbindung zum Regime nicht abreißen zu lassen. So ganz wollte er die Hoffnung, Hitler vom totalitären Wege abbringen zu können, trotz aller Enttäuschungen immer noch nicht aufgeben; und dann fürchtete er auch den offenen Kirchenkampf, dem sich von Preysing ohne Rücksicht auf die möglichen Konsequenzen stellen wollte. Statt auf offene und öffentliche Worte setzte Bertram weiterhin auf Eingaben an die staatlichen Stellen, die sich auf eindeutige Konkordatsverletzungen beschränkten und die Brücke zu wechselseitiger Verständigung offen hielten. Initiativen Preysings und Pacellis bremste er regelmäßig ab; und da auch bei den übrigen Bischöfen die Neigung zur Vorsicht überwog, folgte der Enzyklika von 1937 keineswegs eine Serie entsprechend deutlicher Hirtenworte der deutschen Bischöfe.

Stattdessen nahm Bertram wiederholt die Gelegenheit wahr, dem Führer und Reichkanzler die Loyalität der katholischen Kirche zu versichern – so besonders spektakulär in einem Glückwunschschreiben zum Führergeburts-

---

9 Eugen Ogiermann, Bis zum letzten Atemzug. Das Leben und Aufbegehren des Priesters Bernhard Lichtenberg, Leutesdorf 1985, 116.

10 Akten deutscher Bischöfe IV, 356–361.

tag am 20. April 1940. »Es geschieht das,« erläuterte er seinen Glückwunsch, »im Verein mit den heißen Gebeten, die die Katholiken Deutschlands am 20. April an den Altären für Volk, Herr und Vaterland, für Staat und Führer zum Himmel senden. Es geschieht in dem tiefen Bewusstsein der ebenso vaterländischen wie religiösen Pflicht der Treue zum jetzigen Staate und seiner regierenden Obrigkeit im Vollsinne des göttlichen Gebotes, das der Heiland selbst und in seinem Namen der Völkerapostel verkündet hat. Es geschieht unter Protest gegen die von christentumsfeindlichen Kreisen offen und versteckt verbreitete Verdächtigung, als sei unser Treuebekenntnis nicht voll zuverlässig«.

Um das Gewicht dieser Beteuerung zu ermessen, muss man sich vergegenwärtigen, dass Bertram diese Worte acht Monate nach dem Angriff deutscher Truppen auf Polen geschrieben hat, einen Tag nach der Besetzung Dänemarks, an dem Tag, an dem die Besetzung Norwegens begann. Die Einhaltung der Garantien für die katholische Kirche, die er anmahnte, begründete er damit, dass die christlichen Kräfte »besonders unseren im Felde stehenden Soldaten seelische Ausdauer und Zuversicht zu glücklichem Ausgang des Krieges zu verleihen imstande sind«. Und dann setzte er noch hinzu: »Ich bitte daran erinnern zu dürfen, dass dieses unser Streben [gemeint war das Streben nach Erhaltung der christlichen Kräfte] nicht im Widerspruch steht mit dem Programm der nationalsozialistischen Partei«.[11]

Preysing war über diese mehr als peinliche Briefaktion so erbost, dass er kurzerhand das Pressereferat in der Bischofskonferenz niederlegte und ernsthaft vorhatte, aus der gemeinsamen Bischofskonferenz auszutreten und seinen Rücktritt als Bischof einzureichen. Dass es zu keinem dieser schockierenden Schritte kam, ist allein das Verdienst von Pacelli, unterdessen Papst Pius XII, der den unerschrockenen Oberhirten von Berlin keinesfalls entbehren wollte, gerade weil er um die schwächliche Haltung des Breslauer Erzbischofs wusste und nicht wenig darunter litt.

Die Gespaltenheit im Episkopat führte aber dazu, dass die Teilnehmer der Plenarkonferenz im August 1940 zum ersten Mal auf einen gemeinsamen Hirtenbrief verzichteten. Das war insofern besonders fatal, als unterdessen entsprechend einer Anordnung Hitlers vom Oktober 1939 die »Euthanasie-Aktion« im großen Umfang angelaufen war und Leiter kirchlicher Einrichtungen, die von den Mordaktionen betroffen waren, aber auch andere Kleriker und Laien die Bischöfe zu einem öffentlichen Protest drängten. Bertram erklärte zwar in einem Schreiben an die Reichskanzlei, datiert vom

---

11 Akten deutscher Bischöfe, Bd. V: 1940–1942, Mainz 1983, 47.

11. August 1940, dass katholischen Pflegeanstalten jede aktive Mitwirkung am Abtransport geisteskranker Personen verboten sei; im Übrigen dachte er jedoch nur an eine interne Denkschrift an die Reichsregierung, und auch die schob Weihbischof Wienken, der Kommissar der Bischofskonferenz, mehrere Monate hinaus. Erst am 12. Juli 1941 erreichte die Regierungsstellen ein Memorandum der Bischofskonferenz, in dem neben anderem die Vernichtung angeblich »lebensunwerten Lebens« entschieden abgelehnt wurde. Im gemeinsamen Hirtenwort der Bischöfe vom 26. Juni 1941 war nur ganz allgemein davon die Rede, dass »außerhalb des Krieges und der gerechten Notwehr« kein Unschuldiger getötet werden dürfe.[12]

2.

Von den Bischöfen, die diese langsame Gangart unerträglich fanden, weil, wie Faulhaber an Wienken schrieb, »das Hinrichtungswerk in einem halben Jahr getan« sein wird,[13] ging als erster Preysing in die Öffentlichkeit. In einer Predigt vom 9. März 1941 betonte er gegen »medizinische, wirtschaftliche und sogenannte eugenische Gründe«, »dass keine irdische Macht, auch nicht der Staat das Recht hat, Unschuldigen das Leben zu nehmen«.[14] Im Juli und August 1941 folgten dann die berühmten drei Predigten des Bischofs von Münster, Clemens August Graf von Galen. Anfangs keineswegs ein entschiedener Gegner des Nationalsozialismus, sah er es doch als Aufgabe der Kirche an, nicht nur die »geoffenbarte Wahrheit« zu verkünden, sondern auch die »von Gott gewollten natürlichen Rechte und Freiheiten der Menschen« zu verteidigen (so in einer Denkschrift vom 31. Juli 1937[15]). Das führte ihn dazu, über den Mord an den Kranken hinaus den allgemeinen Verlust an Rechtsstaatlichkeit anzuprangern:

»Keiner von uns ist sicher«, führte er in der Predigt vom 13. Juli 1941 aus, »dass er nicht eines Tages aus seiner Wohnung geholt, seiner Freiheit beraubt, in den Kellern und Konzentrationslagern der Geheimen Staatspolizei eingesperrt wird. [...] Wir haben es in den letzten Jahren leider immer wieder beobachten müssen, dass mehr oder weniger schwere Strafen, meist Freiheitsstrafen verhängt und vollzogen wurden, ohne dass den Bestraften in einem ordnungsgemäßen Gerichtsverfahren Gelegenheit gegeben wurde, ihr

---

12 Akten deutscher Bischöfe V, 462–469.

13 Akten Kardinal Michael von Faulhabers 1917–1945, Bd. II, Mainz 1978, 696.

14 Die Briefe Pius XII. an die deutschen Bischöfe 1939–1944, Mainz 1966, 133, Anm.1.

15 Akten Kardinal Faulhabers II, 382–386.

Recht zu verteidigen, ihre Schuldlosigkeit nachzuweisen. Wie viele deutsche Menschen schmachten in Polizeihaft, in Konzentrationslagern, sind aus ihrer Heimat ausgewiesen, die niemals von einem ordentlichen Gericht verurteilt worden sind, oder die nach Freispruch vor Gericht oder nach Verbüßung der vom Gericht verhängten Strafe erneut von der Geheimen Staatspolizei gefangengenommen und in Haft gehalten werden«.[16]

Ein Aufruf zum Widerstand im Sinne einer konspirativen Aktion gegen das Regime war auch das nicht; so etwas konnte ein Bischof auch nicht verantworten. Wohl aber war es eine öffentliche Anprangerung des Unrechtscharakters des Regimes, wie es sie bislang in dieser Deutlichkeit noch nicht gegeben hatte, und damit gleichzeitig eine Mobilisierung von individueller und individuell zu verantwortender Verweigerung gegenüber der Mitwirkung an verbrecherischen Handlungen des Regimes. Entsprechend groß war die Resonanz: Die Predigten wurden tausendfach abgeschrieben im Münsterland verbreitet und erregten weit über die deutschen Grenzen hinaus Aufsehen. Das war Hitler so unangenehm, dass er noch im August 1941 die Weisung gab, die Euthanasie-Aktion angesichts der Anspannung aller Kräfte im Russlandfeldzug vorläufig einzustellen.

Galens Aktion machte auch anderen Bischöfen Mut. Bischof Godehard Machens von Hildesheim erhob am 17. August 1941 in einer Predigt »flammenden Einspruch« gegen die »Tötung der Geisteskranken«,[17] ähnlich wenig später Bischof Franz Rudolf Bornewasser von Trier. Im November 1941 legten die Bischöfe, die dem Ausschuss für Ordensangelegenheiten angehörten – neben von Preysing die Bischöfe Gröber (Freiburg), Berning (Osnabrück), Landersdorfer (Passau) und Dietz (Fulda) – den Entwurf eines gemeinsamen Hirtenwortes vor, der auf der Linie von Galen den Mord an den Geisteskranken ebenso unverblümt ansprach wie den allgemeinen Verlust an Rechtssicherheit: »Ebenso wie in Deutschland jeder ohne Schuld und ohne Richter seiner Freiheit beraubt werden kann, so kann er auch ohne Schuld und ohne Richter Gesundheit und Leben verlieren. Niemand kann die Gewaltmaßnahmen der Geheimen Staatspolizei überprüfen und niemand hindert sie, nach Belieben über Tod und Leben zu verfügen«.[18]

---

16 Bischof Clemens August Graf von Galen. Akten, Briefe und Predigten 1933–1946, Bd. II, Mainz 1988, 843–851.

17 Akten deutscher Bischöfe V, 530–537, Zitat 536.

18 Akten Kardinal Faulhabers II, 827–835, Zitat 833–834. Vgl. Antonia Leugers, Gegen eine Mauer bischöflichen Schweigens. Der Ausschuß für Ordensangelegenheiten und seine Widerstandskonzeption 1941 bis 1945, Frankfurt am Main 1996.

Aber obwohl die fünf Bischöfe für die Notwendigkeit eines solchen Hirtenworts auch taktisch argumentierten – mit dem drohenden Vertrauensverlust beim Kirchenvolk und der langfristigen Diskreditierung der Kirche bei Nichtkatholiken –, blieb Bertram bei seiner ablehnenden Haltung. Preysing blieb nichts anderes übrig, als den Entwurf des Hirtenwortes zu einer im Tenor abgeschwächten Denkschrift umzuarbeiten, die Bertram dann am 10. Dezember 1941 an die Reichskanzlei schickte.[19] In dieser Form zeigte sie keinerlei Wirkung: Auf eine entsprechende Anfrage der Bischofskonferenz teilte der Chef der Reichskanzlei am 12. Februar 1942 lakonisch mit, dass der Führer dazu »bisher nicht Stellung genommen« habe.[20]

Die im Ordensausschuss repräsentierten Bischöfe konnten daraufhin Kardinal Bertram die grundsätzliche Zusage abringen, dass der Text nun doch als gemeinsames Hirtenwort der deutschen Bischöfe am Passionssonntag 1942 verlesen werden sollte. Er wurde noch einmal etwas umgearbeitet und beschränkte sich nun im Wesentlichen darauf, die Einhaltung der sittlichen Prinzipien einzufordern: »Wir legen größten Wert darauf, nicht nur für die religiösen und kirchlichen Rechte an zuständiger Stelle einzutreten, sondern auch für die allgemein-menschlichen, gott-verliehenen Rechte des Menschen. An der Achtung und Erhaltung auch dieser Rechte ist jeder ehrenhafte Mensch interessiert; ohne sie muss die ganze abendländische Kultur zusammenbrechen«. Und: »Wir Bischöfe protestieren gegen jede Missachtung der persönlichen Freiheit. Wir verlangen gerichtliche Nachprüfung aller Strafmaßnahmen und Freilassung aller Volksgenossen, die ohne Nachweis einer mit Freiheitsberaubung bedrohten Straftat ihrer Freiheit beraubt sind«. Konkret wurde nur der Tatbestand der Euthanasie angesprochen: »In tiefem Erschrecken hat das christlich-deutsche Volk es vernommen, dass auf Anordnung staatlicher Stellen zahlreiche geisteskranke Menschen, die den Heil- und Pflegeanstalten anvertraut waren, als sogenannte ›unproduktive Volksgenossen‹ ums Leben gebracht wurden. [...] Wir deutschen Bischöfe werden nicht nachlassen, gegen die Tötung Unschuldiger Verwahrung einzulegen«.[21]

Gemessen an den bisherigen Verlautbarungen der Bischöfe war das ein deutliches Wort der Kritik am Regime. Es war freilich so deutlich ausgefallen, dass Bertram nun wiederum Bedenken anmeldete. Daraufhin konnte es nicht als gemeinsames Hirtenwort der deutschen Bischöfe verlesen werden. Die Bischöfe von Bamberg, Speyer und Würzburg verlasen es am 22. März

---

19 Akten deutscher Bischöfe V, 651–658.

20 Akten deutscher Bischöfe V, 672, Anm.1.

21 Akten deutscher Bischöfe V, 700–704.

1942 gleichwohl; Faulhaber trug in der Münchner Frauenkirche eine Fassung vor, die die Auflagen Bertrams berücksichtigte;[22] und die westdeutschen Bischöfe verständigten sich in aller Eile auf eine Fassung, die auch die »Tötung Unschuldiger« nur prinzipiell ansprach.[23] Der Effekt der Distanzierung vom Regime war damit nicht erreicht, die Stärkung der Gläubigen nur bedingt und nur regional beschränkt.

Zur Deportation und Vernichtung der Juden nahm der deutsche Episkopat nur sehr undeutlich Stellung. Als die Nachrichten vom Abtransport der Juden in die Lager im besetzten Polen bekannt wurden, drängte Faulhaber im November 1941 bei Bertram auf eine Protesterklärung der Bischöfe. Dieser antwortete jedoch nach einigen Sondierungen von Weihbischof Wienken beim Reichssicherheitshauptamt, man könne hier nichts erreichen, weil es sich offensichtlich »um die Durchführung eines Grundprinzips einer Weltanschauung« handele, deren Vertreter mit christlichen oder rechtlichen Argumenten überhaupt nicht mehr zu beeindrucken waren. Der Episkopat müsse daher darauf bedacht sein, »seine geringen Einflussmöglichkeiten zunächst auf ganz andere, kirchlich wichtigere und weittragendere Belange zu konzentrieren, ganz besonders auf die immer dringender werdende Frage, wie eine christentums- und kirchenfeindliche Beeinflussung in der Erziehung der katholischen Jugend wirksam zu verhindern ist«.[24]

Was in den Lagern im Osten geschah, drang nur nach und nach und undeutlich an das Ohr der Bischöfe; und viele wollten das einfach nicht glauben. Im Frühjahr 1943 bat Preysing, aufs höchste beunruhigt, Pius XII. um einen Appell an das Weltgewissen zugunsten des jüdischen Volkes. Indessen glaubte der Papst, schon alles getan zu haben, was er tun konnte: Er hatte in seiner Weihnachtsbotschaft 1942 »den unzähligen Verjagten, die in fremde Länder verweht werden, den Hunderttausenden, die nur um ihrer Nationalität oder ihrer Abstimmung willen dem Tode geweiht wurden oder einer Verblendung preisgegeben sind«, einen Appell zur Wiederherstellung der »menschlichen Ordnung« geboten[25] und sich im Übrigen um karitative Unterstützung flüchtiger Juden bemüht. Eine deutlichere öffentliche Anprangerung der Verbrechen gegen die Juden schien ihm die Gefahr zu bergen, erst recht Vergeltungsmaßnahmen hervorzurufen und die karitativen Möglichkeiten des Vatikans einzuschränken. Obwohl sonst eher ein Freund deutli-

---

22 Akten Kardinal Faulhabers II, 886.

23 Akten deutscher Bischöfe V, 705–708.

24 Bertram an Faulhaber 17. November 1941, Akten Kardinal Faulhabers II, 844–845.

25 Kölner Aktenstücke zur Lage der Katholischen Kirche in Deutschland 1933–1945, Köln 1949, 280.

cher Worte zu den politischen Verhältnissen in Deutschland gab er das auch den deutschen Bischöfen zu bedenken.

Entsprechend wurde auch in der nächsten gemeinsamen Verlautbarung der deutschen Bischöfe die Judenvernichtung nur in allgemeiner Form angesprochen. In dem Entwurf zu einem Hirtenbrief über die Zehn Gebote als Lebensgesetz der Völker, den Josef Frings, der Nachfolger des 1942 verstorbenen Kölner Erzbischofs Schulte, zusammen mit den Theologieprofessoren Donders und Tischleder erarbeitet hatte, war wohl von den Verbrechen an den »Nichtariern« die Rede.[26] In der Endfassung, die am 12. September 1943 von den Kanzeln verlesen wurde, hieß es dagegen nur: »Tötung ist in sich schlecht, auch wenn sie angeblich im Interesse des Gemeinwohls verübt würde: An schuld- und wehrlosen Geisteskranken, [...] an unschuldigen Geiseln und entwaffneten Kriegs- und Strafgefangenen, an Menschen fremder Rasse und Abstimmung.« Zum Schluss wurde gesagt, dass sich die Bischöfe verpflichtet fühlten, auch für die einzutreten, »die sich am wenigsten selber helfen können: für die Jugend, der eine auskömmliche religiöse Führung und Betreuung gesichert werden muss ohne fortgesetzte Hemmungen und Durchkreuzungen; für die schuldlosen Menschen, die nicht unseres Volkes und Blutes sind, für die Ausgesiedelten, für die Gefangenen oder fremdstämmigen Arbeiter, für deren Recht auf menschenwürdige Behandlung und auf sittliche und religiöse Betreuung«.[27]

Selbst diese Form war nur möglich, weil Kardinal Bertram an der Fuldaer Plenarversammlung, die den Text beschloss, aus Krankheitsgründen nicht teilnahm. Seinen schriftlichen Widerspruch gegen die »Abrechnung mit verschiedenen Akten und Bestrebungen des öffentlichen Lebens«, die er zu erkennen glaubte,[28] ließen die in Fulda versammelten Bischöfe unberücksichtigt. Eine erneute Protestnote an die Regierung, wie sie die Bischöfe wünschten, wusste Bertram aber zu verhindern. Danach gab es keinen weiteren Anlauf zu einer gemeinsamen Aktion mehr; und es trat auch kein einzelner Bischof so deutlich gegen die Judenvernichtung auf, wie Bischof Galen gegen die Euthanasie-Morde und den Gestapo-Terror Stellung bezogen hatte.

---

26 Akten deutscher Bischöfe, Bd. VI: 1943–1945, Mainz 1985, 184–197.

27 Akten deutscher Bischöfe VI, 197–205.

28 Akten deutscher Bischöfe VI, 106–107.

3.

Immerhin enthielt der Dekalog-Hirtenbrief eine so eindringliche Beschreibung einer gerechten öffentlichen Ordnung, dass der Kontrast zu den Realitäten des Regimes jedermann ins Auge springen musste, auch wenn dieses nicht beim Namen genannt wurde. »Kein Volk darf sich selbst zum Abgott machen, als ob sein Wille, und nicht der Wille Gottes die Quelle aller Sittlichkeit und alles Rechtes sei«. Der Staat habe »zu verhindern, dass der arbeitende Mensch, der gegenwärtige und zukünftige Familienvater einer wirtschaftlichen Abhängigkeit oder Unfreiheit verfällt, die mit seinen Persönlichkeitsrechten unvereinbar sind. Ob diese Unfreiheit von der Übermacht des Privatkapitals oder der öffentlichen Macht ausgeht, ist für die Wirkung selbst ohne Belang. Im Gegenteil, unter dem Druck eines Staates, der alles beherrscht und das Gesamtgebiet des öffentlichen und privaten Lebens regeln will, bis hinein selbst in den Gesinnungs-, Überzeugungs- und Gewissensbereich, könnte diese Unfreiheit noch viel schwerer wiegende Folgen zeitigen, wie die Erfahrung lehrt und bezeugt«. Nötig sei »die Wahrung der Gottesrechte und der in ihnen wurzelnden Menschenrechte im öffentlichen Leben der Völker«.

An einer Stelle ließ das Hirtenwort sogar anklingen, dass der Staat sein Recht auf Gehorsam verlor, wenn er sich von der Ordnung Gottes löste: »Eine Obrigkeit, die sich nur auf ihre äußere Macht verließe und darauf verzichtete, eine Autorität von Gottes Gnaden zu sein, verzichtete überhaupt darauf, eine Autorität zu sein, das heißt, eine sittliche Befehlsmacht, die nicht nur die Leiber, sondern auch die Gewissen bindet«. Auch das war noch kein Aufruf zum Widerstand. Die Frage, ob eine Verschwörung gegen das Regime erlaubt oder gar geboten sei, ist von den Bischöfen nicht systematisch diskutiert worden. Viele dürften zumindest das Zweite verneint haben. Der Text konnte aber gleichwohl als Ermutigung für diejenigen gelesen werden, die sich nach sorgfältiger Prüfung ihres Gewissens individuell zum Widerstand entschlossen hatten. Und er schärfte durchaus den Blick für den verbrecherischen Charakter des Regimes. Gemessen am totalitären Gesellschaftsentwurf der nationalsozialistischen »Volksgemeinschaft« war das nicht wenig.

Einige Bischöfe hatten darüber hinaus Kontakte zu Widerstandsführern. Insbesondere Preysing empfing Helmuth James von Moltke, den Initiator des Kreisauer Kreises, vom September 1941 an regelmäßig zu langen und vertrauten Gesprächen; einmal sprach er auch mit dem späteren Attentäter Claus Graf von Stauffenberg. Ein anderer Gesprächspartner Moltkes war Bischof Dietz von Fulda. Mit Kardinal Faulhaber stand er über Pater Alfred Delp in Verbindung, der in Kreisau insbesondere als Experte für Fragen der Soziallehre ein gesuchter Gesprächspartner war. Pater Lothar König, der ebenso wie Delp vom Jesuitenprovinzial Augustin Rösch für den Kreisauer Kreis gewonnen worden war, stand in engem Kontakt mit Faulhaber. Versuche Moltkes, auch Kontakte zu Erzbischof Gröber zu knüpfen, scheiterten an der Überwachung des Freiburger Oberhirten durch die Gestapo; doch scheint Gröber sich Moltke gegenüber nicht ganz ablehnend zu verhalten haben. Moltkes Mitverschwörer Husen hatte persönliche Verbindungen zu Galen und Wienken, die er im Auftrag Moltkes und Yorcks auch zu Gesprächen über die moralische Problematik des Widerstands und über Personalfragen nutzte. Eine indirekte Verbindung zwischen den Kreisauern und den katholischen Bischöfen ergab sich zudem daraus, dass Rösch und König im Ausschuss für Ordensfragen mitarbeiteten. Der Justiziar Georg Angermaier, der einzige Laie im Ordensausschuss, arbeitete ebenfalls für die Kreisauer.

Aus den Gesprächen zwischen Preysing und Moltke ist bekannt, dass beide sich deutlichere Worte der Bischöfe gewünscht hätten; und aus sonstigen Aufzeichnungen Moltkes wissen wir, dass in dessen Sicht auch Preysing in seinen Predigten und Hirtenworten noch nicht weit genug ging. Die Frage, wieweit und wie deutlich in den Kontakten mit den Widerstandsführern auch die Frage eines Umsturzes erörtert wurde, kann nicht beantwortet werden. Ein Attentat gegen Hitler lehnten die meisten Bischöfe wohl innerlich als Grenzüberschreitung ab. Wie sich Preysing äußerte, als Stauffenberg ihm »über seinen Entschluss zum Attentat« berichtete,[29] muss offen bleiben. Festzustellen ist nur, dass sich Stauffenberg in seiner Überzeugung von der moralischen Notwendigkeit des Attentats durch dieses Gespräch nicht irre machen ließ.[30]

Als Faulhaber wegen seiner Kontakte zu Delp und König nach dem 20. Juli 1944 von der Gestapo vernommen wurde, verurteilte er das Attentat in scharfer Form, offensichtlich nicht nur aus taktischen Überlegungen, sondern aus innerer Überzeugung. In der Erwartung, dass das Regime von der Kirche eine Loyalitätsbekundung verlangen würde, formulierte er einen Text, der »das furchtbare Verbrechen vom 20. Juli und seine Nachspiele«, also die Verfolgungsmaßnahmen des Regimes an den Attentätern und ihren Mitwissern, auf die gleiche Ebene stellte. Damit rückte er eindeutig von dem

---

[29] So Eberhard Zeller, Geist der Freiheit. Der Zwanzigste Juli 1944, München 1957, 290. Zeller beruft sich auf eine Information Preysings, die allerdings nicht dokumentiert ist.

[30] Vgl. Wilfried Loth, Das Problem des Tyrannenmords im Widerstand gegen den Nationalsozialismus, in: Tobias Sarx/Rajah Scheepers/Michael Stahl (Hg.), Protestantismus und Gesellschaft. Beiträge zur Geschichte von Kirche und Diakonie im 19. und 20. Jahrhundert. Jochen-Christoph Kaiser zum 65. Geburtstag, Stuttgart 2013, 251–262.

Attentat Stauffenbergs ab und betonte noch einmal »den Gehorsam und die Treue gegenüber der staatlichen Obrigkeit« als Christenpflicht. Einen besonderen Glückwunsch und ein Treuebekenntnis zu Hitler, wie sie Bertram und Faulhaber nach dem misslungenen Attentat im Bürgerbräukeller im November 1939 entboten hatten, formulierte er aber jetzt nicht mehr, auch keine weitere Verurteilung des Umsturzversuchs. Vielmehr verlangte er von Hitler, »er möge mit seiner ganzen Macht die deutsche Justizpflege anweisen, dass für jeden Angeklagten, für den deutschen Volksgenossen und auch für den Ausländer, nach den Gesetzen der Gerechtigkeit und der Menschlichkeit gerichtlich geprüft werde, ob von Fall zu Fall wirklich ein todeswürdiges Verbrechen vorliege«.[31]

Der Text blieb freilich unveröffentlicht und wurde auch im Kreis der Bischöfe nicht weiter diskutiert, weil die Kirche um eine offizielle Stellungnahme zu dem Attentat herumkam. Eine erkennbare Distanzierung von den Attentätern und Mitverhafteten erfolgte nicht. Stattdessen reichten mehrere Bischöfe, so Gröber und Frings, Gnadengesuche für Verurteilte ein, die ihnen bekannt waren. Gröber schrieb nach der Hinrichtung von Max Joseph Metzger an dessen Mitbrüder im Diözesanklerus: »Alle Schritte, die unternommen werden konnten, sind zu seinen Gunsten unternommen worden«. Er fügte aber auch hinzu: »Dieser überaus traurige Fall soll uns eindringlich lehren, dass wir alles und jedes, was dem Vaterland in seiner schweren Zeit und damit auch uns selber irgendwie schaden könnte, peinlichst unterlassen«.[32] Die Frage, was dem Vaterland denn mehr schaden würde, weiteres Mittun oder Verweigerung, wussten die Bischöfe offensichtlich nicht zu beantworten.

4.

Was können wir als Bilanz dieser Erkundigungen festhalten?

1. Die Weimarer Demokratie hat die katholische Kirche nicht verteidigt; ihre Rolle im Jahr der Machtergreifung war ambivalent. Dabei spielte zweifellos die innere Distanz zur Demokratie eine Rolle, die in der kirchlichen Hierarchie noch weit ausgeprägter war als beim politischen

---

31 Veröffentlicht bei Ludwig Hellriegel (Hg.), Widerstehen und Verfolgung in den Pfarreien des Bistums Mainz 1933–1945, Bd. II, 1, Eltville 1989, 201–202.

32 Hugo Ott, Dokumentation zur Verurteilung des Freiburger Diözesanpriesters Dr. Max Joseph Metzger und zur Stellungnahme des Freiburger Erzbischofs Dr. Conrad Gröber, in: FDA 90 (1970), 303–315, Zitat 313–314.

Katholizismus, aber auch mangelnde Sensibilität für die Erfordernisse des Rechtsstaates und mangelnde Erfahrung mit den totalitären Dimensionen des Nationalsozialismus – ein Defizit, das die Bischöfe mit allen anderen Zeitgenossen teilten. Dass sich die Kirchenoberen von der Aussicht auf eine Sicherung der Bekenntnisschule so faszinieren ließen, dass sie den Verlust an freiheitlicher Ordnung kaum als Problem erkannten, muss als verhängnisvoll bezeichnet werden.

2. Ob der Schutz, den das Konkordat der Kirche und den kirchlichen Verbänden bot, seinen Abschluss gleichwohl rechtfertigt, ist nicht absolut zu entscheiden. Für den Zeitpunkt der Zustimmung der Kurie zur Unterzeichnung im Sommer 1933 gilt das durchaus, da unterdessen gar kein anderer Schutz mehr möglich war. Für den Zeitpunkt der Eröffnung der Gespräche über ein Konkordat Ende März/Anfang April muss man dagegen bedenken, dass die Aussicht auf das Konkordat gleichzeitig dem Rückzug der Kirche aus dem öffentlichen Leben den Weg ebnete. Offensichtlich erwies sich hier die nationalsozialistische Strategie der kirchlichen als überlegen.
3. Es mangelte den Kirchenführern an Gespür für das, was sich im nationalsozialistischen Regime tatsächlich abspielte und worauf es hinauslief. Wo die Dinge erkannt wurden, wurden sie häufig dennoch nicht deutlich genug beim Namen genannt: Dagegen stand die illusionäre Hoffnung auf einen Erfolg der Vereinbarungsstrategie im Zeichen des Konkordats, ebenso die alte Furcht der deutschen Katholiken vor einer Brandmarkung als »Reichsfeinde« und während des Krieges in zunehmendem Maße die Furcht vor einem verschärften Vorgehen des Regimes gegen die Kirche. Wohl ist in diesen Fragen ein Lernprozess unter den Bischöfen festzustellen, und zwar ein Lernprozess in sehr konflikthafter Form. Er kam aber bis zum Ende des Regimes nicht weit genug, um die Distanzierung der Kirche vom NS-Staat für jedermann offenkundig werden zu lassen.
4. Dennoch trug die wiederholte und zum Schluss sehr deutliche Erinnerung der Gläubigen an die sittlichen Grundlagen einer öffentlichen Ordnung dazu bei, dass sich das Kirchenvolk trotz Auflockerungserscheinungen an den Rändern im Großen und Ganzen gegenüber der nationalsozialistischen Ideologie vergleichsweise resistent verhielt. »In den zahlreichen Berichten der Geheimen Staatspolizei über die Kirche tritt sie übereinstimmend als der gefährlichste Gegner hervor, den die nationalsozialistische Herrschaft noch nicht bezwungen hatte. Mochten diese Berichte auch aus Hysterie und Wichtigtuerei übertreiben, was sie an tatsächlichem Widerstand meinten feststellen zu können, so gab es doch

keine andere gesellschaftliche Gruppe, auch die Kommunisten nicht, die darin in gleicher Weise als Gefahr für das Regime gesehen wurden«.[33] Da unter den Bedingungen des Kirchenkampfes schon die Fortsetzung hergebrachter religiöser Praxis als Demonstration der Nichtanpassung galt, schlossen sich die entsprechend überwachten Gläubigen enger zusammen; das katholische Milieu gewann wieder an Kohärenz, und auch die Glaubensintensität nahm zu. Mitunter führte der kulturelle Dissens zum Regime zu heftigen symbolischen Konflikten, etwa bei dem Versuch, die Kreuze aus den Schulen zu entfernen, oder im Hinblick auf die Anbringung von NS-Fahnen an Kirchengebäuden.

5. Die Anprangerung der Untaten des Regimes war aber – bei allen Fortschritten, die mit der Zeit gemacht wurden – aufs Ganze gesehen nicht deutlich genug, um die Gläubigen auf breiter Front für die Verteidigung der Menschenrechte zu mobilisieren. Wo Katholiken ihre Verantwortung für die Verfolgten und die Gesellschaft wahrnahmen, taten sie das zumeist aufgrund individuell gewonnener Überzeugung und zum Teil auch im Kontext einer Diskussion mit Gleichgesinnten. Insofern die Kirche nicht nur aus den Bischöfen besteht, müssen diese bei einer Betrachtung des Verhältnisses von katholischer Kirche und Widerstand auch genannt werden: Priester wie Dompropst Lichtenberg und Alfred Delp, katholische Arbeiterführer wie Jakob Kaiser, Joseph Ersing, Bernhard Letterhaus und Nikolaus Groß, katholische Politiker wie Josef Müller und Eugen Bolz, junge Katholiken wie Willi Graf, der zur »Weißen Rose« fand, manche auch, von denen man bis heute nichts weiß. Sie können aber nicht undifferenziert als Beleg für den Widerstand der Kirche schlechthin in Anspruch genommen werden.
6. Bei der Bewertung des Verhältnisses von Widerstand und Kirche ist zu beachten, dass Widerstand im Sinne einer Verweigerung verbrecherischer Befehle oder eines aktiven Hinwirkens auf eine Beseitigung des Regimes wegen der Risiken für Leib und Leben, die damit verbunden waren, grundsätzlich nur von Einzelpersonen und assoziativen Zusammenschlüssen verantwortet werden konnte. Die Kirche durfte ihren Gläubigen diese Verantwortung nicht abnehmen; und sie musste sich im Sinne einer Güterabwägung auch so verhalten, dass sie nicht ihre eigene Vernichtung riskierte. Kritik am Ungenügen kirchlichen Verhaltens während des Dritten Reiches kann sich also nur darauf beziehen, dass ihre mobilisierende Kraft nicht größer gewesen ist. Solche Kritik

[33] Heinz Hürten, Deutsche Katholiken 1918–1945, Paderborn 1992, 532.

> ist freilich vonnöten, wobei es dann von den Maßstäben abhängt, die der Betrachter anlegt, ob man das Glas als halb voll oder halb leer bezeichnet.

Das war übrigens beim Rückblick nach dem Zusammenbruch auch schon manchen Zeitgenossen bewusst. »Die Herzen vieler von uns waren verhärtet gegenüber den unschuldigen Leidenden«, formulierte der Präsident des Mainzer Katholikentages 1948, »und viele unterlagen dem Mangel an Mut«.[34] Umso beeindruckender ist das Zeugnis derjenigen, denen es weder an Sensibilität noch an Mut mangelte.

[34] Der Christ in der Not der Zeit. Der 72. Deutsche Katholikentag vom 1. bis 5. September 1948 in Mainz, Paderborn 1949, 291–292; zitiert nach Hürten, Deutsche Katholiken, 548.

Jens Holger Schjørring

Dänische Theologen und Deutschland nach 1945

1. Dänemark nach Kriegsende 1945

Als der englische Radiosender BBC am 4. Mai 1945 abends die Nachricht bekanntgab, dass die deutschen Truppen in Holland, Nordwestdeutschland und Dänemark kapituliert hatten, löste das im Nu einen Begeisterungsrausch in der dänischen Bevölkerung aus. Die Euphorie ließ auf einmal über alle Gegensätze hinwegsehen, die jeder in den »fünf bösen Jahren« (de fem onde år), wie die Okkupationsjahre sofort benannt wurden, schmerzlich empfunden hatte. Umso größer war jetzt die Erleichterung, dass das Land verhältnismäßig unversehrt aus dem Krieg davongekommen war und nun dem Block der alliierten Siegermächte angehörte.[1] Am folgenden Sonntag wurden Dankgottesdienste gehalten, in denen die offenen Wunden der Besatzungsjahre noch einmal zeitweilig in den Hintergrund geschoben wurden. Während des ganzen »Befreiungssommers« wurde stattdessen die unlösbare Einheit von Kirche und Volk immer wieder heraufbeschworen. Dieser angebliche Zusammenhalt ging mit einer bestimmten Sichtweise hinsichtlich der politischen Realitäten während des Krieges einher: Dänemark wurde als ein kriegführendes Land ausgegeben, das sich von Beginn an geschlossen gegen die Okkupation durch die deutsche Wehrmacht gewehrt habe. Dabei wurde allerdings die Tatsache verdrängt, dass das Land vom 9. April 1940 bis zum 29. August 1943 eine Politik der Verständigung mit der Besatzungsmacht geführt hatte; von einer Kooperationsregierung eindringlich befürwortet, von der parlamentarischen Majorität gebilligt und von der großen Mehrheit in der Bevölkerung mitgetragen. Erst ab dem 29. August 1943 hatte sich die Lage

---

1 Zur Nachkriegssituation vgl. Poul Georg Lindhardt, Tiden 1901–1965. Den danske kirkes historie, bd. VIII, København 1966, bes. 259–269; Jakob Balling, Danmark i befrielsesåret 1945–46, in: Jens Holger Schjørring (Hg.), Nordiske Folkekirker i opbrud. National identitet og international nyorientering efter 1945, Aarhus 2001, 89–98.

geändert: Die Regierung war zurückgetreten und die Widerstandsgruppen wurden zunehmend aktiv. Dänische Politiker, die in London im Exil lebten sowie ein illegaler »Befreiungsrat« setzten sich nun mit Nachdruck dafür ein, dass die de facto existierende Notrechtssituation offiziell ausgerufen werden sollte, wobei sie sich darauf beriefen, dass sich das Land im Kriegszustand mit der Besatzungsmacht befand.[2]

Die Lage im Sommer 1945 lässt sich durch zwei signifikante Ereignisse kennzeichnen: Am 29. August, also genau zwei Jahre nachdem der Ausnahmezustand ausgerufen worden war, fand im Gedenkpark Ryvangen in Kopenhagen eine kirchliche Gedenkfeier statt. Der Kopenhagener Bischof Hans Fuglsang-Damgaard leitete die Einsegnung eines Gedenkfriedhofes, wo den 120 Freiheitskämpfern, die am selben Ort während der Okkupation von den Nazis hingerichtet worden waren, nun nachträglich die ihnen gebührende Ehre erwiesen wurde. Hinter allem Gesagten schimmerte die inzwischen allseits vertretene Haltung durch, dass die tapferen Widerstandskämpfer angeblich von Beginn an im Namen der ganzen Bevölkerung gekämpft hätten, und dass ihnen nun im Nachhinein offiziell der Dank ausgesprochen werde, den ihnen das ganze Land schulde.

In den Sommermonaten wurden Gesetze zur strafrechtlichen Behandlung der Kriegsverbrechen erlassen. Die parlamentarische Behandlung der Gesetzesvorlagen ging ungewöhnlich rasch über die Bühne, vor allem aus dem Grund, dass Polizei und Politiker Unruhen mit eigenmächtigen Racheakten oder eine »Nacht der langen Messer«, wie sie etwa in Frankreich stattgefunden hatten, befürchteten. Das Ergebnis waren Gesetze, die mit rückwirkender Kraft die Bestrafung von Taten der Kriegsgewinnler und von Kriegsverbrechen begründeten.

An diesen Gesetzen zur Bestrafung von Landesverrat wurden viele der wunden Punkte der dänischen Nachkriegsgesellschaft sichtbar. Denn die gesetzgebenden Politiker waren in manchen Fällen die gleichen Personen, die in den ersten drei Jahren der Besatzung eine Politik der Zusammenarbeit mit der Okkupationsmacht dringend empfohlen hatten. Nun wollten sie im Nachhinein unter anderem solche Taten bestrafen, die sie zuvor selber befürwortet hatten. Als wäre dies nicht genug, sprachen sich die Politiker in den folgenden

---

2 Vgl. Jens Holger Schjørring, Die lutherischen Volkskirchen in den nordischen Ländern während des Zweiten Weltkrieges, in: Karl-Joseph Hummel/Christoph Kösters (Hg.), Kirchen im Krieg. Europa 1939–1945, Paderborn/München/Wien/Zürich 2007, 67–90. Siehe zum internationalen Vergleich: Martin Greschat, Die zwei Weltkriege und die Kirchen, in: Katharina Kunter/Jens Holger Schjørring (Hg.), Europäisches und Globales Christentum, Göttingen 2011, 105–130.

Jahren selbst von jeder strafrechtlichen Behandlung frei. So wurden zwar im ersten Jahrzehnt nach Kriegsende in mehreren Anläufen parlamentarische Untersuchungskommissionen eingesetzt. Diese Initiative wurde jedoch von Anfang an kritisiert, weil sie bedeutete, dass sich die Politiker selbst prüfen sollten. So erwies sich auch nach zehn Jahren, dass niemand zur Verantwortung gezogen wurde, mit anderen Worten: dass die ganze Kommissionsarbeit im Sande verlaufen war. Zwischenzeitlich waren aber eine nicht geringe Zahl von vielen »kleinen« und wenigen »großen« Angeklagten (insgesamt 13.621), meistens Kriegsgewinnler und Denunzianten, bestraft worden. Insgesamt wurden 78 Landesverräter zum Tode verurteilt, 42 Todesurteile wurden vollstreckt.[3]

2. Denk- und Verhaltensmuster ausgewählter dänischer Theologen

Vor dem hier kurz umrissenen Hintergrund sollen Denkstrukturen und Verhaltensweisen von drei Universitätstheologen der damals jüngeren Generation näher analysiert werden. Die drei Beispiele sind zwar nicht repräsentativ für sämtliche Universitätstheologen, geschweige denn für die lutherische Kirche insgesamt. Gleichwohl spiegeln sie die Breite damals vertretener theologischer Positionen wider. Alle drei waren an der erst 1942 gegründeten Theologischen Fakultät der Universität Aarhus angestellt, und ihre persönlichen und fachlichen Beziehungen zu Deutschland waren ihnen ein wichtiges Anliegen.

a) Knud Ejler Løgstrup (1905–1981)

Knud Ejler Løgstrup war in Kopenhagen in einer bürgerlichen Familie aufgewachsen, die am kirchlichen Leben regen Anteil nahm. So war es keine Überraschung, dass der junge Løgstrup gleich nach dem Abitur ein Theologiestudium begann.[4] Seine Leistungen bei dem 1930 bestandenen Staatsexamen machten es möglich, dass er eine mehrjährige europäische Bildungsreise antreten konnte. Da seine Interessen vorwiegend in der Religionsphilosophie lagen, suchte er sich diejenigen Universitäten aus, wo für ihn bedeutende Professoren lehrten: Nämlich Freiburg, wo er bei Heidegger studierte, und

---

[3] Zur Nachkriegssituation vgl. Lindhardt, Tiden 1901-1965, bes. 259-269; Balling, Danmark i befrielsesåret 1945-46, 89-98.

[4] Zu Løgstrups Lebenslauf vgl. Ole Jensen, Historien om K. E. Løgstrup, København 2007.

Göttingen, wo er intensive Studien bei Hans Lipps betrieb, um sich mit der von Lipps vertretenen Phänomenologie vertraut zu machen. Løgstrup studierte ferner in Straßburg, Paris und Wien sowie in Tübingen. In Freiburg lernte er Rosalia Maria (genannt Rosemarie) Pauly, eine Kommilitonin kennen, die einem linksliberalen Elternhaus in Berlin entstammte. Die Familie Pauly hatte jüdische Vorfahren, und viele Mitglieder der Familie erlitten unter der nationalsozialistischen Herrschaft ein hartes Schicksal. 1935 heiratete das junge Paar und im gleichen Jahr wurde Løgstrup Pfarrer für zwei ländliche Gemeinden auf West-Fünen. Dort war ihr Zuhause, als Dänemark am 9. April 1940 von der deutschen Wehrmacht okkupiert wurde. Wegen der trüben Nachrichten über die Bedrängnisse für Rosemarie Løgstrups Verwandte und aufgrund ihrer eigenen Erfahrungen mit dem Alltag in Deutschland nach 1933 wurde es für das junge Pfarrerspaar eine Lebensfrage, ihre politische Verantwortung grundsätzlich zu überprüfen. Nach außen hin führten sie allerdings ein normales bürgerliches Leben. Rosemarie Løgstrup kümmerte sich um ihre Kinder und den Haushalt, und K. E. Løgstrup versuchte, neben seinen Amtspflichten in der Gemeinde, seine Doktorarbeit zu einem glücklichen Abschluss zu bringen – wobei er drei Mal enttäuscht wurde, weil die Arbeit von der Fakultät in Kopenhagen zurückgewiesen wurde. Erst im Januar 1943 konnte er die Arbeit bei der öffentlichen mündlichen Disputation verteidigen. Im September 1943 wurde er zum Professor für Systematische Theologie an der neugegründeten Fakultät in Aarhus ernannt.

Waren die Løgstrups bereits vor Kriegsbeginn in allen Einzelheiten über die nationalsozialistische Ideologie und die entsprechende politische Praxis informiert, so veränderte sich ihre Haltung unter der Besatzung Dänemarks seit dem 9. April 1940 grundlegend. Den unprovozierten Überfall Hitlers auf ein wehrloses Nachbarland sahen sie nicht nur als einen Verstoß gegen internationales Recht an, der nur mit Widerstand beantwortet werden konnte, sondern sie waren auch bestürzt über die offizielle dänische Reaktion. Wenige Stunden nach dem Einmarsch der Besatzungstruppen gab die Regierung einen Aufruf an die Bevölkerung bekannt, in dem sie die Bürger dringend ermahnte, Ruhe zu bewahren und mit der Okkupationsmacht und den legalen Behörden zu kooperieren. K. E. Løgstrup zweifelte keine Sekunde lang, dass diese Politik der Nachgiebigkeit eine Schande sei, und dass die verantwortlichen Politiker damit ihr Recht als legale Obrigkeit verwirkt hätten. In seiner kritischen Haltung wurde er vollends bestärkt, als die Regierung im Juni 1941 im Kontext des deutschen Angriffs auf die Sowjetunion, von den Besatzungsbehörden aufgefordert, dänische Kommunisten festnahm und sie in einem Gefängnis internierte – obwohl die Verhafteten keiner Rechtsverletzung schuldig waren.

Seine Entrüstung diskutierte er in einem Briefwechsel mit seinem Freund aus gemeinsamen Jugendjahren, dem Kopenhagener Professor für Kirchengeschichte Hal (Hans Harald) Koch (1904–1963).[5] Beide teilten die gleiche Einschätzung des Nationalsozialismus, einschließlich seines Rassenwahns und Militarismus. Koch allerdings war davon überzeugt, dass es in dieser bedrohlichen Lage die einzig verantwortliche Haltung sei, das Amt der gewählten Politiker zu respektieren. Gleichzeitig sah er es als seine eigene Verantwortung an, zur politischen Aufklärung der Bevölkerung beizutragen. Diese Zielsetzung verwirklichte er unter anderem mit einer vielbeachteten öffentlichen Vorlesungsreihe über Nikolaj Frederik Severin Grundtvig (1783–1872), um damit auf die Wurzel der nationalen Identität und die politische Mündigkeit der breiten Bevölkerung aufmerksam zu machen. Was man auch immer an den gewählten Politikern aussetzen könne, es gelte ernst damit zu machen, insistierte Koch, dass wir immer nur die Politiker hätten, die wir verdienten, und dass nur, so lange freie Wahlen stattfinden würden.[6]

Der bisweilen leidenschaftliche Meinungsaustausch zwischen den beiden Freunden, teils in öffentlichen Aufsätzen, teils in privaten Briefen, die erst nachträglich herausgegeben wurden, kann als ein Streitgespräch auf höchstem Niveau über das Wesen der Demokratie und der Volksherrschaft gelten. Was uns im jetzigen Zusammenhang beschäftigen soll, ist indes Løgstrups Fortsetzung seiner kritischen Beiträge nach Kriegsende.

Im Sommer 1945 ließ Løgstrup einen Aufsatz mit dem Titel »Auseinandersetzung oder Selbstbetrug« (Übersetzung, JHS.) in der Zeitschrift »Tidehverv« (=Zeitwende) veröffentlichen.[7] Angesichts der allseitigen Begeisterung in der dänischen Öffentlichkeit sah sich Løgstrup genötigt, einen für ihn typischen Charakterzug der Dänen hinter dieser Euphorie anzuprangern, ihre Neigung zur »Selbstgefälligkeit«. Er sah sich in seinem Unmut bestätigt, als er dänische Mitbürger beobachtet hatte, die sich über die verwahrlosten heimkehrenden Wehrmachtssoldaten nach Kriegsende lustig gemacht hatten. Die

---

[5] Der Briefwechsel und die Streitschriften sind nun veröffentlicht: K. E. Løgstrup og Hal Koch. Venskab og strid. Neue Ausgabe, København 2012. Vgl. auch Jakob Balling, Hal Koch als dänischer Historiker in der Okkupationszeit, in: Carsten Nicolaisen (Hg.), Nordische und deutsche Kirchen im 20. Jahrhundert, Göttingen 1982, 13–26.

[6] Zu Koch: Tine Reeh, Kristendom, Historie, Demokrati. Hal Koch 1932–1945, København 2012, bes. 517–684. Vgl. Jes Fabricius Møller, Hal Koch, en biografi, København 2009.

[7] Knud Ejler Løgstrup, Opgør eller Selvbedrag, in: Tidehverv 19 (1945), 67–82. Der Aufsatz wurde ebenfalls abgedruckt in: Harald Østergaard-Nielsen u. a., Opgørets Nødvendighed, København 1945. Vgl. ferner Svend Andersen, Macht aus Liebe. Zur Rekonstruktion einer lutherischen politischen Ethik, Berlin 2010, 243–244.

spöttischen Bemerkungen über das kümmerliche Schicksal des früheren Herrenvolkes brachten Løgstrup so sehr in Rage, dass er die Szene zum Anlass einer erneuten Bestandsaufnahme über das Wesen von Demokratie und politischer Verantwortung nahm. Die Misere, die ganz Europa ins Unglück gestürzt habe, führte Løgstrup aus, und insbesondere Dänemark getroffen habe, sei nicht der Hass, sondern »die Zuschauerhaltung, die leidenschaftslose Vorsicht, sich stets in Entfernung zu halten und sich nicht über das Unrecht zu empören«.[8] Die jetzt hochgepuschte Schadenfreude hingegen sei nichts als ein Abfallprodukt eines sich längst überlebten Hasses. Denn, argumentierte Løgstrup weiter, Hassgefühle könnten zweierlei sein. Es gebe Situationen, wo Hass angebracht, gar notwendig sei: »Deswegen war der Hass notwendig, als die Deutschen uns ums Leben bringen wollten, und wir wären ein moralisch defektes Volk, ja wir hätten uns selbst aufgegeben und unsere Landsleute verraten, wenn wir damals die Deutschen nicht gehasst hätten«. Jetzt sei die Ausgangslage jedoch ganz entgegengesetzt: »Die Deutschen sind geschlagen und so machtlos, wie es niemals ein Volk gewesen ist«. Mitleid, das über historische Tatsachen hinwegsehe, sei allerdings nicht die richtige Haltung. Nun sei Auseinandersetzung geboten, sowohl im Umgang mit den jetzt besiegten Deutschen, aber auch mit den eigenen Verhaltensmustern, führte Løgstrup weiter aus. Denn, »wir« seien es den Deutschen schuldig, dass »wir« ihnen gegenüber festhielten, was für Teufelszeug der Nationalsozialismus gewesen sei, damit sie jetzt endlich einsehen würden, dass ein Sieg Deutschlands nicht nur das unmenschliche Unglück und Verderben Deutschlands gewesen wäre, sondern ganz Europas.

Die Hinweise auf die Notwendigkeit einer grundsätzlichen Auseinandersetzung und kritischen Selbstbesinnung bei den Deutschen selbst war aber nicht Løgstrups Hauptanliegen, sondern lediglich eine Durchgangsstation hin zu seinem wichtigsten Punkt: der Kritik an der dänischen Selbstgefälligkeit und die Forderung nach einer tiefgehenden Neubesinnung. Dafür musste er zunächst den weiten Horizont seines Anliegens unterstreichen. Wie der Aufruhr der Nazis letztlich eine Rebellion gegen Europa insgesamt gewesen sei, weil es um das europäische Kulturerbe mit seinem Menschenverständnis und seiner Rechtsauffassung gegangen sei – obwohl die tragende Ideologie als strikt national ausgegeben worden sei – so sei auch der Widerstand gegen den zügellosen Nationalsozialismus Teil eines europäischen Widerstandes gewesen. Für Løgstrup war es gerade das, was die Pflicht zum Widerstand zu einem moralischen Recht machte.

---

8 Løgstrup, Opgør eller Selvbedrag, 67–82, Zitat 68.

Zu der von Løgstrup geforderten Auseinandersetzung gehörte eine kritische Überprüfung des historischen Verlaufs der Besatzung. Die erste Phase sah er als eine Periode, in der Entgegenkommen und Nachgiebigkeit der dänischen Behörden die Haltung zu den Okkupanten bestimmt habe. Die unmittelbar drohende Gefahr sei die Möglichkeit einer weiteren Verbreitung der nationalsozialistischen Ideologie gewesen. Um diese Gefahr zu bannen, sei ein Kulturkampf mit legalen Mitteln erforderlich gewesen. Noch in dieser Phase sei aber im Großen und Ganzen dänisches Recht von den Besatzungsbehörden respektiert worden. Mit dem dänischen Entgegenkommen wurde aber de facto die bisherige Neutralitätspolitik aufgegeben, und Dänemark habe dadurch seine militärische Ehre preisgegeben.

Mit dem 22. Juni 1941 begann indes für Løgstrup eine neue Phase unter radikal veränderten Voraussetzungen. Im Zuge des deutschen Feldzugs gegen die Sowjetunion forderten die Nazibehörden in Dänemark die Internierung dänischer Kommunisten sowie eine strenge antikommunistische Gesetzgebung und den Abbruch diplomatischer Beziehungen mit der Sowjetunion. Mit diesem Vorgehen gegen Bürger, die sich keiner Rechtsverletzung schuldig gemacht hätten, sei klar, dass sich der Krieg zu einem europäischen Bürgerkrieg gewandelt habe, führte Løgstrup aus. Aktiver Widerstand sei daher das Gebot der Stunde. Die generelle Lage in Dänemark sei aber komplex geblieben, denn die Politik der Nachgiebigkeit sei von der Regierung fortgesetzt worden. Das habe unter anderem mit sich gebracht, dass die Regierung die Widerständler als Aufrührer und Verbrecher behandelt habe. Sie habe damit ihr Recht auf Legitimität verwirkt, obwohl sie nach außen hin immerhin als legal gewählt anzuerkennen sei. Besonders fatal sei aber gewesen, dass die Regierung ihre Nachgiebigkeit weitergeführt habe. Dazu sei sie, anders als in anderen europäischen Ländern, wo der Krieg mit allen militärischen Mitteln geführt wurde, nicht gezwungen gewesen. Diese Lage in Dänemark habe bis zum 29. August 1943, als die Regierung zurücktrat, weiterbestanden. Die verhärtete Haltung der dänischen Behörden habe aber keineswegs die ethische Verantwortung der Dänen in ein besseres Licht gerückt, hob Løgstrup hervor. Denn die Politik des Entgegenkommens sei in einer Periode geführt worden, wo die Aussichten auf einen militärischen Sieg Hitler-Deutschlands überwogen. Hingegen habe der Widerstand der Dänen nach August 1943 zugenommen, weil man den Sieg der Alliierten nur noch als eine Frage der Zeit ansah.

Was die Krise nach Kriegsende betraf, so bestand für Løgstrup die eigentliche Herausforderung darin, auf einer schonungslosen Aufklärung und Auseinandersetzung zu bestehen, zumal alle Politiker, die damals die Nachgiebigkeit befürwortet hätten, nun nach Kriegsende nicht mehr zu ihren damaligen Entscheidungen stünden: Entweder schwiegen sie hartnäckig oder schlossen sich der zunehmenden Geschichtsverfälschung an.

Als Konsequenz seiner Argumentation für eine verantwortliche Auseinandersetzung mit den Realitäten, die hinter den Verhaltensmustern seiner Landsleute in den Besatzungsjahren standen, setzte sich Løgstrup nun für eine anständige Behandlung der deutschen Flüchtlinge in Dänemark ein. 245.000 waren es von Kriegsende bis 1949; Die meisten kamen aus den deutschen Ostgebieten; verzweifelt und desillusioniert, viele auch gesundheitlich geschwächt, psychisch verunsichert, weil sie in Ungewissheit über das Schicksal ihrer Verwandten lebten und selber nicht wussten, wo sie eine erträgliche Bleibe finden könnten. In der dänischen Bevölkerung gab es sehr unterschiedliche Verhaltensweisen gegenüber den Flüchtlingen. Es gab Ärzte, die sie fachlich behandelten und Pfarrer, die sie seelsorgerlich und pastoral betreuten, es gab aber auch viele, die den Flüchtlingen den Rücken kehrten oder ihnen jede Hilfe untersagten, oft mit dem Zusatz dass sie jetzt nur das bekommen würden, was sie verdient hätten. Gerade angesichts solcher Rachegefühle bestand Løgstrup darauf, dass sowohl Rache als auch Selbstgefälligkeit gleichermaßen verwerflich seien, und nur Aufklärung, Auseinandersetzung und Hilfe zu verantworten seien.

Ähnlich verhielt sich Løgstrup auch in anderen Situationen. Zusammen mit Hal Koch, dessen Freundschaft er trotz aller Schärfe in der Debatte während des Krieges immer hatte gewiss sein können, sorgte er dafür, dass eine Gruppe von deutschen Jugendlichen 1948 zu einem Aufenthalt an der Volkshochschule Krogerup, deren Leiter Koch war, eingeladen wurde.[9] Er nahm Einladungen an, an deutschen Universitäten Gastvorträge zu halten und pflegte enge fachliche Zusammenarbeit mit deutschen Kollegen. Er nahm an wichtigen Redaktionsausschüssen theologischer Werke teil, u. a. an der »Zeitschrift für Theologie und Kirche« oder der »Religion in Geschichte und Gegenwart«. Besonders wichtig war, dass er an den Tagungen alter Marburger teilnahm, weil dort eine kritische Auseinandersetzung mit Rudolf Bultmanns Existenztheologie erfolgte, trotz aller grundsätzlichen Anerkennung des Grundsätzlichen in Bultmanns Position. Denn hinter einer rigiden Existenztheologie sah Løgstrup unverkennbare Zeichen von jenem Pilgermythos, der in verschiedenen Erscheinungsformen das Christentum zu einer von der Welt abgekehrten Frömmigkeit entstellt habe. Eine erste ausführliche Ausarbei-

---

[9] Zu Koch als Leiter der Volkshochschule Krogerup: Poul Nyboe Andersen, Hal Koch og Krogerup Højskole. Odense 1993. Vgl. Løgstrups späte Erinnerung an Koch, Angrebet, men ikke antastet, Om Hal Koch, zuerst in der Tageszeitung Politiken gedruckt, später in der Aufsatzsammlung, Solidaritet og Kærlighed. Essays, København 1987, 165–170.

tung dieses Ansatzes wurde Løgstrups Hauptwerk »Die ethische Forderung« (deutsch 1959, dänische Originalausgabe »Den etiske fordring« 1956). Ein späteres Ergebnis war das Buch »Auseinandersetzung mit Kierkegaard« (dänisch »Opgør med Kierkegaard«, 1968), wobei deutlich war, dass der eigentliche Gegenstand seiner Polemik die zeitgenössischen »Kierkegaard-Epigonen« in der Zeitwende-Bewegung waren, der er selber früher angehört hatte.

b) JOHANNES MUNCK (1904–1965)

Neben Løgstrup gehörte Johannes Munck zu den einflussreichen Theologen der Aarhuser Theologischen Fakultät. Aufgewachsen in Kopenhagen besuchte er das bekannte Metropolitan-Gymnasium, wo er in einer Klasse mit anderen hochbegabten Schülern war. Zwei von ihnen wurden später ebenfalls renommierte Professoren: Hal Koch (Professor für Kirchengeschichte an der Universität Kopenhagen) und Franz Blatt (Professor für klassische Philologie an der Universität Aarhus). In der Schule erhielten sie eine ausgezeichnete humanistische Bildung, die dazu beitrug, dass sich Munck für das Theologiestudium entschied. Sein Interesse für die Geschichte des frühen Christentums vertiefte er bei den damaligen Professoren für Kirchengeschichte, Oskar Andersen und Jens Nørregaard, und mit einem hervorragenden Abschlussexamen (»Kandidatexamen«) konnte er in den Jahren 1926–1931 eine europäische Bildungsreise antreten. Dazu gehörte ein Aufenthalt bei Eugène de Faye in Paris, dem damals international tonangebenden Patristiker. Daran schloss sich ein längerer Aufenthalt in Berlin an, wo er bei dem Patristiker Hans Lietzmann studierte. Wegen seiner besonderen Begabung für die Philologie und das textkritische Studium wählte Munck schließlich Klemens von Alexandria als Hauptfigur für seine Studien aus. Das Ergebnis war die Monographie »Untersuchungen über Klemens von Alexandria« (1933), mit der er an der Theologischen Fakultät der Universität Kopenhagen promoviert wurde. In Berlin lernte er eine deutsche Studentin, Elisabeth Weymann aus Frankfurt an der Oder kennen, die er 1934 heiratete. In Kopenhagen arbeitete Munck als wissenschaftlicher Assistent, bis er 1938 als Professor für Theologie an der geisteswissenschaftlichen Fakultät der 1928 gegründeten Universität Aarhus ernannt wurde. Bei seiner Ernennung war Munck der erste Theologe an der geisteswissenschaftlichen Fakultät. Studierende, die sich für das theologische Studium entschieden, mussten deswegen nach den einleitenden Sprachsemestern das Hauptstudium in Kopenhagen fortsetzen. Munck strebte indes eine eigene theologische Fakultät an der Universität Aarhus an, was ihm im Jahr 1942 gelang. Binnen drei Jahren war sein Plan soweit gediehen, dass die klassischen theologischen Fachdisziplinen mit Lehrstuhlinhabern besetzt waren. Stets war Munck Mitglied der Berufungskommissionen und übernahm außerdem die mühsame Arbeit mit der praktischen und administrativen Organisation.[10] 1943 wurde er darüber hinaus zum Rektor der Universität gewählt. Es lag deswegen an ihm, die Institution während der schwierigen zweiten Phase des Weltkrieges zu leiten. Er verfolgte daher eine diplomatische Doppelstrategie, bei der er einerseits den Alltag der Dozenten und Studenten, so gut es ging, sicherte, andererseits die notwendige Festigkeit gegenüber der Besatzungsmacht zeigte. Diesen Kurs konnte er im Einvernehmen mit seinem Lehrer aus Kopenhagen, Jens Nørregaard, steuern, der in den gleichen Jahren ebenfalls Rektor der Kopenhagener Universität war. Munck und Nørregaard waren sich bei zwei wichtigen historischen Anlässen einig, wo der sonst praktizierte Kurs des kritischen Dialogs nicht ausreichte. Im Kontext der von der Besatzungsmacht angeordneten Ergreifung und Deportation der dänischen Juden im Oktober 1943 dekretierten sie eine Niederlegung aller normalen Geschäfte. Dies wiederholte sich einen Monat später anlässlich der wiederum von den Nazis befohlenen Festnahme der Mehrzahl des Lehrkörpers an der Universität Oslo. Gerade das Gefühl der Zusammengehörigkeit mit dem norwegischen Brudervolk war tief verwurzelt in der dänischen Bevölkerung, zugleich aber auch höchst empfindlich, war doch der Gegensatz zwischen der in Norwegen durchgeführten Widerstandspolitik und der bis zum 29. August 1943 geführten Kooperationspolitik in Dänemark jedem, der sehen wollte, augenfällig. Für die Rektoren der Universitäten und andere, die ein leitendes Amt innehatten, war es allerdings eine riskante Handlung, durch Streik den Besatzungsbehörden die Unzufriedenheit von Dozenten und Studierenden unmissverständlich kundzumachen und zugleich die Sympathie mit der tapferen Bevölkerung in Norwegen zum Ausdruck zu bringen.[11] Der Balanceakt wurde für Munck zusätzlich erschwert, weil Mitglieder seiner Schwiegerfamilie in Deutschland in verschiedenen Stellungen in die Wirren jener Schicksalsjahre hineingezogen wurden.

Der Übergang in die Normalität wurde einerseits von dem Jubel der Befreiung beflügelt, andererseits traten bald neue Probleme auf. Innerhalb der Fakultät konnte Munck zunächst befriedigt zur Kenntnis nehmen, dass die Fakultät nunmehr vollständig mit Ordinarien besetzt war, so dass der gesamte akademische Betrieb laufen konnte; von Lehrveranstaltungen und Examina bis hin zu Doktorprüfungen. Munck war es von Beginn an ein Herzensanliegen, eine Gesprächskultur in die Wege zu leiten, wo Dozenten und

---

10 Vgl. Nachruf von Erling Hammershaimb und Bent Noack, in: Aarhus Universitets Årsskrift (1965/66), 6–13.

11 Erling Hammershaimb, Træk af det teologiske fakultets historie 1941–1976, in: Viggo Mortensen/Jørgen Stenbæk (Hg.), Teologi i Århus 1942–1992, Aarhus 1992, 96–111.

Studierende sich begegnen und austauschen konnten. Die Vortrags- und Diskussionsabende im Rahmen des »Theologischen Vereins« fanden zunächst in den privaten Wohnzimmern des Professors statt, später, als die Räumlichkeiten im privaten Wohnsitz nicht mehr ausreichten, in Räumen der Fakultät. Ferner gab es im Sommer gemeinsame Radausflüge in der Umgebung und vor Weihnachten wurde ein von den Studenten verfasstes und aufgeführtes Kabarett gezeigt, wo Veröffentlichungen der Lehrer und Fakultätsereignisse kritisch und bissig zur Schau gebracht wurden.[12]

In der Öffentlichkeit wurde die junge Fakultät als eine Hochschule der Provokationen bekannt. Es ging soweit, dass ein Kirchenführer der pietistisch-konservativen Richtung die Fakultät als eine Räuberhöhle bezeichnete und Eltern davor warnte, ihre Söhne dort ausbilden zu lassen. Die Atmosphäre in der Öffentlichkeit wurde zusätzlich aufgepeitscht, weil Streitthemen oft Mitglieder der Fakultät betrafen. Zu den Reizthemen gehörte die scharfe Debatte bei der ersten Frauenordination im Jahr 1948, aber auch eine lebhafte Auseinandersetzung über die Autorität der Bibel sowie Richtlinien für eine zeitgemäße Übersetzung. In dem letztgenannten Streit war Munck eine zentrale Figur, aber davon abgesehen standen eher seine Kollegen in der Systematischen Theologie, K. E. Løgstrup und Johannes Sløk, sowie der Kirchenhistoriker Poul Georg Lindhardt im Kreuzfeuer der Kritik.

So aufregend die Auseindersetzungen im innerdänischen Rahmen auch waren, trug Munck zur gleichen Zeit dazu bei, dass der internationale Blick ernstgenommen wurde, wo doch jetzt die nationalen Grenzen wieder offen waren. Die neu- bzw. wiedergeknüpften Beziehungen gingen zunächst zu den anderen nordischen Fakultäten, wie in jenen Jahren überhaupt die nordische Gemeinschaft der unumstrittene Ausgangspunkt für alle internationalen Initiativen nordischer Politiker und Wissenschaftler war. So wurde ein regelmäßiger Austausch zwischen Kollegen der skandinavischen Fakultäten Routine, so wie auch Studierende als Gaststudenten in die Nachbarländer reisten. Der Austausch betraf aber auch andere europäische Nachbarländer, vor allem Großbritannien und Deutschland. Munck erkannte sofort die Möglichkeiten, die mit der 1953 wiedergegründeten Alexander von Humboldt-Stiftung gegeben waren und setzte sich nachdrücklich dafür ein, dass Stipendiaten und Nachwuchswissenschaftler als Bestandteil ihrer wissenschaftlichen Ausbildung einen Studienaufenthalt in Deutschland absolvierten. Hinzu kam der Deutsche Akademische Austauschdienst. Wichtig war für Munck aber auch

12 Vgl. Poul Bredsdorff u. a. (Hg.), Hvad si'r de i Aarhus hos teologerne. Blade af teologrevyens historie, Aarhus 2011, 23–35.

die Erkenntnis, dass die internationalen Rahmenbedingungen nunmehr unabwendbar zur Dominanz der englischen Sprache geführt hatten, auch in der theologischen Fachwelt. Auf keinen Fall wollte er diese Einsicht als Geringschätzung deutscher Wissenschaftstradition verstanden wissen, aber das Gebot der Stunde war für ihn wie für seine Kollegen in den skandinavischen Ländern gleichwohl klar: Sie mussten eine sprachliche Vielfalt in den Wissenschaftssprachen anerkennen. Ein markantes Ergebnis war die Gründung einer gemeinsamen nordischen Zeitschrift »Studia theologica« mit dem Zweck, Beiträge nordischer Theologen der internationalen Fachwelt vorzulegen, wobei Englisch, Deutsch und Französisch als grundsätzlich gleichberechtigte Sprachen galten. Kurz: die Wiederaufnahme kollegialer und freundschaftlicher Beziehungen auf allen Ebenen wurde nachdrücklich gefördert.

Zu den generellen und institutionellen Kontakten kamen Muncks individuelle fachliche Aktivitäten hinzu. In seiner Doktorarbeit über Klemens von Alexandria war es ihm ein Hauptanliegen gewesen, den Gnostizismus historisch einzuordnen und seine Bedeutung für das frühe Christentum zu analysieren. Er vertrat dabei zwei methodische Grundsätze, die für ihn charakteristisch blieben: Zum einen wollte er den individuellen Charakter jedes einzelnen Schriftstückes hervorheben und warnte deswegen vor verfrühten Synthesen. Zum anderen wollte er die Bezeichnung »Gnostizismus« differenzieren. In seinen Augen handelte es sich um eine jahrhundertelange, vielfältige Gruppe von religiösen Erscheinungsformen mit höchst unterschiedlichen Beziehungen zum Judentum, Christentum und anderen Religionsgemeinschaften des Nahen Ostens.

Mit seinem Hauptwerk »Paulus und die Heilsgeschichte«, das 1954 erschien, bündelte er seine langjährigen Untersuchungen zum Apostelbegriff zu einem Überblick über die gesamte Mission und Ausbreitung des Christentums im apostolischen Zeitalter.[13] Er bezog dabei kritisch Stellung gegen die Dominanz der Tübinger Schule seit den Tagen Ferdinand Christian Baurs. Die spätere Forschung habe – Munck zufolge – mehr oder weniger unkritisch den von Baur behaupteten Gegensatz zwischen einem gesetzesfreien hellenistischen Christentum auf der einen Seite und dem judaistischen, gesetzgebundenen Christentum in Palästina auf der anderen übernommen. Dieses Bild sei aber falsch und irreführend, zumal es für Paulus stets ein Hauptziel geblieben sei, sein Missionswerk in Übereinstimmung mit der Urgemeinde in und um Jerusalem durchzuführen. Der historisch begründete Einspruch ging

---

13 Jakob Balling, Det teologiske fakultet, in: Aarhus Universitet 1928–1978 (1978), 388–389.

für Munck damit zusammen, dass Baur seinerzeit von einer wesensfremden Hegelschen Philsophie ausgegangen sei, ebenso wie jüngst Bultmann entscheidend von Heideggers Philosophie bestimmt sei. In seinen Vorlesungen schärfte Munck die Polemik, wenn er beispielsweise den Kommentar einfügte, dass Bultmann offenbar von der Voraussetzung ausgegangen sei, dass bereits Paulus Heidegger studiert habe.

Seine Hoffnung, mit seinen Fachkollegen in Deutschland in ein weiterführendes Gespräch zu kommen, wurde allerdings aufs Ganze gesehen enttäuscht. Rudolf Bultmann rezensierte Muncks Darstellung in einer äußerst kritischen Stellungnahme[14]; andere deutsche Kollegen gingen schweigend an Munck vorbei. Kurz vor seinem frühen Tod führte Munck im Herbst 1964 eine Vorlesungsreise in den Vereinigten Staaten durch, wo er sich eine freundlichere Aufnahme seines Anliegens versprochen hatte. Die englische Ausgabe seiner Paulusmonographie war zuvor 1959 erschienen (»Paul and the Salvation of Mankind«). Die Pläne wurden jedoch größtenteils vereitelt, nicht zuletzt, weil Munck krankheitsbedingt nur mit nachlassenden Kräften auftreten konnte. Kurz nach seiner Rückkehr nach Dänemark starb er im Februar 1965.

c) Regin Prenter (1907–1990)

Regin Prenter war das letzte ernannte Mitglied der neuen Theologischen Fakultät in Aarhus. Er hatte am gleichen Gymnasium wie Løgstrup und Munck das Abitur bestanden und von 1925–1931 Theologie studiert. Dank der ihm verliehenen Förderungsstipendien konnte er 1932 eine dreijährige europäische Bildungsreise antreten. Das erste Jahr verbrachte er in Straßburg, wo er Religionsphilosophie bei dem renommierten Professor Charles Hauter studierte. Er arbeitete mit Klassikern der Philosophie, unter anderen Kant und Heidegger. Die Existenzphilosophie Heideggers und ihre Bedeutung für Bultmann war das Thema seiner wissenschaftlichen Abhandlung; ein längerer Aufsatz, der in dänischer Sprache gedruckt wurde.[15] Das Jahr in Straßburg benutzte Prenter ferner dazu, Französisch zu lernen, was ihm später zugute kam, da er mehrfach als Gastprofessor eingeladen wurde. 1960 wurde er zum Ehrendoktor der Theologischen Fakultät Straßburg ernannt.

1933 ging er nach Bonn, um bei Karl Barth zu studieren. Barths »Römerbrief« war in den 1920er Jahren von Studierenden und Professoren in Ko-

---

14 Rudolf Bultmann, Ein neues Paulusverständnis?, in: ThLZ 84 (1959), 481–486.

15 Regin Prenter, Martin Heidegger's filosofi og teologien, Teologisk Tidsskrift (1933), 161–213.

penhagen intensiv gelesen und kritisch erörtert worden, und Prenter wollte nun den Verfasser des ersten Bandes der Kirchlichen Dogmatik persönlich hören und kennenlernen. Das Jahr wurde jedoch keineswegs ausschließlich im Hörsaal und Seminarraum verbracht, sondern Prenter verfolgte mit angehaltenem Atem die erste Phase des deutschen Kirchenkampfes, besonders intensiv die Entstehung der Barmer Theologischen Erklärung.

Nicht weniger bedeutungsvoll war das nächste Jahr, das er von 1934 bis 1935 in England verbrachte. Hier lernte er am theologischen Seminar in Lincoln den späteren Professor und Erzbischof Michael Ramsey kennen. Sie führten ein für beide gleichermaßen ergiebiges Gespräch über das Verhältnis zwischen der reformierten, nicht-sakramentalen Wort-Gottes-Theologie und der anglikanischen Tradition mit ihrer Betonung einer reichen Liturgie und Ekklesiologie einschließlich bischöflicher Autorität. Für Ramsey war das Ergebnis sein 1936 erschienenes Buch »The Gospel and the Catholic Church«, ein Hauptwerk der anglikanischen Theologie im zwanzigsten Jahrhundert. Für Prenter wurde die Vertiefung im anglikanischen Kirchenverständnis Teil seiner Kritik an einer puritanischen, sakramentlosen reformierten Theologie.[16]

Mit den drei Stationen Frankreich, Deutschland und England hatte Prenter erstens drei europäische Hauptsprachen gelernt und zweitens eine Basis für ein ökumenisch aufgeschlossenes Luthertum erworben. Nach seiner Rückkehr nach Dänemark wurde er ordiniert und als Pfarrer eingesetzt, zunächst in einer ländlichen Gemeinde in der Umgebung von Aarhus, später am Dom in Aarhus. Während dieser Zeit arbeitete er zugleich an seiner Habilitationsschrift »Spiritus creator. Studier i Luthers theologi«, die 1944 von der Theologischen Fakultät in Kopenhagen angenommen wurde, und 1953 in englischer, 1954 in deutscher Übersetzung erschien.[17] Für Prenters Luther-Verständnis war entscheidend, dass seine hochkirchlich gefärbte Position mit einer kritisch-verantwortlichen Sozialethik verbunden war, weshalb man seine Position auf keinen Fall mit den tonangebenden Tendenzen im damaligen deutschen konfessionellen Luthertum gleichsetzen sollte.

In der zweiten Phase des Zweiten Weltkrieges wuchs das Unbehagen bei vielen Thelogen und Pfarrern in Dänemark wegen der Fortsetzung der opportunistischen Kooperationspolitik mit der Besatzungsmacht. Der Unmut war umso größer bei all denen, die mit Bewunderung den tapferen Widerstand

---

[16] Prenter hat seinen theologischen Werdegang in seiner Autobiographie behandelt. Vgl. Regin Prenter, Erindringer, Aarhus 1985.

[17] Regin Prenter, Spiritus creator. Studien zu Luthers Theologie, Übers. aus dem Dänischen von W. Thiemann, München 1954.

ihrer Brüder im okkupierten Norwegen verfolgten. Dieser Widerstand hatte am Ostersonntag 1942 einen vorläufigen Gipfelpunkt erreicht, als die Mehrzahl der Pfarrer ihr Amt als staatliche Beamte niederlegten und zugleich das Bekenntnisdokument »Kirkens Grunn« (Grund der Kirche) vorlegten.[18] Da die Besatzungsbehörden in Dänemark merkten, welch starken Eindruck diese Vorgänge auf das Kirchenvolk im dänischen Nachbarland machten, wurde verfügt, dass jede öffentliche Erwähnung des Kirchenstreits in Norwegen untersagt war. Auf diesem Hintergrund waren viele Pfarrer nicht länger bereit, die offizielle Politik der Zusammenarbeit fortzusetzen, zumal auch die Vorgesetzten in der Kirche, also die Bischöfe und das Kirchenministerium, entschlossen waren, den bisherigen Kurs zu vertreten. Es bildete sich eine oppositionelle Gruppe unter den Pfarrern, »Præsternes Uofficielle Forening«, (Inoffizieller Verein der Pfarrer), der unter anderem darauf bestand, dass es Zeit war, sich auch in Dänemark auf »norwegische Zustände« vorzubereiten. Um die Bereitschaft zu einer offenen Konfrontation zu stärken, wollten die Pfarrer ein Grundsatzdokument erarbeiten, in dem sie die theologischen Grundlagen eines aktiven Widerstandes im Kontext einer Überprüfung der lutherischen Zwei-Reiche-Lehre aufstellten. Da sich aber alsbald erwies, dass der beauftragte Arbeitsausschuss keinen gemeinsamen Nenner finden konnte, bat man Regin Prenter, als Einzelperson ein Votum auszuarbeiten.

Die Erklärung »Kirche und Recht in der aktuellen Situation«[19] wurde im Frühjahr 1944 illegal verteilt. Der Autor musste in der gegebenen Lage anonym bleiben. Tatsache ist ferner, dass Prenters Freund seit der Jugendzeit, K. E. Løgstrup, den Entwurf eingesehen und den Inhalt gutgeheißen hat. Es handelt sich dabei um eine theologische Grundsatzerklärung mit mehreren offensichtlichen Zeichen dafür, dass Prenter von den Einsichten der Barmer Theologischen Erklärung geprägt war. Aber anders als es in der Barmer Theologischen Erklärung der Fall war, nannte Prenter in aller Deutlichkeit die Gründe dafür, dass aus seiner Sicht kirchlicher Notstand herrschte. Ferner argumentiert Prenter durchweg im Rahmen eines lutherischen Denkhorizontes. Es war seine Absicht, Missbräuche der Zwei-Reiche-Lehre abzuwehren und eine sachgemäße Interpretation mit Bezug auf die aktuellen Umstände vorzulegen.

---

18 Vgl. dazu u. a. Gunnar Heiene, Eivind Berggrav. Eine Biographie, Göttingen 1997.

19 In deutscher Übersetzung: Jørgen Glenthøj, Kirche und Recht. Ein historisches Dokument – heute wichtig, in: Lutherische Kirche in der Welt. Jahrbuch des Martin-Luther-Bundes, Folge 35 (1988), 203–216. Dänischer Originaltitel: Kirken og Retten I den aktuelle Situation, in: Kirkelige Dokumenter fra Besættelsestiden, udg. af Jørgen Glenthøj, Borum 1985.

Prenters Ausgangspunkt war die gebotene Unterscheidung zwischen der Aufgabe des Staates und dem Auftrag der kirchlichen Verkündigung gemäß der reformatorischen Lehre. Diese Unterscheidung könne, so Prenter, jedoch in einer solchen Weise missbraucht werden, dass sie entstellt und zu einer rigiden Trennung werde. Dies geschehe, wenn die Aufgabe der Predigt auf den Zuspruch der Sündenvergebung reduziert werde, als würde das Evangelium allein das Seelenheil betreffen. Es sei vielmehr so, dass die Kirche ein lebhaftes Interesse daran habe, dass das Recht bestehe und respektiert werde. Dies bedeute theologisch, dass es zur Aufgabe der Predigt gehöre, das Gesetz in die Verkündigung einzubeziehen und die Predigt dann auf die aktuelle Lage zu beziehen. Eine Kirche, die fälschlicherweise meine, ihre Aufgabe auf die Proklamation des Evangeliums reduzieren und von einer Auslegung des Gesetzes absehen zu können, verkürze und verletze den Sinn recht verstandener Predigt.

Prenter führt anschließend eine Reihe von Beispielen an, die je für sich und erst recht zusammengenommen beweisen, wie gravierend die jüngsten Rechtsverletzungen in der dänischen Gesellschaft waren. Es habe massenweise Verhaftungen gegeben, Prenter zufolge, ohne dass die Betroffenen an einer Rechtsverletzung schuldig wären und ohne legitimen Rechtsprozess. Es würden Verhaftungs- und Verhörmethoden angewandt, die gesetzeswidrig seien und noch dazu mit »nordischer Sitte und Gebrauch« unvereinbar seien. Pfarrer würden daran gehindert, Verhaftete in den Gefängniszellen seelsorgerlich zu betreuen. Dänischen Bürgern würden Loyalitätserklärungen gegenüber der Besatzungsmacht auferlegt. Zusammengenommen hieß das für Prenter, dass Recht und Gesetz sich in einem rasanten Zerfall befänden, so dass es kaum möglich sei, grundsätzlich zu entscheiden, ob eine rechtmäßige Obrigkeit vorhanden sei, der man Gehorsam schulde. Vor diesem Hintergrund genüge es nicht, die einzelnen Rechtsverletzungen aufzuzeigen, denn die Kirche könne auf keinen Fall schweigend zusehen, während das Recht dauerhaft getreten werde. Im Gegenteil habe »die Kirche ein leidenschaftliches Interesse daran, dass das Recht besteht«.[20]

Im Vergleich mit der Barmer Theologischen Erklärung ist das Merkmal dieser Erklärung, dass programmatisch vom Recht schlechthin gesprochen wird. Dabei fällt die Ähnlichkeit mit entsprechenden Ausführungen von Eivind Berggrav im norwegischen Kirchenkampf auf und ebenfalls mit grund-

---

20 Regin Prenter, Kirken og Retten i den aktuelle Situation. Abgedruckt in: Jørgen Glenthøj (Hg.), Kirkelige dokumenter fra besættelsestiden, Borum 1985, 20–24. Deutsche Übersetzung: Glenthøj, Kirche und Recht, 203–216.

sätzlichen Auslegungen reformatorischer Lehre bei den bekannten schwedischen Theologen Anders Nygren und Gustaf Aulén.

Die Erklärung arbeitete Prenter zeitgleich mit dem Abschluss seiner Habilitationschrift aus, so dass es sowohl zeitlich als auch sachlich gerechtfertigt erscheint, von einer wechselseitigen Beziehung zwischen einer verantwortlichen Ethik des Politischen und recht verstandener kirchlicher Identität zu sprechen. In der historischen Lage im internationalen Luthertum nach Kriegsende war es genau diese Zuordnung, die dem skandinavischen Luthertum eine wichtige Vermittlerrolle zuwies, die gleichzeitig eine Korrektur an den Irrwegen des deutschen Luthertums darstellte.

Die Perspektiven dieser kritischen Neuorientierung im Luthertum wurden von deutscher Seite schrittweise erkannt, zunächst etwas zögerlich, allmählich aber umfassender. Der bedeutende Göttinger Professor und Kenner des Luthertums, Ernst Wolf, brachte die Herausforderung genau auf den Punkt, als er im Jahr 1951 im Kontext einer deutsch-skandinavischen Konsultation in Kopenhagen war und dort ein Interview mit einer Kopenhagener Zeitung gab.[21] Wolf machte darin deutlich, dass in Deutschland kein Weg an einer Auseinandersetzung mit den Häresien in der jüngsten Vergangenheit vorbei führe, wie schmerzlich dies auch immer sei. Er sagte ferner, dass die Neubesinnung so durchgreifend und zugleich empfindlich sei, dass er und viele Freunde sich zunächst auferlegt hätten, sich nie unkritisch auf Luther zu berufen. Die Allianz zwischen einem irregeführten Luthertum und einer Berufung auf Rasse und Volksgemeinschaft im Namen lutherischer Schöpfungstheologie sei so kompromittierend, dass es nun gelte, von Grund auf neu zu denken. Für diese Kursänderung bräuchte man dringend die Inspiration und Unterstützung von Kollegen und Freunden in Skandinavien, betonte Wolf.[22]

In mehrfacher Hinsicht war Prenter an dieser angestrebten Wendung beteiligt. Im internationalen Kontext kam ihm eine Schlüsselrolle zu, als er 1952 zum Vorsitzenden der Theologischen Kommission im Lutherischen Weltbund ernannt wurde. Hier war es seine Aufgabe, in enger Zusammenarbeit mit nordischen Kollegen wie Anders Nygren und Vilmos Vajta ein Gespräch in die Wege zu leiten, das vor allem einen Brückenschlag zwischen lutherischen Theologen in der englisch- und deutschsprachigen Welt zum Ziel hatte und zusätzlich den bedrängten Minoritätskirchen in Mittel- und Osteuropa Beistand leisten sollte. Den Gipfel seiner Bemühungen erreichte Prenter mit dem

---

21 Interview in der Tageszeitung Kristeligt Dagblad vom 16.3.1951.

22 Interview in der Tageszeitung Kristeligt Dagblad vom 16.3.1951.

ersten Lutherforscherkongress, der 1956 in Aarhus mit Prenter als Gastgeber stattfand. Ein wichtiges Ergebnis war die Planung einer englischen Fassung der Weimarer Ausgabe, und im breiteren Kontext war es die Eröffnung eines internationalen Forums für lutherische theologische Zusammenarbeit; ein Fortschritt, der es nicht zuletzt dem deutschen Luthertum leichter machte, den dunklen Schatten der Vergangenheit dauerhaft zu entkommen.[23]

Es ist ein seltsamer Ausdruck widersprüchlicher Entwicklungslinien im historischen Verlauf, dass Prenter gleichzeitig mit seinem Engagement für ökumenische Neuorientierung im innerdänischen Kontext in die Peripherie der kirchlichen Diskussion gedrängt wurde. Dies lag einerseits daran, dass ein starker nationalkirchlicher Zug die volkskirchliche Debatte bestimmte, aber andererseits auch daran, dass Prenter ein prominenter Opponent gegen die Frauenordination war, die am Ostersonntag 1948 zum ersten Mal vollzogen wurde. Prenters Widerspruch war darin begründet, dass ihm nicht einleuchten wollte, weshalb gerade die lutherische Kirche in Dänemark als die erste der Christenheit diesen Schritt durchsetzen musste, zumal das in der Ökumene zwangsläufig Widerspruch und Polarisierung hervorrufen würde.

Auch in seinen persönlichen Veröffentlichungen ging es Prenter darum, zu einer Erneuerung des Luthertums beizutragen. Zwei seiner wichtigsten Arbeiten wurden in sowohl deutscher als auch englischer Übersetzung herausgegeben, die Habilitationsschrift über Luthers Auslegung des dritten Glaubensartikels und das Lehrbuch für Dogmatik, Schöpfung und Erlösung[24]. Die Bücher trugen entscheidend dazu bei, das Luthertum von dem Kurs eines rigiden Konfessionalismus wegzubringen, oder – mit Karl Barths Worten – weg von einem lutherischen Sonderweg. Vielmehr zeichnete sich ein ökumenisch aufgeschlossenes Luthertum als Ideal ab, welches konfessionelle Identität mit ökumenischer Gemeinschaft verbinden sollte.

3. Zusammenfassung

Die hier dargestellten drei Theologen aus Dänemark hatten viele Ähnlichkeiten: Sie waren ungefähr gleich alt, sie hatten den gleichen wissenschaftlichen Werdegang und waren etwa zeitgleich an der neugegründeten Theologischen

---

[23] Vgl. Jens Holger Schjørring/Prasanna Kumari/Norman Hjelm Helm (Hg.) Vom Weltbund zur Gemeinschaft. Geschichte des Lutherischen Weltbundes 1947–1997, Hannover 1997, 166–172.

[24] Deutsche Übersetzung: Schöpfung und Erlösung, Göttingen 1958–60. Englische Ausgabe: Creation and Redemption, Philadelphia 1967.

Fakultät in Aarhus angestellt worden. In ihrer Ausbildung waren sie entscheidend durch die im deutschen Protestantismus dominierende Wissenschaftstradition geprägt worden. Vor diesem Hintergrund setzten sie sich 1945 betont für eine Wiederaufnahme enger Beziehungen zur deutschen Theologie ein. Mit diesen Aktivitäten ging es unlösbar einher, dass sie gegen antideutsche Ressentiments Stellung bezogen. Die Zeit der nationalsozialistischen Herrschaft in Deutschland bedeutete somit keinen dauerhaften Bruch für die historisch verwurzelte Gemeinschaft, sondern lediglich eine notgedrungene Pause, die erst nach einer Phase radikaler Auseinandersetzung mit den schicksalshaften Irrwegen der jüngsten Vergangenheit durch Eintritt in den neuen Rahmen der Nachkriegszeit beendet werden konnte. Unter den veränderten Rahmenbedingungen wurde aber ein neuer Faktor wesensbestimmend, und zwar die zunehmende Dominanz der englischen Sprache und der angelsächsischen Kultur. Der damit zusammenhängende Wandlungsprozess zeigte sich alsbald als eine epochale Wende, die sich auch in der dänischen Fachtheologie bemerkbar machte. Wenn auch der Einfluss deutscher Theologie in den letzten Jahrzehnten rasant zurückgegangen ist, heißt dies allerdings nicht, dass die Beziehungen zwischen deutscher und dänischer Theologie gänzlich abgebrochen wären. Sie sind heute immer noch sehr lebendig, nur auf einem drastisch reduzierten Niveau verglichen mit der Periode nach 1945.

Anselm Doering-Manteuffel

Überlegungen zur Protestantismusgeschichte der alten Bundesrepublik

Martin Greschat gehört zu den wichtigsten Kirchen- und Konfessionshistorikern, die die Protestantismusgeschichte der Nachkriegszeit systematisch erschlossen haben. Neben seinen reformationsgeschichtlichen Studien, namentlich der faszinierenden Biographie Martin Bucers, des Straßburger Reformators, und dem vielbändigen Werk »Gestalten der Kirchengeschichte«, das er begründet und als Herausgeber systematisch betreut hat,[1] bildet für ihn die kirchliche Zeitgeschichte immer eine persönliche Herausforderung. Hier fließen Biographie und wissenschaftliches Erkenntnisinteresse zusammen. Greschats Bücher ruhen auf einem Grundduktus protestantischer Frömmigkeit, die er – sei es in der Kirche, sei es in den protestantischen Gremien – nicht immer finden kann. Seine Dokumentation »Die Schuld der Kirche« zur Stuttgarter Schulderklärung vom Oktober 1945[2] nimmt dezidiert Partei. Sie trägt eine klare, ja radikale Wendung gegen jene Tradition des deutschen Protestantismus in sich, die spätestens seit den Modernisierungsschüben im wilhelminischen Kaiserreich die staatliche Gewalt und die Armee geradezu anbetete, indes den Fortschritt mit humanem Maß, mithin eine liberale Weltorientierung, und überhaupt den Primat des Humanen in der von Krisen geschüttelten Gesellschaft im ersten Drittel des 20. Jahrhunderts, vernachlässigte. Eine entschiedene Innenwendung vieler Theologen, Pfarrer und Laienchristen zum Glauben und zur Gemeindefrömmigkeit, die mit der Abwendung von der »Welt« einhergehen konnte, setzte erst nach der Machtübernahme der Nationalsozialisten ein und fand in der Barmer Bekenntnis-

---

1 Martin Greschat, Martin Bucer. Ein Reformator in seiner Zeit, München 1990; ders. (Hg.) Gestalten der Kirchengeschichte, Stuttgart 1981–1986.

2 Martin Greschat (Hg.), Die Schuld der Kirche. Dokumente und Reflexionen zur Stuttgarter Schulderklärung vom 18./19. Oktober 1945, München 1982.

synode ihren prägenden Ausdruck. Gleichwohl, der amtskirchliche Habitus wies auch im Führerstaat noch deutliche Ähnlichkeiten mit jener Zeit vor 1914 auf, als der deutsche Protestantismus so selbstgefällig war, sich als »Leitkultur« in der Gesellschaft des kleindeutschen Reichs zu empfinden,[3] und manch ein Pfarrer unterschied sich bis 1945 nicht allzu sehr von jenem Militärgeistlichen, den Rudolf Wilke im Jahr 1900 im Simplicissimus karikierte – steif, streng, vor einer Reihe von Soldaten stehend, unterlegt mit dem Text »Christliche Soldaten, fassen wir unsere Gefühle zusammen in dem Rufe: Der liebe Gott hurrah! hurrah! hurrah!«[4]. Greschat verabscheut das und widmete seine wissenschaftliche Arbeit im Bereich der Kirchlichen Zeitgeschichte der Analyse dieses historischen Erbes, verbunden mit dem Ziel, es zu überwinden. Beginnend mit dem Buch »Der Holocaust und die Protestanten«, das die Schriftenreihe »Konfession und Gesellschaft« eröffnete, widmete er sich in dieser Reihe immer wieder dem Thema Schuld und Verantwortung sowie dem Zusammenhang von Christentum und staatsbürgerlicher Verantwortung.[5]

In den letzten Jahren hat er drei Monographien zur Geschichte des deutschen Protestantismus nach 1945 vorgelegt, mit denen er zum einen vor dem Hintergrund jahrzehntelangen Forschens und Nachdenkens die Entwicklung in den Besatzungszonen, der Bundesrepublik und der DDR darstellt und zum andern über jene kritischen moralischen Positionen innerhalb des Protestantismus während der 1970er und 1980er Jahre, die auch die seinen waren, nachdenkt und sie bisweilen mit dem Augenmaß des Historikers korrigiert.[6]

Angesichts dieses umfassenden Œuvre wäre es vermessen, hier Ergänzungen vorzunehmen. Da Martin Greschats Ansatz Politik, Staat, Kirche und Gesellschaft verbindet und insofern an der politischen Geschichte orientiert ist, möchte ich auf den folgenden Seiten einige Beobachtungen anfügen, die

---

3 Vgl. das Kapitel »Kirche im Kaiserreich – Kampf um die Leitkultur« bei Kurt Nowak, Geschichte des Christentums in Deutschland. Religion, Politik und Gesellschaft vom Ende der Aufklärung bis zur Mitte des 20. Jahrhunderts, München 1995, 149–204.

4 Carla Schulz-Hoffmann, Simplicissismus. Eine satirische Zeitschrift. München 1896–1944, München 1977; hier zitiert nach Michael Stürmer, Das ruhelose Reich. Deutschland 1866–1918, Berlin 1983, 327.

5 Jochen-Christoph Kaiser/Martin Greschat (Hg.), Der Holocaust und die Protestanten. Analysen einer Verstrickung, Frankfurt am Main 1988.

6 Martin Greschat, Die evangelische Christenheit und die deutsche Geschichte nach 1945. Weichenstellungen in der Nachkriegszeit, Stuttgart 2002; ders., Protestantismus im Kalten Krieg. Kirche, Politik und Gesellschaft im geteilten Deutschland 1945–1963, Paderborn/München/Wien/Zürich 2010; ders., Der Protestantismus in der Bundesrepublik Deutschland (1945–2005), Leipzig 2010.

von der Politik und vom Staat hinüberblenden auf das protestantische Milieu und nicht unbedingt an der politischen Chronologie orientiert sind.

1949 fand sich der Protestantismus in der ungewohnten Lage wieder, nicht mehr die Mehrheitskonfession zu sein, nicht mehr das Deutsche Reich als protestantischen Staat zu repräsentieren, sondern sich in die Parität mit dem Katholizismus schicken zu müssen. Dieser Katholizismus hatte sich – so schien es damals – weit weniger mit dem Nationalsozialismus arrangiert als der Protestantismus, und er entfaltete beträchtliche politisch-gesellschaftliche Energien, um den Schulterschluss mit der Bundesregierung des Kölner Katholiken Konrad Adenauer und der CDU als einer mehrheitlich katholischen Partei dauerhaft zu praktizieren und die »Leitkultur« im neuen Staat nunmehr katholisch zu grundieren.

Das prägte die fünfziger Jahre. Damals wurde es für nötig erachtet, die Interessen des Protestantismus innerhalb der interkonfessionellen Christlich-Demokratischen Union mit einem »Evangelischen Arbeitskreis« zur Geltung zu bringen, weil die Evangelischen in der CDU deutlich unterrepräsentiert waren. Die Gründung einer Dienststelle – eine Art von »Nuntius« bei der Bundesregierung – erfolgte früh, noch bevor das späterhin einflussreichere katholische Pendant in der Form des »Katholischen Büros« 1950 geschaffen war. Sie wurde von Hermann Kunst, dem »Bevollmächtigten des Rates der EKD bei der Bundesregierung«, geleitet, der es meisterhaft verstand, evangelische Lobbypolitik in der Bundeshauptstadt und vor allem im Bundeskanzleramt zu betreiben. Im Regierungszentrum und in der Regierungspartei der frühen Bundesrepublik musste der Protestantismus seine Position neu markieren und tat das sehr erfolgreich. An der Dominanz des katholischen Faktors änderte das zunächst aber wenig.[7]

Parallel dazu entfaltete sich in der Öffentlichkeit und im Gemeindeleben die Wirkung des »Evangelischen Kirchentags«, der nicht nur eine Veranstaltung aller zwei Jahre, sondern auch eine Organisation war. Darin verband sich eine »erwecklich-volksmissionarische Ausrichtung«[8] aus der Tradition der Zwischenkriegszeit mit einem nationalpolitischen Impuls, spätestens seit

---

[7] Vgl. Peter Egen, Die Entstehung des Evangelischen Arbeitskreises der CDU/CSU, Bochum 1971; Torsten Oppelland, Politik aus christlicher Verantwortung. Der Evangelische Arbeitskreis der CDU/CSU in der Ära Adenauer, in: Thomas Sauer (Hg.), Katholiken und Protestanten in den Aufbaujahren der Bundesrepublik, Stuttgart 1998, 35–64; Michael Klein, Westdeutscher Protestantismus und politische Parteien. Anti-Parteien-Mentalität und parteipolitisches Engagement von 1945 bis 1963, Tübingen 2005, 233–241 (zum EAK), 441–444 (zum »Büro Kunst«).

[8] Greschat, Protestantismus in der Bundesrepublik, 54.

den Auseinandersetzungen um Stalins Note zur Wiedervereinigung des Jahres 1952. Diese Mischung aus Erweckungsbewegung und nationsseliger politischer Antiwestlichkeit, die sich konkret gegen die Bundesregierung unter Adenauer richtete, zugleich aber verbunden war mit einer programmatischen Distanz zum angloatlantischen Liberalismus, wurde zum politisch-kulturellen Subtext des westdeutschen Protestantismus bis in die 1980er Jahre. Seit etwa 1960 verschmolz dieser eine, erwecklich-nationsselige Subtext mit dem anderen, entschieden demokratischen, politisch sozialdemokratischen und prononciert gegen den bundesrepublikanischen Konservativismus rheinischer Provenienz gerichteten Subtext, eben weil dieser katholisch und transnational orientiert war.[9] Die Wandlung des jahrzehntelang schwarz-weiß-rot eingefärbten deutschen Protestantismus zu einem schwarz-rot-goldenen, nationalstaatlich und latent anti-angloatlantischen, gleichwohl engagiert demokratischen politisch-kulturellen Milieu ist, wenn man die Theologie beiseite lässt, das markanteste zeithistorische Phänomen in der deutschen Konfessionsgeschichte. Bevor wir diese Wandlung näher betrachten, ist aber ein Seitenblick auf die Machtentfaltung einer kleinen Gruppe anpassungsfähiger Protestanten zu werfen, die seit dem Beginn der Reformjahre ab 1966 mit beträchtlichem Einfluss dazu beitrug, den katholischen Faktor in der Bundesrepublik zurückzudrängen.[10]

Zentriert um die FEST, die Forschungsstelle der Evangelischen Studienanstalt in Heidelberg, arbeiteten alte Freunde aus den 1930er und 1940er Jahren daran, in der Bundesrepublik Einfluss auf das Bildungssystem und die politische Kultur innerhalb und außerhalb des Parteienspektrums zu gewinnen. Die Anfänge lagen im Zweiten Weltkrieg, als Hellmuth Becker – der spätere Direktor des Max-Planck-Instituts für Bildungsforschung – wissenschaftlicher Assistent bei Ernst Rudolf Huber an der »Reichsuniversität« Straßburg war. Huber gehörte zu den nationalsozialistischen Juristen, die sich bemühten, eine neue Verfassungsordnung aus völkischem, antiliberalem Geist für das Dritte Reich zu schaffen.[11] Becker übernahm nach 1945 die Aufgabe, den Vater seiner Freunde Richard und Carl-Friedrich von Weizsäcker, den Staatssekretär Ernst von Weizsäcker, im Nürnberger »Wilhelmstraßenprozess« zu

---

9 Dirk Palm, »Wir sind doch alle Brüder!« Der evangelische Kirchentag und die deutsche Frage 1949–1961, Göttingen 2002.

10 Vgl. dazu Anselm Doering-Manteuffel, Verstrickung und Verdrängung. Seitenblicke auf den westdeutschen Protestantismus nach 1945, in: Tobias Sarx/Rajah Scheepers/Michael Stahl (Hg.), Protestantismus und Gesellschaft. Beiträge zur Geschichte von Kirche und Diakonie im 19. und 20. Jahrhundert, Stuttgart 2013, 281–292.

11 Ernst Rudolf Huber, Verfassungsrecht des Großdeutschen Reiches, Hamburg ²1939.

verteidigen. Richard von Weizsäcker assistierte ihm dabei. Während Richard seit den 1950er Jahren in verschiedenen Gremien der EKD Einfluss gewann, reüssierte sein Bruder Carl-Friedrich als international renommierter Physiker, der zwar im Dritten Reich an den erfolglosen Versuchen zur Entwicklung einer Atombombe beteiligt war, nach dem Krieg aber den Weg zu einem ökologisch grundierten Pazifismus fand – eingebunden in die Gremien und Netzwerke des deutschen Protestantismus. Der gemeinsame Freund von Becker und den Brüdern Weizsäcker war Georg Picht, Autor des Buchs »Die Bildungskatastrophe«, welches einen wichtigen Anstoß zur Bildungsreform und der Ausweitung des Bildungssystems seit Mitte der 1960er Jahre gab. Hartmut von Hentig, Pädagoge, Bildungsforscher, Mentor der aus der pädagogischen Reformbewegung seit der Jahrhundertwende hervorgegangenen Odenwaldschule, gehörte mit in den engeren Kreis, so dass sich im Übergang von den 1960er zu den 1970er Jahren eine feste, einflussreiche Verbindung von Repräsentanten einer evangelischen Bildungselite ergab, die den Anspruch erhob, Einfluss auf die Bildungspolitik und deren politisch-ethische Ausrichtung in der Bundesrepublik auszuüben. Diese bisweilen als »protestantische Mafia« apostrophierte Gruppe hat maßgeblich dazu beigetragen, dass seit dem Reformjahrzehnt von 1965 bis 1975 »Bildungspolitik« und »Protestantismus« in engem Bezug zueinander standen und den erneuerten Anspruch des Protestantismus, in Deutschland die »Leitkultur« zu bestimmen, untermauerten. Dieses bürgerlich-elitäre Projekt mit den braunen Flecken auf der Rückseite und einem antiliberalen, im Elitarismus des George-Kreises wurzelnden Traditionsstrang[12] wurde geschmeidig in die politische Wirklichkeit der Bundesrepublik eingefügt, mit der parlamentarischen Demokratie verbunden und im Zeittrend des liberalen Konsenses während der Amtszeit der sozialliberalen Kabinette Brandt/Scheel und Schmidt/Genscher zur Geltung gebracht. Dazu bedurfte es des sozialdemokratischen Subtextes im Protestantismus, der seit 1958 entstanden war.

Traditionell war der deutsche Protestantismus konservativ, aber – wie Thomas Nipperdey seinerzeit bemerkte – es gab auch in der deutschen Arbeiterschaft einen dem Protestantismus zugewandten Strang, dort nämlich, wo die Arbeiterbewegung antikatholisch war. Die Erneuerungen nach 1945 knüpften am bürgerlichen Konservatismus an, doch da der Protestantismus durch den politischen Weg der DNVP als Beförderer Hitlers diskreditiert war und es in der Bundesrepublik deshalb keine evangelisch-konservative Partei

---

12 Vgl. dazu Ulrich Raulff, Kreis ohne Meister. Stefan Georges Nachleben, München 2009, 409–496.

geben konnte, war das evangelische bürgerliche Milieu politisch heimatlos geworden – zumindest dann, wenn man, wie es zum guten Ton gehörte, »die Katholischen« nicht mochte. Die CDU wählte man in den 1950er Jahren nicht wegen der westeuropäischen Ausrichtung des Katholiken Adenauer, sondern wegen des unanfechtbar harten Antikommunismus und Antisowjetismus der von Adenauer geführten Bundesregierung. Das aber hieß, Deutschlands Teilung in Kauf zu nehmen und zu verfestigen.

Schon früh hatte Martin Niemöller, der aus der Tradition des schwarz-weiß-roten wilhelminischen Hurra-Patriotismus kam und als Theologe zum Vorkämpfer gegen die Hitler-Diktatur wurde, Adenauers Politik der Westintegration und Wiederbewaffnung angegriffen – nicht zuletzt deshalb, weil Adenauer die Wiederbewaffnung brauchte, um die Bundesrepublik, den westdeutschen Teilstaat, fest im westlichen Bündnis zu verankern. Deshalb war es die Wiederaufrüstungspolitik des Katholiken Adenauer, die aus der Sicht ihrer Kritiker die deutsche Teilung vertiefte. So kamen schon seit 1950/51 Pazifismus und Antimilitarismus, Nationalismus und antiwestliches Ressentiment mit einem harschen Antikatholizismus zusammen. Es entstand eine bundesdeutsche politische Bewegung gegen die Bundesrepublik, solange und soweit diese von Adenauer geführt und in das westliche Bündnis integriert wurde. Martin Niemöller war eine der frühen, international renommierten und als gläubiger Christ hoch respektierten, politisch aber naiven Galionsfiguren. Weitaus effizienter wirkte der evangelische CDU-Politiker Gustav Heinemann, der zuerst Oberbürgermeister von Essen und dann im ersten Kabinett Adenauer Bundesinnenminister war, seit 1949 Präses der Synode der EKD. Heinemann trat 1950 aus Protest gegen die Wiederbewaffnungspolitik, gegen *diese* Wiederbewaffnungspolitik, zurück. Er gründete zusammen mit der Katholikin und Pazifistin Helene Wessel zuerst die »Notgemeinschaft für den Frieden Europas« und dann die »Gesamtdeutsche Volkspartei« (GVP). Die Namen sagen es: Friede und Gesamtdeutschland gehörten zusammen. Wer den Nationalstaat wiederherstellen wollte, musste die militärische Westintegration bekämpfen. In der Wahl zum dritten Deutschen Bundestag 1957 hatte die GVP keine Chance und wurde aufgelöst. Heinemann und seine Mitstreiter aus den Gremien der EKD und der GVP traten in die SPD ein, Erhard Eppler, Johannes Rau und Jürgen Schmude.[13] Seit 1958 positionierte sich Heinemann scharf gegen die Deutschlandpolitik Adenauers, dem er vorwarf, die Wiedervereinigung nie gewollt zu haben. Er appellierte damit an die national-

---

13 Josef Müller, Die Gesamtdeutsche Volkspartei. Entstehung und Politik unter dem Primat der Wiedervereinigung 1950–1957, Düsseldorf 1990.

politischen Instinkte in der Bevölkerung und stand seit dem Streit um die Ausrüstung der Bundeswehr mit Trägerwaffen für Atomraketen (die in der Gewalt der Alliierten verblieben) in der Frontlinie des pazifistischen Protests gegen Atomrüstung. 1959 kehrte sich die SPD im Godesberger Programm von ihrer Distanz gegenüber den Kirchen und Konfessionen ab. Die SPD stand fortan evangelischen Wählern offen und gewann Mitglieder unter ihnen. Der akademische Mittelstand konnte Einzug halten in der Traditionspartei der Arbeiterbewegung.[14]

Seit dem Beginn der 1960er Jahre war die alte Bindung von Bürgertum und Protestantismus im politischen Feld aufgelöst, und zur gleichen Zeit verschwand auch die Verbindung von schwarz-weiß-rotem Traditionalismus und protestantischem Milieu. Die Fischer-Kontroverse 1961 über Deutschlands Schuldanteil am Ausbruch des Ersten Weltkriegs fiel nicht zufällig in diese Zeit, und ebenso wenig zufällig dürften Fischers Bindungen in der evangelischen Kirche und im protestantischen Milieu gewesen sein.

Im Verlauf der 1960er Jahre wurden Aufbruch, Expansion und Emanzipation zu Schlüsselbegriffen. Sie gehörten zum Nachkriegsboom und prägten dessen Gesicht, ähnlich wie es die Studentenbewegung als dessen markanteste Folgeerscheinung auch tat. Bildungsreform und Ausbau der Hochschulen beherrschten den Zeitgeist, und das Bewusstsein, in einer Zeit des Fortschritts zu leben, wurde zum Allgemeingut. Bei Landtags- und Bundestagswahlen nahmen die Stimmen für die SPD stetig zu, so dass alsbald vom »Genossen Trend« gesprochen wurde. Aber man sollte sich nicht täuschen: In eben diesem politischen Klima des Aufbruchs, des Fortschrittsdenkens und der gesellschaftlichen Emanzipation entfaltete sich auch die Reaktion auf all diese Entwicklungen. Seit 1964 gab es die NPD, und 1969 fehlte nicht viel, dass sie in den Bundestag eingezogen wäre. Am Wahlabend jenes bedeutungsvollen 28. September 1969 schauten die professionellen Wahlbeobachter eher darauf, ob die NPD die Fünfprozenthürde überwinden würde, als dass sie mit der Bildung einer Koalition aus SPD und FDP rechneten.

1969 war die Bundesrepublik zu einem festen Bestandteil des atlantisch dominierten Westens geworden, sie teilte die sozialökonomische Orientierung am keynesianischen Ordnungsmodell für Wirtschaft und Staat und die politische Orientierung auf sozialdemokratische Politik mit den meisten westeuropäischen Ländern in dieser Zeit. Es ist vielleicht eine der bemerkenswertesten Entwicklungen, dass innerhalb von zwanzig Jahren der deutsche

[14] Angesichts der umfangreichen Literatur zu den folgenden Zusammenhängen verzichte ich auf Nachweise, weil sie nur willkürlich gewählt sein könnten.

Protestantismus nicht nur seine politisch schwarz-weiß-roten Gewänder ablegte, sondern auch über die Milieugrenzen hinauswuchs. In den Jahren, als die Arbeiterschaft den »Abschied von der Proletarität«[15] vollzog, verließ der deutsche Protestantismus das Gehäuse des bürgerlichen Milieus. Er öffnete sich zur Partei der Arbeiterschaft, während sich diese durch die Einwanderung der mittelständischen Akademiker zur Partei der modernen, im Nachkriegsboom geformten Arbeitnehmergesellschaft veränderte. Im Zuge dieser Bewegung beobachten wir die Ausbreitung des evangelischen Faktors im kulturellen Klima der Zeit, auch wenn die Kirchen leerer wurden und die Formen traditioneller Volkskirchlichkeit ins Leere zu laufen begannen. Denn der Protestantismus verkörperte aufgrund seiner eigenen »emanzipatorischen« Entwicklung seit 1949 eine progressive Bewegung, die gegebenenfalls leicht mit gesellschaftlichem Protest im Rahmen der Neuen Sozialen Bewegungen in den 1970er Jahren verschmelzen konnte. Für den Katholizismus lässt sich ähnliches konstatieren, nur ist dies hier nicht unser Thema.[16] Es ist allerdings deutlich zu betonen, dass das Verschmelzen mit der BRD-typischen Gesellschaft eines emphatischen Postfaschismus und des gern zur Schau gestellten »besseren Gewissens«, auf das man insbesondere im Protestantismus abonniert ist, nie vom latenten Antiamerikanismus und von der ideologischen Distanz zum angloatlantischen Liberalismus freikam.

Gleichwohl, Kirchentag und Massendemonstration bildeten keineswegs den Gegensatz, den man vermuten möchte, wenn man die Massendemonstrationen der Atomkraftgegner am Ende der 1970er Jahre, gar die »Autonomen« im »Schwarzen Block« bei den späteren, gewalttätigen Auseinandersetzungen betrachtet. Wir beobachten das an einem Geschehenszusammenhang, den man im Rahmen der Protestantismusgeschichte üblicherweise gar nicht beachtet. Es handelt sich um den Brokdorf-Beschluss des Bundesverfassungsgerichts aus dem Jahr 1985.[17]

Seit 1976 hatte es immer wieder Auseinandersetzungen um den Bau eines Atomkraftwerks in Brokdorf gegeben. 1981 eskalierte der Streit, nach-

---

15 Josef Mooser, Abschied von der »Proletarität«. Sozialstruktur und Lage der Arbeiterschaft in der Bundesrepublik in historischer Perspektive, in: Werner Conze/M. Rainer Lepsius (Hg.), Sozialgeschichte der Bundesrepublik. Beiträge zum Kontinuitätsproblem, Stuttgart 1983, 143–186.

16 Vgl. die kritische Studie von Thomas Großbölting, Der verlorene Himmel. Glaube in Deutschland seit 1945, Göttingen 2013.

17 Der Zusammenhang ist noch nicht näher untersucht worden. Eine Publikation von Oliver Lepsius, Anselm Doering-Manteuffel und Bernd Greiner befindet sich in Vorbereitung.

dem Ende 1980 ein vierjähriger Baustopp aufgehoben worden war und die Arbeiten wieder aufgenommen werden sollten. Im Februar 1981 sollte von AKW-Gegnern in Brokdorf eine Großdemonstration veranstaltet werden. Der Landrat des Kreises Steinburg verbot daraufhin jegliche Demonstration am Bauplatz und im weiteren Umfeld, weil mit Gewalt aus den Reihen der Demonstranten zu rechnen sei. Die Ereignisse brauchen hier nicht Schritt für Schritt nachvollzogen zu werden, entscheidend ist, dass einerseits in der Wilstermarsch eine Großdemonstration mit 50.000 Teilnehmern stattfand und andererseits sogleich von den Beschwerdeführern gegen das Demonstrationsverbot Verfassungsbeschwerde eingelegt wurde.

Über diese Verfassungsbeschwerde entschied das Bundesverfassungsgericht am 14. Mai 1985, und dieses Urteil bildet einen Meilenstein in der Rechtsprechung über staatsbürgerliche Freiheit, Versammlungsfreiheit, Individualität und Verantwortung vor der Herausforderung durch Gewalttaten einzelner.

Das Gericht legte den Kontrahenten – Politik, Polizei und Demonstranten – die Pflicht auf, im Vorfeld von Großdemonstrationen nach Konsens zu suchen. Der soziale Konsens, der das Jahrzehnt von 1965 bis 1975 als polit-ökonomisches Handlungsmodell geprägt hatte, wurde hier zur staatsrechtlichen Verpflichtung. Das Wissen darum, führte das Gericht aus, dass in einer Großgruppe von mehreren zehntausend Demonstranten gewaltbereite Personen sein würden, ermächtige die Politik oder die Polizei nicht dazu, eine solche Demonstration im Vorhinein zu verbieten. Neben nüchternen Bemerkungen darüber, wie sich »die Demonstration« seit der Zwischenkriegszeit bis in die Gegenwart der Massendemokratie und der Massenkonsum- und Freizeitgesellschaft verändert habe, kam auch die entschiedene Auffassung zum Ausdruck, dass es vor jedem Streit unabweislich nötig sei, zwischen den Konfliktparteien die Gegensätze zu klären und nach Möglichkeiten des Konsenses zu suchen.

Das Urteil fällte der Erste Senat. Der Berichterstatter war Helmut Simon, und im Senat saßen neben ihm auch Roman Herzog und Konrad Hesse. Alle waren profilierte Protestanten, teils der CDU nahestehend (Herzog), teils der SPD (Simon und Hesse). Alle hatten sie prägende Erfahrungen im Vorfeld und Umfeld der Kirchentage aufzuweisen, und alle waren im Verlauf der Geschichte der Bundesrepublik zu entschiedenen Demokraten geworden. Die Demokratie war für sie nicht nur das Projekt der parlamentarischen Ordnung, sondern es ging ihnen um die Demokratie als soziales Projekt und um Gemeinschaftsfähigkeit aus christlichem Geist. Sie kannten die Rhetorik und die Praxis der »Volksgemeinschaft« und wussten daher, dass jeder Appell, gar eine normative Verpflichtung auf Gemeinschaftssinn im postnationalsozialistischen Deutschland missverstanden werden konnte. Ihr Protestantismus, die feste Einbindung in die gemeinschaftsbildenden Formen des Kirchentages und ihr christlich grundiertes Bewusstsein vom Recht des anderen leiteten ihr Handeln. Sobald das »Recht des anderen« missbraucht und gegen die Ordnung des Staats, der Gesellschaft, der demonstrierenden Gemeinschaft gerichtet wurde, hatte die Polizei das Recht, repressiv durchzugreifen – aber eben erst dann.

Schaut man weiter und richtet den Blick auf die Demonstrationen der Friedensbewegung in den 1980er Jahren, ist der Zusammenhang von evangelisch-kirchentäglicher Gemeinschaftsbildung und politischem Massenprotest mit Händen zu greifen. Gewiss wird man sowohl im Meinungsbildungsprozess zu den Anti-AKW-Demonstrationen als auch in der Friedensbewegung einen vergleichbar großen Anteil an Katholiken und des konfessionsneutralen sozialkulturellen Antiamerikanismus finden können. Da die Konfessionsgeschichte dieser gesellschaftlichen Transformation von den 1950er in die 1980er Jahre noch nicht genügend erhellt worden ist, müssen hier manche Fragen offenbleiben. Das Anliegen der Reihe »Konfession und Gesellschaft«, die von Martin Greschat maßgeblich vorangetrieben wurde, bestand gerade darin, zu solchen Fragehorizonten vorzustoßen.

Zur Konfessionsgeschichte der Nachkriegszeit gehören solch scheinbar völlig heterogene Entwicklungen wie die des Kreises um Hellmuth Becker, die Brüder Weizsäcker, Georg Picht und manche andere, die die ihnen zunächst ganz fremde politisch-gesellschaftliche Wirklichkeit der jungen Bundesrepublik in sich aufnahmen, sich geschmeidig in sie einpassten, um dann ihre eigenen Auffassungen und Machtansprüche darin zur Geltung zu bringen. Sie haben auf ihre Weise ebenso zur Aussöhnung des wilhelminisch durchsäuerten Traditionsprotestantismus mit der westdeutschen Wirklichkeit beigetragen, indem sie die Bildungsreform als egalitäres und zugleich emanzipatorisches Projekt verfolgten, wie jene mittelständischen Akademiker evangelischer Konfession, die in der Gefolgschaft Heinemanns zur SPD wechselten und dadurch die Sozialdemokratie nicht nur zum Mittelstand, sondern auch zur Konfessionalität hin öffneten. Dass sich der sozialdemokratische Bundeskanzler Helmut Schmidt beim Orgelspiel in der Kirche filmen ließ, kann man als Ausdruck des Bewusstseins interpretieren, dass dieser Wandel immer noch als etwas Besonderes empfunden wurde.

Sozialgeschichtlich gesprochen, verschwanden mit der Klassengesellschaft auch die konfessionellen Milieus, als sich nach dem Dritten Reich im Nachkriegsboom die egalitäre Konsumgesellschaft herausbildete. Kultur- und konfessionsgeschichtlich gesprochen, beobachten wir im Zuge der jahrzehntelangen ideellen Westintegration, der »Westernisierung« der westdeutschen

Gesellschaft, wie sich die antiliberalen, der angloatlantischen Welt gegenüber feindlich eingestellten ideologischen Obsessionen des protestantischen Nationalismus zurückbildeten und neue Formen evangelischer Weltfrömmigkeit entwickelten. Diese Beobachtung steht indes nicht im Widerspruch dazu, dass bis heute insbesondere im Protestantismus und im politisch linksliberalen, bürgerlich-mittelständischen evangelischen Milieu die »Ekelschranke«[18] zum politisch-kulturellen Milieu des Angloatlantizismus nicht überwunden wurde. Das jedoch ist ein weites Feld und bildet ein schwieriges, mit Tabus umstelltes Thema in der deutschen Geschichte des 20. Jahrhunderts.

[18] Gangolf Hübinger, Kulturprotestantismus und Politik. Zum Verhältnis von Liberalismus und Protestantismus im wilhelminischen Deutschland, Tübingen 1994, 6.

Siegfried Hermle

Umstrittene Anfänge des Kölner Politischen Nachtgebets

Das Politische Nachtgebet in Köln kann – wie Martin Greschat in Aufnahme einer Charakterisierung von Peter Cornehl konstatierte –, als »der gottesdienstliche Beitrag der Kirchen zur 68er-Bewegung« bezeichnet werden.[1] Die Nachtgebete – vom Oktober 1968 bis zum Juli 1972 wurden 37 Veranstaltungen allein in Köln durchgeführt – fanden insbesondere auch bei kirchenentfremdeten Menschen eine äußerst positive Aufnahme. Die oft überfüllten Nachtgebete zeichneten sich durch vier Elemente aus: Information, Meditation, Gebet sowie Diskussion mit Impulsen für konkrete Aktionen. Die Bedeutung des Politischen Nachtgebets lag zum einen darin, dass es ungemein anregend für eine neuartige Gestaltung von Gottesdiensten war, so fand es rasch Nachahmer in Deutschland aber auch in den Niederlanden oder in der Schweiz.[2] Zum anderen fanden sich bei diesen Veranstaltungen »kritische, religiös und politisch verunsicherte Menschen [ein], die eine neue Identität suchten«.[3] Insoweit sind die Politischen Nachtgebete mit Martin Greschat als »ein herausragendes gesellschaftliches, kirchliches und kirchenpolitisches Ereignis« zu qualifizieren.

Im Folgenden soll es nicht um die Nachtgebete selbst gehen, sondern um deren Vorgeschichte und die äußerst kritische Rezeption dieser Veranstaltungen in der katholischen Kirche. Denn neben der positiven Aufnahme dieser neuen Gottesdienstform in Teilen der Öffentlichkeit schlugen ihr seitens des Ordinariats und des Erzbischofs massive Vorbehalte, ja Ablehnung entgegen. In einem ersten Teil soll zunächst die Entwicklung des die Nachtgebete tra-

---

1 Martin Greschat, Der Protestantismus in der Bundesrepublik Deutschland 1945–2005, Leipzig 2011, 140. Vgl. weiter zum Politischen Nachtgebet: Peter Cornehl/Dorothee Sölle, das »Politische Nachtgebet« und die Folgen, in: Siegfried Hermle/Claudia Lepp/Harry Oelke (Hg.), Umbrüche. Der deutsche Protestantismus und die sozialen Bewegungen in den 1960er und 70er Jahren, Göttingen 2007, 265–284.

2 Vgl. Uwe Seidel/Diethard Zils, Aktion Politisches Nachtgebet, Wuppertal 1971.

3 Greschat, Protestantismus, 142.

genden ökumenischen Arbeitskreises nachgezeichnet werden, im folgenden Abschnitt wird dann die Haltung der katholischen Amtskirche[4] vorgestellt werden.

I. Die Vorgeschichte des Politischen Nachtgebets

Ein erster Vorläufer des Trägerkreises des Politischen Nachtgebetes kann in einer Gruppe von Katholikinnen und Katholiken – Pädagogen, Journalisten und Theologen – gesehen werden, die im November 1964 einen Ehehirtenbrief entwarfen und ihn dem Kölner Erzbischof zukommen ließen in der Überzeugung, »daß die in diesem Bereich sachlich kompetenten Eheleute eine Mitverantwortung für die kirchliche Verkündigung tragen«.[5] Nachdem 1966 dem Kreis auch protestantische Mitglieder beigetreten waren, erörterte man, wie ein Glaubensbekenntnis »aus dem Geist einer politischen Theologie« aussehen könnte. Die Zusammenkünfte mit wechselnden Teilnehmern boten auch Gelegenheit, sich über die Ehe oder ein zeitgemäßes Verständnis der Sakramente auszutauschen.[6] Entscheidend war schließlich, wie Dorothee Sölle im Rückblick formulierte, dass die Gruppe die Einsicht gewann, dass der Austausch im geselligen Kreis nicht genüge und »daß die Beschäftigung mit theologischen Fragen unverbindlich blieb, wenn ihr nicht das Engagement für die ›brennende Aktualität‹ [...] folgt«.[7] Im Laufe des Jahres 1967 war der Krieg in Vietnam zunehmend zu einer solchen brennenden Aktualität geworden und die Kölner Gruppe unterstützte daher Aktivitäten, die auf die Lage in Vietnam aufmerksam machen und auf ein Ende des Krieges dringen sollten. Als erste Aktion war eine Unterstützung eines in der katholischen St. Alban-Gemeinde in Köln aktiven »Arbeitskreises Vietnam« projektiert. Beabsichtigt war, am 14. Dezember 1967, dem dritten Adventssonntag, nach dem Gottesdienst in der Kirche eine Diskussion über den Vietnamkrieg durchzuführen. Doch dies wurde vom Generalvikariat untersagt, nachdem sich eine unbekannte Person über diese Aktion beschwert hatte.[8] Die Diskussion

---

[4] Die Reaktion der evangelischen Kirche und insbesondere von Präses Joachim Beckmann muss aus Platzgründen andernorts zur Darstellung kommen.

[5] Egbert Höflich u. a., »Politisches Nachtgebet« als Modell. Zu einer Veranstaltung des Ökumenischen Arbeitskreises in der ev. Antoniterkirche am 1. Oktober 1968 in Köln, in: Blätter für Deutsche und Internationale Politik XIII (1968), 1147–1158, hier: 1151.

[6] Vgl. Dorothee Sölle, Gegenwind, Erinnerungen, München [6]2004, 71.

[7] Sölle, Gegenwind, 71.

[8] Vgl. Kölner Stadt-Anzeiger vom 18.12.1967, 4.

zum Thema »Wir Christen angesichts des Vietnamkrieges« musste daher »bei klirrender Kälte vor der Kirche« stattfinden.[9] Der Kölner Stadt-Anzeiger berichtete unter der Überschrift »Vietnam-Diskussion vor der Kirche. Pfarre will Zelle der Unruhe sein« über das Treffen. Über 150 Gläubige – darunter viele Jugendliche – hätten sich über eine Stunde mit 50 Thesen beschäftigt, die katholische und evangelische Studenten erarbeitet hatten und die von der Pax-Christi-Bewegung verbreitet worden waren. In der lebhaften Diskussion seien unterschiedliche Meinungen laut geworden. Auf die Frage, was denn der Pfarrer von St. Alban – Dr. Hugo Poth – vorhabe, antworte an seiner statt ein Gemeindeglied: »Wir wollen eine Zelle der Unruhe bilden, die andere Gemeinden ansteckt und auch über den kirchlichen Bereich hinauswirkt bis in den Bundestag«.[10] Man kam überein, sich im Januar wieder zu versammeln – dann hoffentlich ohne den Verfassungsschutz, denn dieser hatte die Veranstaltung wohl beobachtet. Der Beitrag schloss mit der süffisanten Bemerkung: »Generalvikariat und der Verfassungsschutz werden aber gewiß noch vor dem bevorstehenden Fest der Liebe dafür sorgen, daß das Evangelium nicht etwa auch in anderen Gemeinden so ernst genommen wird, wie in St. Alban.«

Im Folgenden wurde durch den Ökumenischen Arbeitskreis humanitäre Hilfe für in Vietnam vom Krieg traumatisierte Menschen organisiert und in drei Monaten 10.000 Mark gesammelt. Zudem wurde eine Eingabe an die Bundestagsfraktionen mit der Aufforderung gerichtet, sich im Bundestag mit dem Thema Vietnam zu befassen; ein Anliegen, das auch Bundeskanzler Georg Kiesinger, Außenminister Willy Brandt und allen Bundestagsabgeordneten sowie der Fuldaer Bischofskonferenz vorgetragen wurde.[11] Und noch ein weiterer, in den Beratungen der Gruppe diskutierter Vorschlag wurde aufgenommen: Der Ökumenische Arbeitskreis versandte zu Weihnachten 1967 – wie dann auch zu Ostern 1968 – einen Text an alle evangelischen und katholischen Pfarrer in Köln und Umgebung, der Informationen zu den Ereignissen in Vietnam bot. In den Weihnachtsgottesdiensten sollte nämlich »nicht nur allgemein vom ›Frieden auf Erden‹« geredet werden, sondern es müsse »ein klares Wort zum Krieg in Vietnam« gesagt werden.[12]

---

9 Vgl. Kölner Stadt-Anzeiger vom 18.12.1967, 4 und Fulbert Steffensky, Politisches Nachtgebet in Köln, in: Folkert Rickers/Bernd Schröder (Hg.), 1968 und die Religionspädagogik, Neukirchen-Vluyn 2010, 125.

10 Kölner Stadt-Anzeiger vom 18.12.1967, 4.

11 Höflich, »Politisches Nachtgebet«, 1151; und Steffensky, Politisches Nachtgebet, 125.

12 Christ in Köln. Meinungen, Gespräche, Nachrichten aus der Evangelischen Gemeinde Köln, Nr. 4 vom Juni 1970.

Die nächste öffentlichkeitswirksame Aktion war ein Gottesdienst zu Karfreitag auf dem Kölner Neumarkt. Nach einem Schweigemarsch, dem ein Plakat mit der Aufschrift »Golgata ist Vietnam« vorangetragen wurde, versammelten sich am 12. April 1968 ungefähr 1.000 Besucher.[13] Die Initiatoren boten Informationen über die Situation in Vietnam, dann folgte eine Meditation mit einem Gebet und abschließend eine Aktionsempfehlung – damit waren jene Elemente, die das Politische Nachtgebet kennzeichneten, hier bereits präsent. Provokativ war insbesondere die Aktualisierung von Worten Jesu. So hieß es beispielsweise in Aufnahme von Mt 25,35–36: »Ich hatte Hunger: Ihr habt die Ernte meines Landes chemisch vernichtet. Ich war ein Reisbauer: Ihr habt mich in ein Flüchtlingslager gesteckt. Ich war nackt: Ihr habt mich mit Napalm übergossen. Ich bin verblutet: Ihr habt im Fernsehen zugeschaut.«[14] Die Versammelten wurden aufgerufen die Friedensaktionen in Köln »auf breiterer Grundlage [zu] entwickeln«.

Für die Mitglieder des Ökumenischen Arbeitskreises, die »eine Ökumene von unten« repräsentierten[15], spielte die Frage nach der jeweiligen Konfession keine zentrale Rolle; sie sei – so Sölle – »etwa so wichtig [gewesen] wie die Frage nach einem Dialekt.«[16] Sie bewirkte zwar »ein bestimmtes Kolorit, aber essentiell [... sei] diese Frage nicht« gewesen. Wichtiger war vielmehr eine kirchenreformerische Zielsetzung, wobei die Teilnehmerinnen und Teilnehmer »nicht nur eine neue Theologie [wollten], sie wollten eine neue Kirche und eine andere Gesellschaft.«[17] Neben den bald als Aushängeschildern der Gruppe wahrgenommenen Fulbert Steffensky, Benediktinerpater in Maria Laach, und Dorothee Sölle, Germanistin und Studienrätin im Hochschuldienst an der Universität zu Köln, gehörten der Gruppe zahlreiche links- und reformorientierte Personen an. Genannt seien die Religionspädagogin Marie Veit, die Journalistin Vilma Sturm, das Ehepaar Egbert und Mechthild Höflich – er Leiter des Kölner Seminars für Studienreferendare, sie Dozentin für Sozialpädagogik – und der Architekt Michael Dohle. Weiter waren die Pfarrer Klaus Schmidt und Eberhard Kerlen in besondere Weise aktiv, letzterer wirkte später als Geschäftsführer des Arbeitskreises. Der anfangs aus »etwa einem Dutzend Mitglieder[n]«[18] bestehende Kreis wies bald 30 Chris-

[13] Der Gottesdienst hatte durch die Attentate auf Martin Luther King am 4. April und auf Rudi Dutschke am 11. April 1968 zusätzliche Brisanz bekommen.

[14] Nach: Kölner Stadt-Anzeiger von Ostern 1968, Art. »1000 beteten am Neumarkt«, 15.

[15] Greschat, Protestantismus, 141.

[16] Sölle, Gegenwind, 70.

[17] Steffensky, Politisches Nachtgebet, 125.

[18] Sölle, Gegenwind, 71.

tinnen und Christen auf und zählte zu seinen Hochzeiten nahezu 100 Personen.

Eine entscheidende Veranstaltung im Vorfeld der Kölner Nachtgebete war ein Gottesdienst, den der Ökumenische Arbeitskreis im Rahmen des Essener Katholikentages am 7. September 1968 durchführte. Die Organisatoren hatten den Kölnern erst für 23 Uhr die Kirche St. Martin eingeräumt, weshalb die Veranstalter ihr Gebet »ironisch ›Politisches Nachgebet‹« nannten – ein Name, der bleiben sollte.[19] Bereits eine halbe Stunde vor Beginn war die Kirche überfüllt: Die Menschen waren gespannt, was sie in einer Veranstaltung erwartete, die dezidiert als »politisch« angekündigt war. Inhaltlich bot der Essener Gottesdienst dasselbe, wie der am 1. Oktober in Köln Durchgeführte: Es wurden zunächst Informationen einerseits über die Lage in der Tschechoslowakei nach der Invasion der Truppen des Warschauer Paktes am 21. August gegeben und andererseits über die Gewalttaten seitens der USA in der Dominikanischen Republik und in Vietnam. Besondere Authentizität gewann die Veranstaltung dadurch, dass der Exilbischof Pavel Hnilica (Societas Jesu) aus der Tschechoslowakei das Wort ergriff und zur Solidarität mit den Menschen seiner Heimat aufrief. Er wies die Versammelten darauf hin, dass »Katholiken und Kommunisten [...] sehr wohl in der Frage der Verteidigung menschlicher Grundrechte zusammenarbeiten« könnten.[20] Nach der »Ansprache eines evangelischen Pfarrers«[21] folgte ein von Dorothee Sölle vorgetragenes Glaubensbekenntnis[22], dann »Fürbitten, die Tschechoslowakei und unser eigenes Land betreffend«[23], und am Ende stand die »Diskussion über einige der provozierenden Thesen«, die vorgetragen worden waren.

Dominiert war die Berichterstattung über den Katholikentag in Essen jedoch durch die am 25. Juli 1968 von Papst Paul VI. erlassene Enzyklika »Humanae Vitae« sowie – im Blick auf die Ökumene – durch den ersten ökumenischen Gottesdienst auf einem Katholikentag: In der Grugahalle feierten Präses Joachim Beckmann und der Paderborner Erzbischof Lorenz Kardinal Jäger mit 7.500 Christinnen und Christen.[24] Über das Politische Nachtgebet wurde nur selten berichtet: In der »Frankfurter Allgemeinen Zeitung« bot ein

---

19 Steffensky, Politisches Nachtgebet, 126.

20 Nach: Kölner Rundschau vom 9.9.1968.

21 Nach: Frankfurter Allgemeine Zeitung vom 9.9.1968, 5.

22 Text: Dorothee Sölle/Fulbert Steffensky (Hg.), Politisches Nachtgebet in Köln, Stuttgart ²1969, 26–27.

23 Nach: Frankfurter Allgemeine Zeitung vom 9.9.1968, 5.

24 Vgl. u. a. Berichte in der Trierer Landeszeitung, den Düsseldorfer Nachrichten oder der Westfalenpost je vom 9.9.1968.

Artikel unter der Überschrift »Kritischer Staatsbürger statt frommer Menschen« eine knappe Zusammenfassung des Nachtgebetes mit einem Auszug aus Sölles Glaubensbekenntnis[25], die »Kölner Rundschau« berichtete, dass auf dem Katholikentag die »Revolution [...] nicht statt[fand]«, vielmehr sei der kritische Katholizismus »in den Arbeitskreisen links überholt« worden.[26] Zwar wurde in diesem Zusammenhang das Politische Nachtgebet erwähnt, aber der Autor beschränkte sich auf die kommentarlose Wiedergabe der einzelnen Teile des Gottesdienstes. Im ausführlichen Nachbericht über die Essener Tage in der »Herder Korrespondenz« wurde das Politische Nachtgebet als »Modell eines ›ökumenischen‹ Wortgottesdienstes« vorgestellt, über dessen Ablauf informiert und sehr ausführlich Sölles Glaubensbekenntnis zitiert.[27]

Das Essener Politische Nachtgebet fand also trotz des späten Beginns eine sehr gute Resonanz, doch wurde über diese Veranstaltung in der Presse eher knapp berichtet. Bemerkenswerterweise wurden weder der Gottesdienst als Ganzes noch das Glaubensbekenntnis Dorothee Sölles, das keine vier Wochen später für so viel Aufregung sorgen sollte, Zielscheiben der Kritik.

2. Das Erzbistum Köln und das Politische Nachtgebet

Im Namen des Ökumenischen Arbeitskreises richtete Dorothee Sölle wohl Mitte September 1968 an Bekannte und Freunde einen Aufruf, um auf das Nachtgebet aufmerksam zu machen. Das hektographierte Flugblatt begann provokativ-pragmatisch mit dem Satz: »[E]in religiöses Gebet ohne politische Konsequenzen ist eine Heuchelei«.[28] Weiter hieß es: »Ein theologisches Nachdenken ohne politische Praxis ist sinnlos«. Es sei daher notwendig, dass in Gottesdiensten »politische Information« gegeben und »das selbstkritische Nachdenken« gepflegt werde. Daher seien »Meditation, Gebet und Diskussion [...] gleichberechtigte Elemente in der neuen Form christlichen Lebens«, die der Arbeitskreis versuchen wolle. Die Adressaten wurden aufgerufen, »Menschen, mit denen Sie zusammenarbeiten«, zum Politischen Nachtgebet einzuladen, »auch die, die sonst nicht in die Kirche gehen.«

Das Politische Nachtgebet sollte am 1. Oktober 1968 in der Jesuitenkirche St. Peter in Köln stattfinden. Doch es kam ganz anders.

---

25 Vgl. Frankfurter Allgemeine Zeitung vom 9.9.1968, 5.

26 Kölner Rundschau vom 9.9.1968.

27 HerKorr 22 (1968), 471.

28 LKA Düsseldorf, LKA-Sachakten 1 OB 017 AZ 13-1-16.

Am Samstag, den 28. September, fand spätnachmittags bei Erzbischof Frings eine Besprechung über das Nachtgebet statt – auf wessen Veranlassung hin ist den Unterlagen nicht zu entnehmen. Das Resultat der Beratungen wurde noch am selben Tag gegen 19.20 Uhr dem Provinzial des Jesuitenordens mitgeteilt, der für den vorgesehenen Veranstaltungsort zuständig war. Er konnte jedoch den Anruf nicht persönlich entgegennehmen. Dem Vertreter wurde deutlich gemacht, dass der Anruf im ausdrücklichen Auftrag des Kardinals erfolge. Dieser wünsche, dass der angesetzte Gottesdienst nicht in St. Peter durchgeführt werde, da »dadurch die Kirche entweiht« werde.[29] Begründet wurde dies damit, dass in Essen von Frau Sölle ein Glaubensbekenntnis gesprochen worden sei, »das mit dem kath[olischen] Glauben nicht vereinbar ist, denn Glaube wird durch Mitmenschlichkeit ersetzt.«[30] Wenn dies oder Ähnliches gebetet werde, müsse die Kirche einschreiten. Aus Verantwortung für die Verkündigung des wahren und unverkürzten katholischen Glaubens wünsche der Bischof auch künftig nicht, dass solche Veranstaltungen in einer katholischen Kirche stattfinden.[31] Noch am 28. September muss der Ökumenische Arbeitskreis über das Verdikt des Erzbischofs informiert worden sein, da Mechthild Höflich umgehend beim Ordinariat anrief, Frings aber nicht zu sprechen bekam. Seinem Vertreter erklärte sie, der Arbeitskreis sei über den Anruf beim Provinzial bestürzt. Man habe das Glaubensbekenntnis geprüft, aber nichts gefunden, »was gegen den Glauben« stehe. Zu fragen sei, weshalb die Kritik beim Provinzial vorgebracht und nicht das direkte Gespräch gesucht wurde. Eminenz werde wohl »durch einzelne Personen ›ängstlich‹ gemacht«, so Frau Höflich. Der Gesprächspartner von Frau Höflich erklärte daraufhin, sie sei frei, Eminenz um einen Gesprächstermin zu bitten, doch könne er sich nicht für einen solchen einsetzen. Umgehend wurde der Kardinal über das Telefonat unterrichtet und besonders betont, der Ökumenische Arbeitskreis fühle sich durch das autoritäre Vorgehen provoziert, zumal der Eindruck vorherrsche, bei anderen würden Texte nicht überprüft. Am Samstagabend machte Frau Höflich gegen 21 Uhr nochmals einen Vorstoß und vermochte nun, mit Erzbischof Frings persönlich zu sprechen. Sie bat erneut um Änderung des Bescheids sowie um einen Gesprächstermin. Einen solchen mochte

---

29 Schreiben Generalvikar Jansen an Prälat Hüttenbügel vom 7.10.1968, in: Historisches Archiv des Erzbistums Köln [= HAE Köln] Gen. II 23.43,26 Politisches Nachtgebet Korrespondenz I. Teil.

30 Handschriftliche Notiz über verschiedene Telefonate, in: HAE Köln Gen. II 23.43,25 Politisches Nachtgebet Korrespondenz II. Teil.

31 Schreiben Generalvikar Jansen an Prälat Hüttenbügel vom 7.10.1968, in: HAE Köln Gen. II 23.43,26 Politisches Nachtgebet Korrespondenz I. Teil.

ihr Frings jedoch nicht einräumen; zudem blieb er bei seiner Entscheidung. Aber dies war noch nicht das Ende der Aktionen an diesem turbulenten Tag. Gegen 22.30 Uhr rief im Ordinariat ein namentlich nicht benannter Mann aus der Abtei Maria Laach an – es dürfte sich um Pater Fulbert Steffensky gehandelt haben – und erklärte, so die Notiz des bischöflichen Mitarbeiters, das Credo verstoße nicht gegen den Glauben. Wenn das »Verbot aufrecht erhalten bleibt«, dann müsse der Arbeitskreis an die Öffentlichkeit gehen.[32]

Am Sonntag meldete sich Sölle bereits um 8.50 Uhr im Generalvikariat und machte geltend, in dem ökumenischen Gottesdienst geschehe nichts, was verletzend sein könnte. Daraufhin wurde ihr beschieden, die Entscheidung habe nichts mit ihrer Person zu tun, sondern erfolge allein aus sachlichen Gründen.[33]

Auch Egbert Höflich suchte das Gespräch mit Kardinal Frings. Ohne einen Termin abgesprochen zu haben, erschien er am Montagmorgen gemeinsam mit Dorothee Sölle beim Erzbischof. Dieser war allerdings nur bereit, Höflich zu empfangen; eine Teilnahme von Sölle am Gespräch lehnte er ab. Aber dieser Vorstoß brachte nicht die erhoffte Rücknahme des Verbots, doch immerhin wurde für den November ein Gespräch vereinbart.[34]

Die Kölner Presse berichtete erstmals am Dienstag, den 1. Oktober, über die Vorgänge: Der »Stadt-Anzeiger« titelte über einem Portrait von Dorothee Sölle: »Kardinal gegen politisches Gebet«. Berichtet wurde, der Kardinal halte diese Art eines Gottesdienstes »für eine Entwürdigung des Gotteshauses« und die Überzeugung des Arbeitskreises, dass ein »religiöses Gebet ohne politische Konsequenzen [...] eine Heuchelei« sei, habe der Erzbischof »als ›blasphemisch‹« bezeichnet.[35] Andererseits halte der Arbeitskreis, so hieß es weiter, »das Vorgehen des Kardinals für einen ›Rückfall in vorkonziliares Gebaren und für einen Herrschaftsanspruch‹, den [man ...] überholt« glaubte. Beklagt wurde zudem, dass Texte »als theologisch unmöglich und häretisch erklärt« wurden, ohne dass den Verfassern Gelegenheit gegeben worden sei, »ihre Argumente vorzubringen.« Der Artikel informierte abschließend noch über den geplanten Ablauf des Gottesdienstes und verwies darauf, dass dieser nun in der evangelischen Antoniterkirche stattfinden werde. Die »Kölner

---

[32] Schreiben Generalvikar Jansen an Prälat Hüttenbügel vom 7.10.1968, in: HAE Köln Gen. II 23.43,26 Politisches Nachtgebet Korrespondenz I. Teil.

[33] Handschriftliche Notiz über verschiedene Telefonate, in: HAE Köln Gen. II 23.43,25 Politisches Nachtgebet Korrespondenz II. Teil.

[34] Vgl. Schreiben Generalvikar Jansen an Prälat Hüttenbügel vom 7.10.1968, in: HAE Köln Gen. II 23.43,26 Politisches Nachtgebet Korrespondenz I. Teil.

[35] Kölner Stadt-Anzeiger vom 1.10.1968, 17.

Rundschau« bot zudem Auszüge aus der Erklärung des Arbeitskreises, in denen zum Ausdruck gebracht war, dass man »keine Feindschaft« wolle.[36] Noch pointierter formulierte der Kölner Express: »Katholiken laufen Sturm. Frings sperrt Beter aus!«[37]

Zu Beginn des am Abend des 1. Oktober in der völlig überfüllten Antoniterkirche durchgeführten Nachtgebetes wurde die bereits auszugsweise in der Presse veröffentlichte Erklärung des Arbeitskreises verlesen. Begründet wurde der Protest gegen die Entscheidung des Kardinals vornehmlich damit, dass das »Zweite Vatikanische Konzil [...] gefordert [habe], niemanden zu verurteilen, bevor er gehört worden sei.«[38] Man sehe die »Wahrheit der Kirche selber [...] gefährdet, wo Stimmen in ihr unterdrückt werden, kirchliche Instanzen einseitig informiert werden und darum auch nur einseitig handeln können.« Ausdrücklich betont war, dass man »nicht zu Unternehmungen schweigen [könne], die gegen den Geist der Brüderlichkeit und des Dialogs verstoßen und damit das Evangelium verdunkeln.« In seiner Begrüßung wies der für die Antoniterkirche zuständige Pfarrer Jörg Eichert darauf hin, dass die Verschiedenheit der ökumenischen Gottesdienste begrüßenswert sei, da sich in ihr zeige, »daß Ökumene nicht Sache *einer* bestimmten kirchlichen oder theologischen oder politischen Richtung, sondern Sache der *ganzen* Kirche Jesu Christi in *allen* Konfessionen« sei.[39] Im diesem Sinne würde das Politische Nachtgebet durchgeführt. Eichert vermied direkte Kritik am Erzbischof und hob auf die Notwendigkeit der ökumenischen Gemeinsamkeiten angesichts der Herausforderungen der Gegenwart ab. Jeder müsse sich fragen, was er dafür tue, »daß dieses Leid aufhört – in Ländern mit politischen Konflikten wie Vietnam und Biafra [...], oder in Ländern des bitteren Elends und der entsetzlichen Not; oder in den Ländern mit Rassenkonflikten; oder hier unter uns in unserem eigenen Land«.

Nach dem Politischen Nachtgebet waren Reaktionen ganz unterschiedlicher Art zu verzeichnen: Zum einen erreichten den Kardinal zahlreiche Schreiben, in denen ihm gedankt wurde, dass er das Gebet in einer katholischen Kirche verboten habe; in einem hieß es, Sölle habe zwar eine »hohe ethische Auffassung«, aber ob dies noch Christentum sei, sei fraglich.[40] Aber

---

36 Kölner Rundschau vom 1.10.1968, 3.

37 Kölner Express vom 1.10.1968; auch in: Sölle/Steffensky, Nachtgebet, 129.

38 Sölle/Steffensky, Nachtgebet, 130.

39 Grußwort in: LKA Düsseldorf LKA-Sachakten 1 OB 0117 AZ 13-1-16; ebenso im hektographierten Gottesdienstblatt vom 1.10., Kopie im Besitz des Verfassers.

40 Vgl. diverse Schreiben in: HAE Köln Gen. II 23.43,25 Politisches Nachtgebet Korrespondenz II. Teil.

es meldeten sich auch Befürworter zu Wort, die ihr Unverständnis über die Haltung des Kardinals zum Ausdruck brachten. In einer von über 600 Personen unterschriebenen Petition wurde gefordert, dass das nächste Politische Nachtgebet in einer katholischen Kirche stattfinden solle.[41]

Das Generalvikariat sah sich aufgrund der kritischen Zeitungsberichte zu einer Stellungnahme veranlasst, in der betont war, die verfügten Maßnahmen würden nicht der Person Sölle gelten, sondern deren Lehre. Ihre Theologie stehe den Vertretern jener atheistischen Richtung nahe, für die »Gott tot ist«. Auch sei der Begriff der »Stellvertretung« bei Sölle »auf einen bloßen Humanismus eingeengt« und »fundamentale Glaubenswahrheiten [würden] außer acht gelassen«.[42] So fehle, »daß Christus für uns Mensch geworden ist, um dem Menschen durch seinen Tod und seine Auferstehung das neue übernatürliche Leben zu vermitteln.« Es sei daher Pflicht des Bischofs, »auf die Einseitigkeit und Mißverständlichkeit eines rein politisch verstandenen Christusglaubens hinzuweisen, um die Gläubigen vor Verwirrung zu bewahren«. Daher konnte der Gottesdienst in St. Peter nicht gestattet werden.[43]

Niederschlag fand diese Stellungnahme in einer Erklärung von Domvikar Hermann Herkenrath in der Sendung »Hier und Heute« des WDR vom 2. Oktober: Das Politische Nachtgebet, so Herkenrath, entspringe dem Geist von Frau Sölle und enthalte »Sätze, die zumwenigsten missverständlich sind und zu falschen Auffassungen des Glaubens Anlass geben können.«[44] Der Bischof habe »die Gläubigen vor Verwirrung« schützen müssen. Zugleich betonte Herkenrath, »daß damit keine Stellungnahme gegen ökumenische Gottesdienste abgegeben« sei, vielmehr könnten solche »mit ausdrücklicher Genehmigung des Herrn Kardinals gehalten werden.«

Um die Priester der Diözese angesichts der beachtlichen öffentlichen Kritik am Verhalten des Kardinals in die Lage zu versetzen, inhaltlich sachgerecht Position zu beziehen, wurde das Credo von Frau Sölle unkommentiert im »Pastoralblatt« abgedruckt.[45] Zudem wurde am 7. Oktober Domvikar Prälat

---

41 Vgl. diverse Schreiben in: HAE Köln Gen. II 23.43,25 Politisches Nachtgebet Korrespondenz II. Teil.

42 Entwurf für eine Stellungnahme zum Artikel in der Kölner Rundschau vom 1.10., in: HAE Köln Gen. II 23.43,25 Politisches Nachtgebet Korrespondenz II. Teil.

43 Auch im Kirchlichen Anzeiger für die Erzdiözese Köln vom 21.11.1968, Nr. 358, 436–437 wurde das Verbot mit diesen Punkten begründet; vgl. auch Hanns Vinnemeier, Politisches Nachtgebet. Ökumenischer Arbeitskreis im Rheinland, in: Neues Forum 16 (1969), 317–322, hier 318.

44 Abschrift in: LKA Düsseldorf 1 OB 017 LKA-Sachakten Az. 13-1-16.

45 Vgl. HAE Köln Gen. II 23.43,25 Politisches Nachtgebet Korrespondenz II. Teil.

Johannes Hüttenbügel – seit 1962 Leiter des Referats für Interreligiösen Dialog – beauftragt, das Gespräch mit dem Arbeitskreis Politisches Nachgebet aufzunehmen. Doch war die Richtung eindeutig vorgegeben: Er solle den Kreis nicht im Unklaren über die Haltung des Kardinals lassen.[46]

In Aufregung versetzt wurde das Generalvikariat durch den Auftritt von Pater Fulbert Steffensky beim ersten Nachtgebet. Am 3. Oktober findet sich eine Notiz mit dem Hinweis »Eilt«, in der Informationen über diesen Pater angefordert wurden; doch waren in der Diözesanverwaltung keine Akten über ihn vorhanden. Generalvikar Hermann Jansen wandte sich daraufhin am 7. Oktober an den Abt des Benediktinerklosters Maria Laach, Urbanus Bomm, informierte ihn über die Beteiligung von Pater Fulbert am Nachtgebet – er habe Thesen zum Gebet vorgetragen[47], aber auch den Kardinal angegriffen und ihm »Rückfall in vorkonziliares Gebaren« vorgeworfen.[48] Pater Fulbert habe »regen Anteil« an den Beratungen des Arbeitskreises und es stelle sich die Frage, wie dies möglich sein könne, »wenn er eine geordnete und ihn ganz in Anspruch nehmende Tätigkeit in der Abtei oder sonstwo im Auftrag seines Abtes hat«. Nach dieser wenig diplomatisch vorgetragenen Kritik an der ungenügenden Aufsicht des Abtes wurde Jansen in einem weiteren Schreiben vom 9. Oktober noch deutlicher. Er verstehe nicht, wie Pater Fulbert »bei einer solchen Aktion mitmachen könne«; er »würde es begrüßen, wenn es [...] gelänge zu erreichen, daß er sich von dieser Gruppe distanziert.«[49] Am 14. Oktober forderte Jansen Abt Bomm dann auf, er möge einen Weg finden, »daß Herr Pater Fulbert nicht weiter in der bisherigen Weise im Erzbistum Köln tätig wird.«[50] Bomm antwortete am 23. Oktober und erklärte, »P. Fulbert sei ein Idealist«, den zudem eine »Neigung zum engagierten Einsatz in sozialpolitischen Fragen« auszeichne.[51] Er schätze ihn wegen »seiner sonstigen Qualitäten« und hoffe, »daß sich ein Weg finden läßt, um ihn dem Orden und der Kirche zu erhalten«.

---

46 Schreiben Generalvikar Jansen an Prälat Hüttenbügel vom 7.10.1968, in: HAE Köln Gen. II 23.43,25 Politisches Nachtgebet Korrespondenz II. Teil.

47 Vgl. Sölle/Steffensky, Nachtgebet, 24–25.

48 Schreiben Jansen an Bomm vom 7.10.1968, in: HAE Köln Gen. II 23.43,26 Politisches Nachtgebet Korrespondenz I. Teil.

49 Schreiben Jansen an Bomm vom 9.10.1968, in: HAE Köln Gen. II 23.43,26 Politisches Nachtgebet Korrespondenz I. Teil.

50 Schreiben Jansen an Bomm vom 14.10.1968, in: HAE Köln Gen. II 23.43,26 Politisches Nachtgebet Korrespondenz I. Teil.

51 Schreiben Bomm an Jansen vom 23.10.1968, in: HAE Köln Gen. II 23.43,26 Politisches Nachtgebet Korrespondenz I. Teil.

Es mag ein Zugeständnis an den Abt gewesen sein, dass Steffensky am 2. Politischen Nachtgebet, das am 5. November stattfand, nicht teilnahm[52], doch ließ er sich nicht einschüchtern und blieb im Ökumenischen Arbeitskreis aktiv. Aufgrund der eskalierenden Spannungen verließ Steffensky zum 31. Dezember 1968 die Abtei; er wurde zunächst auf eigenen Wunsch hin beurlaubt. Zum 10. September 1969 erklärte er seinen Austritt aus der Katholischen Kirche und trat der Evangelischen Kirche bei.[53] Angefügt sei, dass Steffensky am 24. Oktober 1969 Dorothee Sölle heiratete[54] und nach einer kurzen Zeit, in der er an den evangelischen Pfarrdienst herangeführt werden sollte, Assistent an der Pädagogischen Hochschule Ruhr wurde.

Ende Oktober 1968 wurde ein weiterer Versuch einer Verständigung zwischen dem Generalvikariat und dem Ökumenischen Arbeitskreis unternommen. Domvikar Hüttenbügel traf am 21. Oktober das Ehepaar Höflich zu einem Austausch. In seinem Bericht an Generalvikar Jansen hielt Hüttenbügel fest, das Ehepaar habe betont, Ziel des Arbeitskreises sei es, »die Ausstrahlung und das Wirksammachen christlicher, vor allem ethischer Vorstellungen in die Öffentlichkeit hinein« zu tragen.[55] Frau Höflich habe deutlich gemacht, dass den Kreis die Etikettierung als Sekte schwer getroffen habe. Ihr »Bekenntnis sei das volle Bekenntnis der kath[olischen] Kirche«. Man wolle sich nicht als »Sölle-Kreis« apostrophieren lassen. Der seitens des Domvikars geäußerten Bitte um Aussetzung des Politischen Nachtgebetes könne nicht entsprochen werden, da der nächste Termin bereits fixiert und vorbereitet sei. Die Höflichs baten »Bischof und Behörde um Verständnis«, ihnen gehe es – so in Aufnahme eines Diktums von Papst Johannes XXIII. –, »um ein aggiornamento in der Kirche«. Hierfür suche man neue und lebendige Andachtsformen. Zwar brachte dieses Gespräch keine Annnäherung, doch man kam überein, das Gespräch fortzusetzen. Bereits am 2. November nahm Egbert Höflich den Faden erneut auf und erklärte in einem Schreiben an Erzbischof Frings, der Arbeitskreis habe die kirchenamtliche Reaktion als Anlass zur Selbstkritik genommen. Aus Loyalität zur Kirche suche man

---

52 Vgl. Kölnische Rundschau vom 31.10.1968: In einer Pressekonferenz machte der Vorbereitungskreis des Nachtgebets die Intervention von Jansen beim Abt von Maria Laach publik und kündigte das Fehlen Steffenskys bei der nächsten Veranstaltung an.

53 Vgl. Schreiben vom 4.1. und vom 4.10.1969, in: HAE Köln Gen. II 23.43,26 Politisches Nachtgebet Korrespondenz I. Teil.

54 Vgl. Bericht in Kölner Stadt-Anzeiger vom 11./12.10.1969, 15, Bericht: »Ein Ex-Pater spricht über seine Heirat« und Der Spiegel 45 (1969): »Einer Frau wegen«.

55 Bericht Hüttenbügel an Jansen, in: HAE Köln Gen. II 23.43,26 Politisches Nachtgebet Korrespondenz I. Teil.

ein Einvernehmen mit dem Kardinal. Ein Dialog, so Höflich weiter, sei notwendig. Jede sektenhafte Isolierung liege den katholischen Mitgliedern des Arbeitskreises fern, sie seien der Gewissensüberzeugung, »das in der Praxis zu tun, was mit dem Begriff einer ›politischen Theologie‹ umschrieben ist.«[56]

Um das bereits seit längerem in Aussicht genommene Gespräch zwischen Höflich und Sölle mit Erzbischof Frings vorzubereiten, informierte Hüttenbügel am 12. November Generalvikar Jansen und wies auf mögliche Gesprächspunkte hin. Es sei zu erwarten, dass der Arbeitskreis die Bitte vorlege, »das Politische Nachtgebet auch in den kath[olischen] Kirchen [...] halten« zu können.[57] Eine Analyse der bisherigen Politischen Nachtgebete habe freilich ergeben, dass diese nicht ökumenische Gottesdienste im herkömmlichen Sinn seien. Ziel sei es vielmehr, Information und Diskussion politischer Anliegen ins Blickfeld zu rücken und schließlich zur tätigen Aktion anzuleiten. Auch seien die Nachtgebete kaum das, was im katholischen Bereich unter Gebet verstanden werde. Hingewiesen wurde weiter darauf, dass beim zweiten Nachtgebet Sölles Glaubensbekenntnis nicht wiederholt wurde. Die anstehende Unterredung solle darauf gerichtet sein, die Gesprächspartner dazu zu bewegen, gute Theologen zur Beratung hinzuzuziehen.

Aufgrund dieser Informationen verwundert es nicht, dass das Gespräch am 13. November im Blick auf die Anliegen des Ökumenischen Arbeitskreises ergebnislos blieb. Im »Kirchlichen Anzeiger für die Erzdiözese Köln« war über den Verlauf und das Resultat des Gesprächs festgehalten, dass zwar Einigkeit darüber bestanden habe, »daß der Gottes- und Christusglaube jeder Zeit neu verkündet werden müsse«, doch war ein Einvernehmen über die »Glaubenswahrheiten, die unabhängig von allen zeitbedingten Formulierungen unaufgebbar sind«, nicht zu erzielen.[58] Daher konnte der Erzbischof »der Bitte nicht entsprechen, das ›Nachtgebet‹ in Zukunft in einer katholischen Kirche zu gestatten.« Abschließend war noch zum Ausdruck gebracht, es sei begrüßenswert, »das Gespräch über die aufgetretenen grundsätzlichen Fragen« fortzuführen.

Dieses Ergebnis wurde auch von der Presse kommuniziert – der »Kölner Stadt-Anzeiger« titelte »Kardinal öffnet Kirchen nicht«[59] – und setzte zunächst einen Endpunkt in den Bemühungen, auch katholische Gotteshäuser für das

---

[56] Schreiben Höflich an Kardinal Frings vom 2.11.1968, in: HAE Köln Gen. II 23.43,26 Politisches Nachtgebet Korrespondenz I. Teil.

[57] Notiz über eine Unterredung mit Hüttenbügel, 13.11.1968, in: HAE Köln Gen. II 23.43,26 Politisches Nachtgebet Korrespondenz I. Teil.

[58] Kirchlicher Anzeiger für die Erzdiözese Köln Nr. 358 vom 21.11.1968, 436–437.

[59] Kölner Stadt-Anzeiger vom 15.11.1968, 21.

Nachtgebet nutzen zu dürfen. Dies wäre angesichts des anhaltenden starken Zuspruchs zu den Nachtgebeten dringlich erwünscht gewesen.

Aber noch auf einer anderen Ebene zeitigte die Ablehnung des Nachtgebets durch das Generalvikariat Folgen. Am 28. November 1968 wurde der Mitarbeiter im Diözesanjugendamt Gerhard Biallas seitens des Generalvikariats telefonisch kontaktiert.[60] Er arbeite beim Ökumenischen Arbeitskreis mit – ob er die Entscheidung des Kardinals nicht kenne? Biallas erklärte, dass diese auf falschen Annahmen beruhte, da Sölle zwischenzeitlich nicht mehr im Arbeitskreis mitwirke. Er wurde daraufhin daran erinnert, dass er in einer erzbischöflichen Einrichtung tätig sei und im Sinne des Erzbischofs zu handeln habe. Biallas nahm daraufhin gegenüber Generalvikar Jansen ausführlich zu seiner Mitarbeit im Arbeitskreis »Vietnam« und im Ökumenischen Arbeitskreis Stellung.[61] Er hob hervor, dass Sölle keine Führungsfunktion habe; sie sei wie Höflich nur ein einfaches Mitglied. Das von Sölle vorgetragene Credo sei ein »persönlich formuliertes Bekenntnis«, das »weder programmatische Grundlage des gesamten Kreises« sei, noch sollte es bei weiteren Nachtgebeten verwendet werden. Zuzugestehen sei, dass »vieles sehr emotional vorgetragen« werde und »Texte oftmals recht dilletantisch [sic!]« seien. Er arbeite auch mit, so Biallas abschließend, »um eine Radikalisierung dieser Aktion durch einzelne Gruppen zu vermeiden«. Das Generalvikariat beharrte jedoch nachdrücklich auf seiner Position und verwies Biallas am 2. Dezember darauf, dass das Nachtgebet im Geiste von Frau Sölle und ihrem Credo stehe.[62] Er könne »als Mitarbeiter des Erzbischofs« nicht bei einer Veranstaltung mitwirken, gegen die sich der Erzbischof ausgesprochen habe. Er möge erwägen, welche Konsequenzen zu ziehen seien.

Um sich einen persönlichen Eindruck von den Nachtgebeten zu verschaffen besuchte Hüttenbügel das am 3. Dezember durchgeführte 3. Nachtgebet »Wir – Schuldige Christen – Buße 1968«.[63] In seinem hierüber verfassten Bericht stellte er fest, dass die Entscheidung des Kardinals richtig gewesen sei »solange das ›Nachtgebet‹ in dieser Form veranstaltet wird«[64], denn diese

---

60 Vgl. Aktennotiz, in: HAE Köln Gen. II 23.43,25 Politisches Nachtgebet Korrespondenz II. Teil.

61 Vgl. Schreiben Biallas an Jansen vom 29.11.1968, in: HAE Köln Gen. II 23.43,25 Politisches Nachtgebet Korrespondenz II. Teil.

62 Vgl. Schreiben an Biallas vom 2.12.1968, in: HAE Köln Gen. II 23.43,25 Politisches Nachtgebet Korrespondenz II. Teil.

63 Vgl. Sölle/Steffensky, Nachtgebet, 47–62.

64 Bericht vom 4.12., in: HAE Köln Gen. II 23.43,25 Politisches Nachtgebet Korrespondenz II. Teil.

Veranstaltung sei »kein Gottesdienst«. Geboten worden sei ein »Rückblick auf die Untaten der Christen im Laufe ihrer Geschichte« sowie ein Gebet mit Selbstanklagen. Wie schon zuvor habe Frau Sölle erläutert, »daß Jesus durch seine Auferstehung zum Christus gemacht worden sei, daß seine Auferstehung in sein Werk und in die Menschen geschehen sei.« Ein Grundzug sei die »Wollust« an »Selbstzerfleischung« und es seien deutlich schwärmerische Vorstellungen vorhanden: Man »möchte das Reich Gottes hier und jetzt aufrichten.« Es sei »nicht immer leicht zu sagen, ob man es mit christlich verbrämten politischen Heilslehren oder mit Theologie zu tun« habe. Freilich: Die Antoniterkirche sei mit überwiegend »jungen Menschen bis auf die Straße« gefüllt und die Atmosphäre von Innerlichkeit geprägt gewesen; beim Verlesen von Texten herrschte absolute Stille.

Wohl mit aufgrund dieser Einschätzungen blieb das Generalvikariat strikt bei seinem Kurs. Erst nach der Demission von Kardinal Frings im Februar 1969 und dem Amtsantritt seines Nachfolgers Josef Höffner gab es wieder einen Kontakt zwischen dem Ökumenischen Arbeitskreis und dem Erzbistum.

Im April 1969 ergriff der Arbeitskreis die Initiative und erbat ein Gespräch mit dem neuen Erzbischof. Zur Vorbereitung wurde Höffner durch das Generalvikariat eine ausführliche Stellungnahme zum Politischen Nachtgebet vorgelegt. Das Nachtgebet stehe im Zusammenhang mit der Tod-Gottes-Theologie und sei Resultat der »Erfahrung der wachsenden Bedeutungslosigkeit des christlichen Glaubens«.[65] Die Zusammensetzung des Arbeitskreises sei heterogen; er nenne sich ökumenisch und die Gruppe verwahre sich dagegen, als Sekte oder Sektierer bezeichnet zu werden. Als Mitglieder der Kirche erhebe man Anspruch auf die Nutzung eines Gotteshauses. Im Blick auf den im Politischen Nachtgebet vertretenen Gottesglauben sei zu erkennen, dass Gott als der Unfassbare, ganz andere gesehen werde; daher gelte es in der Welt zu leben »etsi Deus non daretur«. Die Vorstellung von einem »lieben Vater« komme nicht vor. Im Vordergrund stehe die Sozialkritik. Daher sei zu klären, wie das Politische Nachtgebet »zum Vatergott der Offenbarung« stehe und weshalb sich diese Veranstaltung überhaupt Gebet nenne. Wie das Schriftverständnis sei auch der im Politischen Nachtgebet zutage tretende Christusglauben problematisch. Es stelle sich die Frage, ob »die Gottheit Christi [nicht] restlos in der Menschheit« aufgehe – Jesus Christus werde als Mensch gesehen, er sei ein »Vorbild und Beispiel für Dienst und Hingabe«. Unklar sei,

[65] Vgl. Schreiben an Höffner vom 15.4.1969 mit Memorandum zum Politischen Nachtgebet, in: HAE Köln Gen. II 23.43,26 Politisches Nachtgebet Korrespondenz I. Teil.

ob die Auferstehung Jesu Christi »nur ein anderes Wort dafür [sei], daß die Sache Jesu durch uns weitergeht« – wie Sölle in einer Diskussion geäußert habe. Die göttlichen Prädikate Jesu seien nicht erkennbar. Die Nachtgebete wollten politisch wirksam sein und dies werde auch von der Kirche als Institution eingefordert: Diese habe angesichts des Zustandes der Welt wie Jesus Partei zu ergreifen und nicht vornehme Neutralität zu üben. Der eigentliche Auftrag der Kirche sei die Wahrnehmung von politischer Verantwortung; ein »Beiseitestehen der Kirchen« sei Ungehorsam gegen Gott. Unklar bleibe zudem das Verhältnis von Gesellschafts- und Heilsprozess. In der Bibel werde der neue Himmel und die neue Erde als Geschenk Gottes qualifiziert, dies werde im Politischen Nachtgebet außer Acht gelassen. Überhaupt stünde dieses in der »Gefahr der Ideologisierung des Glaubens«. Erkennbar sei ein soziales Schwärmertum, das sich in den Aufrufen zu Aktionen und Deklarationen in besonderer Weise zeige. Auffallend sei, dass nie eine Beteiligung an »Werken in den Pfarreien« angeregt werde. Zum Anliegen des Arbeitskreises, ein katholisches Gotteshaus eingeräumt zu bekommen, wird bemerkt, dass der Kirchenraum gemäß Apg 17,24 und 1Kor 3,17 ein sakraler Ort sei, also eine »Stätte der Sammlung auf Gott hin«. Dies werde beim Politischen Nachtgebet nicht so gesehen.

Das Gespräch zwischen Erzbischof Höffner und Prälat Hüttenbügel einerseits und Egbert Höflich sowie zwei evangelischen Vertretern andererseits fand am 21. April statt. Der Erzbischof legte die eben skizzierten Beanstandungen der Theologie und der Konzeption der Gebete vor und verwies auf die eschatologische Dimension des Christentums. Die Vertreter des Politischen Nachtgebetes betonten, die von ihnen entwickelte Gottesdienstform sei ein Versuch, evangelische und katholische Christen, »auch Randchristen, mit der Botschaft des Evangeliums und der daraus sich ergebenden Verpflichtung in einer Weise anzusprechen, daß sie sich getroffen fühlten.«[66] Es sei eine Entwicklung hin zu einem positiven Gebetsverständnis in Gang. Am Ende fand man zu einem Kompromissvorschlag: Der Erzbischof stellte in Aussicht, dass das Nachtgebet künftig in einem katholischen Pfarrsaal – nicht in einer Kirche – stattfinden könne.

Erst Anfang Juli 1970 findet sich dann wieder eine Aktennotiz das Nachtgebet betreffend. Das Generalvikariat müsse in Kürze damit rechnen, dass der das Politische Nachtgebet vorbereitende Arbeitskreis wegen der Überlassung eines Raumes vorsprechen werde. Nach einer vertraulichen Information woll-

[66] Aktennotiz vom 23.4. nach Gespräch vom 21.4.1969, in: HAE Köln Gen. II 23.43,26 Politisches Nachtgebet Korrespondenz I. Teil.

te das Presbyterium der Antonitergemeinde »diese Leute [...] möglichst bald aus der Antoniterkirche abschieben, ohne jedoch Wirbel in der Öffentlichkeit zu verursachen.«[67] Ab September solle das Nachtgebet in der Antoniterkirche in einem Zwei-Monats-Rhythmus stattfinden und für die Zwischenmonate werde nun ein Raum erbeten. Zwar habe der Kardinal die Zusage gegeben, dass sich über einen Gemeindesaal nachdenken lasse, doch diese Veranstaltung habe »weder in einem katholischen Gotteshaus noch überhaupt in einem der Kirche gehörenden Raum etwas zu suchen«.

Als dann am 15. Juli 1970 beim Generalvikariat ein Schreiben des Arbeitskreises einging, in dem unter Verweis darauf, dass der Großteil seiner Mitglieder römisch-katholisch sei, um die Überlassung eines Pfarrsaales gebeten wurde, stand die Antwort bereits fest. Nach einer kurzen internen Verständigung beschied der seit Februar 1969 amtierende neue Generalvikar Peter Nettekoven dem Arbeitskreis, nach Auswertung weiterer Nachtgebete müsse von dem »Kompromiss [...] Abstand« genommen werden.[68] Die Veranstaltungen seien »nach wie vor so stark überwiegend politisch und polemisch geprägt, dass auf ihre Unterbringung in kircheneigenen Räumen verzichtet werden sollte.« Man bitte für diese Entscheidung um Verständnis, sie erfolge wegen der »Sorge und Verantwortung für das kirchliche Leben und die Seelsorge.«

Eine nochmalige Replik von Seiten des Arbeitskreises Politisches Nachtgebet vermochte an der Haltung des Generalvikariats nichts zu verändern, zumal als Marschroute am 22. Juli festgehalten worden war, man wolle konziliant in der Form, in der Sache aber hart bleiben: Das Politische Nachtgebet sei für die Katholische Kirche nicht tragbar.

Wohl mit als Resultat auf die Vorstöße nach mehr Demokratie und Partizipation für die Kirchenglieder, die beispielsweise auf dem Katholikentag 1967 in Essen laut wurden, suchte der Erzbischof von Köln als in seiner Diözese ein dezidiert politische Anliegen aufnehmender Gottesdienst etabliert werden sollte, dies nach dem Motto »Wehret den Anfängen« umgehend zu unterbinden. Gegenüber der Öffentlichkeit wurde vor allem auf die Gefahr einer Entweihung des Gotteshauses hingewiesen und die Veranstaltung wegen zu befürchtender Vermischung von Politischem und Religiösem gebrandmarkt. Als Projektionsfläche diente dabei insbesondere Dorothee Sölle, deren Glau-

---

67 Aktennotiz vom 8.7.1970, in: HAE Köln Gen. II 23.43,26 Politisches Nachtgebet Korrespondenz I. Teil.

68 Schreiben Nettekoven an Kerlen vom 29.7.1970, in: HAE Köln Gen. II 23.43,26 Politisches Nachtgebet Korrespondenz I. Teil.

bensbekenntnis Ausdruck »einer falschen Theologie« sei.[69] Theologisch inakzeptabel war für das Generalvikariat, dass für Sölle »Gott als Person tot« sei und Jesus Christus »nach der Auferstehung sich sozusagen in das subjektive soziale Tun der einzelnen Menschen verflüchtigt« habe. Alle Beteuerungen, Sölle sei nur ein Mitglied des Arbeitskreises und ihr Bekenntnis ein persönliches Wort und keine Basis der Gruppe, fruchteten nicht. Die engagierten Versuche des Ehepaars Höflich, einen Ausgleich zu ermöglichen, da sie sich als Teil der Katholischen Kirche verstanden, waren angesichts der Festlegungen des Generalvikariats zum Scheitern verurteilt. Die Verantwortlichen waren – wohl aus taktischen Erwägungen heraus – zwar bestrebt, das Gespräch nicht abbrechen zu lassen, aber ein auch nur ansatzweise offener Austausch war nicht möglich. Alle Beteuerungen der Arbeitskreismitglieder, auf dem Boden der Katholischen Kirche zu stehen, vermochten die beiden involvierten Erzbischöfe nicht von ihrem Verdikt abzubringen. Sie erkannten nicht die Chance, die diese neuartige Form eines Gottesdienstes gerade im Blick auf kirchenfernere Menschen bot, auch wenn vielleicht einzelne Elemente etwas fragwürdig waren: Das Politische Nachtgebet sollte keine Heimat in einem katholischen Gotteshaus erhalten.

---

69 Nach: Vinnemeier, Nachtgebet, 318.

Katharina Kunter

Evangelische Volksfrömmigkeit im kommunistischen Mittel- und Osteuropa – ein doppelter Widerspruch?

Religion, (Volks-)Frömmigkeit und Osteuropa scheinen auf den ersten Blick kein Widerspruch zu sein – im Gegenteil[1]: Die bäuerlich-volksnahe, national und zugleich antikommunistisch gefärbte Frömmigkeit des polnischen Katholizismus – die der Schriftsteller Andrzej Stasiuk sogar als »heidnisch« bezeichnet hat[2] – wie auch die weihrauchgeschwängerte hymnisch-mystische Spiritualität in der osteuropäischen Orthodoxie prägen unsere Bilder vom religiösen Mittel- und Osteuropa meist stärker als uns bewusst ist. Dass es vor allem die neuen EU-Länder Osteuropas waren, die sich für den Gottesbezug in der Europäischen Verfassung stark machten, passt zum Image des insgesamt spirituell reicheren – aber durchaus konservativen oder sogar fundamentalistischen – Ostens im Gegensatz zum säkularen, liberalen und modernen Westen.

Die interessante Frage, was in diesen Vorstellungen eigentlich »Osteuropa« ist – Raum, Erinnerungsort oder eine orientalistische Projektion – kann in diesem Artikel leider nicht erörtert werden. Stattdessen werden im Folgenden pragmatisch-historisch, unter »Osteuropa« und »osteuropäisch« all diejenigen Staaten Mittel- und Osteuropas subsummiert, die in der Regel zum kommunistischen »Ostblock« gezählt wurden – also neben der Sowjetunion und ihren europäischen Sowjetrepubliken[3] die sogenannten Satellitenstaaten

---

[1] Der vorliegende Artikel beruht auf einem Vortrag, den die Verfasserin am 23. März 2013 bei der Sektionstagung Kirchengeschichte der Wissenschaftlichen Gesellschaft für Theologie in Brandenburg gehalten hat. Thema der Tagung war die Volksfrömmigkeit in der Kirchengeschichte.

[2] Vgl. http://www.n-tv.de/politik/Polens-katholische-Kirche-entzweit-article3220371.html (gelesen am 1.6.2014).

[3] Im Hinblick auf den Protestantismus sind das vor allem Estland, Lettland sowie Litauen, Weißrussland und die Ukraine.

Polen, die Tschechoslowakei, Ungarn, Bulgarien, Rumänien und die DDR. Die Leitfrage ist dabei, ob sich in dieser Region, eingedenk ihrer eigenen Entwicklung von Industrialisierung, Urbanisierung und nationaler Unabhängigkeit unter (und trotz) der historischen Bedingungen der kommunistischen Herrschaft, ihrer antireligiös-ideologischen Vorgaben des Marxismus-Leninismus und ihrer repressiven sozialistischen Religionspolitik eine spezifische Form des Christentums und seiner Frömmigkeit, also der religiösen Vorstellungen und ihrer religiösen Praxis, herausgebildet hat? Eine Frömmigkeit, die sich signifikant durch bestimmte Entwicklungen, Merkmale und Kennzeichen von der westdeutschen und der westeuropäischen unterscheidet?[4] Dabei soll es um die Signatur der Frömmigkeit in der »Kerngemeinde« und die religiöse Praxis im Alltag in einer historischen Perspektive gehen und weniger um den gegenwärtigen Bestand von Religiosität und Kirchlichkeit in der Bevölkerung eines Landes, wie das etwa die Religionssoziologen Gert Pickel oder Detlef Pollack untersuchen.[5] Wie lässt sich in dieser Hinsicht der osteuropäische Protestantismus charakterisieren, der ja vor allem aus kleinen, geographisch weit gestreuten evangelischen Minderheitskirchen besteht? Konnte es hier, angesichts einer vehement atheistischen Propaganda und einer aggressiv zurückdrängenden Religionspolitik überhaupt so etwas wie evangelische »Volksfrömmigkeit« geben – wie immer auch eine solche zu definieren ist? Konnte sich diese halten, etablieren oder entstanden sogar neue Frömmigkeitsformen oder -stile?

Mit diesen Fragen ist das Anliegen dieses Artikels grob umrissen. Wenn hierzu im Folgenden mit grobem Pinselstrich einige, meiner Meinung nach typische Entwicklungen und Merkmale skizziert werden, geht es dabei we-

---

4 Im Werk Martin Greschats bildet die Frömmigkeit eine durchgehende Perspektive, vgl. hierzu die beiden jüngsten Monographien zur Kirchlichen Zeitgeschichte Martin Greschat, Der Protestantismus in der Bundesrepublik Deutschland (1945–2005), Leipzig 2010 und ders., Protestantismus im Kalten Krieg. Kirche, Politik und Gesellschaft im geteilten Deutschland 1945–1963, Paderborn 2010.
Grundlegend für Deutschland, allerdings nur bis in den Anfang des 20. Jahrhunderts reichend, ist weiterhin Lucian Hölscher, Geschichte der protestantischen Frömmigkeit in Deutschland, München 2005. Die hier präsentierten Überlegungen im Hinblick auf das kommunistische Osteuropa entstammen zahlreichen, verschiedenen internationalen Forschungszusammenhängen. Besonders viele weiterführende Anregungen verdanke ich den Diskussionen im »Christianity in Eastern Europe-Project«, vgl. Bruce Berglund/Brian Porter-Szücs, Christianity and Modernity in Eastern Europe, Budapest 2010.

5 Instruktiv hierzu etwa jetzt beispielsweise Gert Pickel/Kornelia Sammet (Hg.), Transformations of Religiosity. Religion and Religiosity in Eastern Europe 1989–2010, Wiesbaden 2012.

niger um eine umfassend quellenmäßig erschlossene Darstellung. Eine solch übergreifende, transnational orientierte historische Studie liegt aus verschiedenen Gründen noch in sehr weiter Ferne. Vielmehr sollen auf der Grundlage bisheriger Forschung erste Beobachtungen, Tendenzen und Überlegungen zur Frömmigkeit und der religiösen Kultur und Struktur des Protestantismus im kommunistischen Osteuropa präsentiert werden; ein Thema, das in der Kirchlichen Zeitgeschichte, aber auch in der »profanen« Zeitgeschichte oder der Osteuropäischen Geschichte erstaunlicherweise bislang kaum, sieht man einmal von Martin Greschat ab, in den Blick genommen wurde.[6]

Dazu werden erstens ein paar Schlaglichter auf den osteuropäischen Protestantismus und seine Stellung im kommunistischen Herrschaftsbereich geworfen. Anschließend werden zweitens Merkmale einer sich unter diesen Bedingungen herausgebildeten protestantischen Frömmigkeitskultur skizziert sowie Anmerkungen zur Quellenfrage gemacht. Den Abschluss des Artikels bildet dann drittens eine breitere historiographische Perspektive der Volksfrömmigkeit, in der zum einen nach der Stimmigkeit zeitgeschichtlicher Deutungszugänge wie etwa der »popular piety« gefragt und zum anderen das Frömmigkeitsmodell Osteuropas in einen globalgeschichtlichen Kontext gesetzt werden soll.

I. Osteuropäischer Protestantismus unter kommunistischer Herrschaft

Die Rede vom Protestantismus in Osteuropa oder dem osteuropäischen Protestantismus ist natürlich eine grobe Vereinfachung. Tatsächlich handelt es sich bei den – im Gegensatz zur Orthodoxie und zum Katholizismus häufig von der Geschichtsschreibung übersehenen – evangelischen Kirchen und protestantischen Gemeinden und Gemeinschaften in Mittel- und Osteuropa

---

6 Vgl. unter anderem aus internationaler Perspektive Martin Greschat, Die Bedeutung evangelikaler Frömmigkeit im internationalen Kontext, in: ders., Die christliche Mitgift Europas – Traditionen der Zukunft, Stuttgart 2000, 180–194. – Das konstatierte Defizit in der Frömmigkeitsforschung Osteuropas betrifft vor allem den Protestantismus. Volksfrömmigkeit in der Orthodoxie und im Katholizismus, insbesondere in Verbindung mit Wallfahrten, während der kommunistischen Zeit sind bereits breiter, sowohl von Kirchenhistorikern als auch von Historikern, erörtert und erforscht worden. Vgl. hierzu jetzt unter anderem Ulrike Huhn, Glaube und Eigensinn. Volksfrömmigkeit zwischen orthodoxer Kirche und sowjetischem Staat 1941 bis 1960, Wiesbaden 2014.

um alles andere als um eine homogene Größe.[7] Stattdessen: ein breites Feld konfessioneller Diversität; darunter Lutheraner, Reformierte, Brüder, Baptisten, Methodisten, Mennoniten oder teilweise auch Pfingstgemeinden.[8] Sieht man einmal von der evangelischen Kirche in der DDR und in Estland ab, sind es überall Minderheits- oder Diasporakirchen, die ihre eigene Identität stets auch im Gegenüber zur katholischen oder orthodoxen Mehrheitskirche behaupten mussten. Auf das Ganze hin gesehen profitierten die osteuropäischen Protestanten[9] dabei von ihrem Minderheitsstatus. Denn die kommunistische Religionspolitik war zunächst vor allem an der rigorosen Zurückdrängung und Verfolgung der großen etablierten, ihrer Meinung nach reaktionären, Kirchen, also der Orthodoxie und des Katholizismus, ihrer hierarchischen Strukturen und im Hinblick auf die katholische Kirche der Kappung der Verbindungen zum Vatikan interessiert. Zu dieser Strategie gehörte dann auch die politische und rechtliche Aufwertung kleinerer Konfessionen wie die der Protestanten.

Unabhängig davon waren es jedoch zugleich vor allem evangelische Sympathisanten, die sich, wie etwa bei der Machtübernahme der Kommunisten in der Tschechoslowakei im Februar 1948, erwartungsvoll auf die Seite der neuen Machthaber schlugen. Dass das auf Dauer nicht vor destruktiver kom-

---

7 Bislang gibt es nur wenig übergreifende Literatur zur kirchen- und religionsgeschichtlichen Einordnung des Protestantismus in Osteuropa. Vorhandene Werke enthalten meist Länderstudien vgl. etwa Peter Maser/Jens Holger Schjørring (Hg.), Zwischen den Mühlsteinen. Protestantische Kirchen in der Phase der Errichtung der kommunistischen Herrschaft im östlichen Europa, Erlangen 2002; Jens Holger Schjørring/Hartmut Lehmann (Hg.), Im Räderwerk des »real existierenden Sozialismus«. Kirchen in Ostmittel- und Osteuropa von Stalin bis Gorbatschow, Göttingen 2003; Peter Maser/Jens Holger Schjørring (Hg.), Wie die Träumenden? Kirchen in der Phase des Zusammenbruchs der kommunistischen Herrschaft im östlichen Europa, Erlangen 2003; Katharina Kunter/Jens Holger Schjørring (Hg.), Die Kirchen und das Erbe des Kommunismus. Die Zeit nach 1989 – Zäsur, Vergangenheitsbewältigung und Neubeginn. Fallstudien aus Mittel- und Osteuropa und Bestandsaufnahme aus der Ökumene, Erlangen 2007. Etwas älter mittlerweile Sabrina Ramet (Hg.), Protestantism and Politics in Eastern Europe and Russia, Duke 1992.

8 Nach wie vor hilfreich für die Erfassung der verschiedenen evangelischen (sowie katholischen und orthodoxen) Kirchen und Gruppierungen in Osteuropa mit Mitgliederzahlen für die 1970er Jahre: Janice Brown, Conscience and Captivity. Religion in Eastern Europe, Washington 1988.

9 Wo nicht anders vermerkt, werden hier und im Folgenden unter »Protestanten« oder »Christen« sowohl die weiblichen als auch die männlichen evangelischen Gemeindemitglieder verstanden.

munistischer Kirchenpolitik und massiver Unterdrückung sämtlich zuvor gelebter Volkskirchlichkeit schützen sollte, zeigte sich schnell. Gleichwohl blieben aus Sicht von Staat und Partei die Protestanten die komplexeste religiöse Gruppe, die sich insbesondere durch ihre Fähigkeit zur Bildung von amorphen Bewegungen – Grundprinzip bei einem Großteil der Baptisten, Mennoniten, Pfingstler oder dann auch bei den in den 1970er und 1980er Jahren aufkommenden kirchlichen Menschenrechts-, Friedens- und Umweltgruppen –, nur schlecht kontrollieren ließen.

2. Auswirkungen des Kommunismus auf Kirchen- und Frömmigkeitsstrukturen und die Quellenlage

Die hier nur kurz angerissenen Zusammenhänge veränderten nicht nur die soziale und kirchliche Gestalt des Protestantismus in Osteuropa, sondern auch seine religiöse Signatur und Frömmigkeit. Dabei ist zu berücksichtigen, dass das zeitliche Spektrum, um das es bei der Periode des Kommunismus geht, mehr als nur die Zeit nach 1945 umfasst, denn einige evangelische Kirchen waren bereits seit den 1930er Jahren dem stalinistischen Terror ausgesetzt. Verschleppung, Deportation, Zwangsarbeit, Mord oder im günstigsten Falle Flucht und Exil brachten Kirchen wie etwa die Deutsche Evangelische Kirche in der Ukraine ganz zum Verschwinden oder schwächten das pastorale Wirken erheblich. In Estland etwa wurden mit dem Einmarsch der Roten Armee 1940 über ein Drittel aller lutherischen Pfarrer und Kirchenvertreter nach Sibirien deportiert – und von da aus kehrten viele erst nach Stalins Tod Mitte der 1950er Jahre gebrochen in die nun umbenannte estnische Sowjetrepublik wieder zurück.[10] In Lettland, als einem entgegengesetzten Beispiel, gingen gleich 2/3 aller evangelischen Pfarrer freiwillig ins Exil, was einen protestantischen Aderlass sondergleichen bedeutete.

Dagegen überdauerten die häufig in der Zwischenkriegszeit etablierten evangelischen volkskirchlichen Strukturen und Mentalitäten in den anderen mitteleuropäischen Ländern mit ihren vollen Gottesdiensten, den tiefverwurzelten Traditionen von Taufe, Konfirmation, Trauung und Beerdigung

---

[10] Vgl. etwa die übergreifenden Situationsschilderungen bei Kurt Hutten, Christen hinter dem Eisernen Vorhang. Die christliche Gemeinde in der kommunistischen Welt, Stuttgart 1962; im Hinblick auf Estland unter anderem Konrad Veem, 800 Jahre Christentum in Estland, in: Peter Hauptmann (Hg.), Kirche im Osten. Studien zur osteuropäischen Kirchengeschichte und Kirchenkunde, Göttingen 1987.

zunächst noch das Ende des Zweiten Weltkrieges bis hinein in die frühen 1950er Jahre. Doch Schritt für Schritt wurden die Kirchen aus ihrem öffentlichen Wirkungskreis zurückgedrängt, verschwanden aus Schule, Bildung, Medien und Diakonie. Der fest etablierten kirchlichen Kinder- und Jugendarbeit sagten die Kommunisten ebenso den Kampf an wie der Konfirmation, die sie durch kommunistische Ersatzrituale, wie die Jugendweihe, selbst zum Absterben bringen wollten – was allerdings nur teilweise gelang. Auch national-folkloristisch gefestigte religiöse Feste, wie etwa der Johannistag am 23./24. Juni, der beispielsweise in Estland neben Weihnachten das populärste kirchliche Fest war, wurden verboten oder zumindest gezielt ihrer religiösen Elemente beraubt.[11] An vielen Orten wurden die theologischen Fakultäten und kirchlichen Ausbildungsstätten geschlossen und die wenigen Plätze für den kirchlichen Nachwuchs stark eingeschränkt und politisch kontrolliert. Kirchenzeitungen und Kirchenzeitschriften wurden verboten, zensiert und eingestellt, Bibeln, Gesangbücher, Kirchenkalender, Katechismen oder Predigtbände erschienen nicht mehr – von neuerer theologischer Literatur ganz zu schweigen.

All diese Entwicklungen, die sich mit leichten regionalen Unterschieden in sämtlichen sozialistischen Staaten vollzogen, trugen dazu bei, dass sich der gelebte evangelische Glaube im Alltag und in der Gemeinde langsam, aber nachhaltig veränderte. Wenn freilich im Folgenden einige repräsentative Veränderungen dargestellt werden, so ist ausdrücklich zu betonen, dass es sich hierbei um eine erste Einordnung handelt.[12] Denn für ein übergreifendes und quellenkundlich-empirisch fundiertes Gesamtbild müssten, unabhängig von den dazu nötigen, vielfältigen Sprachkompetenzen, erst einmal international vergleichbare Quellenbestände gesichtet und ausgewertet werden.

Dazu zählen einerseits umfangreiche staatliche Quellen der jeweiligen sozialistischen Ministerien für Kirchen- und Religionsfragen, wie auch Studien und Beobachtungen der sowjetischen und osteuropäischen Religionsforschung. Zusammen mit den staatlich kontrollierten offiziellen kirchlichen

---

[11] Vgl. hierzu etwa Vello Salo, Anti-Religious Rites in Estonia, in: Religion in Communist Lands 1 (1973), 28–33.

[12] Überblickt man die mittlerweile schon 25-jährige kirchenhistorische Forschung zum Protestantismus in Osteuropa, so fällt auf, dass sich ein Großteil der Studien dem Verhältnis von Kirche – Staat, Anpassung, Widerstand und Opposition, der kommunistischen Religions- und Kirchenpolitik, ökumenischen Fragestellungen oder der Vergangenheitsbewältigung widmet. Fragen der Frömmigkeit werden kirchenhistorisch kaum thematisiert.

Organen wie Mitteilungsblättern oder Kirchenzeitungen lässt sich mit ihnen teilweise durchaus ein facettenreiches Bild protestantischer Frömmigkeit zeichnen. Doch ist dabei zu bedenken, dass diese Quellen immer ideologisch gefärbt sind, da sie auf die Eliminierung von Religion bedacht und von atheistischen Beobachtern von außen, hin und wieder mit einem ethnologischen Blick, gezeichnet wurden. Andererseits gibt es durchaus westliche Besuchsschilderungen von staatlich unabhängigen Partnergemeinden und ökumenischen Vertretern, von Organisationen wie *Glaube in der Zweiten Welt, Religion in the Communist Dominated Areas* oder dem *Keston College* in Oxford, die Zugänge zur evangelischen Frömmigkeit in Osteuropa ermöglichen – aber diese sind häufig nicht weniger interessengeleitet und, wie eingangs erwähnt, vor allem Projektive eigener Frömmigkeitsdefizite oder auch stereotyper konfessioneller Wahrnehmungen. Primäre Quellen und konkrete authentische Zeugnisse wie Predigten, Lieder, Gebete, Agenden, Bilder, Fotografien, Filme, Berichte von Visitationen, Kirchenverfassungen sowie subjektive Quellen wie Tagebücher, Erinnerungen oder Briefe sind dagegen angesichts erfolgter Zensur, Materialknappheit und Vorsicht beim Abfassen häufig nicht einfach zu erschließen – und oft nur in geringer Zahl vorhanden. Und im Hinblick auf die Quellen der Oral History und die Zuverlässigkeit von Zeitzeugengesprächen muss man zusätzlich bedenken, dass das Sprechen über die eigene Religiosität wie auch die emotionale Erfahrung natürlich kulturell gelernt und sozial normiert sind.

3. Merkmale osteuropäischer evangelischer Frömmigkeit

Trotz all dieser Einschränkungen und Vorbehalte lassen sich fünf Aspekte als besonders typisch für die osteuropäische evangelische Frömmigkeit hervorheben:

a) Zunächst ist auf die *sozialen Veränderungen* in Kirchen und Gemeinden aufmerksam zu machen. In allen kommunistischen Ländern lösten sich mit Flucht, Vertreibung und Umsiedlungen, der ideologischen Umgestaltung zu einer sozialistischen und klassenlosen Gesellschaft sowie Bodenreform und Enteignungen die traditionellen Bindungen und sozialen Hierarchien in Städten und Dörfern auf.[13] Das führte in der Folge zu

[13] Vgl. hierzu unter anderem Thomas Großbölting, SED-Diktatur und Gesellschaft. Bürgertum, Bürgerlichkeit und Entbürgerlichung in Magdeburg und Halle, Halle 2001, sowie

einer breiten Entbürgerlichung, die mit der Vergesellschaftung der Mittelschichten zum Bürgertum einherging. Auch wenn der Pfarrer und das Pfarrhaus oft noch bürgerliche Relikte darstellten, dünnte sich die Zahl der bürgerlich sozialisierten Protestanten allmählich aus. Spätestens seit den 1970er Jahren prägten dann vor allem Angehörige der »mittleren technischen Intelligenz« das Gemeindeleben und lösten damit die traditionellen bürgerlichen Kreise, deren Formen und Inhalte ab.[14] Das hatte nicht zuletzt theologische Auswirkungen: Denn während sich die osteuropäischen Protestanten noch in der Zwischenkriegszeit nach den drei Richtungen liberal, kirchlich und pietistisch beziehungsweise freikirchlich differenzieren ließen, wurden diese Unterschiede in der Folgezeit eingeebnet, wobei die liberale Theologie in nahezu allen evangelischen Kirchen Osteuropas verschwand.[15]

b) Repression und Entbürgerlichung unterstützten den Marginalisierungsprozess, den Detlef Pollack im Hinblick auf die DDR als Weg »von der Volkskirche in die *Minderheitenkirche*« beschrieben hat.[16] Die schrumpfende Kirche konzentrierte sich mehr und mehr auf ein überschaubares und homogenes »Kernmilieu«, wobei dieses häufig als »Bekennende Gemeinde« oder »Bekennende Kirche« gedeutet wurde. Die meisten evangelischen Christen in Osteuropa verstanden dabei ihre Zugehörigkeit zur Gemeinde als eine bewusste Abgrenzung zu der als feindlich empfundenen, atheistischen Gesellschaft. Für diese Entscheidung hatten sie in der Regel bereits früh persönliche Konsequenzen zu tragen, wie schulische und berufliche Restriktionen und Diffamierungen. Das stärkte jedoch zur gleichen Zeit die eigene Identität als Christ und ließ Kirche als Schutzraum erleben. Vom Pfarrer und dem Sonntagsgottesdienst wurde daher vor allem erwartet, dass er im Alltag gegen die Angst zurüste, wie das Bischof Werner Krusche in seinen Erinnerungen an die 1950er Jahre

---

etwas allgemeiner zusammenfassend ders., Bürgertum, Bürgerlichkeit und Entbürgerlichung. Niedergang und Metamorphosen, in: APuZ 9 (2008), 12–27.

14 Vgl. Großbölting, Bürgertum, 12–27.

15 Vgl. unter anderem Riho Altnurme, Form of Piety, the Theology and the Political Attitudes of the Clergy of the Estonian Evangelical Lutheran Church in the 1940s, in: ders., Estnische Kirchengeschichte im vorigen Jahrtausend, Kiel 2001, 157–165.

16 Vgl. unter anderem Detlev Pollack, Kirche in der Organisationsgesellschaft. Zum Wandel der gesellschaftlichen Lage der evangelischen Kirchen in der DDR, Stuttgart 1994; ders., Von der Volkskirche zur Minderheitskirche. Zur Entwicklung von Religiosität und Kirchlichkeit in der DDR, in: Hartmut Kaelble/Jürgen Kocka/Helmut Zwahr (Hg.), Sozialgeschichte der DDR, Stuttgart 1994, 271–294.

beschrieb:[17] »Sonntags waren immer zwei- oder dreihundert Menschen im Gottesdienst oder auch mehr, die mit der Erwartung kamen und Anspruch darauf hatten, etwas vom ›Wort des Lebens‹ zu hören zu bekommen, das ihnen hilft in ihrem Alltag in der DDR: ihnen Mut macht zum Glauben und Bekennen, zu einem Leben in der Wahrheit, zum Festhalten der Hoffnung, zu tapferen kleinen Schritten des Vertrauens und gegen die Angst, zum ›Beten und Tun‹ des Gerechten.«

c) Pfarrermangel, der intellektuelle Braindrain in den Westen wie auch die an den Rand gedrängte akademische Theologie rückten die praktisch-pastorale Kompetenz des Pfarrers in den Vordergrund. Die Verkündigung stellte Christus in ihr ekklesiologisches Zentrum, war aber überwiegend nicht intellektuell orientiert, sondern *erbaulich*. In den reformierten, lutherischen und unierten Gemeinden herrschte dabei eine ruhige, ernsthafte, bibelzentrierte und gemeindebezogene Frömmigkeit vor, die relativ demokratisch von unten organisiert war. Andachten, Gottesdienste, Abendmahlsfeiern, Hauskreise, evangelische Jugendarbeit, Bibelstunden oder Bibelrüstzeiten gehörten zum Kernbereich der gelebten Gemeindefrömmigkeit; Gemeinde wurde dabei zur »frommen Subkultur«, wie Martin Greschat das formuliert hat.[18] Dabei dominierte bis in die 1970er Jahre hinein vielerorts ein traditioneller Frömmigkeitsstil mit nur wenig liturgischen, musikalischen oder homiletischen Innovationen. Erst im Kontext der Kultur- und Protestbewegungen der 1960er Jahre entstanden neue religiöse Subkulturen, in denen neue, zeitgemäße Musik eine wichtige Rolle spielte: Beispiele sind die evangelischen Pfarrer und Liedermacher Svatopluk Karásek und Miloš Rejchert aus der Evangelischen Kirche der Böhmischen Brüder in der ČSSR, der estnische Hippie-Pfarrer Andres Põder, der sich tief beeindruckt von der Jesus-People Bewegung 1976 nach Moskau durchschlug, um dort den evangelikalen englischen Popsänger Cliff Richards nach seinem ersten Konzert zu treffen, oder auch die seit 1979 vom evangelischen Pfarrer Rainer Eppelmann in Ostberlin organisierten Bluesmessen, die bis zu 250 Jugendliche anzogen. Alle drei, das sei nur nebenbei bemerkt, machten im Übrigen später durchaus Karriere in Kirche und Politik. Durch das Auftauchen protestbewegter Jugendkultur entstanden innerhalb der evangelischen Kirche alternative Räume für jüngere Christen, die ihren Glauben mit

---

17 Werner Krusche, Ich werde nie mehr Geige spielen können. Erinnerungen, Stuttgart 2007, 179.

18 Vgl. Greschat, Bedeutung, 180–194.

unkonventionelleren Formen und Aktionen ausdrückten – und aus denen sich häufig auch politisch-oppositionelle Gedanken und Gruppen entwickelten. Dass dies schließlich zu Spannungen sowohl mit den konservativeren Gemeindekirchenräten als auch den offiziellen Kirchenvertretern führte, zeigten die 1980er Jahre überall in Osteuropa deutlich. Nicht zuletzt spielten die erweiterten Reisemöglichkeiten für westliche Partnergemeinden und ökumenische Begegnungen, die sich seit den 1970er Jahren in zunehmender Zahl ergaben, eine nicht zu unterschätzende Rolle: Dadurch wurde nicht nur neues ökumenisches Liedgut erschlossen – in der DDR etwa durch den evangelischen Pfarrer Jürgen Henkys, der zahlreiche Lieder aus dem Niederländischen, Englischen oder Norwegischen ins Deutsche übersetzte, sondern es fanden auch ökumenische Gebete, Frömmigkeitsformen wie Mahnwachen oder das Politische Nachtgebet, das Kinderabendmahl oder seit 1980 auch das Abendgebet mit Taizé-Liedern Eingang in die lokalen Gemeinden und Kirchengruppen.

d) Die protestantische Frömmigkeit bewegte sich dabei stets zwischen *äußerer Anpassung und innerer Abgewandtheit*. Trotz ihrer gesellschaftlichen Stigmatisierung hatte sie durchaus Anziehungskraft; vor allem Laien aus der Mittelschicht engagierten sich in vielfältiger Weise in der Gemeinde und übernahmen dort Verantwortung. Genauere Daten über die Verteilung der Geschlechter sind dabei bislang jedoch noch nicht erhoben worden. Trotzdem lohnt sich auch bei der Frage nach der Veränderung der Frömmigkeit ein Blick aus der *Genderperspektive*. Denn im Alltag etwa betraf die radikale Unterdrückung christlicher Lebensäußerungen Frauen stärker als Männer. Frauen waren auch im Kommunismus nach wie vor die religiösen Traditionsvermittler in der Familie und für die christliche Erziehung ihrer Kinder zuständig. Mütter und Großmütter entschieden in vielen Fällen, ob zu Hause christliche Lieder gesungen oder biblische Geschichten erzählt, ob Kinder getauft wurden oder zur Konfirmation gingen. Inwiefern dabei das emanzipiertere Frauenbild der Kommunisten, die ja die Gleichberechtigung der Frau bereits 1949 in ihren Verfassungen formuliert hatten, zu inneren Konflikten bei traditionell eher konservativ eingestellten evangelischen Müttern und Frauen (wie auch den Männern) führte, ist bislang nicht untersucht. Das gilt ebenso für die Frage, inwiefern Frauen überhaupt dazu beitrugen, dass durch sie bestimmte Traditionen und Glaubensäußerungen im Kommunismus überlebten. Die bis heute heftig umstrittene Frauenordination ist ein anschauliches Beispiel. Denn der religionspolitische Druck der Kommunisten führte in nahezu allen evangelischen Kirchen dazu, dass es nicht genug Männer gab, die die Seelsorge, die gottesdienstliche Versorgung und etwa die katechetischen Aktivitäten in den Gemeinden aufrechterhalten konnten.[19] Da qualifizierte Frauen also dringend in den Gemeinden gebraucht wurden, sprangen Kirchenleitungen auch pragmatisch über theologische und dogmatische Hürden und ließen seit den 1950er Jahren in verschiedenen evangelischen Kirchen Mitteleuropas ordinierte Pfarrerinnen zu. Interessanterweise lässt sich wohl trotzdem nicht von einer Feminisierung von Religion und Frömmigkeit in der kommunistischen Zeit sprechen; warum, ist eine spannende Frage und weitere Untersuchungen wert.

e) Die bis hierhin aufgezeigten Merkmale und Entwicklungen betrafen das breite Spektrum institutionell geborgener, evangelischer Frömmigkeit in den historisch-protestantischen Kirchen Osteuropas. Es ist nicht einfach, das in den Termini der deutschen Kirchengeschichtsschreibung zu verorten. Der Historiker Hartmut Lehmann hat in seinen vielfältigen Studien dieses Dilemma anschaulich herausgearbeitet, indem er zeigt, wie schwer deutsche Begrifflichkeiten wie Pietismus, Erweckungsbewegung und Evangelikalismus im internationalen Vergleich zu übertragen sind.[20] Was wir in Osteuropa an evangelischer Frömmigkeit während des Kommunismus beobachten können, ist ein persönlicher, gemeindebezogener Frömmigkeitsstil, dem aber zugleich wesentliche pietistische Elemente – wie Mission, Erweckung, ein ausgeprägtes Sünderbewusstsein und der soziale Impuls – fehlen. Es verwundert von daher nicht, dass die wenigen theologischen Reflexionen osteuropäischer Protestanten für die Beschreibung ihrer religiösen Verfasstheit zeitlich sehr viel weiter gingen als bis in die Zeit des Pietismus. So sprach sich der umstrittene Theologe Josef Hromádka von der Evangelischen Kirche der Böhmischen Brüder in der ČSSR – vielleicht die intellektuellste protestantische Gemeinschaft in Osteuropa – vehement dafür aus, Christsein jetzt und hier im Kommunismus als das Ende des Konstantinischen Zeitalters zu begreifen und die eigene Existenz im Kontext der bedrängten und verfolgten christlichen

---

19 Mit welchen Schwierigkeiten dieser Weg trotzdem verbunden war, lässt sich anschaulich und exemplarisch an der Biographie der ersten evangelischen Pfarrerin der Slowakei, Darina Bancíková, nachvollziehen, vgl. Bericht von Anna Adamoviciva-Olexova, Th. B. Darina Bancíková, die erste slowakische evangelische Pfarrerin, in: Peter Maser/Christian Erdmann-Schott (Hg.), Kirchengeschichte in Lebensbildern. Lebenszeugnisse aus den evangelischen Kirchen im östlichen Europa des 20. Jahrhunderts, Münster 2005, 125–137.

20 Vgl. unter anderem Hartmut Lehmann, Religiöse Erweckung in gottferner Zeit. Studien zur Pietismusforschung, Göttingen 2010.

Gemeinde der Antike zu verstehen.[21] Ähnliche Gedanken hatte etwas vor Hromádka auch der Cottbuser Generalsuperintendent Günter Jacob im Hinblick auf die DDR geäußert.[22]

Diese Deutung brachte schließlich teilweise eine extrem *radikale protestantische Frömmigkeit* hervor. Zu finden ist diese etwa bei den evangelikal-fundamentalistisch einzuordnenden Russlanddeutschen und den überwiegend in der Sowjetunion angesiedelten Evangeliumschristen sowie unter den breit in Osteuropa verstreuten Pfingstgemeinden. Sie hatten strenge Aufnahmeregeln und moralische Vorschriften zur Lebensführung, waren schriftgläubig und pazifistisch, und gehörten halb im Untergrund, halb im Schatten wenig organisierter Zusammenschlüsse zu den am meisten wachsenden Gemeinden.[23] Während die Evangeliumschristen etwa 1917 noch 100.000 Mitglieder zählten, ging man 1962 bereits von 545.000 Mitgliedern in der Sowjetunion aus. [24]

Die Identifizierung mit der verfolgten christlichen Kirche kultivierte auch unter den Protestanten Märtyrerakte. Am bekanntesten ist vermutlich die Selbstverbrennung des tschechisch-evangelischen Studenten Jan Palach 1969, der gegen die Niederschlagung des Prager Frühlings und die Herrschaft der Sowjetunion protestieren wollte. Er hatte jedoch sowohl Vorgänger als auch Nachfolger; mittlerweile sind sieben weitere Selbstverbrennungen als religiös motivierter politischer Protest in Osteuropa bekannt, darunter auch der evangelische Pfarrer Oskar Brüsewitz aus der DDR.[25]

---

21 Vgl. Peter Morée, »Unsere Kirchen sind die Verkörperung, ein Extrakt der Kleinbürgerlichkeit«. Die politische Funktion der Idee vom Ende des konstantinischen Zeitalters in der tschechischen Theologie, in: Klaus Fitschen/Siegfried Hermle/Katharina Kunter/Claudia Lepp/Antje Roggenkamp-Kaufmann (Hg.), Die Politisierung des Protestantismus. Entwicklungen in der Bundesrepublik Deutschland während der 1960er und 1970er Jahre, Göttingen 2011, 302–325.

22 Vgl. etwa Günter Jacob, Raum für das Evangelium in Ost und West, in: Bericht über die außerordentliche Tagung der Zweiten Synode der EKD, hg. im Auftrag des Rates von der Kirchenkanzlei der EKD, Hannover 1956, 17–29.

23 Vgl. aus zeitgenössischer Sicht unter anderem Wilhelm Kahle, Evangelische Christen in Russland und in der Sowjetunion. Ivan Stepanovic (1869–1935) und der Weg der Evangeliumschristen und Baptisten, Wuppertal 1978; Hutten, Christen hinter dem Eisernen Vorhang. Siehe auch Hans-Christian Diedrich, »Wohin sollen wir gehen ...«. Der Weg der Christen durch die sowjetische Religionsverfolgung. Russische Kirchengeschichte des 20. Jahrhunderts in ökumenischer Perspektive, Hannover 2007.

24 Hutten, Christen hinter dem Eisernen Vorhang, 84–87.

25 Vgl. unter anderem Anke Silomon, Oskar Brüsewitz (1929–1976), in: Karl-Joseph

4. Fazit

Mit seinem Programm, die Religionen ihrer öffentlichen Arbeit und Wirkungskraft zu berauben und statt dessen auf das rein Kultische zu beschränken, drängte der Kommunismus den Protestantismus in eine verinnerlichte, durchaus selbstbezogene schlichte, christozentrisch und bibelorientierte Frömmigkeit. Darin ging es um Zeugnis, Bekennen und Zurüstung. Die in der Gemeinde gelebte Frömmigkeit war jedoch zugleich ein Raum, der trotz sämtlicher Repressalien und kollektivistischer Erziehungsbemühungen der Kommunisten die Ausbildung von Individualität und alternativem politischen Denken in den 1970er und 1980er Jahren ermöglichte.[26]

Eine Bezeichnung dieser spezifischen Frömmigkeit fällt jedoch schwer. Die von Kirchenhistorikern wie Andreas Holzem oder Historikern wie Wolfgang Schieder vorgetragenen Bedenken gegen den Begriff der »Volksfrömmigkeit« sind durchaus plausibel und stringent.[27] Im Hinblick auf den Protestantismus in Osteuropa lässt sich aber fragen, ob deren Einwände nicht zu sehr von einer westlich aufgeklärten Perzeption von Religion in der modernen Gesellschaft ausgehen und dabei die Lebenswirklichkeit nicht nur unter diktatorischen, sondern auch unter monistischen und teilweise voraufgeklärten Bedingungen, wie sie eben in Osteuropa herrschten, ausblenden. Mit Ersatzbegriffen wie »die Religion der Vielen«, »popular piety«, »Populäre Religion«, »Spiritualität« oder schlicht »Religion«, wie sie auch in der internationalen Forschung gebräuchlich sind, lässt sich aber die spezifische Situation der protestantischen Frömmigkeit im kommunistischen Osteuropa nur sehr unzureichend erfassen. Die Kriterien für Volksfrömmigkeit[28] – nämlich eine im Gegensatz zur bürgerlich-liberalen Religion von unten, von den Laien kommende Frömmigkeit, eine zumeist mündlich tradierte religiöse Tradition und eine andere Ausrichtung als die theologisch normierte Religion – passen nämlich durch-

---

Hummel/Christoph Strohm (Hg.), Zeugen einer besseren Welt – Christliche Märtyrer des 20. Jahrhunderts, Leipzig 2000, 439–458.

26 Vgl. unter anderem Katharina Kunter, Erfüllte Hoffnungen und zerbrochene Träume. Evangelische Kirchen in Deutschland im Spannungsfeld von Demokratie und Sozialismus (1980–1993), Göttingen 2006; dies., Human Rights as a Theological and Political Controversy among East German and Czech Protestants, in: Bruce Berglund/Brian Porter-Szücs (Hg.), Christianity and Modernity in Eastern Europe, Budapest 2010, 217–244.

27 Vgl. Andreas Holzem, Volksfrömmigkeit. Zur Verabschiedung eines Begriffs, in: Theologische Quartalschrift 182 (2002), 258–270; und Wolfgang Schieder (Hg.), Volksreligiosität in der modernen Sozialgeschichte, Göttingen 1986.

28 Vgl. Schieder, Volksreligiosität in der modernen Sozialgeschichte, 12–13.

aus auf das, was der vorliegende Artikel zu beschreiben versucht. Ähnlich sieht es mit dem aus dem 19. Jahrhundert stammenden Begriff des »Volkes« aus, an dem Historiker, zusätzlich zu seiner Diskreditierung im Nationalsozialismus, kritisiert haben, dass die kirchengeschichtliche Forschung darunter eine soziologisch diffuse Definition von »Kirchenvolk« verstehe. Das ist im Hinblick auf die Zugehörigkeit zur Volkskirche in der Bundesrepublik durchaus berechtigt (denn nicht jeder Steuerzahlende drückt ja in gleicher Weise seinen christlichen Glauben aus). In Osteuropa aber mussten sich die Protestanten persönlich in die Gemeinderegister einschreiben, so dass in der Regel nur die aktiven Mitglieder erfasst wurden, die am Abendmahl teilnahmen und die freiwilligen Beiträge an die Kirche entrichteten, manchmal auch die Bezahlung der Pfarrer mittrugen. Zudem zog diese Einschreibung in der Regel gesellschaftliche Diskriminierung nach sich. Nicht nur, dass man so ziemlich genau sagen konnte, wer zur Gemeinde gehörte und wer nicht, die jeweiligen evangelischen Kirchen in Osteuropa bildeten auch ethnisch zumeist relativ homogene Größen, was Teil ihrer religiösen Praxis war. So ließ sich ein Gottesdienst oder ein Gebet in einem der »sozialistischen Bruderländer« immer auch als Widerstand gegen die Sowjetunion deuten – und daraus entwickelten sich dann 1989–1991 durchaus Formen von Massenreligiosität, wie etwa die Montagsdemonstrationen in Leipzig, die um nationale Unabhängigkeit ringenden Sängerfeste in Estland oder die Bewegung »Havel auf die Burg« in der Tschechoslowakei.

An diese Problematisierung ist ein letzter Gedanke anzuknüpfen. Blickt man auf die Entwicklungen des Protestantismus nach 1945 in globalgeschichtlicher Perspektive, so sind die in Osteuropa zu findenden verschiedenen kirchlichen und gemeindlichen Frömmigkeitsmerkmale wohl eher typisch als untypisch für protestantische Frömmigkeit in der zweiten Hälfte des 20. Jahrhunderts. Nicht nur in der Ökumenischen Bewegung, auch in den protestantischen Gemeinden in Afrika, Asien und Lateinamerika ist es weniger eine liberale, intellektuelle und aufgeklärte Theologie oder eine private, individualisierte Volkskirchlichkeit, die dort zum Erscheinungsbild des Protestantismus beiträgt. Vor diesem Hintergrund bildet die Frage nach einer global anschlussfähigen Konzeptualisierung von Volksfrömmigkeit oder Frömmigkeit für die Kirchliche Zeitgeschichte tatsächlich einen zentralen und innovativen Zugang für eine transnational und international ausgerichtete zukünftige Forschung.

Hartmut Lehmann

Die Lutherfaszination der Deutschen 1817 bis 2017

Für Martin Greschat, der vor über vierzig Jahren mit einer epochemachenden Studie über das Reformationsjubiläum 1917 die Erforschung der Lutherrezeption auf ein neues Niveau hob.

In der historischen Vorstellungswelt der Deutschen des 19. und des 20. Jahrhunderts spielte Martin Luther eine herausragende Rolle. Wenn sich die Planungen der Initiatoren der Lutherdekade erfüllen, soll dies auch beim Reformationsjubiläum 2017 nicht anders sein. Zu fragen ist freilich, mit welchen Charakterzügen dieser deutsche Luther ausgestattet war – und ist, genauer: wie viele zeitgenössische Ideen und Vorurteile in die historische Gestalt Martin Luthers hinein imaginiert wurden – und werden, und welche Wirkung diese so präparierte Luthergestalt wiederum auf die Deutschen ausüben konnte – und kann.

Ein Wort zum meinem Vorgehen vorweg. Zunächst soll dargelegt werden, wie in den Lutherjubiläen von 1817, 1883, 1917, 1933, 1946 und 1983 an Luther erinnert wurde. Anschließend wird versucht, die spezifischen Charakterzüge des »deutschen Luther« zu bestimmen. In einem dritten und letzten Abschnitt gilt es zu erörtern, welche Hypotheken die Vorstellung vom »deutschen Luther« für die Lutherforschung sowie für die politische Kultur in Deutschland beinhaltete.

Einige Bemerkungen zum zeitlichen Rahmen vorweg. In den Lutherjubiläen des 17. und 18. Jahrhunderts wurde Luther vor allem als Gegner des Papsttums und als Begründer der protestantischen Kirchen gepriesen: von der Orthodoxie als der Mann des rechten Glaubens, vom Pietismus als der fromme Bibelchrist, von der Aufklärung als Überwinder des Mittelalters und Vorkämpfer der modernen Bildung und Freiheit.[1] Die nationale Sicht begann

---

1 Grundlegend für das Reformationsjubiläum 1617: Jürgen Schönstädt, Antichrist,

jedoch bereits 1817 zu dominieren, und diese reichte, mit erstaunlichen Variationen, bis hin zur Erinnerung an Luthers 500. Geburtstag im Jahre 1983.

Selbst innerhalb des so abgegrenzten zeitlichen Rahmens ist die Fülle des einschlägigen Materials überwältigend. In Lutherjubiläumsjahren wie 1883 – Luthers 400. Geburtstag – oder 1917 – Rückblick auf die Entstehung der 95 Thesen vor 400 Jahren – entstanden nicht etwa einige Hundert Lutherschriften, auch nicht einige Tausend, sondern jeweils mehrere Zehntausend. Die allermeisten dieser Zeugnisse beschäftigen sich mit dem »deutschen Luther«, mit Luther dem großen Deutschen, mit Luther dem größten Deutschen aller Zeiten. Gewiss: Bei der Beschäftigung mit den Lutherjubiläen von 1817, 1883, 1917, 1933, 1946 und 1983 stößt man auch auf einige Stimmen, die den »deutschen Luther« nicht ausdrücklich ins Zentrum ihrer Würdigungen stellen: auf Luther den Begründer des evangelischen Pfarrhauses, Luther den Übersetzer und Sprachschöpfer, Luther den vorbildlichen Hausvater, Luther den Kritiker der katholischen Theologie und Sieger über das Papsttum, schließlich: Luther den »homo religiosus«. Fast immer wurden diese besonderen Leistungen Luthers aber eingefügt in das Bild eines geradezu übergroßen »deutschen Luthers«.

Schon der Anfang der nationalen deutschen Lutherverehrung kann als dramatische Inszenierung von höchster Faszination bezeichnet werden. Am 18. und 19. Oktober des Jahres 1817 versammelten sich mehrere Hundert Studenten auf der Wartburg, um den gerade vier Jahre zurückliegenden Sieg über Napoleon in der Völkerschlacht bei Leipzig und zugleich den Beginn der Reformation 300 Jahre früher, markiert durch die Abfassung und Publikation von 95 Thesen durch den Wittenberger Professor Martin Luther zu feiern. Die Erinnerung an den ersten Schritt Luthers hin auf die Weltbühne erhielt durch diese doppelte Zielsetzung eine besondere Note. Es ginge zu weit, wollte man behaupten, Luther sei 1817 als Inkarnation eines deutschen Anti-Napoleon gefeiert worden. Dem »Bürger und Patrioten« Luther, so der Titel der besten Studie über das Lutherjubiläum von 1817[2], eigneten aber von Anfang an antifranzösische Züge. Luther galt als Vorbild deutscher Tugen-

Weltheilsgeschehen und Gottes Werkzeug. Römische Kirche, Reformation und Luther im Spiegel des Reformationsjubiläums 1617, Wiesbaden 1978; für 1717: Jürgen Schönstädt, Das Reformationsjubiläum 1717. Beiträge zur Geschichte seiner Entstehung im Spiegel landesherrlicher Verordnungen, in: ZKG 93 (1982), 58–118.

2 Lutz Winckler, Martin Luther als Bürger und Patriot. Das Reformationsjubiläum von 1817 und der politische Protestantismus des Wartburgfests, Lübeck 1969; siehe auch Dorothea Wendebourg, Die Reformationsjubiläen des 19. Jahrhunderts, in: ZThK 108 (2011), 270–335.

den gegenüber welscher Unsittlichkeit, deutscher Treue gegenüber welscher Untreue und deutscher Gründlichkeit gegenüber welscher Oberflächlichkeit. Luther handelte stets, so wurde 1817 betont, als Gottes Werkzeug. Auf diese Weise habe er eine besondere Beziehung zwischen den Deutschen und Gott geschaffen. Weil es Luther gelungen sei, die Missstände in der vorreformatorischen Papstkirche aufzudecken und zu überwinden, entsprachen die evangelischen Kirchen des Jahres 1817, so wurde behauptet, den eigentlichen christlichen Idealen. Sie waren, so einige Stimmen, das genaue Gegenbild der nicht an der Bibel orientierten katholischen Tradition. Nur in den protestantischen Kirchen werde den Gläubigen die Botschaft der Bibel nahegebracht, nur im Protestantismus herrsche nicht mehr Aberglaube, gedankenloses Beten, Fasten und Kasteien, sondern dank Luther volle Glaubens- und Gewissensfreiheit. In einigen deutschen Einzelstaaten wurde 1817 verordnet, dass am 31. Oktober die Arbeit ruhen müsse und alle Lustbarkeiten verboten seien. Die Erinnerung an Luthers mutigen Thesenanschlag sollte in Würde und mit dem gebotenen Ernst begangen werden. In Tübingen zogen am 31. Oktober 1817 über 400 Professoren und Studenten mit Fackeln durch die Stadt.[3]

Von Luther gab es damals in Deutschland noch keine Standbilder auf öffentlichen Plätzen.[4] Der Luther des Jahres 1817 war aber bereits eine öffentliche Figur. Für die meisten deutschen Protestanten stand sein Name für die Befreiung vom Katholizismus. Mehr noch: Die Predigten, die Luther 1817 feierten, sind Zeugnis konfessioneller Abgrenzung und damit einer neuen konfessionellen Verhärtung. Luther war somit wichtigster Zeuge protestantischer Selbstvergewisserung. Außerdem sollte die Erinnerung an Luther die Flamme der nationalen Begeisterung nähren, die im Zuge der Freiheitskriege hell aufgelodert war und viele junge Deutsche begeistert hatte.

Ein halbes Jahrhundert später, 1883, stand der »deutsche Luther« im Zentrum aller Reden.[5] Nach dem Bruch mit dem Papsttum war Luther, wie es der Historiker Heinrich von Treitschke in einer großen Rede ausführte, »der Führer der Nation« geworden, »heldenhaft wie ihr Volksheiliger, der streit-

---

3 Wichmann von Meding, Jubel ohne Glauben? Das Reformationsjubiläum 1817 in Württemberg, in: ZKG 93 (1982), 119–160.

4 Dazu Christian Tümpel, Zur Geschichte der Lutherdenkmäler, in: Bernd Moeller (Hg.), Luther in der Neuzeit, Gütersloh 1983, 227–247.

5 Hartmut Lehmann, Das Lutherjubiläum 1883, in: Jürgen Becker (Hg.), Luthers bleibende Bedeutung, Husum 1983, 93–116, sowie in: ders., Protestantische Weltsichten. Transformationen seit dem 17. Jahrhundert, Göttingen 1998, 105–129, und in: ders., Luthergedächtnis 1817–2017, Göttingen 2012, 59–77.

bare Michael«.[6] Treitschke sprach für viele seiner Zeitgenossen, wenn er behauptete, erst in seiner Zeit, also erst nach der Reichsgründung von 1870/71, sei es gelungen, »den ganzen Luther zu verstehen, den zentralen Menschen, in dessen Seele fast alle die neuen Gedanken eines reichen Jahrhunderts mächtig widertönten«. »Allen Deutschen gemein«, so weiter Treitschke, sei im frühen 16. Jahrhundert »der Hass gegen das welsche Wesen« gewesen. Luthers Tat sei somit »aus den Kämpfen des ehrlichen deutschen Gewissens« hervorgegangen. Und weiter: »Nur ein Mann, in dessen Adern die ungebändigte Naturgewalt deutschen Trotzes« kochte, hätte »so Vermessenes wagen« können. Nach Treitschke bestand »die Größe der historischen Helden« in »der Verbindung von Seelenkräften, die nach der Meinung des platten Verstandes einander ausschließen«. So auch bei Luther. »Bei allem Hässlichen, das sich ansetzte«, besaß die Reformation nach Treitschke doch »jenen Charakter schlichter Treuherzigkeit und Kraft, der alle großen Epochen der deutschen Geschichte auszeichnet«. Luther und der Reformation sei zu danken, »dass der Deutsche zugleich fromm und frei empfinden kann, dass keiner unserer großen Denker, wie kühn sich auch die Flüge ihres Geistes erhoben, jemals in den lästernden Spott eines Voltaire verfiel und die Todsünde der Heuchelei« in Deutschland »eine seltene Ausnahme sei«.

»Das köstlichste Vermächtnis, das Luther unserem Volke hinterlassen hat«, bleibe aber, so Treitschke, »er selber und die lebendige Macht seines Gott begeisterten Gemüts. Keine andere der neuen Nationen« habe »je einen Mann gesehen, der so seinen Landsleuten jedes Wort von den Lippen genommen, der so in Art und Unart das innerste Wesen seines Volkes verkörpert« hätte. Und dann folgen Treitschkes in den folgenden Jahrzehnten viel zitierte Worte. »Ein Ausländer mag wohl ratlos fragen«, so Treitschke, »wie nur so wunderbare Gegensätze in einer Seele zusammen liegen mochten: diese Gewalt zermalmenden Zornes und diese Innigkeit frommen Glaubens, so hohe Weisheit und so kindliche Einfalt, so viel tiefsinnige Mystik und so viel Lebenslust, so ungeschlachte Grobheit und so zarte Herzensgüte«. »Wir Deutsche finden in alledem kein Rätsel«, so Treitschke mit Nachdruck, »wir sagen einfach: das ist Blut von unserem Blute. Aus den tiefen Augen dieses urwüchsigen deutschen Bauernsohnes blitzte der alte Heldenmut der Germanen, der die Welt

---

6 Heinrich von Treitschke, Aufsätze, Reden und Briefe, hg. von Karl Martin Schiller, Meersburg 1929, 233–249. Siehe dazu Hartmut Lehmann, »Er ist wir selber: der ewige Deutsche«. Zur langanhaltenden Wirkung der Lutherdeutung von Heinrich von Treitschke, in: Gerd Krumeich/ders., »Gott mit uns«. Nation, Religion und Gewalt im 19. und im frühen 20. Jahrhundert, Göttingen 2000, 91–103, sowie in: ders., Luthergedächtnis 1817–2017, Göttingen 2012, 126–137.

nicht flieht, sondern sie zu beherrschen sucht durch die Macht des sittlichen Willens«. Weil Luther, so Treitschke weiter, sagte, »was im Gemüt seines Volkes schon lebte«, konnte der arme Mönch »in wenigen Jahren wachsen und wachsen und schließlich der neuen römischen Weltmacht ebenso furchtbar werden wie einst die deutschen Kohortenstürmer dem Reiche der Cäsaren«.

Für Treitschke und für viele Redner des Jahres 1883 war Luthers eigentliches theologisches Erbe, so scheint es, nebensächlich geworden. Sie stilisierten Luther zum deutschen Nationalhelden. Alles schien für sie zusammenzupassen: Luthers Leistungen im Kampf gegen das Papsttum und die Geschichte der Deutschen, Luthers Vermächtnis und Deutschlands Zukunft. Die Heroisierung Luthers und die Aktualisierung seiner Taten waren, so muss es scheinen, zwei Seiten der gleichen Medaille. Überlebensgroß wurde Luther in vielen deutschen Städten auf den Sockel gestellt. Selbst fromme Pietisten waren von diesem Luther fasziniert. »Martin Luther, Mann von Erz, Feuergeist und Felsenherz«, so dichtete 1883 der Stuttgarter Prälat und Pietist Karl Gerok.[7] Nicht nur für einen liberalen Nationalisten wie Treitschke, sondern auch für konservative Protestanten wie Gerok, Johann Hinrich Wichern und Friedrich von Bodelschwingh war Luther ein den Deutschen von Gott gesandter Prophet, und durch Luther wurden die Deutschen zum Volk eines Neuen Bundes.[8]

Nächste Station: Herbst 1917, drei Jahre nach Beginn des Ersten Weltkriegs.[9] Das Thema, das am häufigsten behandelt wurde, war, wie kaum anders zu erwarten, Luther und das deutsche Schicksal. Beschworen wurde, wie ebenfalls kaum anders zu erwarten, Luthers Charakter, speziell sein Kampfgeist und dessen Bedeutung für die Kampfbereitschaft der Deutschen, die im Krieg gegen die Ententemächte seit 1914 schwere Verluste erlitten hatten. »Des Herrgotts Hammer«, hieß der Titel eines Gedichtbands über Luther, der 1917 herauskam, und wir begegnen wieder Luther, dem »Mann aus Erz«,

---

7 Zitiert in Lehmann, Das Lutherjubiläum 1883, in: ders., Luthergedächtnis 1817–2017, 67–69.

8 Dazu Hartmut Lehmann, The Chosen People Theme in Late Nineteenth- and Early Twentieth-Century German Nationalism, in: William R. Hutchison/ders. (Hg.), Many Are Chosen. Divine Election and Western Nationalism, Harrisburg (PA), 1994, 85–107.

9 Dazu vor allem Martin Greschat, Reformationsjubiläum 1917. Exempel einer fragwürdigen Symbiose von Politik und Theologie, in: WPKG 61 (1972), 419–429; sowie Gottfried Maron, Luther 1917. Beobachtungen zur Literatur des 400. Reformationsjubiläums, in: ZKG 93 (1982), 177–221; und Christian Albrecht, Zwischen Kriegstheologie und Krisentheologie. Zur Lutherrezeption im Reformationsjubiläum 1917, in: Hans Medick/Peer Schmidt (Hg.), Luther zwischen den Kulturen. Zeitgenossenschaft – Weltwirkung, Göttingen 2004, 482–499.

den 1883 schon Gerok beschworen hatte. Der Heidelberger Historiker Erich Marcks zitierte in seiner Lutherrede 1917 bezeichnenderweise Heinrich von Treitschke.[10] »Deutsch« wollte Luther sein, so Marcks im Tenor von Treitschke, »er wollte ein Deutscher sein und für seine lieben Deutschen schaffen«. Luther, der »Riese«, habe »in sich widerstreitende Kräfte« vereinigt, über die das Ausland nur staunte, und dann folgen all die bekannten Klischees: der schlichte und zugleich starke, der zarte und zugleich derbe Luther, der alle anderen überragende große Mann, der sich an jeder Blume freute, der treusorgende Ehemann, der sich dem Dienst an Beruf und Staat widmet, »wühlend, ringend, zerbrochen, bitterernst und bitterehrlich bis zuletzt, leidend unter seinen eigenen Taten, unter seiner eigenen Größe«. »Er war«, so Marcks, »ein Kämpfer ohne Gnade und ohne Gleichen, und seinen Deutschen trotz alledem tief vertraut in jedem kleinen Zug seiner Art – wahrhaftig durch und durch, über aller Sünde, mit der sein Lebenswerk und die Welt und die eigene Unvollkommenheit ihn bespritzten, rein und hoch, so sehr ein Mensch es nur vermag«. So »unmittelbar wie in Luther« seien diese Züge »nur noch in Bismarck wieder da«: »Stille Schlichtheit der höchsten Größe«. Führer des heutigen Lebenskampfes, also 1917, müssten, so Marcks, »aus Luthers und Bismarcks deutschem Holze sein«. Auch »den seelischen Antrieb«, den Luthers Werk biete, könne »Deutschland heute brauchen: den Quelltrunk von Kraft, von Ehrlichkeit, von jenem tief schaffenden Ernste, dem alles aus dem Innersten emporstieg, von jener heldenhaften Hingabe ohne Wunsch und Furcht«.

Wie es Martin Greschat schon 1972 formulierte[11], hatte der deutsche Protestantismus im Reformationsjubiläumsjahr 1917 »kein eigenes Thema mehr«. »Sein Thema« sei damals »von dem militant-nationalistischen Wollen des deutschen Bürgertums aufgesogen worden«. Man könnte auch sagen, so Greschat, »sein Thema sei identisch mit dem Programm der Vaterlandspartei« und »an die Stelle des Theologen und Reformators Martin Luther« sei »der Generalfeldmarschall Paul von Hindenburg getreten«. Es seien nämlich »exakt die gleichen Worte, Ideale und Wertvorstellungen, mit denen man beide Männer« feierte. »Natürlich« sei »auch Hindenburg die Personifizierung des Deutschtums schlechthin«; er sei »der kühne, unerschrockene Kämpfer, der – ganz wie Luther auch – vor einer Welt von Feinden nicht verzagt«; und er sei »zugleich der tief fromme Mann, der allein aus dem Evangelium seine Kräfte« gewonnen habe. Nur »konsequent« sei es deshalb, so weiter Greschat,

---

10 Erich Marcks, Luther und Deutschland, Leipzig 1917, 37–38, 41–42, 45; sowie Lehmann, Luthergedächtnis 1817–2017, 134.

11 Greschat, Reformationsjubiläum 1917, 424–425.

»wenn in einer Schrift zum Reformationsjubiläum« 1917 »Hindenburgworte im Lutherton« neben die entsprechenden »Lutherworte zu Hindenburggedanken« gestellt worden seien.

Greschats Kieler Kollege Gottfried Maron arbeitete aus Anlass des Lutherjubiläums von 1983 heraus, dass in vielen der Lutherwürdigungen des Jahres 1917 Gedanken vorgetragen wurden, die direkt hin zu dem nationalistischen Pathos der Deutschen Christen in den 1930er Jahren führen. Dazu ein von Maron entdecktes Beispiel, aus dem Westfälischen Volkskalender von 1917:

> »Du stehst am Amboß, Lutherheld,
> Umkeucht von Wutgebelfer
> Und wir, Alldeutschland, dir gesellt,
> Sind deine Schmiedehelfer ...
> Wir schmieden, schmieden immerzu
> Alldeutschland, wir und Luther Du
> Das deutsche Geld und Eisen.
> Und wenn die Welt in Schutt zerfällt,
> Wird deutsche Schwertschrift schreiben:
> Das Reich muss uns doch bleiben«.

Auch »rassistische Nebentöne« seien, so Maron, 1917 schon zu hören gewesen.[12]

Luther und Bismarck, Luther und Hindenburg: Als im November 1933 der 450. Geburtstag von Luther begangen wurde, zögerten einige Protestanten, die sich der Glaubensbewegung Deutsche Christen angeschlossen hatten, nicht, Luther in eine direkte Verbindung mit Hitler zu setzen. Von dem Erlanger Theologen Hans Preuß, der bei Erich Marcks 1901 promoviert hatte, stammt die Schrift »Luther und Hitler«, in der er den Nachweis zu führen versuchte, Luther und Hitler seien »deutsche Führer«, die von Gott »zur Errettung ihres Volkes« gesandt wurden.[13] Nach Preuß hatten Luther und Hitler viele verwandte Züge. Beide seien »Kämpfernaturen« und zugleich tief religiös, beide hätten an Deutschland »ein Rettungswerk« vollbracht, für das alle Deutschen Gott zu danken hätten. Führende Theologen wie Paul Althaus und Emanuel Hirsch äußerten sich in ähnlichem Sinn.[14]

---

12 Maron, Luther 1917, 190–198.

13 Hartmut Lehmann, Hans Preuß 1933 über »Luther und Hitler«, in: KZG 12 (1999), 287–296, sowie in: ders., Luthergedächtnis 1817–2017, 151–159. Siehe dazu auch Günter Brakelmann, Luther und Hitler, Bochum 2008.

14 Dazu Robert P. Ericksen, Complicity in the Holocaust. Churches and Universities in Nazi Germany, Cambridge 2012.

Wenige Jahre später wurde von einigen protestantischen Autoren noch ein weiterer, im Rückblick besonders fataler Aspekt herausgestellt: die Haltung Luthers und Hitlers zu den Juden. Der für seine Pfarrhausstudien bekannte Praktische Theologe Hermann Werdermann betonte in seiner 1936 publizierten Schrift »Martin Luther und Adolf Hitler. Ein geschichtlicher Vergleich«, es sei viel zu wenig bekannt, wie vehement Luther gegen die Juden gekämpft habe.[15] Wörtlich: Hitler sei »in der Behandlung und Lösung der Judenfrage der Fortsetzer und Vollender Luthers geworden«. Als Christen müsse man dem Nationalsozialismus dankbar sein, »dass er uns den Blick auf die Schöpfungsordnungen Gottes gerichtet hat, die sich auch in den Rassenunterschieden offenbaren«. Landesbischof Martin Sasse aus Eisenach gab Ende November 1938, knapp zwei Wochen nach dem Novemberpogrom, Auszüge aus Luthers späten Schriften gegen die Juden neu heraus unter dem Titel »Weg mit ihnen!«.[16] Sasse erklärte einleitend, »in dieser Stunde« müsste der Mann gehört werden, der zum größten Antisemiten seiner Zeit geworden sei und dessen Stimme »auch heute noch gewaltiger als das armselige Wort gottferner und volksfremder internationaler Judengenossen und Schriftgelehrter« sei, »die nichts mehr wissen von Luthers Werk und Willen«. Für den Kieler Historiker Otto Scheel war Hitler einer jener von Luther geweissagten »Wunderleute Gottes«, die als Gottes Werkzeuge agieren, gültiges Recht brechen und neue Ordnungen schaffen.[17] Gewiss: Auch jene protestantischen Pastoren und Laien, die sich in der Bekennenden Kirche versammelten, beriefen sich auf Luther, keinem von ihnen wäre es aber in den Sinn gekommen, Luther und Hitler in einem Atemzug zu nennen. Dass der »deutsche Luther« aber für die deutsche Nation eine besondere Bedeutung besitze, war auch in den Kreisen der Bekennenden Kirche unbestritten, auch wenn Karl Barth nicht müde wurde, auf die von Calvin begründete politische Tradition hinzuweisen.

---

15 Hermann Werdermann, Martin Luther und Adolf Hitler, Gnadenfrei 1936 (Vortrag 1935).

16 Martin Sasse, Martin Luther über die Juden. Weg mit ihnen! Leipzig 1938. Siehe dazu auch Susannah Heschel, The Aryan Jesus. Christian Theologians and the Bible in Nazi Germany, Princeton (NJ) 2008, 69, 76. Beide, Bischof Martin Sasse und Pastor Hermann Werdermann, arbeiteten mit am »Institut zur Erforschung und Beseitigung des jüdischen Einflusses auf das deutsche christliche Leben« in Eisenach.

17 Hartmut Lehmann, Luther als Kronzeuge für Hitler. Anmerkungen zu Otto Scheels Lutherverständnis in den 1930er Jahren, in: Werner Paravicini (Hg.), Mare Balticum. Beiträge zur Geschichte des Ostseeraums in Mittelalter und Neuzeit. Festschrift zum 65. Geburtstag von Erich Hoffmann, Sigmaringen 1992, 413–427, und in: ders., Luthergedächtnis 1817–2017, 160–175.

Wenig später: Luthers 400. Todestag 1946.[18] Durchaus provokativ fragte damals der Leiter der Kanzlei der Evangelischen Kirche Pastor Hans Asmussen, »Muß Luther nach Nürnberg?« Sei Luthers Kirche, so Asmussen, »für Nationalsozialismus, Staatsvergottung und Zusammenbruch verantwortlich?« Wortreich lehnte Asmussen diese Unterstellung ab, nicht ohne ausdrücklich Karl Barth zu kritisieren. Man vergesse, so Asmussen, wenn man die Lutheraner für den deutschen Militarismus verantwortlich mache, dass die Hohenzollern der reformierten Kirche angehörten. Wenn man die Publikationen aus Anlass des 400. Todestages von Luther im Jahre 1946 liest, bekommt man den Eindruck, dass die Anhänger der Bekennenden Kirche, soweit sie lutherischen Kirchen angehörten, und die ehemaligen Mitglieder der Deutschen Christen nach Kriegsende 1945 in Sachen Luther fast so etwas wie eine »große Koalition« bildeten: Nein, Luther trage kein Schuld. In der deutschen Geschichte führe keine direkte Linie von Luther über Friedrich den Großen und Bismarck bis Hitler, so wie das in einigen Schriften in der alliierten Kriegspropaganda behauptet wurde, argumentierten sie; nein, gerade in der Stunde der nationalen Not müsse man sich an Luther erinnern, gerade dann könne er wie kein anderer Trost spenden. Auch Hans Preuß meldete sich 1946 wieder zu Wort. Ohne seine Schrift von 1933 zu erwähnen, oder gar sich für diese zu entschuldigen, schrieb er vollmundig über Luthers Seele, Luthers Glauben und Luthers Vorstellung von Freiheit. In einem besonderen Abschnitt widmete sich 1946 Preuß noch einmal auch dem »deutschen Luther«.

Schließlich: Luthers 500. Geburtstag 1983. Noch einmal kann man Erstaunliches beobachten. Während im Westen Deutschlands das Luthergedächtnis eher zurückhaltend begangen wurde, waren in der DDR fast unerwartet neue nationale Töne zu hören. Nicht mehr von Luther dem Fürstenknecht und Bauernschlächter war die Rede, so wie das Friedrich Engels 1850 formuliert hatte und so wie das den Schulkindern in der DDR seit 1949 eingebläut worden war. Luther sei vielmehr, so Erich Honecker, einer der größten Söhne des deutschen Volkes. Und da die DDR die besten Traditionen der deutschen Geschichte pflege und das eigentliche, das bessere Deutschland sei, gehöre Luther in die Traditionslinie, die ihren Höhepunkt in der Gründung der DDR gefunden habe.[19]

---

18 Hartmut Lehmann, »Muß Luther nach Nürnberg?« Deutsche Schuld im Lichte der Lutherliteratur 1946/47, in: ders., Protestantisches Christentum im Prozess der Säkularisierung, Göttingen 2001, 64–80, sowie in: ders., Luthergedächtnis 1817–2017, 176–188.

19 Dazu Hartmut Lehmann, Das marxistische Lutherbild von Engels bis Honecker, in: Hans Medick/Peer Schmidt (Hg.), Luther zwischen den Kulturen. Zeitgenossenschaft – Weltwirkung, Göttingen 2004, 500–514, sowie in: ders., Luthergedächtnis 1817–2017,

Wie lassen sich die Charakteristika des »deutschen Luthers« zusammenfassen? Noch nicht in vollem Umfang 1817, wohl aber 1883 glaubten, wie viele Zeugnisse beweisen, deutsche Theologen und Historiker zu wissen, wie Luthers Charakter aussah, sie kannten, so scheint es, Luthers Seele, die Ursachen für seinen Mut, kurzum das, was ihn zum »deutschen Luther« machte. Immer wieder tauchen in ihren Schriften die gleichen Argumente auf; immer wieder werden, um Luthers Größe zu beschreiben, die gleichen Attribute verwendet. Gäbe es so etwas wie einen universalhistorischen Zehnkampf für politische, religiöse und kulturelle Verdienste aller Personen aller Epochen und aller Länder, dann hat Luther nach Ansicht seiner »lieben Deutschen«, die sich von 1817 bis 1983 über ihn äußerten, in diesem Zehnkampf einen von keinem anderen Deutschen jemals übertroffenen Weltrekord aufgestellt, weder von Friedrich dem Großen noch von Bismarck, zu schweigen von Nichtdeutschen wie dem großen Entdecker Columbus, dem genialen Leonardo da Vinci oder dem nicht weniger genialen Mathematiker und Physiker Isaac Newton. Diese alle hatten sich, ebenso wie Shakespeare und Rembrandt, auf einem oder höchstens auf zwei Gebieten hervorgetan. Luther hingegen, so glaubten sie, hatte in einer Vielzahl von Disziplinen brilliert: 1. Er war durch seine Übersetzung des Neuen Testaments der eigentliche Schöpfer der modernen deutschen Sprache; 2. schuf er einzigartige Kirchenlieder und leistete damit einen großartigen, unverwechselbaren Beitrag zur Ausgestaltung des evangelischen Gottesdienstes; 3. spielte er selbst ein Instrument, machte mit seiner Familie Hausmusik und schenkte den Deutschen das richtige Verständnis häuslicher Geselligkeit und insbesondere des Weihnachtsfests; zusammen mit seiner Frau Käthe begründete er 4. das Evangelische Pfarrhaus, das für die weitere kulturelle Entwicklung der Deutschen von höchster Bedeutung war, weil es zur Pflanzstätte unzähliger bedeutender Personen wurde; mehr noch: 5. holte er die von der mittelalterlichen katholischen Kirche von den Gläubigen weitgehend ferngehaltene Bibel wieder zurück in die Gemeinschaft aller Christen und pflanzte sie fest in die Herzen der Gläubigen ein; 6. vermittelte er mit seiner Zwei-Reiche-Lehre den Protestanten das richtige Verständnis vom Verhältnis von Staat und Kirche und glaubte, obwohl er seinem sächsischen Landesherrn treu ergeben war, stets an die Größe des deutschen Reichs; unverdrossen kümmerte er sich 7. um Fragen der Bildung und trug somit wesentlich zum Aufschwung der Wissenschaften in Deutschland bei; insbesondere erklärte er 8. den Deutschen den Unterschied zwischen Roma-

257–270; sowie Hartmut Lehmann, Die 15 Thesen der SED über Martin Luther, in: GWU 34 (1983), 722–738, auch in: ders., Luthergedächtnis 1817–2017, 213–231.

nen und Germanen, zwischen deutscher Tugendhaftigkeit und dem falschen Sinn der Welschen, vor dem sich die deutschen Bürger stets hüten sollten; mit unerschütterlichem Mut verteidigte er 9. seine theologischen Einsichten, nicht nur in Schriften und Disputationen, sondern auch in exponierter und höchst gefährdeter Position wie in den Verhandlungen auf dem Wormser Reichstag; 10. schließlich vereinigte er in seinem Charakter unerschütterlichen Mut mit größtmöglicher Milde, außergewöhnliche politische und theologische Weitsicht mit zarter Liebe für seine Nächsten, Treue für seine Freunde mit der Bereitschaft, sich von diesen, wenn sie den Geboten Gottes, so wie er sie verstand, nicht folgten, aber auch zu trennen.

Nicht von ungefähr stößt man in den Texten, die in der Epoche von 1817 bis 1946 und in abgemilderter Form selbst noch 1983 über Luther geschrieben wurden, immer wieder auf den Begriff »Riese«: ein »Riese« sei er gewesen, heute würde man wohl sagen: eine einmalige Leitfigur. Die Tatsache, dass Luther die Bibel in die deutsche Sprache übersetzt hatte, wurde als eine besondere Offenbarung verstanden, die den Deutschen – und von allen Völkern Europas nur den Deutschen – zuteilgeworden war. Luther war, so glaubte man, Werkzeug Gottes, dem Gott einen einmaligen Auftrag erteilt hatte und der dadurch in schwerer Zeit zum Retter und zum Propheten der Deutschen wurde. Die Deutschen konnten, wenn sie Luthers Vorbild folgten, somit zu Gottes auserwähltem Volk werden.

Wie steht es um die Hypotheken, die das Bild vom »deutschen Luther« implizierte, sowohl in der Wissenschaft wie in der Politik?

Zu fragen gilt es somit, ob die außergewöhnliche Verehrung, die Luther in Deutschland im 19. und bis in die zweite Hälfte des 20. Jahrhunderts zuteilwurde, nicht auch gravierende negative Konsequenzen hatte. Denn indem Luthers Lebenswerk heroisiert wurde, ging der Sinn dafür verloren, dass der historische Luther unbestreitbar eine Person mit großen Stärken, aber auch mit unübersehbaren Schwächen war. Die Jubiläumsredner stellten Luther vielmehr als den hin, der in seiner Zeit alles bewegt hat und der allen Zeitgenossen überlegen war. Auch gingen alle, die im 19. und noch im 20. Jahrhundert über Luther schrieben, davon aus, dass Luther in seiner Zeit der war, der zu allem und jedem das letzte Wort hatte.

Der zweite Fehler, auf den man in den Lobliedern auf den »deutschen Luther« immer wieder stößt, ist die Harmonisierung der Aussagen in Luthers diversen Schriften. Insbesondere wurde immer wieder übersehen, dass es in Luthers Werk durchaus Widersprüche gibt, denn in manchen Fragen urteilte der alte Luther anders als der junge. Man denke nur an das Verhältnis der Christen zu den Juden. Schließlich: Indem man direkte Linien zwischen Luthers Leben und der eigenen Zeit zog, Luthers Aussagen also unbedenklich aktualisierte, übersah man die gewaltige Distanz zwischen den Lebensverhältnissen und der Kultur des 16. Jahrhunderts und den Lebensverhältnissen und der Kultur der Epoche nach 1817, um 1883, mitten im Ersten Weltkrieg, zu Beginn der Hitlerzeit und insbesondere auch nach dem Zweiten Weltkrieg.

Kurzum: Durch die Aktualisierung von Luthers Taten, durch die Harmonisierung seiner Aussagen und durch die Heroisierung seines Lebenswerks ging das Verständnis dafür verloren, dass der historische Luther den Menschen der nachreformatorischen Zeit, also den Menschen des 19. und des 20. Jahrhunderts möglicherweise durchaus fremd war. Keiner der Redner auf den Lutherjubiläen bedachte, dass Luther möglicherweise ein Mann war, dessen Schriften sich nicht leicht erschließen und dessen Aktionen sich nicht leicht durchschauen lassen und dass es deshalb nach wie vor und immer wieder großer Anstrengungen bedarf, um ihn zu verstehen und die Bedeutung seines Werks zu erfassen.[20]

Was die Wissenschaft angeht, so trug die übergroße Verehrung für Luther zu einer besonderen Art von Blindheit bei, die es verhinderte, den Ablauf bestimmter Episoden in Luthers Leben richtig zu deuten. Dazu zwei weit über die Kreise der Lutherspezialisten hinaus bekannte Beispiele: Die Verbreitung von Luthers Thesen im Herbst des Jahres 1517 und Luthers Auftritt in Worms im April des Jahres 1521.[21]

Im Laufe des 19. Jahrhunderts wurden zahlreiche Bilder und Stiche geschaffen, die Luther beim Thesenanschlag am 31. Oktober 1517 zeigen.[22] Mal steht er selbst auf der Leiter, mit dem Hammer in der Hand, mal beobachtet er, umgeben von Freunden und in ernster Pose, wie sein Famulus das Blatt mit den Thesen an die Tür der Schlosskirche von Wittenberg anheftet beziehungsweise annagelt. In allen Darstellungen handelt es sich um ein Blatt etwa im Format von DIN A3. Niemand stellte sich offensichtlich die Frage, ob denn der Text mit den 95 Thesen überhaupt auf einem Blatt dieser Größe Platz

---

20 Dazu grundlegend: Heiko A. Oberman, Luther. Mensch zwischen Gott und Teufel, Berlin 1982.

21 Zum folgenden siehe Hartmut Lehmann, Anmerkungen zur Entmythologisierung der Luthermythen, 1883–1983, in: AKuG 68 (1986), 457–477, sowie in: ders., Luthergedächtnis 1817–2017, 281–296.

22 Dazu Hartmut Lehmann, Martin Luther und der 31. Oktober 1517, in: Paul Münch (Hg.), Jubiläum, Jubiläum. Zur Geschichte öffentlicher und privater Erinnerung, Essen 2005, 45–60, in: Wolfgang Krieger (Hg.), Und keine Schlacht bei Marathon. Grosse Ereignisse der europäischen Geschichte, Stuttgart 2005, 147–169, sowie in: ders., Luthergedächtnis 1817–2017, 17–34.

hatte. Das Argument, Luther hätte die Thesen an Tür der Schlosskirche, die als das Schwarze Brett der Universität diente, angeschlagen, wird somit allein schon aufgrund der Länge des Texts, der angeblich angeschlagen wurde, hinfällig: Man kann sich eigentlich nur vorstellen, dass Luther am Schwarzen Brett einen Hinweis anbrachte, er hätte 95 Thesen verfasst, über die er gerne mit seinen Kollegen diskutieren würde. Wer Interesse habe, könne von ihm ein Exemplar dieser Thesen erhalten beziehungsweise sich selbst eine Kopie anfertigen.

Dieses Beispiel kann hier nicht vertieft werden; auch soll die gesamte Diskussion der Frage, ob Luther die Thesen angeschlagen hat oder nicht, an dieser Stelle nicht noch einmal aufgerollt werden. Nach allem, was mir von dieser Sache bekannt ist, hat Luther die Thesen am 31. Oktober 1517 verschickt, und zwar als Beilage zu Briefen an seine kirchlichen Oberen, in denen er diese dringend bat, die Aktivitäten des Dominikanermönchs Tetzel zu stoppen. Als er keine Antwort erhielt, versandte Luther die Thesen einige Wochen später auch an Freunde in anderen Städten. Es waren diese Freunde, die Luthers Thesen im Dezember 1517 zunächst in einer lateinischen Fassung und wenig später auch in deutscher Übersetzung druckten. Auf diesem Wege beziehungsweise auf diese Weise wurden die Thesen weit über Wittenberg hinaus bekannt.

Dieser Verlauf hat im Hinblick auf die Bewertung von Luthers Intentionen – und das ist wichtig – weitreichende Konsequenzen. Denn wenn man davon ausgeht, dass Luther die Thesen anschlug, folgt man der traditionellen Sicht, dass Luther schon im Herbst des Jahres 1517 bereit war, den ultimativen Bruch mit der Papstkirche zu wagen. Die Hammerschläge werden dabei zum Symbol. Unter Luthers Hammerschlägen bricht das Gebäude der Papstkirche zusammen. Nimmt man dagegen an, dass Luther die Thesen zunächst in der Absicht verschickt hat, seine kirchlichen Oberen zu einer seiner Ansicht nach dringend notwendigen Reform in einer ganz spezifischen Sache, eben der Ablassfrage, anzuregen, dann versteht man ihn als ernsten, verantwortungsbewussten und überzeugten Reformer, der bereit ist, den »Dienstweg« einzuhalten, genauer: als Reformkatholiken.[23] Nicht von ungefähr wurde diese Sicht von Luther von katholischer Seite mit Nachdruck zuerst in den Jah-

---

23 Dazu Joachim Wanke, War Luther ein Reformkatholik? Nach-Gedanken zu Werk und Wirkung Martin Luthers aus heutiger Perspektive, in: Hans Medick/Peer Schmidt (Hg.), Luther zwischen den Kulturen, Zeitgenossenschaft – Weltwirkung, Göttingen 2004, 517–522; sowie Dorothea Wendebourg, War Luther ein Reform-Katholik? Evangelische Antwort auf eine römisch-katholische Frage, in: Hans Medick/Peer Schmidt (Hg.), Luther zwischen den Kulturen, Zeitgenossenschaft – Weltwirkung, Göttingen 2004, 523–529.

ren des Zweiten Vatikanischen Konzils vorgetragen. Die Reformkatholiken der 1960er Jahre konnten sich mit dem Reformkatholiken Luther von 1517 identifizieren.

Der Bruch Luthers mit dem Papsttum erfolgte selbstverständlich, aber einige Jahre später, 1520/21, und erst nachdem auf den päpstlichen Bann die kaiserliche Acht gefolgt war. Nun ließen sich die Differenzen nicht mehr überbrücken. Diese Interpretation impliziert des Weiteren, dass man den Luther der Jahre 1517 bis 1520 als gemeinsamen Besitz von Katholiken und Protestanten ansehen kann und ansehen sollte: als gemeinsamen Besitz mit der Chance, dass man aus den theologischen Diskussionen jener Jahre möglicherweise Argumente für eine ökumenische Verständigung gewinnen kann. Nach meiner Kenntnis gibt es heute, von einigen fanatischen Piusbrüdern vielleicht abgesehen, keinen katholischen Theologen, der Luthers Verurteilung der Tetzelschen Ablasspraxis, so wie er sie in den 95 Thesen vortrug, nicht teilen würde.

Die traditionelle Sicht von Luthers Auftritt in Worms hat Gerhard Ritter in seiner bekannten, zuerst 1925 publizierten und dann bis 1959 mehrfach aufgelegten Lutherbiographie folgendermaßen beschrieben: »Der Wittenberger Mönch trat ohne jede politische Instruktion und ohne Ahnung von dem, was ihm bevorstand, vor die Großen dieser Welt«.[24] In der neueren Forschung spielt dagegen die vom sächsischen Kurfürsten umsichtig betriebene Lutherschutzpolitik die entscheidende Rolle.[25] In den mit dem künftigen Kaiser Karl V. 1519 ausgehandelten Wahlkapitulationen war aus Sorge, Deutschen könnte künftighin in Spanien der Prozess gemacht werden, in Artikel 15 festgelegt worden, kein Deutscher dürfe außerhalb des Reichs vor Gericht gestellt werden, und in Artikel 22, die kaiserliche Acht dürfe nicht automatisch, also nicht ohne nochmalige Verhandlung, auf den päpstlichen Bann folgen. Diese beiden Bestimmungen wurden, soweit wir das wissen, nicht schon im Hinblick auf den Fall Luther getroffen. Sicher ist jedoch, dass sie 1520/1521, als sich der Konflikt zwischen Luther und dem Papst zuspitzte, von sächsischer Seite in der Luthersache herangezogen wurden. Der Streit zwischen dem Papst und dem sächsischen Kurfürsten um Luther wurde, könnte man sagen, zum Test dafür, ob sich der neue Kaiser auch an die Wahlkapitulationen halten würde. Luthers Wormser Auftritt hatte somit reichsrechtlich und reichspolitisch den Charakter eines Präzedenzfalles.

---

24 Gerhard Ritter, Luther. Gestalt und Tat, München ^{6}1959, 107.

25 Wilhelm Borth, Die Luthersache (Causa Lutheri). 1517–1524: Die Anfänge der Reformation als Frage von Politik und Recht, Lübeck 1970.

Bekannt ist des Weiteren, dass schon seit Beginn des Jahres 1521, also mehrere Monate vor Luthers Auftritt in Worms, Verhandlungen zwischen kursächsischen Räten, kaiserlichen Räten und päpstlichen Delegierten darüber geführt wurden, wie die Luthersache auf dem bevorstehenden Reichstag behandelt werden sollte. Das häufig geschilderte Wormser Scenario stand also weitgehend fest, ehe Luther Wittenberg verließ und sich auf den Weg nach Worms machte. Bekannt ist ferner, dass Luther auf seiner Reise nach Worms von kursächsischen Räten begleitet, ja beaufsichtigt wurde. Bekannt ist schließlich, dass Luther Worms zu einem Zeitpunkt verlassen konnte, als das kaiserliche Edikt mit der Achterklärung schon bis in alle Einzelheiten formuliert war. Der neue Kaiser hätte ihn in Worms jederzeit festnehmen können, wenn er es politisch für opportun erachtet hätte; er wollte aber offensichtlich den Konflikt mit dem mächtigsten Kurfürsten im Reich vermeiden.

Worms 1521: Keine der beteiligten Parteien verlor das Gesicht. Das größte Risiko ging der sächsische Kurfürst ein. Offensichtlich bestand die Gefahr, dass einige Reichsfürsten, um dem Kaiser zu gefallen, Luther auf dem Rückweg von Worms nach Wittenberg gefangen nehmen und dem Kaiser übergeben würden. Um sicher zu gehen, dass Luther nichts geschah, ließ Friedrich der Weise diesen kurzerhand auf der Wartburg für einige Zeit festsetzen. Einige weitere Einzelheiten sind wichtig. Luther wurde in Worms nicht vor den Reichstag geladen. Er wurde in Worms vielmehr in der Residenz des Kaisers, der als oberster Gerichtsherr des Reichs agierte, verhört. Mitglieder des Reichstags waren als neugierige Zuschauer anwesend. Schließlich Luthers berühmter Satz: »Hier stehe ich, ich kann nicht anders. Gott helfe mir. Amen«. Er hat diesen Satz, soweit sich das aus den überlieferten Quellen feststellen lässt, nicht gesprochen. Dieser Satz gehört vielmehr zu den frühesten Lutherlegenden. Was Luther tatsächlich in seinem Schlusswort ausführte, hatte einen anderen Ton: »Wenn ich nicht durch Schriftzeugnisse oder einen klaren Grund widerlegt werde – denn allein dem Papst oder den Konzilien glaube ich nicht; es steht fest, dass sie häufig geirrt und sich auch selbst widersprochen haben –, so bin ich durch die von mir angeführten Schriftworte überwunden. Und da mein Gewissen in den Worten Gottes gefangen ist, kann und will ich nichts widerrufen, weil es gefährlich und unmöglich ist, etwas gegen das Gewissen zu tun«. Das ist nicht der Luther, der wie ein trotziger Landsknecht auf seinem Standpunkt beharrt, sondern ein zwar selbstbewusster, zugleich aber nachdenklicher und skrupulös frommer Mann, der sein Seelenheil in Gefahr sieht, wenn er sich nicht zu Gottes Wort bekennt.[26]

---

26 Hier zitiert nach Martin Luther, Ausgewählte Schriften, hg. von Karin Bornkamm/

Für unser Verständnis von Luthers Leben und Werk bedeuten diese beiden Episoden zweierlei – und es könnten, wenn der Platz es erlauben würde, durchaus weitere Episoden in ähnlicher Weise kritisch analysiert werden: Diese beiden Episoden bedeuten zum einen, dass Luther auch in sensiblen theologischen Streitpunkten wie der Ablassfrage durchaus den Dialog schätzte, dass er also 1517 und in den folgenden Jahren in theologischen Fragen auf der Suche war; ferner, dass die kursächsische Politik ihn von 1518 an in politische Machtstrukturen eingebunden hatte, aus denen er sich nicht so leicht befreien konnte. Anders und etwas vereinfacht formuliert: Luther kannte nicht nur die Konfrontation, sondern auch den Kompromiss, und des Weiteren: Luther war in den Jahren nach 1517 nicht in der Lage, unabhängig zu handeln, sondern musste bei dem, was er tun konnte und lassen musste, politische Rücksichten nehmen.

Es liegt mir fern, die besondere Geschichte der Deutschen des 19. und in der ersten Hälfte des 20. Jahrhunderts allein von ihrem Verständnis des »deutschen Luthers« abzuleiten. Einige Dinge stimmen mich in diesem Zusammenhang aber doch nachdenklich. Denn zweierlei kennzeichnete die deutsche Politik in der zweiten Hälfte des 19. und in der ersten Hälfte des 20. Jahrhunderts: Zum einen die weithin geteilte Überzeugung, die Deutschen könnten nach dem Motto, der Starke sei am stärksten allein, ihre politischen Interessen durchsetzen, und zum anderen die Vorstellung, – vor allem in protestantischen Kreisen verbreitet – die Deutschen seien etwas Besonderes, sie seien, wie führende evangelische Theologen es ausdrückten, ein von Gott auserwähltes Volk. Nun mag man spekulieren, ob diese beiden Überzeugungen von der protestantischen deutschen Elite auf Luther projiziert wurden und so erst das Bild vom »deutschen Luther« entstand oder, ob umgekehrt, zunächst das Bild vom »deutschen Luther« entwickelt wurde und dieser Luther dann als Leitbild für die deutsche Politik genommen wurde. Beides ist möglich, sogar gleichzeitig. Sicher ist zudem, dass man die Bedeutung des Lutherbildes, wenn es um Fragen der großen Politik geht, nicht überschätzen sollte. In jedem Fall hat aber die Vorstellung vom »deutschen Luther« nicht als ein Korrektiv gedient, das in den Kreisen des deutschen Bildungsbürgertums und der politischen Elite in den Jahrzehnten von 1871 bis 1945 zu einer Revision der egozentrischen und schließlich für ganz Europa höchst gefährlichen und zugleich selbstzerstörerischen deutschen Machtpolitik hätte beitragen können.

Gerhard Ebeling, Bd. 1: Aufbruch zur Reformation, Frankfurt am Main 1982, 265–269, Rede auf dem Reichstag zu Worms am 18. April 1521, Zitat 269.

So bleibt zu konstatieren, dass es erst nach der politisch-moralischen Katastrophe von 1932/33, erst nach dem militärischen Zusammenbruch von 1945 in Deutschland und eigentlich erst seit den 1960er Jahren zu einer politischen, kulturellen und geistigen Neubesinnung kam, zu einer grundlegenden Neuorientierung, die vom Geist der Kooperation und nicht mehr vom Geist der Konfrontation bestimmt wurde. Am Beginn des 21. Jahrhunderts sollten wir deshalb in der Lage sein, auch das von vielen Legenden verklärte Bild des »deutschen Luthers« endgültig zu entmythologisieren, um so die tatsächliche historische Leistung Luthers erkennen und würdigen zu können.

Bernd Krebs

Luther 2017 – Anlass zum Feiern oder Anlass zur Busse?

Von der Schwierigkeit des Reformationsgedenkens in ökumenischer Perspektive[1]

I. Position beziehen – und dann?

Das »Kernproblem« des ökumenischen Dialogs bestünde heute darin, »dass sich zwei [...] unterschiedlich profilierte und konfessionell geprägte Verständnisse der ökumenischen Einheit unversöhnt gegenüber« stehen, konstatierte Kardinal Kurt Koch im Herbst 2013.

»Während die katholische Kirche zusammen mit der Orthodoxie an der ökumenischen Zielvorstellung der sichtbaren Einheit im gemeinsamen Glauben, in den Sakramenten und in den kirchlichen Ämtern festhält«, habe sich bei den aus der Reformation hervorgegangenen Kirchen und kirchlichen Gemeinschaften »das Postulat der gegenseitigen Anerkennung aller vorhandenen kirchlichen Wirklichkeiten als Kirchen und damit als Teil der einen Kirche Christi« durchgesetzt.

Das Reformationsgedenken müsse deshalb danach befragt werden, »ob es der weiteren Legitimierung eines auf protestantischer Seite favorisierten ekklesiologischen Pluralismus dienen will« oder ob es als »vitaler Anlass verstanden« wird, »in erneuerter Weise nach einem gemeinsamen Ziel des ökumenischen Dialogs zu suchen und dieses an der Einheitsbitte Jesu in seinem hohenpriesterlichen Gebet zu orientieren«.[2]

---

1 Überarbeitete Fassung eines Vortrages, gehalten am 20. Mai 2014 in der Reihe »Ökumenische Tage Pankow« in der Evangelischen Hoffnungskirche in Berlin-Pankow.

2 Kurt Kardinal Koch, Reformationsgedenken in ökumenischer Sicht, in: Petra Bosse-Huber/Serge Fornerod/Gottfried W. Locher/Thies Gundlach (Hg.), 500 Jahre Reformation: Bedeutung und Herausforderungen. Internationaler Kongress der EKD und des SEK auf dem Weg zum Reformationsjubiläum 2017 vom 6. bis 10. Oktober 2013 in Zürich, Zürich

Das sind deutliche Worte des Präsidenten des Päpstlichen Rates für die Einheit der Christen. Sie belassen den Kirchen der Reformation wenig Spielraum, wenn sie es – im Sinne von Koch – mit einer Erneuerung des ökumenischen Dialogs tatsächlich ernst meinen wollten. Zugespitzt gefragt: Ist ein Reformationsgedenken, das ökumenisch begangen werden soll, nur dann möglich, wenn damit auf protestantischer Seite das Ende des »ekklesiologischen Pluralismus« eingeleitet wird?

Dass man sich auf protestantischer Seite hierauf schlechterdings nicht wird einlassen können, beruht auf der grundlegend anderen Bewertung der im Zuge der Reformation entstandenen Kirchen und ihrer Katholizität.

Aus der Vielzahl protestantischer Stimmen will ich die Göttinger systematische Theologin Christine Axt-Piscalar zitieren: »Es gibt im Neuen Testament und der frühen Kirche nicht die eine sichtbare Kirche und die eine und zeitinvariante Form der Ausübung des apostolischen Dienstes. Vielmehr gibt es die vielen Kirchen und eine vielfache Ausgestaltung der Wahrnehmung des apostolischen Dienstes. Insofern kann man beherzt die Auffassung vertreten, dass der Grund der Kirche – Jesus Christus selber – so der Grund der Kirche ist, dass er die Einheit seiner Kirche nur in der Vielheit der Kirchen und der Vielheit der Dienste konstituiert.«[3]

Die Vielheit der evangelischen Kirchen aber ist nach reformatorischer Auffassung, so Axt-Piscalar, »keine in sich unbestimmte, bunte Vielfalt.« Sie hat nach reformatorischer Überzeugung (und hier verweist sie auf die Artikel VII und VIII der Confessio Augustana) »klare Kennzeichen, die gegeben sein müssen, wenn von der wahren Kirche Jesu Christi in sichtbarer Gestalt gesprochen werden soll. Diese Kennzeichen hängen unveräußerlich damit zusammen, dass und wie der Grund der Kirche – Jesus Christus selber – in seiner Kirche gegenwärtig sein will, nämlich durch die reine Verkündigung des Evangeliums und die rechte Verwaltung der Sakramente, indem es durch sie kraft des Heiligen Geistes dazu kommt, dass Glauben gewirkt wird.«[4]

Es verwundert nicht, dass angesichts des Reformationsjubiläums hier und dort Fraktur geredet und Positionen noch einmal festgezurrt werden. Doch Grundsatzdebatten führen selten weiter. Sie dienen der Selbstbestätigung, verstellen aber oft den Blick auf das Gemeinsame.

2014. Erscheint im September 2014. Video-Aufzeichnung aufrufbar unter http://www.kirchenbund.ch/de/themen/reformationsjubil-um/vortr-ge-reformationskongress-2013.

3 Christine Axt-Piscalar, Pluralität als »Gewinn« der Reformation, in: Martin Heimbucher (Hg.), Reformation erinnern. Eine theologische Vertiefung im Horizont der Ökumene. Evangelische Impulse Band 4, Neukirchen-Vluyn 2013, 88–107, hier 100.

4 Axt-Piscalar, Pluralität, 101.

Gut 100 Jahre nach dem Entstehen der neuen Ökumenischen Bewegung, 50 Jahre nach dem Beginn des II. Vaticanums und 40 Jahre nach der Unterzeichnung der Leuenberger Konkordie muss man sagen: Das Reformationsjubiläum 2017 wird das erste in der Geschichte sein, das im Zeichen wiederentdeckter lehrmäßiger Übereinstimmungen zwischen den Kirchen steht (von den zahlreichen Beispielen gemeinsamer Praxis ganz zu schweigen). Evangelische Kirche und katholische Kirche haben sich weiterentwickelt. Sie sind nicht mehr auf dem Stand des 16. Jahrhunderts. Ging es bei früheren Jubiläen um Abgrenzung und Selbstbehauptung, so sollte heute das Verbindende im Vordergrund stehen, zumal in unserem Teil Europas, wo beiden Kirchen bisweilen ein eisiger Wind in das Gesicht bläst.

Protestanten und Katholiken haben erlebt, welche befreiende Wirkung es hat, wenn man die eigene Geschichte und Prägung auch aus der Perspektive des jeweils anderen betrachtet. Welche Mechanismen hier wirken, hat die Kulturwissenschaftlerin Aleida Assman im Blick auf Völker und Staaten beschrieben; sie lassen sich auch auf das Verhältnis zwischen den Kirchen anwenden. Die »Außenperspektive« in das Selbstbild aufzunehmen, vermag am Ende »aus Gruppenbindungen heraus auf eine Ebene sei es universalistischer, sei es gemeinsamer, vergemeinschafteter Erinnerungen« zu führen, so Aleida Assmann. Vergemeinschaftete Erinnerungen können auf diese Weise dazu beitragen, ehedem in Feindschaft und Hass voneinander getrennte Gemeinschaften zusammenzuführen.[5]

»Wie viel die katholische Kirche und die evangelischen Kirchen gemeinsam haben, ist lange unter wechselseitiger Polemik verdeckt gewesen«, konstatiert der Straßburger katholische Ökumeniker Theodor Dieter – fürwahr. »Ökumene aber ist der Versuch, dieses Gemeinsame unter der Polemik wieder freizulegen.«[6] Das soll im Folgenden versucht werden.

---

5 Aleida Assmann, Geschichte im Gedächtnis. Von der individuellen Erfahrung zur öffentlichen Inszenierung, München 2007, 27.

6 Theodor Dieter, Ökumene und Vergegenwärtigung der Reformation – ein weites, spannungsreiches Feld, in: Günter Frank/Volker Leppin/Herman J. Selderhuis (Hg.), Wem gehört die Reformation? Nationale und konfessionelle Dispositionen der Reformationsdeutung, Freiburg/Basel/Wien 2013, 253.

2. Das Reformationsjubiläum – ein identitätsstiftendes Ereignis?

Zwei mögliche Missverständnisse gilt es auszuschließen – schreibt der Tübinger evangelische Theologe Christoph Schwöbel, wenn man auf das Reformationsjubiläum zugehen will. Das erste Missverständnis ist, das Reformationsjubiläum allein als »Gründungsjubiläum der reformatorischen Kirche zu begehen«, denn damit wäre nicht nur die Intention der Reformation verfehlt, die ja auf eine Reform der ganzen Kirche zielte.[7]

Man würde zugleich 1500 Jahre Kirchengeschichte, die auch zum legitimen Erbe der reformatorischen Kirchen gehören, an die diese anknüpfen und aus denen sie wesentliche Impulse für ihr reformatorisches Wirken bezogen, allein der römisch-katholischen Kirche überschreiben.

Dem kann man gewiss zustimmen. Es bleibt aus evangelischer Perspektive festzuhalten, dass sich die Kirchen der Reformation – damals wie heute – als Glieder der einen, heiligen christlichen (im Sinne von katholischen) und apostolischen Kirche verstehen und bekennen und diesen universalkirchlichen Bezug bleibend kenntlich gemacht haben, indem sie die altkirchlichen Symbola in ihre Bekenntnisschriften aufgenommen haben.[8]

Ebenso verfehlt wäre es, so Schwöbel, »das Reformationsgedenken nur als Trauerfeier über die verlorene Einheit der abendländischen Kirche« zu begehen. Würde man damit doch allem, was die Reformation »an neuen Impulsen für die Kirchen- und Kulturgeschichte, nicht zuletzt für die Geschichte der römisch-katholischen Kirche gebracht hat, die Legitimität entziehen«.

Ohne die Reformation ist »die tridentinische Reform nicht denkbar und damit auch nicht der Weg der römisch-katholischen Kirche seit dem 16. Jahrhundert bis in die Gegenwart, einschließlich des Ersten und Zweiten Vatikanum«, wie immer man im Einzelnen die Wirkung der Reformation, in Aufnahme oder Zurückweisung, auch beurteilen mag – darüber später mehr.[9]

Historische Jubiläen bedienen ein tiefes Bedürfnis, das ernst genommen werden muss. Mittels der Erinnerung an Schlüsselereignisse vergegenwärtigen sich Institutionen ihre Geschichte, schreibt der evangelische Theologe Wolfgang Flügel. »Sehr oft geht es dabei um das Gründungsgeschehen,

---

[7] Christoph Schwöbel, »Unterschiedliche Konstruktionsprinzipien« – Problem und Lösungsansatz im ökumenischen Dialog, in: Martin Heimbucher (Hg.), Reformation erinnern. Eine theologische Vertiefung im Horizont der Ökumene. Evangelische Impulse Band 4, Neukirchen-Vluyn 2013, 108–135, hier 133.

[8] Mit Axt-Piscalar, Pluralität, 98 und 104.

[9] Schwöbel, Konstruktionsprinzipien, 133–134.

welches erinnert und hierdurch mit aktuellem Sinn erfüllt wird, von dem wiederum ein Geltungsanspruch für die Zukunft abgeleitet wird.« Auf diese Weise tragen Jubiläen »zur Stiftung bzw. Stabilisierung kollektiver Identität bei.«[10] Diese Form der Erinnerung birgt jedoch die Gefahr in sich, nur noch selbstreferentiell zu sein. Die Vollkonferenz der Union Evangelischer Kirchen hat im Hinblick auf die Feier des Reformationsjubiläums deshalb angemahnt:

»Das Reformationsjubiläum 2017 ist nicht nur eine Feier zur Identitätssicherung der evangelischen Kirche, sondern ein Anlass, die reformatorische Botschaft neu zu formulieren. Es kommt darauf an, mit dieser Botschaft in unsere Gesellschaft hineinzuwirken. Dabei gilt: Nur was für alle Menschen relevant ist, wird auch zur innerkirchlichen Verständigung beitragen. Dies ist vor allem eine Frage an unsere Fähigkeit, verständlich von Gott zu reden«.[11]

Seit 350 Jahren wird Luthers Thesenanschlag, einer Festlegung im Kurfürstentum Sachsen folgend, als ein solches Gründungsgeschehen betrachtet und als Gedenktag begangen – bis heute, auch wenn die Historizität des Thesenanschlags immer wieder angefragt wird und man sich auf den Standpunkt stellen kann, »dass sich bei Luther ein vollständiges Bild seiner reformatorischen Theologie erst 1518 formte«.[12]

Doch warum sollen Katholiken den 31.10. als Gründungsgeschehen mitfeiern? Identitätsstiftend in dem eben skizzierten Sinne ist dieser Tag für sie nicht. Aber Katholiken könnten diesen Tag mitfeiern in der Freude über den gemeinsamen Grund des Glaubens, der in der Reformation erneut und in erneuerter Weise erkannt worden ist.

Noch einmal Theodor Dieter: »Wenn zum Feiern gehört, dass man sich über etwas Gutes, das Menschen zuteil geworden ist, freut, dann muss dieses Gute namhaft gemacht und identifiziert werden. Dieses Gute sind vor allem die Glaubensüberzeugungen und Praktiken, die beide Kirchen gemeinsam

---

[10] Wolfgang Flügel, zitiert bei: Johannes Ehmann, »Zwanzigsiebzehn«. Kirchenhistorische Bemerkungen zur ekklesiologischen Funktion des Reformationsjubiläums 2017 anhand eines Blickes auf Lucas Cranachs Wittenberger Stadtkirchenaltar, in: Günter Frank/Volker Leppin/Herman J. Selderhuis (Hg.), Wem gehört die Reformation? Nationale und konfessionelle Dispositionen der Reformationsdeutung. Freiburg/Basel/Wien 2013, 13–32, hier 15 Anm. 2.

[11] »Am Anfang war das Wort – Perspektiven für das Reformationsjubiläum 2017« Voten der Tagungsausschüsse der UEK-Vollkonferenz für die Beratung der EKD-Synode am 5. November 2012, in: Kirchenamt der EKD (Hg.), Perspektiven 2017 – Ein Lesebuch, Hannover 2013, 30.

[12] Christoph Markschies, Statement auf der Pressekonferenz zur Vorstellung des Textes »Rechtfertigung und Freiheit« am 14. Mai 2014 in Berlin, Pressestelle der EKD (Hg.).

haben, und letztlich das, worauf diese Überzeugungen sich beziehen und was in ihnen gegenwärtig ist: das Evangelium von Jesus Christus.«[13]

Das Reformationsgedenken gemeinsam als Christusfest zu feiern und damit auf den Grund zu weisen, den niemand legen kann, weil er gelegt ist: Jesus Christus, wie der Apostel Paulus schreibt. Wäre das die Vision, ja mehr die ganz real zu ergreifende Chance im Jahr 2017? Doch bevor ich zu einer Antwort komme, möchte ich noch einige Zwischenschritte machen.

3. Was ist das »bleibend Reformatorische« an der Reformation?

Jubiläen rekonstruieren nicht einfach eine längst vergangene Vergangenheit, sondern »aktualisieren Erinnerung für eine bestimmte Gegenwart«.[14] Das, was wir als Reformation bezeichnen, ist immer das Ergebnis unserer Re-Konstruktion und unserer Aneignung. Sich eines historischen Ereignisses zu erinnern ist etwas anderes als irgendeinen Gegenstand in der Vitrine eines Museum zu betrachten. Dazu die bereits zitierte Kulturwissenschaftlerin Aleida Assman: »Während das historische Relikt nostalgische Bedeutung gewinnt, weil es nicht mehr ist, gewinnt das historische Ereignis dadurch an Bedeutung, dass es einmal war und in irgendeiner Weise immer noch ist.«[15]

Die Reformation zu beschreiben als ein Ereignis, das einmal war und das doch »immer noch ist« – darum geht es in den verbleibenden beiden Dekadejahren und vor allem im Jubiläumsjahr 2017. Was aber ist das, »was immer noch ist« oder anders gefragt: Was ist das bleibend Reformatorische an der Reformation? Johannes Schilling und Christoph Markschies, beide ihres Zeichens Kirchenhistoriker und Theologen, kommen hier zu unterschiedlichen Antworten. Das Reformatorische an der Reformation liegt – so Schilling – in der Wiederentdeckung des Evangeliums als solches, für sich selbst und für andere. Wiederentdeckung ist »Wiederentdeckung«, nicht Neuentdeckung. Die Reformatoren haben die Kirchen, die sich im Laufe dieser Wiederentdeckung entwickelten, daher nicht als neue Kirchen verstanden, sondern als die »echte alte Kirche« – wie Luther in seiner Schrift »Wider Hans Worst« 1541 schreibt, eine Kirche, der es an nichts fehlt: »[S]ie hat Taufe und Abendmahl, Schlüssel- und Predigtamt, das Glaubensbekenntnis der alten Kirche und

13 Dieter, Ökumene, 253.

14 Markschies, Statement.

15 Assman, Geschichte, 21.

das Gebet, Obrigkeit und Ehestand; sie leidet um des Wortes willen und sie übt sich in Geduld.«[16]

Im Sinne dieser Wiederentdeckung war die Reformation ein Ruf zur Sache, genauer gesagt »ein Ruf zu Gott in Jesus Christus«, so Schilling weiter. Das Reformatorische speise sich deshalb nicht aus dem »Widerspruch« oder der »Gegnerschaft gegen die römische Kirche, sondern aus dem Wort Gottes«.[17] Und so könne das Reformationsjubiläum auch keine »Jubelfeier der Protestanten [sein], die die evangelische Konfession und Kirche gegenüber oder gar auf Kosten von anderen Kirchen hervorhöbe«. Das Jubiläum könne vielmehr im »ökumenischen Geist gefeiert werden«, gelte doch das Evangelium allen Menschen in allen Konfessionen.[18] So weit – so gut.

Die naheliegende Frage, die sich hier stellt, ist nun aber die: Wie denn die anderen christlichen Kirchen zu dieser Wiederentdeckung des Evangeliums in der Reformation stehen, ob sie in diesem Ereignis ebenfalls den Ruf zurück zur Sache beziehungsweise zu Gott in Jesus Christus erkennen, im Blick auf den Weg der Evangelischen Kirchen, vor allem aber im Blick auf sich selbst und ihre jeweils eigene Geschichte seit der Reformation.

Luthers erste der 95 Thesen bezog sich bekanntlich nicht allein auf die damalige Ablasspraxis, sondern zielte (wie Schilling zu Recht feststellt) »auf Anfang und Mitte der öffentlichen Verkündigung Jesu. Wenn das Leben der Glaubenden Buße sein soll, dann geht es um metanoia, um Umkehr zu Gott, um Zuwendung zu ihm. Das ist eine Lebensaufgabe für alle Christen, oder sollte man sagen: Das ist das Geschenk Gottes an alle Glaubenden«.[19]

Wie Johannes Schilling, so sieht auch Christoph Markschies die »normative Zentrierung auf Jesus Christus«[20] als das Reformatorische und als bleibende Aufgabe für Theologie und Kirche. Doch Markschies spannt den Bogen noch weiter: Die Reformation beginne mit der Erkenntnis, »dass die Verkündigung des Wortes Gottes als Wort Gottes zubringt, was es sagt«. Oder um es mit einem Satz aus dem Zweiten Helvetischen Bekenntnis zu formulieren, das Markschies hier zitiert: »Praedicatio verbi divini est verbum divinum« – die Verkündigung des Wortes Gottes ist das Wort Gottes.

---

16 Johannes Schilling, Was ist das Reformatorische an der Reformation, in: Kirchenamt der EKD (Hg), Perspektiven 2017 – Ein Lesebuch, Hannover 2013, 64–67, hier 64–65.

17 Schilling, Reformatorische, 65–66.

18 Schilling, Reformatorische, 66.

19 Schilling, Reformatorische, 66.

20 Christoph Markschies, Reformation ist die normative Zentrierung auf Jesus Christus. Was wollen wir fünfhundert Jahre später feiern?, in: Kirchenamt der EKD (Hg.), Perspektiven 2017 – Ein Lesebuch, Hannover 2013, 59–63, hier 61.

Luthers Theologie sei, so Markschies, in dem Augenblick »komplett« gewesen, als er nach eingehender Analyse der Sakramentslehre der Kirche verstanden habe, »wie Gott die Schuld vergibt und die Rechtfertigung im Einzelnen zur Wirkung kommt: durch sein Wort, das als Schöpferwort die Wirklichkeit, die es verheißt, auch bewirkt«. Der Mensch könne zu dieser »erneuten Schöpfungstat nichts hinzutun, kann an ihr auch nicht mitwirken, sondern sie sich lediglich gefallen und geschehen lassen«. Vergebung der Sünden und Annahme bei Gott ist weder ein ausschließlich juristischer Akt noch eine »theologische Tatsache, die wir erst einmal zu verstehen hätten, bevor wir sie glauben können [...] Vergebung der Sünden und Annahme bei Gott ist eine komplette Neuschöpfung, die sich in einem getrosten und fröhlichen Glaubensleben« zeigt, in einer »spürbaren Lebenshaltung«.[21]

Die Reformation ist kein abgeschlossenes Ereignis. Sie ist kein abgegoltenes Geschehen, dessen wir uns – in dieser oder jener Weise – immer mal erinnern. Dem Ruf zur Sache Gehör zu verschaffen und zuvorderst selbst auf die Stimme ihres Herrn Jesus Christus zu hören, ist und bleibt Aufgabe der Kirchen, der evangelischen wie der katholischen.

4. Ecclesia semper reformanda – nur ein protestantisches Prinzip?

Ein kurzer Blick in die Geschichte der Christenheit zeige – so Kardinal Koch – dass sich die Kirche »in krisenhaften Situation stets darauf zurückbesonnen hat, dass in ihrem Leben und in ihrer Sendung dem Wort Gottes der Primat zukommen muss«. Insoweit gäbe es eine lange Geschichte der »Reform« in der Kirche, die es verbiete, »Reform und Reformation miteinander zu identifizieren«. Dem wird man als Protestant gewiss zustimmen können. Ecclesia reformata semper reformandum.

Und weiter Kardinal Koch: Anders als Franz Assisi, der die Kirche »keineswegs ohne oder gegen den Papst reformiert« habe, sondern »nur in Gemeinschaft mit ihm«, und damit das »gelungene Beispiel einer radikalen Kirchenreform in Einheit mit der kirchlichen Hierarchie« gegeben habe, hätten »die Kirchenreformen der Reformatoren allesamt zur Kirchenspaltung geführt«. Hier liege der »tiefste Grund«, dass die »Mitfreude über die notwendige Kirchenreform auf katholischer Seite auch mit Schmerz verbunden« sei und daher das Reformationsgedenken für Katholiken »keine Jubelfeier« sein kön-

21 Markschies, Reformation, 60–61.

ne, sondern auch »ein Anlass zu Besinnung, Schuldbekenntnis und Umkehr sein muss«.[22]

Auch wenn wir als Protestanten das Wirken der Reformatoren anders bewerten, tun wir doch gut daran, den Schmerz auf katholischer Seite wahrzunehmen, und dem Reformationsjubiläum eine Gestalt und Form zu geben, die auf jede »triumphalistische Geste« verzichtet, wie es der langjährige Catholica-Beauftragte der Vereinigten Evangelisch- Lutherischen Kirche Deutschlands, Bischof Friedrich Weber gefordert hat.[23]

Doch wer, wie Koch, auf Franz von Assisi, auf Dominicus und andere Reformer vor Luther, verweist, sollte auch der Einsicht Raum geben, auf die Johanna Rahner, die streitbare katholische Systematikerin, immer wieder hinweist: »Vieles was für die Theologen des Mittelalters an Pluralität kirchlicher Strukturen selbstverständlich, an vielfältigen liturgischen Formen möglich war, ist durch den nachtridentinischen Uniformitätszwang schlicht von der katholischen Weltbühne verschwunden, zum Schaden der Identität des Katholizismus. [...] Der Zwang zur Uniformität erreicht mit dem I. Vatikanischen Konzil seinen Höhe- und Endpunkt. Erst das II. Vatikanische Konzil bricht diese Vereinseitigung wieder auf und knüpft damit an eine [...] Tradition an«, die im Gefolge der gegenreformatorischen Profilbildung des Katholischen verlorengegangen sei.[24]

Die Konkurrenz der Konfessionen habe, so Rahner weiter, dazu geführt, »das Eigene exklusiv zu bestimmen, es zu normieren und zu uniformieren« – eine Erkenntnis, die gewiss auch für manche Entwicklungen in den Evangelischen Kirchen gilt. Die »Uniformierung« aber lasse, so Rahner, »die Fähigkeit zur Auseinandersetzung, zum Streit, zur Debatte, zum Dialog nach innen schrumpfen«. Am Ende leide auch die »Wahrheitsfrage«; die »legitime Vielfalt der Wahrheit im Eigenen« werde zunehmend unsichtbar und »Pluralität zum Kennzeichen des Fremden, des Nicht-Katholischen«. Gegen diese Mentalität der Ausgrenzung gelte es, in der katholischen Kirche, »eine Binnenvielfalt wiederzuentdecken, die das Eigene nicht als monolithischen Block versteht«, sondern »als plurales Spektrum an Einstellungen und Positionen zu respektieren gewohnt ist«.[25]

---

22 Koch, Reformationsgedenken.

23 Friedrich Weber, Heilen der Erinnerung, in: Christ in der Gegenwart 3 (2013), 33–34, hier 33.

24 Johanna Rahner, Luther '83 und die Folgen. Eine römisch-katholische Perspektive, in: KZG 26 (2013), 400–411, hier 407–408.

25 Rahner, Luther '83, 408.

Zum Schmerz, dem im Zuge des Reformationsgedenkens Ausdruck gegeben werden muss, gehört also auch der Schmerz über die verlorengegangene Vielfalt innerhalb der Katholischen Kirche.

Darüber zu sprechen, aber kann nicht primär unsere, der Protestanten, Aufgabe sein. Wir können dazu den Raum geben, indem wir das Reformationsjubiläum tatsächlich in ökumenischer Offenheit gestalten und »die Geschichte und die Geschichten der Reformation« so formulieren, »dass sie nicht mehr einen protestantischen Ursprungsmythos konstruieren, sondern die ökumenisch bedeutsamen Anliegen und Erfahrungen der Reformation anschaulich machen«, so der Vorschlag des vormaligen Bischofs der Evangelischen Kirche in Baden und langjähriger Vorsitzende der Union Evangelischer Kirchen, Ulrich Fischer. Deshalb könne die Evangelische Kirche auch nicht, so Fischer, der Aufforderung folgen, sich »mit einer ökumenisch gesonnenen ›Basis‹ gegen eine vermeintlich ›ökumenisch verhärtete Hierarchie‹ zu verbünden«.[26]

Aber wie soll das gehen, die ökumenisch bedeutsamen Anliegen und Erfahrungen der Reformation anschaulich zu machen, und welche Schritte sind dazu nötig?

5. Den Anderen und sich selbst neu wahrnehmen

Der gemeinsame Dienst, der ökumenische Dialog sowie eine weitergehende Forschung hätten den Weg dafür bereitet, dass Lutheraner und Katholiken, »in den Unterschieden, ja sogar in den Gegensätzen« nach dem suchen, was gemeinsam ist und »auf die Überwindung kirchentrennender Unterschiede hin [...] arbeiten«, heißt es in dem von der lutherischen und römisch-katholischen Kommission für die Einheit 2013 vorgelegten Bericht »Vom Konflikt zur Gemeinschaft – Gemeinsames lutherisch-katholisches Reformationsgedenken 2017«.[27]

Was das im Blick auf eine gemeinsame Erinnerung an die Reformation bedeutet und wie Lutheraner und Katholiken einander »ihre Geschichte auf

---

[26] Ulrich Fischer, Resümee aus kirchenleitender Sicht, in: Martin Heimbucher (Hg.), Reformation erinnern. Eine theologische Vertiefung im Horizont der Ökumene. Evangelische Impulse Band 4, Neukirchen-Vluyn 2013, 136–140, hier 139.

[27] Vom Konflikt zur Gemeinschaft. Gemeinsames lutherisch-katholisches Reformationsgedenken im Jahr 2017. Bericht der lutherisch/römisch-katholischen Kommission für die Einheit, Leipzig/Paderborn 2013, 18.

neue Art und Weise«[28] erzählen könnten, das versucht der Bericht thesenartig aufzuzeigen, anhand der drei thematischen Schwerpunkte: »Martin Luther und die Reformation – neue Perspektiven«, »Historische Skizze der lutherischen Reformation und der katholischen Antwort« und »Hauptthemen der Theologie Martin Luthers im Licht der lutherisch/katholischen Dialoge«.

Es kann hier nicht im Einzelnen dargelegt werden, welche Schritte die Verfasser gehen; auch nicht die teilweise heftige Kritik, die zum Beispiel von reformierter Seite an dem Bericht geübt wurde.[29] Dass die unterschiedlichen Bewertungen der Reformation weithin nur nebeneinandergestellt werden und die Kommission sich nur an wenigen Stellen zu einer gemeinsamen Sichtweise hat durchringen können, macht deutlich, wie weit der Weg noch ist.

Gerade deshalb aber ist der Ansatz, den die Kommission gewählt hat, zu begrüßen. Oder um es mit Worten von Ulrich Fischer auszudrücken: »Die jeweils eigene Geschichte auch den Anderen zu erzählen, und den Anderen bei ihrer Geschichte zuzuhören, ist die Voraussetzung für eine heilende Wirkung gemeinsamer Erinnerung (›Healing of Memories‹)«.[30]

Protestanten und Katholiken haben viele Gründe, mit Blick auf das Jahr 2017 die je eigene Geschichte und die Geschichte der Anderen neu wahrzunehmen und miteinander nachzuerzählen. Die Kenntnisse, die Protestanten und Katholiken von der Geschichte, von der Frömmigkeit und von den Lehrentscheidungen in der jeweils anderen Konfession besitzen, sind – um es vorsichtig auszudrücken – immer noch sehr begrenzt. Beim Nachfragen stößt man weithin auf die einseitigen Bilder, mit denen seit Generationen das Eigene und das Fremde gegeneinandergestellt und voneinander abgegrenzt werden.

»Luthers Ruf nach der Reform der Kirche war in seiner ursprünglichen Absicht ein Aufruf zu Buße und Erneuerung, die im Leben eines jeden einzelnen zu beginnen haben«, so Papst Johannes Paul II. in einer Predigt in Paderborn im Juni 1996.[31] Wie sollte sich Buße anders zeigen als in der Abkehr von den falschen Bildern, Stereotypen und Zuschreibungen, die sich in Jahrhunderten über die Wahrnehmung des jeweils »Anderen« gelegt haben. Dass hochkarätig besetzte Kommissionen um eine gemeinsame Sichtweise

---

28 Vom Konflikt zur Gemeinschaft, 18.

29 Vgl. Ulrich H. J. Körtner, Im Nebel verschwunden. Wie ein lutherisch-katholisches Papier die Reformation domestiziert und reduziert, in: http://www.zeitzeichen.net/religion-kirche/gezaehmte-reformation/ (letztmalig aufgerufen am 3.6.2014).

30 Fischer, Resümee, 139–140.

31 Zitiert bei: Wolfgang Thönissen, Katholische Perspektiven zum Thema »Reformationsjubiläum«, in: KZG 26 (2013), 437–446, hier 443.

ringen, ist gewiss nützlich. Was sie ausarbeiten, wird seine Wirkung dann entfalten, wenn auch vor Ort die Glaubenden dem Ruf Christi zur Buße folgen und sich miteinander auf den Weg begeben.

Luther 2017 – Anlass zum Feiern oder Anlass zur Buße? – lautete meine Ausgangsfrage. Ich will die Frage aufheben und die Reihenfolge verändern. Das nahende Reformationsjubiläum sollte Anlass sein für eine gemeinsame »re – lectura« der Geschichte von Protestanten und Katholiken, die in ein gegenseitiges Schuldbekenntnis und in die Bitte um Vergebung münden könnte.

Das Bekenntnis der Schuld und die Bitte um Vergebung aber sind konstitutive Bestandteile des Christusfestes, das wir, der Einladung unseres Herrn folgend (so Gott will und wir leben) auch 2017 in vielfacher Weise feiern werden, in Dankbarkeit für die Erneuerung aus seinem Wort.

Statt eines Schlusswortes, will ich noch einmal den evangelischen Theologen Christoph Schwöbel zitieren: »Kann man in der Reformation und ihrer Folgegeschichte nicht auch eine providentielle Fügung sehen, die die Kirche in allen ihren Ausprägungen, der römisch-katholischen und den reformatorischen bereichert hat, auch an Einsicht des Glaubens, Prägnanz der Lehre und der Vielfalt? Diese Perspektive hat wohl stets das Doppelgesicht ›hominum confusione – Dei providentia‹, aber nach der reformatorischen Zuordnung von opus Dei und den opera hominum wird dabei stets die Perspektive auf das opus gratiae Dei überwiegen müssen und dürfen.«[32]

---

32 Schwöbel, Konstruktionsprinzipien, 134.

Verzeichnis der Veröffentlichungen von Martin Greschat

a) Monographien und Herausgeberschaften mit Eigenbeiträgen

1 Melanchthon neben Luther. Studien zur Gestalt der Rechtfertigungslehre zwischen 1528 und 1537 [Diss. ev. theol. Münster], Witten 1965.
2 Hg. zusammen mit J. F. G. Goeters, Reformation und Humanismus. Robert Stupperich zum 65. Geburtstag, Witten 1969.
2.1 Die Anfänge der reformatorischen Theologie Martin Bucers, 124–140.
3 (Hg. mit K. Haendler/C. Rietzschel/A. Suhl/P. Weigandt), Studium und wissenschaftliches Arbeiten. Eine Anleitung, Gütersloh 1970.
4 Zwischen Tradition und neuem Anfang. Valentin Ernst Löscher und der Ausgang der lutherischen Orthodoxie, [Ev.- theol. Habil.-schr. Münster] Witten 1971.
5 Der deutsche Protestantismus im Revolutionsjahr 1918–19, Witten 1974.
6 (Hg.), Zur neueren Pietismusforschung, Darmstadt 1977.
7 (Hg.), Theologen des Protestantismus im 19. und 20. Jahrhundert, 2 Bde., Stuttgart 1978.
8 (Hg. mit H.-W. Krumwiede/M. Jacobs/A. Lindt), Kirchen- und Theologiegeschichte in Quellen, Bd. IV/1: Neuzeit, Neukirchen 1979, [3]1989.
9 (Hg. mit H.-W. Krumwiede/M. Jacobs/A. Lindt), Kirchen- und Theologiegeschichte in Quellen, Bd. IV/2: Neuzeit, Neukirchen 1980, [3]1989.
10 Das Zeitalter der Industriellen Revolution. Das Christentum vor der Moderne, Stuttgart 1980.
11 (Hg.), Gestalten der Kirchengeschichte, Bd. 1–12, Stuttgart 1981–1986, [2]1994.
11.1 Einleitung, Bd. 5, 7–32.
11.2 Martin Bucer, Bd. 6, 7–28.
11.3 Einleitung, Bd. 7, 7–35.
11.4 Valentin Ernst Löscher, Bd. 7, 287–300.
11.5 Einleitung, Bd. 8, 7–41.
11.6 Einleitung, Bd. 9/1, 7–42.
11.7 Adolf Stoecker, Bd. 9/2, 261–277.
11.8 Einleitung, Bd. 10/1, 7–44.
11.9 Martin Niemöller, Bd. 10/2, 187–204.
12 (Hg.), Die Schuld der Kirche. Dokumente und Reflexionen zur Stuttgarter Schulderklärung vom 18./19. Oktober 1945, München 1982.
13 (Hg.), Im Zeichen der Schuld. 40 Jahre Stuttgarter Schuldbekenntnis, Neukirchen 1985.

14 (Hg.), Zwischen Widerspruch und Widerstand. Texte zur Denkschrift der Bekennenden Kirche an Hitler (1936), München 1987.

15 (Hg. mit J.-Ch. Kaiser), Der Holocaust und die Protestanten (Konfession und Gesellschaft, hg. mit A. Doering-Manteuffel/J.-Ch. Kaiser/W. Loth und K. Nowak = KuG), Frankfurt a. M. 1988.

16 (Hg. mit V. Conzemius und H. Kocher), Die Zeit nach 1945 als Thema kirchlicher Zeitgeschichte, Göttingen 1988.

16.1 Zwischen Aufbruch und Beharrung. Die evangelische Kirche nach dem Zweiten Weltkrieg, ebd., 99–126.

17 Martin Bucer. Ein Reformator und seine Zeit, München 1990.

7.1 Der Sieg des göttlichen Wortes; Krieg für den rechten Glauben. Abdruck in: P. Burgard (Hg.), Die frühe Neuzeit, München 1997, 45–50, 77–79.

18 (Hg. mit J.-Ch. Kaiser), Christentum und Demokratie im 20. Jahrhundert (KuG, 4), Stuttgart 1992.

19 (Hg. mit W. Loth), Christen und die Entstehung der europäischen Gemeinschaft (KuG, 5), Stuttgart 1994.

19.1 Der Protestantismus und die Entstehung der europäischen Gemeinschaft, ebd. 25–96.

20 Protestanten in der Zeit. Kirche und Gesellschaft in Deutschland vom Kaiserreich bis zur Gegenwart. Hg. von J.-Ch. Kaiser, Stuttgart 1994.

Darin neu:

20.1 Die Nachwirkungen des Stoeckerschen Antisemitismus in der Weimarer Republik, 67–98.

20.2 Der Protestantismus im Ost – West – Konflikt. Die Zielsetzungen des Ostens, 201–217.

21 (Hg. mit J.-Ch. Kaiser), Sozialer Protestantismus und Sozialstaat, Stuttgart 1996.

21.1 Einführung, 9–14.

22 Christentumsgeschichte II: Von der Reformation bis zur Gegenwart, Stuttgart 1997.

23 Vom Konfessionalismus zur Moderne: Kirchen- und Theologiegeschichte in Quellen, Bd. IV, Neukirchen 1997, ^{2}2008.

24 (Hg. mit G. Lottes), Luther in seiner Zeit, Stuttgart 1997.

24.1 Einleitung, 7–11.

24.2 Der Held der Nation: Die Gestalt Luthers im Kaiserreich, 107–126.

25 (Hg.), Liberalismus, Industrialisierung, Expansion Europas (1830–1914) (Die Geschichte des Christentums, Bd. 11, Freiburg i. Br. 1997.

25.1 Der Protestantismus: Vom Vormärz zur deutschen Einheit, 309–326.

25.2 Der deutsche Protestantismus im Kaiserreich, 656–681.

26 (Hg.), Biographischer Index: Evangelisches Kirchenlexikon, Bd. 5, Register. Göttingen ^{3}1997, 1–679.

27 (Mit U. Büttner), Die verlassenen Kinder der Kirche. Der Umgang mit Christen jüdischer Herkunft im »Dritten Reich«, Göttingen 1998.

27.1 »Gegen den Gott der Deutschen«. Marga Meusels Kampf für die Rettung der Juden, 70–85.

27.2 Friedrich Weißler, Ein Jurist der Bekennenden Kirche im Widerstand gegen Hitler, 86–122.

28 (Hg.), Personenlexikon Religion und Theologie, Göttingen 1998.

29 (Hg. mit H.-W. Krumwiede), Das Zeitalter der Weltkriege und Revolutionen (Kirchen- und Theologiegeschichte in Quellen, Bd. 5), Neukirchen-Vluyn 1999.
30 (Hg.), Deutsche und polnische Christen, Erfahrungen unter zwei Diktaturen (KuG, 19), Stuttgart 1999.
31 Die christliche Mitgift Europas, Traditionen der Zukunft, Stuttgart 2000.
32 Martin Bucer (1491–1551), Un Réformateur et son temps, Paris 2002 (Französische Übersetzung von 17).
32.1 Darin neu: Nouveau aperçus sur Martin Bucer, 271–289.
33 Die evangelische Christenheit und die deutsche Geschichte nach 1945. Weichenstellungen in der Nachkriegszeit, Stuttgart 2002.
34 (Hg. mit J.-Ch. Kaiser), Die Kirchen im Umfeld des 17. Juni 1953, Stuttgart 2003.
34.1 Reaktionen der evangelischen Kirche auf den 17. Juni 1953, 85–108.
35 Martin Bucer. A Reformer and His Times, Louisville 2004 (Amerikanische Übersetzung von 17).
35.1 Darin neu: New Insights, 255–271.
36 Protestantismus in Europa. Geschichte – Gegenwart – Zukunft, Darmstadt 2005.
37 Kirchliche Zeitgeschichte. Versuch einer Orientierung, Leipzig 2005.
38 (Hg.), Vom Konfessionalismus zur Moderne. (Kirchen- und Theologiegeschichte in Quellen, Bd. 4), Neukirchen-Vluyn ²2008. ³2010.
39 Martin Bucer. Ein Reformator und seine Zeit (1491–1551), Münster ²2009.
40 Philipp Melanchthon. Theologe, Pädagoge, Humanist, Gütersloh 2010.
41 Protestantismus im Kalten Krieg. Kirche, Politik und Gesellschaft im geteilten Deutschland 1945–1963, Paderborn 2010.
42 Der Protestantismus in der Bundesrepublik Deutschland (1945–2005), Leipzig 2010, kartonierte Ausgabe: Leipzig 2011.
43 Philipp Melanchthon: Théologien, Pédagogue et Humaniste (1497–1560), Paris 2011 (Französische Übersetzung von Nr. 40).
44 Martin Bucer. Egy reformátor és a kor, amelyben élt, Budapest 2011.
45 (Hg. mit W. Hüffmeier), Evangelische Christen im geteilten Deutschland. Die 50er Jahre, Leipzig 2013.
45.1 Der westfälische Präses Ernst Wilm und die Anfänge der Berliner Bibelwochen, 118–141.
46 Der Erste Weltkrieg und die Christenheit. Ein globaler Überblick, Stuttgart 2014.

b) AUFSÄTZE

1 Luthers Haltung im Bauernkrieg, in: ARG 56. 1965, 31–47.
2 Melanchthoniana Nova, in: BHR 29. 1967, 189–219.
3 Supplementum Melanchthonianum. Versuch eines Nachtrags zu 20 Jahren Melanchthon-Forschung. Zusammen mit vier Literaturberichten von Pierre Fraenkel und Melanchthoniana Nova, in: P. Fraenkel/M. Greschat, Zwanzig Jahre Melanchthonstudium. Sechs Literaturberichte (1945–1965), Genf 1967, 169–188.
4 Die Funktion des Emblems in Johann Arnds »Wahrem Christentum«, in: ZRGG 20. 1968, 154–174. Wieder abgedruckt in: S. Penkert (Hg.): Emblem und Emblematikrezeption, Darmstadt 1978, 207–229.

5 Renaissance und Reformation, in: EvTh 29. 1969, 645–662.

6 Der Bundesgedanke in der Theologie des späten Mittelalters, in: ZKG 81. 1970, 44–63.

7 Valentin Ernst Löscher als Verteidiger der lutherischen Schulphilosophie, in: NZSTh 12. 1970, 175–183.

8 Philipp Melanchthon – ein Lehrer Deutschlands, in: Botschaft und Dienst 23. 1972, 1–6.

9 Zur neueren Pietismusforschung. Ein Literaturbericht, in: JVWKG 65. 1972, 220–268.

10 Reformationsjubiläumsjahr 1917, in: WPKG 61. 1972, 419–429.

11 Die Erweckungsbewegung. Versuch einer Übersicht anhand neuerer Veröffentlichungen, in: JVWKG 66. 1973, 97–148.

12 Simon Philipp Klettwig – Bürger und Pietist, in: H. Bornkamm u. a. (Hg.), Der Pietismus in Gestalten und Wirkungen: M. Schmidt zum 65. Geburtstag, Bielefeld 1975, 192–208.

13 Das Marburger Religionsgespräch (1528). Hg. und kommentiert, in: Martin Bucers Deutsche Schriften, hg. von R. Stupperich. Bd. 4, Gütersloh/Paris 1975, 323–364.

14 Martin Bucer als Dominikanermönch, in: Bucer und seine Zeit. Forschungsbeiträge und Bibliographie, Wiesbaden 1976, 30–53.

15 Geschichte und Erbe. Historische Gegebenheiten – theologische Ausgangspunkte, in: H.-W. Heßler (Hg.), Protestanten und ihre Kirche in der BRD, München 1976, 26–72.

16 Die Aufklärung – ein Prozeß gegen das Christentum?, in: KuD 22. 1976, 299–316.

17 Martin Bucers Bücherverzeichnis von 1518, in: AKuG 57. 1975, 162–185.

18 V. E. Löscher. Ein orthodoxer Lutheraner gegen den Absolutismus in Sachsen, in: JGMOD 25. 1976, 106–123.

19 Die Entstehung der Berliner Stadtmission (1874–1877), in: JBBKG 50. 1977, 45–77.

20 Der deutsche Protestantismus in den Wandlungen des industriellen Zeitalters, in: Religion und Kirchen im industriellen Zeitalter, Braunschweig 1977, 42–56.

21 Von Francke bis King. Die Auswirkungen des pietistischen sozialen Engagements auf Sozialethik und Gesellschaftsdiakonie, in: Kirche und Mann 29. 1978, 18–25.

22 Der Ansatz der Theologie Martin Bucers, in: ThLZ 103. 1978, 81–96.

23 Evangelische Kirche und Gesellschaft in der Nachkriegszeit. Ein Buchbericht, in: WPKG 67. 1978, 437–446.

24 Allzu Verständnisvolles. K. Scholders großes Werk zur Zeitgeschichte, in: WPKG 68. 1979, 118–125.

25 Christliche Gemeinschaft und Sozialgestaltung bei Philipp Jakob Spener, in: Pietismus und Neuzeit 4. 1977/78, 302–325.

26 Kirche und Öffentlichkeit in der deutschen Nachkriegszeit (1945–1949), in: Kirchen in der Nachkriegszeit. Vier zeitgeschichtliche Beiträge, Göttingen 1979, 100–124.

27 Humanistisches Selbstbewußtsein und reformatorische Theologie, in: J.-C. Margolin (Hg.), L' Humanisme allemand, Paris 1979, 371–386.

28 Bibelkritik und Politik. Anmerkungen zu Spinozas Theologisch-politischem Traktat, in: M. Brecht (Hg.), Text - Wort - Glaube. Kurt Aland gewidmet, Berlin 1980, 324-343.

29 Martin Bucer und Ulrich von Hutten, in: Horizons Européens de la Réforme en Alsace. Mélanges offerts à Jean Rott, Strasbourg 1980, 177-193.

30 Protestantismus und Antisemitismus. Judenverfolgung in der Reichskristallnacht (9./10.11.1938) als Exempel, in: A. Mannzmann (Hg.), Judenfeindschaft im Altertum, Mittelalter und Neuzeit, Königstein/Ts. 1981, 80-108.

31 Zur Wirkungsgeschichte der Stuttgarter Schulderklärung (1945), in: B. Jendorff/G. Schmalenberg (Hg.), Sichtweisen in Theologie und Religionspädagogik, Gießen 1981, 35-46.

32 Die Evangelisch-Theologische Fakultät in Gießen in der Zeit des Nationalsozialismus (1933-1945), in: B. Jendorff/C. Mayer/G. Schmalenberg (Hg.), Theologie im Kontext der Geschichte der Alma Mater Ludoviciana, Gießen 1983, 139-166.

33 Adolf Stoecker und der deutsche Protestantismus, in: G. Brakelmann u. a., Protestantismus und Politik. Werk und Wirkung Adolf Stoeckers, Hamburg 1982, 19-83.

34 Protestantismus zwischen Anpassung und Widerstand, in: Orientierung. Berichte und Analysen aus der Arbeit der Evgl. Akademie Nordelbien 1. 1983, 53-66.

35 Die Diskussion um die atomare Aufrüstung in der evangelischen Kirche (1958-1961), in: B. Jendorff/G. Schmalenberg (Hg.), Anwalt des Menschen, Gießen 1983, 105-120.

36 Neue Aktualität Martin Luthers? Anmerkungen zu einigen Lutherbiographien, in: PTh 72. 1983, 324-332.

37 Die Evangelische Kirche, in: W. Benz (Hg.), Die Bundesrepublik Deutschland. Geschichte in drei Bänden, Bd. 2, Frankfurt a. M. 1983, 265-296; Bd. 3, Frankfurt a. M. ^{2}1989, 87-123.

38 Ein neues marxistisches Lutherbild?, in: PTh 73. 1984, 183-190.

39 La figura di Lutero nel passato e nel presente, in: Martin Luther e il Protestantesimo in Italia. Bilancio storiografico, Mailand 1984, 20-38.

40 Religion in Staat und Gesellschaft, in: D. Langewiesche (Hg.), Ploetz. Das deutsche Kaiserreich, 1866/71 bis 1918. Bilanz einer Epoche, Freiburg/Würzburg 1984, 139-149.

41 Luthers Rechtfertigungslehre - ein unzeitgemäßer Artikel?, in: G. Dautzenberg/G. Schmalenberg/K. Stock (Hg.), Rechtfertigung. Ringvorlesung des Fachbereichs Religionswissenschaften im Lutherjahr 1983, Gießen 1984, 49-70.

42 Bekenntnis und Politik. Voraussetzungen und Ziele der Barmer Bekenntnissynode, in: EvTh 44. 1984, 524-542.

43 Industrialisierung, Bergarbeiterschaft und »Pietismus«, in: Hoffnung der Kirche und Erneuerung der Welt. Festschrift für Andreas Lindt, Göttingen 1985, 173-192.

44 Bucers Anteil am Bericht der oberländischen Prediger über den Abschluß der Wittenberger Konkordie (1536), in: ARG 76. 1985, 296-298.

45 Kontinuität und Neuanfang in der evangelischen Kirche in den ersten Jahren nach 1945, in: ZdZ 40. 1986, 85-94.

46 Verwandte oder Fremde? Der Pietismus und die Evangelikalen, in: EvErz 38. 1986, 315-324.
47 Weder Neuanfang noch Restauration. Zur Interpretation der deutschen evangelischen Kirchengeschichte nach dem Zweiten Weltkrieg, in: U. Büttner (Hg.), Das Unrechtsregime. Festschrift für Werner Jochmann zum 65. Geburtstag, Bd. 2, Hamburg 1986, 326-357.
48 Neue Literatur zur Geschichte des Kirchenkampfes, in: PTh 75. 1986, 475-490.
49 Zur Verhältnisbestimmung von Christentum und Kultur im deutschen Protestantismus am Ausgang des 19. Jahrhunderts, in: A. Rauscher (Hg.), Religiös-kulturelle Bewegungen im deutschen Katholizismus seit 1800, Paderborn 1986, 27-45.
50 Krieg und Kriegsbereitschaft im deutschen Protestantismus, in: J. Dülffer/K. Holl (Hg.), Bereit zum Krieg, Göttingen 1986, 33-55.
51 Ein Wort der Versöhnung. Vierzig Jahre Stuttgarter Schuldbekenntnis, in: B. Jendorff/G. Schmalenberg (Hg.), Theologische Standorte, Gießen 1986, 131-146.
52 Das Ringen der Bekennenden Kirche um eine gemeinsame Front 1936 (zusammen mit R. Lächele), in: ZKG 97. 1986, 373-390.
53 Art. Industrialisierung, in: TRE, Bd. 16, 1987, 143-154.
54 Protestantisme et Réconciliation Franco-Allemande (zusammen mit F. Hartweg), in: Documents 43. 1988, 93-97.
55 Zwischen Widerspruch und Widerstand. Die Denkschrift der BK an Hitler von 1936, in: PTh 77. 1988, 406-424.
56 »Laßt Euch nicht vergiften«. Ein unbekannter Entwurf von D. Bonhoeffer und F. Hildebrandt für ein Pfingstwort an die Gemeinden aus dem Jahr 1936 (zusammen mit R. Wohlrab), in: EvTh 48. 1988, 492-508.
57 Übernahme von Verantwortung. Das Darmstädter Wort im Prozeß des Wertewandels innerhalb des deutschen Protestantismus, in: F. Heckmann (Hg.), Zur Bildung öffentlicher Verantwortung an der Hochschule, Essen 1988, 67-86.
58 Christliche Verkündigung und ethische Verantwortung. Das Pfingstwort der Bekennenden Kirche aus dem Jahre 1936, in: ThZ 44. 1988, 329-354.
59 Der »Historikerstreit« in der geistig-politischen Situation unserer Zeit, in: B. Jendorff/G. Schmalenberg (Hg.), Evangelium Jesu Christi heute verkündigen, Gießen 1989, 61-71. Auch in: H.-H. Wiebe (Hg.), Die Gegenwart der Vergangenheit, Bad Segeberg 1988, 82-93.
60 Schulderklärungen der Kirchen nach dem Kriege, in: D. Goldschmidt (Hg.), Frieden mit der Sowjetunion – eine unerledigte Aufgabe, Gütersloh 1989, 263-279.
61 Protestantischer Antisemitismus in Wilhelminischer Zeit. Das Beispiel des Hofpredigers Adolf Stoecker, in: G. Brakelmann/M. Rosowski (Hg.), Antisemitismus, Göttingen 1989, 27-51.
62 Marcel Sturm, L'église évangelique en Allemagne depuis Mai 1945, in: Revue d' Allemagne 21. 1989, 567-575.
63 Die Französische Revolution im neuen Licht. Ein Überblick, in: PTh 79. 1990, 222-235.
64 Die Berliner Stadtmission, in: K. Elm/H.-D. Look (Hg.), Seelsorge und Diakonie in Berlin, Berlin 1990, 451-474.
65 Die lange Beunruhigung des deutschen Protestantismus durch die Ideen der

Revolution, in: H. Berding/G. Oesterle (Hg.), Die Französische Revolution, Teil 2, Gießen 1990, 115–133.
66 »Rechristianisierung« und »Säkularisierung«. Anmerkungen zu einem europäischen interkonfessionellen Interpretationsmodell, in: J.-Ch. Kaiser/A. Doering-Manteuffel (Hg.), Christentum und politische Verantwortung, Stuttgart 1990, 1–24.
67 Europa und die Protestanten. Die Herauforderungen der frühen fünfziger Jahre, in: EvTh 51. 1991, 114–131.
68 Kirche, Volk, Volkskirche in Deutschland 1918–1945, in: P. Röhrig (Hg.), Um des Menschen Willen, Weinheim 1991, 235–244.
69 Die Kirchen in den beiden deutschen Staaten nach 1945, in: GWU 42. 1991, 267–284.
70 Christliche Erneuerung im Europa des 19. Jahrhunderts, in: M. Schibilsky (Hg.), Kursbuch Diakonie, Neukirchen 1991, 185–196.
71 Martin Bucer – Ökumenischer Theologe, Kirchenpolitiker und Christ, in: KNA-ÖKI, Nr. 30, 17.7.1991, 5–9; Nr. 31, 24.7.1991, 5–8; Nr. 32, 31.7.1991, 5–8.
72 Die Erneuerung der Kirche in Europa. Martin Bucers Konzept, in: PTh 80. 1991, 418–433.
73 Martin Bucer, in: Martin Bucer, Strasbourg et l' Europe, Strasbourg 1991, 7–23.
74 Art. »Neuzeitliche Kirchengeschichte«, in: EKL, Göttingen [2]1991, 704–720.
75 »Die Kirche ist ihren Dienst dem wirklichen Menschen von heute schuldig.« Zum 100. Geburtstag Martin Niemöllers, in: KNA-ÖKI, Nr. 3, 15.1.1992, 9–13.
76 Martin Niemöller, Repräsentant des deutschen Protestantismus im 20. Jahrhundert, in: PTh 81. 1992, 324–338.
77 Die Haltung der deutschen evangelischen Kirchen zur Verfolgung der Juden im Dritten Reich, in: U. Büttner (Hg.), Die Deutschen und die Judenverfolgung im Dritten Reich, Hamburg 1992, 273–292.
77.1. Korrigierter Nachdruck in: U. Büttner (Hg.), wie oben. Frankfurt a. M. 2003, 320–341.
78 Von der protestantischen Revolution zum vereinten Deutschland, in: KNA-ÖKI, Nr. 41, 7.10.1992, 13–16.
79 Bucers Vorstellungen zu Erziehung und Schule, in: MEKGR 41. 1992, 1–8.
80 Kontinuität und Diskontinuität im deutschen Protestantismus nach 1945, in: MEKGR 41. 1992, 255–272.
81 Die Revolution von 1848/49 und die Kirchen, in: H. Baier (Hg.), Kirche in Staat und Gesellschaft im 19. Jahrhundert, Neustadt a. d. Aisch 1992, 67–81.
82 Protestantische Beiträge zur Gestaltung Europas I-III, in: KNA-ÖKI, Nr. 5, 27.1.1993, 5–8; Nr. 6, 3.2.1993, 5–8; Nr. 7, 10.2.1993, 5–10.
83 Die Bedeutung der Sozialgeschichte für die Kirchengeschichte. Theoretische und praktische Erwägungen, in: HZ 256. 1993, 67–103.
84 Das Profil Martin Bucers, in: Ch. Krieger/M. Lienhard (Hg.), Martin Bucer and Sixteenth Century Europe, Bd. 1, Leiden 1993, 9–16.
85 Eugenik war nicht alles. Überlegungen zur Geschichte der Diakonie im Nationalsozialismus, zusammen mit J.-Ch. Kaiser, in: Diakonie 19. 1993, 269–278.
86 Verantwortung für den Menschen. Protestantische Aktivitäten für Menschenrechte und Religionsfreiheit in und nach dem II. Weltkrieg, in: B. Jendorff/G.

Schmalenberg (Hg.), Politik – Religion – Menschenwürde: Herrn Prof. Dr. theol. Adolf Hampel zum 60. Geburtstag am 7. September 1993, Gießen 1993, 103–122.

87 Die Kirchen im Revolutionsjahr 1848/49, in: Studien zur deutschen Landeskirchengeschichte 1. 1993, 17–35.

88 Guillaume Baldensperger. Ein Gelehrtenleben zwischen Frankreich und Deutschland, in: JHKGV 44. 1993, 117–125.

89 Heiße Worte im Kalten Krieg, in: EK 27. 1994, 84–88; auch in: epd-Dokumentation 34/96, 19.8.1996, 43–46.

90 Christliche Verantwortung für Europa, in: ZKG 105. 1994, 58–90.

91 The Relation between Church and civil community in Bucer's reforming work, in: D. F. Wright (Hg.), Reforming Church and Community, Cambridge 1994, 17–31.

92 Gustav Krüger (1862–1940) – Kirchenhistoriker in Gießen, in: C. Mayer/K. Müller/G. Schmalenberg (Hg.), Nach den Anfängen fragen, Gießen 1994, 635–653.

93 Die evangelische Kirche nach 1945, in: K. E. Pollmann (Hg.), Der schwierige Weg in die Nachkriegszeit. Die Evangelisch-lutherische Landeskirche in Braunschweig 1945–1950, Göttingen 1994, 13–25.

94 Stuttgarter Schulderklärung, in: EKL, 10. Lieferung, Göttingen ^{2}1995, 533 f.

95 Hofprediger aller Deutschen? Adolf Stoecker (1835–1909), in: Ev. Komm. 1995, 167–169.

96 Volkskirche mit Stärken und Schwächen, Die Entstehung der EKD, in: KNA-ÖKI, Nr. 34, 15.8.1995, 5–9.

97 Das Gewissen der Kirche: Die Stuttgarter Schulderklärung, in: KNA-ÖKI, Nr.40, 26.9.1995, 5–10.

98 Ein großes Wort mit kleiner Wirkung, Die Stuttgarter Schulderklärung der EKD, in: Evgl. Kommentare 28. 1995, 584–587.

99 Verweigertes Schuldbekenntnis? In: Erinnern – Bekennen – Verantworten. 50 Jahre Stuttgarter Schulderklärung. Eine Dokumentation, Stuttgart 1995, 8–15.

100 Die Berliner Stadtmission und ihre Entwicklung unter der Leitung von Adolf Stoecker, in: Th. Strohm/ J. Thierfelder (Hg.), Diakonie im Deutschen Kaiserreich (1871–1918), Heidelberg 1995, 229–247.

101 Die »Ostdenkschrift« – Entstehungsgeschichte und Rezeption, in: epd-Dokumentation 52/95, 11.12.1995, 25–32.

102 Begeisterung – Beharrung – Beklemmung. Anmerkungen zum deutschen Protestantismus in Polen in der Zeit des Nationalsozialismus, in: J. Mehlhausen (Hg.), ... und über Barmen hinaus. Studien zur Kirchlichen Zeitgeschichte, Göttingen 1995, 402–428.

103 Widerstand und Versöhnung. Der Beitrag des europäischen Protestantismus zur Annäherung der Völker, in: A. Doering-Manteuffel/J. Mehlhausen (Hg.), Christliches Ethos und der Widerstand gegen den Nationalsozialismus in Europa, Stuttgart 1995, 139–154.

104 Versöhnung mit Polen. Die »Ostdenkschrift« der EKD und der Briefwechsel der katholischen Bischöfe, in: KNA-ÖKI, Nr. 1/2, 2.1.1996, 5–11.

105 Die Ostpolitik der Konferenz Europäischer Kirchen, in: H. Baier (Hg.), Kirchen und sozialistischer Staat, Umbruch und Wandel 1945–1990, Neustadt a. d. Aisch 1996, 31–43; auch in: epd-Dokumentation 34/96, 19.8.1996, 47–53.

106 Das Tübinger Memorandum (1961/62), in: D. Bockermann u. a. (Hg.), Freiheit gestalten. Zum Demokratieverständnis des deutschen Protestantismus, Göttingen 1996, 374–383.
107 Systematiker der reformatorischen Bewegung, Philipp Melanchthon – Sein Leben und Werk, in: KNA-ÖKI, Nr. 3, 21.1.1997, 5–9.
108 Melanchthon und Luther: In gleicher Größe, doch voneinander getrennt, in: KNA-ÖKI, Nr. 4, 28.1.1997, 5–7.
109 Das reine Evangelium, Melanchthon und das Augsburger Bekenntnis, in: KNA-ÖKI, Nr.5, 4.2.1997, 5–7.
110 Der Partikularismus im deutschen Protestantismus, in: Ev. Komm. 30. 1997, 127–130; auch in epd-Dokumentation 16/97, 4–7.
111 Rechristianisierung und Säkularisierung, Anmerkungen aus deutscher protestantischer Sicht, in: H. Lehmann (Hg.), Säkularisierung, Dechristianisierung, Rechristianisierung im neuzeitlichen Europa, Göttingen 1997, 76–85.
112 Philipp Melanchthon: Intellektueller – Pädagoge – Christ, in: PTh 86. 1997, 310–324.
113 Friedrich Weißler – Ein Jurist der Bekennenden Kirche im Widerstand gegen Hitler, in: Justizministerialblatt für das Land Sachsen-Anhalt 3. 1997, 271–277.
114 Der Beitrag des Protestantismus zur Einigung Europas nach 1945, in: PTh 87. 1998, 86–104.
115 Luther und Melanchthon, Neuere Literatur zu alten Themen, in: KNA-ÖKI, Nr. 20, 12.5.1998, 12–15.
116 Die Konstituierung der EKD in Eisenach, in: KNA-ÖKI, Nr. 28, 7.7.1998, 5–7.
117 Die Kirchenpolitik Frankreichs in seiner Besatzungszone, in: ZKG 109. 1998, 216–236; 363–387.
118 »Christus hat uns zu seinem Eigentum gemacht« – Die Gründung des ÖRK vor 50 Jahren, in: KNA-ÖKI, Nr. 33, 11.8.1998, 5–8.
119 Eine neue europäische Rechtsordnung: Der Westfälische Friede von Münster und Osnabrück (1648), in: KNA-ÖKI, Nr. 36, 1.9.1998, 5–7.
120 Soziale Not im Blick: Wicherns Initiative für die Innere Mission, in: KNA-ÖKI, Nr. 37, 8.9.1998, 13–15.
121 Die Vorgeschichte der Inneren Mission, in: U. Röper/C. Jüllig (Hg.), Die Macht der Nächstenliebe, 150 Jahre Innere Mission und Diakonie 1848–1998, Berlin 1998, 46–57.
122 Positives europäisches Erbe – Der Westfälische Friede von Münster und Osnabrück, in: Ev. Komm. 31.1998, 588–590.
123 Elsaß-Lothringen im Spiegel der Christlichen Welt, in: Michael Grunewald (Hg.), Die Elsaß-Lothringische Frage im Spiegel der Zeitschriften (1871–1914), Bern 1998, 277–291.
124 Kirche und Widerstand gegen den Nationalsozialismus, in: ZfG 46. 1998, 875–888.
125 Das Hilfswerk der EKD und die Entstehung des Deutsch-Französischen Bruderrates, in: J.-Ch. Kaiser (Hg.), Soziale Arbeit in historischer Perspektive. Zum geschichtlichen Ort der Diakonie in Deutschland, Stuttgart 1998, 135–151.
126 Philipp Melanchthon – ein Intellektueller, Pädagoge und Christ, in: R. Friedrich/K. A. Vogel (Hg.), 500 Jahre Melanchthon (1497–1560), Wiesbaden 1998,11–25.

127 Keine Sonne unter zerteilten Wolken. Zur Erinnerung an Valentin Ernst Löscher, in: ZdZ 53. 1999, 32–35.
128 Konfessionelle Spannungen in der Ära Adenauer, in: U. v. Hehl (Hg.), Adenauer und die Kirchen, Bonn 1999, 193–216.
129 Politische Macht, Kirchen und Gesellschaft in der DDR, Ein Überblick, in: NPL 44. 1999, 59–80.
130 Valentin Ernst Löscher in Dresden, in: Die Dresdner Frauenkirche, Jahrbuch 5. 1999, 125–131.
131 Ökumenisches Handeln der Kirchen in den Zeiten des Kalten Krieges, in: ÖR 49. 2000, 7–25.
132 Kontinuität und Krisen, Der deutsche Protestantismus in den sechziger Jahren, in: Mitteilungen der Evgl. Arbeitsgemeinschaft für Kirchliche Zeitgeschichte 18. 1999, 8–19.
133 »Mehr Wahrheit in der Politik!« Das Tübinger Memorandum von 1961, in: VfZ 48. 2000, 491–513.
134 Protestantismus und Evangelische Kirche in den sechziger Jahren, in: A. Schildt (Hg.), Dynamische Zeiten, Hamburg 2000, 544–581.
135 Die Rolle des Vatikans in der NS-Zeit, in: H. Frankemölle (Hg.), Christen und Juden gemeinsam ins dritte Jahrtausend, Paderborn 2001, 79–98.
136 Die Kirchenpolitik der französischen Besatzungsmacht in Rheinland-Pfalz, in: H. Bogs u. a. (Hg.), Beati qui custodiunt. Festschrift für Ekkehard Kätsch zum 65. Geburtstag, Darmstadt 2001, 175–188.
137 Linkskurs der Genfer Ökumene? In: PTh 90. 2001, 186–189.
138 Die christliche Mitgift Europas, in: W. Fürst/ M. Honecker (Hg.), Christenheit – Europa 2000, Baden-Baden 2001, 137–143.
139 Vorgeschichte, in: C. Lepp/K. Nowak (Hg.), Evangelische Kirche im geteilten Deutschland (1945–1989/90), Göttingen 2001, 11–45.
140 Die Biographie in der Kirchengeschichte, in: Revue d'Allemagne 33. 2001, 385–394.
141 Bilanz des Forschungsprojekts »Die Rolle der Kirchen im geteilten Deutschland«, in: Evgl. Arbeitsgemeinschaft für Kirchliche Zeitgeschichte, Mitteilungen 20. 2002, 16–26.
142 Martin Bucer und die Erneuerung der Kirche in Europa, in: Ch. Strohm (Hg.), Martin Bucer und das Recht, Genf 2002, 271–283.
143 Epochengrenzen der Kirchengeschichte im 20. Jahrhundert, in: Verkündigung und Forschung 47. 2002, 82–92.
144 Begleitung und Deutung der beiden Weltkriege durch evangelische Theologen, in: B. Thoß/H.-E. Volkmann (Hg.), Erster Weltkrieg – Zweiter Weltkrieg. Ein Vergleich, Paderborn 2002, 497–518.
145 Facetten des christlichen Widerstandes in Berlin. in: H. G. Hockerts/H. Maier (Hg.), Christlicher Widerstand im Dritten Reich, Annweiler 2003, 41–58.
146 The potency of »Christendom«: the example of the Darmstädter Wort (1947), in: H. McLeod/W. Ustorf (Hg.), The Decline of Christendom in Western Europe, 1750–2000, Cambridge 2003, 130–142.
147 Der SED-Staat und die Kirchen. Ein Literaturbericht. in: NPL 47. 2002, 62–78.
148 Martin Bucer and Church Renewal in Europe, in: Reformation and Renaissance Review 5. 2003, 92–101.

149 Artikel: Modern Church History I, in: The Encyclopedia of Christianity. Bd. 3, Grand Rapids/Mich. 2003, 588-597.

150 Koste es, was es wolle, in: Zeitzeichen 5. 2004, 36-38.

151 Bemühungen um Verständigung und Versöhnung. Der Beitrag des Französisch-deutschen Bruderrates, in: Revue d' Allemagne 36. 2004, 155-174.

152 »Er ist ein Feind dieses Staates!« Martin Niemöllers Aktivitäten in den Anfangsjahren der Bundesrepublik Deutschland, in: ZKG 114. 2003, 333-356.

153 Konfessioneller Vergleich, in: Karl-Joseph Hummel (Hg.), Zeitgeschichtliche Katholizismusforschung, Paderborn 2004, 189-195.

154 Religiöse und theologische Stimmen zum Kriegsalltag, in: H. Düringer/J.-Ch. Kaiser (Hg.), Kirchliches Leben im Zweiten Weltkrieg, Frankfurt a. M. 2005, 89-107.

155 Vielgestaltigkeit und Geschlossenheit im Kirchenverständnis Martin Bucers, in: Revue d' Histoire et de Philosophie Religieuses 85. 2005, 103-114.

156 Sozialer Protestantismus und Antisemitismus: Adolf Stoecker, in: N. Friedrich u. a. (Hg.), Sozialer Protestantismus im Kaiserreich, Münster 2005, 37-52.

157 »Il faut que l'attentat ait lieu ... in: M. Arnold (Hg.), Chrétiens et Eglises face au nazisme, Strasbourg 2005, 191-203.

158 Die Vereinbarung der DDR mit der Evangelischen Kirche am 21. Juli 1958, in: Geschichte als Beruf. Festschrift zum 65. Geburtstag von K. E. Pollmann, hg. von R. Myrrhe, Magdeburg 2005, 317-330.

159 Wiederaufbau und Neuorientierung in der evangelischen Kirche nach 1945, in: Schriftenreihe des Instituts für Vergleichende Staat-Kirche-Forschung 18, Berlin 2005, 41-51.

160 Die »Ostdenkschrift« zur Versöhnung mit den östlichen Nachbarn Deutschlands, in: ebd., 67-79.

161 Kirchliche Zeitgeschichte - Anfragen und Aufgaben, in: Theologische Zeitschrift 61. 2005, 334-345.

161 Gemeinschaft mit dem Osten? Die Ökumene und die Kirchen im Ostblock in der nachstalinistischen Zeit, in: Deutschland Archiv 39. 2006, 53-62.

162 Martin Niemöller: Die frühen Jahre in Münster, in: Ch. Peters/J. Kampmann (Hg.), 200 Jahre evangelisch in Münster, Bielefeld 2006, 117-130.

163 Der Beitrag der evangelischen Kirchen in Deutschland zur Verständigung zwischen Deutschland und seinen östlichen Nachbarn, in: W. Hüffmeier/J. Kampmann (Hg.), »Du sollst nicht töten«. Gottes Gebot im Totalen Krieg, Bielefeld 2006, 73-90.

164 Les Eglises dans la Guerre froide: l'année 1956, in: RHPR 86. 2006, 335-355.

165 Aus christlicher Motivation dem Nationalsozialismus widerstehen, in: R.-U. Kunze (Hg.), Distanz zum Unrecht, Konstanz 2006, 31-54.

166 »Mit den Vertriebenen kam Kirche«? Anmerkungen zu einem unerledigten Thema, in: Historisch-politische Mitteilungen 13. 2006, 47-76.

167 Christliche Zeitgeschichte, in: Glaube und Lernen 22. 2007, 15-27.

168 Adolf Harnack. Theologe und Wissenschaftsorganisator, in: Panorama. 400 Jahre Universität Gießen, Gießen 2007, 97-101.

169 Gustav Krüger. Wider die gleichgeschaltete Wissenschaft, in: ebd., 120-124.

170 Der 17. Juni 1953 und die Kirchen in: Schriftenreihe des Instituts für Vergleichende Staat-Kirche-Forschung 22. 2007, 7-27.

171 Eine unterdrückte Denkschrift der EKD (1959), in: Deutschland Archiv 41. 2008, 85–95.
172 Römer 13 und die DDR. Der Streit um das Verständnis der »Obrigkeit« (1957–1961), in: ZThK 105. 2008, 63–93.
173 Der Militärseelsorgevertrag zwischen der Bundesrepublik Deutschland und der Evangelischen Kirche in Deutschland, in: ZKG 119. 2008, 63–79.
174 Anmerkungen zur Standortbestimmung der Kirchlichen Zeitgeschichte in: J.-Ch. Kaiser (Hg.), Vom Ertrag der neueren Kirchengeschichte für Kirche und Gesellschaft, Marburg/Lahn 2008, 263–281.
175 Die Frühzeit der Konferenz Europäischer Kirchen, in: Una Sancta 64. 2009, 84–92.
176 Staat und Kirche in der DDR. Ein Überblick in Dezennien, in: Deutschland Archiv 42. 2009, 633–644.
177 Johannes Calvin und die Reformation, in: Der Umstrittene. Johannes Calvin 1509–1564, Berlin 2009, 12–25.
178 Kurt Scharf (1902–1990). Seelsorger und Visionär, in: Protestantismus in Preußen. Bd. 5, hg. von W. Hüffmeier, Leipzig 2009, 233–249.
179 Karl Barth und die kirchliche Reorganisation in Deutschland nach dem Zweiten Weltkrieg, in: M. Beintker u. a. (Hg.), Karl Barth im europäischen Zeitgeschehen (1935–1950), Zürich 2010, 243–265.
180 Die zwei Weltkriege und die Kirchen, in: K. Kunter/J. H. Schjörring (Hg.), Europäisches und Globales Christentum, Göttingen 2011, 105–130.
181 Christlicher Glaube und Freiheit im Verständnis Melanchthons, in: Jahrbuch für badische Kirchen- und Religionsgeschichte 5. 2011, 57–67.
182 Kirchliche Zeitgeschichte: Konzepte, Themen und Aufgaben, in: H. Assel (Hg.), Leidenschaft für die Theologie, Leipzig 2012, 119–146.
183 »Von nun an wird der Mensch in erster Linie von außen bestimmt werden ...«. Aus dem Leben eines evangelischen Pfarrers im geteilten Deutschland, in: T. Sarx u. a. (Hg.), Protestantismus und Gesellschaft. Beiträge zur Geschichte von Kirche und Diakonie im 19. und 20. Jahrhundert. Jochen-Christoph Kaiser zum 65. Geburtstag, Stuttgart 2013, 293–307.
184 Im Schatten der Kriege. In den ersten Jahren galt der Weltkirchenrat im Osten als Institution der Amerikaner, in: Zeitzeichen 14. 2013, 25–27.
185 Christentum und Erster Weltkrieg – Versuch eines globalen Überblicks, in: M. Bachem-Rehm u. a. (Hg.), Teilungen überwinden. Europäische und Internationale Geschichte im 19. und 20. Jahrhundert. Festschrift für Wilfried Loth, München 2014, 659–677.
186 »Kirchliche Zeitgeschichte«. Überlegungen zu ihrer Verortung, in: ThLZ 139. 2014, 291–310.
187 Hans Joachim Iwand im Ost-West-Konflikt, in: Christian Neddens u. a. (Hg.), Über das Zusammenleben in einer Welt. Grenzüberschreitende Anstöße Hans Joachim Iwands, Gütersloh 2014, 50–63.

c) Rezensionen

1 W. Maurer, Melanchthon-Studien, Gütersloh 1964, in: Luther 37. 1966, 143.
2 G. Henning, Cajetan und Luther, Stuttgart 1966, in: Luther 38. 1966, 89 f.
3 W. Höhne, Luthers Anschauungen über die Kontinuität der Kirche, Berlin 1963, in: Luther 38. 1967, 90 f.
4 F. W. Kantzenbach, Martin Luther und die Anfänge der Reformation; ders.: Die Reformation in Deutschland und Europa, Gütersloh 1966, in: Luther 38. 1967, 91 f.
5 D. Frielinghaus, Ecclesia und Vita, Neukirchen 1966, in: ThLZ 92. 1967, 768 f.
6 J. Müller, Martin Bucers Hermeneutik, Gütersloh 1965, in: ThRv 64. 1968, 141–143.
7 M. Barbers, Toleranz bei Sebastian Frank, Bonn 1964, in: ThRv 64. 1968, 202 f.
8 R. Damerau, Die Demut in der Theologie Luthers, Gießen (1967), in: ThLZ 94. 1969, 679-681.
9 R. Weier, Das Thema vom verborgenen Gott von Nikolaus von Kues zu Martin Luther, Münster 1967, in: ThLZ 95. 1970, 45–48.
10 R. B. Huschke, Melanchthons Lehre vom ordo politicus, Gütersloh 1968, in: ThLZ 95. 1970, 764 f.
11 Ch. K. R. Olearius, Die Umbildung der altprotestantischen Urstandslehre durch die Aufklärungstheologie, München o. J., in: ThRv 67. 1971, 200 f.
12 M. Kroeger, Rechtfertigung und Gesetz. Studien zur Rechtfertigungslehre beim jungen Luther, Göttingen 1968, in: ThLZ 96. 1971, 205–207.
13 H. M. Barth, Atheismus und Orthodoxie. Analysen und Modelle christlicher Apologetik im 17. Jahrhundert, Göttingen 1971, in: ThRv 68. 1972, 542–544.
14 H. Stratenwerth, Die Reformation in der Stadt Osnabrück, Wiesbaden 1971, in: LuJ 41. 1974, 130 f.
15 P. f. Barton, Um Luthers Erbe. Studien und Texte zur Spätreformation. Tilemann Heshusius (1527-1559), Witten 1972, in: LuJ 41. 1974, 134 f.
16 G. Adam, Der Streit um die Prädestination im ausgehenden 16. Jahrhundert, Neukirchen 1970, in: LuJ 41. 1974, 135-137.
17 M. Keller-Hüschemenger, Die Lehre der Kirche im frühreformatorischen Anglikanismus. Struktur und Funktion, Gütersloh 1972, in: ThLZ 99. 1974, 356 f.
18 J. Wallmann, Ph. J. Spener und die Anfänge des Pietismus, Tübingen 1970, in: Pietismus und Neuzeit 1. 1974, 159-162.
19 R. v. Dülmen (Hg.), J. V. Andreä, Christianopolis 1619, Originaltext und Übersetzung, Stuttgart 1972, in: ThLZ 100. 1975, 214 f.
20 J. V. Pollet (Hg.), Julius Pflug, Correspondance, Bd. 2, Leiden 1973, in: ThRv 71. 1975, 287 f.
21 F. W. Kantzenbach, Widerstand und Solidarität der Christen in Deutschland, 1933–1945, Neustadt a. d. Aisch 1971; A. Boyens, Kirchenkampf und Ökumene, 2 Bde., München 1969–1973, in: JVWKG 68. 1975, 188–191.
22 E.-A. Ortmann, Motive evangelischer Publizistik, Witten 1969; G. Mehnert (Hg.), Programme evangelischer Kirchenzeitungen im 19. Jahrhundert, Witten 1972, in: WPKG 65. 1976, 61–63.

23 E. Staehelin (Hg.), Die Christentumsgesellschaft, 2 Bde., Basel 1970-1974, in: JGP 2. 1975, 157-159.

24 B. Stierle, Capito als Humanist, Gütersloh 1974, in: ThRv 72. 1976, 114 f.

25 H.-J. Görtz (Hg.), Umstrittenes Täufertum 1525-1975. Neue Forschungen, Göttingen 1975, in: ThRv 72. 1976, 215-217.

26 H. Bräumer, August von Arnswaldt, 1798-1855, in: ThLZ 101. 1976, 532-534.

27 K.Hagen, A Theology of Testament in the young Luther's Lectures on Hebrews, Leiden 1974, in: ZKG 87. 1976, 123 f.

28 D. Neumärker, Josef L. Hromádka, München/Mainz 1974, in: KO 19. 1976, 183 f.

29 K.-H. Kirchhoff, Die Täufer in Münster 1534/35, Münster 1973, in: VSWG 63. 1976, 534.

30 O. Scheib, Die Reformationsdiskussionen in der Hansestadt Hamburg 1522-1528, Münster 1976, in: ThRv 73. 1977, 34 f.

31 E. Bammel, Die Reichsgründung und der deutsche Protestantismus, Erlangen 1973, in: ZRGG 29. 1977, 176 f.

32 G. Brakelmann, Kirche, soziale Frage und Sozialismus, Gütersloh 1977, in: EK 10. 1977, 310.

33 R. Braunisch, Die Theologie der Rechtfertigung im »Enchiridion« (1538) des Johannes Gropper, Münster 1974, in: ZKG 87. 1976, 404-406.

34 P. Steinbach, Der Eintritt Lippes in das Industriezeitalter, Lemgo 1976, in: JVWKG 70. 1977, 225 f.

35 J. M. Kittelson, Wolfgang Capito, Leiden 1975, in: ZKG 88. 1977, 389-391.

36 M. Schloemann, Siegmund Jacob Baumgarten, Göttingen 1974, in: JGP 3. 1976, 156 f.

37 W. J. Wietfeld, The Emblem Literature of Johann Michael Dilherr (1604-1669), Nürnberg 1975, in: ZKG 88. 1977, 399.

38 K. Meier, Der evangelische Kirchenkampf, 2 Bde., Göttingen 1976, in: WPKG 66. 1977, 520-524.

39 H. Prolingheuer, Der Fall Karl Barth 1934-1935, Neukirchen 1977, in: WPKG 68. 1979, 61 f.

40 W. Kindt (Hg.), Die deutsche Jugendbewegung 1920-1933. Dokumentation der Jugendbewegung, Bd. 3, Düsseldorf/Köln 1974, in: WPKG 68. 1979, 332 f.

41 K. Jürgensen, Die Stunde der Kirche, Neumünster 1976, in: HZ 228. 1979, 767 f.

42 J. Pflug, Correspondance, Bd. 3, Leiden 1977, in: ThRv 75. 1979, 298 f.

43 P. F. Barton (Hg.), Sozialrevolution und Reformation, Wien 1975, in: KO 21/22. 1978/79, 368 f.

44 H. G. Bloth, Die Kirche in Pommern, Köln/Graz 1979, in: Baltische Studien NF 65. 1979, 94-96.

45 Künneth/Loewenich/Trillhaas/Wendland, Autobiographien, in: WPKG 69. 1980, 68-70.

46 R. Braunisch (Hg.), Johannes Gropper, Briefwechsel I, Münster 1977, in: ZKG 91. 1980, 144 f.

47 J. Meier, Das priesterliche Amt nach Johannes Gropper, Münster 1977, in: ZKG 91. 1980, 145 f.

48 F. Focke, Sozialismus aus christlicher Verantwortung, Wuppertal 1978, in: WPKG 69. 1980, 509 f.

49 E. Peschke, Bekehrung und Reform, Bielefeld 1977, in: JGP 5. 1979, 249 f.
50 G. v. Norden, Der deutsche Protestantismus im Jahr der nationalsozialistischen Machtergreifung, Gütersloh 1979, in: PTh 70. 1981, 170-172.
51 L. Poliakov, Geschichte des Antisemitismus. 3 Bde., Worms 1977-1979, in: PTh 70. 1981, 385-387.
52 K. Wappler, Der theologische Ort der preußischen Unionsurkunde vom 27.9.1817, Berlin 1978, in: ThLZ 106. 1981, 503 f.
53 K. Nowak, Evangelische Kirche und Weimarer Republik, Göttingen 1981, in: EK 15. 1982, 220 f.
54 O. Chadwick, The Popes and European Revolution, Oxford 1981, in: ThLZ 107. 1982, 524-527.
55 J. Pflug, Correspondance, Bd. 4, Leiden 1979, in: ThRv 78. 1982, 217 f.
56 G. A. Krieg, Der mystische Kreis. Wesen und Werden der Theologie Pierre Poirets, Göttingen 1978, in: ThLZ 107. 1982, 763 f.
57 H.-J. Schönstädt, Antichrist, Weltheilsgeschehen und Gottes Werkzeug, Wiesbaden 1978, in: ZKG 94. 1983, 190 f.
58 E. Beyreuther (Hg.), Philipp Jakob Spener, Schriften. 1. Abt., Bd. 1, Hildesheim/New York 1979, in: ZKG 94. 1983, 193 f.
59 Th. Schieder (Hg.), Handbuch der europäischen Geschichte, Bde. 7/1 und 7/2, Stuttgart 1979, in: PTh 72. 1983, 522-524.
60 A. Altmann, Die trostvolle Aufklärung, Stuttgart 1982, in: ThLZ 109. 1984, 214 f.
61 A. Doering-Manteuffel, Katholizismus und Wiederbewaffnung, Mainz 1981, in: ZKG 95. 1984, 134 f.
62 M. Jakubowski-Tiessen, Der frühe Pietismus in Schleswig-Holstein, Göttingen 1983, in: HZ 238. 1984, 719 f.
63 Julius Pflug, Correspondance. Hg. von J. V. Pollet, Bde. V/1 und V/2, Leiden 1982, in: ThRv 80. 1984, 209 f.
64 Backus/Fraenkel/Lardet, Martin Bucer, Genf 1983, in: ZKG 95. 1984, 283 f.
65 L. Poliakov, Geschichte des Antisemitismus, Bd. 4 und 5; H. A. Oberman, Wurzeln des Antisemitismus, Berlin 1981, in: PTh 73. 1984, 333-335.
66 E. I. Kouri, Der deutsche Protestantismus und die soziale Frage 1870-1919, Berlin 1984, in: HZ 239. 1984, 711-714.
67 M. Möller, Evangelische Kirche und Sozialdemokratie in den Jahren 1945-1950, Göttingen 1984, in: HZ 239. 1984, 756.
68 Martin Rade, Ausgewählte Schriften, Bd. 1, Gütersloh 1983, in: ThLZ 110. 1985, 221.
69 Pietismus - Herrnhutertum - Erweckungsbewegung. Festschrift für Erich Beyreuther, Köln 1982, in: ZBKG 54. 1985, 199-200.
70 J. H. S. Kent, The End of the Line? London 1982, in: ThLZ 110. 1985, 911-912.
71 A. Kleindienst/O. Wagner, Der Protestantismus in der Republik Polen 1918/19 bis 1933, Marburg 1985, in: HZ 242. 1986, 208-209.
72 H. Renz/F. W. Graf (Hg.), Troeltsch-Studien, Bd. 3: Protestantismus und Neuzeit, Gütersloh 1984, in: HZ 242. 1986, 374-375.
73 Alfred Delp, Gesammelte Schriften, 4 Bde., Frankfurt a. M. 1982-1984, in: ThLZ 111. 1986, 903-906.
74 J. Pollet, Martin Bucer, 2 Bde., Leiden 1985, in: ThRv 82. 1986, 473-474.

75 L. Pérouas, Refus d' une Religion, Religion d'un refus en Limousin rural 1880-1940, Paris 1985, in: Francia 13. 1985, 885 f.

76 M. Magdelaine/R. v. Thadden, Le refuge huguenot, Paris 1985, in: Francia 13. 1985, 816-818.

77 G. Schäfer, Die Evangelische Landeskirche in Württemberg und der Nationalsozialismus, Bd. 6, Stuttgart 1986, in: PTh 77. 1988, 141 f.

78 Martin Rade, Ausgewählte Schriften, Bd. 2, Gütersloh 1986, in: ThLZ 113. 1988, 130 f.

79 G. Baadke/A. Rauscher (Hg.), Dokumente deutscher Bischöfe, Bd. 1, Würzburg 1985, in: ZKG 99. 1988, 279-281.

80 L. Grane, Die Kirche im 19. Jahrhundert, Göttingen 1987, in: HZ 247. 1988, 438-440; Pietismus und Neuzeit 14. 1988, 256-258.

81 W. Lehmann, Hans Asmussen. Ein Leben für die Kirche, Göttingen 1988, in: PTh 78. 1989, 81 f.

82 L. Poliakov, Geschichte des Antisemitismus, Bd. 6, Worms 1987, in: PTh 78. 1989, 82-84.

83 Martin Rade, Ausgewählte Schriften, Bd. 3, Gütersloh 1988, in: ThLZ 114. 1989, 43 f.

84 A. Encrevé, Protestants français au milieu du XIXe siècle, Genf 1986, in: Francia 15. 1987, 1042-1045.

85 C. Gremion/Ph. Levillain, Les Lieutenants de Dieu, Paris 1986, in: Francia 15. 1987, 1045-1047.

86 H. Hürten, Die Kirchen in der Novemberrevolution, Regensburg 1984, in: ZKG 100. 1989, 279 f.

87 H.-U. Thamer, Verführung und Gewalt. Deutschland 1933-1945, Berlin 1986, in: PTh 78. 1989, 417-420.

88 G. Besier, »Selbstreinigung« unter britischer Herrschaft, Göttingen 1986, in: ZKG 100. 1989, 430 f.

89 D. D. Diephouse, Pastors and Pluralism in Württemberg 1918-1933, Princeton 1987, in: HZ 250. 1990, 184 f.

90 H. Iber, Christlicher Glaube oder rassischer Mythus, Frankfurt a. M. 1987, in: HZ 250. 1990, 466 f.

91 G. Besier (Hg.), Die Mittwochs-Gesellschaft im Kaiserreich, Berlin 1990, in: EK 23. 1990, Nr. 10, 604.

92 M. Schreiber, Friedrich Justus Perels, München 1989, in: ThLZ 115. 1990, 608-610.

93 G. Cholvy/Y.-M. Hilaire, Histoire Religieuse de la France Contemporaine, Bd. 2, Toulouse 1986, in: Francia 16. 1988, 208-210.

94 K. Herbert, Kirche zwischen Aufbruch und Tradition, Stuttgart 1989, in: ThLZ 116. 1991, 42-44.

95 A. Rieks, Französische Sozial- und Mentalitätsgeschichte, Altenberge 1989, in: ZKG 102. 1991, 108 f.

96 M. Ahme, Der Reformversuch der EKD 1970-1976, Stuttgart 1990, in: PTh 80. 1991, 326 f.

97 W. Huber (Hg.), Protestanten in der Demokratie, München 1990, in: ThLZ 116. 1991, 520-522.

98 K. Gotto/H.-O. Kleinmann/R. Schreiner (Hg.), Im Zentrum der Macht, Düsseldorf 1989, in: PTh 80. 1991, 561 f.

99 Th. Nipperdey, Deutsche Geschichte 1866–1918, Bd. 1, München 1990, in: PTh 80. 1991, 562–565.

100 Der vergessene Reformator. Neue Publikationen bringen Lebenswerk Martin Bucers nahe, in: KNA-ÖKI, Nr. 48, 20.11.1991, 14.

101 Ein düsterer Tyrann? Neue Biographie über Calvin will Vorurteile ausräumen, in: KNA-ÖKI, Nr. 51, 11.12.1991, 16.

102 Theologe und Kulturphilosoph. Erste zusammenfassende Biographie würdigt Lebenswerk von Ernst Troeltsch: H.-G. Drescher, Ernst Troeltsch, Göttingen 1991, in: KNA-ÖKI, Nr. 7, 12.2.1992, 8 f.

103 M. Weitlauff/K. Hausberger, Papsttum und Kirchenreform. Festschrift für G. Schwaiger zum 65. Geburtstag, St. Ottilien 1990, in: ZKG 103. 1992, 95 f.

104 Engagierter Verfechter der Demokratie. Zwei neue Publikationen erinnern an H. Ehlers, in: KNA-ÖKI, Nr. 20, 13.5.1992, 7 f.

105 G. Besier/J. Thierfelder/R. Tyra (Hg.), Kirche nach der Kapitulation, Bd. 1, Stuttgart 1989, in: HZ 252. 1992, Sonderheft 16, 229.

106 C. Vollnhals (Hg.), Die evangelische Kirche nach dem Zusammenbruch, Göttingen 1988, in: HZ 252. 1992, Sonderheft 16, 233.

107 D. Buchhaas-Birkholz (Hg.), Zum politischen Weg unseres Volkes. Politische Leitbilder und Vorstellungen im deutschen Protestantismus 1945–1952, Düsseldorf 1989, in: HZ 252. 1992, Sonderheft 16, 333.

108 Konrad Adenauer – »die schlechthin entscheidende politische Potenz«: G. Buchstab (Hg.), Adenauer: »Wir haben wirklich etwas geschaffen«, Düsseldorf 1990; H.-P. Schwarz, Adenauer, Bd. 2, Stuttgart 1991, in: KNA-ÖKI, Nr. 28, 8.7.1992, 10.

109 F. W. Graf, Profile des neuzeitlichen Protestantismus, Bd. 1, Gütersloh 1990, in: ThLZ 117. 1992, 368 f.

110 Bemühungen, Mitteldeutschland durch gesamtdeutsche Modelle dem sowjetischen Machtbereich zu entwinden: M. Richter, Die Ost-CDU 1948–1952, Düsseldorf ^{2}1991, in: KNA-ÖKI, Nr. 30, 22.7.1992, 9.

111 Sh. Volkov, Jüdisches Leben und Antisemitismus im 19. und 20. Jahrhundert, München 1990, in: PTh 81. 1992, 409 f.

112 L. Geißel, Unterhändler der Menschlichkeit, Stuttgart 1991; D. Posser, Anwalt im Kalten Krieg, München 1991, in: PTh 81. 1992, 410–412.

113 M. Arnold, La Faculté de Théologie Protestante de l' Université de Strasbourg de 1919 à 1945, Strasbourg 1990, in: ZKG 103. 1992, 423–425.

114 R. Dellsperger u. a., Kirche – Gewissen des Staates? in: ThLZ 118. 1993, 336 f.

115 Herausragende biographische Leistung: H. Hürten, Deutsche Katholiken 1918-1945, Paderborn 1992, in: KNA-ÖKI, Nr. 22, 26.5.1993, 15 f.

116 E. Dassmann, Die Anfänge der Kirche in Deutschland, Stuttgart 1993, in: KNA-ÖKI, Nr. 29, 14.7.1993, 11.

117 J. Müller, Die Gesamtdeutsche Volkspartei, Düsseldorf 1990; D. Posser, Anwalt im Kalten Krieg, München 1991, in: KNA-ÖKI, Nr. 30, 21.7.1993, 12 f.

118 C. Ch. G. Visser, Hollands Lutheraner, Erlangen 1991, in: ThLZ 118. 1993, 533 f.

119 K. Ruppert, Im Dienst am Staat von Weimar. Das Zentrum als regierende Partei der Weimarer Republik, Düsseldorf 1992, in: NPL 38. 1993, 147 f.

120 K. Robbins (Hg.), Protestant Evangelicalism: Britain, Ireland, Germany and America, ca. 1750–1950, Oxford 1990, in: ZKG 104. 1993, 401 f.

121 F. M. L. Thompson (Hg.), The Cambridge Social History of Britain 1750–1950, 3 Bde., Cambridge 1990, in: ZKG 104. 1993, 403–406.

122 D. Maugenest/W. Merle (Hg.), France – Allemagne. Églises et Société du Concil Vatican II à nos jours, Paris 1988, in: ZKG 104. 1993, 430 f.

123 Th. Großmann, Zwischen Kirche und Gesellschaft. Das Zentralkomitee der deutschen Katholiken 1945–1970, Mainz 1991, in: NPL 38. 1993, 341 f.

124 Der Humanismus als Geistesmacht: A. Bieber, Johannes Bugenhagen zwischen Reform und Reformation, Göttingen 1993, in: KNA-ÖKI, Nr. 9, 23.2.1994, 11.

125 Die Kraft des Pietismus im Protestantismus: M. Brecht (Hg.), Der Pietismus vom 17. bis zum frühen 18. Jahrhundert. Geschichte des Pietismus, Bd. 1, Göttingen 1993, in: KNA-ÖKI, Nr. 19, 4.5.1994, 16 f.

126 H. Gründer, Welteroberung und Christentum, Gütersloh 1992, in: ThLZ 119. 1994, 335 f.

127 J. Rogall, Die Geistlichkeit der Evangelisch-Unierten Kirche in der Provinz Posen 1871–1914 und ihr Verhältnis zur preußischen Polenpolitik, Marburg/Lahn 1990, in: HZ 258. 1994, 526 f.

128 Zentrale Epoche der Christentumsgeschichte: M. Venard (Hg.), Die Zeit der Konfessionen (1530–1620/30), Freiburg i. Br. 1992, in: KNA-ÖKI, Nr. 21/22, 18.5.1994, 12 f.

129 M. Klöcker, Katholisch – von der Wiege bis zur Bahre, München 1991, in: NPL 38. 1993, 506 f.

130 G. Besier/H. Ludwig/J. Thierfelder/R. Tyra (Hg.), Kirche nach der Kapitulation. Bd. 2: Auf dem Weg nach Treysa, in: HZ 258. 1994, 577 f.

131 Mißlungener Theologischer Dialog in der Reformationszeit: Ralf Kötter, Johannes Bugenhagens Rechtfertigungslehre und der römische Katholizismus, Göttingen 1994, in: KNA-ÖKI, Nr. 28, 6.7.1994, 16 f.

132 H. Hürten (Hg.), Katholizismus, staatliche Neuordnung und Demokratie 1945–1962, Paderborn 1991, in: NPL 39. 1994, 150.

133 M. Richter, Die Ost-CDU 1948–1952, Düsseldorf ^{2}1991, in: PTh 83. 1994, 580 f.

134 J. Kuropka (Hg.), Clemens August Graf von Galen, Münster 1992, in: NPL 39. 1994, 342 f.

135 H. Rückleben/H. Erbacher (Hg.), Die Evangelische Landeskirche in Baden im »Dritten Reich«. Bd. 1 und 2, Karlsruhe 1991/92, in: ZbLG 63. 1994, 329–332.

136 R. Hering, Theologie im Spannungsfeld von Kirche und Staat, Berlin/Hamburg 1992, in: HZ 259. 1994, 863 f.

137 J. Schäfer/M. Schreiber, Kompromiß und Gewissen, Waltrop 1994, in: ZKG 106. 1995, 150.

138 Th. M. Schneider, Reichsbischof Ludwig Müller, Göttingen 1993, in: HZ 260. 1995, 632.

139 J. Gabriel, Gewalt in Europa, Regensburg 1995, in: KNA-ÖKI, Nr. 36, 29.8.1995, 9.

140 J. Ridderbos, Strijd op twee Fronten, 2 Bde., Kampen 1994, in: ZBKG 64. 1995, 217–219.

141 K.-H. Fix, Universitätstheologie und Politik, Heidelberg 1994, in: ZKG 106. 1995, 423 f.

142 A. Aichelin, Paul Schneider, Gütersloh 1994, in: ZKG 106. 1995, 424–426.
143 H. Wolf, Ketzer oder Kirchenlehrer? Mainz 1992, in: NPL 40. 1995, 504.
144 M. Spieker (Hg.), Vom Sozialismus zum demokratischen Rechtsstaat, Paderborn 1992, in: NPL 41. 1996, 173.
145 Was ist das Reformatorische? B. Hamm/B. Moeller/D. Wendebourg, Reformationstheorien, Göttingen 1995, in: KNA-ÖKI, Nr. 31, 23.7.1996, 13.
146 J. Götz von Olenhusen, Klerus und abweichendes Verhalten, Göttingen 1994, in: NPL 41.1996, 313 f.
147 Hart en ziel voor Europa?, Zoetermeer 1996, in: KNA-ÖKI, Nr. 40, 15–17.
148 M. Brecht/K. Deppermann (Hg.), Geschichte des Pietismus, Bd. 2, Göttingen 1995, in: KNA-ÖKI, Nr. 49, 9 f.
149 J. A. Zeilstra, European Unity in Ecumenical Thinking, 1937–1948, Zoetermeer 1995, in: ZBKG 65. 1996, 264–267.
150 H. Rückleben/H. Erbacher (Hg.), Die Evangelische Landeskirche in Baden im »Dritten Reich«, Quellen zu ihrer Geschichte, Bd. 3, 1934–1935, Karlsruhe 1995, in: ZBKG 65. 1996, 290 f.
151 P. Ulrich, Der »Bund der Religiösen Sozialisten« in Berlin von 1919–1933, Frankfurt a. M., in: ThLZ 122. 1997, 169–171.
152 G. Besier, Der SED-Staat und die Kirche 1983–1991, Berlin 1995, in: HZ 264. 1997, 266 f.
153 A. Permien, Protestantismus und Wiederbewaffnung 1950–1955, Köln 1994, in: ZKG 108. 1997, 134 f.
154 C. Nicolaisen/N. A. Schulze (Hg.), Die Protokolle des Rates der EKD, Bd. 1, 1945/46, Göttingen 1995, in: HZ 264. 1997, 822 f.
155 »Theologie war die Mitte seines Denkens«: H. Scheible, Melanchthon, Eine Biographie, in: KNA-ÖKI, Nr. 28, 15.7.1997, 15.
156 »Auf Luthers Theologie einlassen«: G. Ebeling, Luthers Seelsorge, Tübingen 1997, in: KNA-ÖKI, Nr. 32, 12.8.1997, 8 f.
157 Verteidiger des Glaubens: M. Schreiber, Martin Niemöller, Reinbek 1997, in: Ev. Komm. 30. 1997, 611–613.
158 J. A. Steiger, Johann Ludwig Ewald (1748–1822), Göttingen 1996, in: ThLZ 123. 1998, 275–277.
159 Christophe Baginski, La politique religieuse de la France en Allemagne occupé 1945–1949, Villeneuve d' Ascq 1997, in: HZ 266. 1998, 260 f.
160 H. Maier (Hg.), »Totalitarismus« und »Politische Religionen«, Paderborn 1996, in: ThLZ 123. 1998, 502 f.
161 O. Janz, Bürger besonderer Art, Berlin 1994, in: ZKG 109. 1998, 276–278.
162 H. W. Smith, German Nationalism and Religious Conflict, Princeton 1995, in: ZKG 109. 1998, 278–280.
163 M. Huttner, Britische Presse und nationalsozialistischer Kirchenkampf, Paderborn 1995, in: ZKG 109. 1998, 282 f.
164 C. Nicolaisen/N. A. Schulze (Hg.), Die Protokolle des Rates der EKD, Bd. 2: 1947/48, Göttingen 1997, in: HZ 267. 1998, 820 f.
165 M. Arnold, La Correspsondance de Luther, Mainz 1996, in: ZKG 110. 1999, 115–117.
166 M. M. Lichtenfeld, Georg Merz – Pastoraltheologe zwischen den Zeiten, Gütersloh 1997, in: ZKG 110. 1999, 137 f.

167 J. Banach, Heydrichs Elite, Paderborn 1998, in: ZKG 110. 1999, 143 f.
168 E. Gatz (Hg.), Kirche und Katholizismus seit 1945, Bd. 1, Paderborn 1998, in: ZKG 110. 1999, 143 f.
169 K. Arffman, Die Reformation in der Geschichte der Kirche, Helsinki 1997, in: ThLZ 124. 1999, 5.
171 B. Mensing, Pfarrer und Nationalsozialismus, Göttingen 1998, in: HZ 269. 1999, 539 f.
172 D. Bokermann, »Wir haben in der Kirche keine Revolution erlebt«, Köln 1998, in: HZ 269. 1999, 527 f.
173 O. Chadwick, Michael Ramsey, London 1998, in: ThLZ 124. 1999, 1294–1296.
174 G. Besier, Kirche, Politik und Gesellschaft im 19. Jahrhundert, München 1998, in: HZ 270. 2000, 504–506.
175 Die Geschichte der Ökumene auf dem Prüfstand: G. Besier/A. Boyens/G. Lindemann, Nationaler Protestantismus und ökumenische Bewegung, Berlin 1999, in: Deutsches Pfarrerblatt 100. 2000, 198. 203 f.
176 W. Damberg, Abschied vom Milieu? Paderborn 1997, in: Westfälische Forschungen 49. 1999, 668–670.
177 H.-M. Kirn, Deutsche Spätaufklärung und Pietismus, Göttingen 1998, in: ThLZ 125. 2000, 1284–1286.
178 J. J. Seidel, Aus den Trümmern 1945, Göttingen 1996, in: NPL 45. 2000, 165.
179 E. Robertson, Unshakeable Friend, George Bell and the German Churches, London 1995, in: HZ, Sonderheft 19. 2001, 58 f.
180 G. Besier/A. Boyens/G. Lindemann, Nationaler Protestantismus und ökumenische Bewegung, Berlin 1999, in: HZ, Sonderheft 19. 2001, 149 f.
181 D. Buchstädt, Kirche für die Welt, Köln 1999, in: HZ, Sonderheft 19. 2001, 151 f.
182 G. Besier/A. Boyens/G. Lindemann, Nationaler Protestantismus und ökumenische Bewegung, Berlin 1999, in: NPL 46. 2001, 358 f.
183 Neues zu Pius XII.? M. F. Feldkamp, Pius XII. und Deutschland, Göttingen 2000; P. Blet, Pius XII. und der Zweite Weltkrieg, Paderborn 2000, in: NPL 46. 2000, 522–524.
184 A.-S. Vuletic, Christen jüdischer Herkunft im Dritten Reich, Mainz 1999, in: NPL 46. 2001, 532–534.
185 G. Krumeich/ H. Lehmann (Hg.), »Gott mit uns«. Nation, Religion und Gewalt im 19. und frühen 20. Jahrhundert, Göttingen 2000, in: ThLZ 127. 2002, 529–531.
186 M. Lienhard/M. Arnold (Hg.), Luther. Œuvres, Bd. 1. Paris 1999, in: ZKG 113. 2002, 273 f.
187 W. Dierker, Himmlers Glaubenskrieger. Der Sicherheitsdienst der SS und seine Religionspolitik 1933–1941, Paderborn 2002, in: ThLZ 127. 2002, 934–936.
188 J. Pekelder, Die Niederlande und die DDR, Münster 2002, in: Zentrum für Niederlande-Studium, Jahrbuch 13. 2002, 232–235.
189 M. Gailus, Protestantismus und Nationalsozialismus, Köln 2001, in: NPL 47. 2002, 538–540.
190 M. H. Jung, Der Protestantismus in Deutschland von 1870 bis 1945, Leipzig 2002, in: ThLZ 128. 2003, 1184–1187.
191 H.-J. Karp/J. Köhler (Hg.), Katholische Kirche unter nationalsozialistischer und kommunistischer Diktatur, Köln 2001, in: NPL 48. 2003, 355 f.

192 W. Beck, Westfälische Protestanten auf dem Weg in die Moderne, Paderborn 2002, in: Westfälische Forschungen 53. 2003, 688–690.
193 Heike Kreutzer, Das Reichskirchenministerium im Gefüge der nationalsozialistischen Herrschaft, Düsseldorf 2000, in: NPL 48. 2003, 494–496.
194 S. Hanuschek u. a. (Hg.), Schriftsteller als Intellektuelle. Politik und Literatur im Kalten Krieg, Tübingen 2000, in: NPL 48. 2000, 529–531.
195 D. Vogel (Hg.), Religion und Politik, Freiburg i. Br. 2003, in: DA 37. 2004, 32 f.
196 D. Kirby (Hg.), Religion and the Cold War, New York 2003, in: ThLZ 129. 2004, 664 f.
197 A. Nützenadel/W. Schieder (Hg.), Zeitgeschichte als Problem, Göttingen 2004, in: ThLZ 130. 2005, 977 f.
198 J. Mathieu-Rosay, Die Päpste im 20. Jahrhundert, Darmstadt 2005, in: NPL 50. 2005, 110 f.
199 R. Grütz, Katholizismus in der DDR-Gesellschaft 1960–1990, Paderborn 2004, in: NPL 50. 2005, 173 f.
200 M. Klein, Westdeutscher Protestantismus und politische Parteien, Tübingen 2005, in: ThLZ 131. 2006, 406–408.
201 Die Protokolle des Rates der EKD. Bd. 5: 1951, Göttingen 2005, in: ThLZ 131. 2006, 408 f.
202 R. Mau, Der Protestantismus im Osten Deutschlands (1945–1990), Leipzig 2005, in: Deutschland Archiv 39. 2006, 528–530.
203 U. Gerdes, Ökumenische Solidarität mit christlichen jüdischen Verfolgten. Die CIMADE in Vichy-Frankreich 1940–1945, Göttingen 2005, in: NPL 50. 2005, 335 f.
204 J. Kuropka (Hg.), Geistliche und Gestapo. Klerus zwischen Staatsallmacht und kirchlicher Hierarchie, Münster 2004, in: ThLZ 131. 2006, 892 f.
205 R. Mau, Der Protestantismus im Osten Deutschlands (1945–1990), Leipzig 2005, in: ThLZ 131. 2006, 897–899.
206 M. Göbel, Katholische Jugendverbände und freiwilliger Arbeitsdienst 1931–1933, Paderborn 2005, in: NPL 50. 2005, 519 f.
207 Ch. Nottmeier, Adolf von Harnack und die deutsche Politik 1890–1930, Tübingen 2005, in: Archiv für Sozialgeschichte 46. 2006, 766–768.
208 B. de Graaf, Over de Muur, Amsterdam 2004, in: ZKG 117. 2006, 420–424.
209 K. O. Thielking, Die Kirche als politischer Akteur, Baden-Baden 2005, in: NPL 51. 2006, 126 f.
210 M. Thomas, Community with the Enemy. Oxford 2005, in: ThLZ 131. 2006, 1314 f.
211 C. Lepp, Tabu der Einheit?, Göttingen 2005, in: Archiv für Sozialgeschichte 46. 2006.
212 A. Silomon, Anspruch und Wirklichkeit der »besonderen Gemeinschaft«, Göttingen 2006, in: HSozundKult, 17.4.2007.
213 O. Schmalz, Kirchenpolitik unter dem Vorzeichen der Volksnomoslehre, Frankfurt a. M. 2004, in: ThLZ 132. 2007, 557 f.
214 L. Heerma van Voss/P. Pasture/J. de Maeyer (Hg.), Between Cross and Class, Bern u. a. 2005, in: NPL 51. 2006, 520 f.
215 Ph. M. Coupland, Britannia, Europe and Christendom, Basingstoke 2006, in: ThLZ 132, 2007, 960 f.

216 S. Hermle u. a. (Hg.), Umbrüche. Der deutsche Protestantismus in den 1960er und 70er Jahren, Göttingen 2007, in: Deutschland Archiv 40. 2007, 939–941.
217 W.-D. Hauschild, Konfliktgemeinschaft Kirche, Göttingen 2004, in: ZKG 118. 2007, 286 f.
218 Die Protokolle des Rates der EKD. Bd. 4: 1950. Bearbeitet von A. Silomon, Göttingen 2007, in: ThLZ 133. 2008, 74–76.
219 J. Kuropka (Hg.), Streitfall Galen, Münster ²2007; B. Schüler u. a. (Hg.), Clemens August von Galen, Darmstadt 2007, in: ThLZ 133. 2008, 951–954.
220 G. Besier (Hg.), Religion, State and Society in the Transformations of the Twentieth Century, Berlin 2008, in: Deutschland Archiv 41. 2008, 1104 f.
221 B. Hey/V. Wittmütz (Hg.), 1968 und die Kirchen, Bielefeld 2008, in: Deutschland Archiv 41. 2008, 1135.
222 G. Besier, Religion, State and Society in the Transformations of the 20th Century, Berlin 2008, in: DA 41. 2008, 1104 f.
223 K.-J. Hummel/Ch. Kösters (Hg.), Kirchen im Krieg. Europa 1939–1945, Paderborn 2007, in: NPL 53. 2008, 142 f.
224 M. Gailus (Hg.), Kirchliche Amtshilfe, Göttingen 2008, in: Vierteljahrschrift für Sozial- und Wirtschaftsgeschichte 96. 2009, 69 f.
225 J. Jauer, Urbi et Gorbi. Christen als Wegbereiter der Wende, Freiburg i. Br. 2008, in: DA 42. 2009, 919.
226 L. Scherzberg (Hg.), Vergangenheitsbewältigung im französischen Katholizismus und deutschem Protestantismus, Paderborn 2008, in: ZKG 120. 2009, 418 f.
227 H. Richter, Pietismus im Sozialismus, Göttingen 2009, in: DA 43. 2010, 173 f.
228 R. Retter, Zwischen Protest und Propaganda, München 2009, in: theologie.geschichte, 5. 2010.
229 U. Gerrens, Rüdiger Schleicher, Gütersloh 2009, in: ThLZ 135. 2010, 996 f.
230 Protokolle des Rates der EKD, Bd. 7: 1953, Göttingen 2009, in: ThLZ 135. 2010, 1140 f.
231 Ch. Koch-Hallas, Die Ev.-Luth. Kirche in Thüringen in der SBZ und Frühzeit der DDR (1945–1961), Leipzig 2009, in: Sehepunkte. 2010/11.
232 J. Treffke, Gustav Heinemann, Paderborn 2009, in: ThLZ 136. 2011, 174 f.
233 A. Jantzen, Priester im Krieg. Elsässische und französisch-lothringische Geistliche im Ersten Weltkrieg, Paderborn 2010, in: Rottenburger Jahrbuch für Kirchengeschichte 29. 2010, 233–235.
234 Die Protokolle des Rates der EKD. Bd. 8: 1954/55, Göttingen 2012, in: ThLZ 137. 2012, 943 f.
235 G. Bauer, Evangelikale Bewegung und evangelische Kirche in der Bunderepublik Deutschland, Göttingen 2012, in: ThLZ 137. 2012, 1365–1367.
236 Th. Großbölting, Der verlorene Himmel, Göttingen 2013, in: Zeitzeichen 14. 2013, 63 f.
237 S. Huesmann, Mut zum Bekenntnis. Peter Brunners Widerstand in der Zeit des aufkommenden Nationalsozialismus, Neuendettelsau 2012, in: ThLZ 138. 2013, 706.
238 H. J. Fischer, Päpste und Juden, Berlin 2012, in: ThLZ 138. 2013, 975 f.
239 Matthieu Arnold, Albert Schweitzer. Les années alsaciennes, 1875–1913, Strasbourg 2013, in: ThLZ 138. 2013, 1119–1121.

240 Hubert Wolf, Papst und Teufel, München 2012, in: ThLZ 138. 2013, 1257 f.
241 A. G. Harryvan/J. van der Harst, Max Kohnstamm, in: ThLZ 138. 2013, 1373-1375.
242 A. Baring, Der Unbequeme, München [2]2013, in: ThLZ 139. 2014, 585-587.

d) Kleinere Beiträge

1 Die Stuttgarter Erklärung, in: WDR III, 28.9.1980, 19.30-19.45 Uhr.
2 Von der Einsamkeit. Predigt, in: Weg und Wahrheit 1981, Nr. 9/10.
3 Wider die Angst! Predigt, in: Weg und Wahrheit 1982, Nr. 27.
4 Christliche Positionen in der Zeit der Hochindustrialisierung (1870-1914), in: Die Mitarbeit 31. 1982, 12-24.
5 Luther und der völkische Frühling, in: Kirche und Mann 36, Nr. 8, August 1983
6 Die politischen Entscheidungen Luthers, in: Rias II, 11.5.1983, 22.35-23.00 Uhr.
7 Luther im Kaiserreich, in: NDR III, 25.5.1983, 22.05-22.30 Uhr.
8 Stuttgarter Schuldbekenntnis 40 Jahre, in: Deutsches Allgemeines Sonntagsblatt, Nr. 42, 20.10.1985.
9 Sie sollte ein »Weg ins Freie« sein. Erinnerung an die Stuttgarter Schulderklärung des Rates der EKD von 1945, in: NDR III, 2.10.1985.
10 Ein Wort der Versöhnung - 40 Jahre Stuttgarter Schuldbekenntnis, in: WDR III, 20.10.1985, 19.30-20.00 Uhr.
11 Denkschrift an Hitler, in: EK 19. 1986, 249.
12 Gewalt und Lüge trotzen!, in: Deutsches Allgemeines Sonntagsblatt Nr. 21, 25.5.1986.
13 Gott ist der Schützer des Rechtes und der Rechtlosen, in: NDR III, 7.5.1986, 22.05-22.30 Uhr.
14 Verfälschte Vergangenheit! Zur Kritik am Stuttgarter Schuldbekenntnis, in: LM 26. 1987, 7-8.
15 In der 12. Stunde. 40 Jahre Darmstädter Wort, in: Deutsches Allgemeines Sonntagsblatt, Nr. 32, 9.8.1987, 13.
16 »Uns ist das Wort von der Versöhnung der Welt mit Gott in Christus gesagt«. Darmstädter Wort von 1947, in: Unsere Kirche, Nr. 32/1987, 7.
17 Wir sind in die Irre gegangen, in: HR III, 2.8.1987, 9.00-9.25 Uhr.
18 »Gegen den Gott der Deutschen«. Marga Meusels Kampf für die Rettung der Juden, in: WDR III, 18.11.1987, 8.30-9.00 Uhr.
19 »Gegen die Not der Zeit und der Kirche«. Vor 100 Jahren wurde in Gnadau die Gemeinschaftsbewegung gegründet, in: Unsere Kirche, 22.5.1988.
20 Ein Gottesdienst galt als Landesverrat. Zum Gebetsgottesdienst der Bekennenden Kirche im September 1938, in: Unsere Kirche, Nr. 39, 25.9.1988.
21 Warum erhob sich kein Sturm der Empörung? Erinnerung an den 9. November 1938, in: Unsere Kirche, Nr. 45, 6.11.1988.
22 Martin Bucer, in: WDR III, 3.11.1991, 8.30-9.00 Uhr.
23 Gott oder Demokratie, in: Synode direkt. Journal aus der braunschweigischen Landeskirche 1. 2002, 30-33. Wieder abgedruckt in: Michael Strauß (Hg.), Der Gewalt Paroli bieten, Münster 2003, 5-9.

24 Kurt Scharf – Seelsorger und Visionär, in: epd-Dokumentation 52/2002, 8–13. Auch in: Evangelische Kirche in Berlin-Brandenburg. Archivbericht 14/15, Berlin 2003, 181–188.
25 Gedenkworte, in: Die Historizität der Welt. Akademisches Gedenken an Kurt Nowak, Leipzig 2003, 14–18.
26 Artikel: Friedrich von Bodelschwingh, in: The Encyclopedia of Protestantism. Bd. 1, New York 2004, 264–266.
27 Artikel: Bucer, Martin, in: ebd., 312 f.
28 Artikel: Calixt, Georg, in: ebd., 327 f.
29 Artikel: Dibelius, Otto, in: The Encyclopedia of Protestantism. Bd. 2, New York 2004, 591 f.
30 Artikel: Holl, Karl, in: ebd., 878 f.
31 Artikel: Prussian Union, in: The Encyclopedia of Protestantism. Bd. 3, New York 2004, 1572 f.
32 Artikel: Ritschl, Albrecht, in: ebd., 1612 f.
33 Artikel: Spalding, Johann Joachim, in: The Encyclopedia of Protestantism. Bd. 4, New York 2004, 1796 f.
34 Artikel: Stahl, Friedrich, in: ebd., 1808 f.
35 Schwieriger Weg ins Freie. Das Stuttgarter Schuldbekenntnis von 1945 hat Kirche und Nation beeinflusst, in: Zeitzeichen 6. 2005, 56–58.
36 »Apologetische Legendenbildung«? Antwort an Günter van Norden, in: KZG 21. 2008, 128–132.
37 Eigensinn und Kooperation, in: Ch. Julian u. a. (Hg.), Anstöße. Festschrift Günter Brakelmann zum 80. Geburtstag, Berlin 2011, 11–17.

Autorenverzeichnis

Dr. habil. Matthieu Arnold, geb. 1965, Professor für Geschichte des Christentums an der evangelisch-theologischen Fakultät der Universität Straßburg

Dr. Dr. h.c. Michael Beintker, geb. 1947, Professor für Systematische Theologie und Direktor des Seminars für Reformierte Theologie an der Westfälischen Wilhelms-Universität Münster

Dr. Günter Brakelmann, geb. 1931, em. Professor für Christliche Sozialethik und Zeitgeschichte an der Ruhr-Universität Bochum

Dr. Ursula Büttner, geb. 1946, bis 2011 Wissenschaftliche Angestellte an der Forschungsstelle für Zeitgeschichte in Hamburg, apl. Professorin am Historischen Seminar der Universität Hamburg

Dr. Achim Detmers, geb. 1965, Pfarrer, Generalsekretär des Reformierten Bundes, Hannover

Dr. Anselm Doering-Manteuffel, geb. 1949, Professor für Neuere Geschichte und Direktor des Seminars für Zeitgeschichte der Eberhard Karls Universität Tübingen

Dr. Siegfried Hermle, geb. 1955, Professor für Evangelische Theologie und ihre Didaktik/Historische Theologie an der Universität zu Köln

Dr. Traugott Jähnichen, geb. 1959, Professor für christliche Gesellschaftslehre an der Ruhr-Universität Bochum

Dr. Jochen-Christoph Kaiser, geb. 1948, em. Professor für Kirchengeschichte der neuesten Zeit und historischen Frauenforschung am Fachbereich Theologie der Philipps-Universität Marburg

DR. ANDREAS KOSSERT, geb. 1970, Historiker, Leiter Dokumentation/Forschung bei der Bundesstiftung Flucht, Vertreibung, Versöhnung Berlin

DR. BERND KREBS, geb. 1951, Pfarrer, Beauftragter der Evangelischen Kirche Berlin-Brandenburg-schlesische Oberlausitz für das Reformationsjubiläum und den Kirchentag 2017

DR. FRANK-MICHAEL KUHLEMANN, geb. 1955, Professor für Neuere und Neueste Geschichte und Didaktik der Geschichte an der Technischen Universität Dresden

DR. THOMAS K. KUHN, geb. 1963, Professor für Kirchengeschichte an der Ernst-Moritz-Arndt-Universität Greifswald

DR. KATHARINA KUNTER, geb. 1968, Privatdozentin für Neuere und Neueste Geschichte und Studienleiterin an der Evangelischen Akademie Frankfurt

DR. DR. H.C. HARTMUT LEHMANN, geb. 1936, Honorarprofessor an den Universitäten Göttingen und Kiel und bis 2004 Direktor des Max-Planck-Instituts für Geschichte in Göttingen

DR. DR. H.C. WILFRIED LOTH, geb. 1948, em. Professor für Neuere und Neueste Geschichte an der Universität Duisburg-Essen

DR. JENS HOLGER SCHJØRRING, geb. 1942, em. Professor für Kirchengeschichte an der Universität Aarhus, Dänemark

DR. DR. H.C. MULT. RUDOLF VON THADDEN, geb. 1932, em. Professor für Mittlere und Neuere Geschichte an der Georg-August-Universität Göttingen

DR. MARKUS WRIEDT, geb. 1958, Professor im Fachbereich Evangelische Theologie – Kirchengeschichte/Historische Theologie – der Goethe-Universität Frankfurt am Main

Personenregister